SHIGERU MIZUKI 10

KITARO

Aus dem Japanischen von **Gandalf Bartholomäus**

Lettering: **diceindustries**

KITARO 10

INHALT

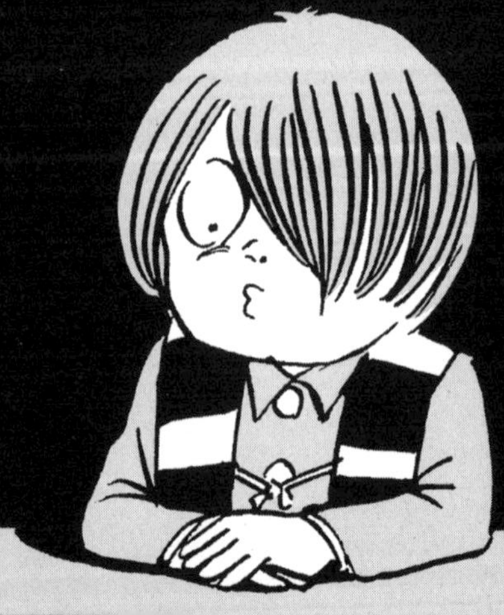

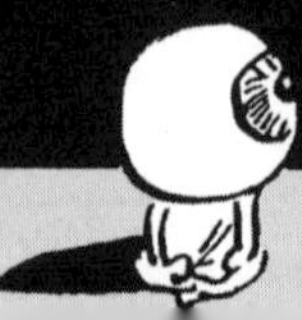

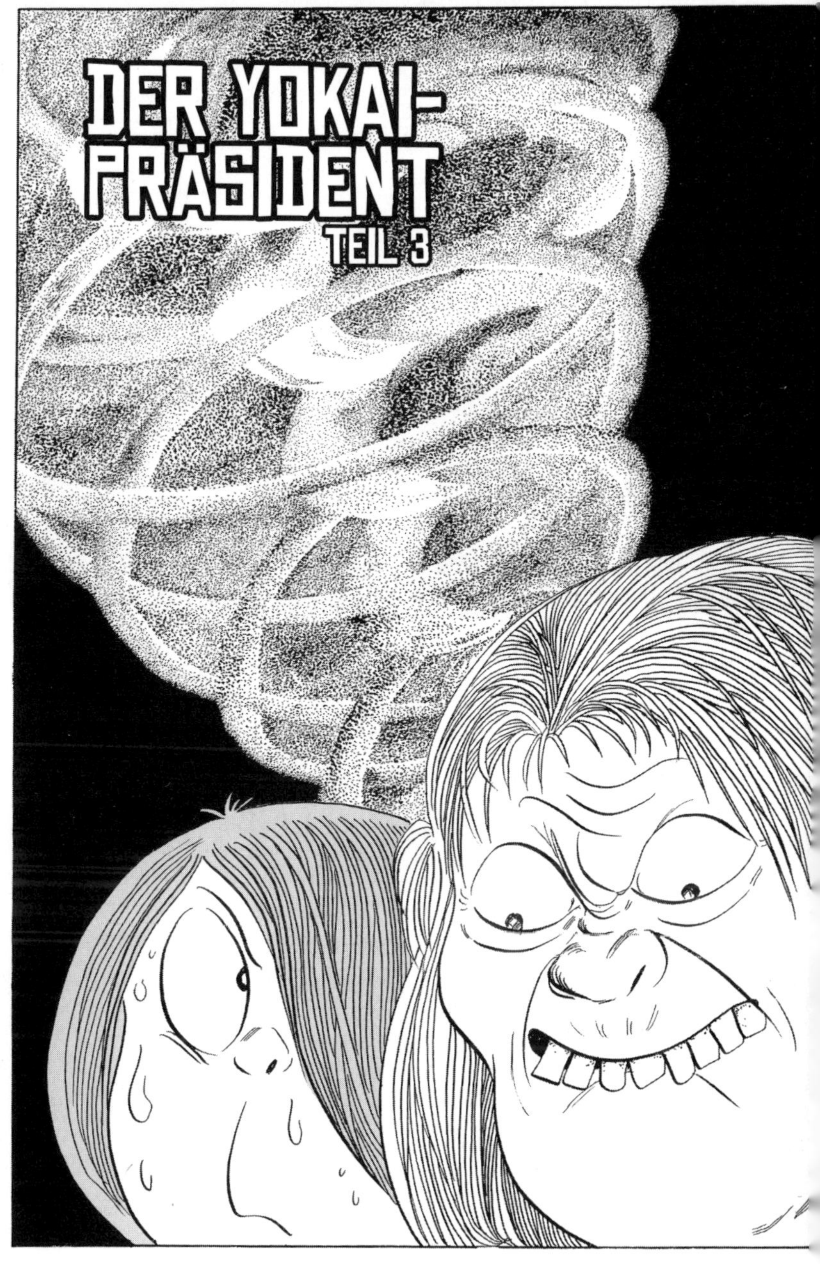
DER YOKAI-
PRÄSIDENT
TEIL 3

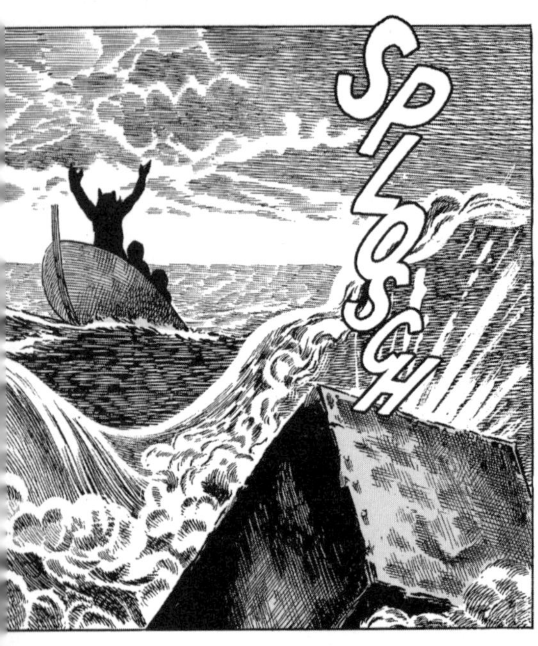

PROFESSOR URASHIMA HATTE EINE SUBSTANZ ENTDECKT, DIE DEM RAUCH AUS DEM KÄSTCHEN GLICH, DAS SEIN VORFAHRE URASHIMA TARO EINST MITGEBRACHT HABEN SOLL. DIESER RAUCH LIESS EINEN BEI BERÜHRUNG NICHT NUR ALTERN, ER FÜHRTE AUCH ZUM TOD DURCH MUMIFIZIERUNG. ES WAR DEM PROFESSOR GELUNGEN, DEN RAUCH IN EIN KÄSTCHEN ZU BANNEN. SOGLEICH HATTE ER KITARO DAMIT BEAUFTRAGT, DIESES IN EINER ANDEREN DIMENSION ZU ENTSORGEN. DUMMERWEISE HATTE AUCH DIE FLUSSHEXE DER UNTERWELT DAVON WIND BEKOMMEN UND DEM YOKAI-PRÄSIDENTEN AUFGETRAGEN, KITARO DAS KÄSTCHEN ABZULUCHSEN. SIE WOLLTE DIE MENSCHHEIT AUSLÖSCHEN, UM SELBST WIEDER AUF DER ERDOBERFLÄCHE LEBEN ZU KÖNNEN.
ALS KITARO AM FLUSSBETT DER UNTERWELT ANGEKOMMEN WAR, RAUBTE IHM DIE HEXE SEINE WESTE UND FERNGESTEUERTEN SANDALEN. SCHLIESSLICH SPERRTE SIE KITARO IN EINEN STEIN UND VERSENKTE IHN IM MEER.

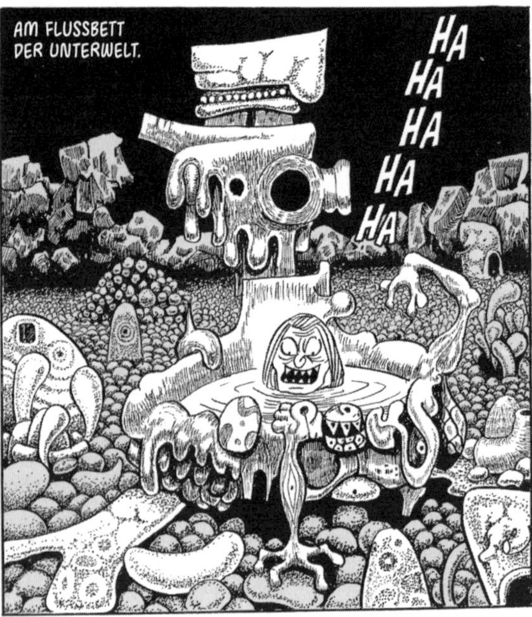

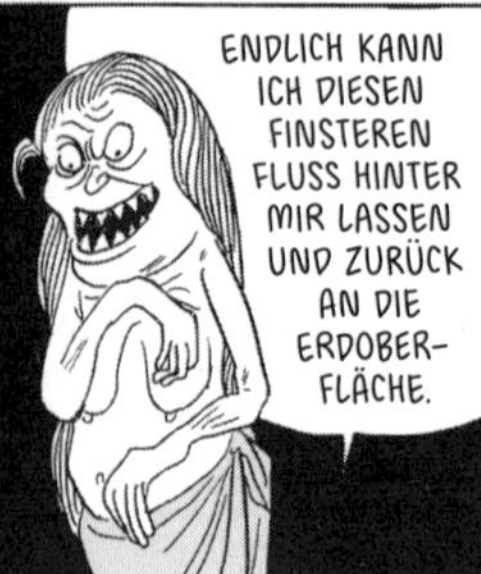

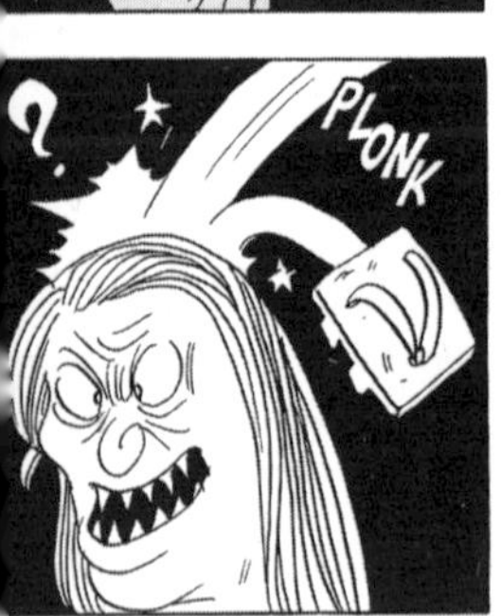

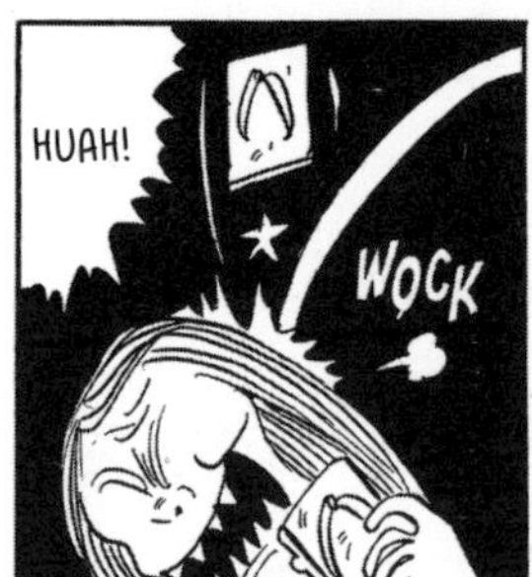
HUAH!
WOCK

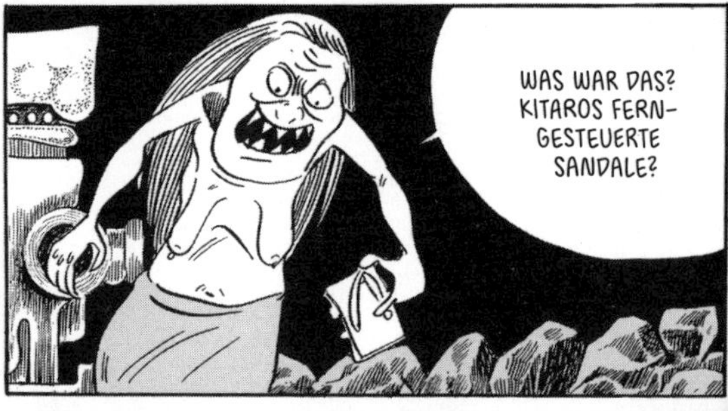
WAS WAR DAS? KITAROS FERN-GESTEUERTE SANDALE?

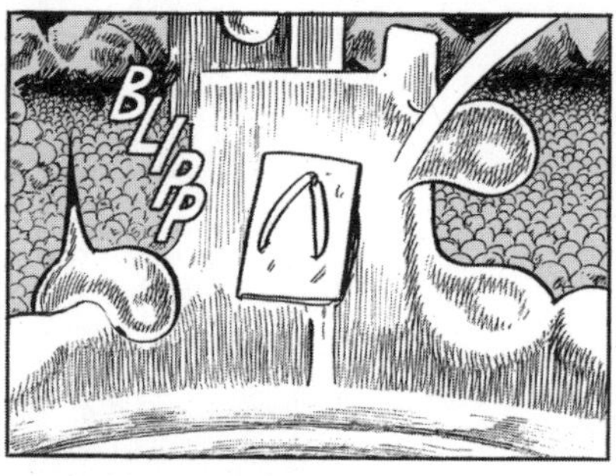
BLIPP

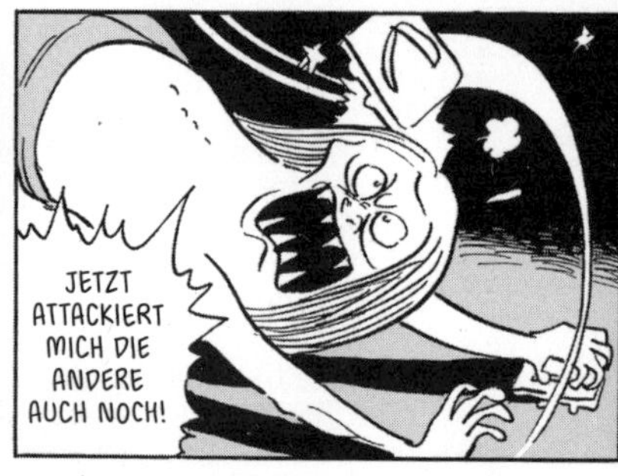
JETZT ATTACKIERT MICH DIE ANDERE AUCH NOCH!

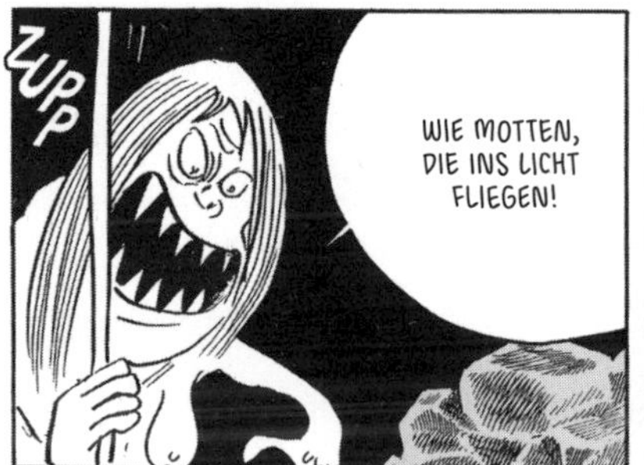
ZUPP
WIE MOTTEN, DIE INS LICHT FLIEGEN!

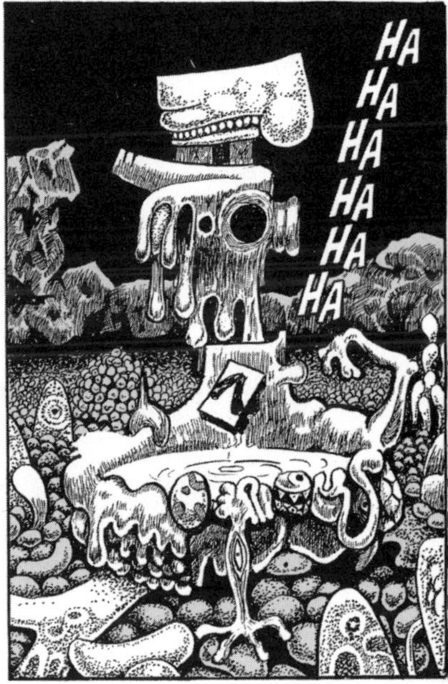
HA HA HA HA HA HA HA HA

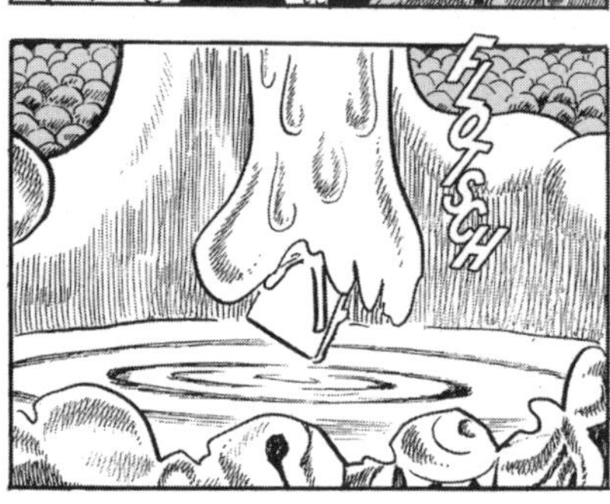
FLOTSCH

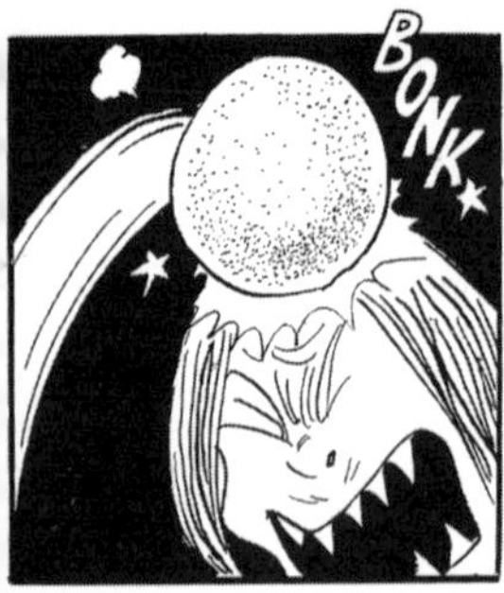

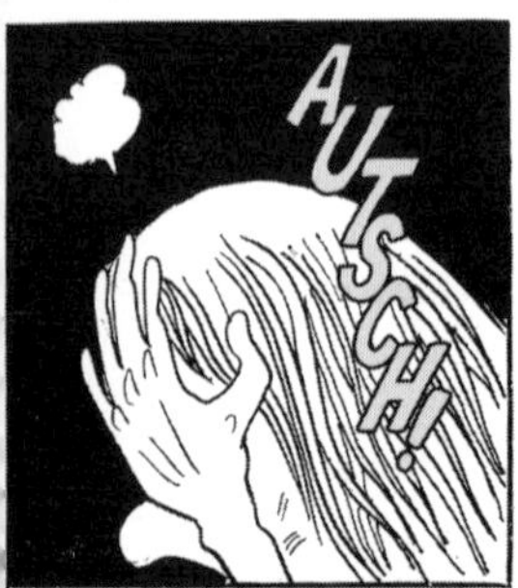

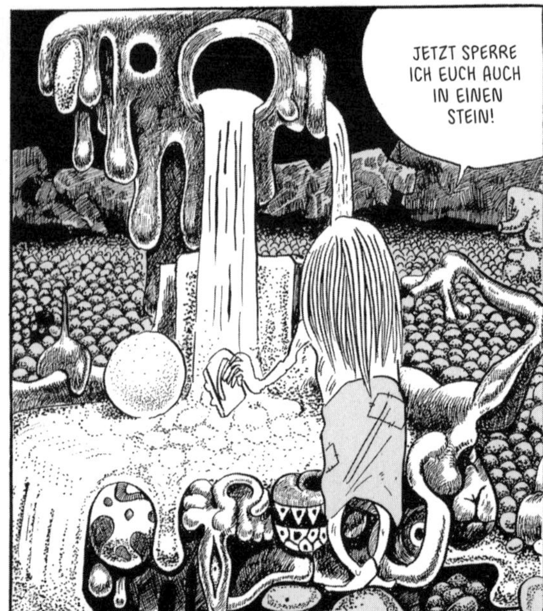

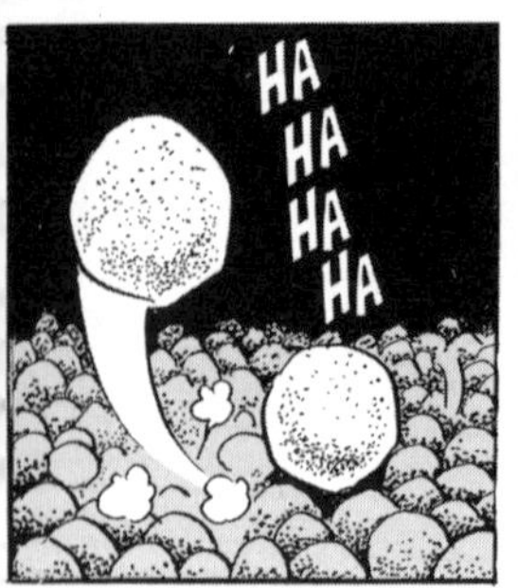

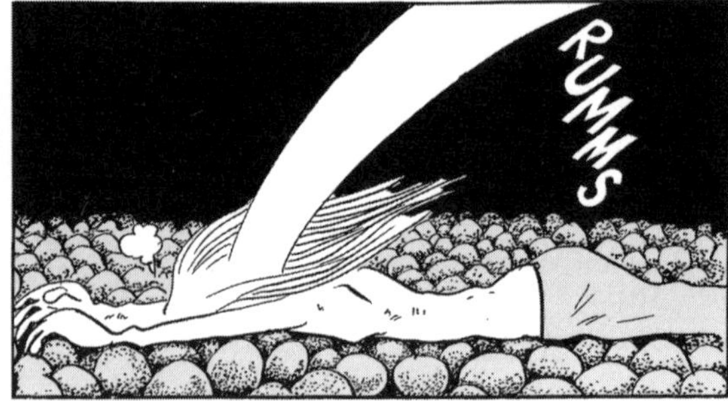

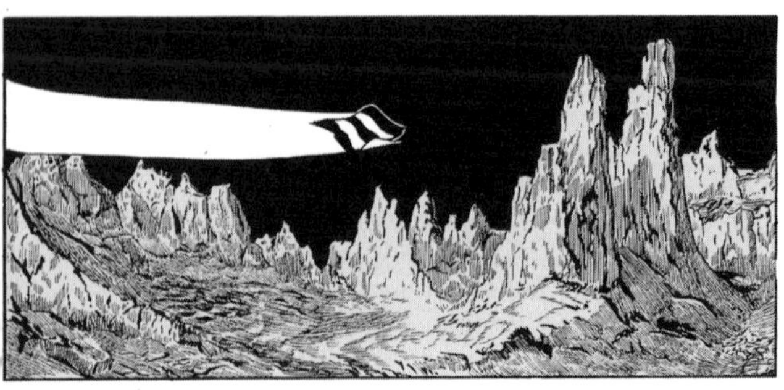

DIE SANDALEN LIESSEN SICH VON DER STEINERNEN HÜLLE NICHT BEEINDRUCKEN UND SCHICKTEN DIE HEXE AUF DEN BODEN. KITARO HATTE SIE VOM MEERESGRUND AUS FERNGESTEUERT. IM SELBEN MOMENT FLATTERTE AUCH SEINE WESTE VOM FLUSSBETT AUF UND DAVON.

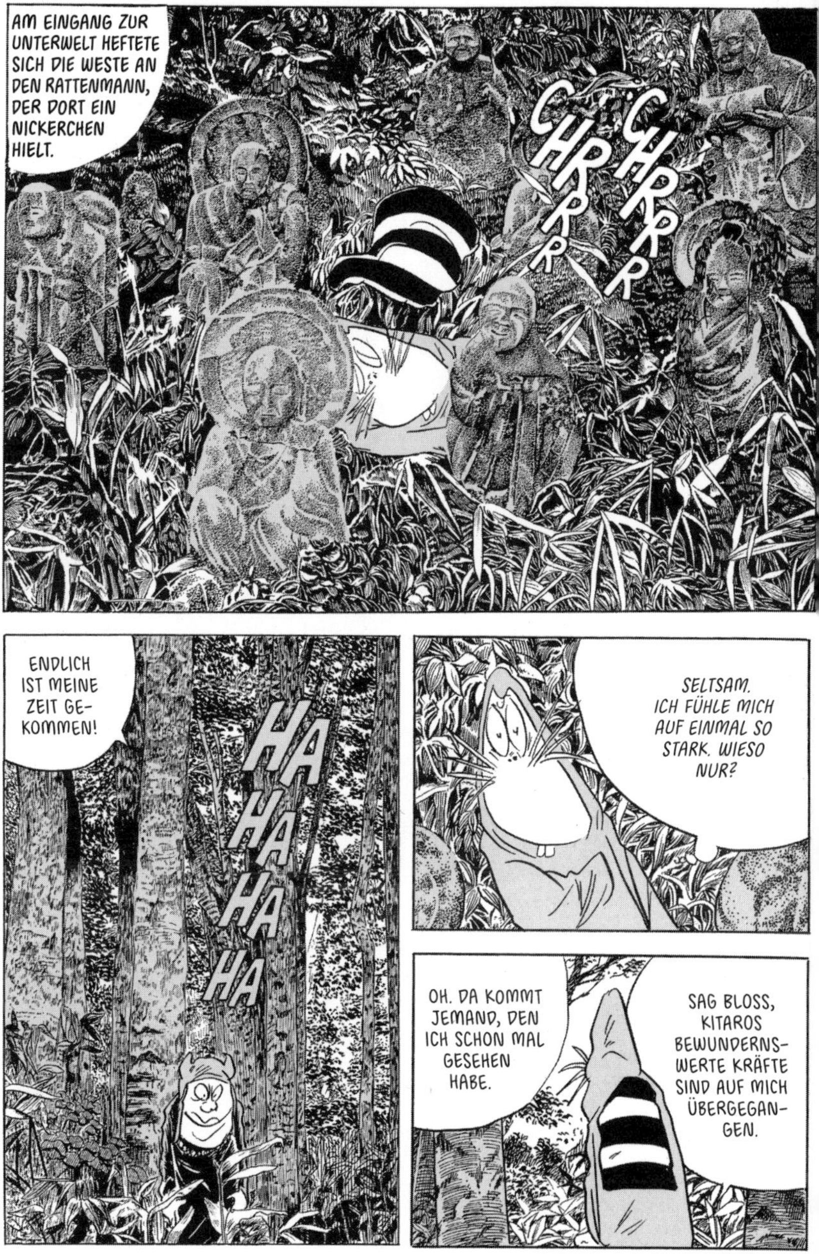

AM EINGANG ZUR UNTERWELT HEFTETE SICH DIE WESTE AN DEN RATTENMANN, DER DORT EIN NICKERCHEN HIELT.

CHRRR

CHRRR

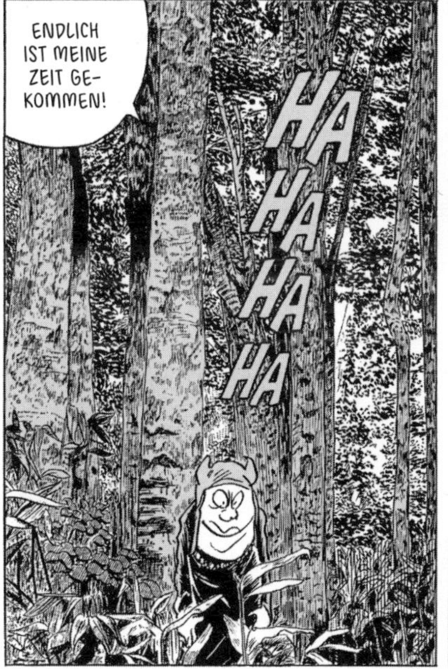

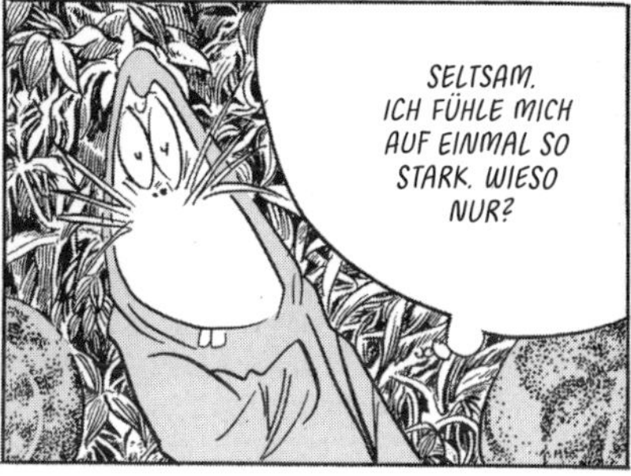

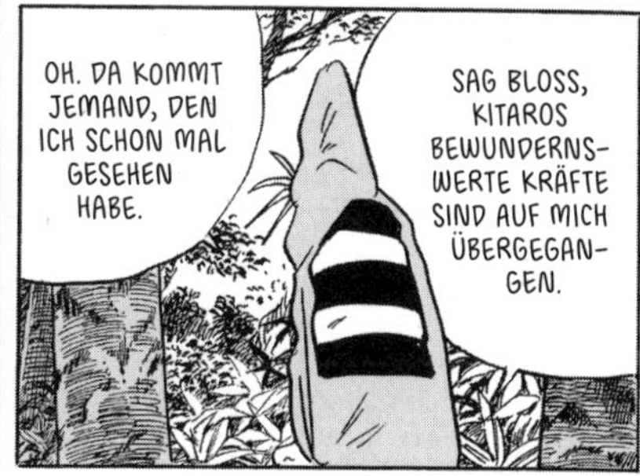

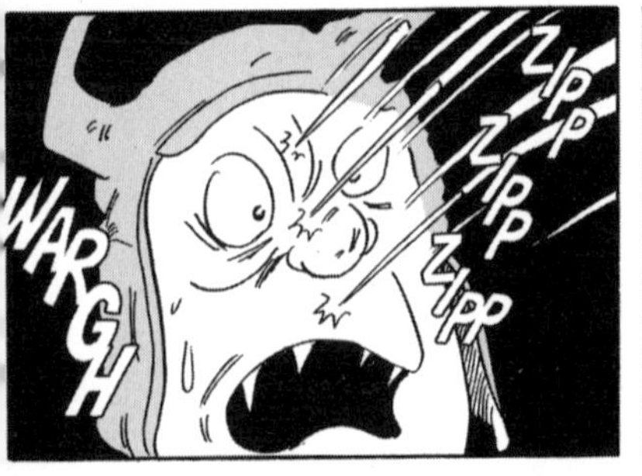

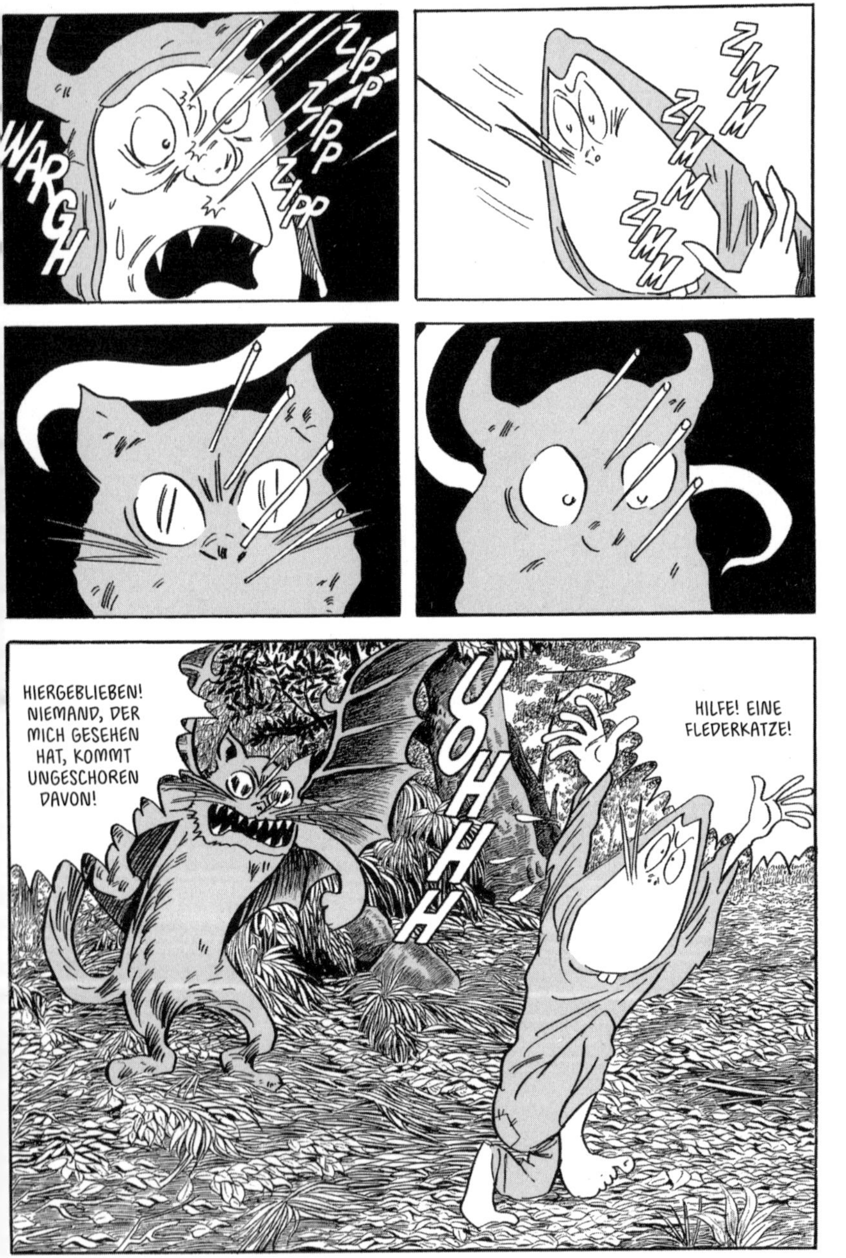

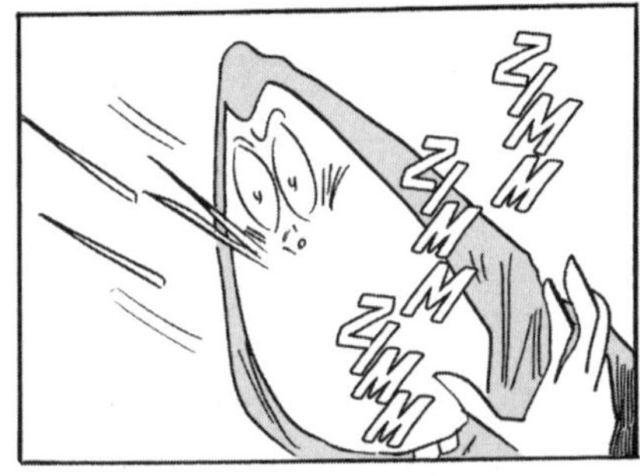

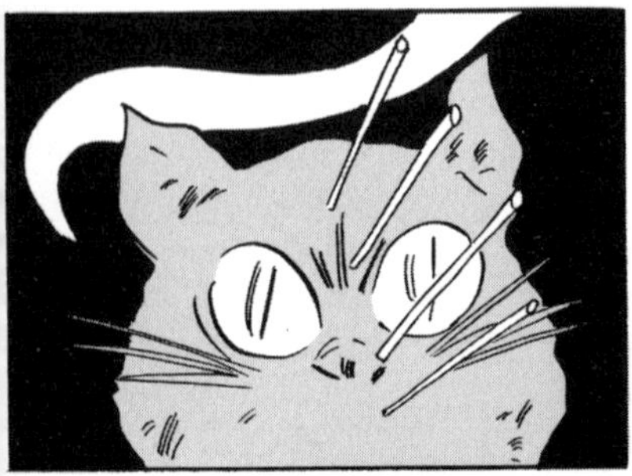

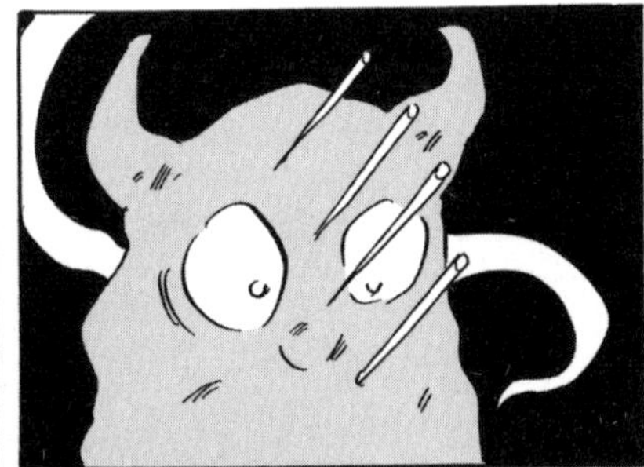

HIERGEBLIEBEN! NIEMAND, DER MICH GESEHEN HAT, KOMMT UNGESCHOREN DAVON!

UOHHH

HILFE! EINE FLEDERKATZE!

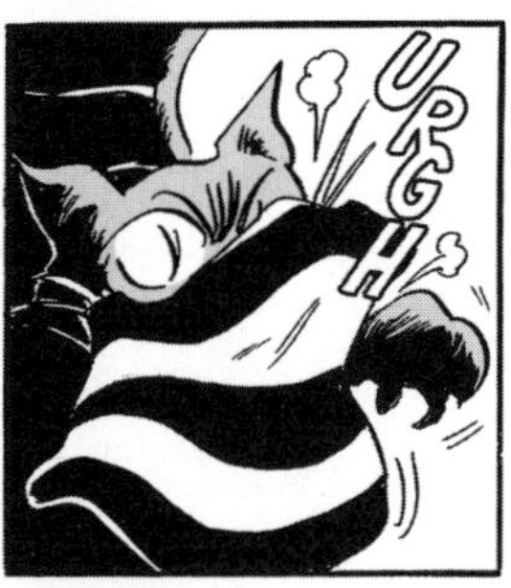
URGH

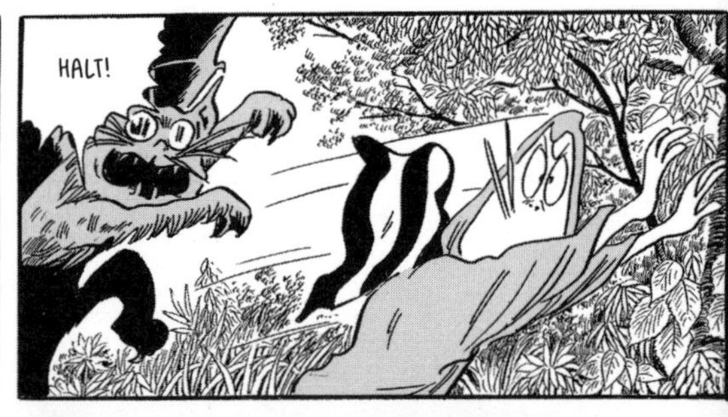
HALT!

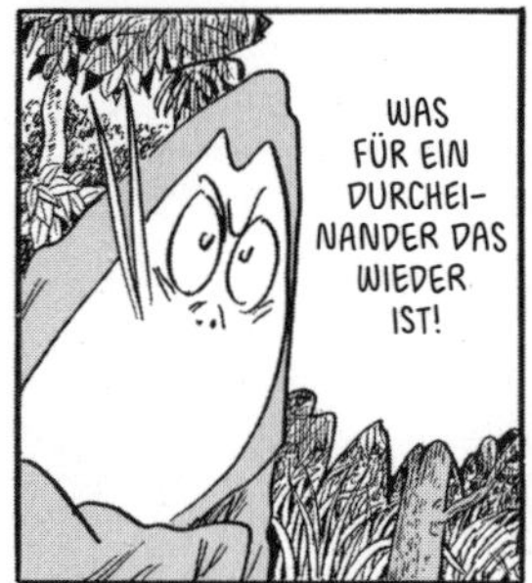
WAS FÜR EIN DURCHEI-NANDER DAS WIEDER IST!

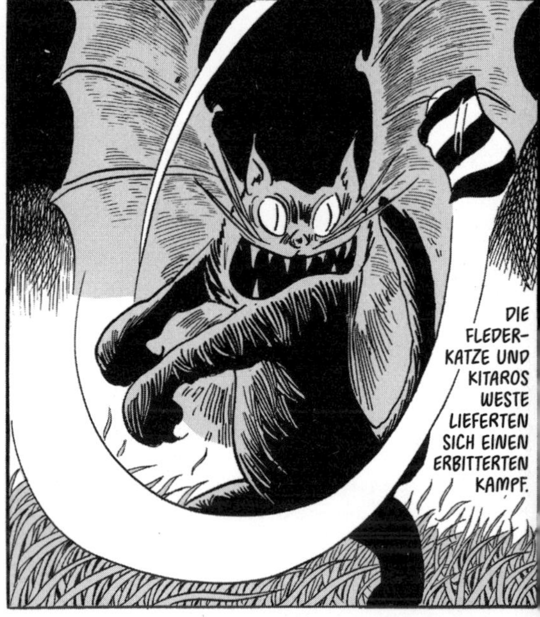
DIE FLEDER-KATZE UND KITAROS WESTE LIEFERTEN SICH EINEN ERBITTERTEN KAMPF.

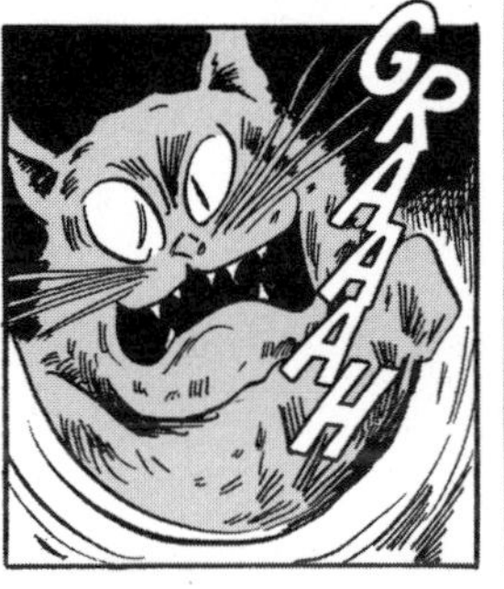
GRAAAAAH

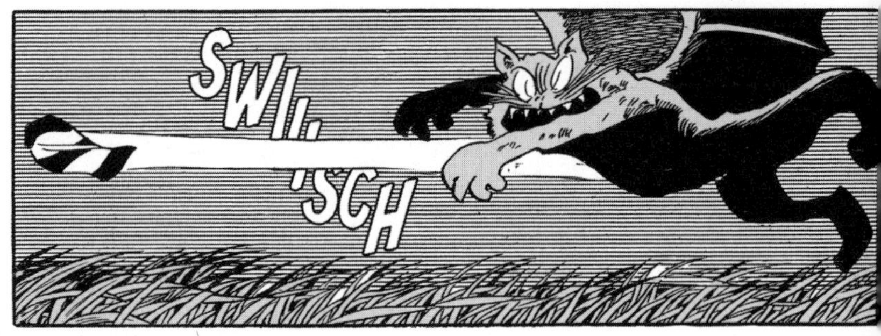
SWII 'SCH

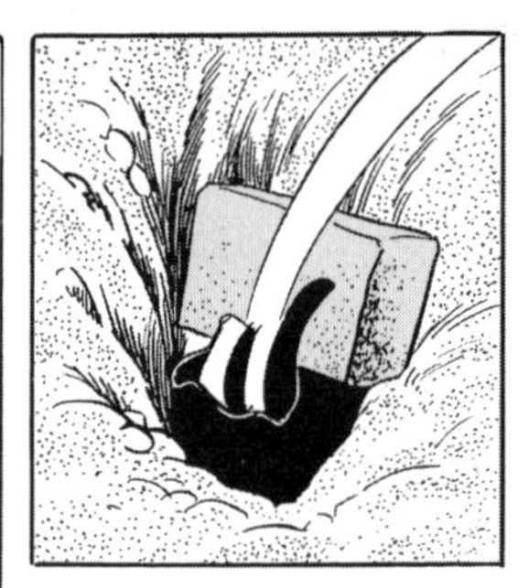

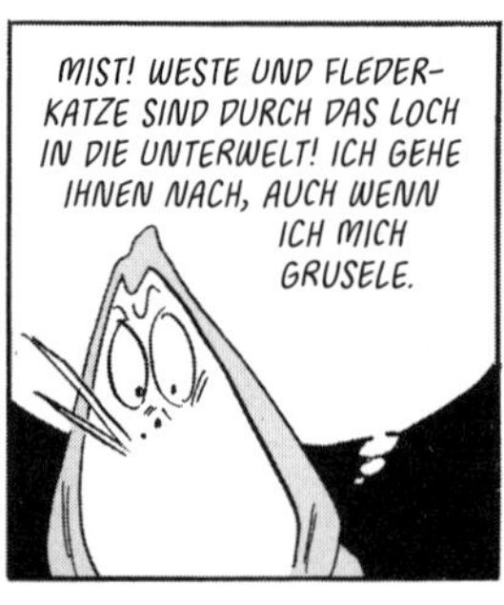

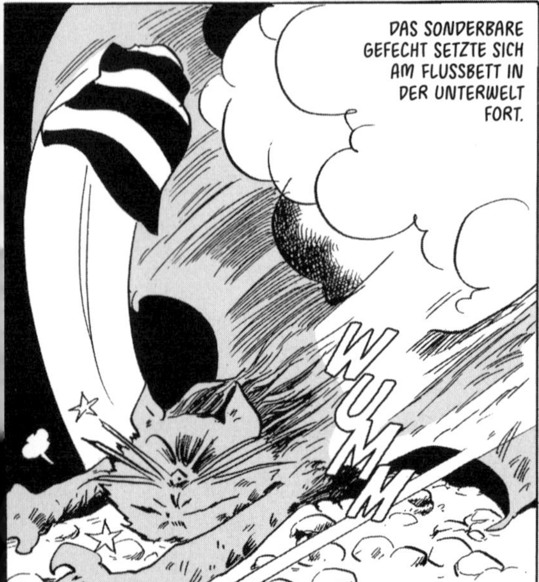

HAHAHA! NIMM DAS, FLEDER-KATZE!

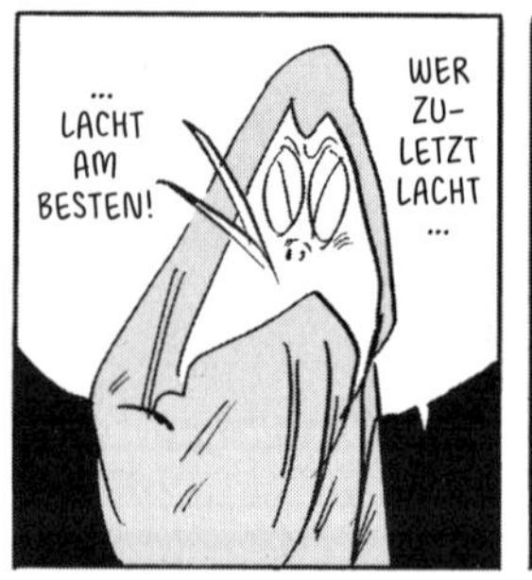

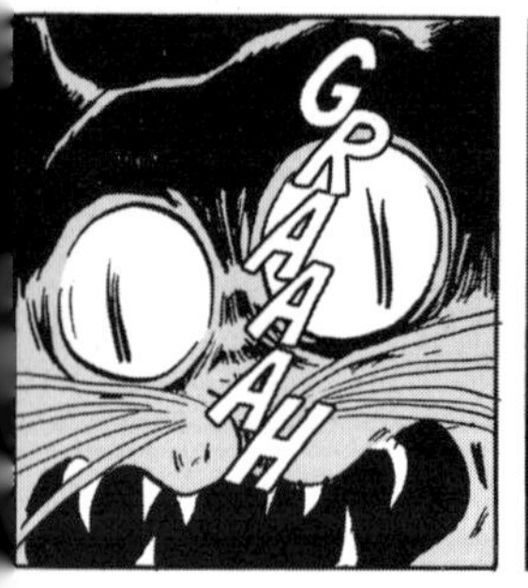

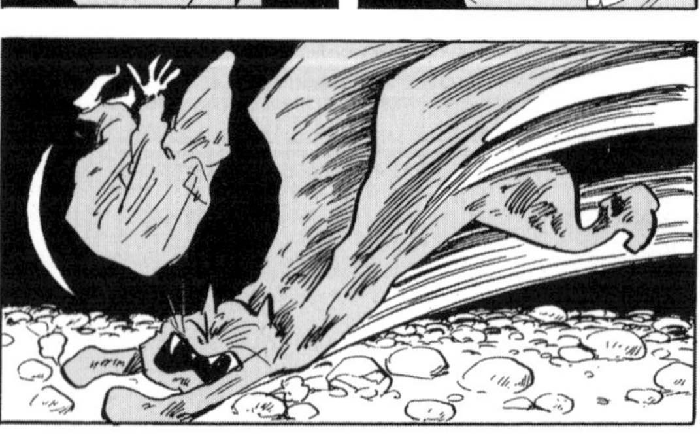

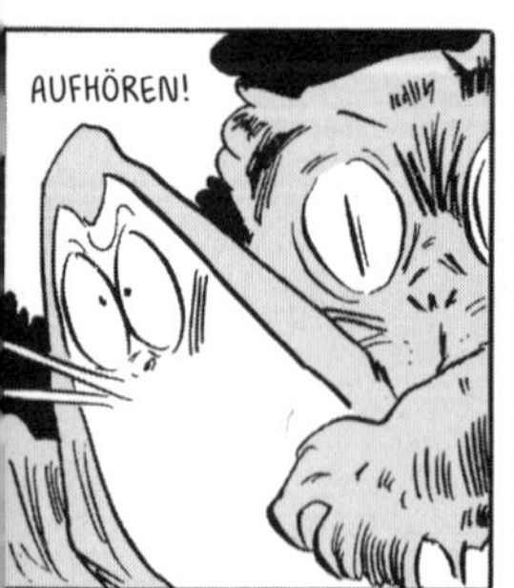

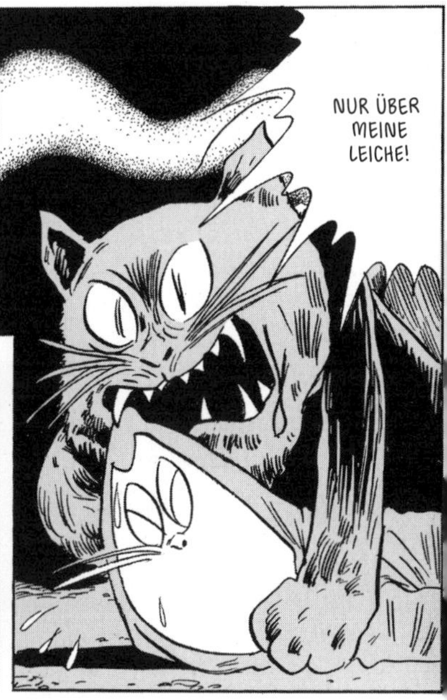
NUR ÜBER
MEINE
LEICHE!

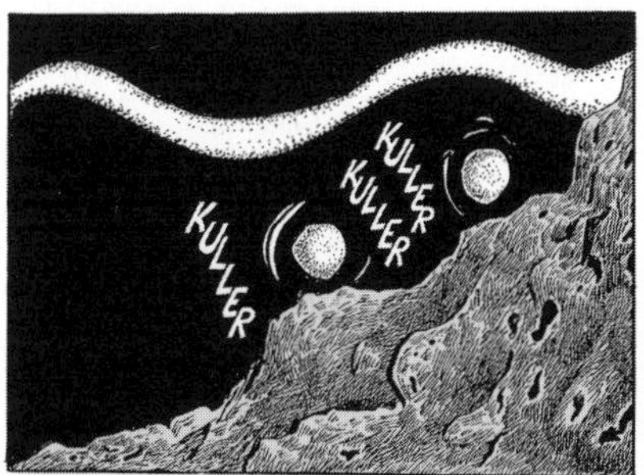
KULLER
KULLER
KULLER

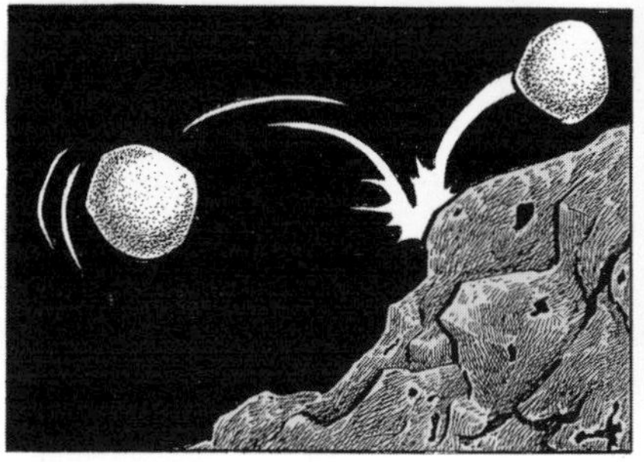

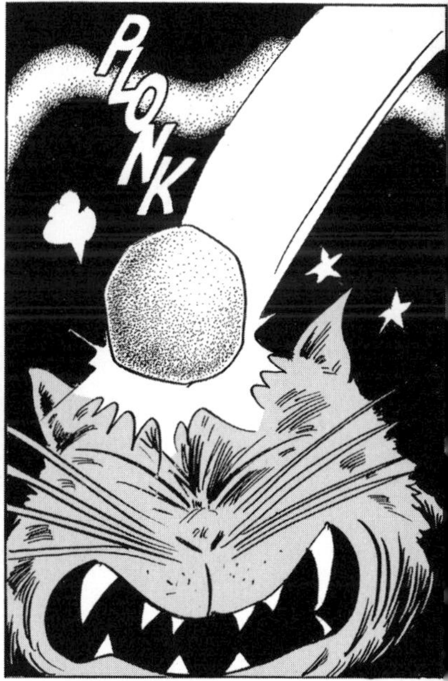
PLONK

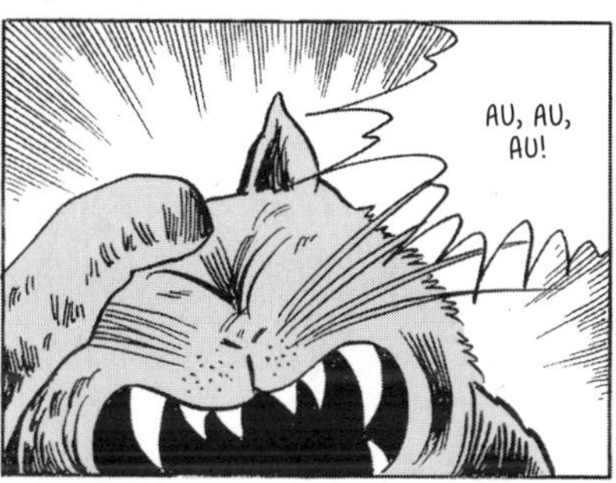
AU, AU,
AU!

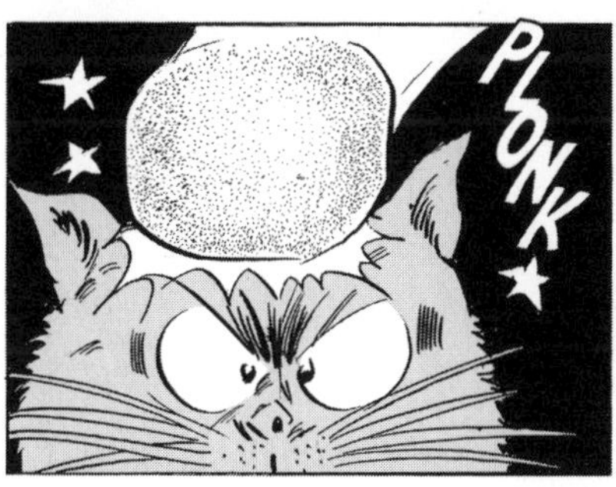
PLONK

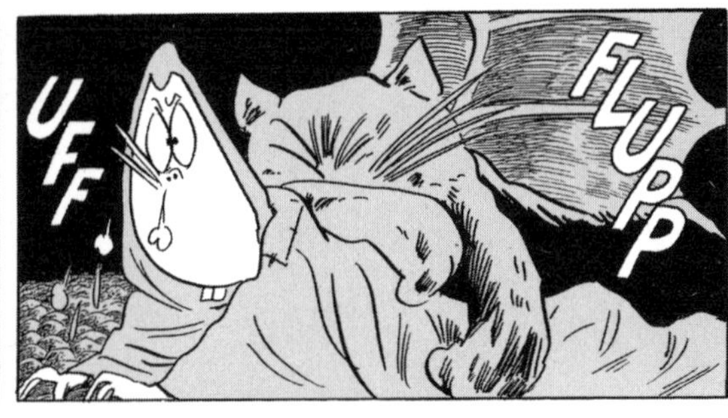
UFF
FLUPP

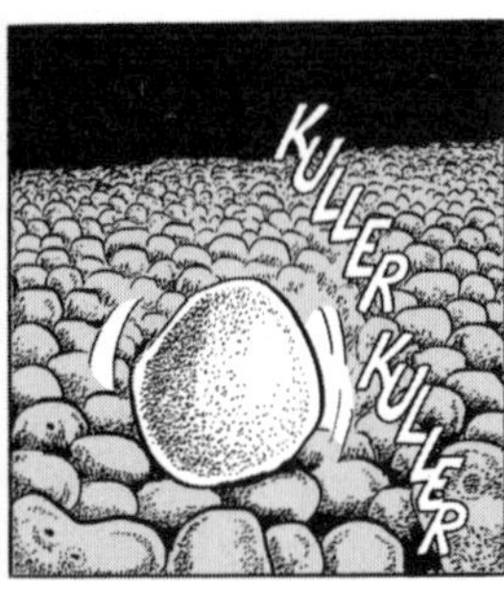
KULLER KULLER

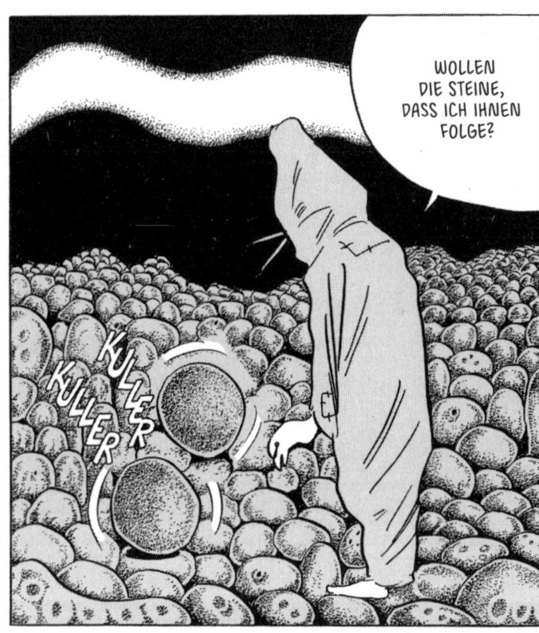
WOLLEN DIE STEINE, DASS ICH IHNEN FOLGE?
KULLER KULLER

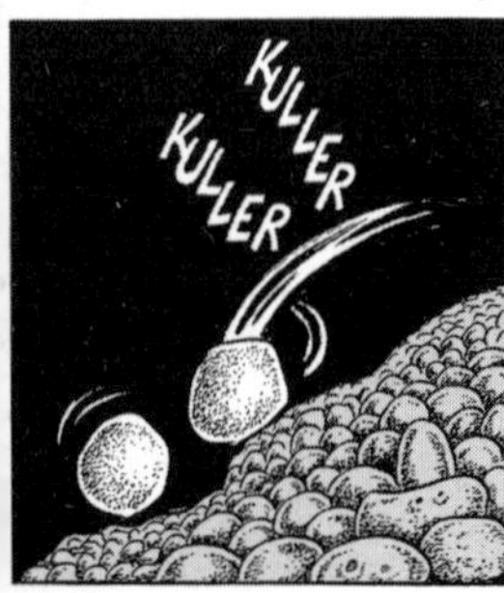
KULLER KULLER

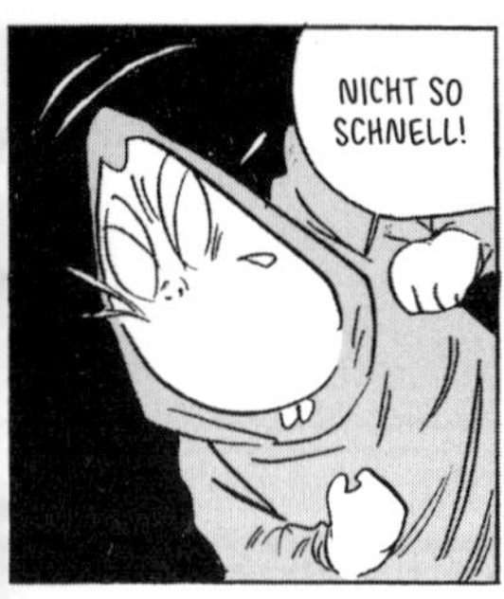
NICHT SO SCHNELL!

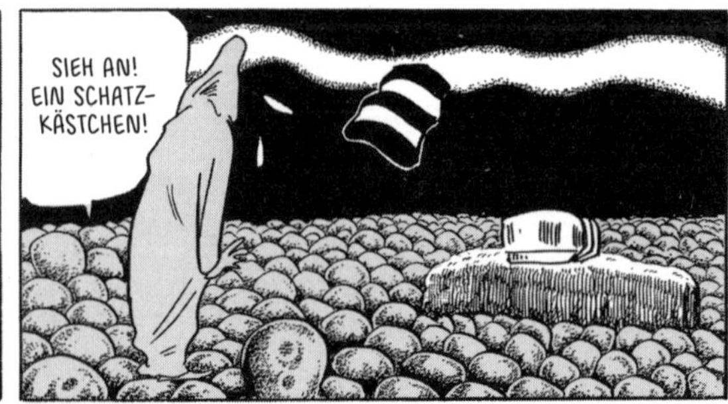
SIEH AN! EIN SCHATZ-KÄSTCHEN!

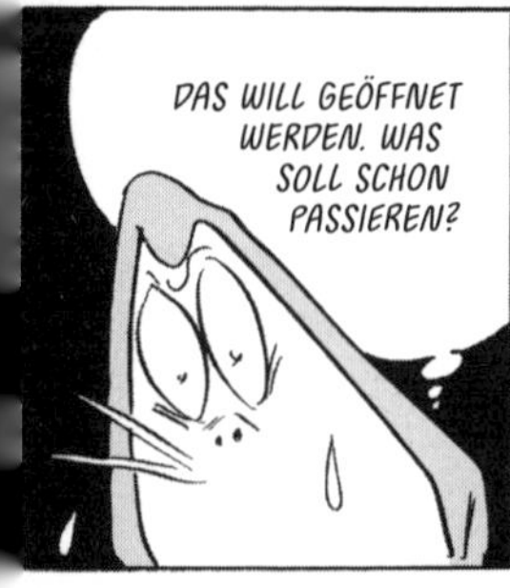
DAS WILL GEÖFFNET WERDEN. WAS SOLL SCHON PASSIEREN?

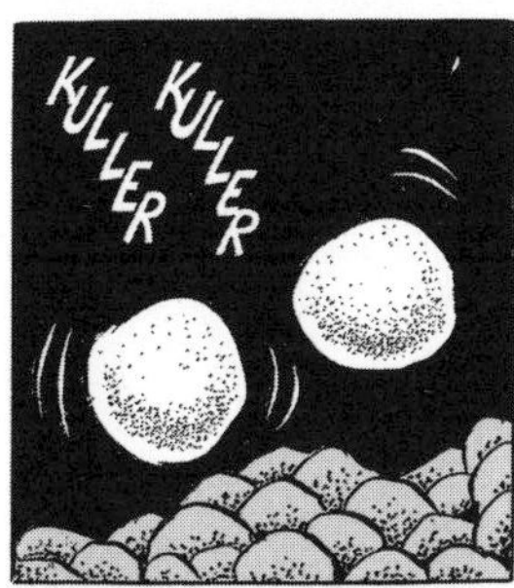

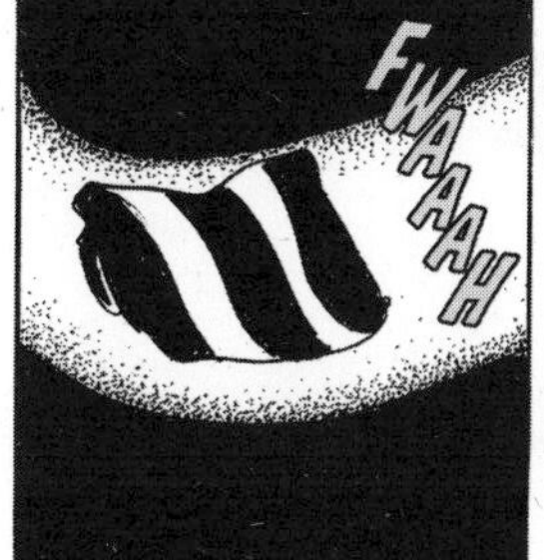

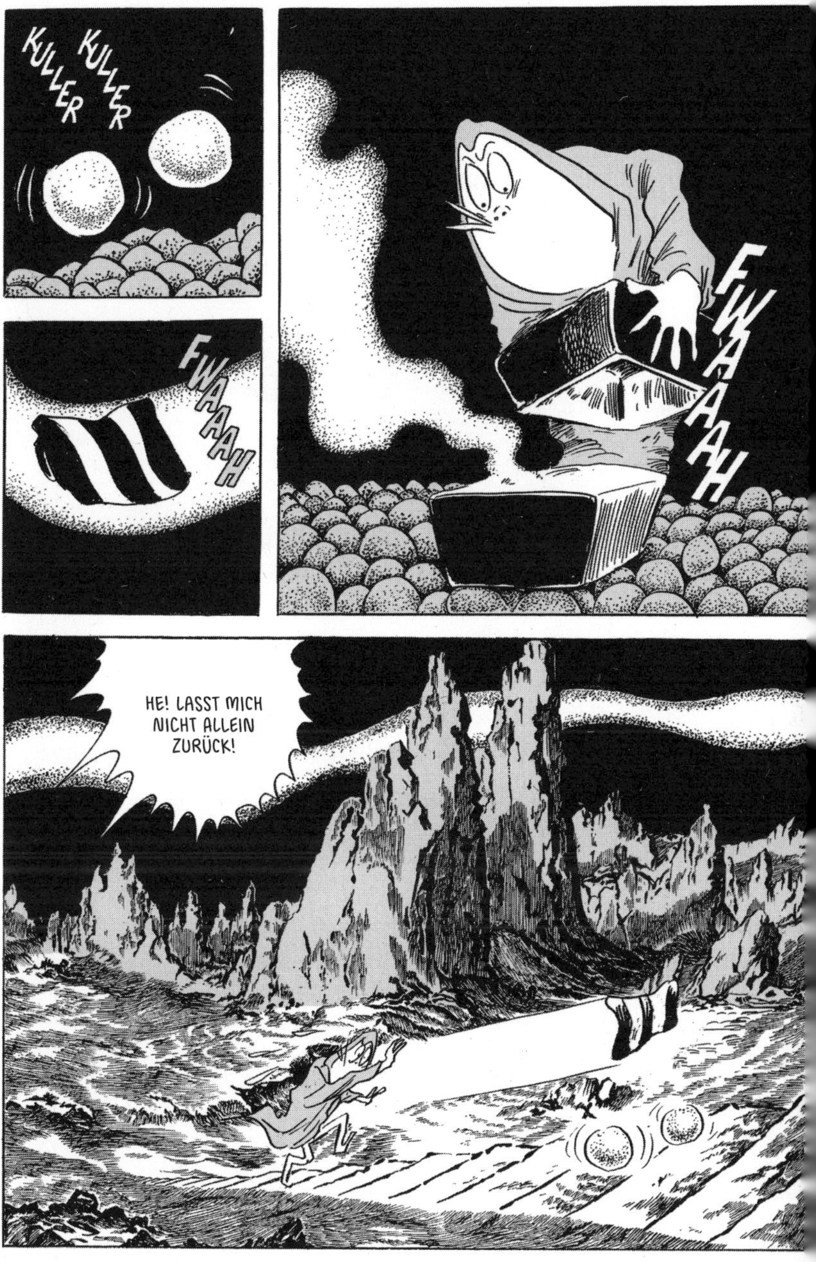

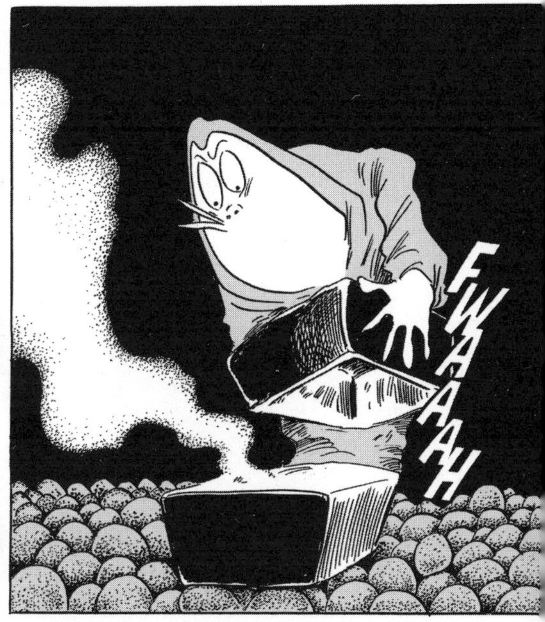

HE! LASST MICH NICHT ALLEIN ZURÜCK!

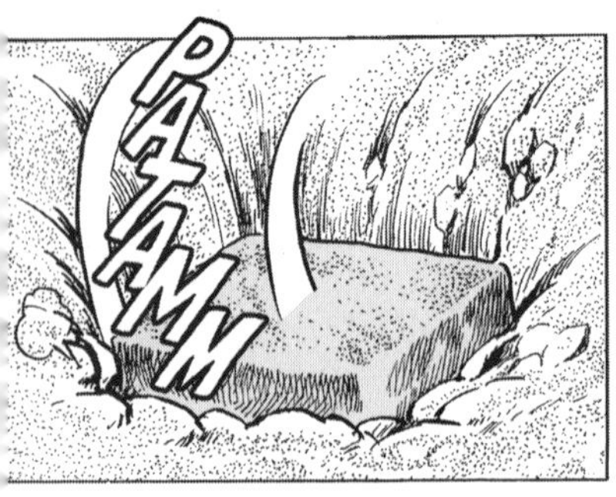
PATAMM

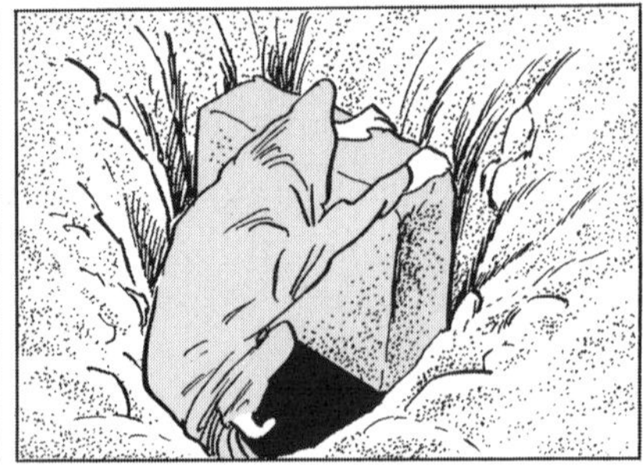

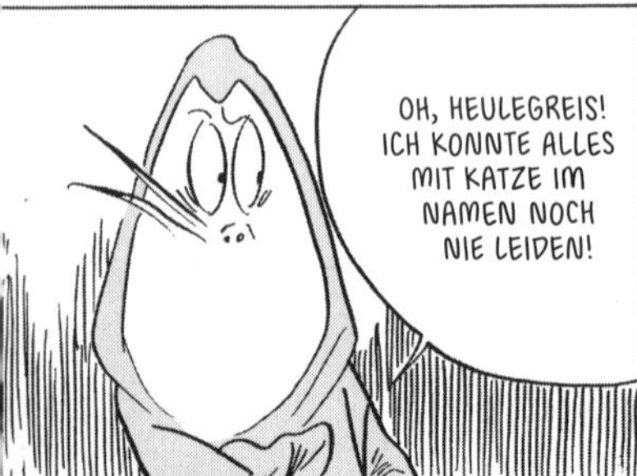
OH, HEULEGREIS! ICH KONNTE ALLES MIT KATZE IM NAMEN NOCH NIE LEIDEN!

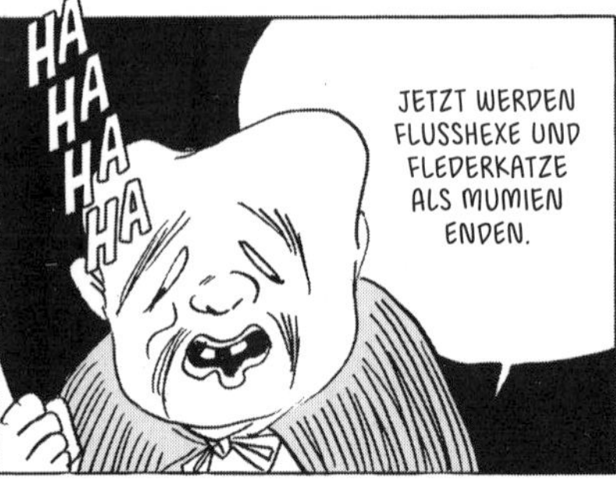
HA HA HA HA HA
JETZT WERDEN FLUSSHEXE UND FLEDERKATZE ALS MUMIEN ENDEN.

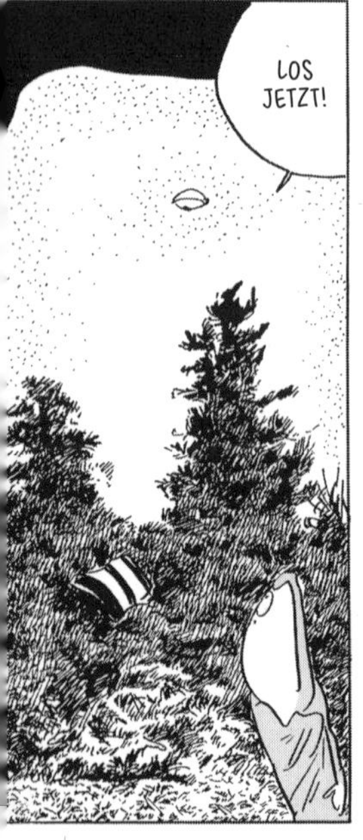
LOS JETZT!

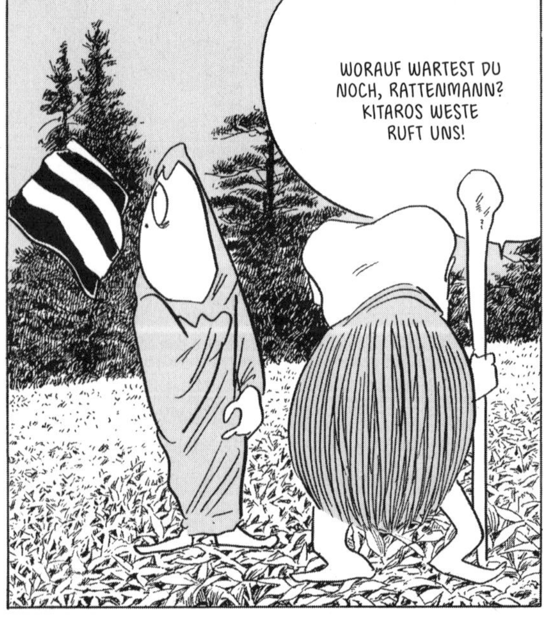
WORAUF WARTEST DU NOCH, RATTENMANN? KITAROS WESTE RUFT UNS!

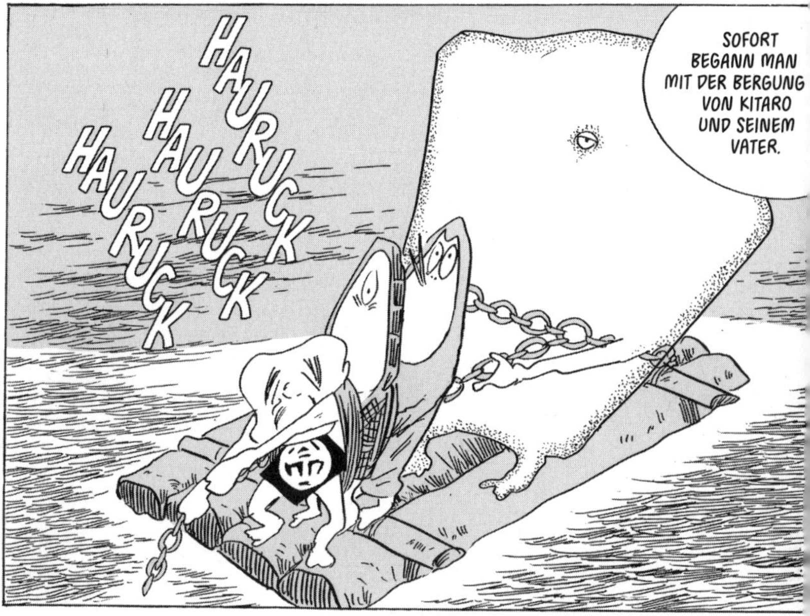

SOFORT BEGANN MAN MIT DER BERGUNG VON KITARO UND SEINEM VATER.

HAURUCK

HAURUCK

HAURUCK

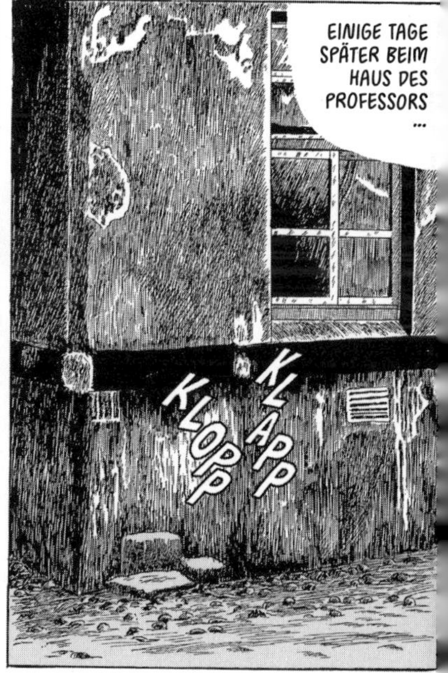

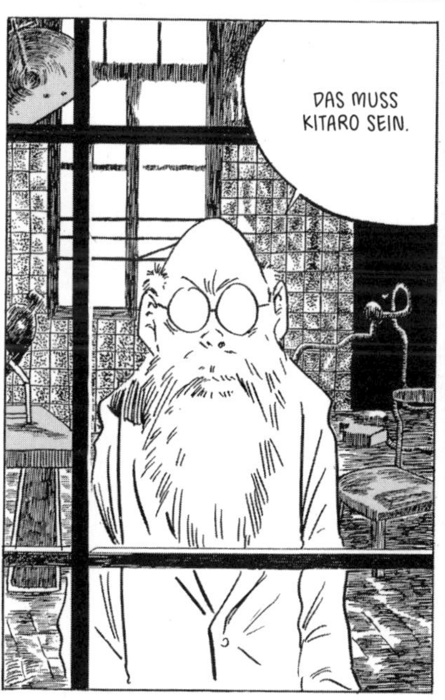

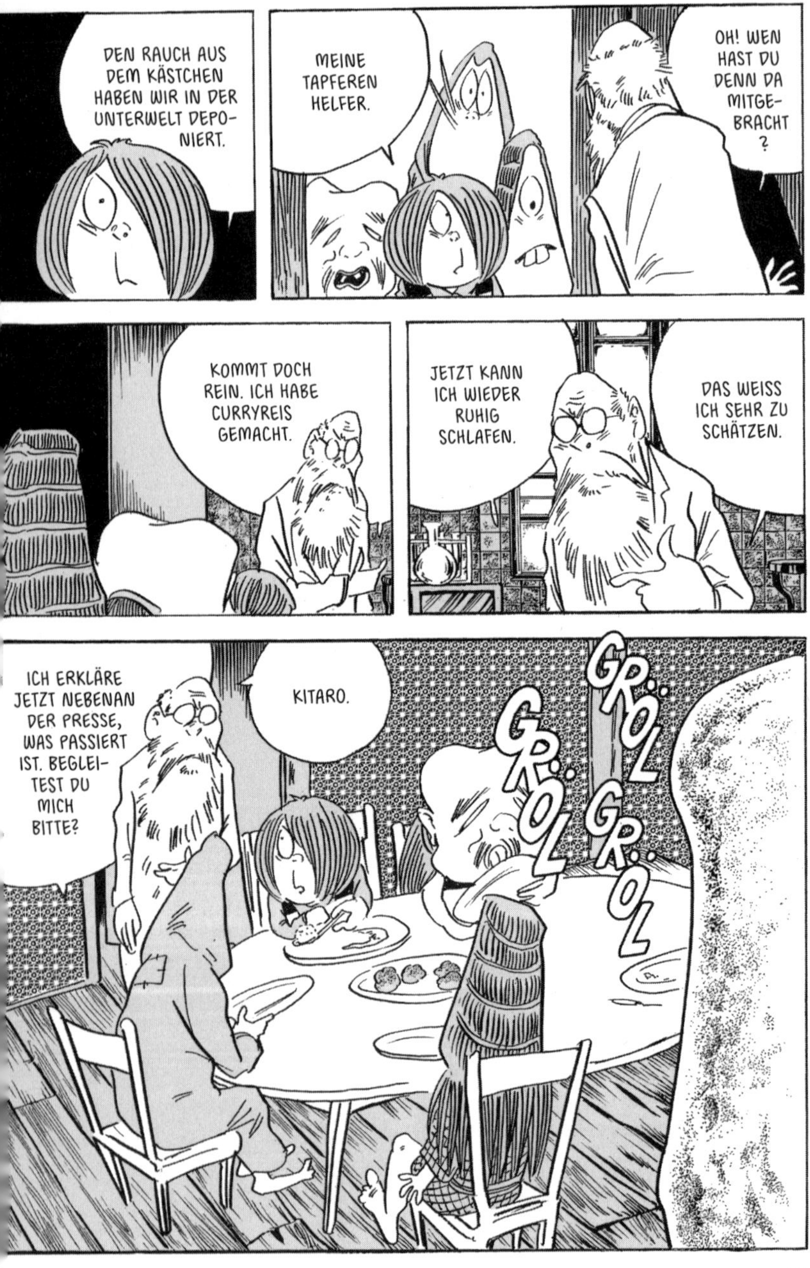

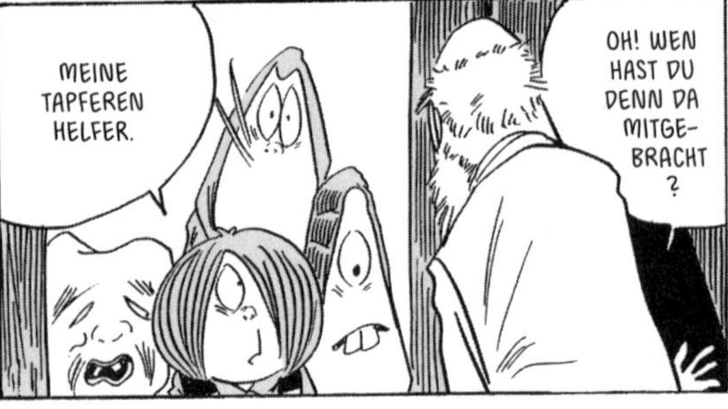

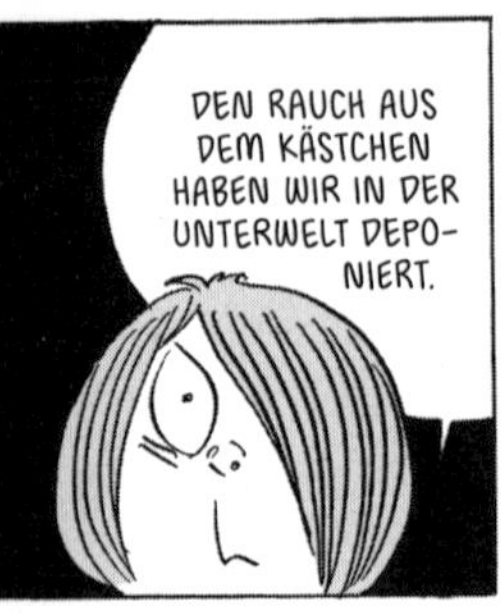

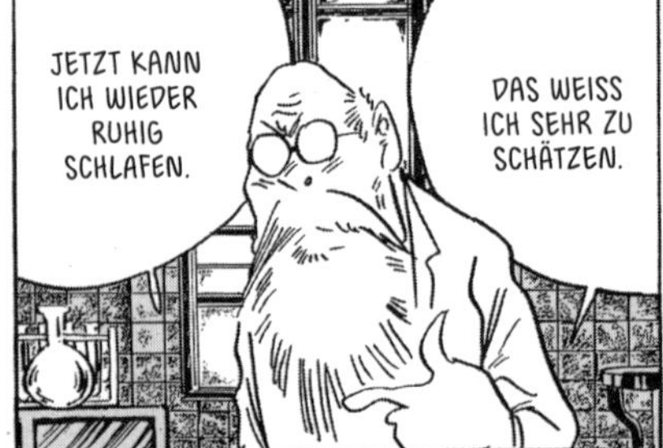

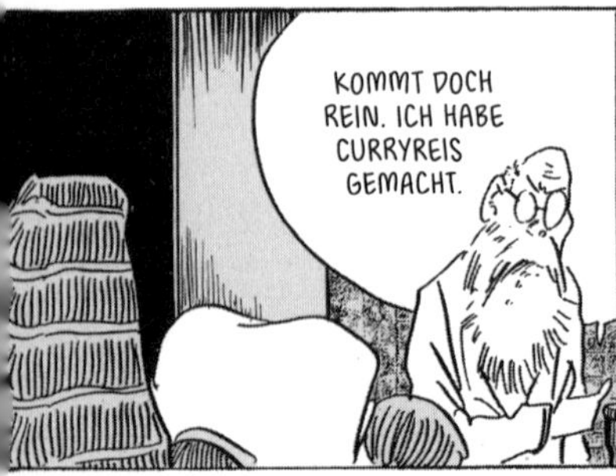

GRÖL GRÖL GRÖL GRÖL

KITARO.

ICH ERKLÄRE JETZT NEBENAN DER PRESSE, WAS PASSIERT IST. BEGLEI-TEST DU MICH BITTE?

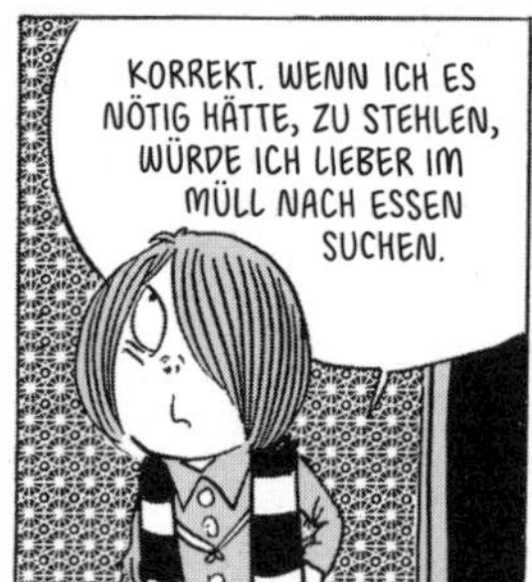

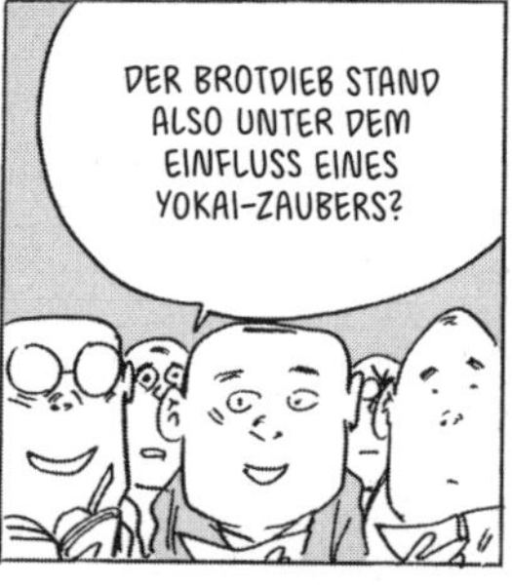

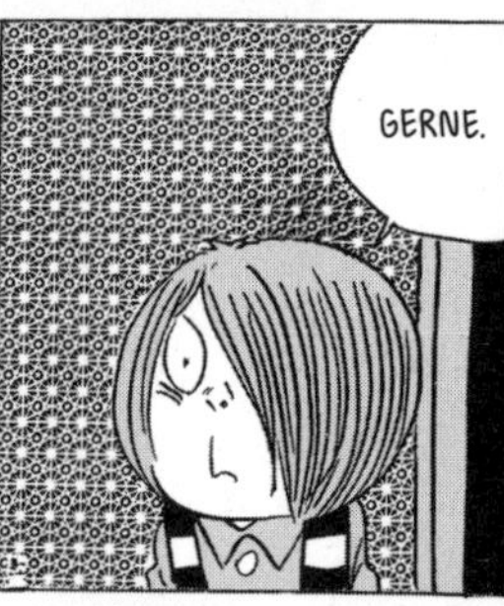

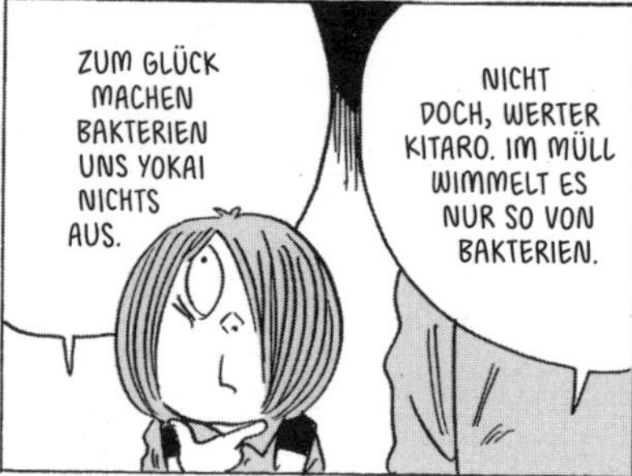

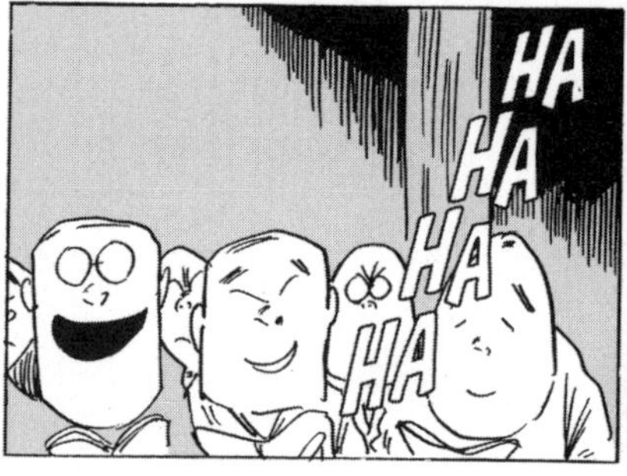

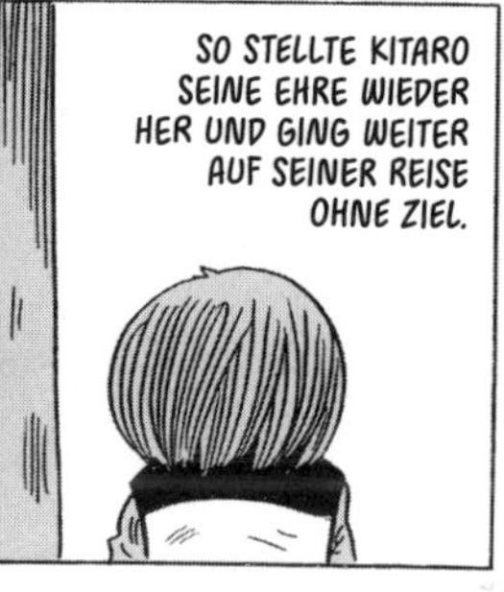

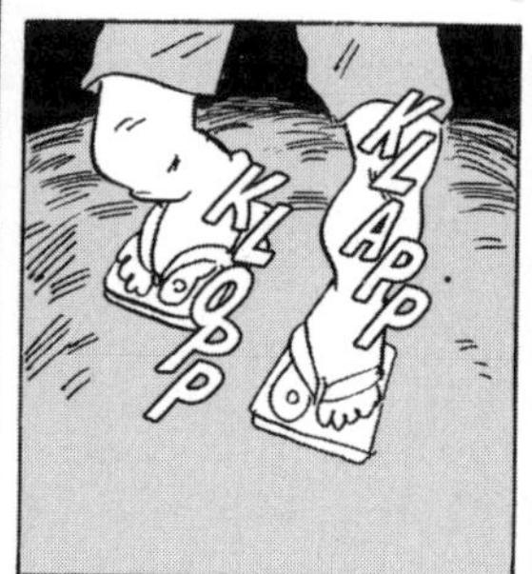

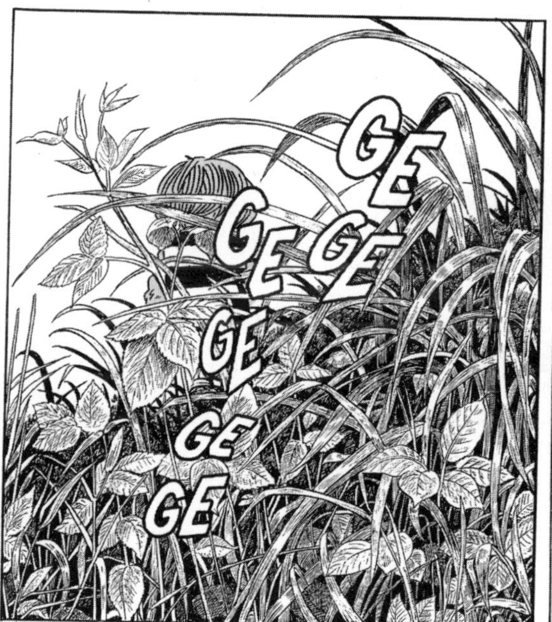

Der Yokai-Präsident, Teil 3 – Ende

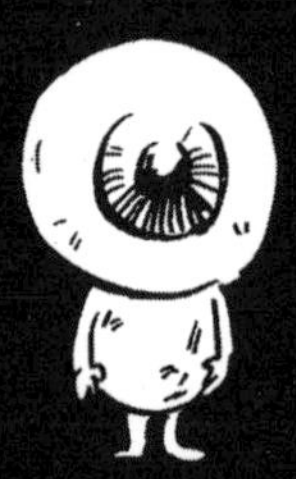

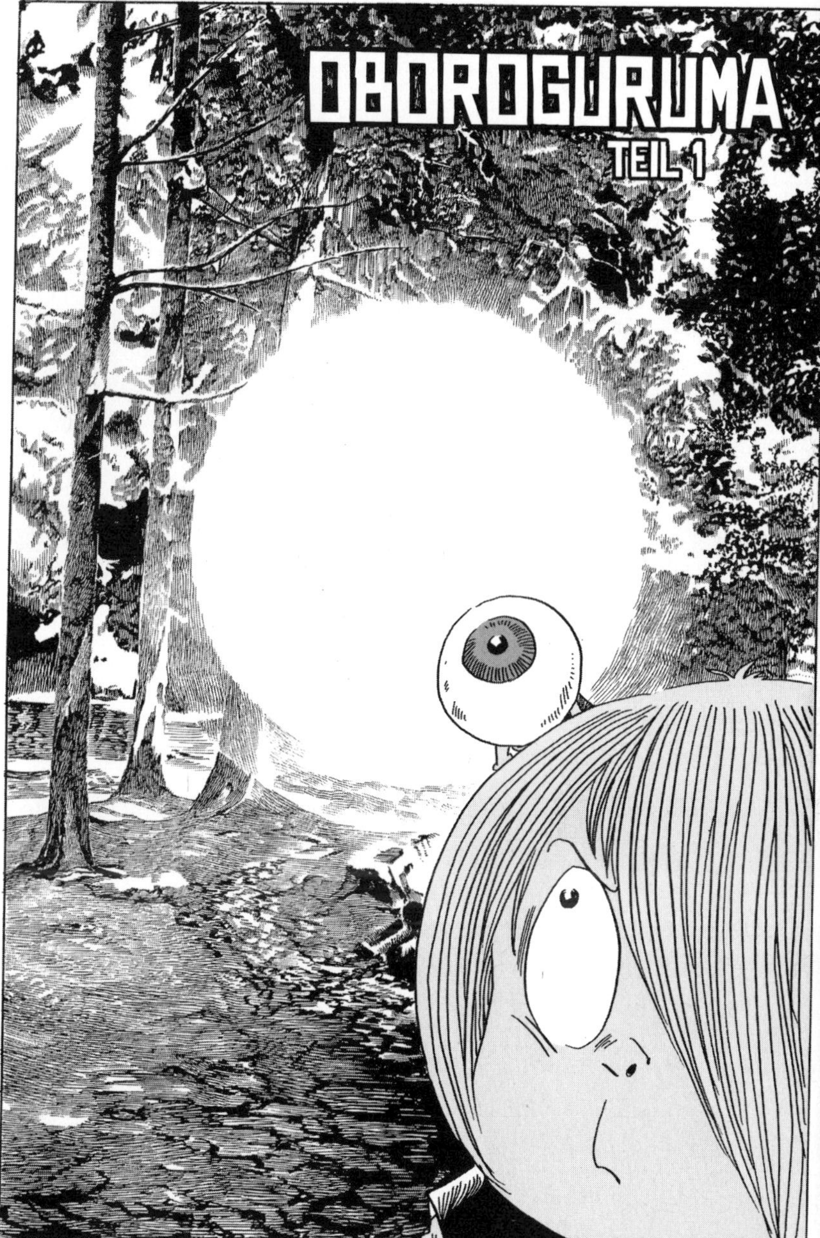
OBOROGURUMA
TEIL 1

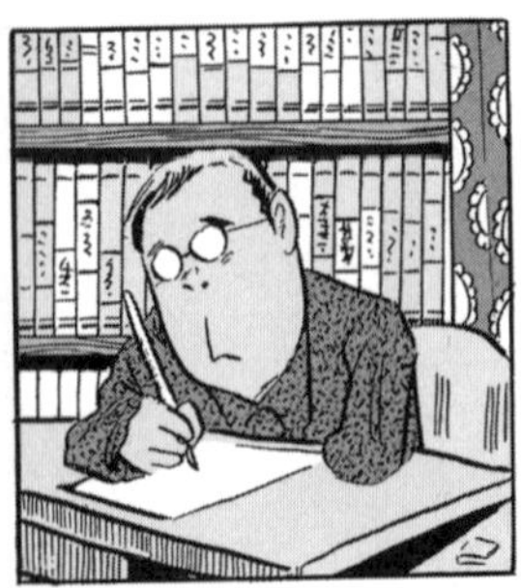

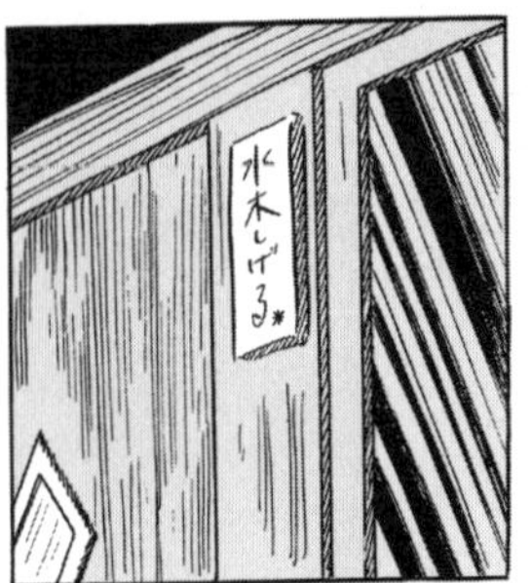

* SHIGERU MIZUKI

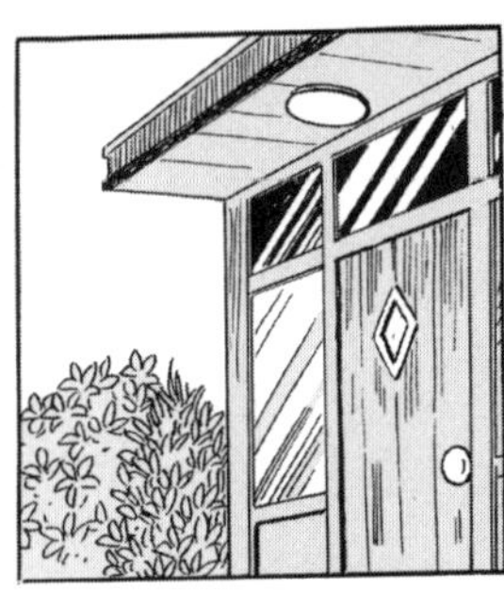

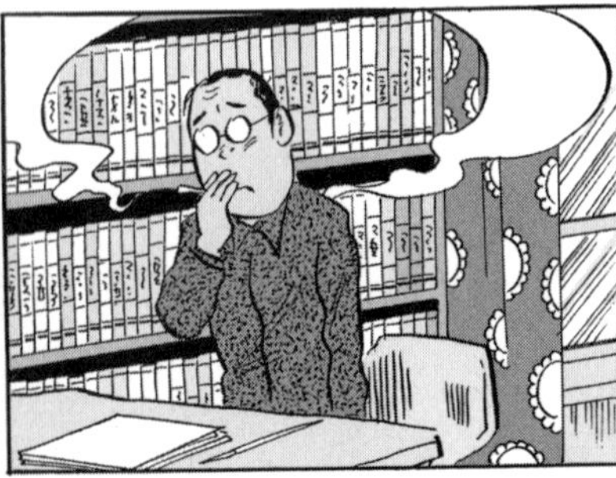

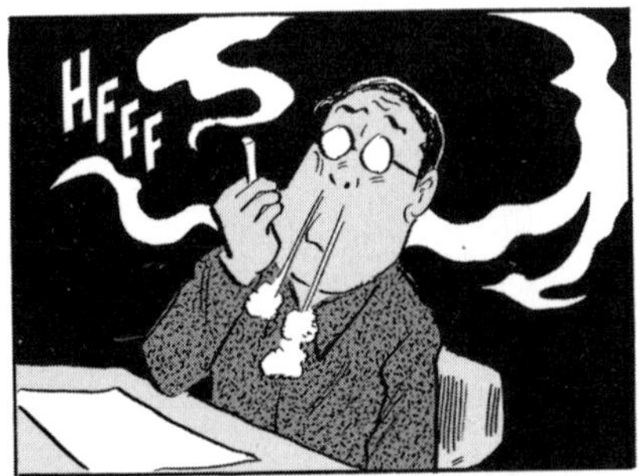

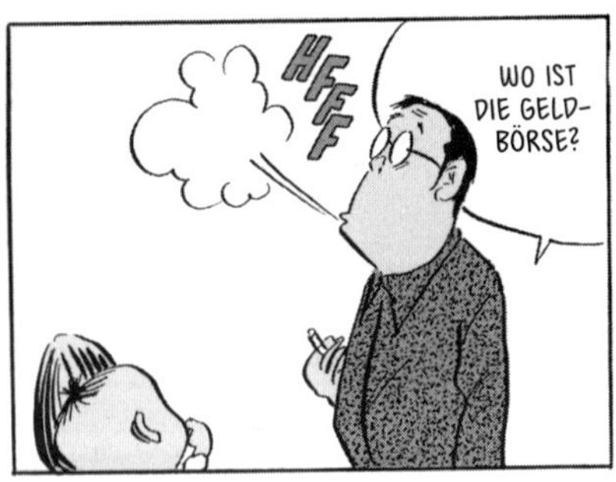

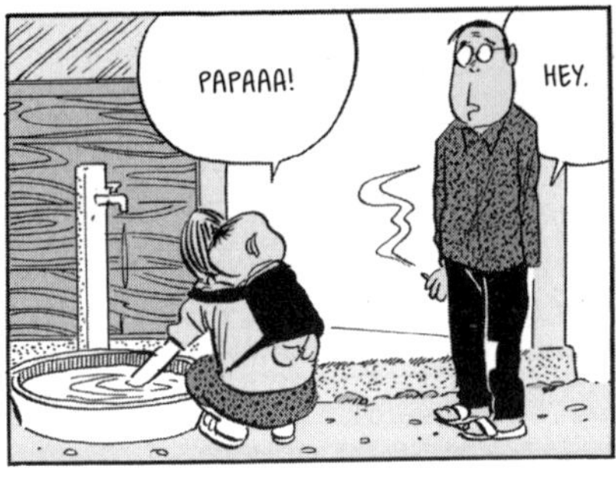

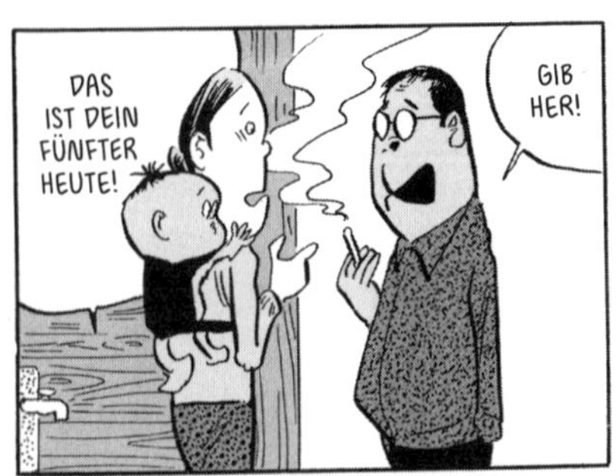

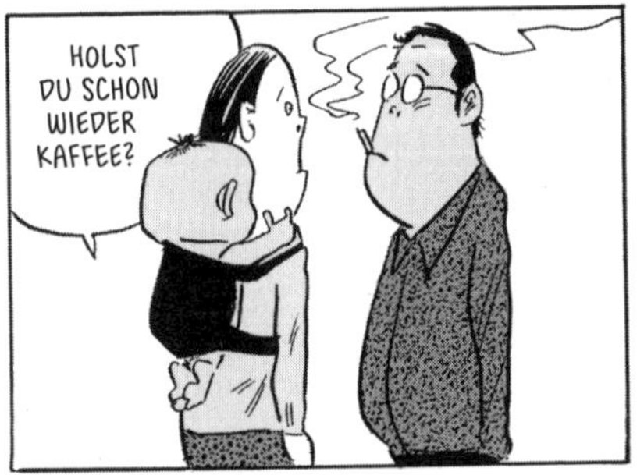

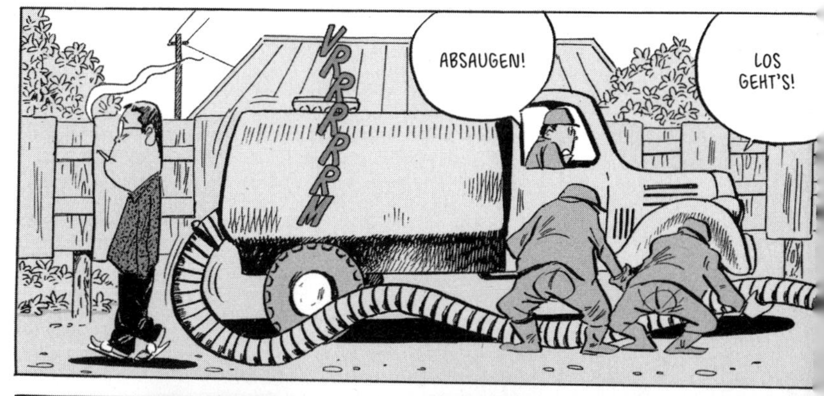

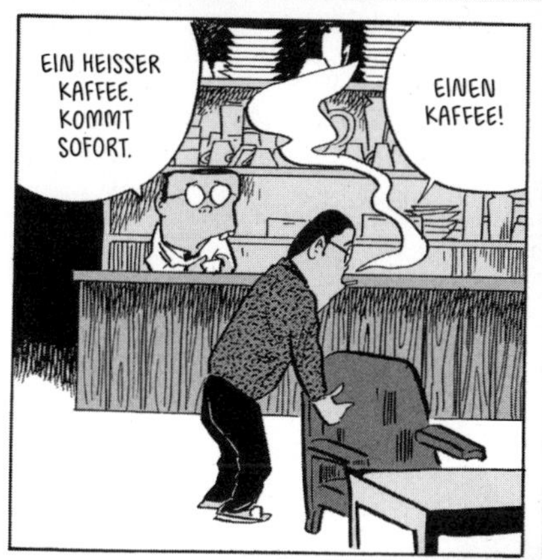

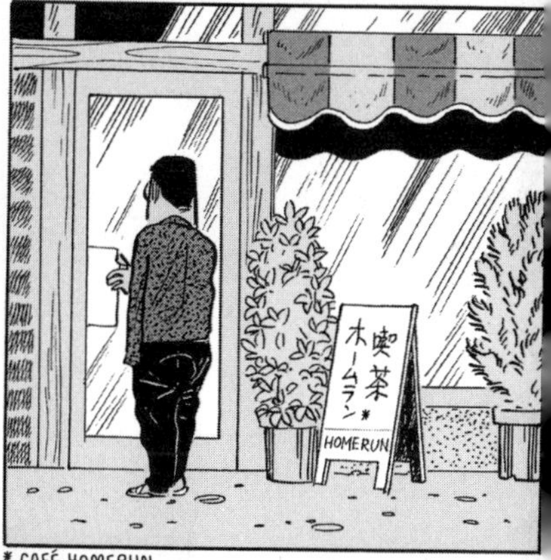

* CAFÉ HOMERUN

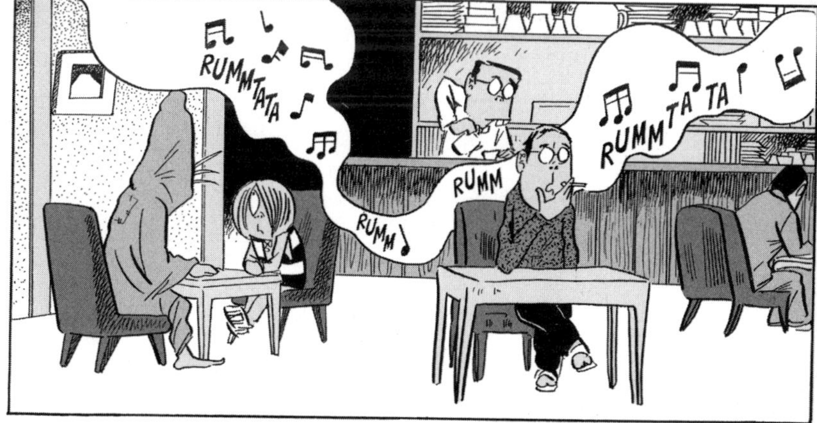

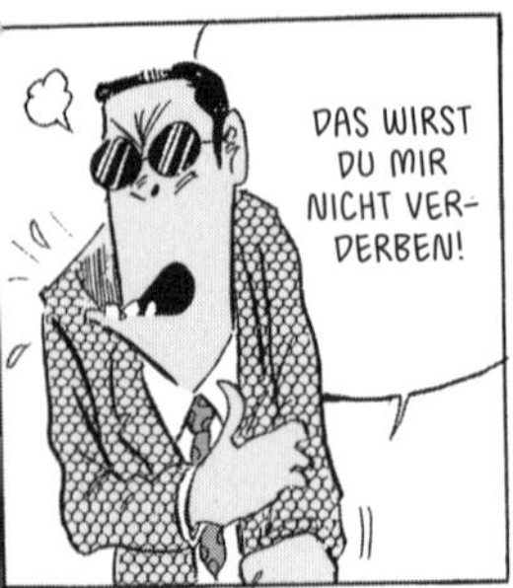
DAS WIRST DU MIR NICHT VERDERBEN!

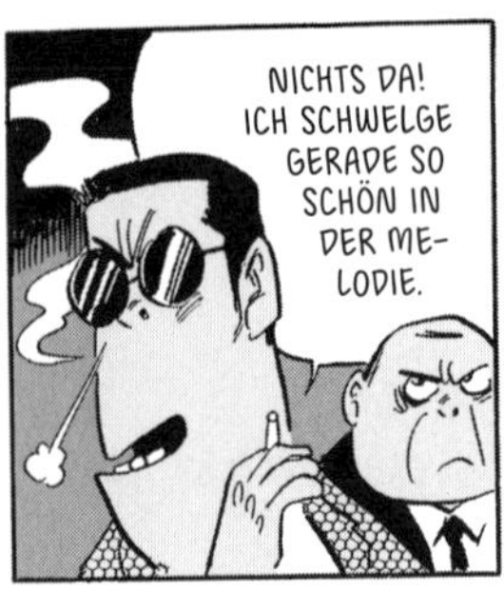
NICHTS DA! ICH SCHWELGE GERADE SO SCHÖN IN DER MELODIE.

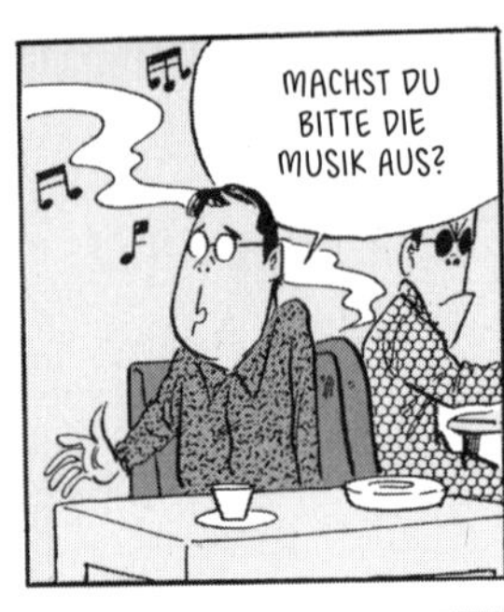
MACHST DU BITTE DIE MUSIK AUS?

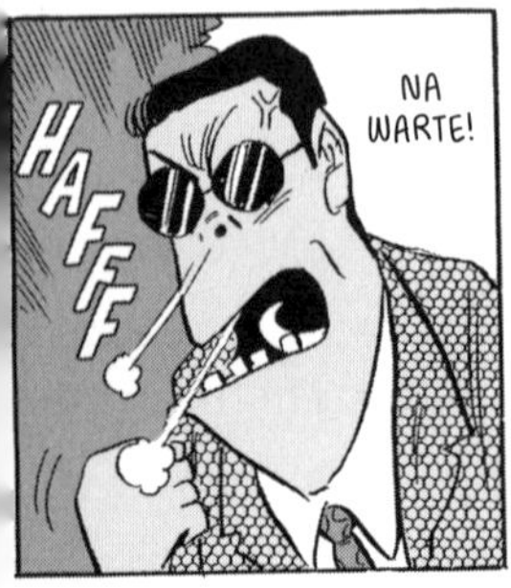
NA WARTE!
HAFFF

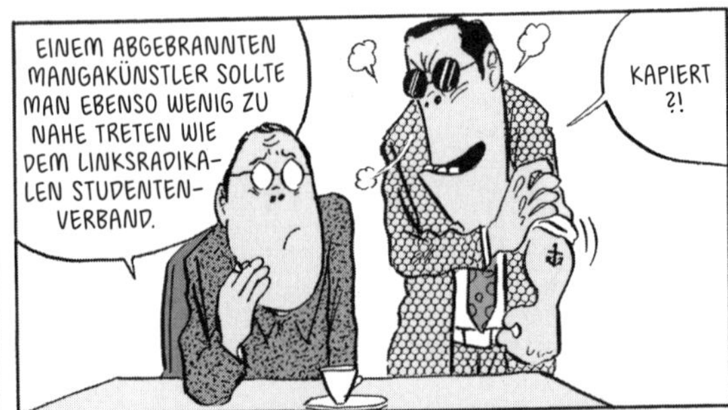
EINEM ABGEBRANNTEN MANGAKÜNSTLER SOLLTE MAN EBENSO WENIG ZU NAHE TRETEN WIE DEM LINKSRADIKALEN STUDENTENVERBAND.
KAPIERT ?!

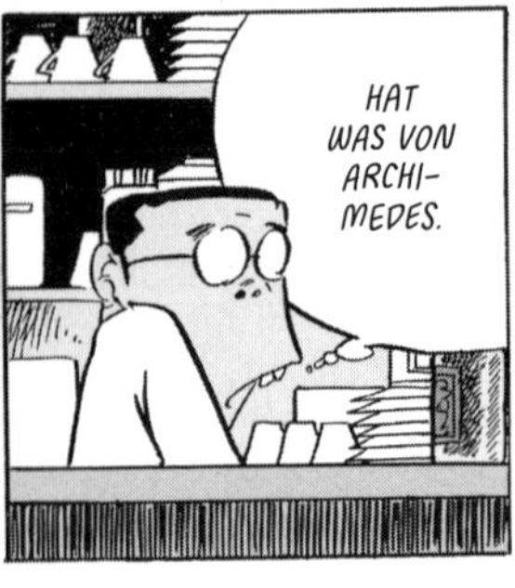
HAT WAS VON ARCHIMEDES.

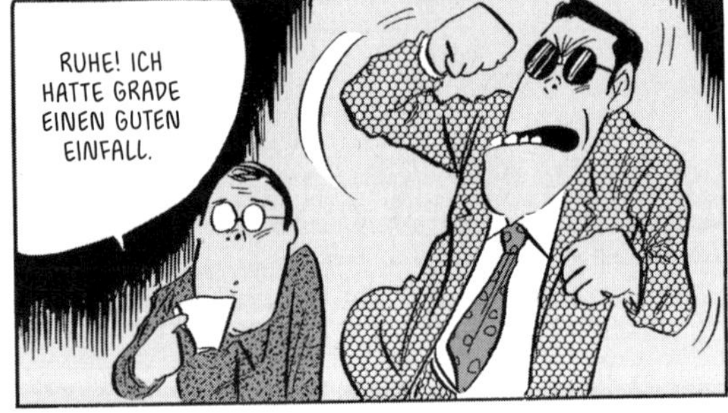
RUHE! ICH HATTE GRADE EINEN GUTEN EINFALL.

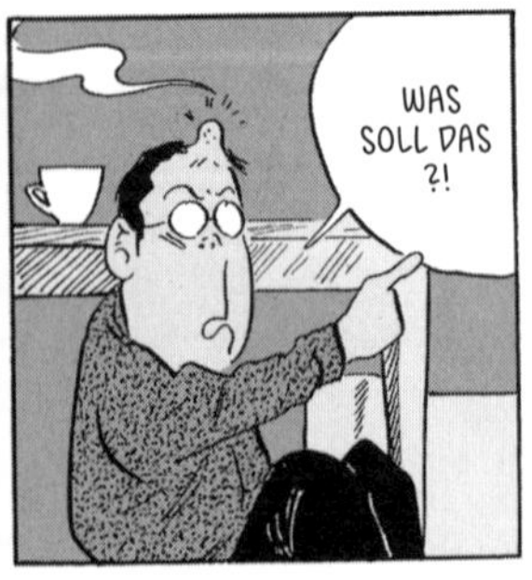
WAS SOLL DAS ?!

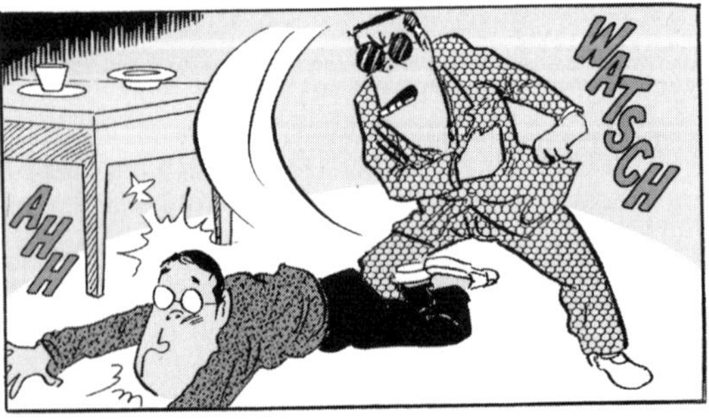
WATSCH
AHH

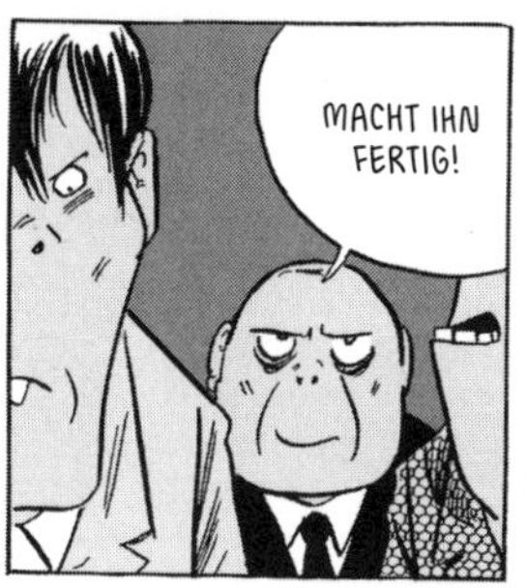

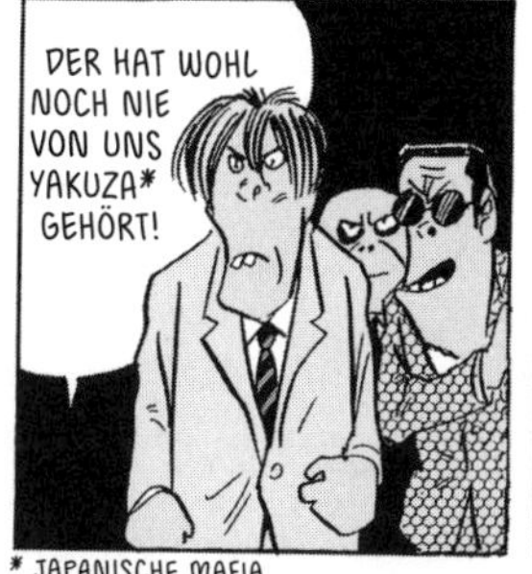

* JAPANISCHE MAFIA

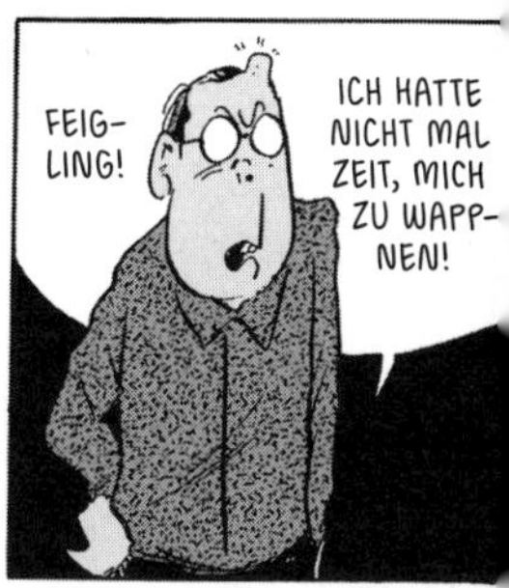

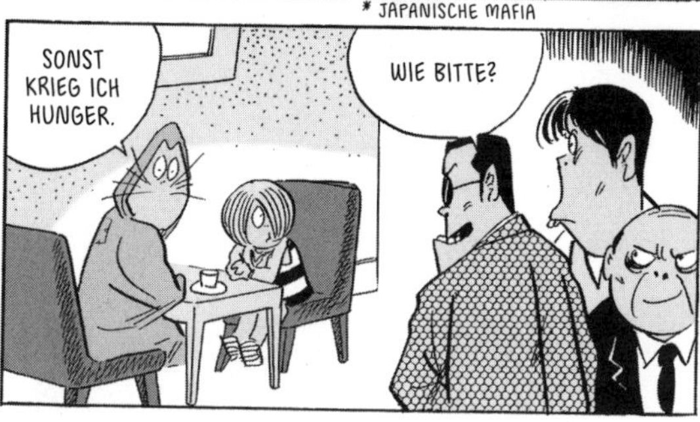

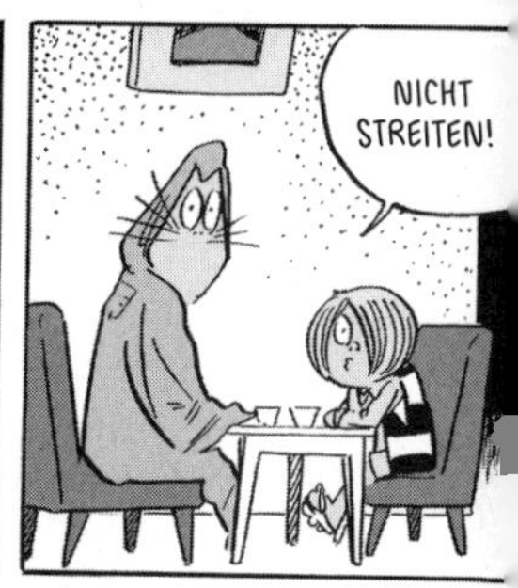

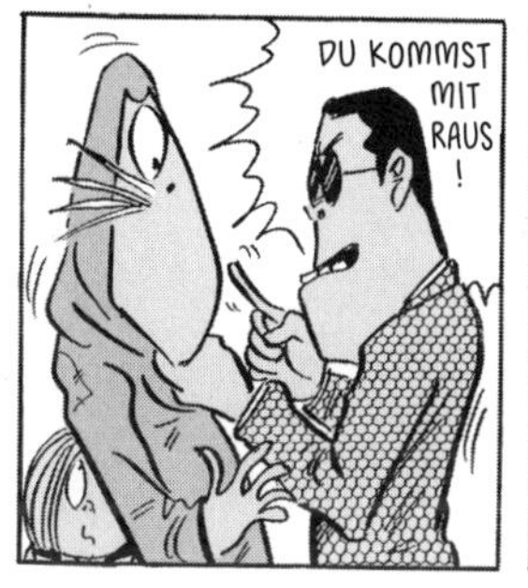

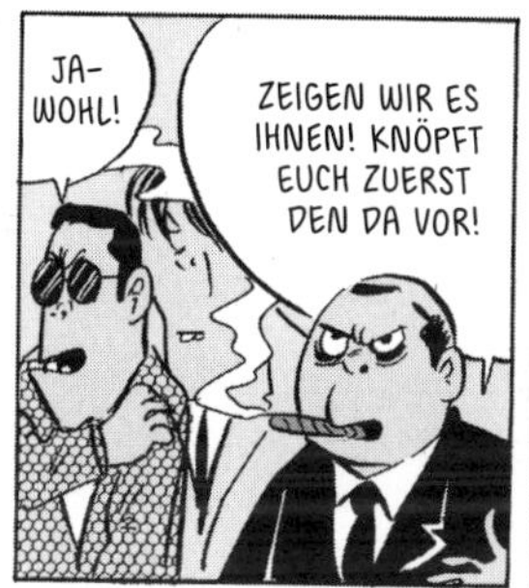

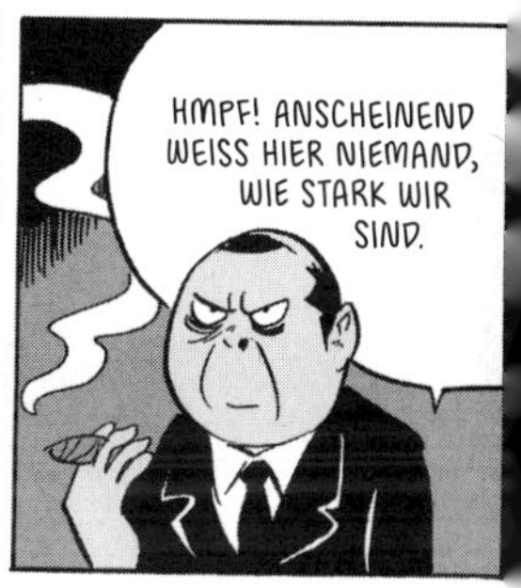

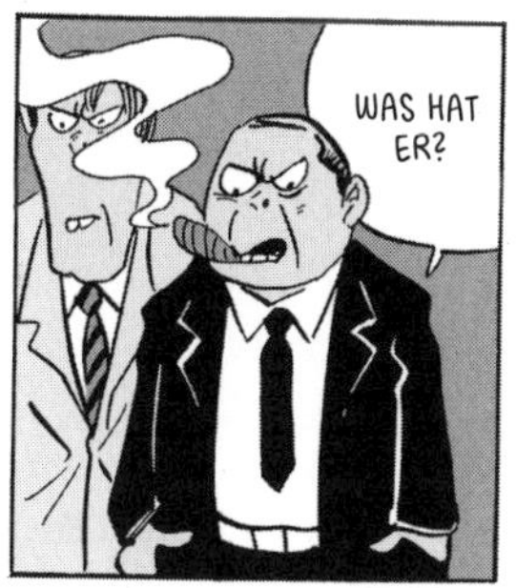

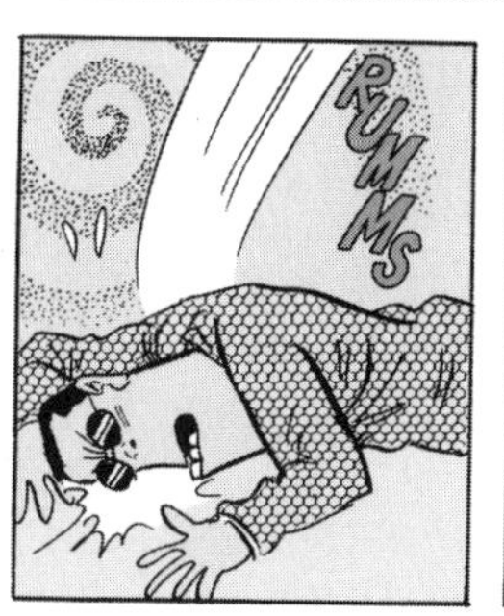

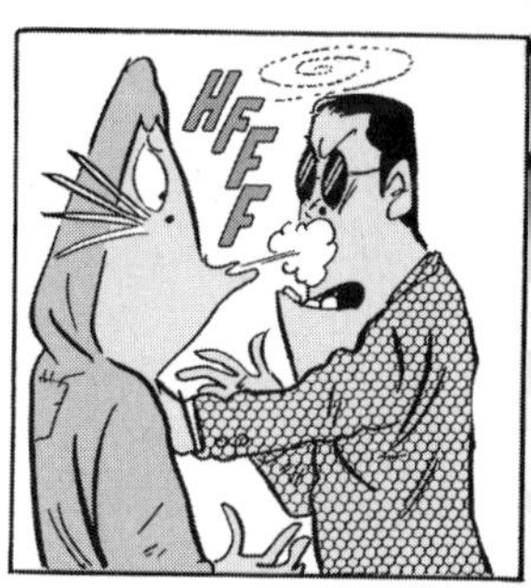

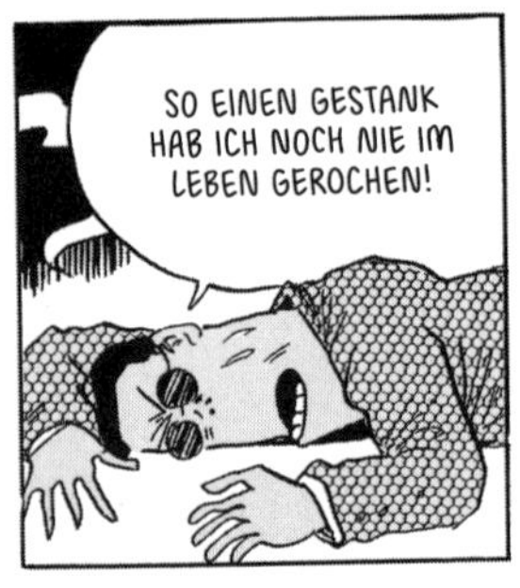
SO EINEN GESTANK HAB ICH NOCH NIE IM LEBEN GEROCHEN!

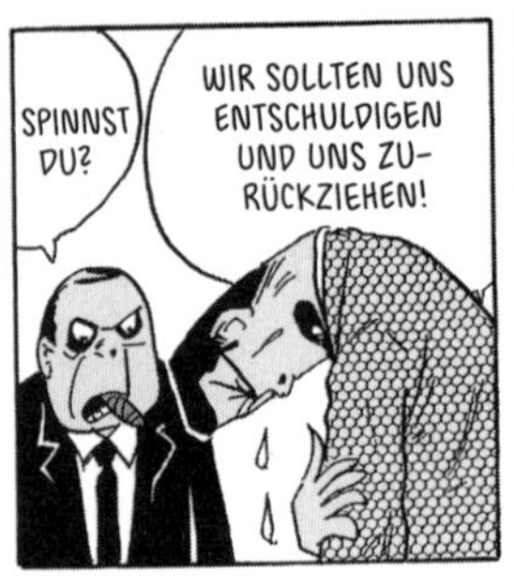
WIR SOLLTEN UNS ENTSCHULDIGEN UND UNS ZU-RÜCKZIEHEN!
SPINNST DU?

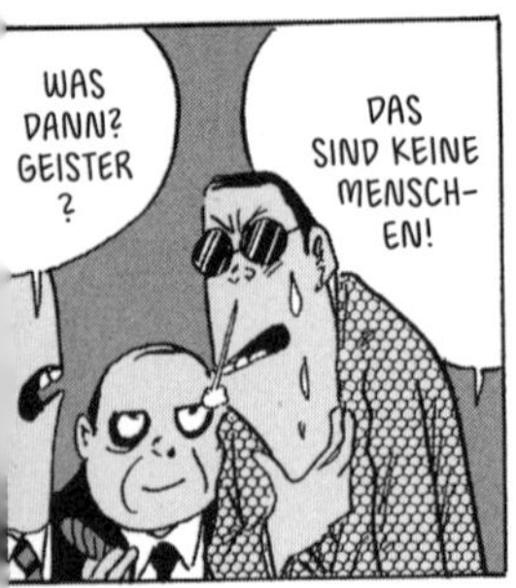
DAS SIND KEINE MENSCH-EN!
WAS DANN? GEISTER ?

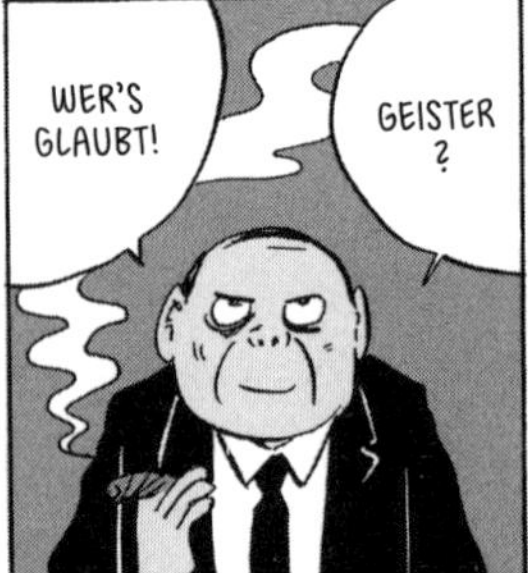
GEISTER ?
WER'S GLAUBT!

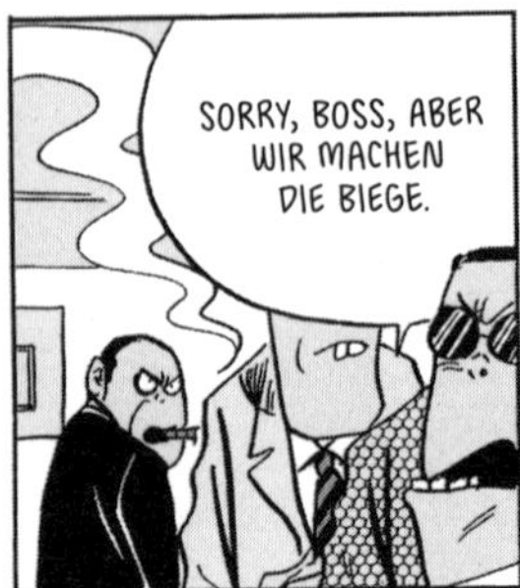
SORRY, BOSS, ABER WIR MACHEN DIE BIEGE.

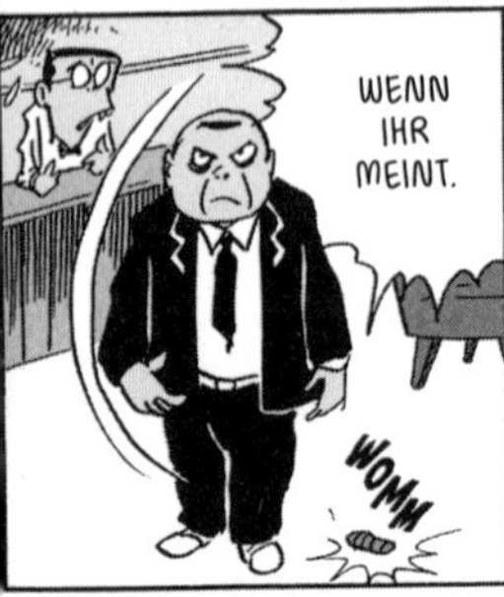
WENN IHR MEINT.
WOMM

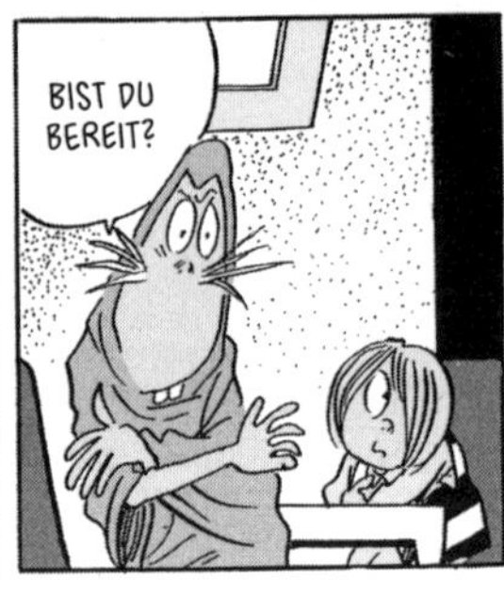
BIST DU BEREIT?

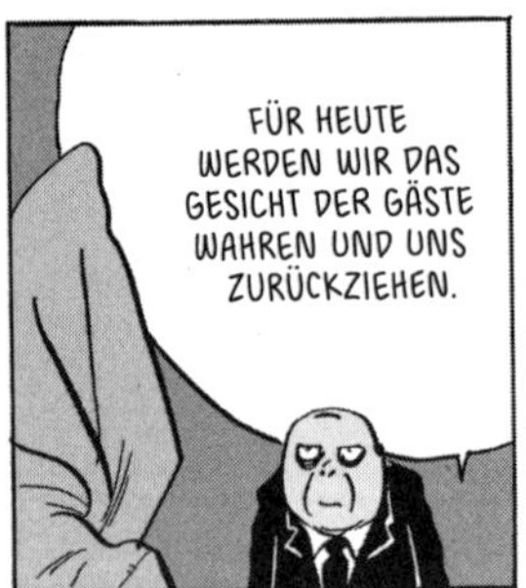
FÜR HEUTE WERDEN WIR DAS GESICHT DER GÄSTE WAHREN UND UNS ZURÜCKZIEHEN.

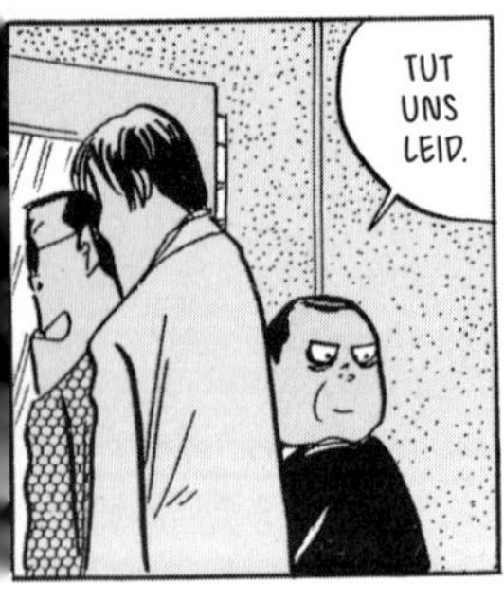
TUT UNS LEID.

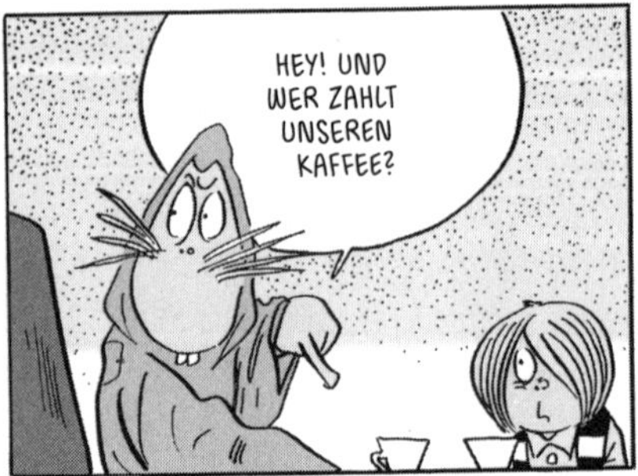
HEY! UND WER ZAHLT UNSEREN KAFFEE?

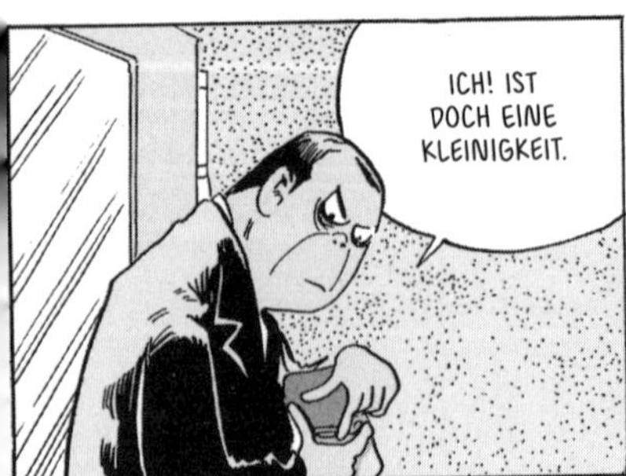
ICH! IST DOCH EINE KLEINIGKEIT.

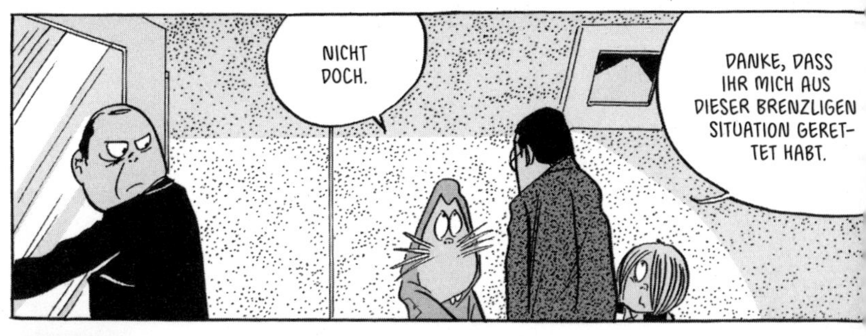
DANKE, DASS IHR MICH AUS DIESER BRENZLIGEN SITUATION GERETTET HABT.
NICHT DOCH.

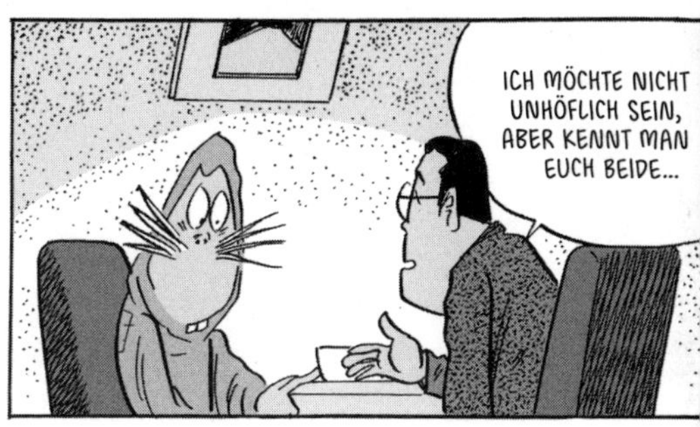
ICH MÖCHTE NICHT UNHÖFLICH SEIN, ABER KENNT MAN EUCH BEIDE...

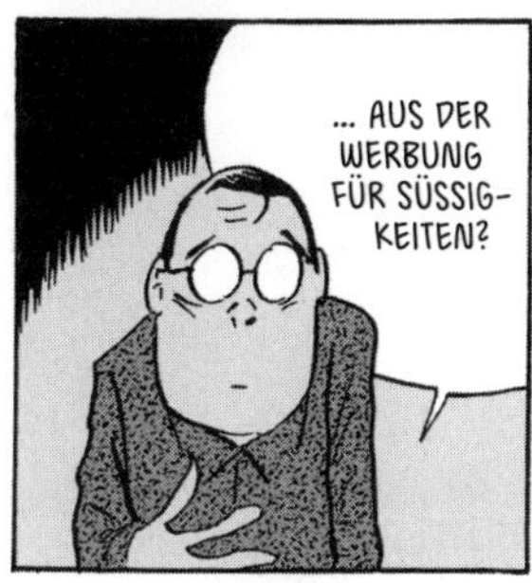
... AUS DER WERBUNG FÜR SÜSSIGKEITEN?

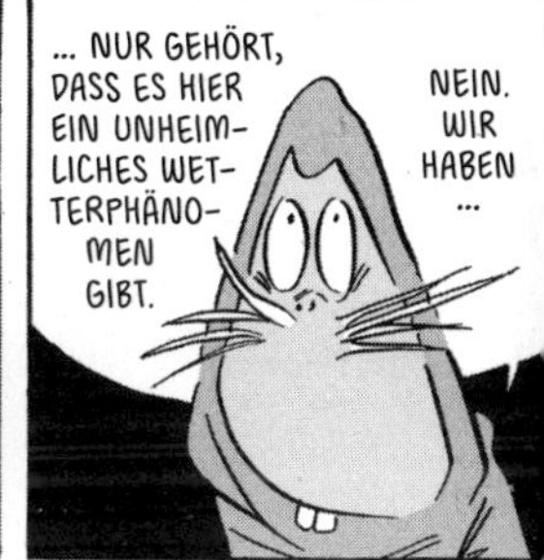
NEIN. WIR HABEN ...
... NUR GEHÖRT, DASS ES HIER EIN UNHEIMLICHES WETTERPHÄNOMEN GIBT.

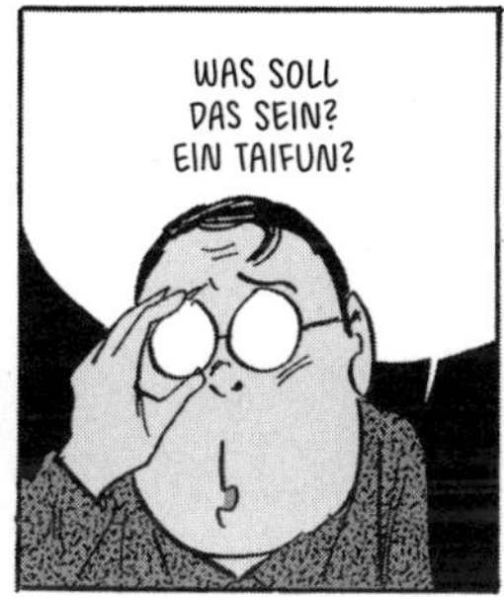
WAS SOLL DAS SEIN? EIN TAIFUN?

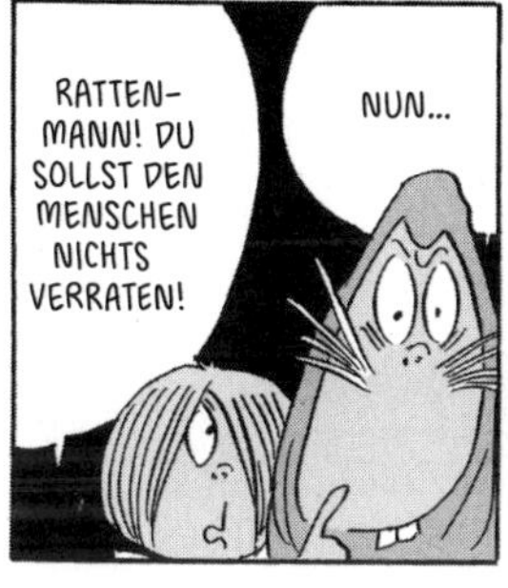
NUN...
RATTENMANN! DU SOLLST DEN MENSCHEN NICHTS VERRATEN!

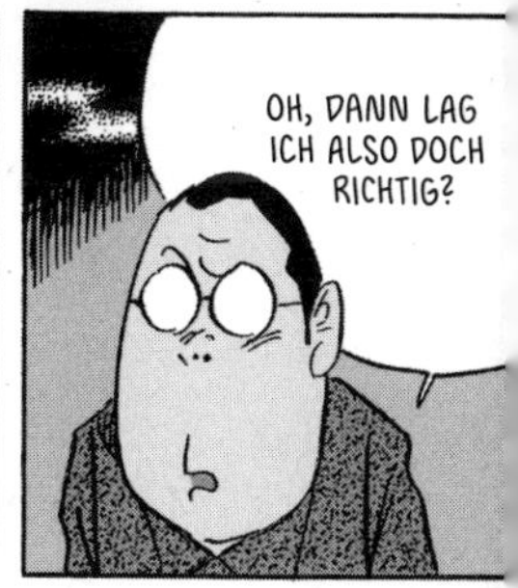
OH, DANN LAG ICH ALSO DOCH RICHTIG?

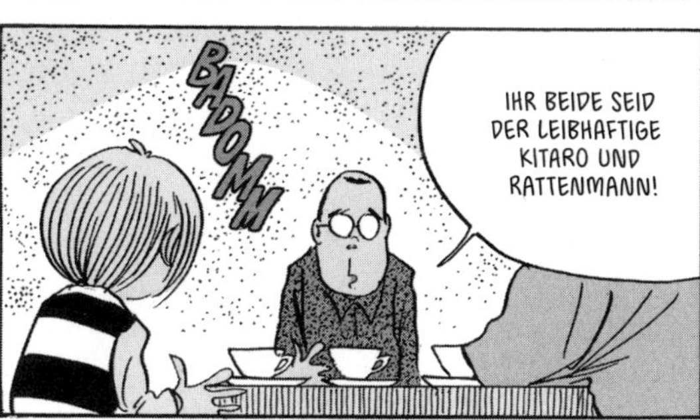
IHR BEIDE SEID DER LEIBHAFTIGE KITARO UND RATTENMANN!
BADOMM

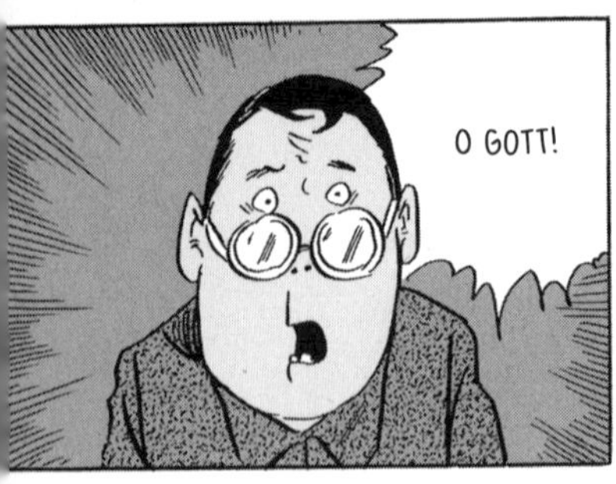
O GOTT!
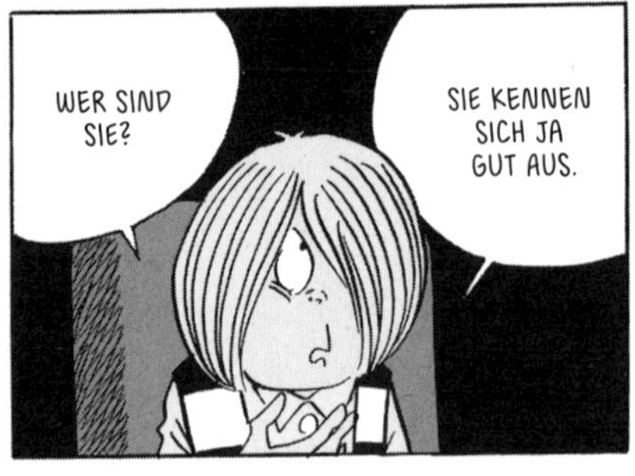
SIE KENNEN SICH JA GUT AUS.
WER SIND SIE?
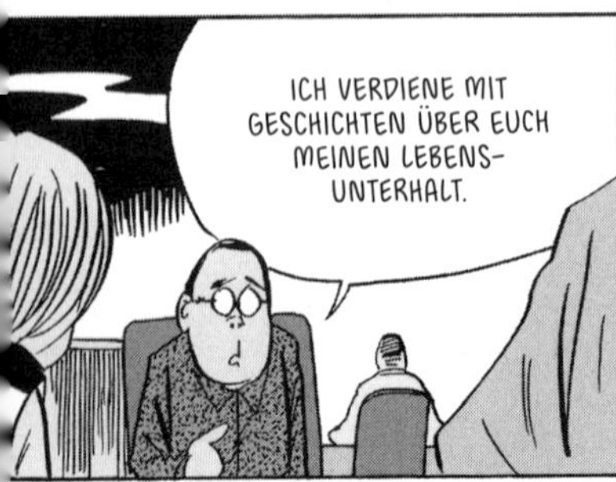
ICH VERDIENE MIT GESCHICHTEN ÜBER EUCH MEINEN LEBENS-UNTERHALT.
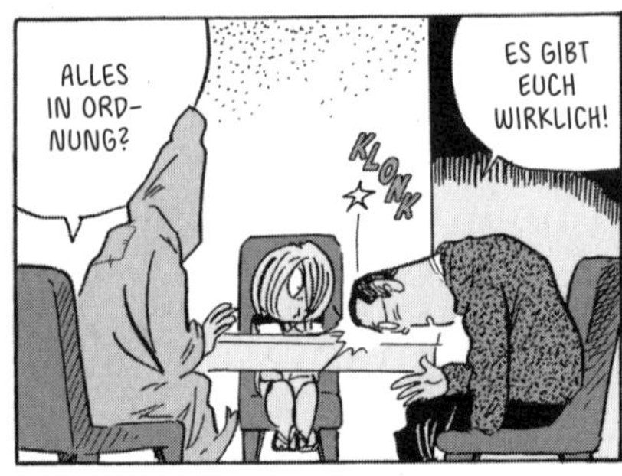
ES GIBT EUCH WIRKLICH!
KLONK
ALLES IN ORD-NUNG?
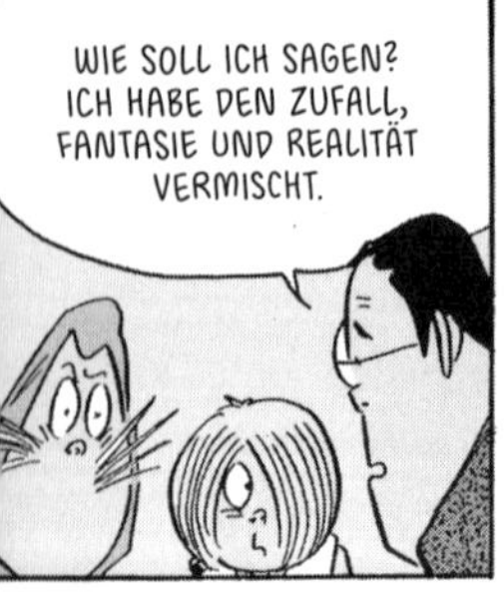
WIE SOLL ICH SAGEN? ICH HABE DEN ZUFALL, FANTASIE UND REALITÄT VERMISCHT.
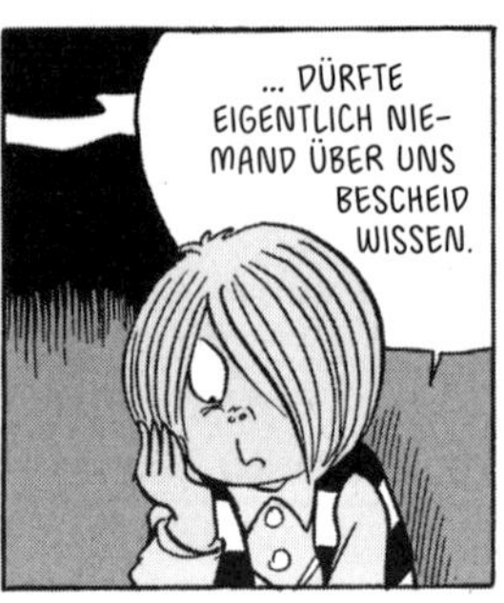
... DÜRFTE EIGENTLICH NIE-MAND ÜBER UNS BESCHEID WISSEN.
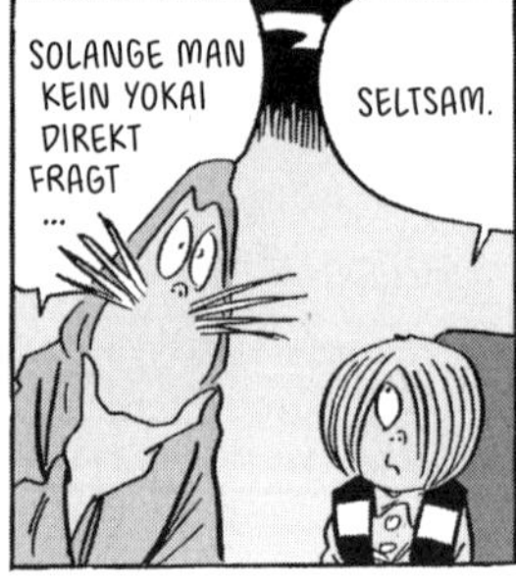
SELTSAM.
SOLANGE MAN KEIN YOKAI DIREKT FRAGT ...
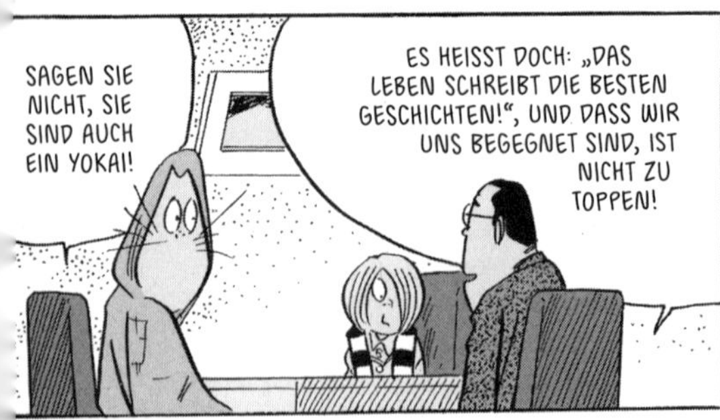
SAGEN SIE NICHT, SIE SIND AUCH EIN YOKAI!
ES HEISST DOCH: „DAS LEBEN SCHREIBT DIE BESTEN GESCHICHTEN!“, UND DASS WIR UNS BEGEGNET SIND, IST NICHT ZU TOPPEN!
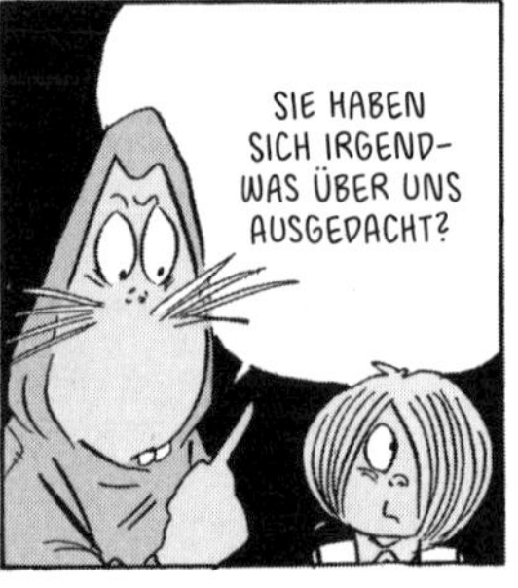
SIE HABEN SICH IRGEND-WAS ÜBER UNS AUSGEDACHT?

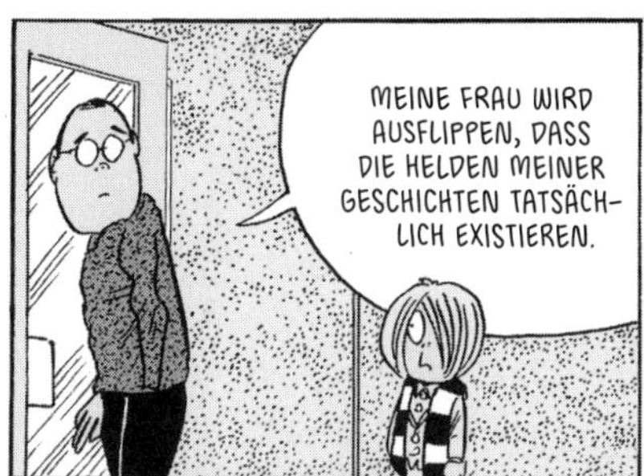
MEINE FRAU WIRD AUSFLIPPEN, DASS DIE HELDEN MEINER GESCHICHTEN TATSÄCHLICH EXISTIEREN.
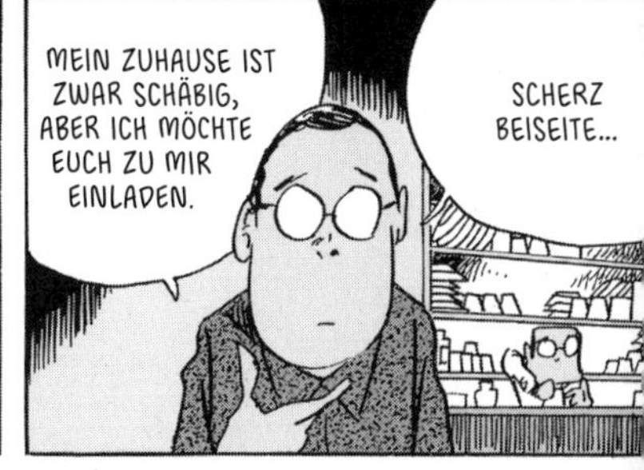
MEIN ZUHAUSE IST ZWAR SCHÄBIG, ABER ICH MÖCHTE EUCH ZU MIR EINLADEN.
SCHERZ BEISEITE...
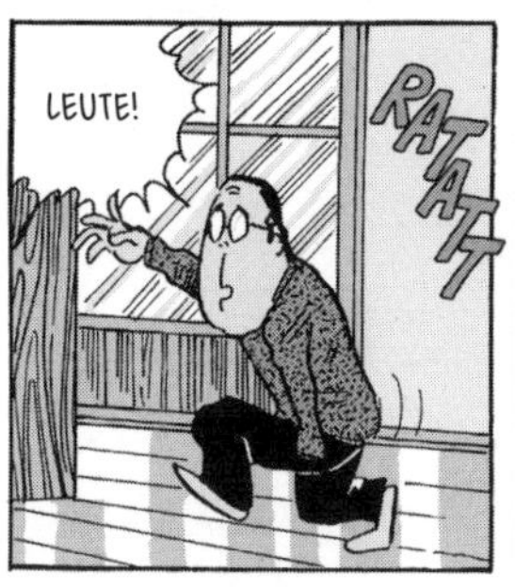
LEUTE!
RATATT
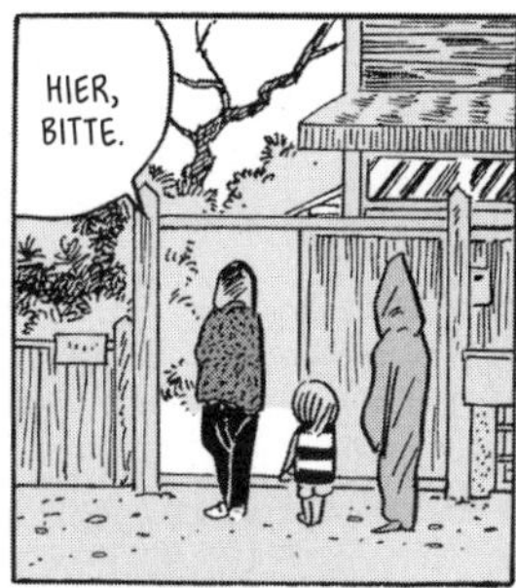
HIER, BITTE.
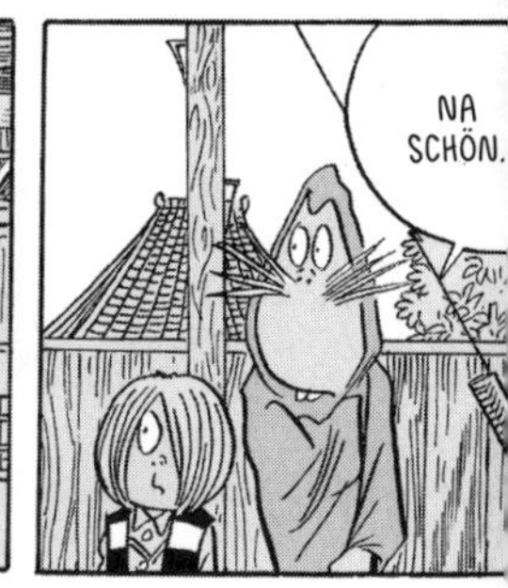
NA SCHÖN.
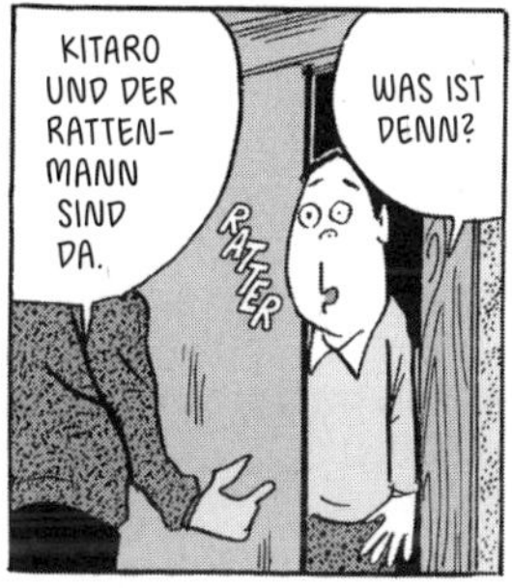
KITARO UND DER RATTENMANN SIND DA.
WAS IST DENN?
RATTER
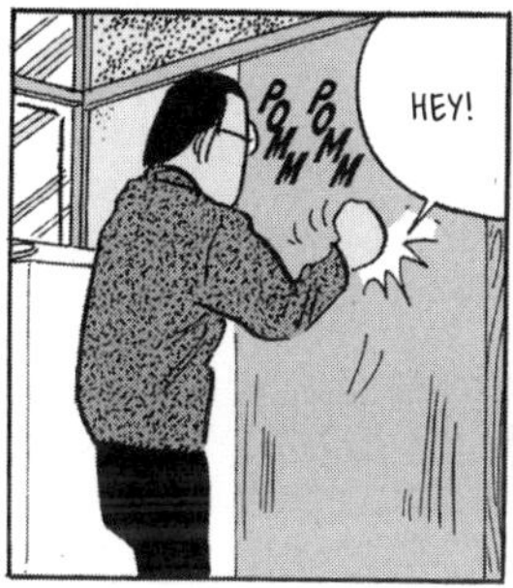
POMM POMM
HEY!
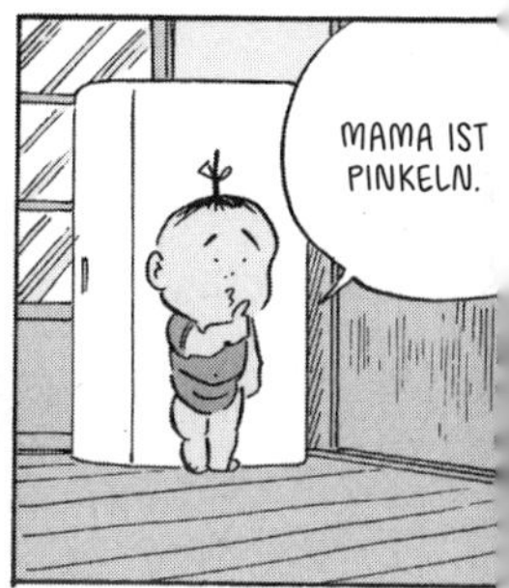
MAMA IST PINKELN.
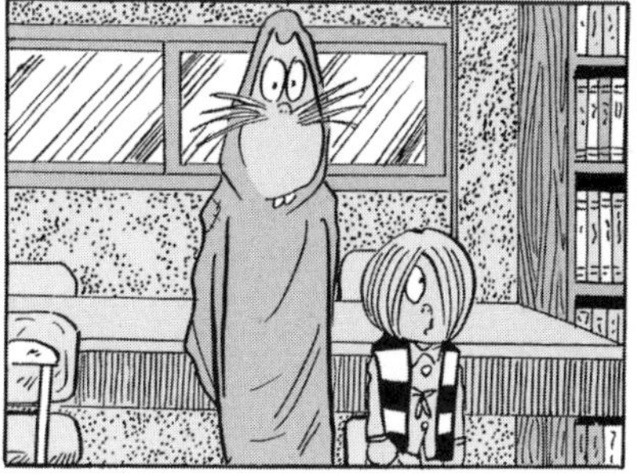
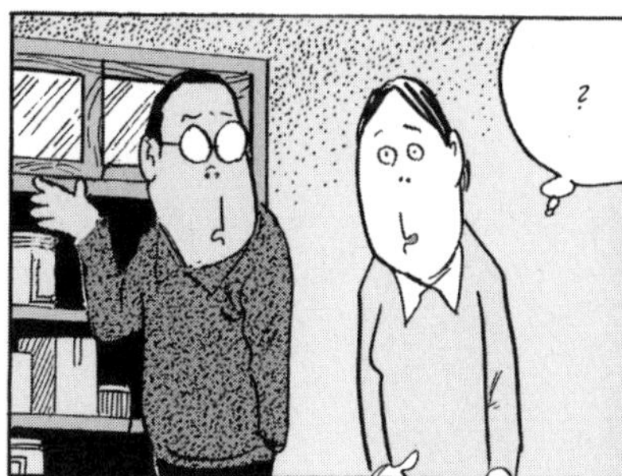
?

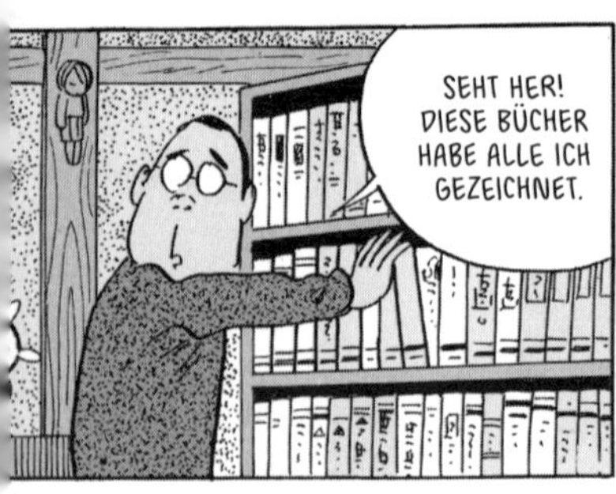
SEHT HER! DIESE BÜCHER HABE ALLE ICH GEZEICHNET.

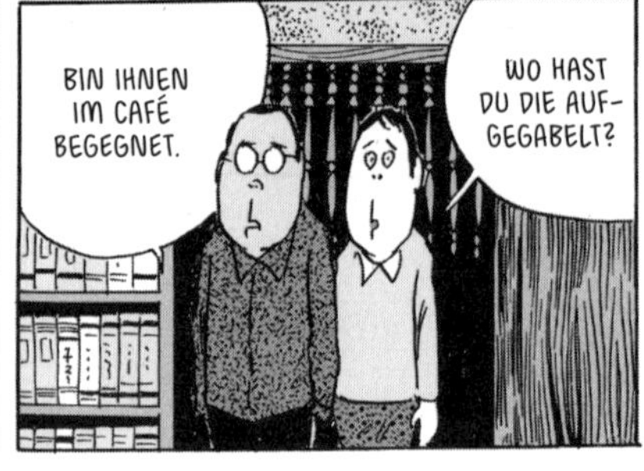
WO HAST DU DIE AUF-GEGABELT?
BIN IHNEN IM CAFÉ BEGEGNET.

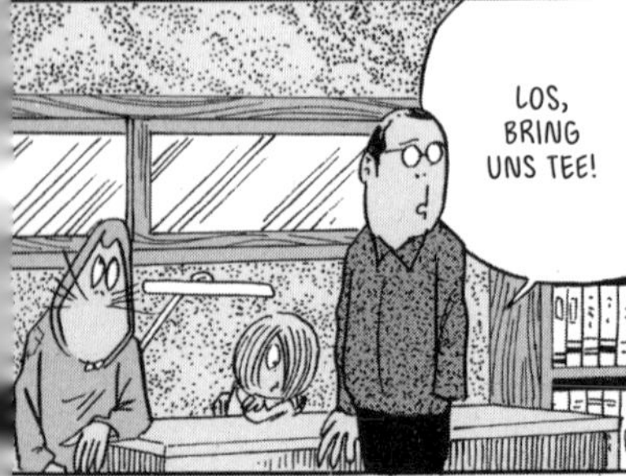
LOS, BRING UNS TEE!

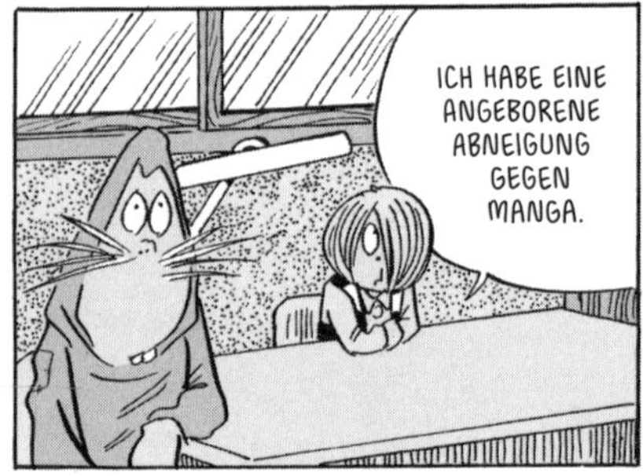
ICH HABE EINE ANGEBORENE ABNEIGUNG GEGEN MANGA.

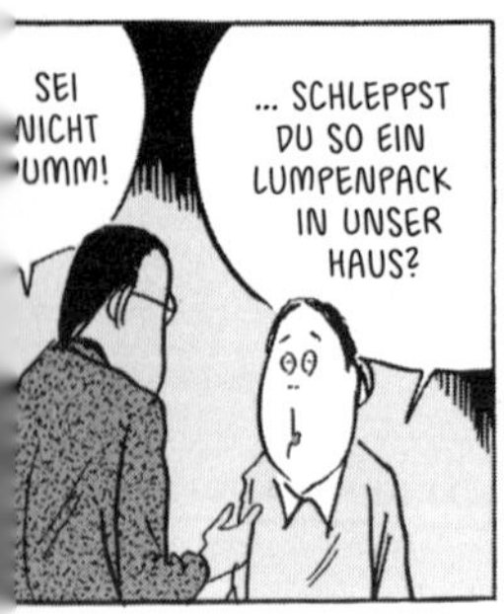
SEI NICHT DUMM!
... SCHLEPPST DU SO EIN LUMPENPACK IN UNSER HAUS?

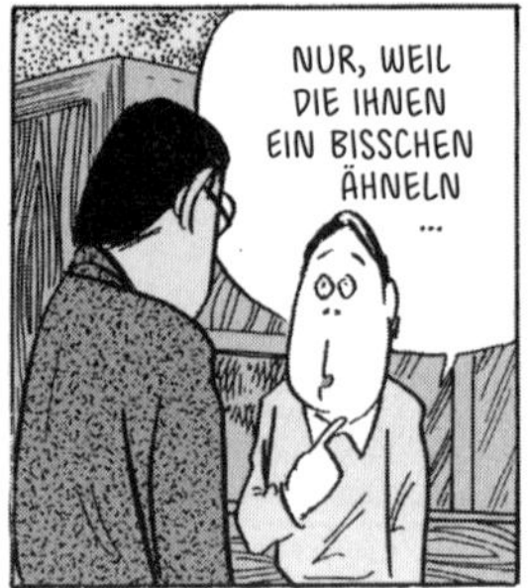
NUR, WEIL DIE IHNEN EIN BISSCHEN ÄHNELN ...

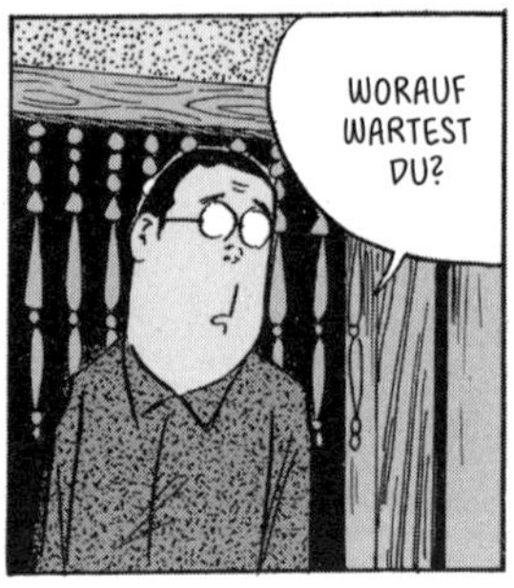
WORAUF WARTEST DU?

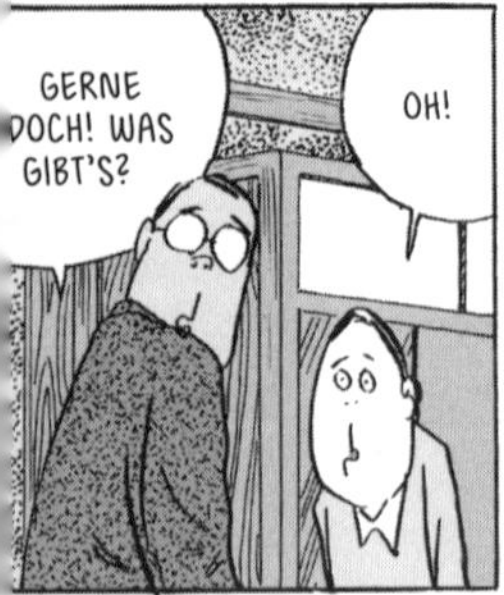
GERNE DOCH! WAS GIBT'S?
OH!

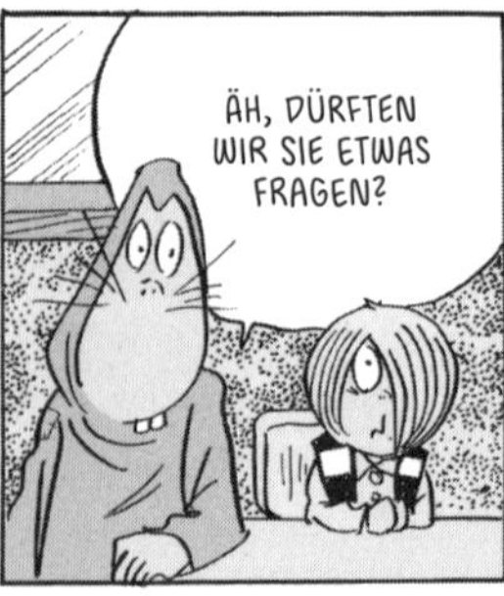
ÄH, DÜRFTEN WIR SIE ETWAS FRAGEN?

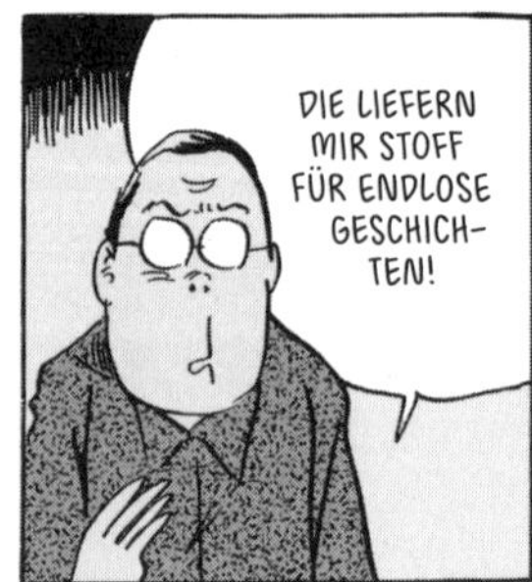
DIE LIEFERN MIR STOFF FÜR ENDLOSE GESCHICH-TEN!

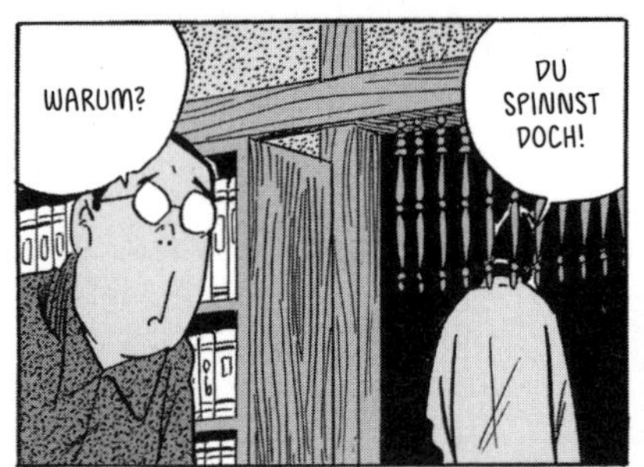
DU SPINNST DOCH!
WARUM?

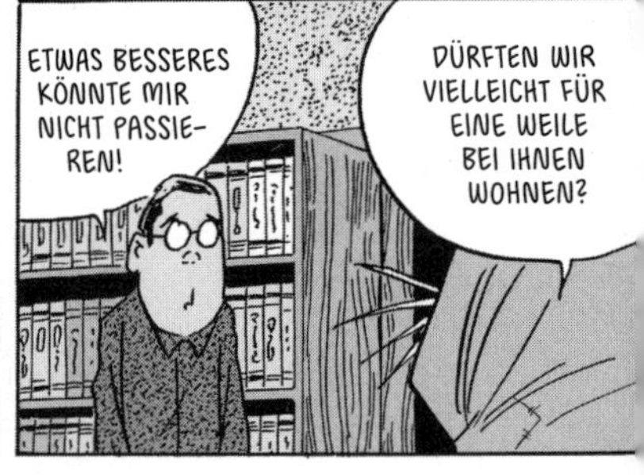
DÜRFTEN WIR VIELLEICHT FÜR EINE WEILE BEI IHNEN WOHNEN?
ETWAS BESSERES KÖNNTE MIR NICHT PASSIEREN!

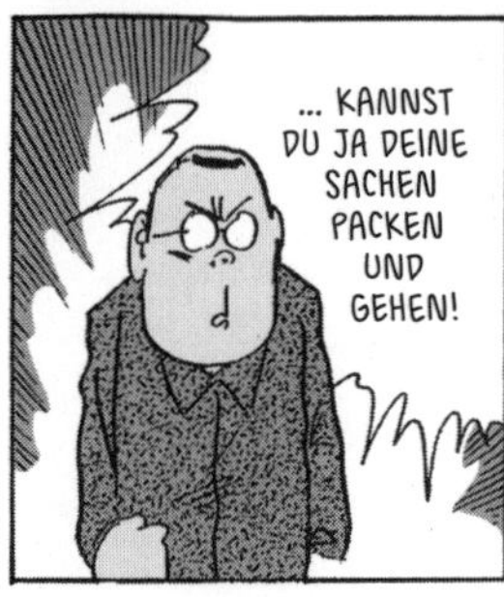
... KANNST DU JA DEINE SACHEN PACKEN UND GEHEN!

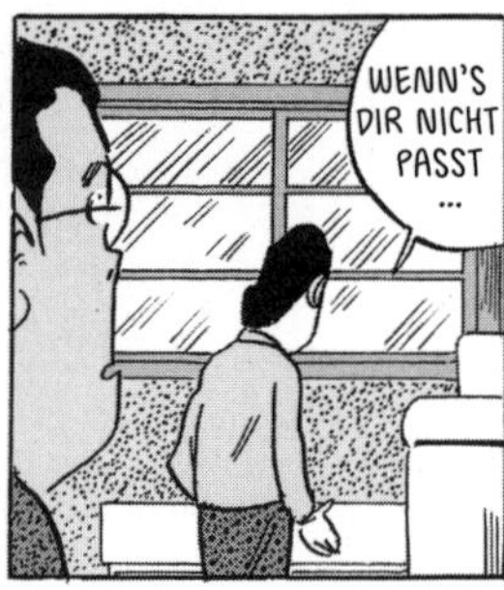
WENN'S DIR NICHT PASST ...

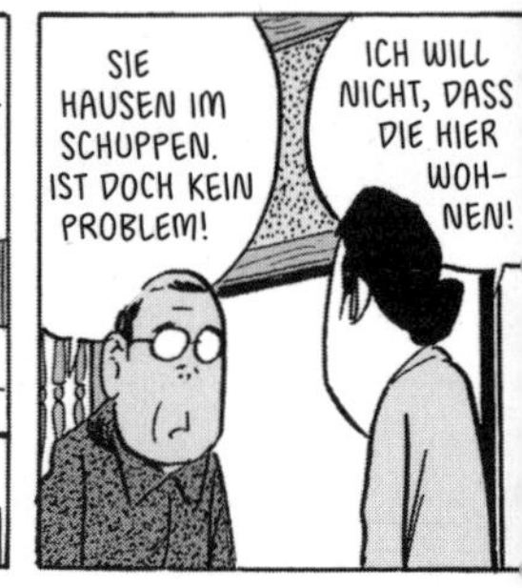
ICH WILL NICHT, DASS DIE HIER WOHNEN!
SIE HAUSEN IM SCHUPPEN. IST DOCH KEIN PROBLEM!

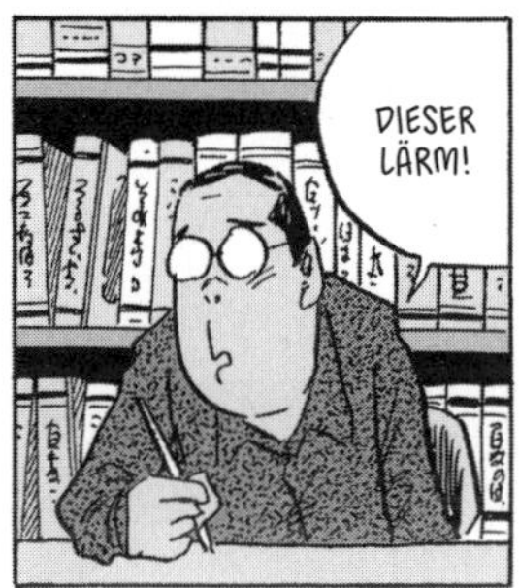
DIESER LÄRM!

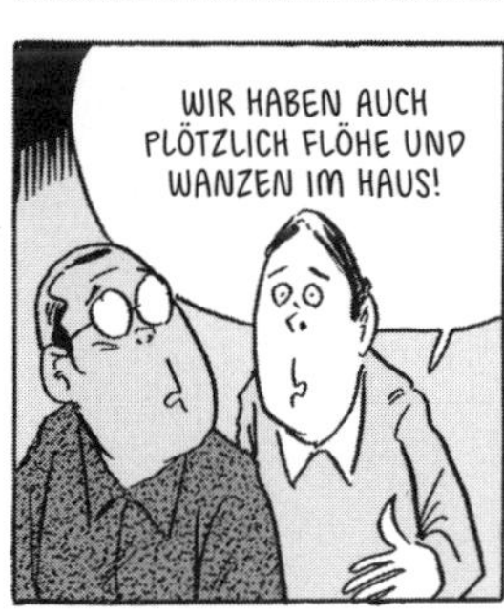
WIR HABEN AUCH PLÖTZLICH FLÖHE UND WANZEN IM HAUS!

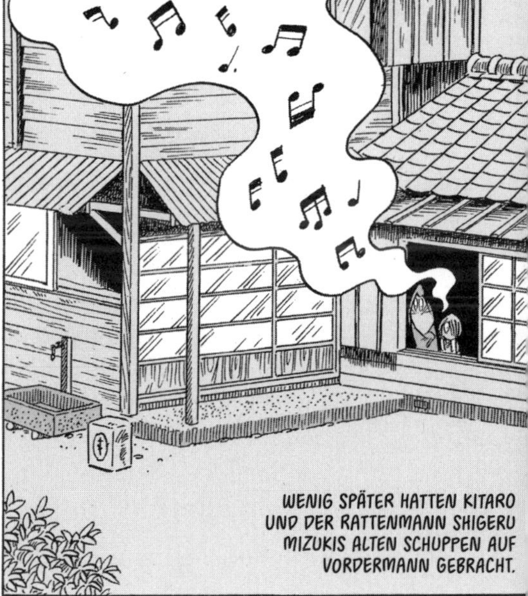
WENIG SPÄTER HATTEN KITARO UND DER RATTENMANN SHIGERU MIZUKIS ALTEN SCHUPPEN AUF VORDERMANN GEBRACHT.

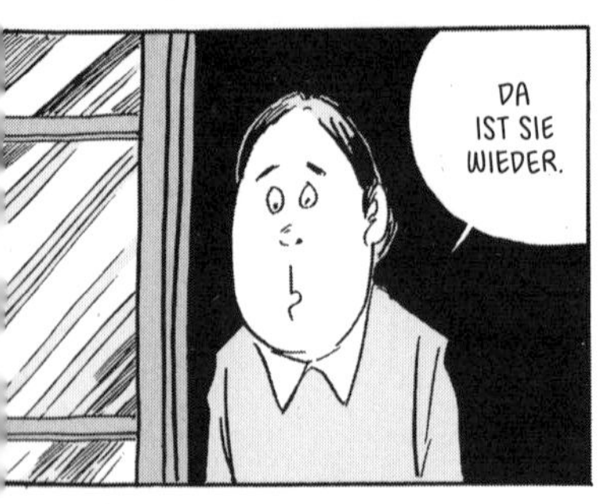
DA IST SIE WIEDER.

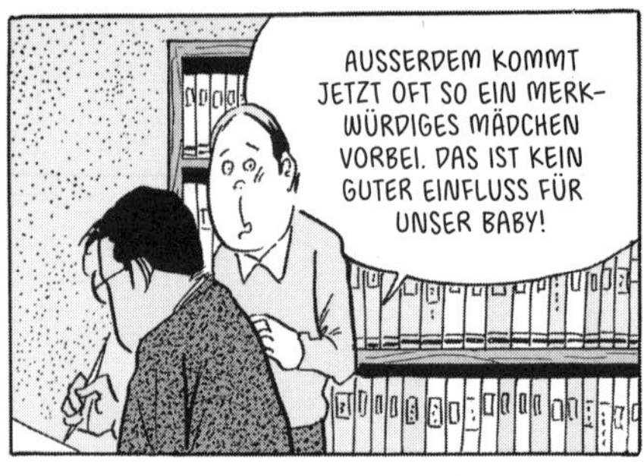
AUSSERDEM KOMMT JETZT OFT SO EIN MERKWÜRDIGES MÄDCHEN VORBEI. DAS IST KEIN GUTER EINFLUSS FÜR UNSER BABY!

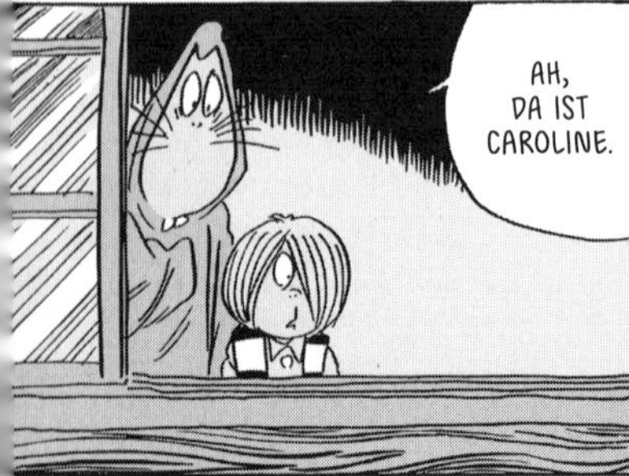
AH, DA IST CAROLINE.

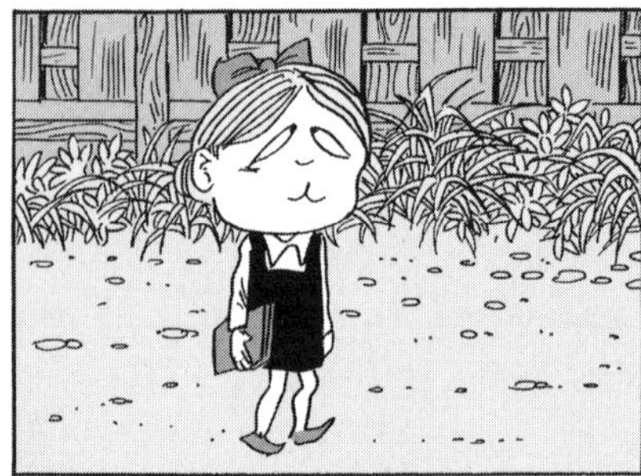

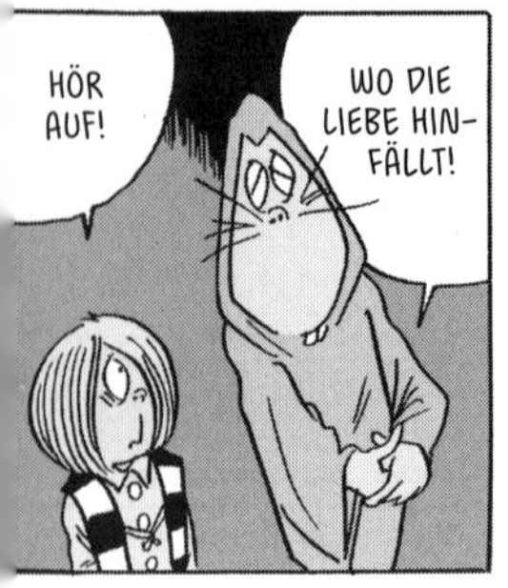
WO DIE LIEBE HINFÄLLT!
HÖR AUF!

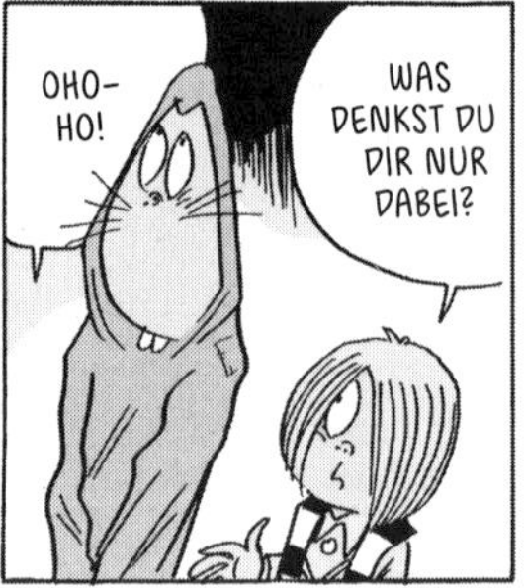
WAS DENKST DU DIR NUR DABEI?
OHO-HO!

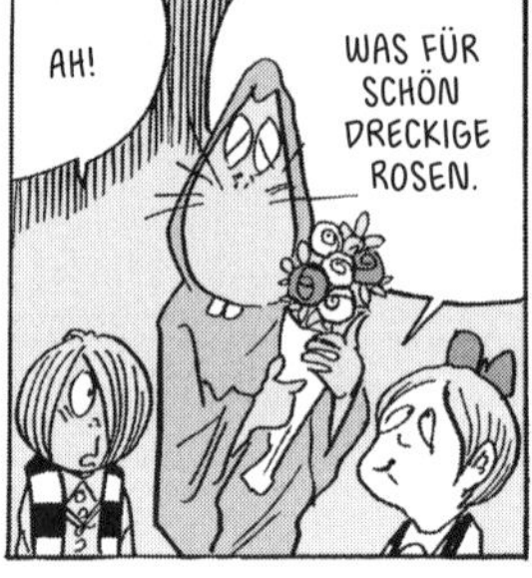
WAS FÜR SCHÖN DRECKIGE ROSEN.
AH!

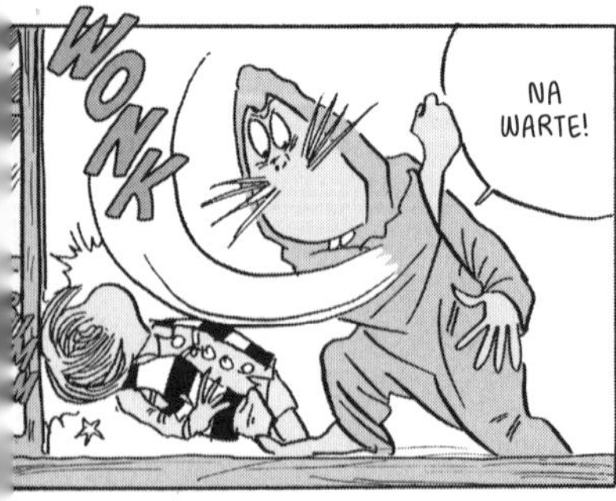
WONK
NA WARTE!

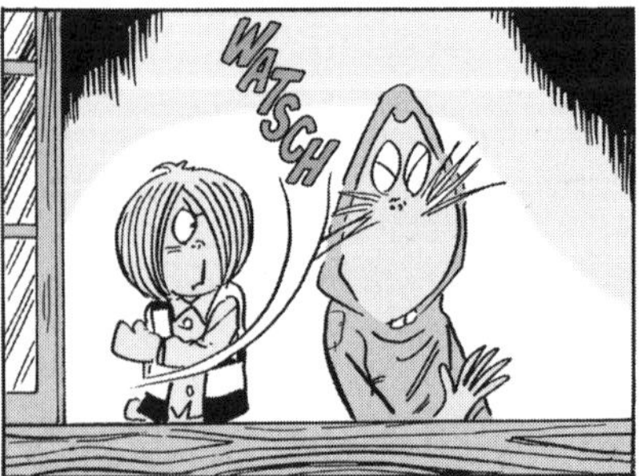
WATSCH

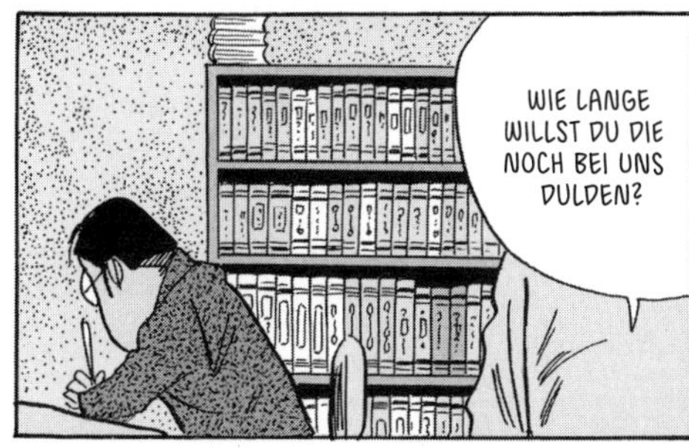
WIE LANGE WILLST DU DIE NOCH BEI UNS DULDEN?

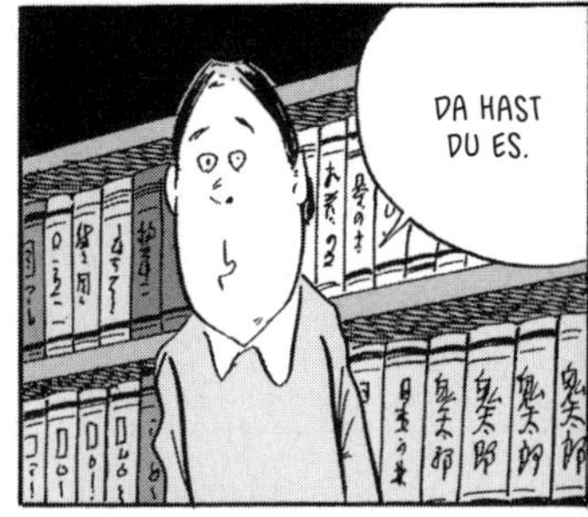
DA HAST DU ES.

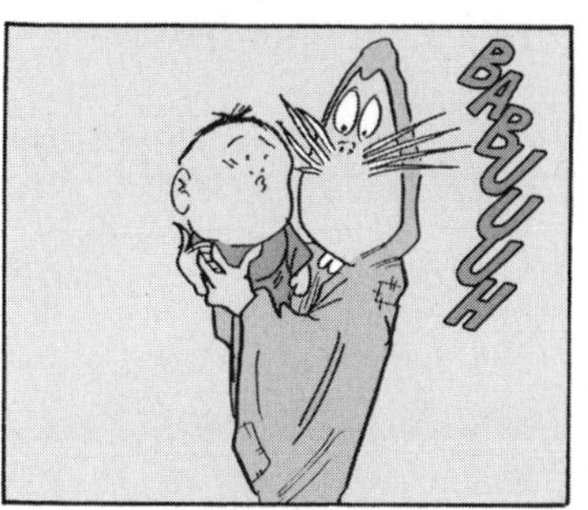
BABUUUH

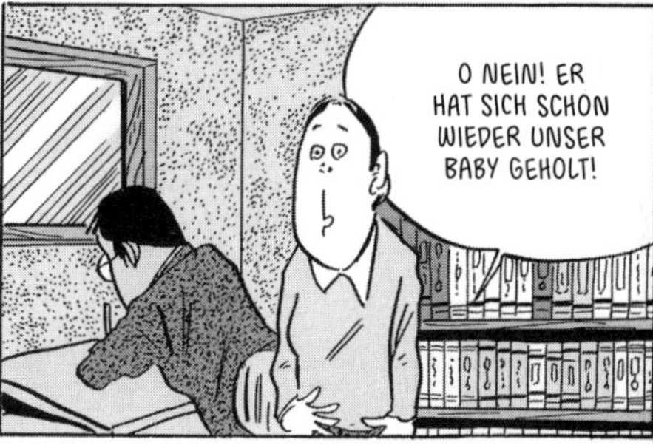
O NEIN! ER HAT SICH SCHON WIEDER UNSER BABY GEHOLT!

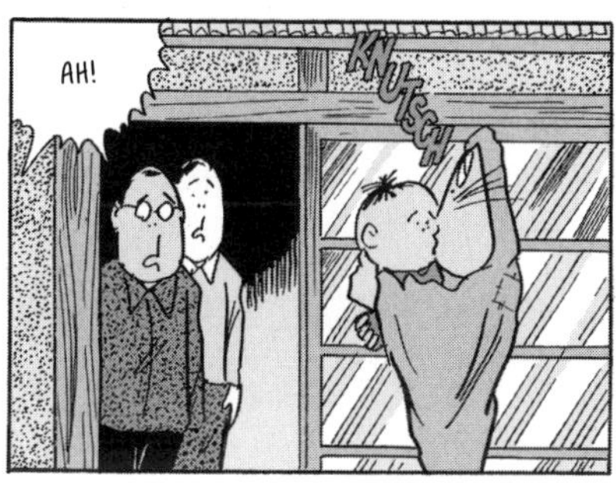
AH!
KNUTSCH

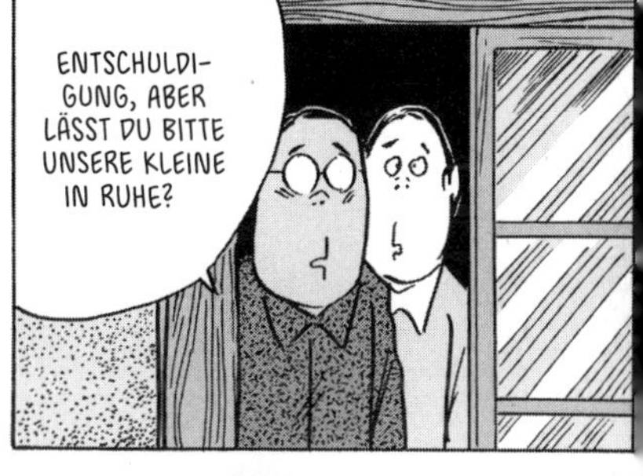
ENTSCHULDI-GUNG, ABER LÄSST DU BITTE UNSERE KLEINE IN RUHE?

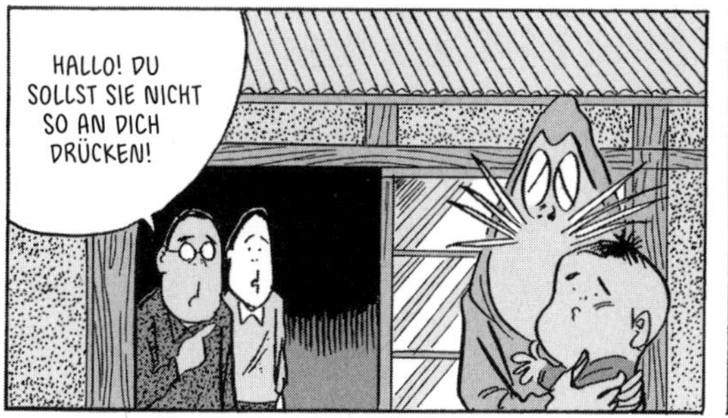
HALLO! DU SOLLST SIE NICHT SO AN DICH DRÜCKEN!

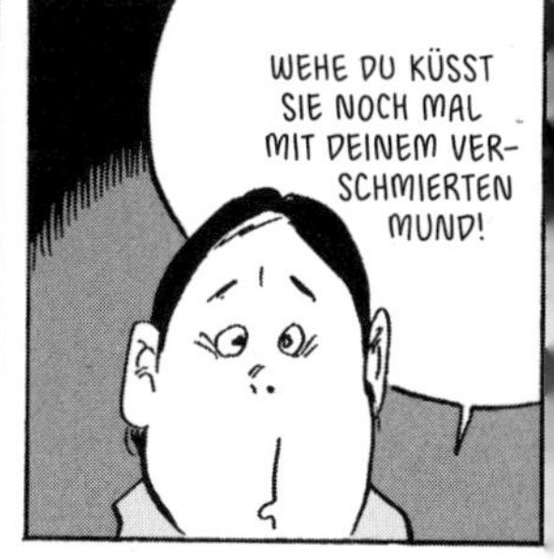
WEHE DU KÜSST SIE NOCH MAL MIT DEINEM VER-SCHMIERTEN MUND!

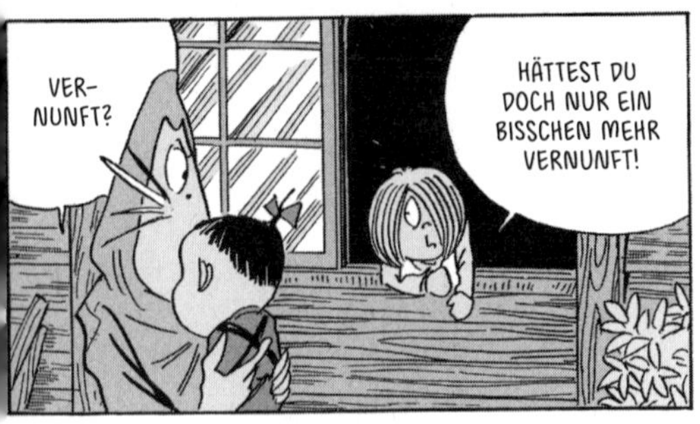
VER-
NUNFT?
HÄTTEST DU DOCH NUR EIN BISSCHEN MEHR VERNUNFT!

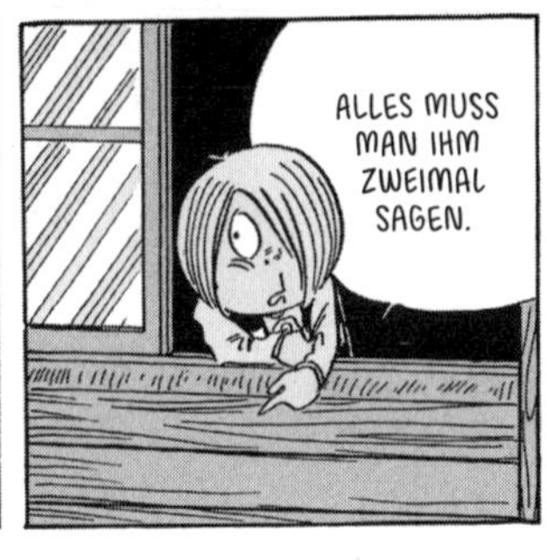
ALLES MUSS MAN IHM ZWEIMAL SAGEN.

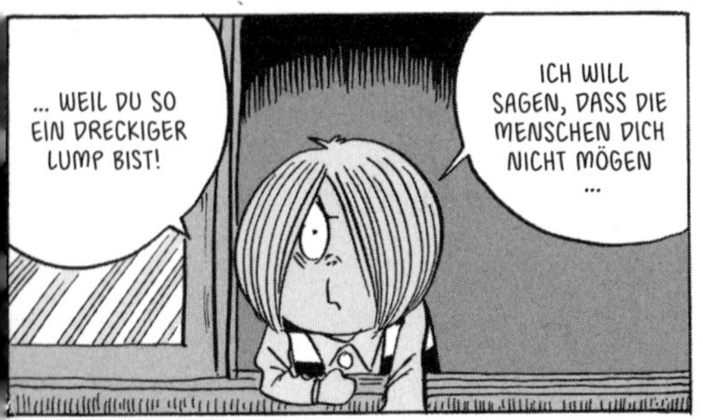
… WEIL DU SO EIN DRECKIGER LUMP BIST!
ICH WILL SAGEN, DASS DIE MENSCHEN DICH NICHT MÖGEN …

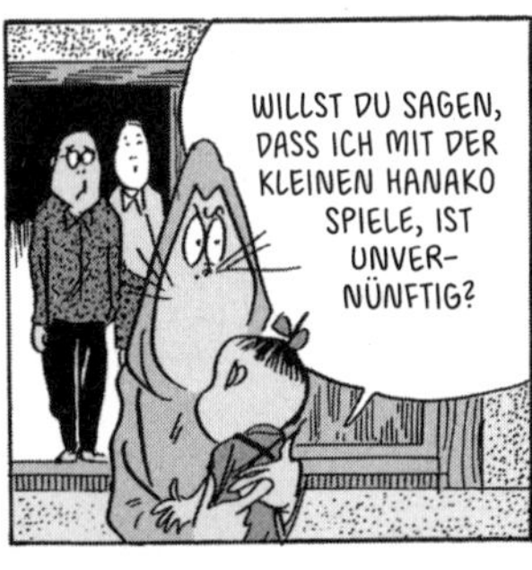
WILLST DU SAGEN, DASS ICH MIT DER KLEINEN HANAKO SPIELE, IST UNVER-
NÜNFTIG?

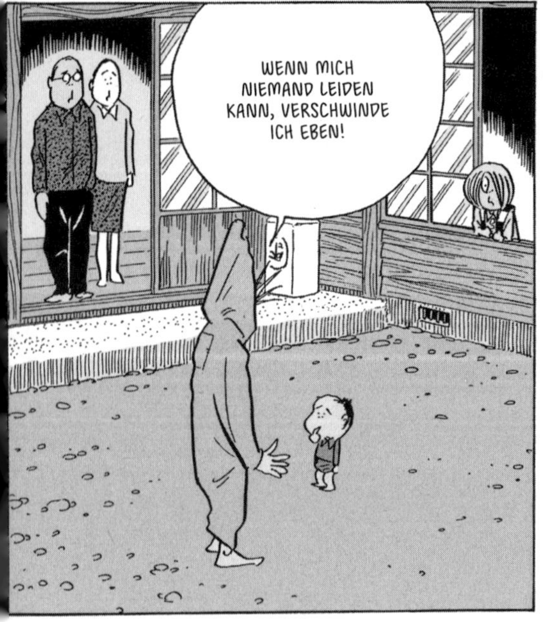
WENN MICH NIEMAND LEIDEN KANN, VERSCHWINDE ICH EBEN!

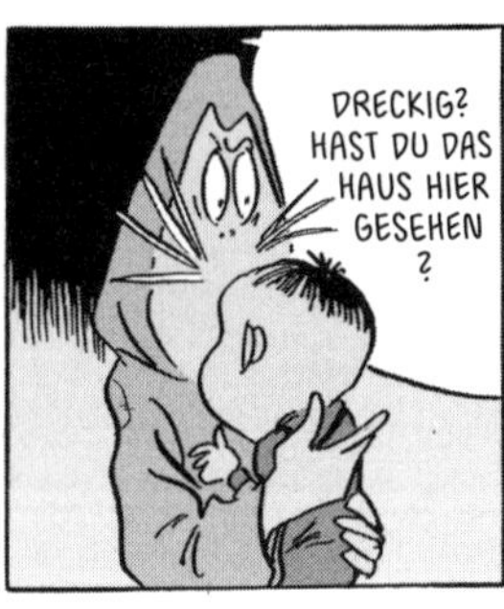
DRECKIG? HAST DU DAS HAUS HIER GESEHEN ?

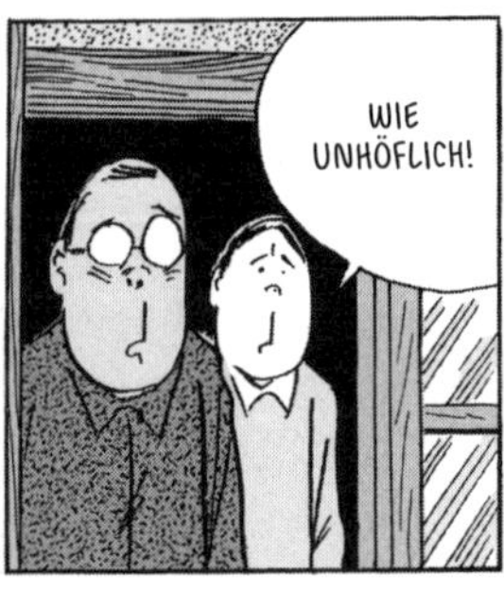
WIE UNHÖFLICH!

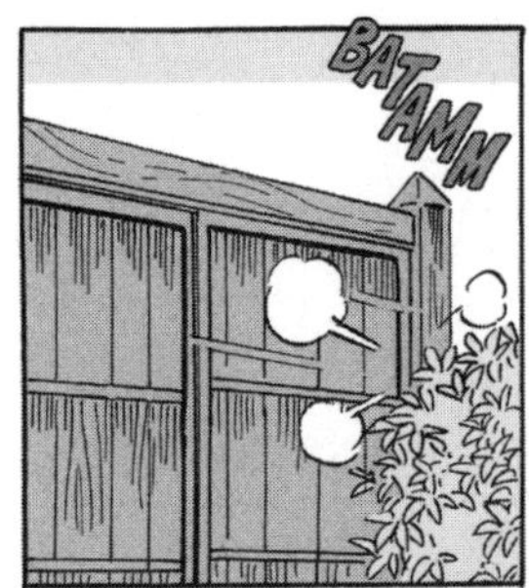
BATAMM

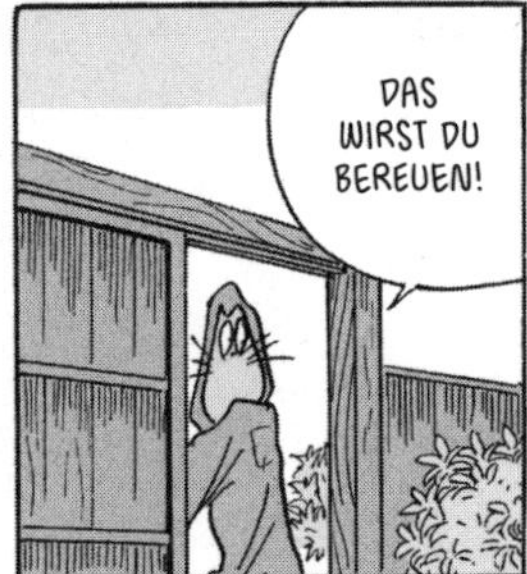
DAS WIRST DU BEREUEN!

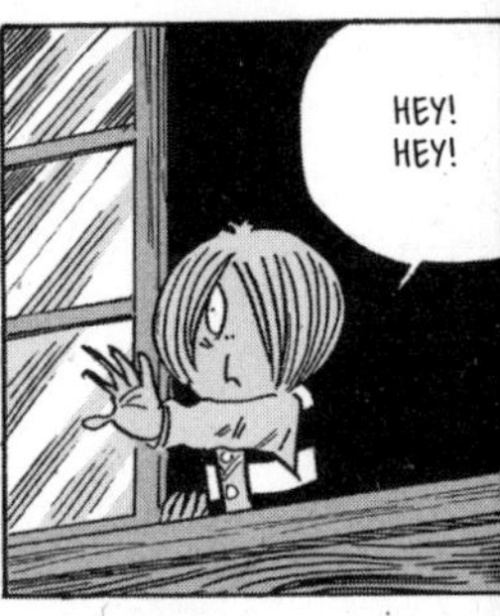
HEY! HEY!

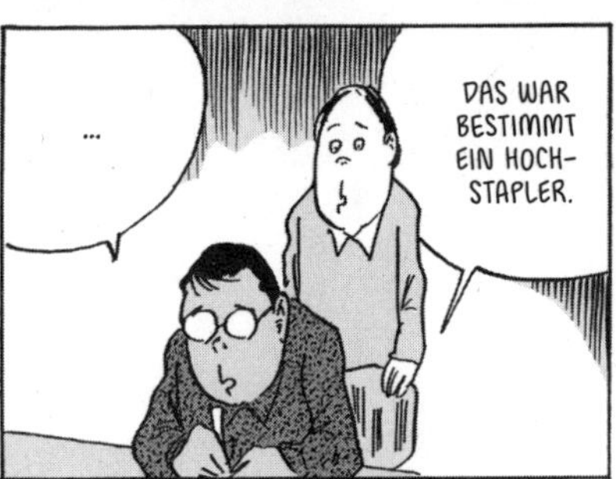
...
DAS WAR BESTIMMT EIN HOCH-STAPLER.

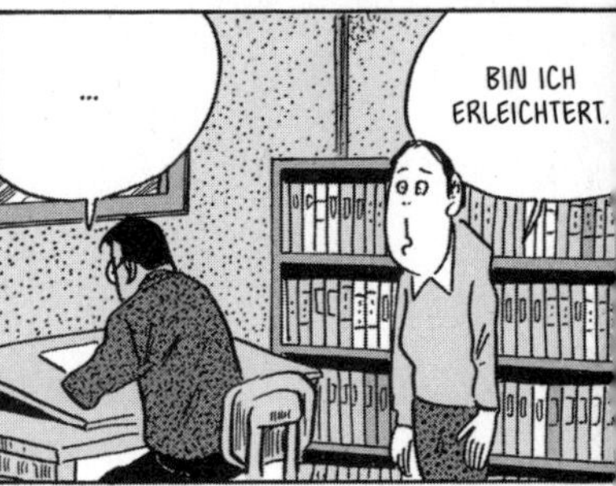
...
BIN ICH ERLEICHTERT.

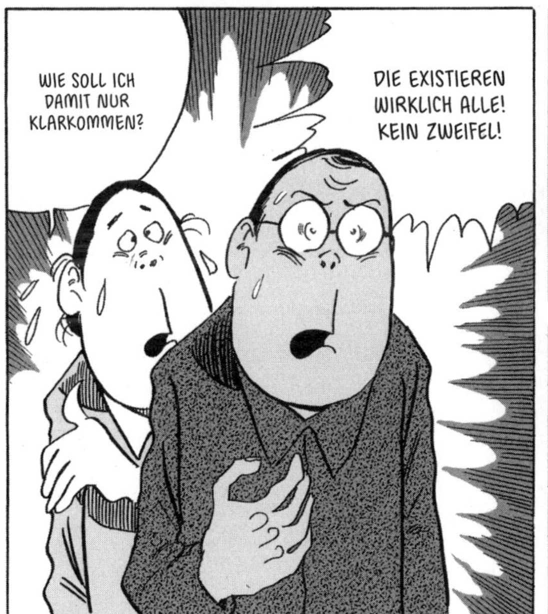
WIE SOLL ICH DAMIT NUR KLARKOMMEN?
DIE EXISTIEREN WIRKLICH ALLE! KEIN ZWEIFEL!

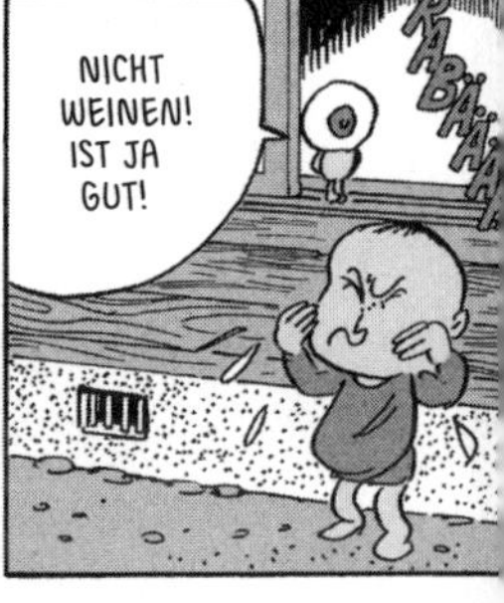
NICHT WEINEN! IST JA GUT!
RABÄÄÄ

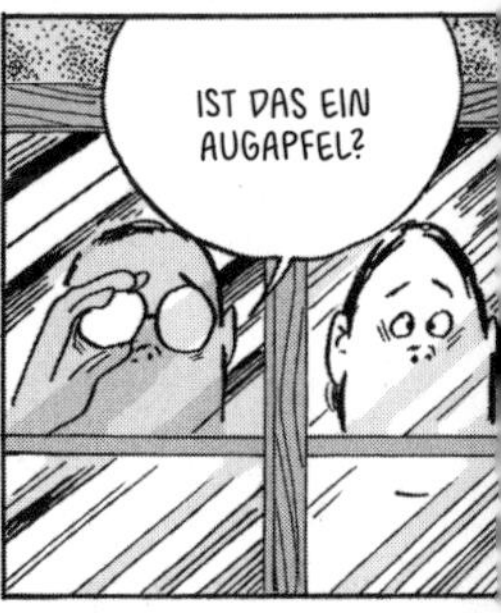
IST DAS EIN AUGAPFEL?

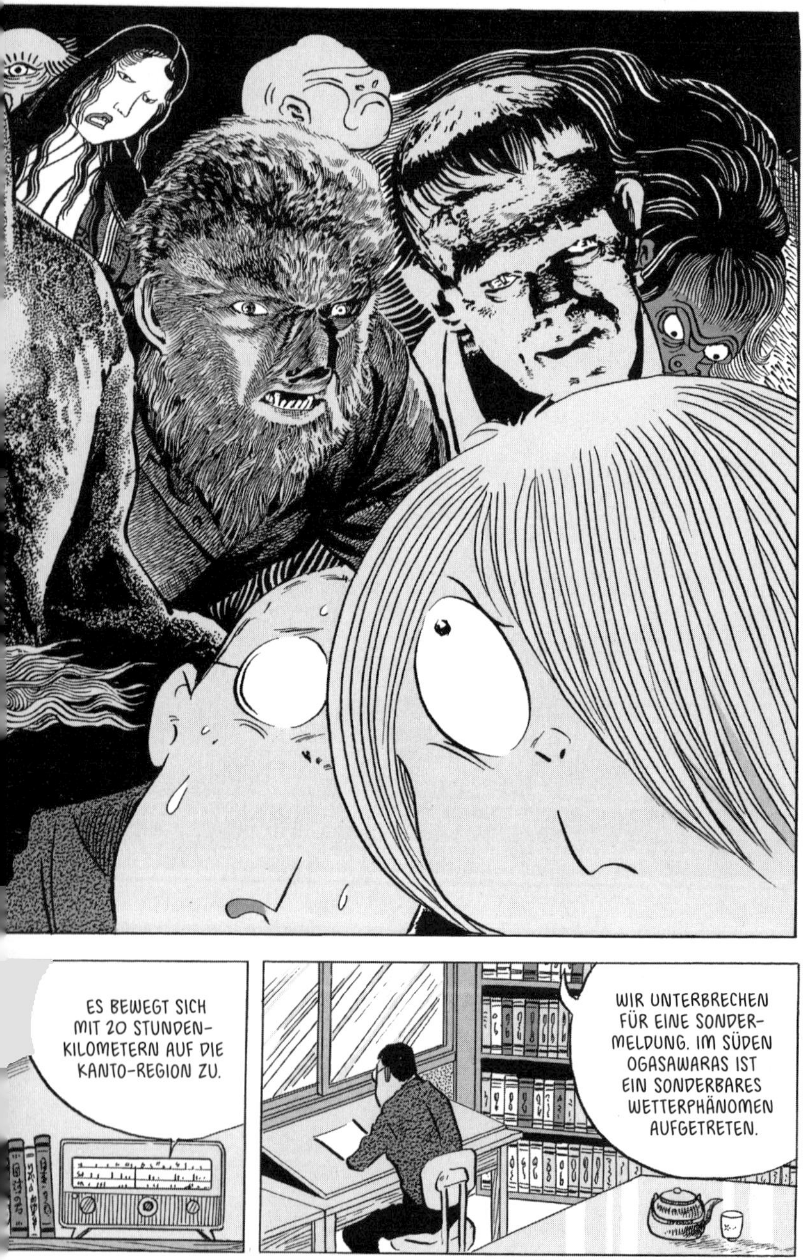

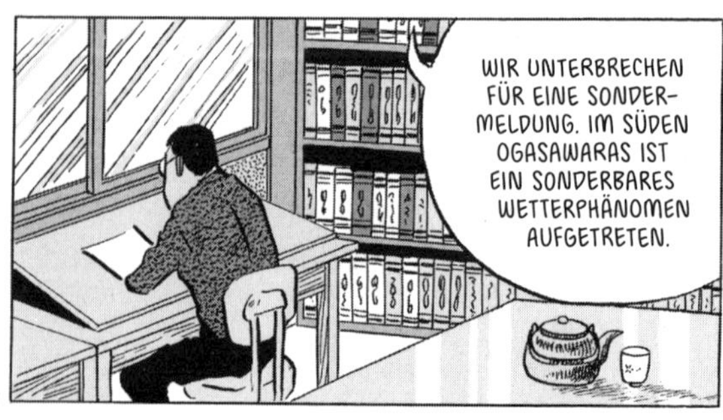
WIR UNTERBRECHEN FÜR EINE SONDERMELDUNG. IM SÜDEN OGASAWARAS IST EIN SONDERBARES WETTERPHÄNOMEN AUFGETRETEN.

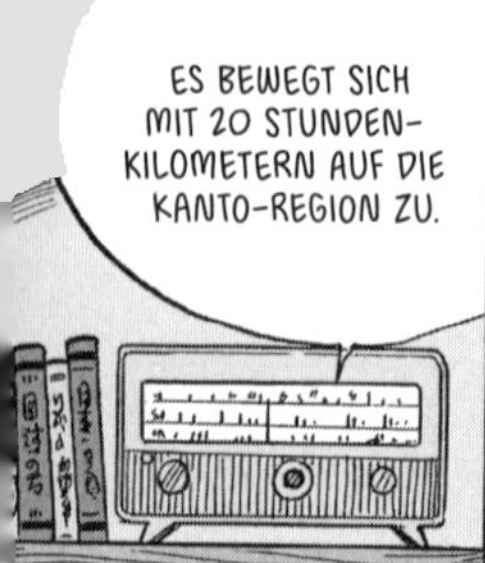
ES BEWEGT SICH MIT 20 STUNDENKILOMETERN AUF DIE KANTO-REGION ZU.

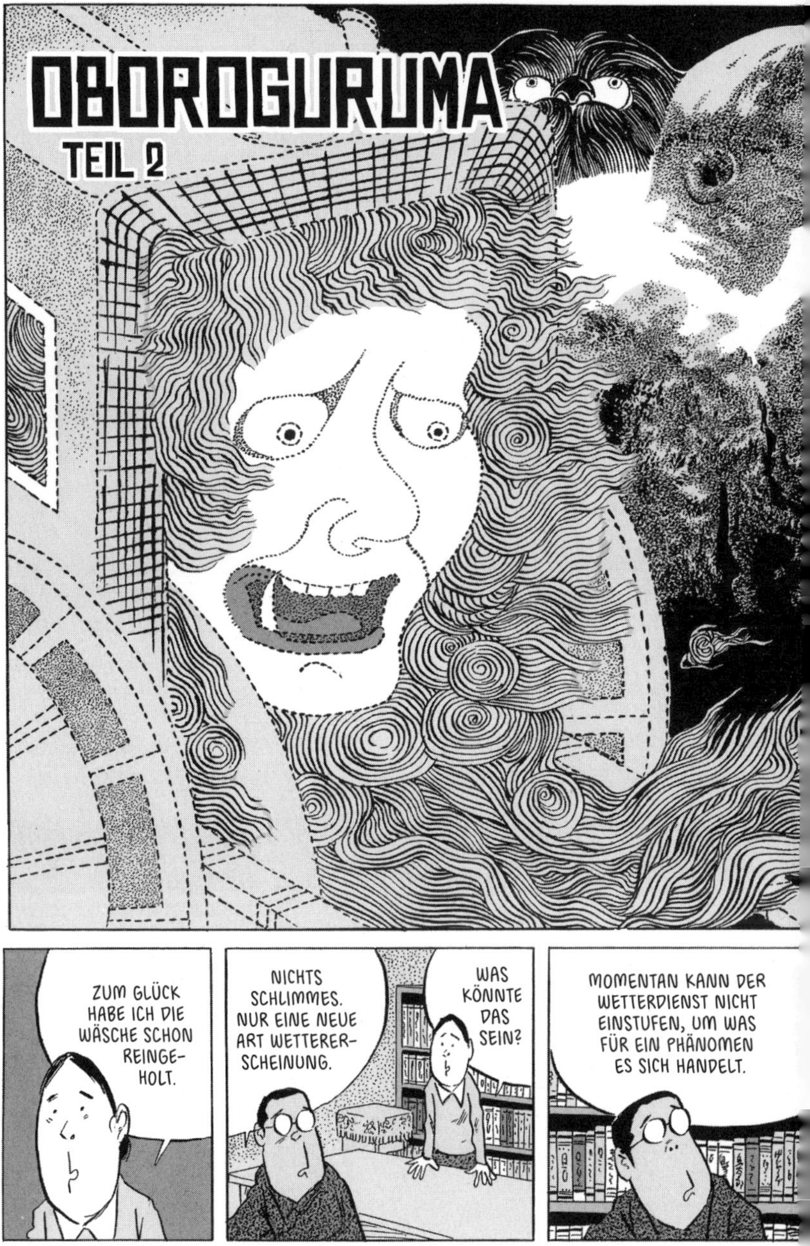

OBOROGURUMA

TEIL 2

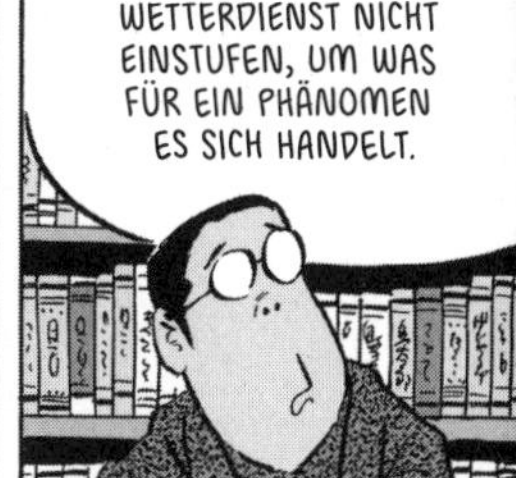

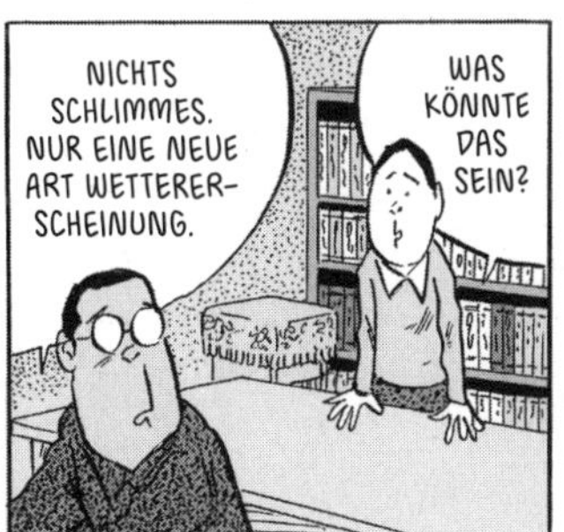

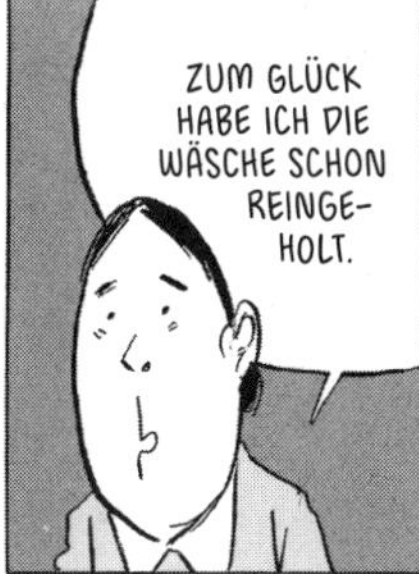

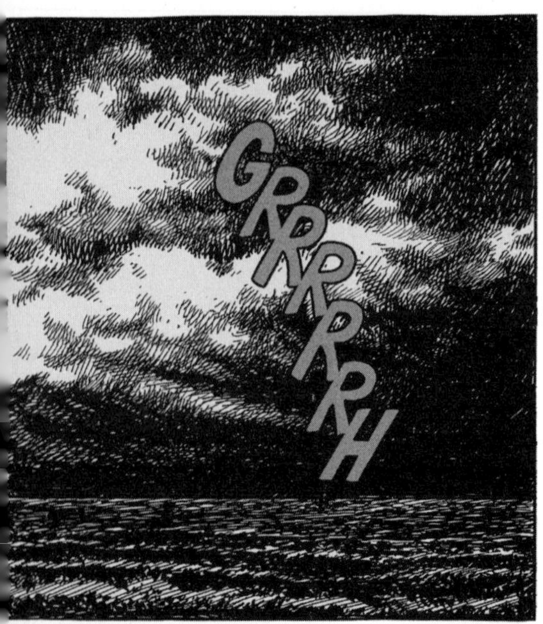

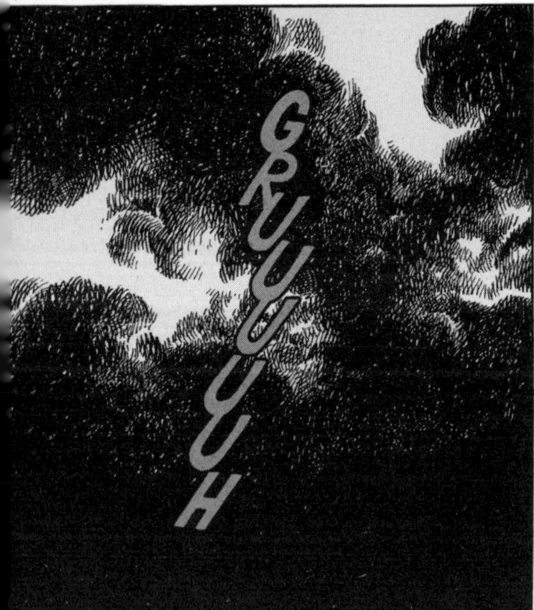

KAP DES HEULENDEN HUNDES IN DER STADT CHOSHI

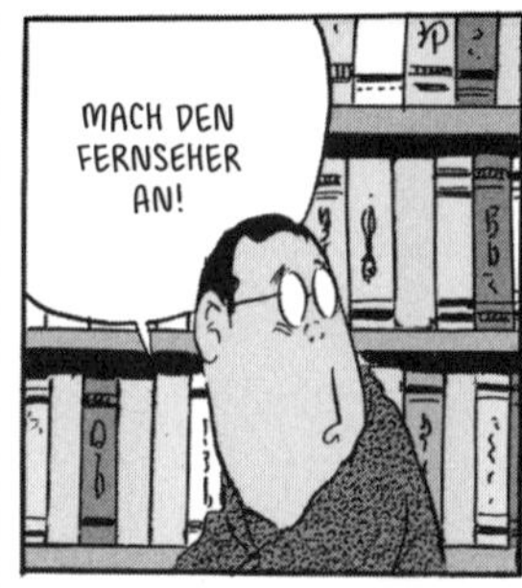

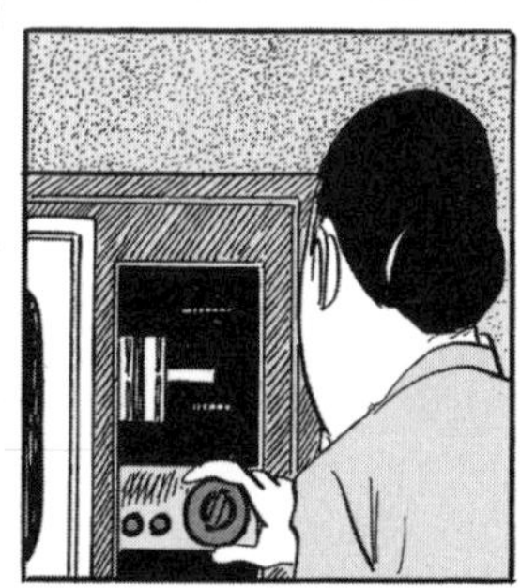

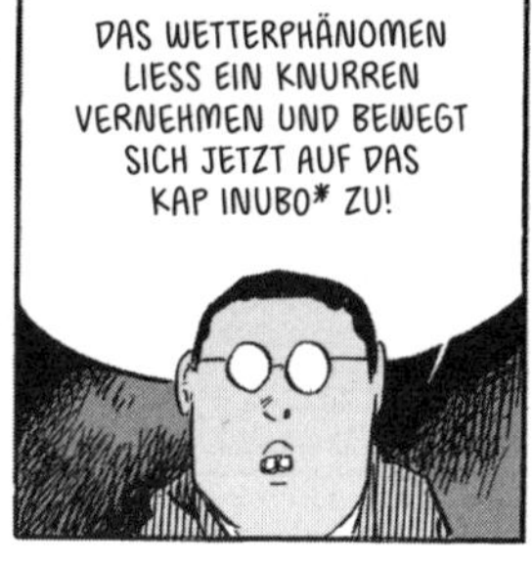

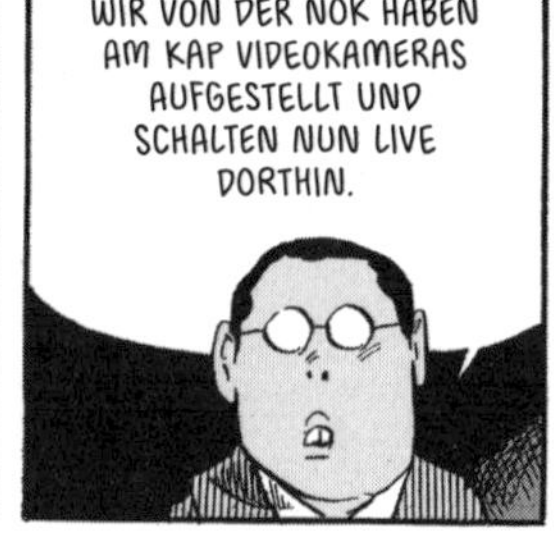

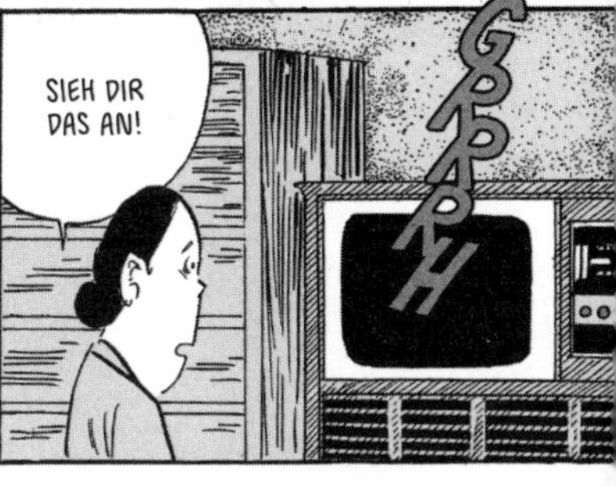
SIEH DIR DAS AN!
GRRARH

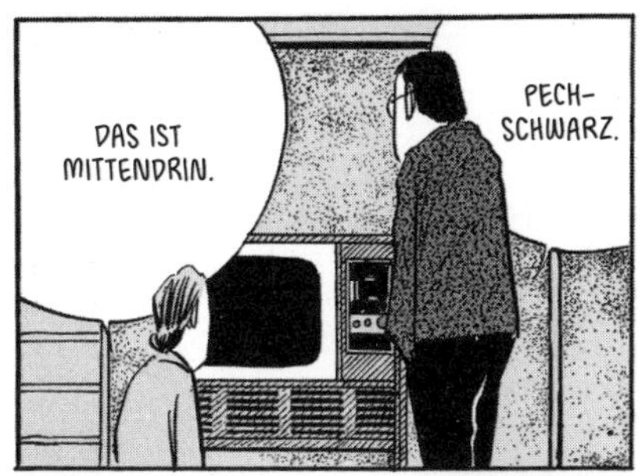
PECH-SCHWARZ.
DAS IST MITTENDRIN.

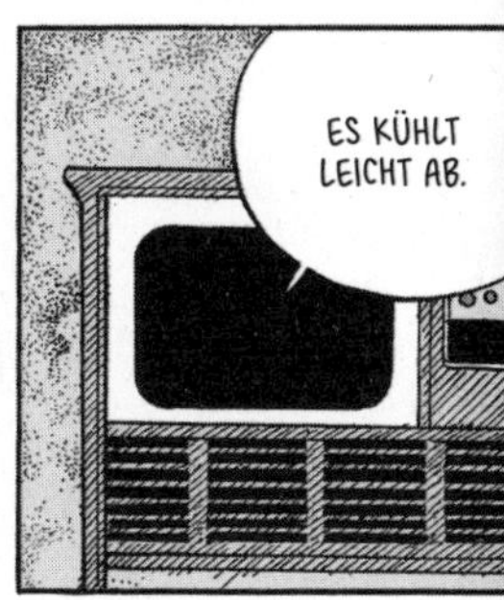
ES KÜHLT LEICHT AB.

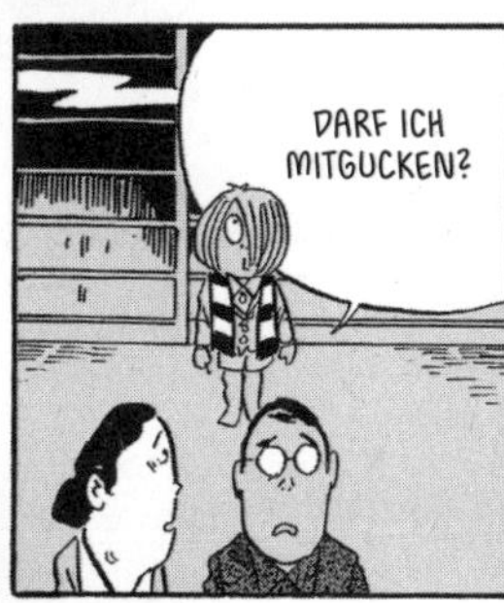
DARF ICH MITGUCKEN?

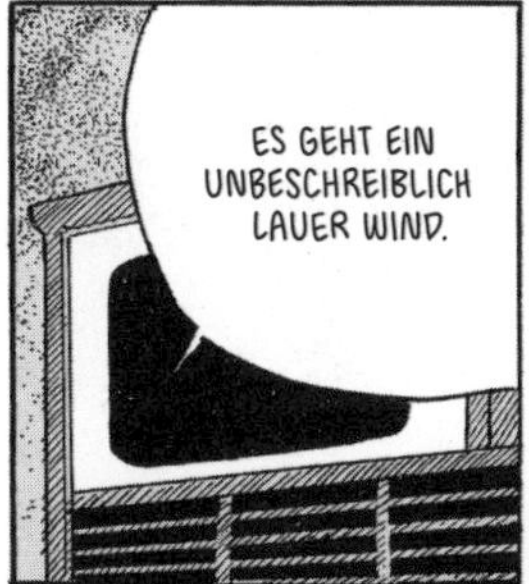
ES GEHT EIN UNBESCHREIBLICH LAUER WIND.

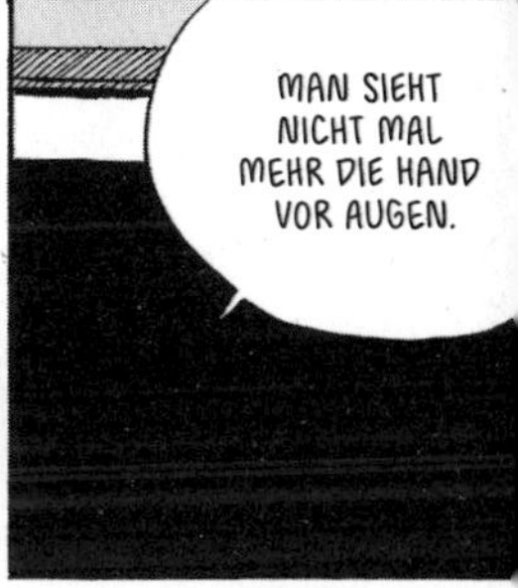
MAN SIEHT NICHT MAL MEHR DIE HAND VOR AUGEN.

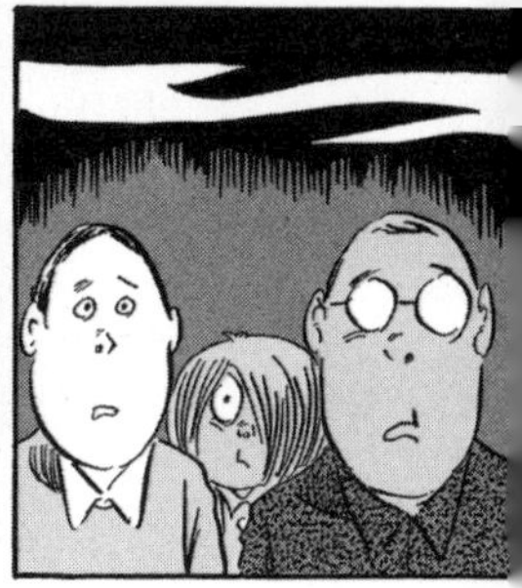

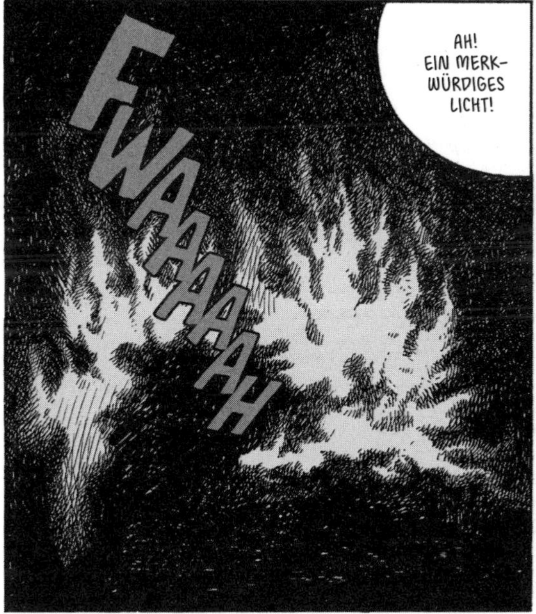
AH! EIN MERKWÜRDIGES LICHT!
FWAAAAAH

DA IST EINE UNHEIMLICHE STIMME, UNTERLEGT VON EINER GROTESKEN MELODIE.

GRH GRH

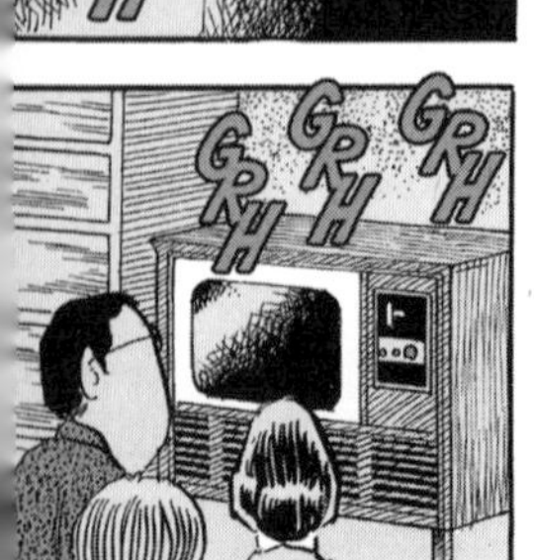

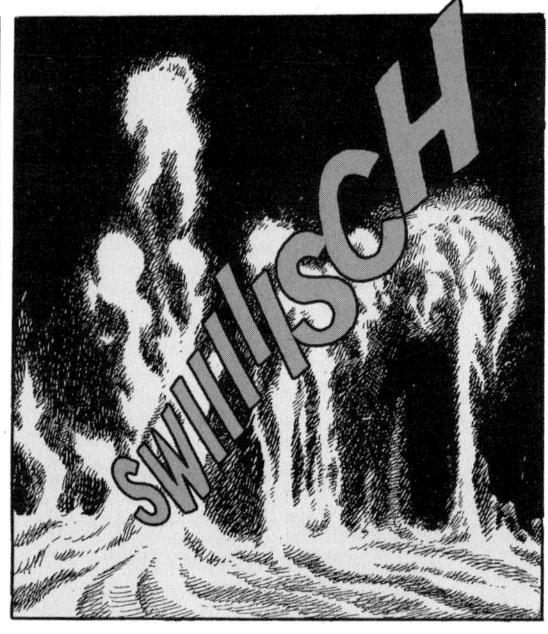

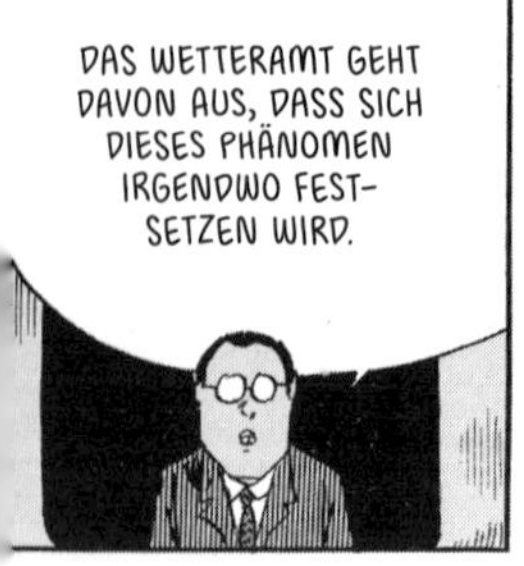

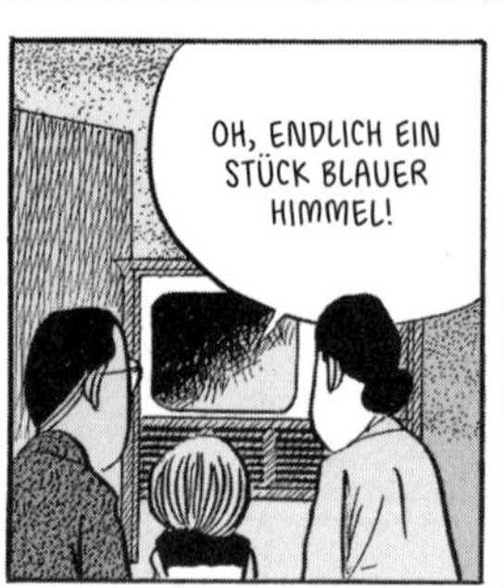

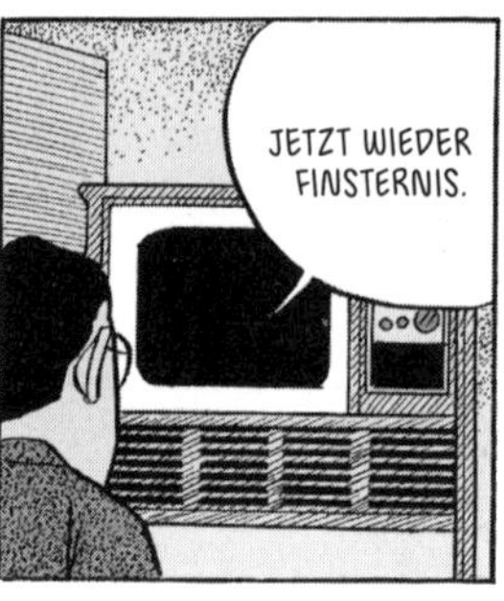

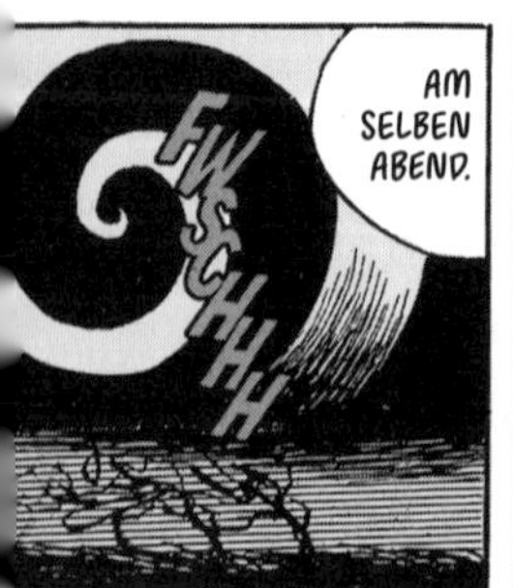

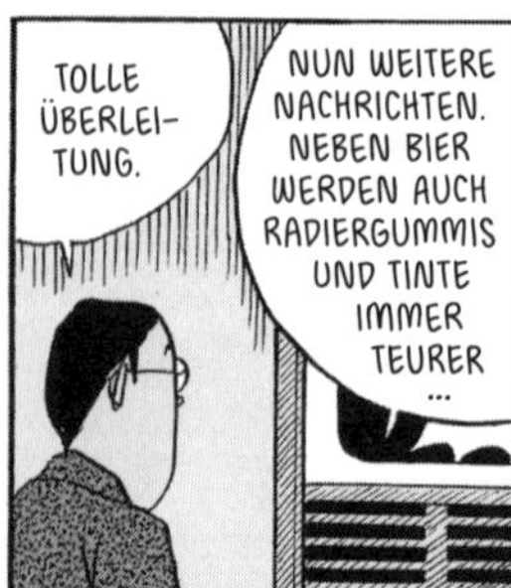

DA SO EINE WETTERLAGE NOCH NIE BEOBACHTET WURDE, FORDERT DIE POLIZEI DRINGEND DAZU AUF, SICH VOR EINTREFFEN DES PHÄNO-MENS ZU EVAKUIEREN.

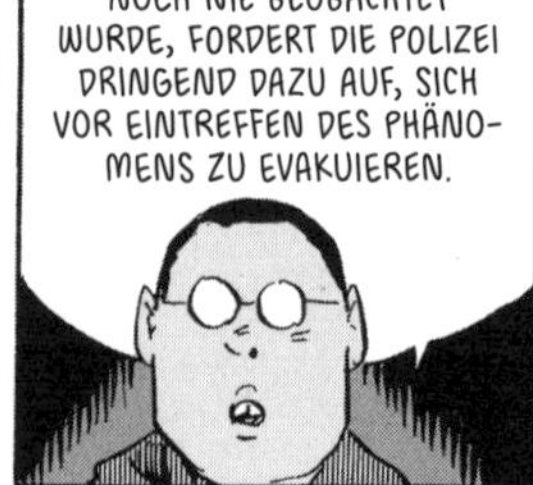

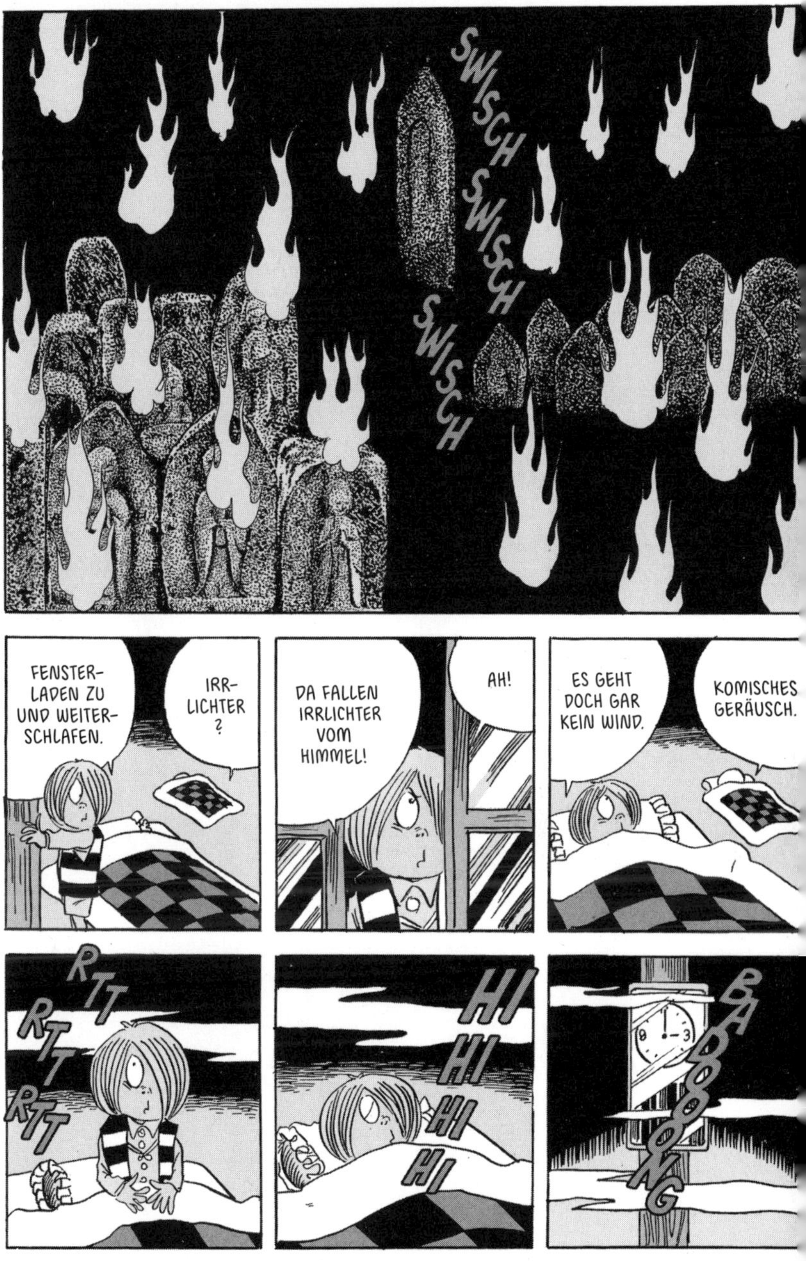

SWISCH
SWISCH
SWISCH

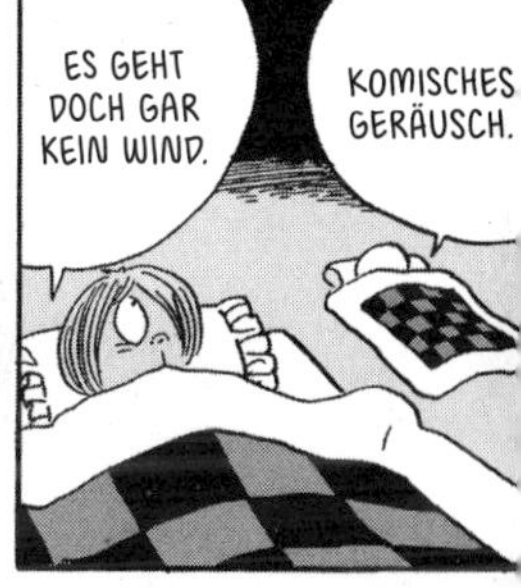
KOMISCHES GERÄUSCH.
ES GEHT DOCH GAR KEIN WIND.

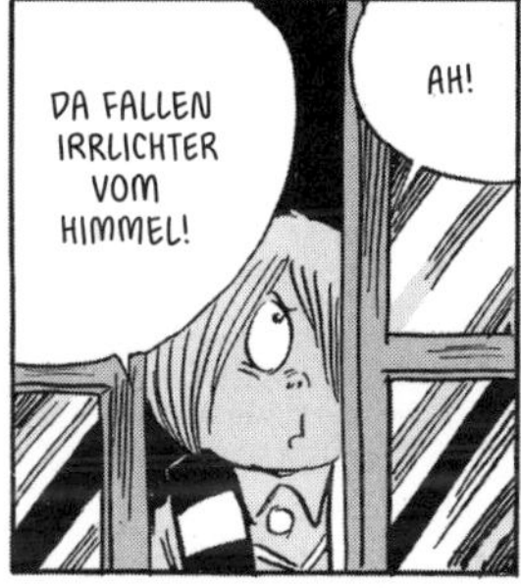
AH!
DA FALLEN IRRLICHTER VOM HIMMEL!

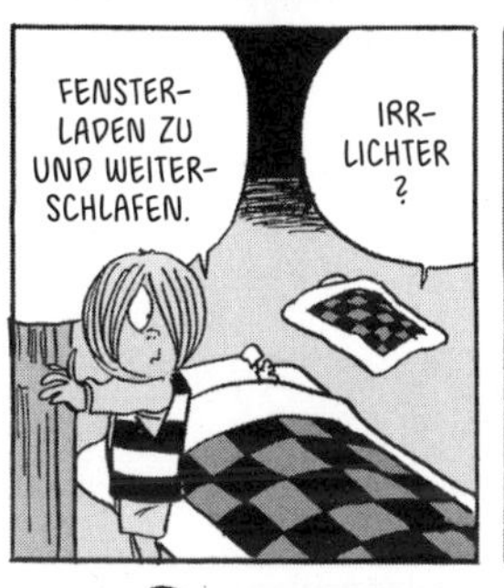
IRRLICHTER?
FENSTERLADEN ZU UND WEITERSCHLAFEN.

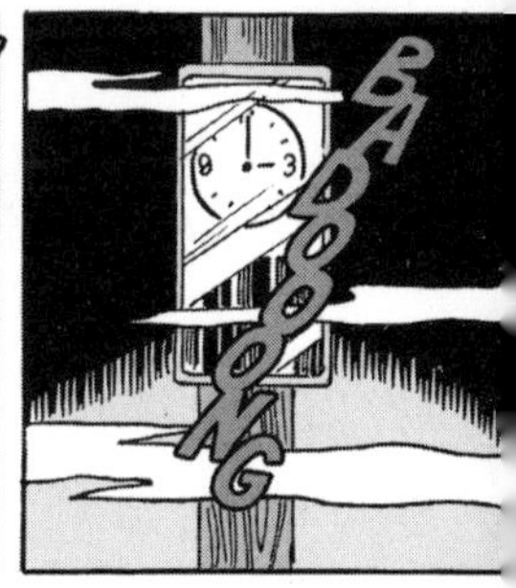
BADOONG

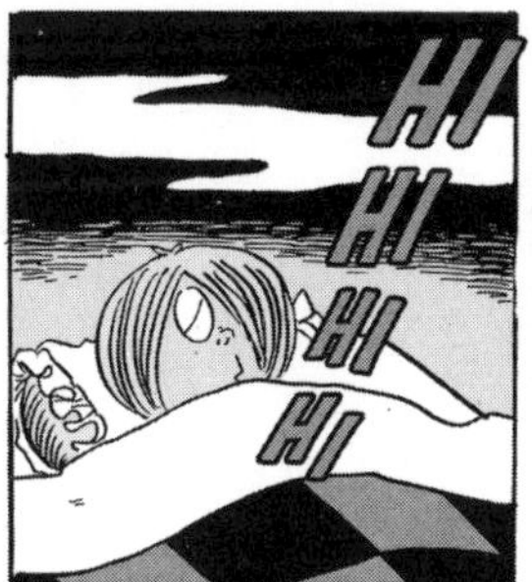
HI
HI
HI
HI
HI

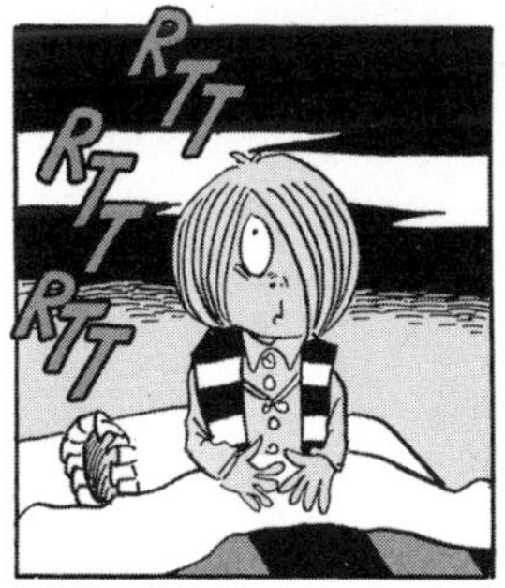
RTT
RTT
RTT

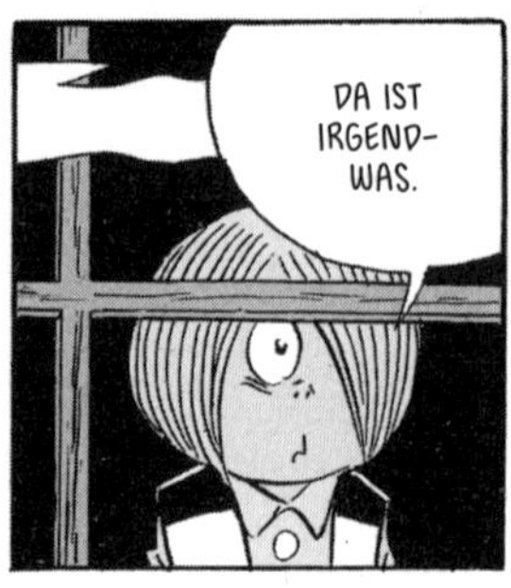
DA IST IRGEND-WAS.

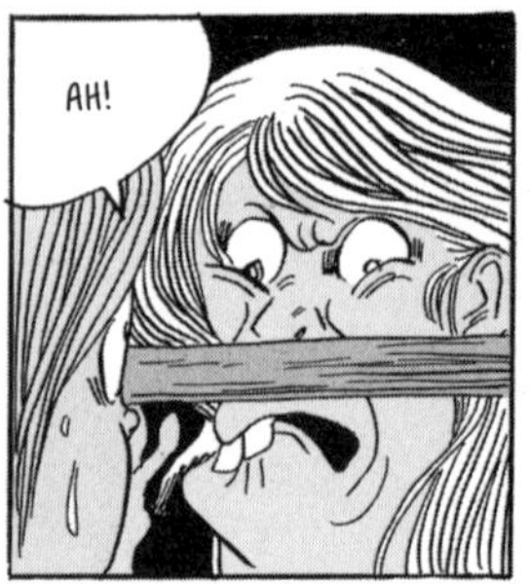
AH!

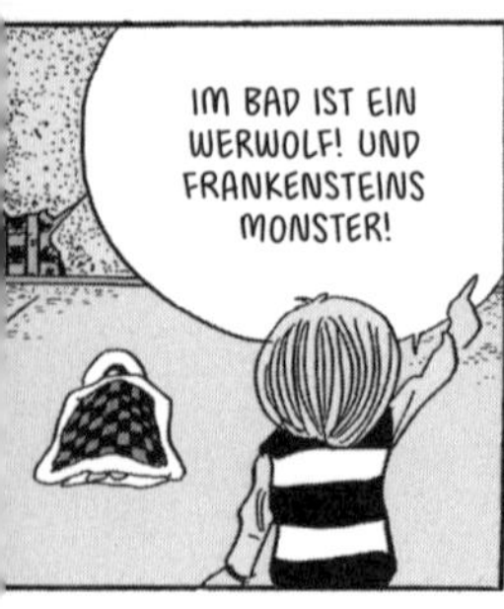
IM BAD IST EIN WERWOLF! UND FRANKENSTEINS MONSTER!

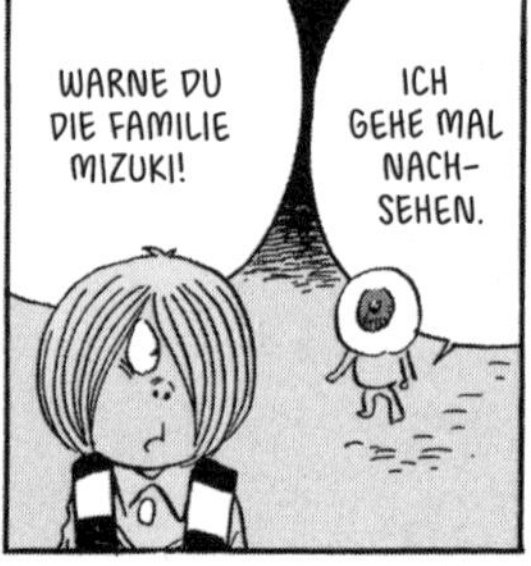
ICH GEHE MAL NACH-SEHEN.
WARNE DU DIE FAMILIE MIZUKI!

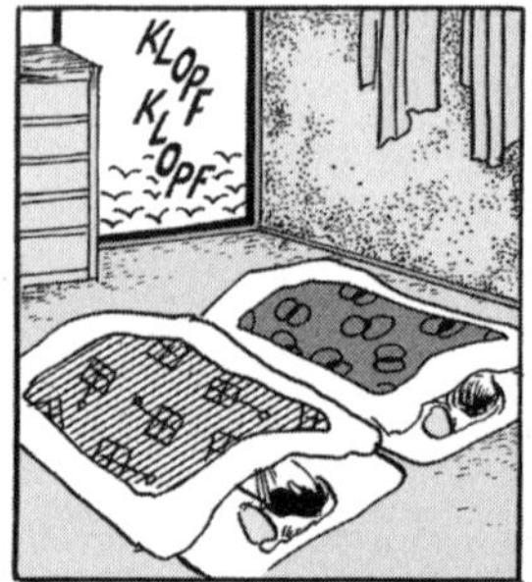
KLOPF KLOPF KLOPF

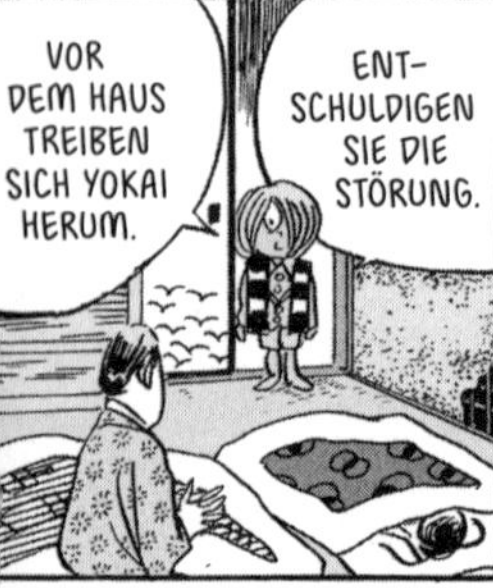
ENT-SCHULDIGEN SIE DIE STÖRUNG.
VOR DEM HAUS TREIBEN SICH YOKAI HERUM.

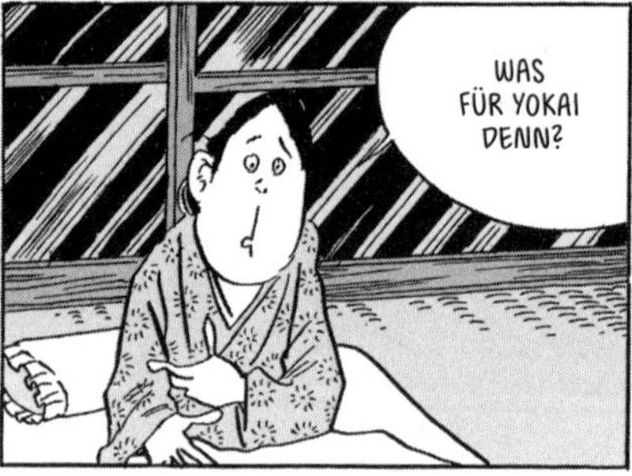
WAS FÜR YOKAI DENN?

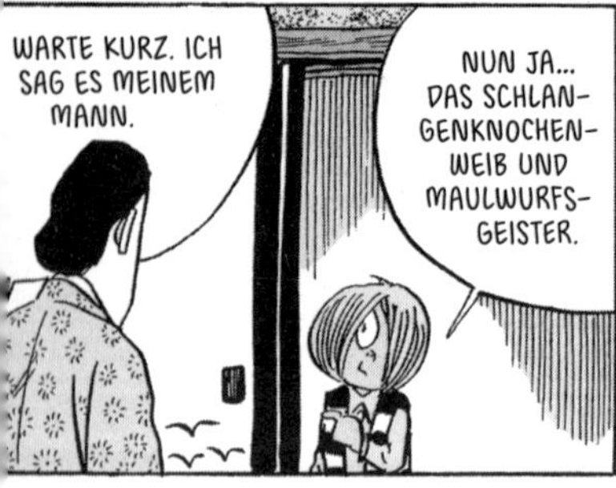
NUN JA... DAS SCHLAN-GENKNOCHEN-WEIB UND MAULWURFS-GEISTER.
WARTE KURZ. ICH SAG ES MEINEM MANN.

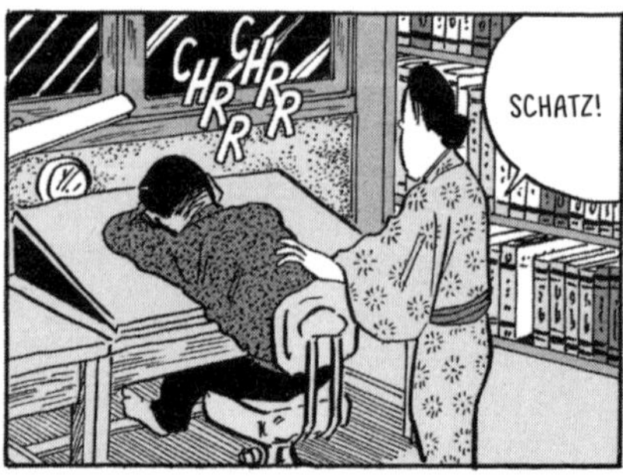
SCHATZ!
CHRR CHRR

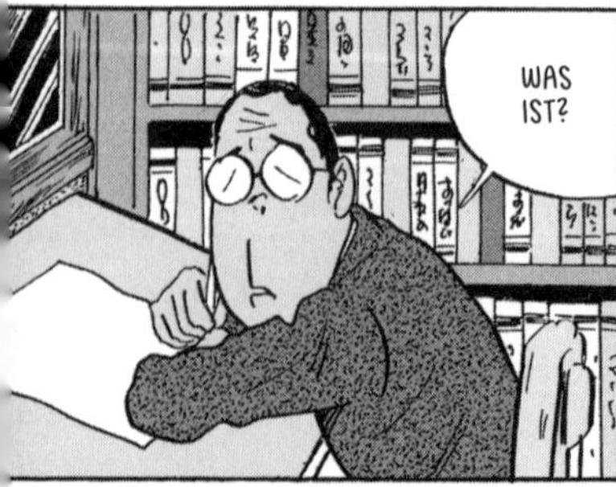
WAS IST?

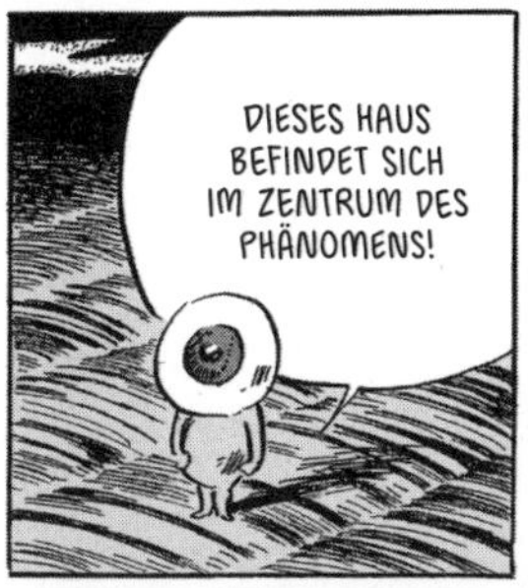
DIESES HAUS BEFINDET SICH IM ZENTRUM DES PHÄNOMENS!

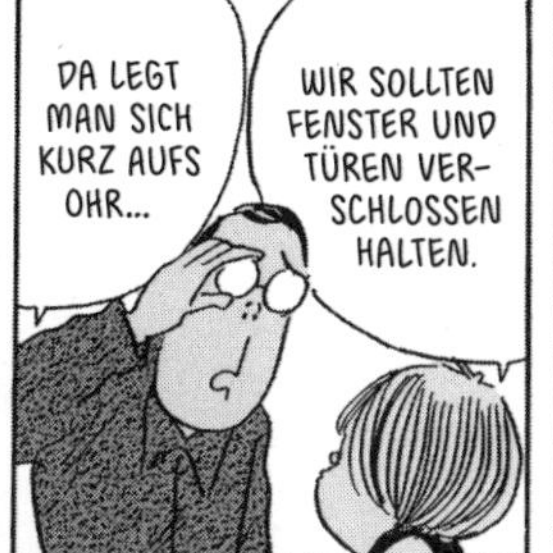
DA LEGT MAN SICH KURZ AUFS OHR...
WIR SOLLTEN FENSTER UND TÜREN VERSCHLOSSEN HALTEN.

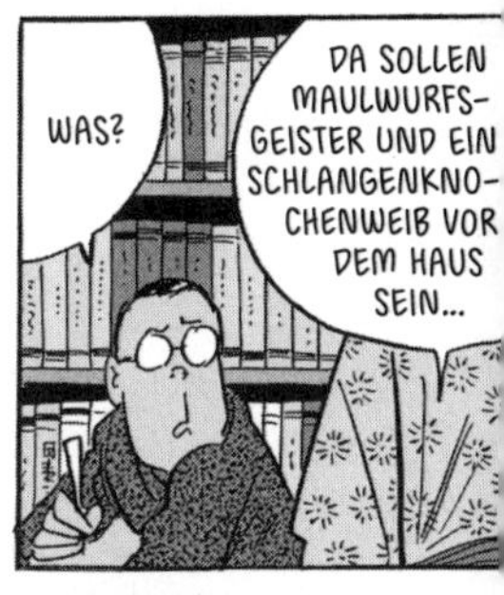
WAS?
DA SOLLEN MAULWURFSGEISTER UND EIN SCHLANGENKNOCHENWEIB VOR DEM HAUS SEIN...

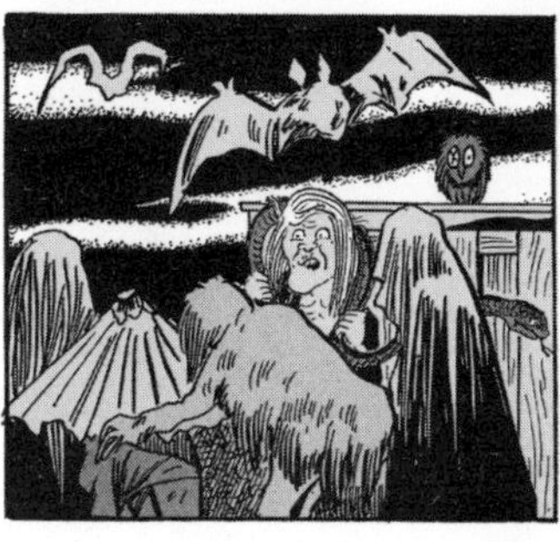

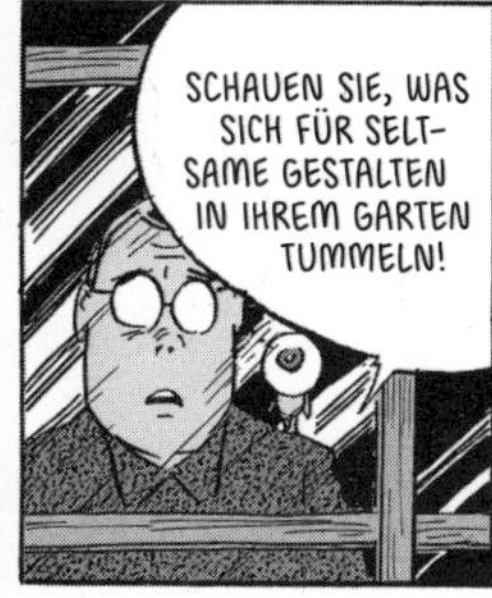
SCHAUEN SIE, WAS SICH FÜR SELTSAME GESTALTEN IN IHREM GARTEN TUMMELN!

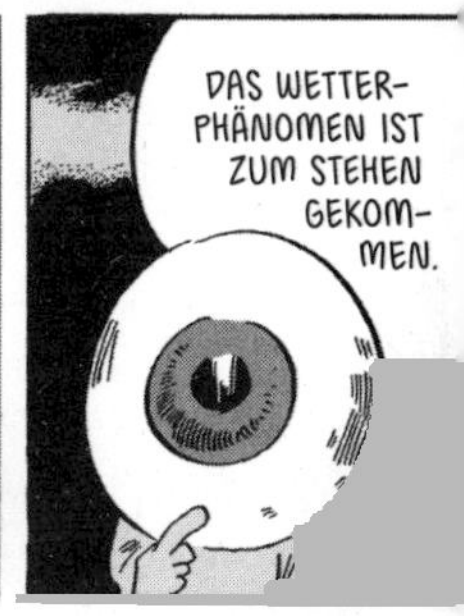
DAS WETTERPHÄNOMEN IST ZUM STEHEN GEKOMMEN.

ALLE, DIE ROMANE ÜBER IRRLICHTER, MEERJUNGFRAUEN ODER ANDERE GESPENSTER SCHREIBEN, HABEN DANK IHRER VORSTELLUNGSKRAFT IRGENDWANN TATSÄCHLICH DIE WESEN AUS DIESEM WETTERPHÄNOMEN WAHRGENOMMEN.

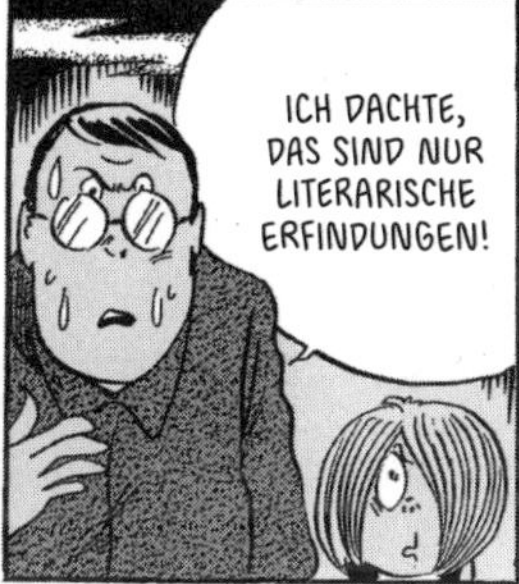
ICH DACHTE, DAS SIND NUR LITERARISCHE ERFINDUNGEN!

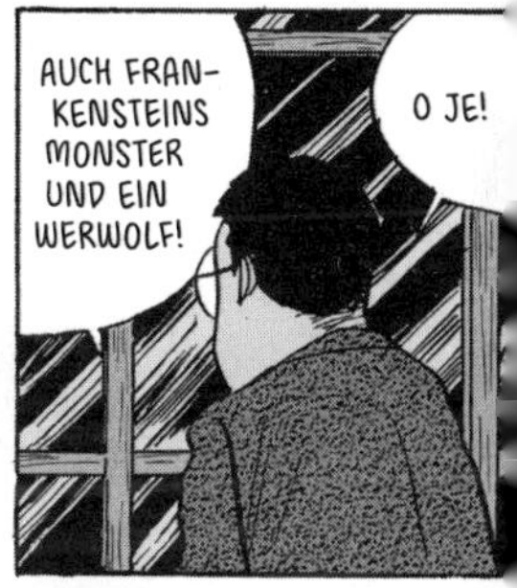
AUCH FRANKENSTEINS MONSTER UND EIN WERWOLF!
O JE!

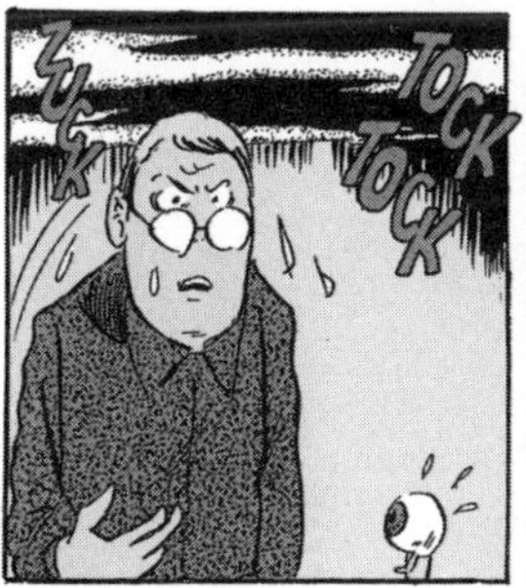
ZUCK
TOCK TOCK

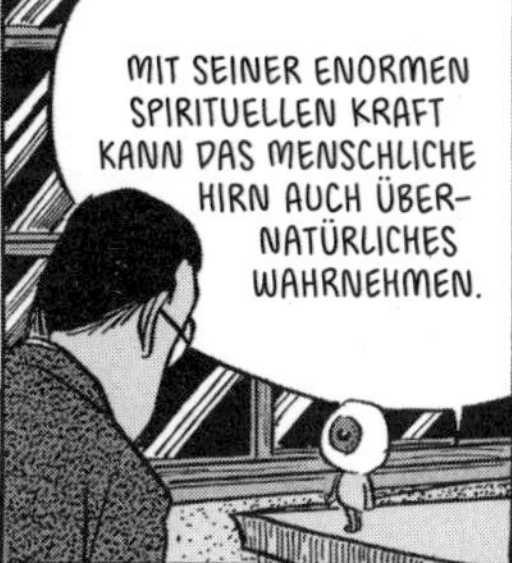
MIT SEINER ENORMEN SPIRITUELLEN KRAFT KANN DAS MENSCHLICHE HIRN AUCH ÜBERNATÜRLICHES WAHRNEHMEN.

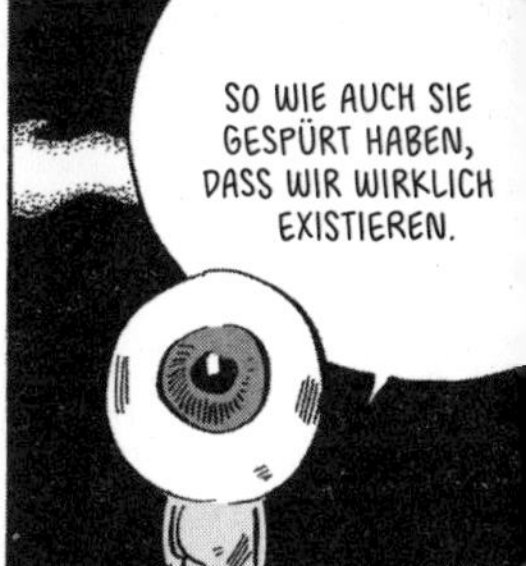
SO WIE AUCH SIE GESPÜRT HABEN, DASS WIR WIRKLICH EXISTIEREN.

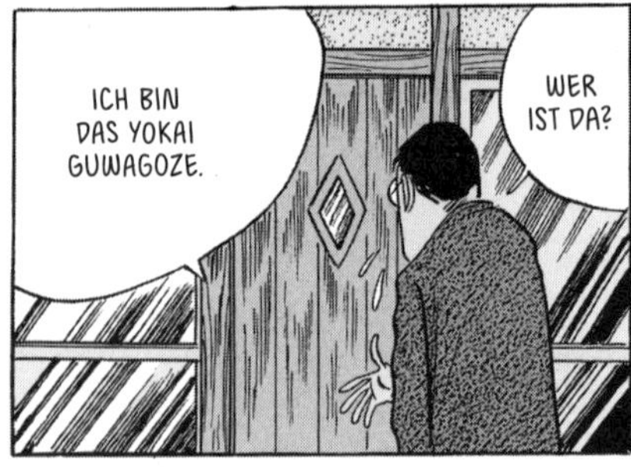
WER IST DA?
ICH BIN DAS YOKAI GUWAGOZE.

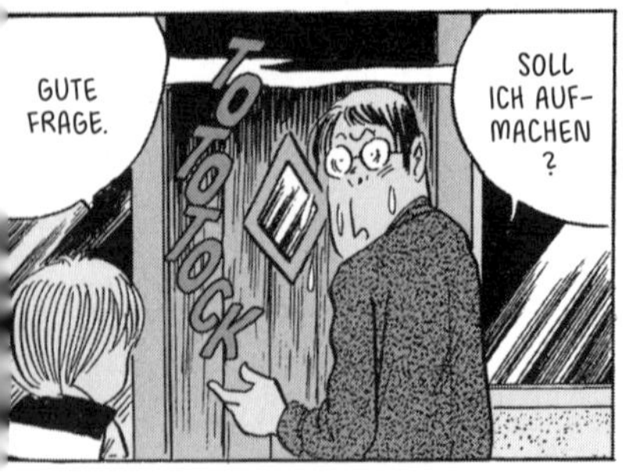
SOLL ICH AUF-MACHEN ?
TOTOTOCK
GUTE FRAGE.

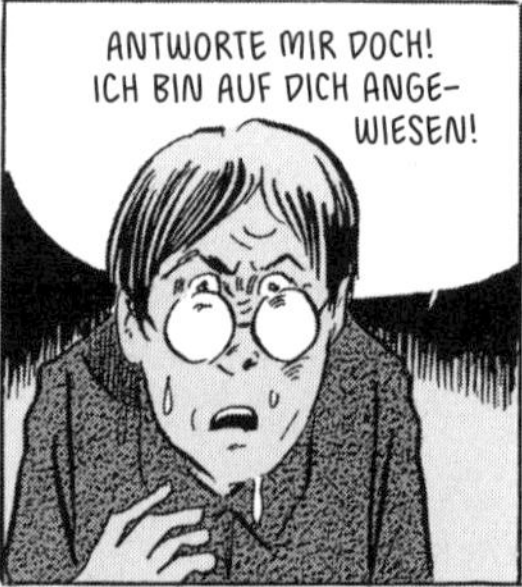
ANTWORTE MIR DOCH! ICH BIN AUF DICH ANGE-WIESEN!

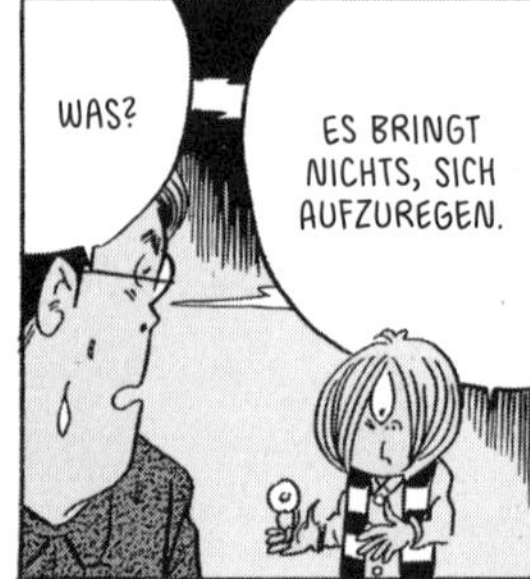
ES BRINGT NICHTS, SICH AUFZUREGEN.
WAS?
ÖFFNEN SIE! DAS HAUS IST VON YOKAI UMZINGELT. FRÜHER ODER SPÄTER KOMMEN SIE EH REIN. KOOPERIEREN SIE BESSER.

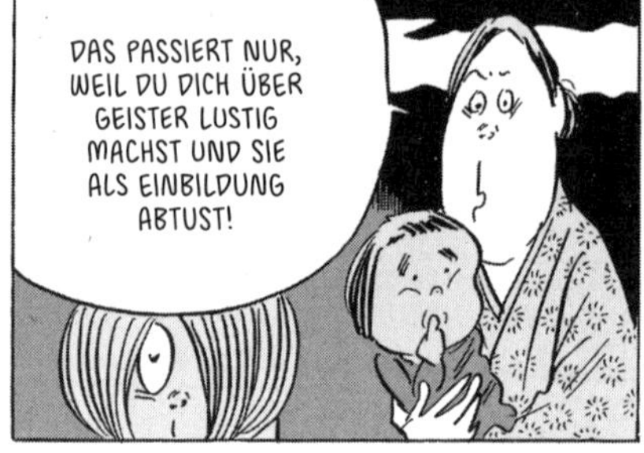
DAS PASSIERT NUR, WEIL DU DICH ÜBER GEISTER LUSTIG MACHST UND SIE ALS EINBILDUNG ABTUST!

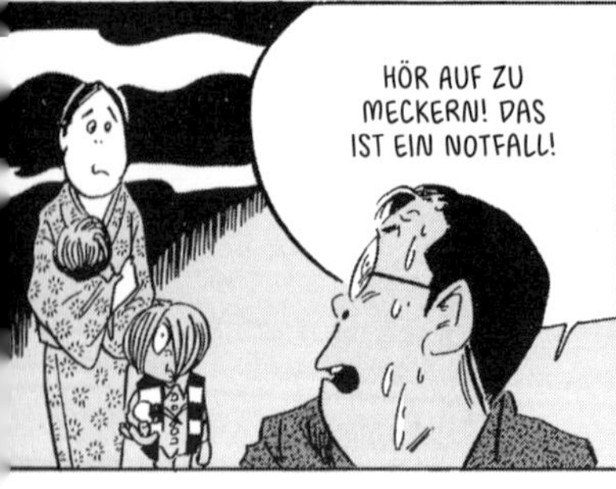
HÖR AUF ZU MECKERN! DAS IST EIN NOTFALL!

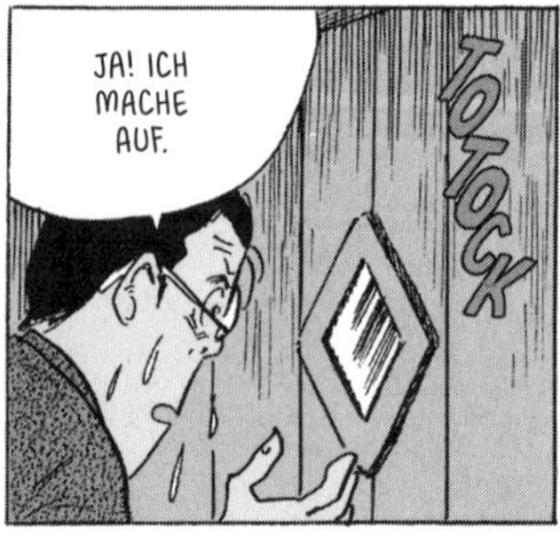
JA! ICH MACHE AUF.
TOTOCK

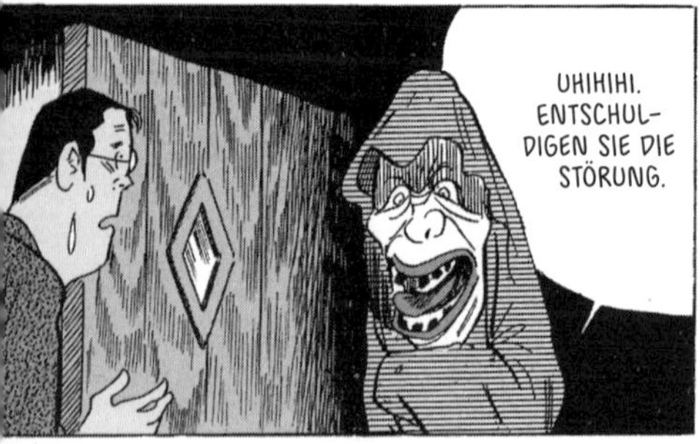
UHIHIHI. ENTSCHUL-DIGEN SIE DIE STÖRUNG.

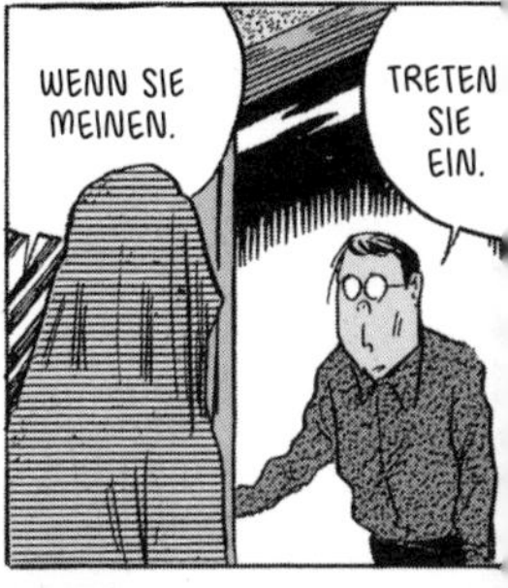
TRETEN SIE EIN.
WENN SIE MEINEN.

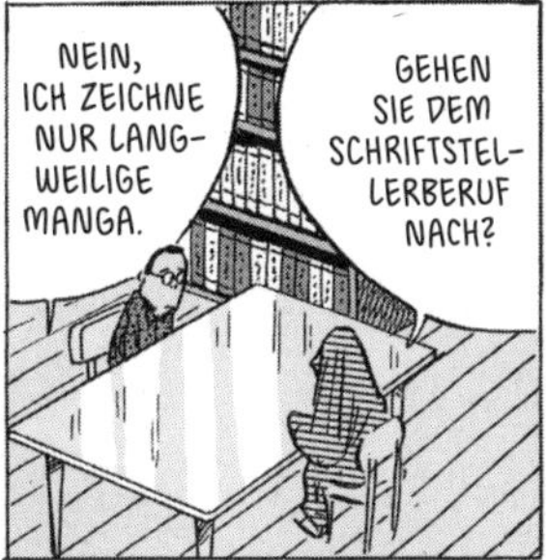
GEHEN SIE DEM SCHRIFTSTELLERBERUF NACH?
NEIN, ICH ZEICHNE NUR LANGWEILIGE MANGA.

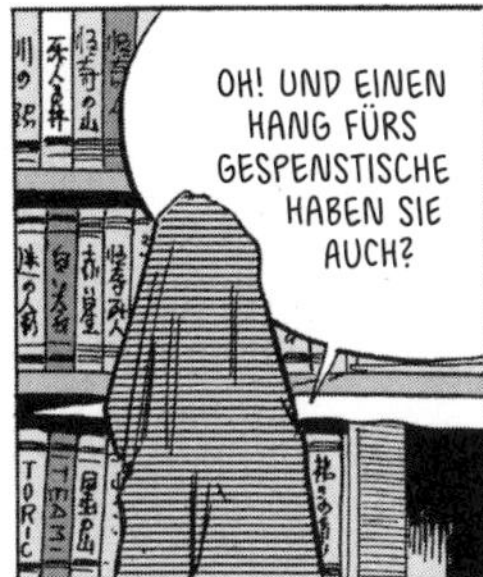
OH! UND EINEN HANG FÜRS GESPENSTISCHE HABEN SIE AUCH?

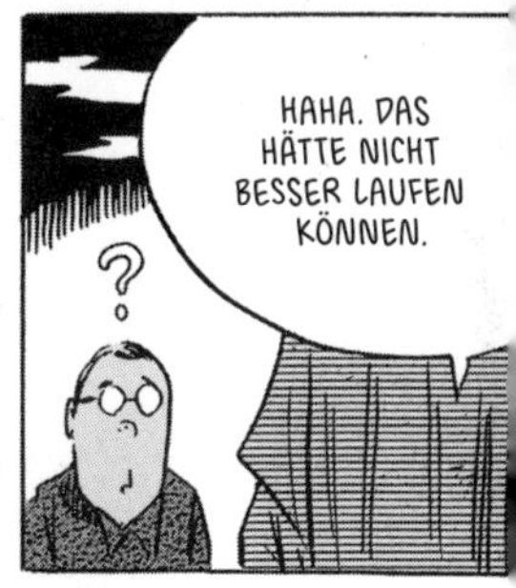
HAHA. DAS HÄTTE NICHT BESSER LAUFEN KÖNNEN.
?

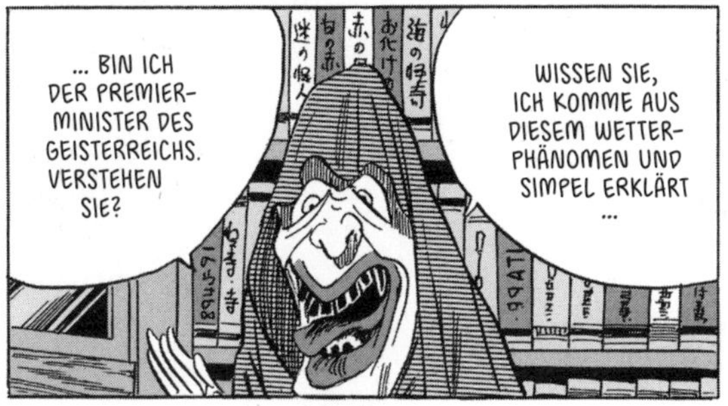
WISSEN SIE, ICH KOMME AUS DIESEM WETTERPHÄNOMEN UND SIMPEL ERKLÄRT ...
... BIN ICH DER PREMIERMINISTER DES GEISTERREICHS. VERSTEHEN SIE?

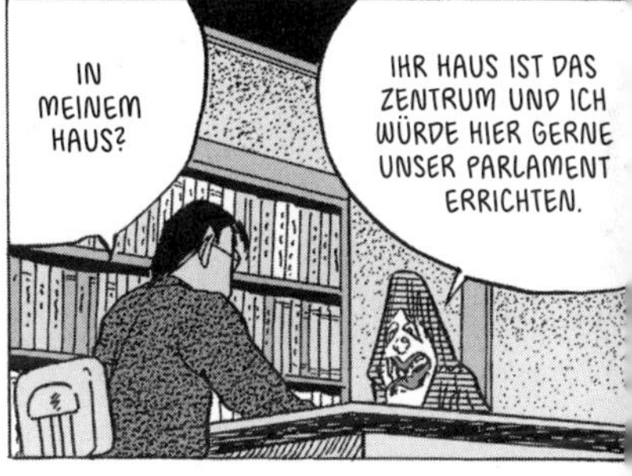
IHR HAUS IST DAS ZENTRUM UND ICH WÜRDE HIER GERNE UNSER PARLAMENT ERRICHTEN.
IN MEINEM HAUS?

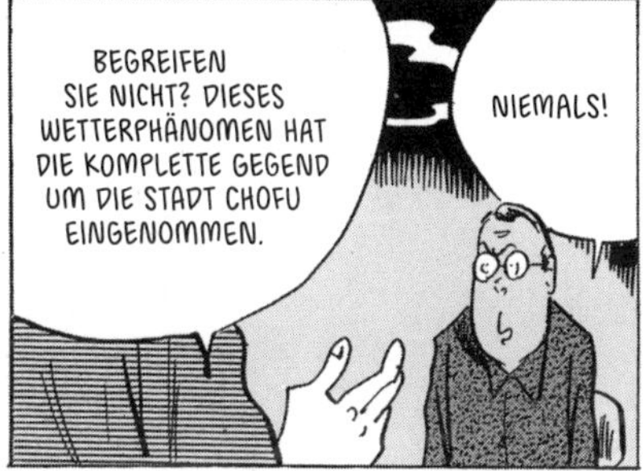
NIEMALS!
BEGREIFEN SIE NICHT? DIESES WETTERPHÄNOMEN HAT DIE KOMPLETTE GEGEND UM DIE STADT CHOFU EINGENOMMEN.

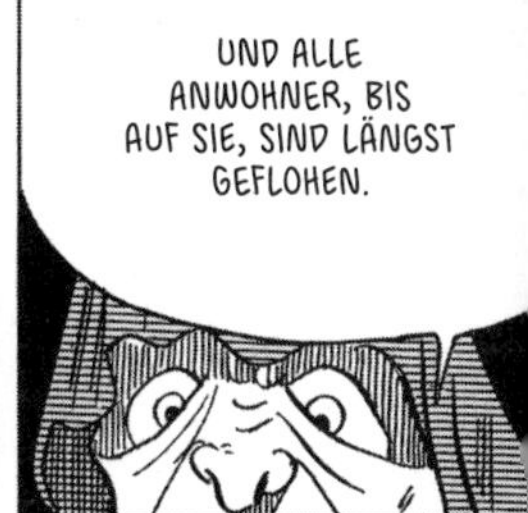
UND ALLE ANWOHNER, BIS AUF SIE, SIND LÄNGST GEFLOHEN.

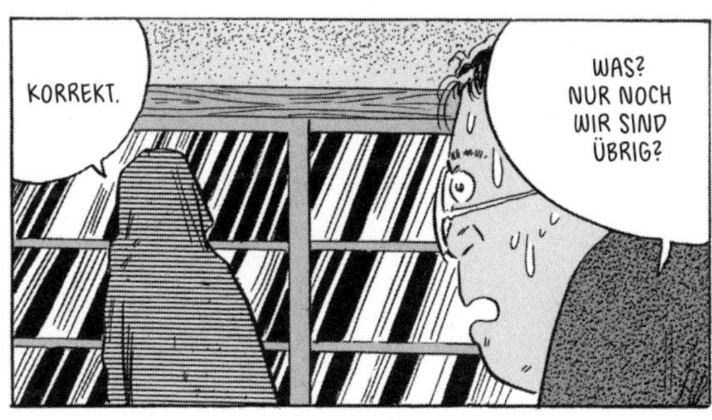
WAS? NUR NOCH WIR SIND ÜBRIG?
KORREKT.

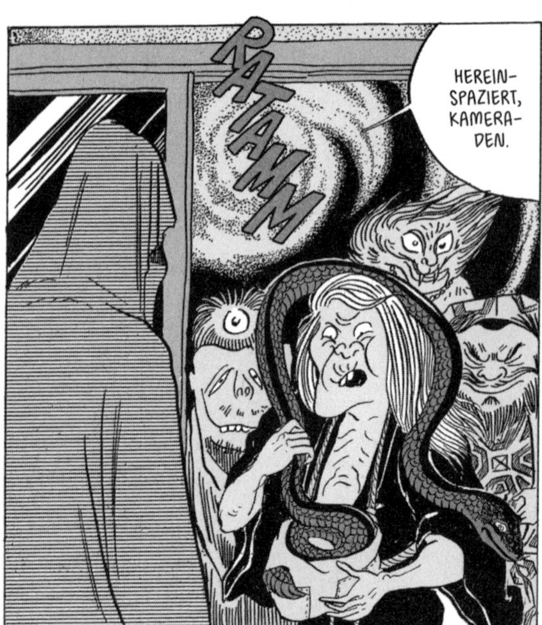
RATAMM
HEREIN-SPAZIERT, KAMERA-DEN.

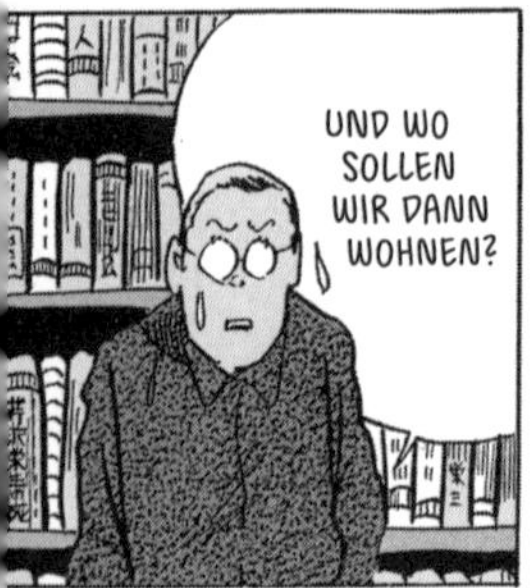
UND WO SOLLEN WIR DANN WOHNEN?

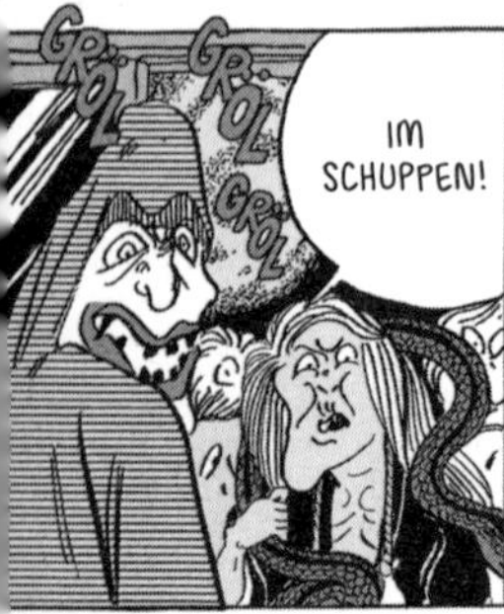
GROL GROL GROL
IM SCHUPPEN!

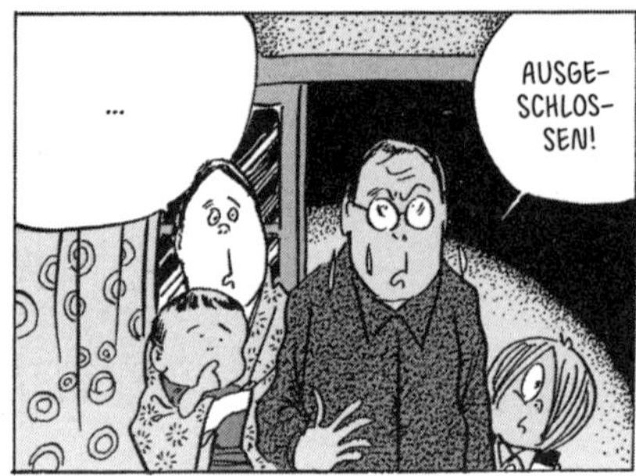
AUSGE-SCHLOS-SEN!
...

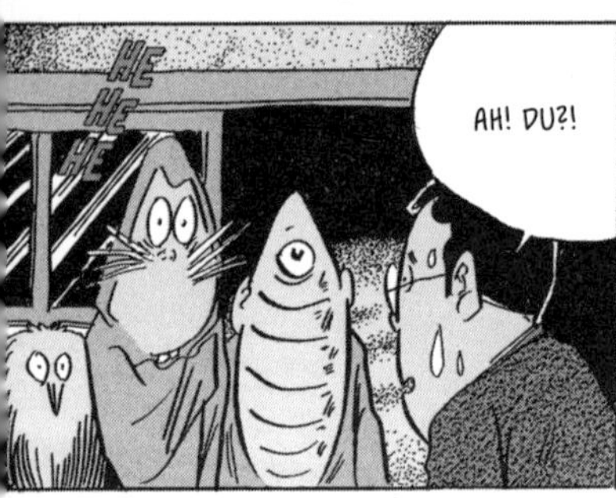
HE HE HE
AH! DU?!

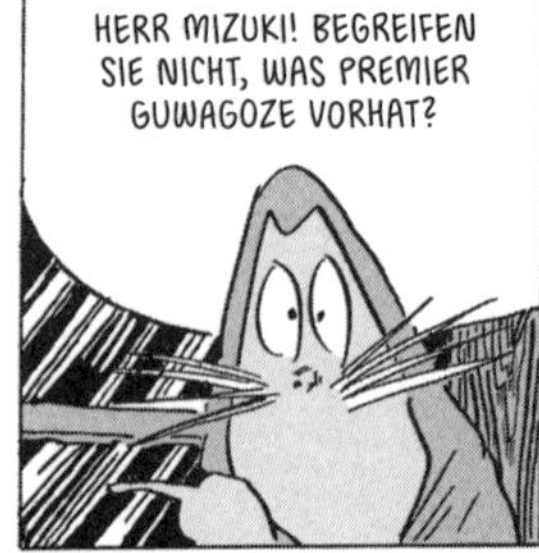
HERR MIZUKI! BEGREIFEN SIE NICHT, WAS PREMIER GUWAGOZE VORHAT?

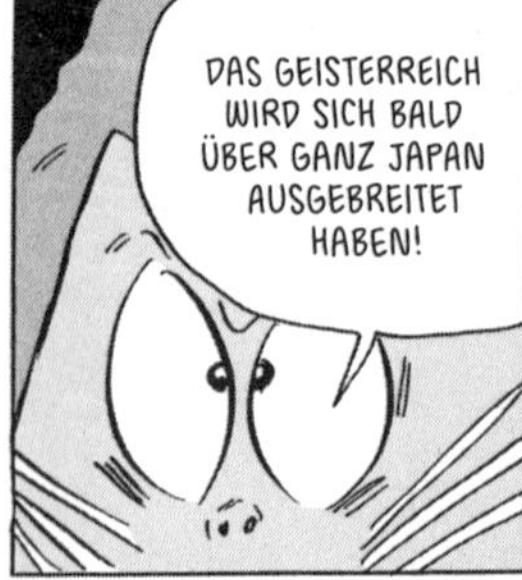
DAS GEISTERREICH WIRD SICH BALD ÜBER GANZ JAPAN AUSGEBREITET HABEN!

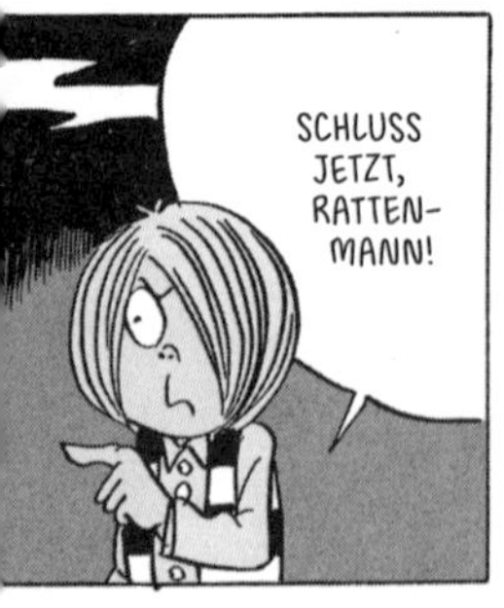
SCHLUSS JETZT, RATTEN-MANN!

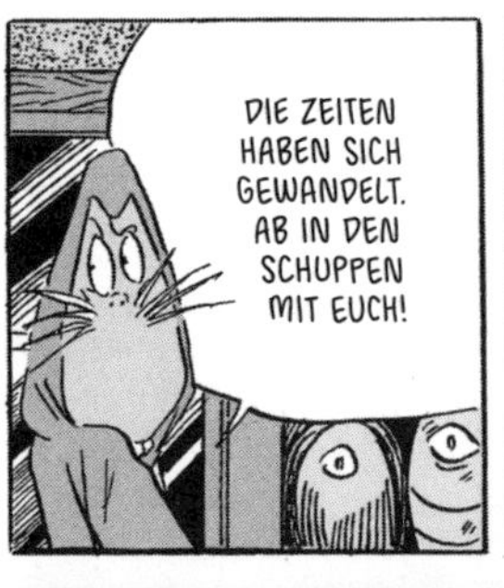

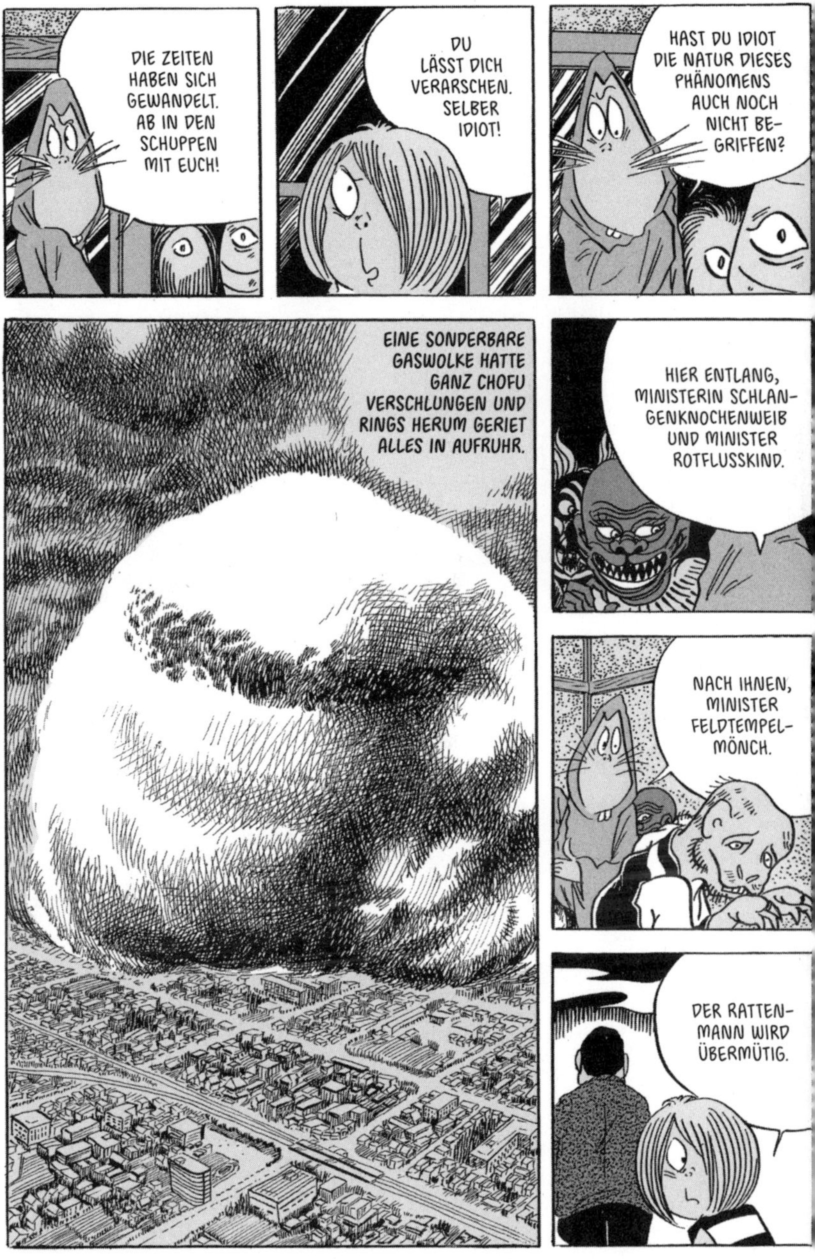

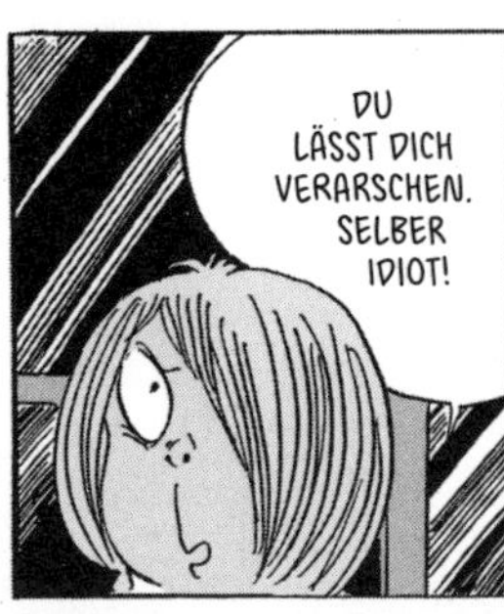

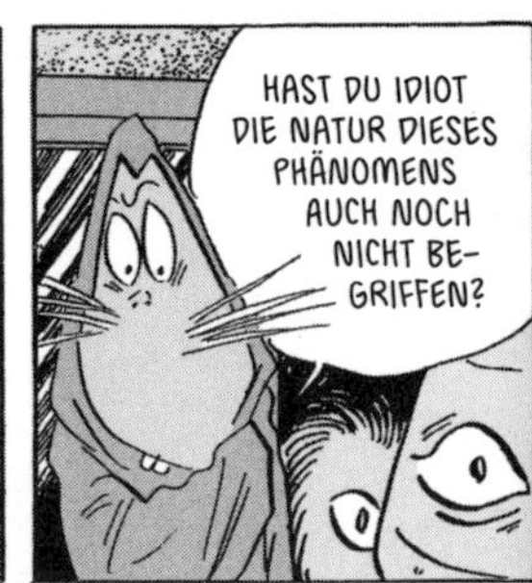

EINE SONDERBARE GASWOLKE HATTE GANZ CHOFU VERSCHLUNGEN UND RINGS HERUM GERIET ALLES IN AUFRUHR.

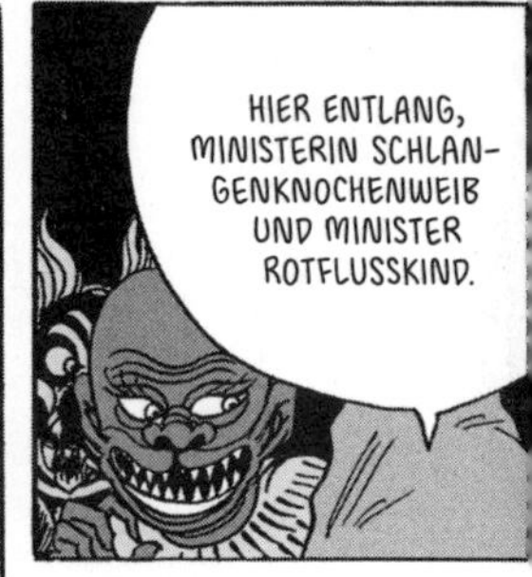

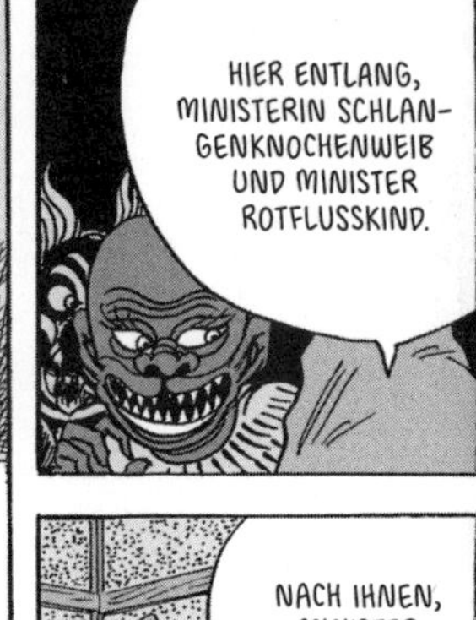

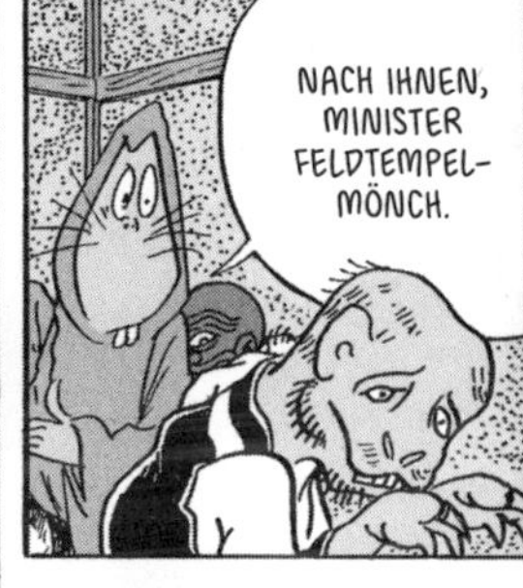

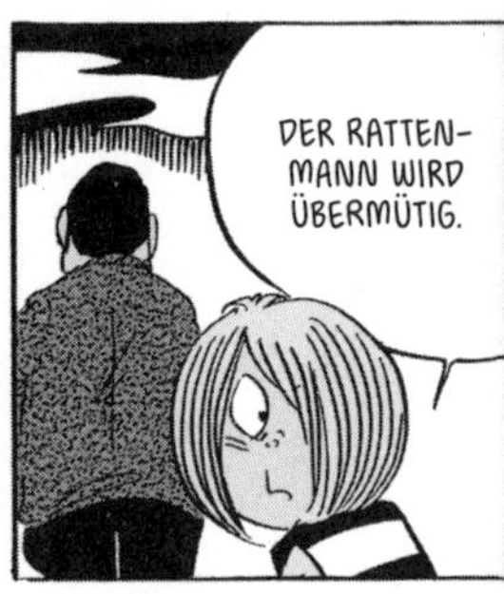

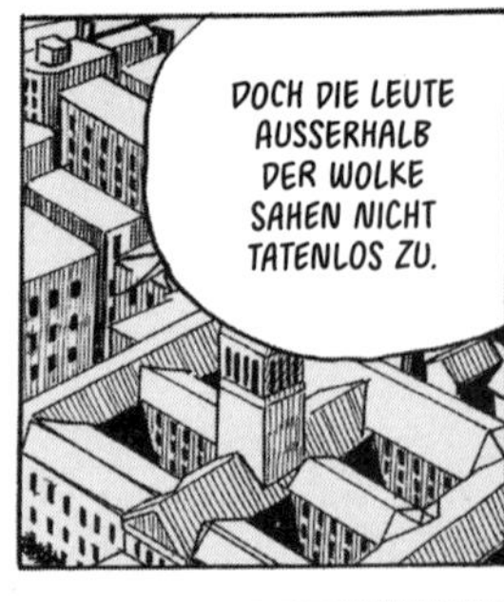

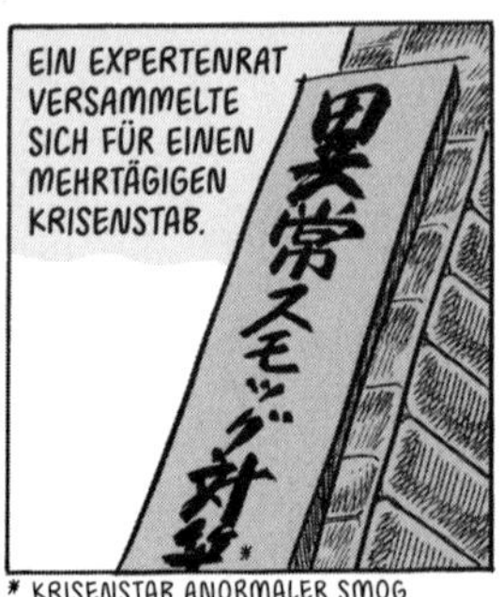

* KRISENSTAB ANORMALER SMOG

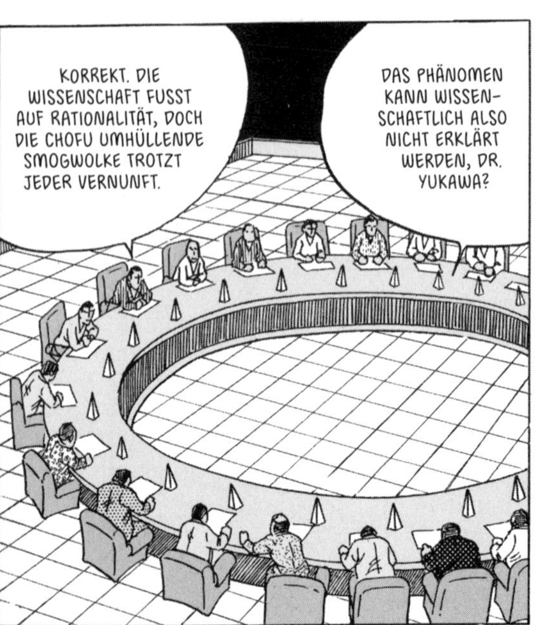

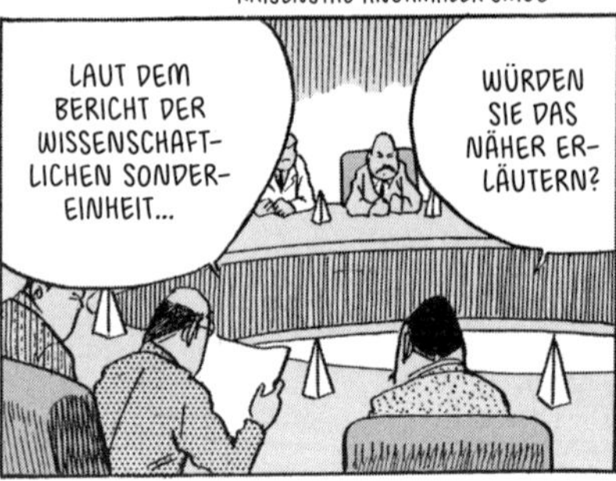

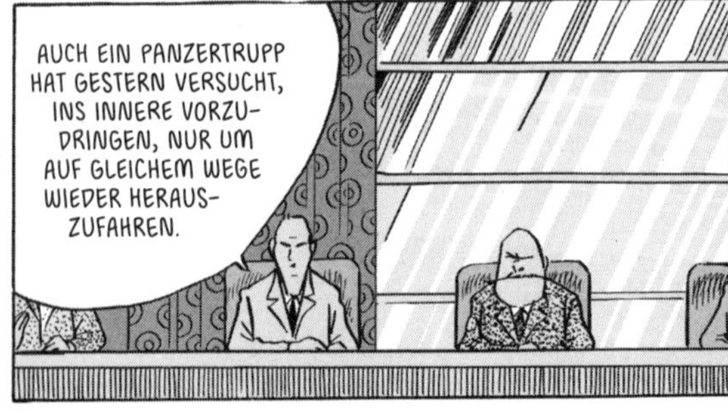

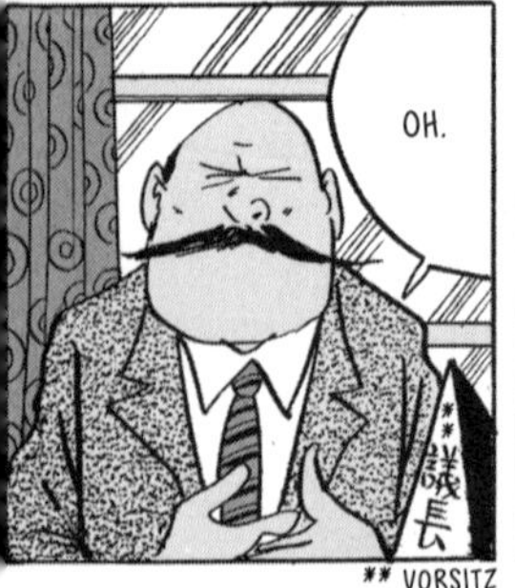

** VORSITZ

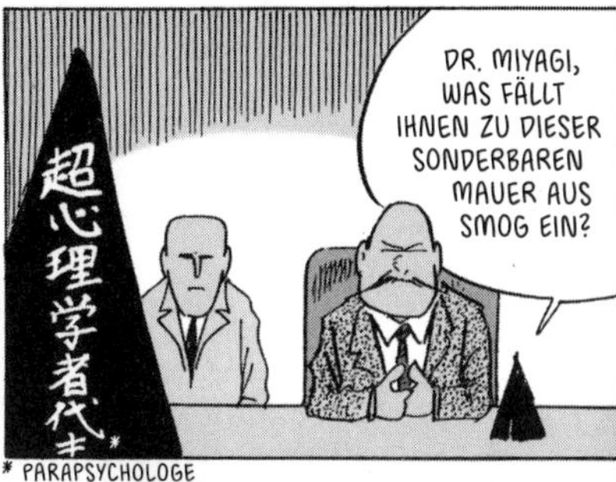

* PARAPSYCHOLOGE

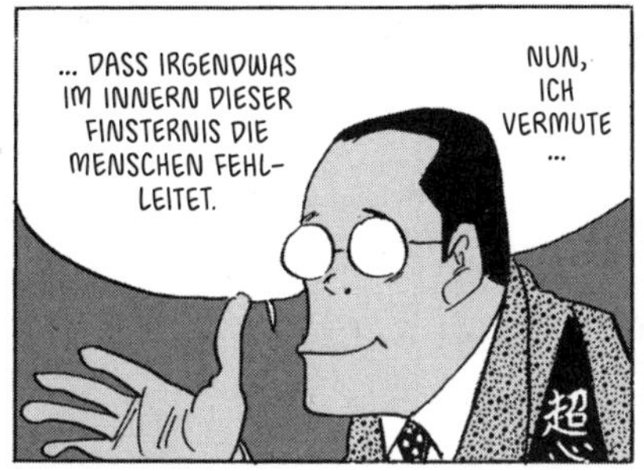

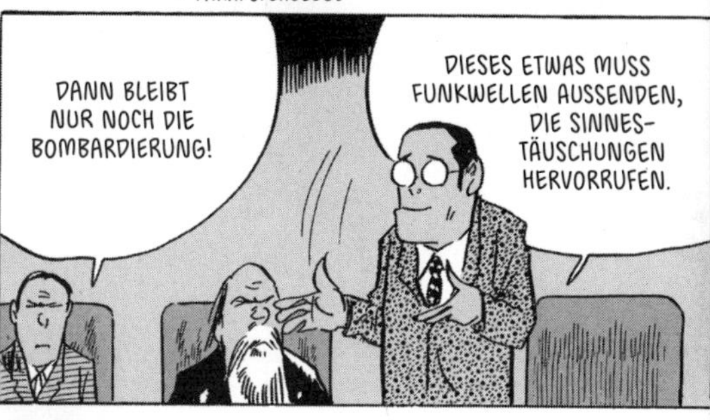

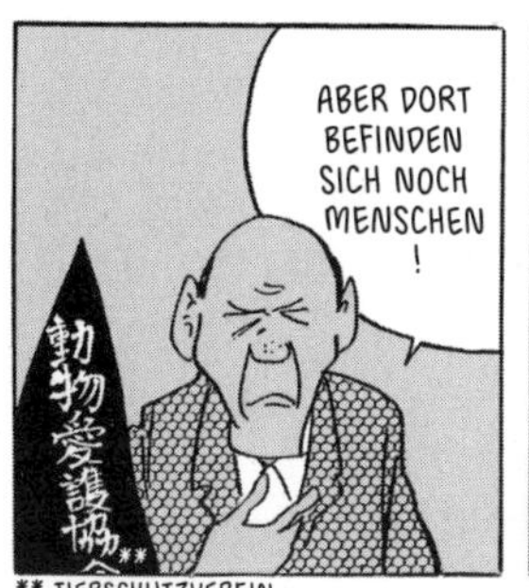

** TIERSCHUTZVEREIN

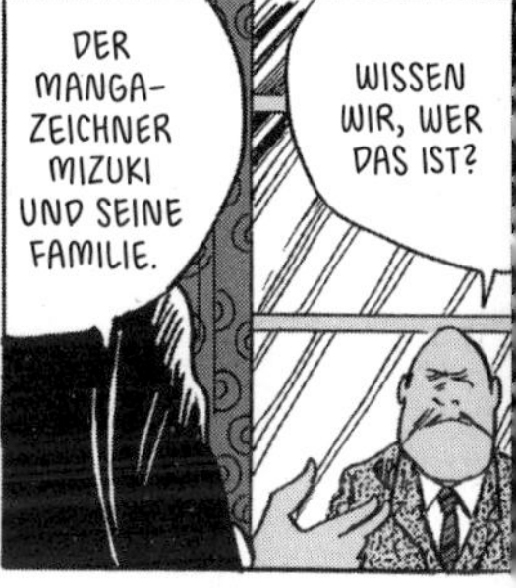

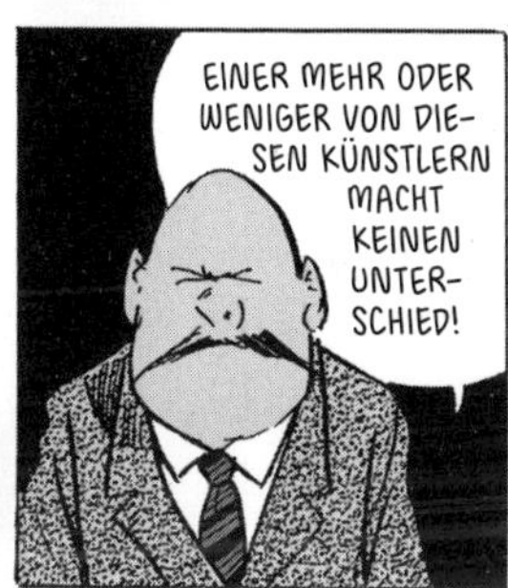

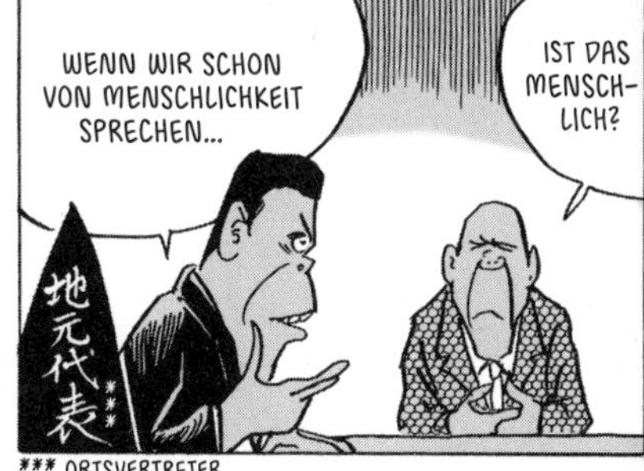

*** ORTSVERTRETER

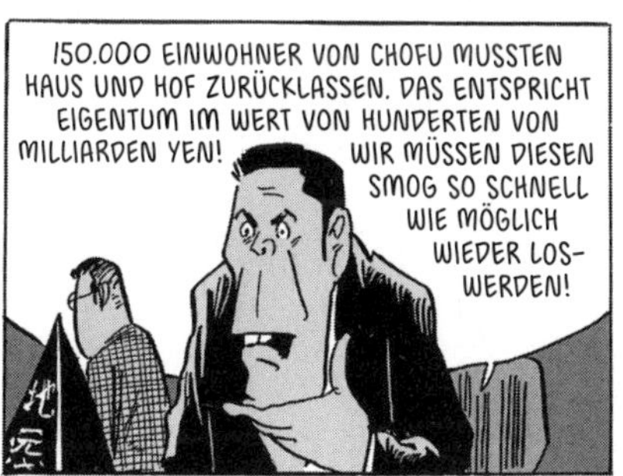

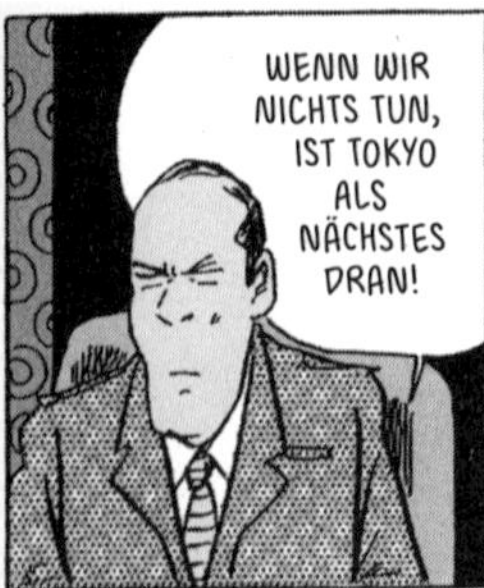
WENN WIR NICHTS TUN, IST TOKYO ALS NÄCHSTES DRAN!

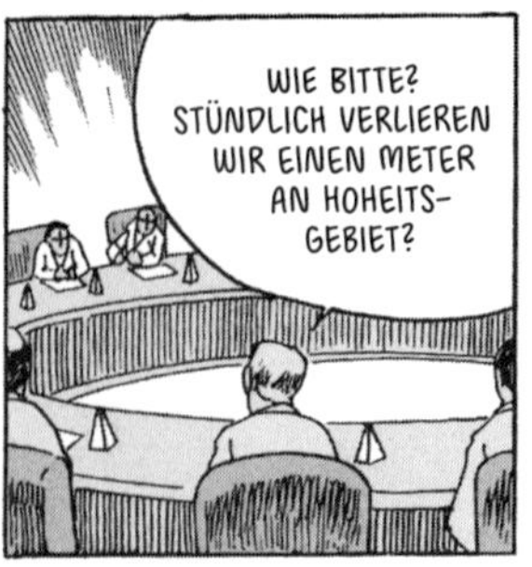
WIE BITTE? STÜNDLICH VERLIEREN WIR EINEN METER AN HOHEITSGEBIET?

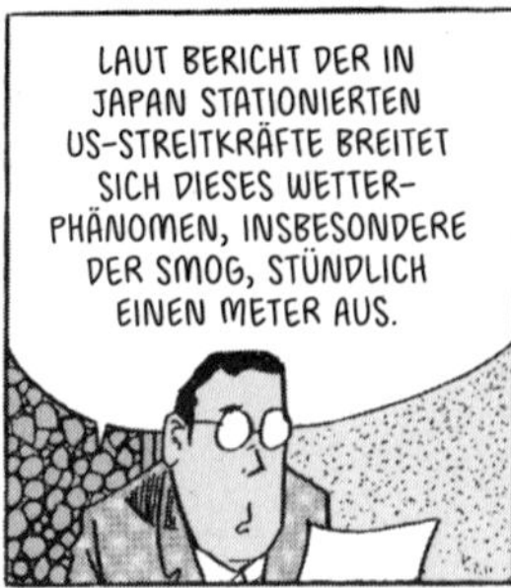
LAUT BERICHT DER IN JAPAN STATIONIERTEN US-STREITKRÄFTE BREITET SICH DIESES WETTERPHÄNOMEN, INSBESONDERE DER SMOG, STÜNDLICH EINEN METER AUS.

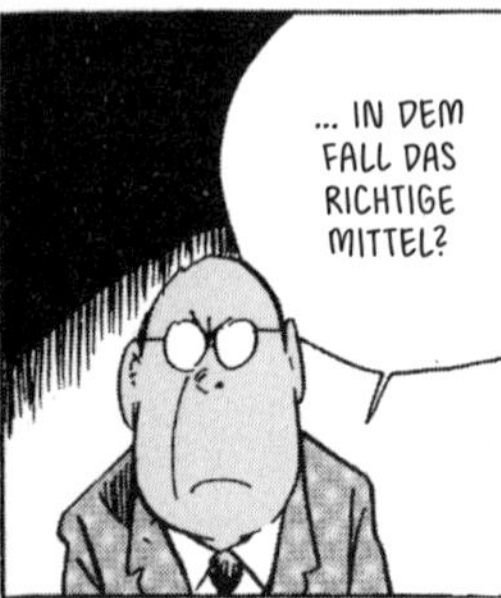
... IN DEM FALL DAS RICHTIGE MITTEL?

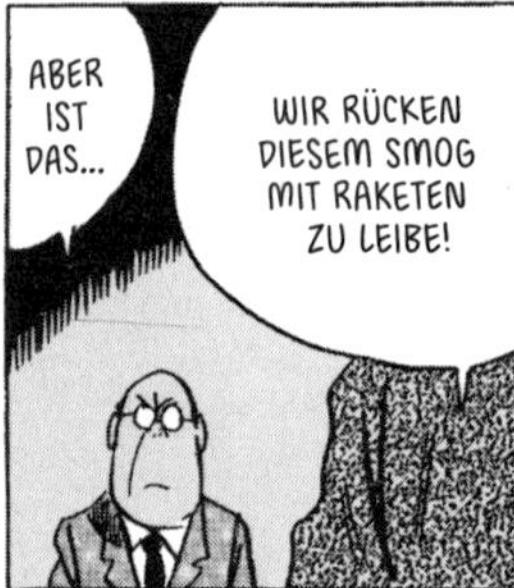
ABER IST DAS...
WIR RÜCKEN DIESEM SMOG MIT RAKETEN ZU LEIBE!

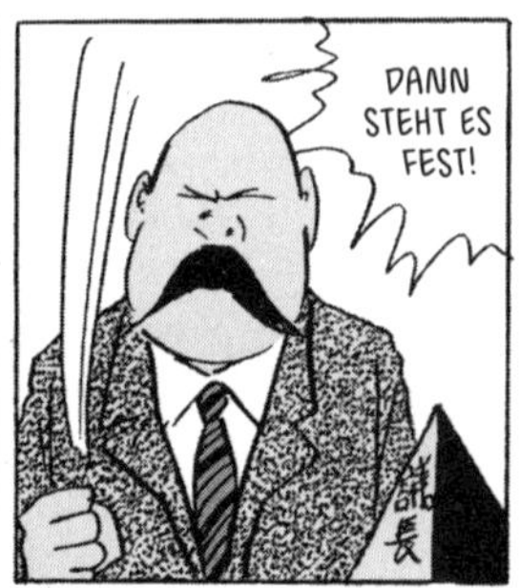
DANN STEHT ES FEST!

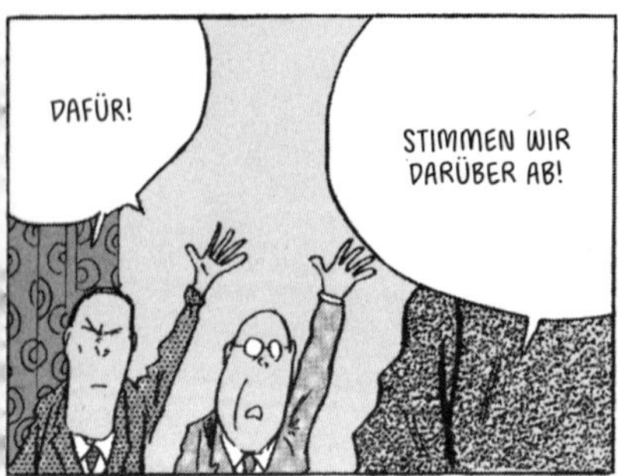
STIMMEN WIR DARÜBER AB!
DAFÜR!

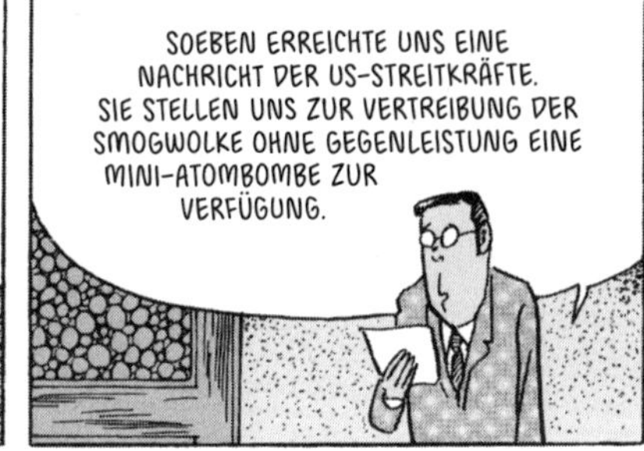
SOEBEN ERREICHTE UNS EINE NACHRICHT DER US-STREITKRÄFTE. SIE STELLEN UNS ZUR VERTREIBUNG DER SMOGWOLKE OHNE GEGENLEISTUNG EINE MINI-ATOMBOMBE ZUR VERFÜGUNG.

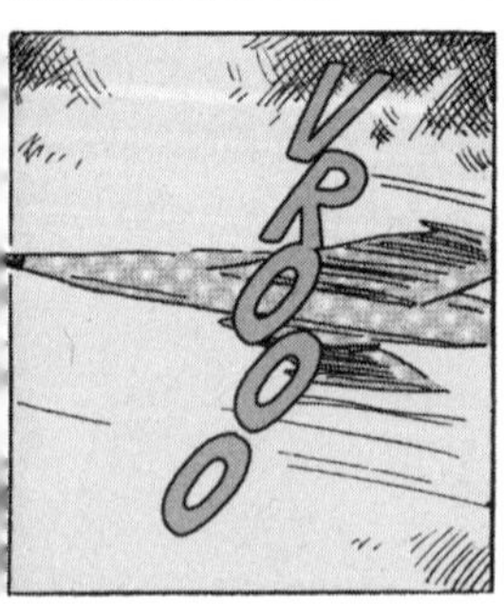
VROOOO

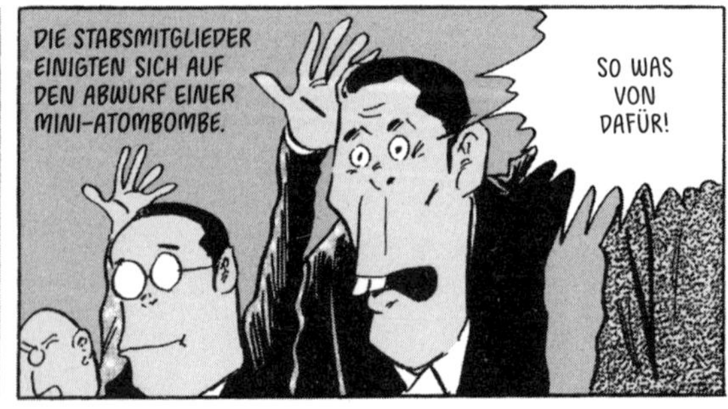
DIE STABSMITGLIEDER EINIGTEN SICH AUF DEN ABWURF EINER MINI-ATOMBOMBE.
SO WAS VON DAFÜR!

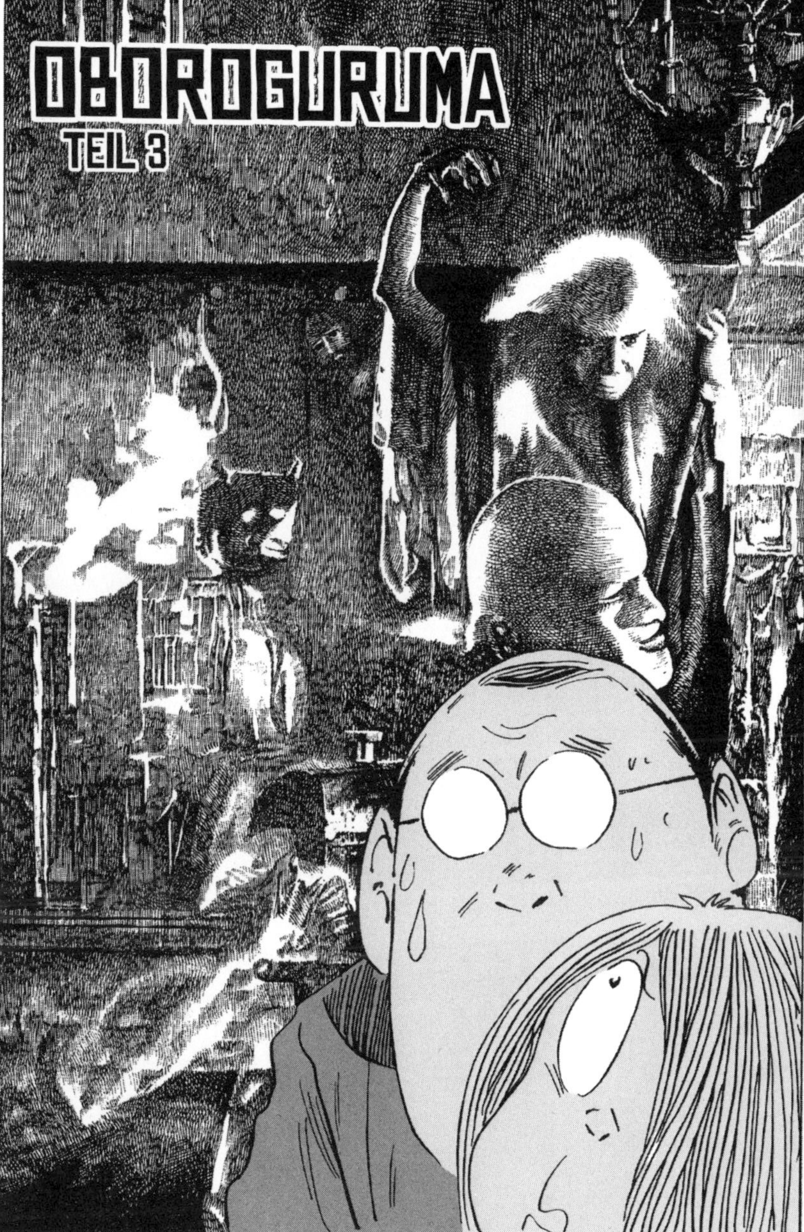
OBOROGURUMA
TEIL 3

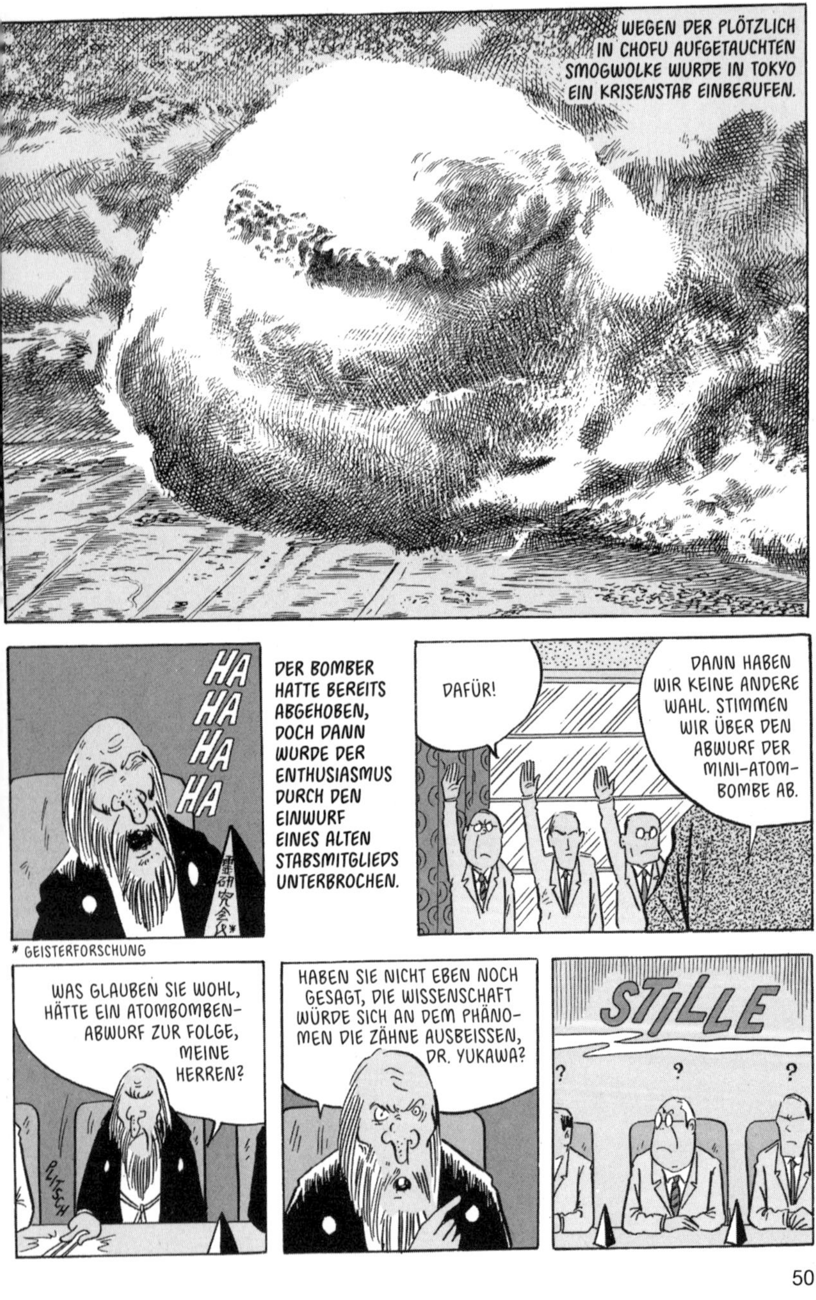

WEGEN DER PLÖTZLICH IN CHOFU AUFGETAUCHTEN SMOGWOLKE WURDE IN TOKYO EIN KRISENSTAB EINBERUFEN.

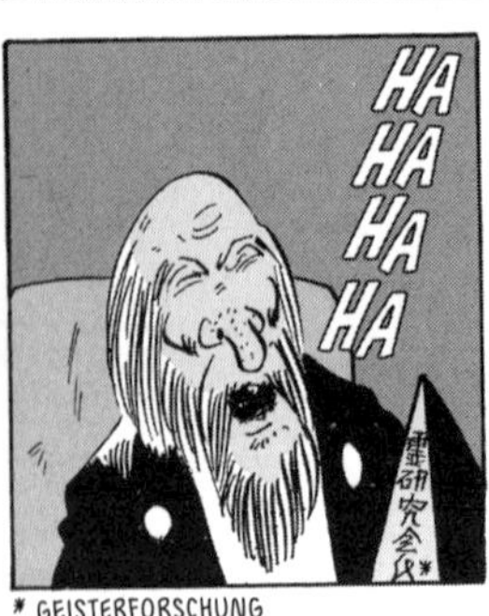

DER BOMBER HATTE BEREITS ABGEHOBEN, DOCH DANN WURDE DER ENTHUSIASMUS DURCH DEN EINWURF EINES ALTEN STABSMITGLIEDS UNTERBROCHEN.

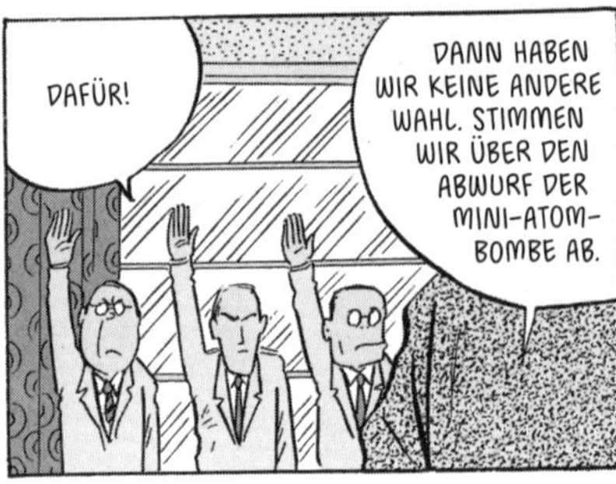

* GEISTERFORSCHUNG

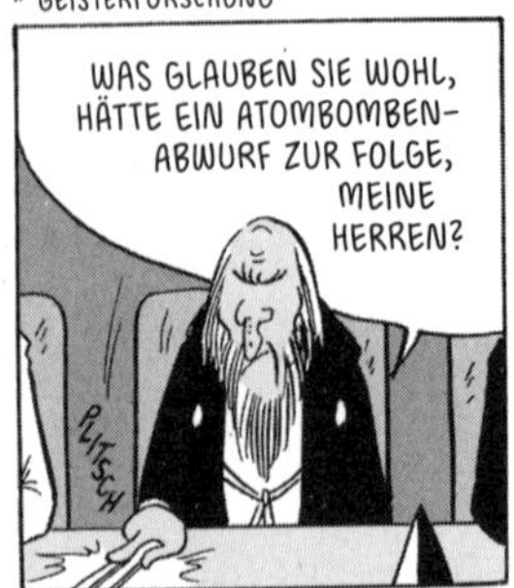

HABEN SIE NICHT EBEN NOCH GESAGT, DIE WISSENSCHAFT WÜRDE SICH AN DEM PHÄNOMEN DIE ZÄHNE AUSBEISSEN, DR. YUKAWA?

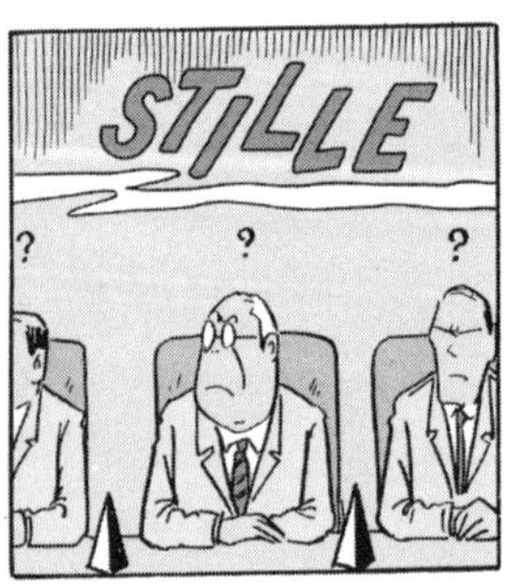

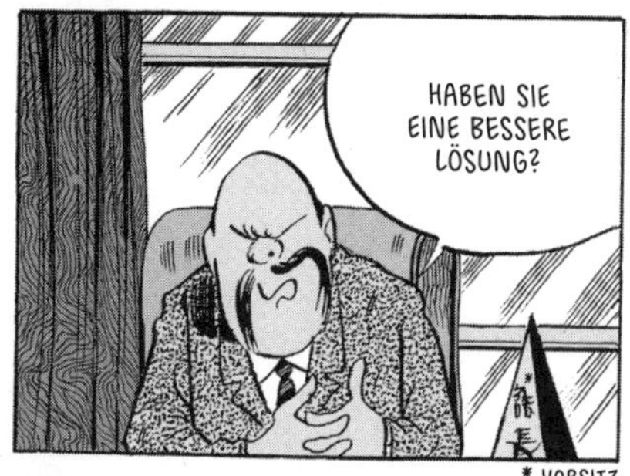
HABEN SIE EINE BESSERE LÖSUNG?
* VORSITZ

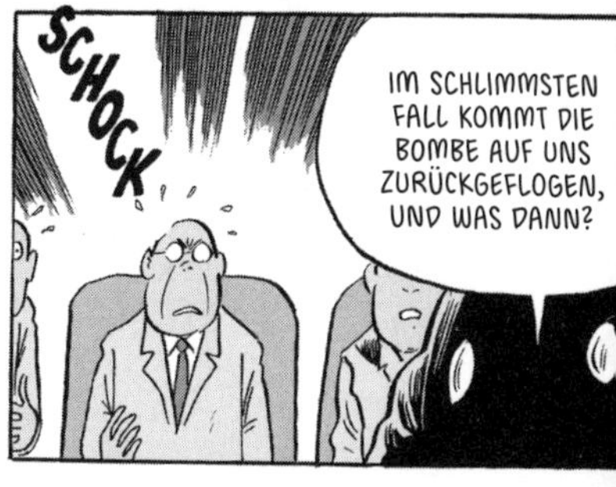
SCHOCK
IM SCHLIMMSTEN FALL KOMMT DIE BOMBE AUF UNS ZURÜCKGEFLOGEN, UND WAS DANN?

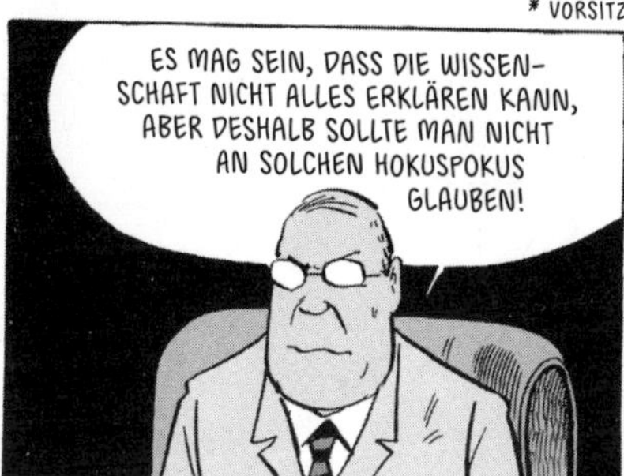
ES MAG SEIN, DASS DIE WISSEN-SCHAFT NICHT ALLES ERKLÄREN KANN, ABER DESHALB SOLLTE MAN NICHT AN SOLCHEN HOKUSPOKUS GLAUBEN!

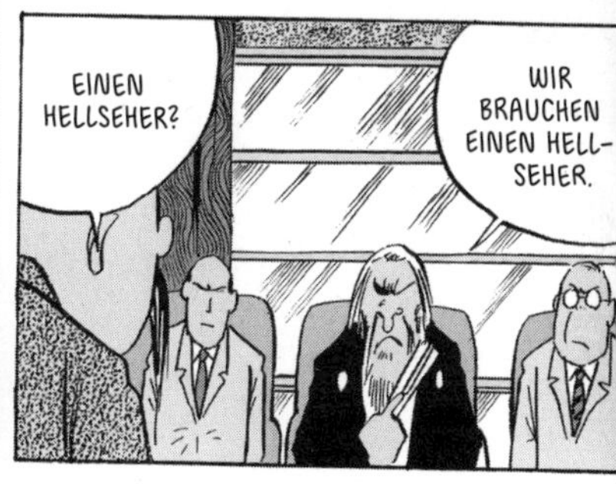
WIR BRAUCHEN EINEN HELL-SEHER.
EINEN HELLSEHER?

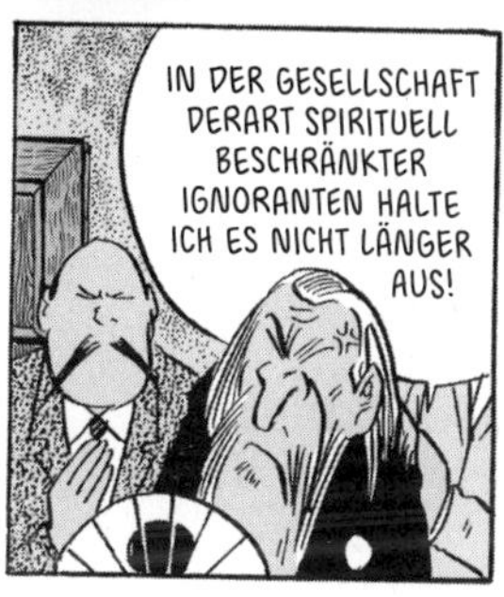
IN DER GESELLSCHAFT DERART SPIRITUELL BESCHRÄNKTER IGNORANTEN HALTE ICH ES NICHT LÄNGER AUS!

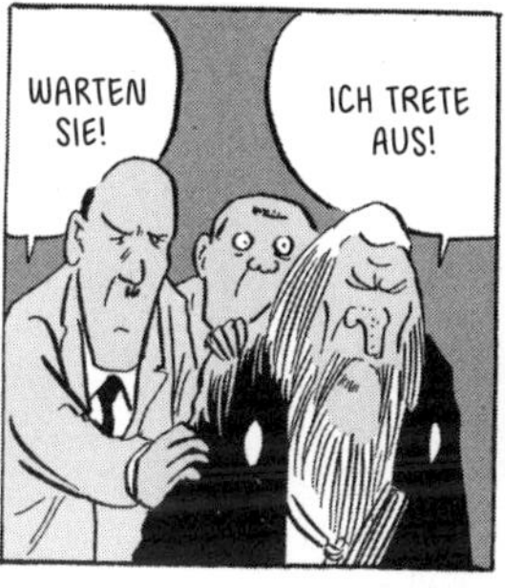
ICH TRETE AUS!
WARTEN SIE!

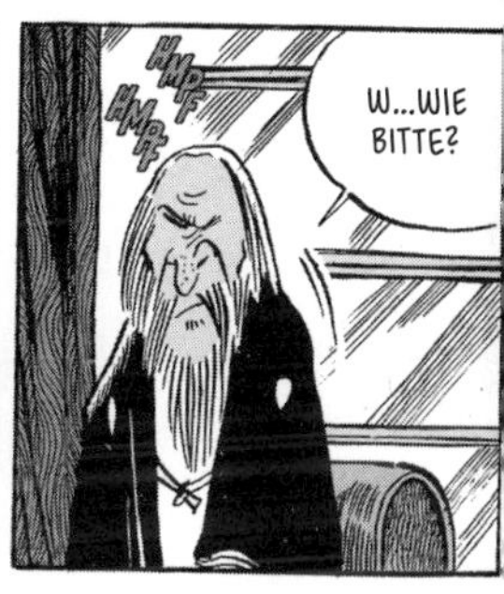
W...WIE BITTE?
HMPF
HMPF

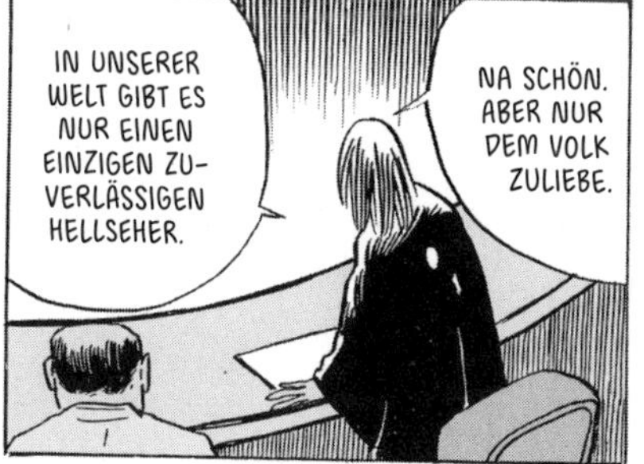
NA SCHÖN. ABER NUR DEM VOLK ZULIEBE.
IN UNSERER WELT GIBT ES NUR EINEN EINZIGEN ZU-VERLÄSSIGEN HELLSEHER.

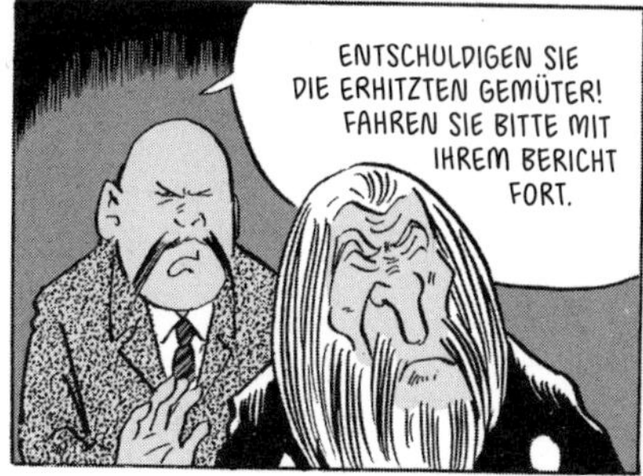
ENTSCHULDIGEN SIE DIE ERHITZTEN GEMÜTER! FAHREN SIE BITTE MIT IHREM BERICHT FORT.

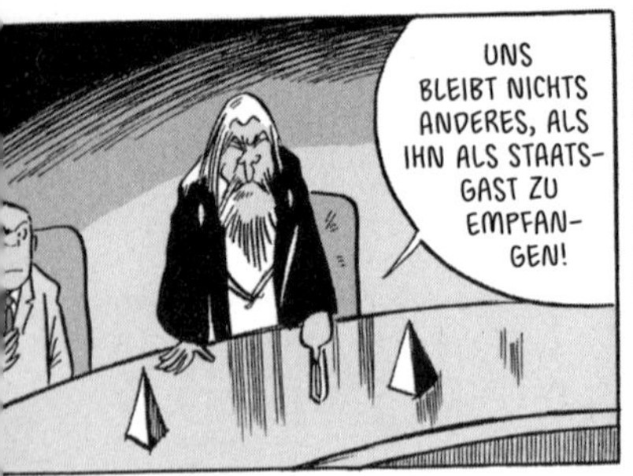

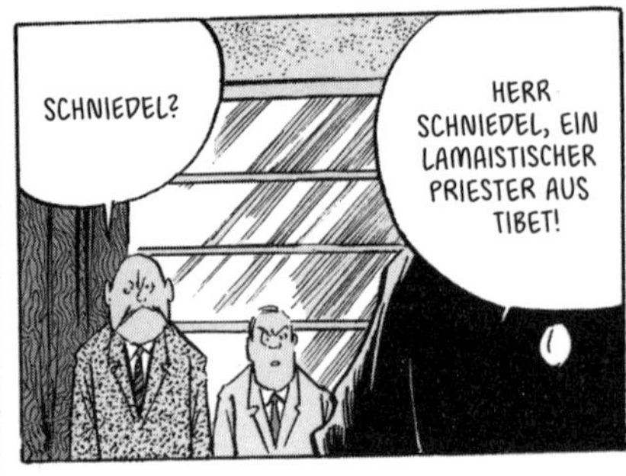

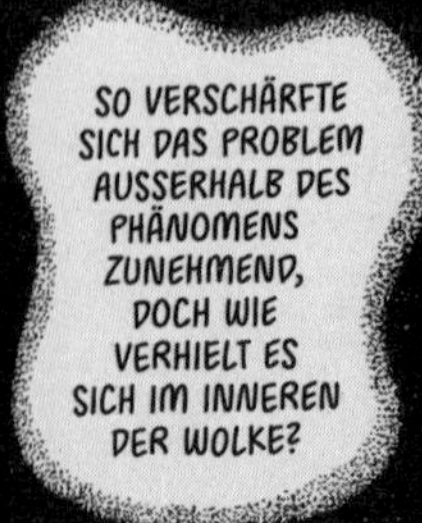

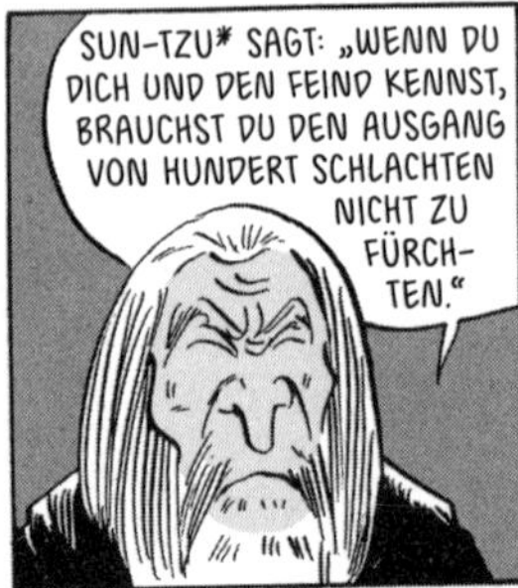

* CHINESISCHER PHILOSOPH UND GENERAL

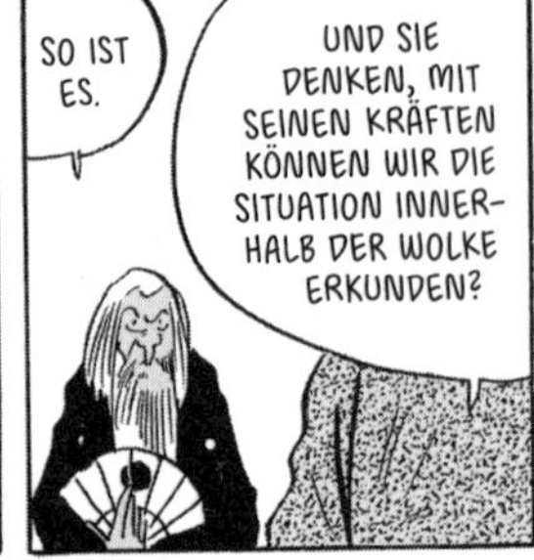

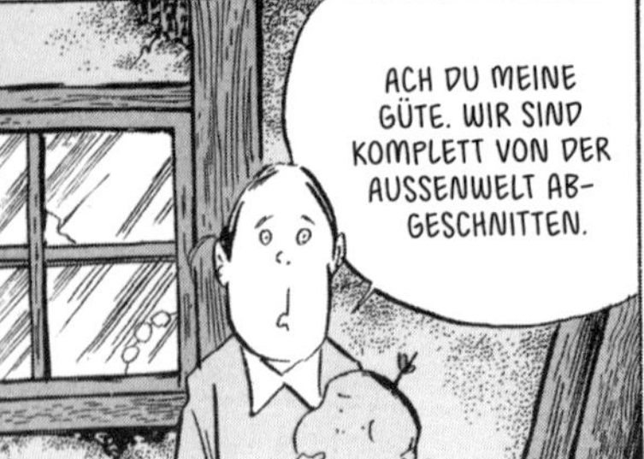

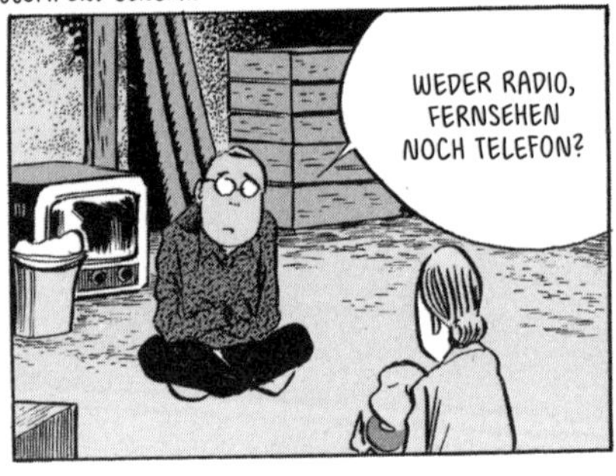

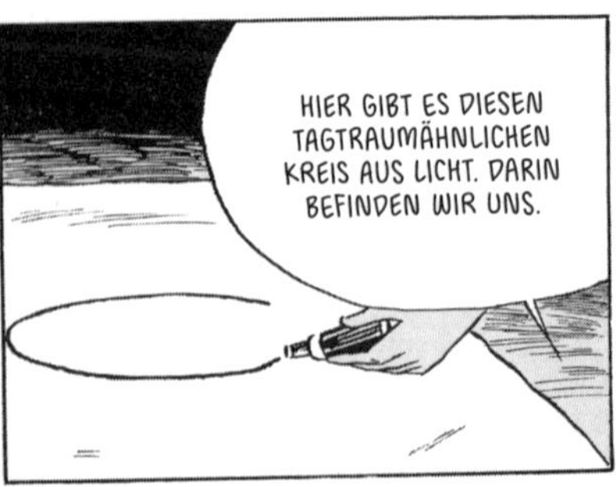

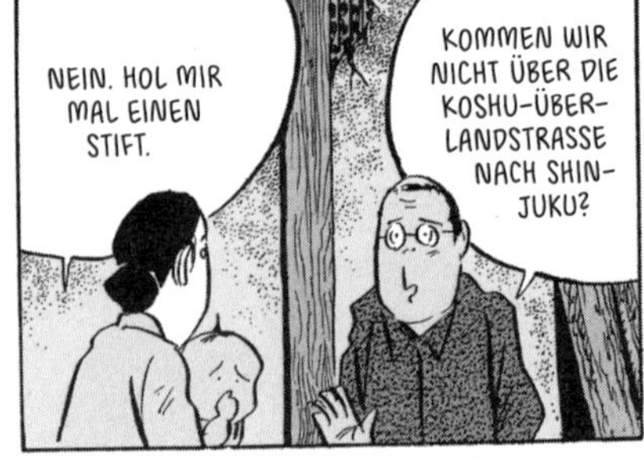

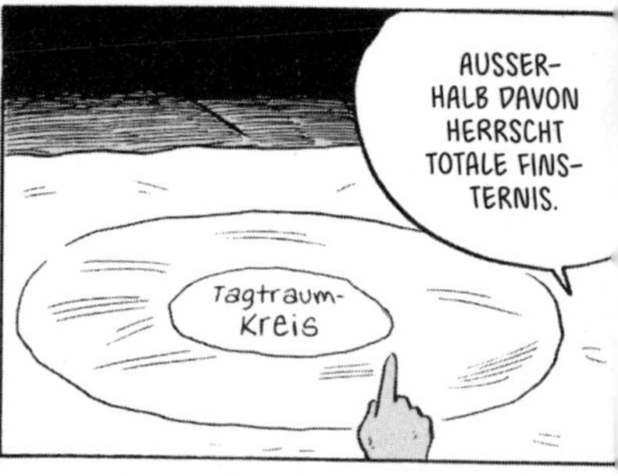
AUSSER-
HALB DAVON
HERRSCHT
TOTALE FINS-
TERNIS.
Tagtraum-
Kreis

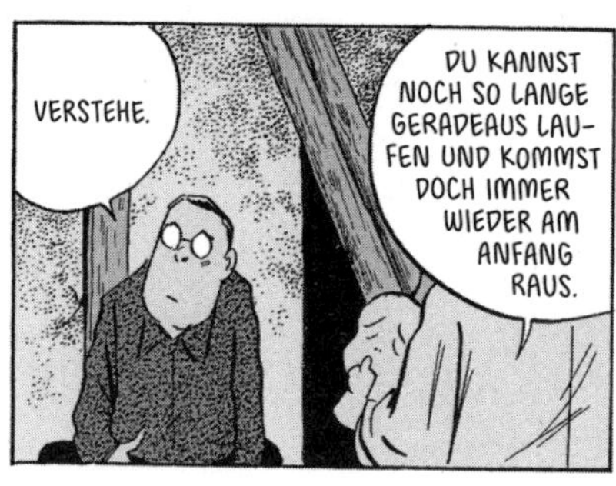
DU KANNST
NOCH SO LANGE
GERADEAUS LAU-
FEN UND KOMMST
DOCH IMMER
WIEDER AM
ANFANG
RAUS.
VERSTEHE.

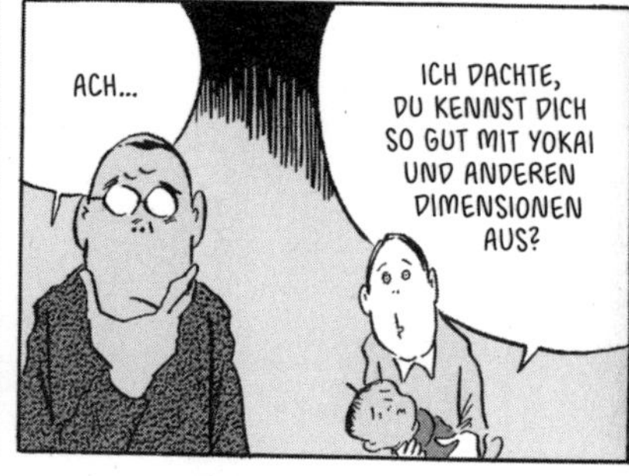
ICH DACHTE,
DU KENNST DICH
SO GUT MIT YOKAI
UND ANDEREN
DIMENSIONEN
AUS?
ACH...

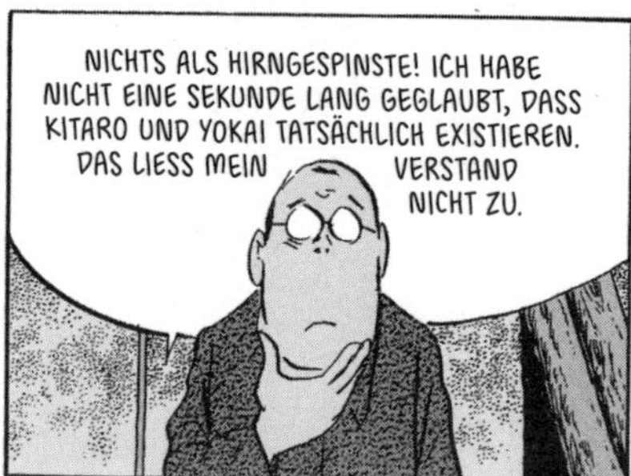
NICHTS ALS HIRNGESPINSTE! ICH HABE
NICHT EINE SEKUNDE LANG GEGLAUBT, DASS
KITARO UND YOKAI TATSÄCHLICH EXISTIEREN.
DAS LIESS MEIN VERSTAND
NICHT ZU.

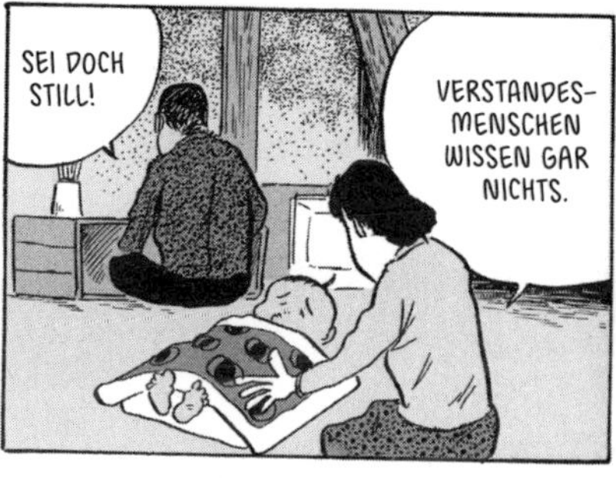
VERSTANDES-
MENSCHEN
WISSEN GAR
NICHTS.
SEI DOCH
STILL!

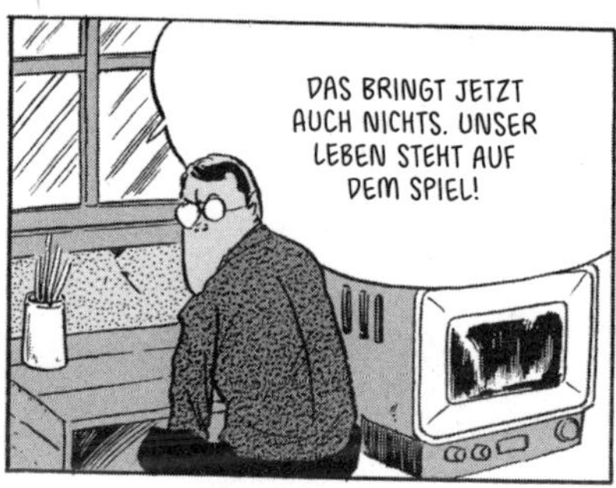
DAS BRINGT JETZT
AUCH NICHTS. UNSER
LEBEN STEHT AUF
DEM SPIEL!

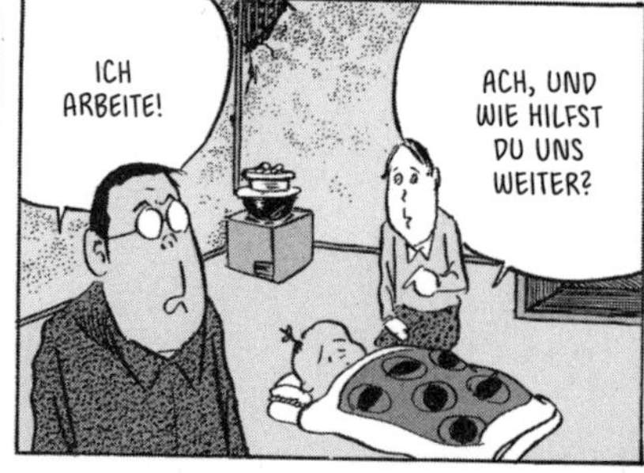
ACH, UND
WIE HILFST
DU UNS
WEITER?
ICH
ARBEITE!

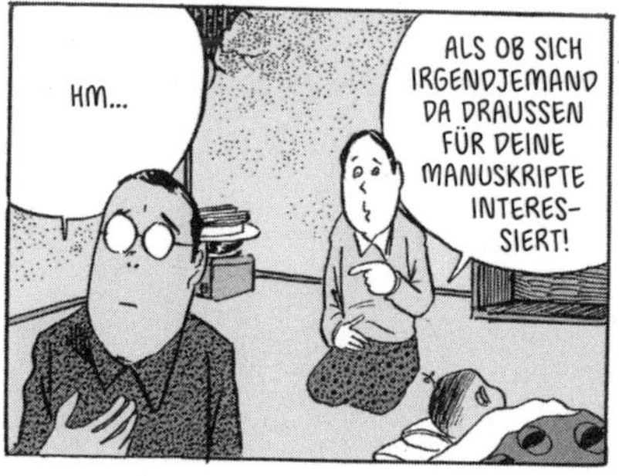
ALS OB SICH
IRGENDJEMAND
DA DRAUSSEN
FÜR DEINE
MANUSKRIPTE
INTERES-
SIERT!
HM...

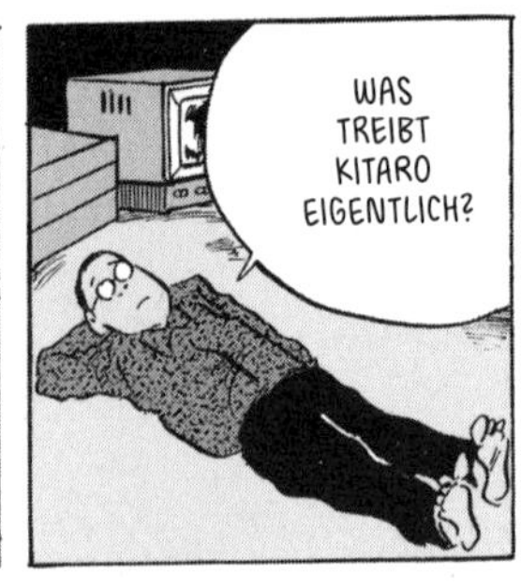
WAS TREIBT KITARO EIGENTLICH?

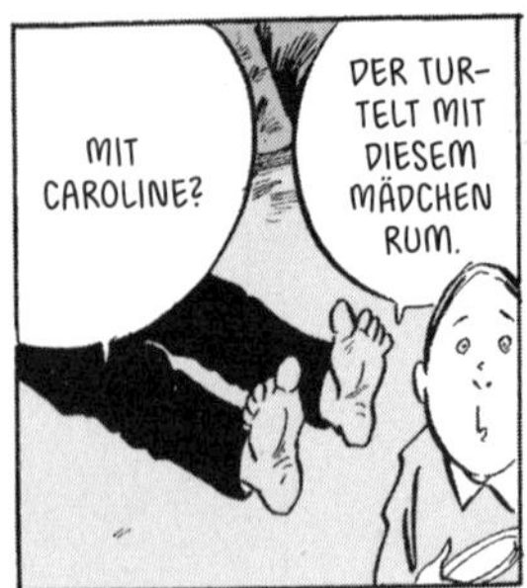
DER TURTELT MIT DIESEM MÄDCHEN RUM.
MIT CAROLINE?

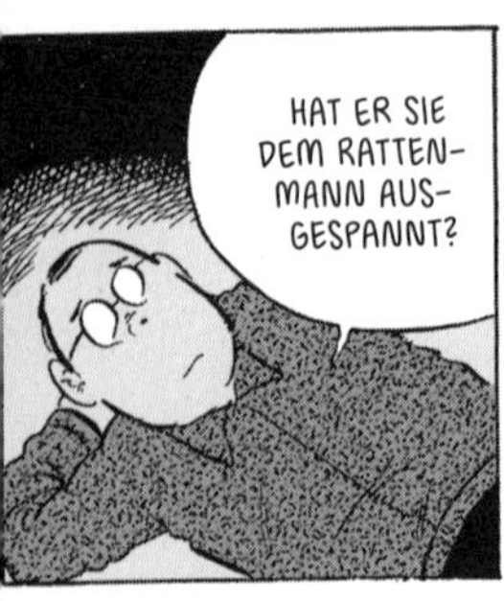
HAT ER SIE DEM RATTENMANN AUSGESPANNT?

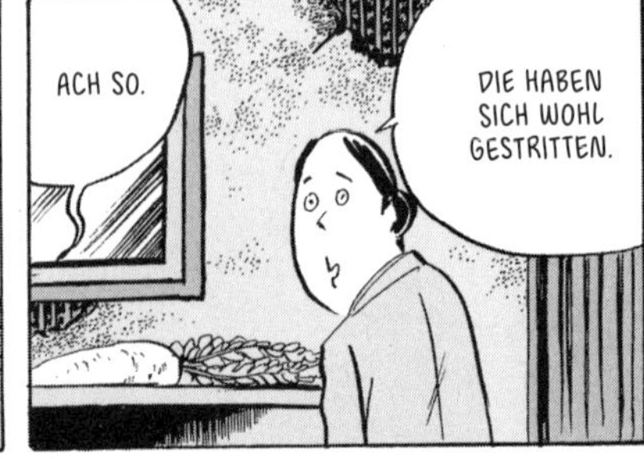
DIE HABEN SICH WOHL GESTRITTEN.
ACH SO.

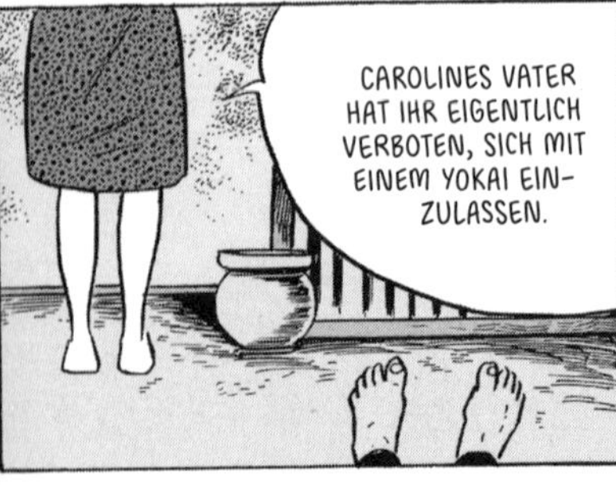
CAROLINES VATER HAT IHR EIGENTLICH VERBOTEN, SICH MIT EINEM YOKAI EINZULASSEN.

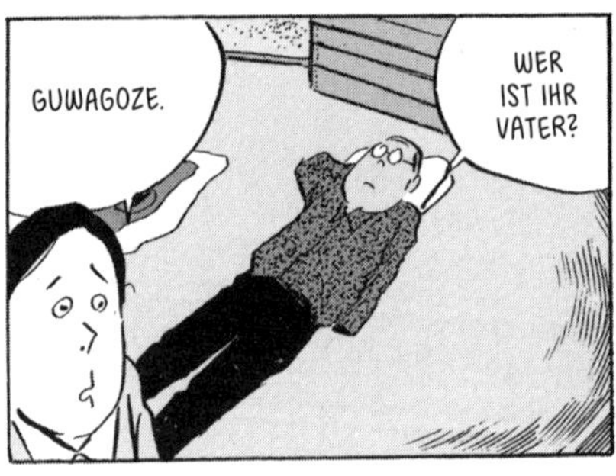
WER IST IHR VATER?
GUWAGOZE.

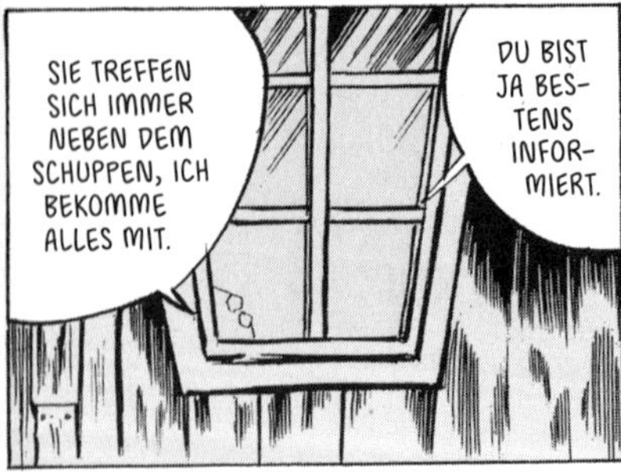
SIE TREFFEN SICH IMMER NEBEN DEM SCHUPPEN, ICH BEKOMME ALLES MIT.
DU BIST JA BESTENS INFORMIERT.

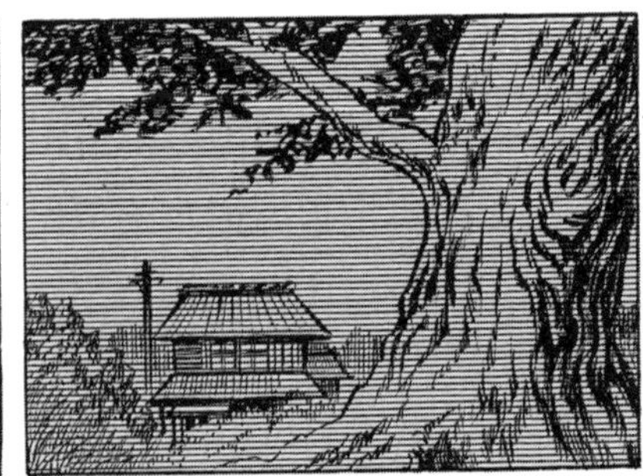

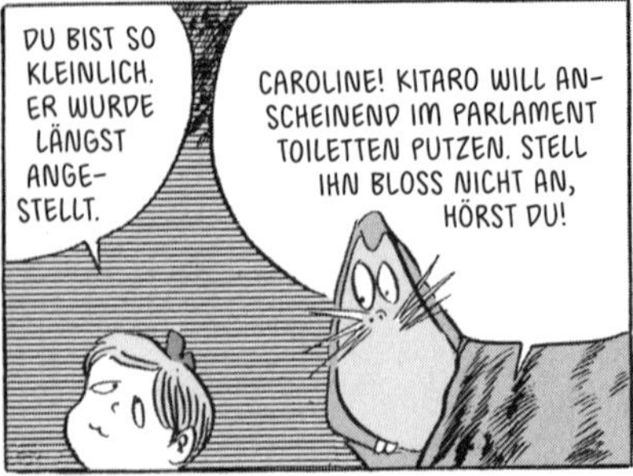
CAROLINE! KITARO WILL ANSCHEINEND IM PARLAMENT TOILETTEN PUTZEN. STELL IHN BLOSS NICHT AN, HÖRST DU!
DU BIST SO KLEINLICH. ER WURDE LÄNGST ANGESTELLT.

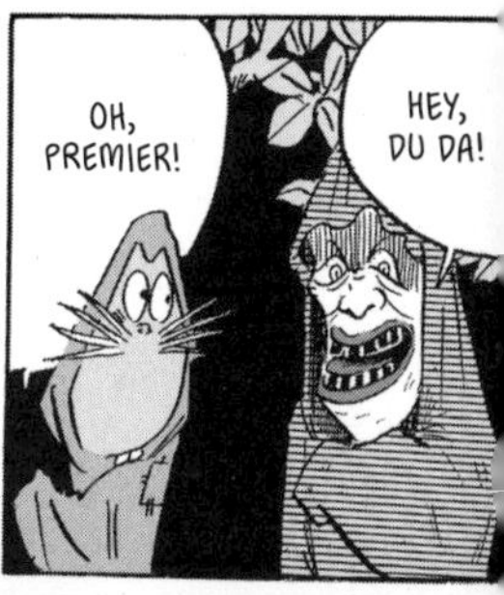
HEY, DU DA!
OH, PREMIER!

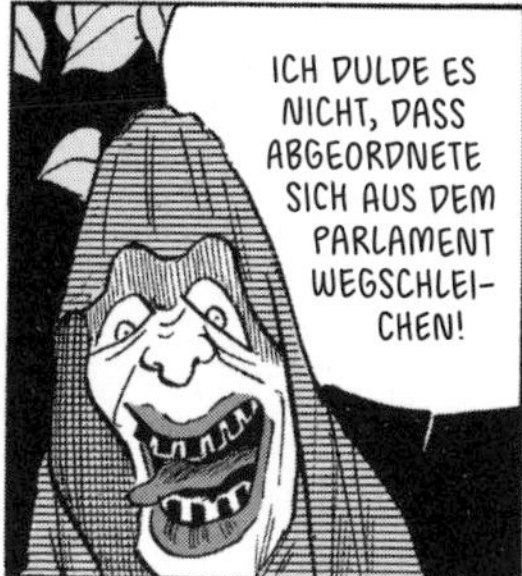
ICH DULDE ES NICHT, DASS ABGEORDNETE SICH AUS DEM PARLAMENT WEGSCHLEI-CHEN!

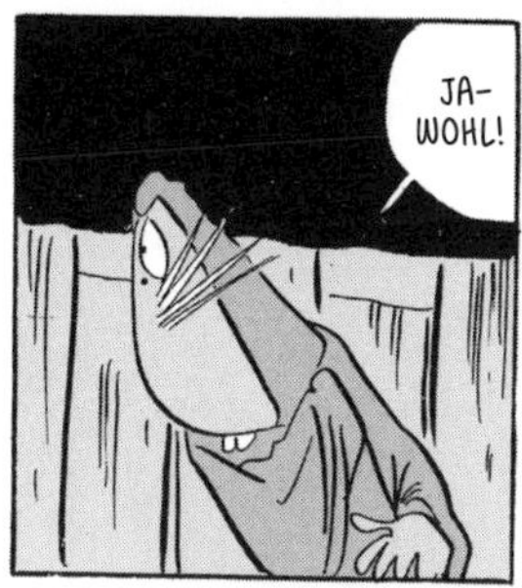
JA-WOHL!

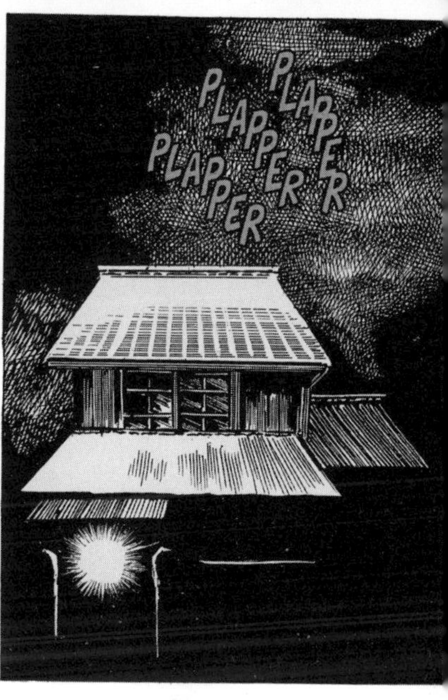
PLAPPER
PLAPPER
PLAPPER

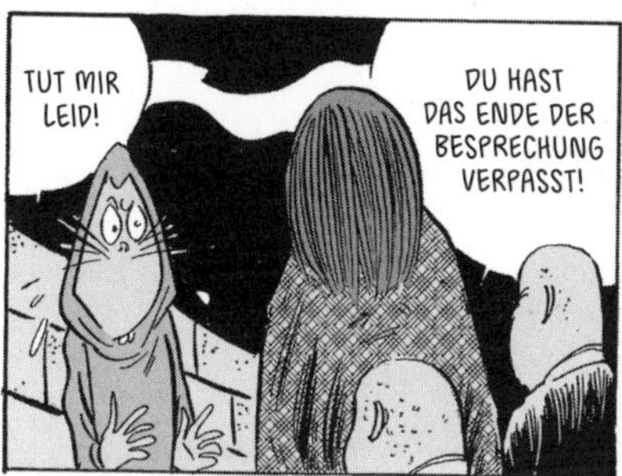
DU HAST DAS ENDE DER BESPRECHUNG VERPASST!
TUT MIR LEID!

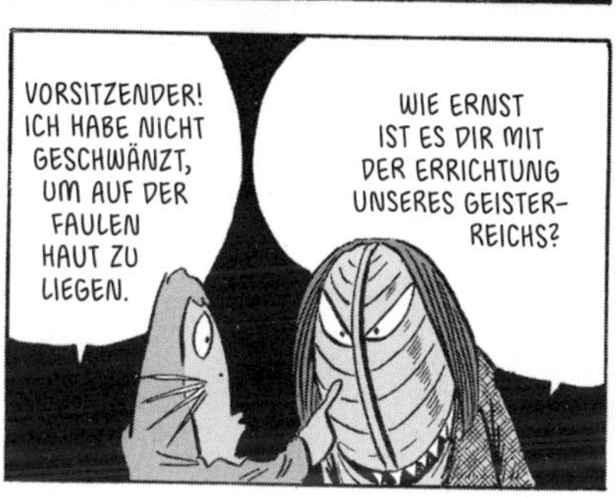
WIE ERNST IST ES DIR MIT DER ERRICHTUNG UNSERES GEISTER-REICHS?
VORSITZENDER! ICH HABE NICHT GESCHWÄNZT, UM AUF DER FAULEN HAUT ZU LIEGEN.

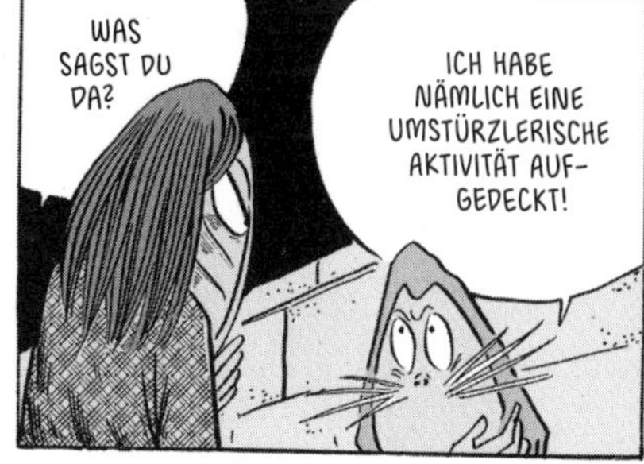
ICH HABE NÄMLICH EINE UMSTÜRZLERISCHE AKTIVITÄT AUF-GEDECKT!
WAS SAGST DU DA?

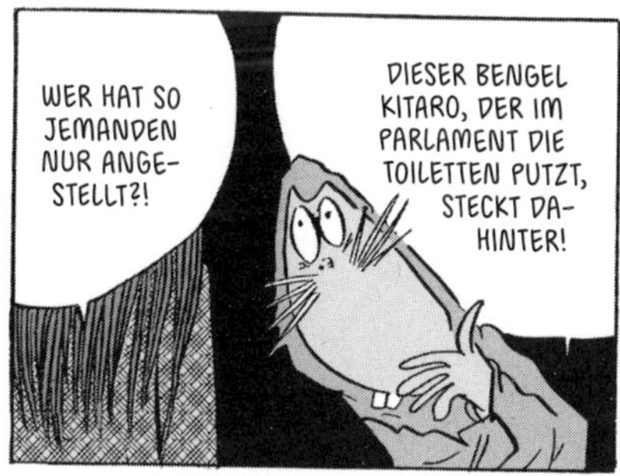
DIESER BENGEL KITARO, DER IM PARLAMENT DIE TOILETTEN PUTZT, STECKT DA-HINTER!
WER HAT SO JEMANDEN NUR ANGE-STELLT?!

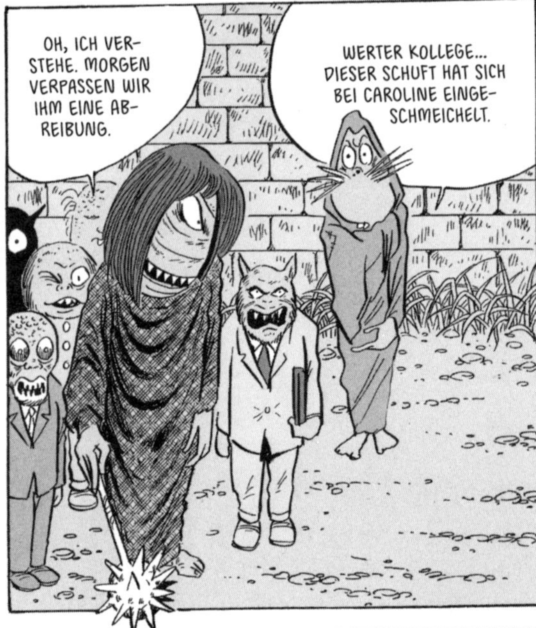
WERTER KOLLEGE... DIESER SCHUFT HAT SICH BEI CAROLINE EINGE-SCHMEICHELT.
OH, ICH VER-STEHE. MORGEN VERPASSEN WIR IHM EINE AB-REIBUNG.

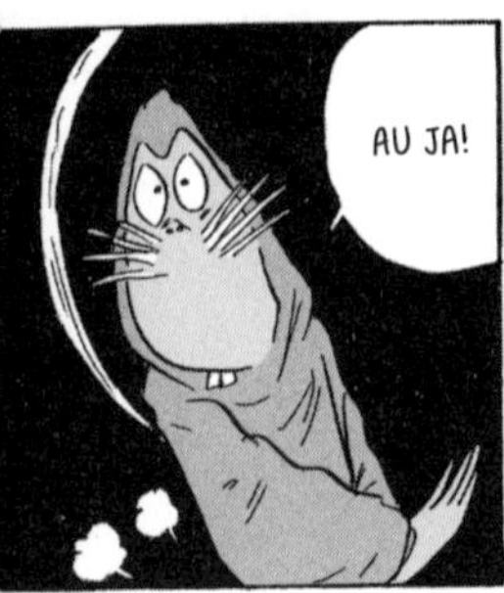
AU JA!

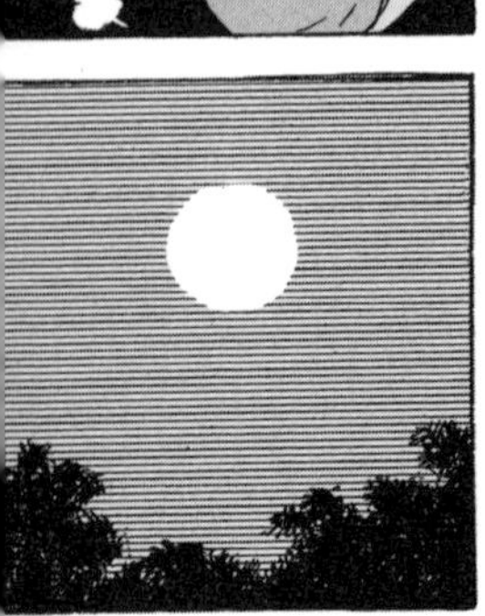

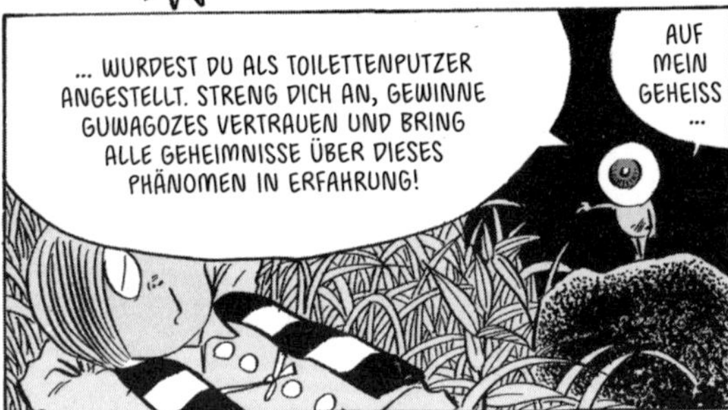
AUF MEIN GEHEISS ...
... WURDEST DU ALS TOILETTENPUTZER ANGESTELLT. STRENG DICH AN, GEWINNE GUWAGOZES VERTRAUEN UND BRING ALLE GEHEIMNISSE ÜBER DIESES PHÄNOMEN IN ERFAHRUNG!

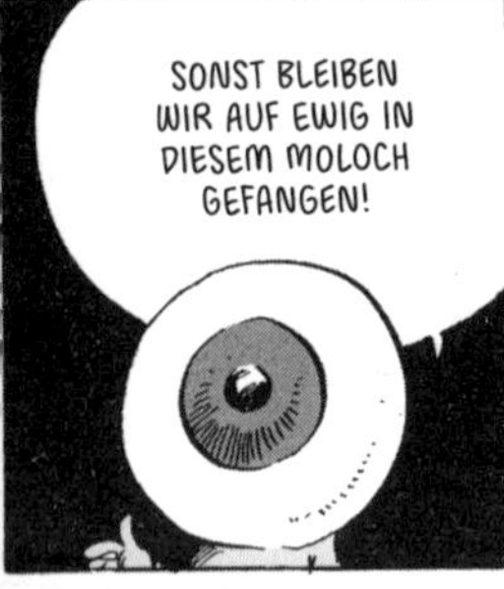
SONST BLEIBEN WIR AUF EWIG IN DIESEM MOLOCH GEFANGEN!

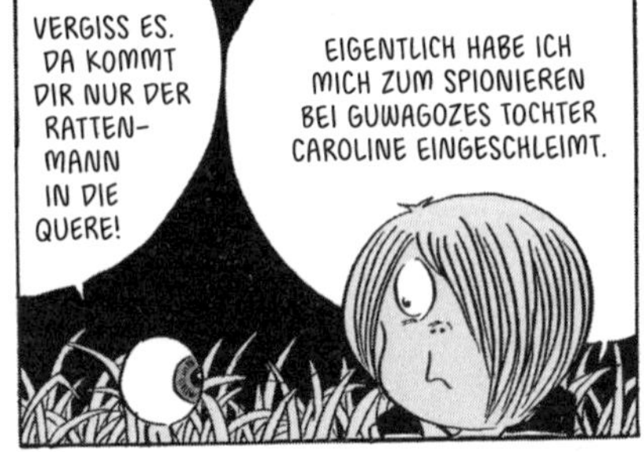
EIGENTLICH HABE ICH MICH ZUM SPIONIEREN BEI GUWAGOZES TOCHTER CAROLINE EINGESCHLEIMT.
VERGISS ES. DA KOMMT DIR NUR DER RATTEN-MANN IN DIE QUERE!

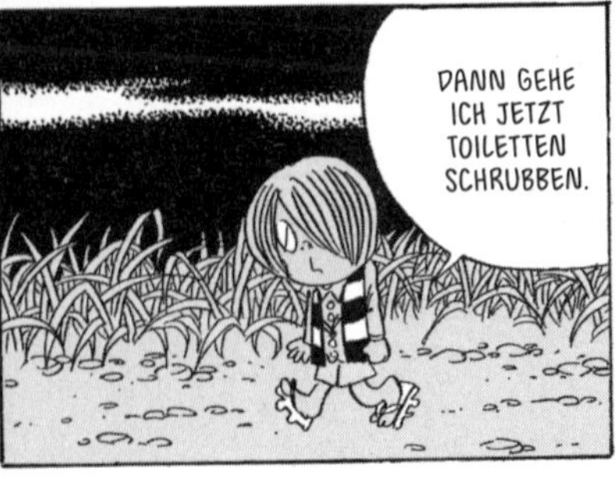
DANN GEHE ICH JETZT TOILETTEN SCHRUBBEN.

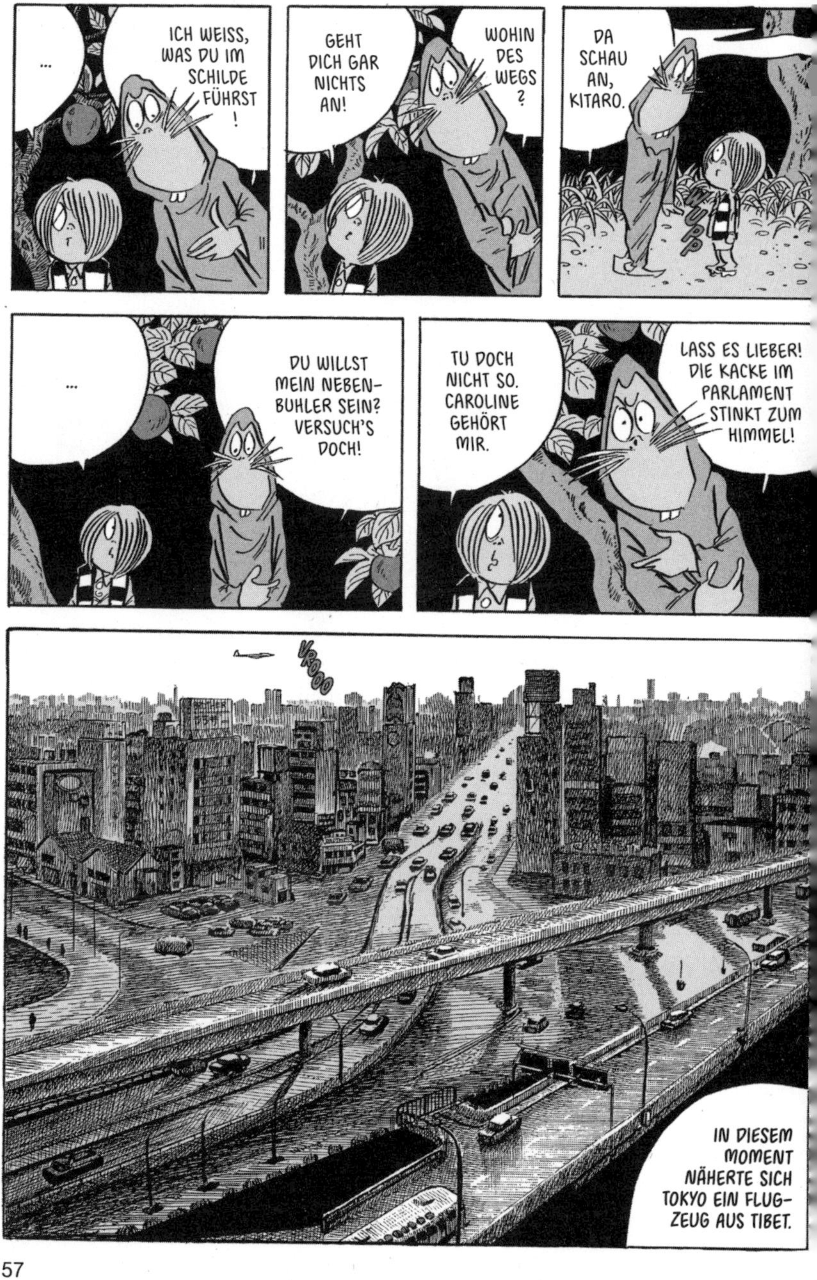

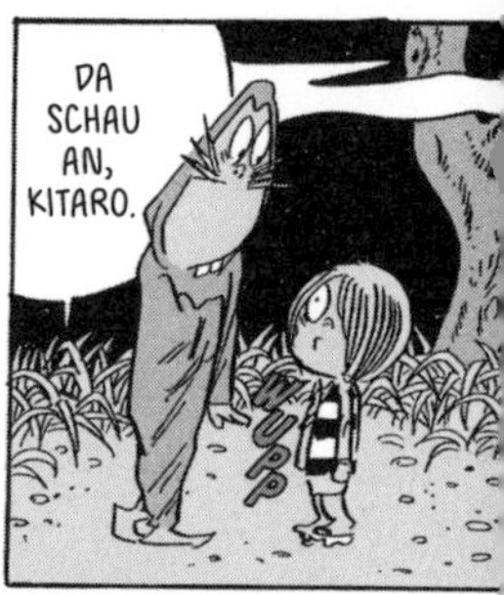

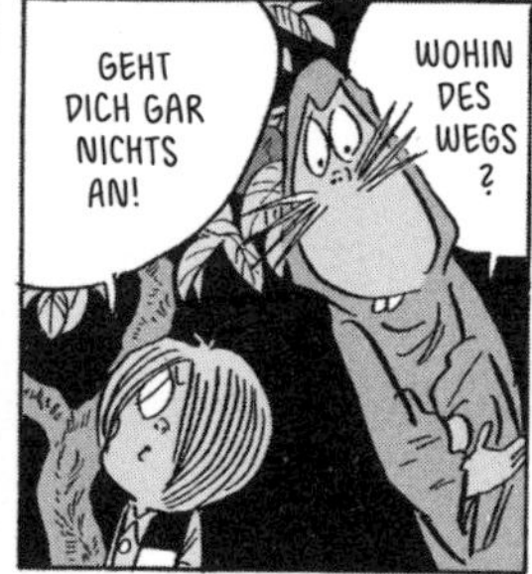

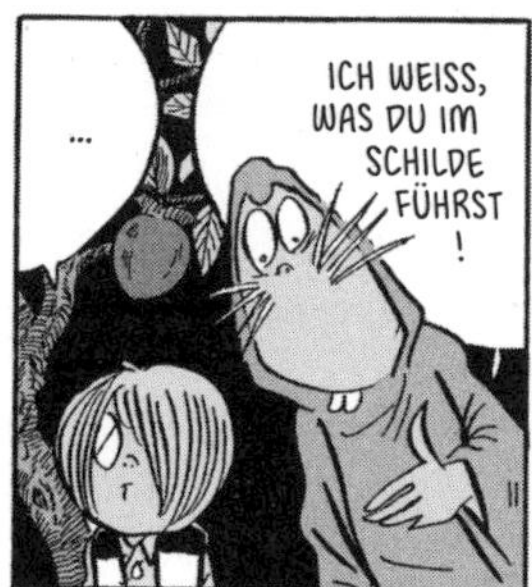

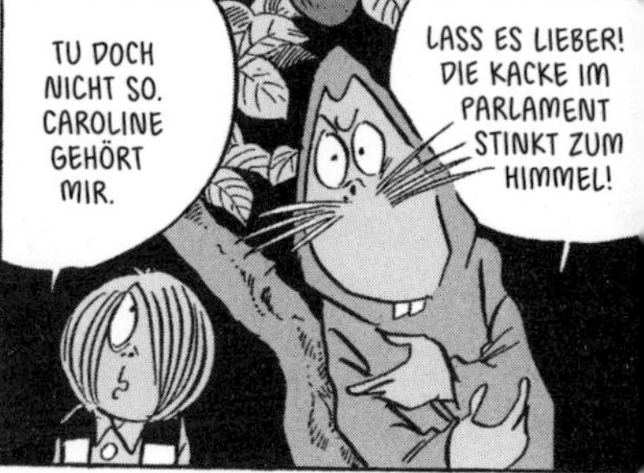

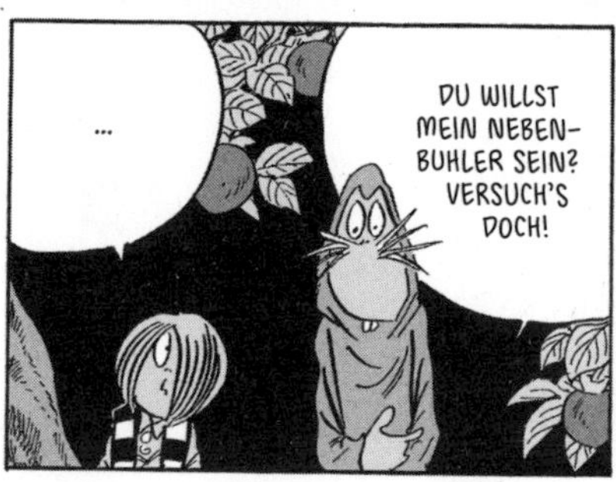

VROOO

IN DIESEM MOMENT NÄHERTE SICH TOKYO EIN FLUG-ZEUG AUS TIBET.

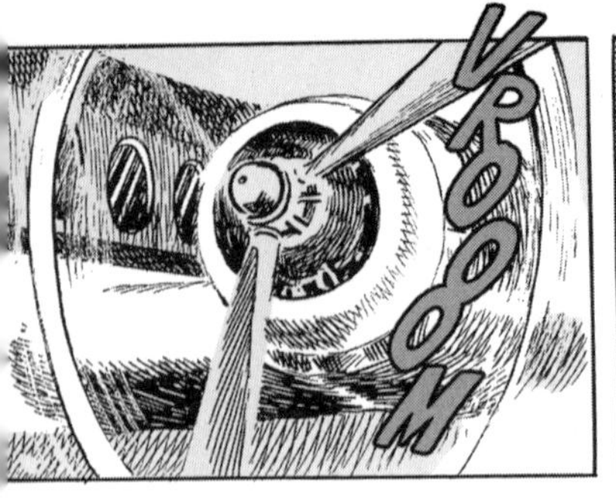
VROOOOOM
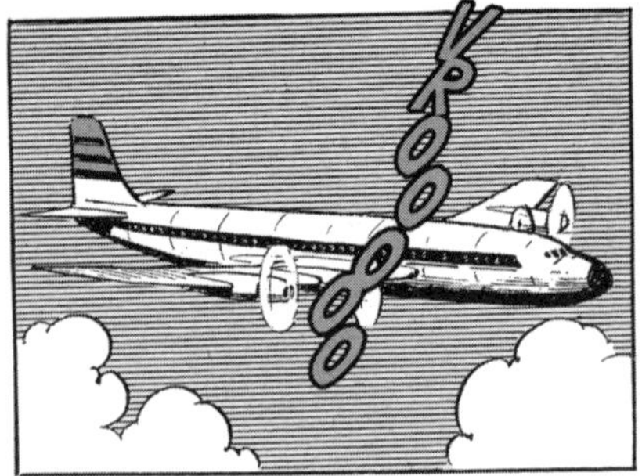
VROOOOOO
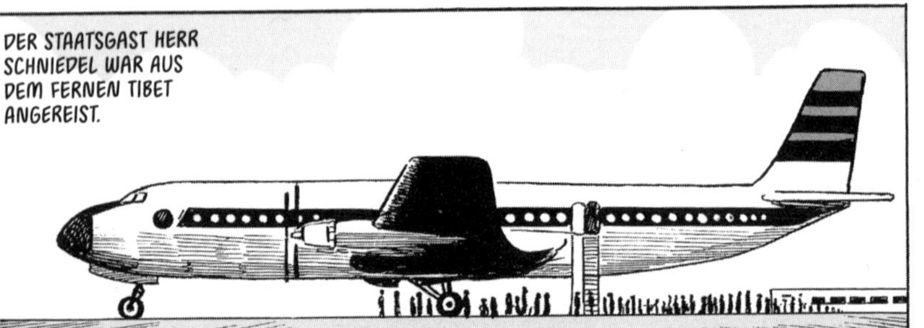
DER STAATSGAST HERR SCHNIEDEL WAR AUS DEM FERNEN TIBET ANGEREIST.
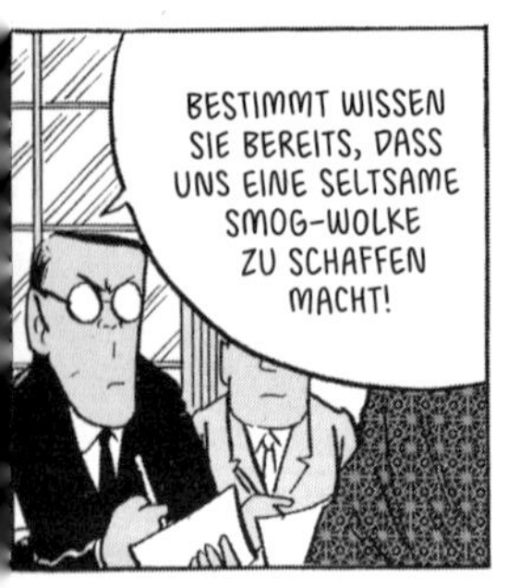
BESTIMMT WISSEN SIE BEREITS, DASS UNS EINE SELTSAME SMOG-WOLKE ZU SCHAFFEN MACHT!
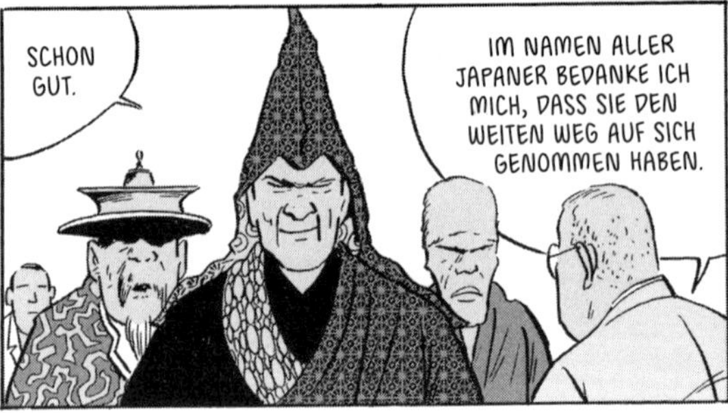
IM NAMEN ALLER JAPANER BEDANKE ICH MICH, DASS SIE DEN WEITEN WEG AUF SICH GENOMMEN HABEN.
SCHON GUT.
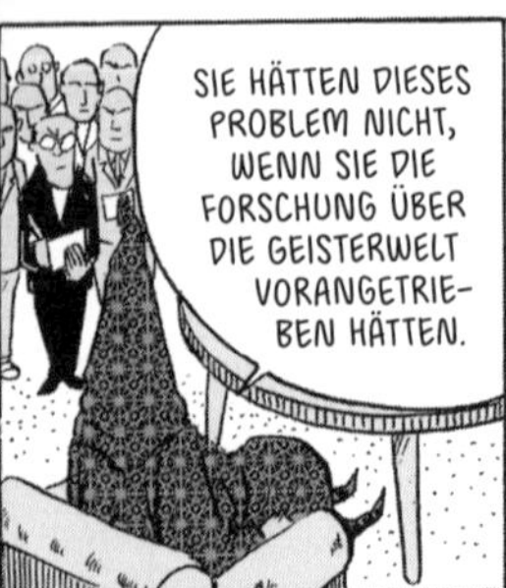
SIE HÄTTEN DIESES PROBLEM NICHT, WENN SIE DIE FORSCHUNG ÜBER DIE GEISTERWELT VORANGETRIE-BEN HÄTTEN.
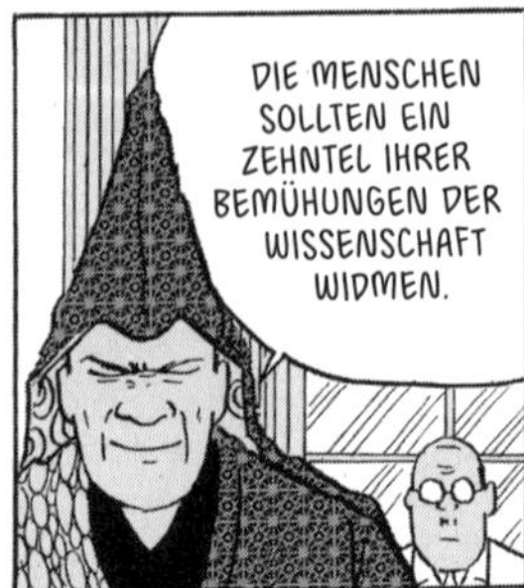
DIE MENSCHEN SOLLTEN EIN ZEHNTEL IHRER BEMÜHUNGEN DER WISSENSCHAFT WIDMEN.
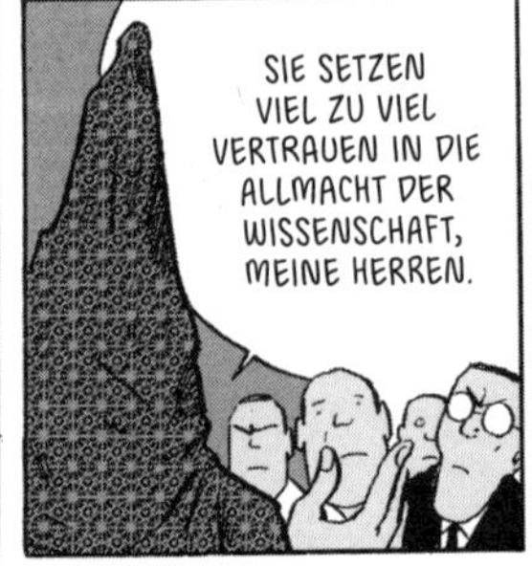
SIE SETZEN VIEL ZU VIEL VERTRAUEN IN DIE ALLMACHT DER WISSENSCHAFT, MEINE HERREN.

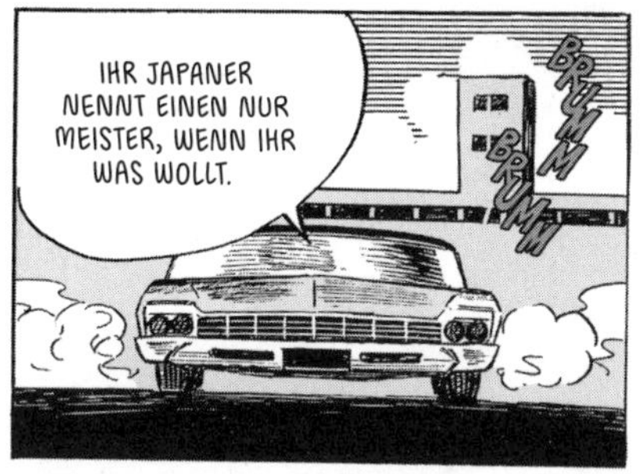
IHR JAPANER NENNT EINEN NUR MEISTER, WENN IHR WAS WOLLT.
BRUMM BRUMM
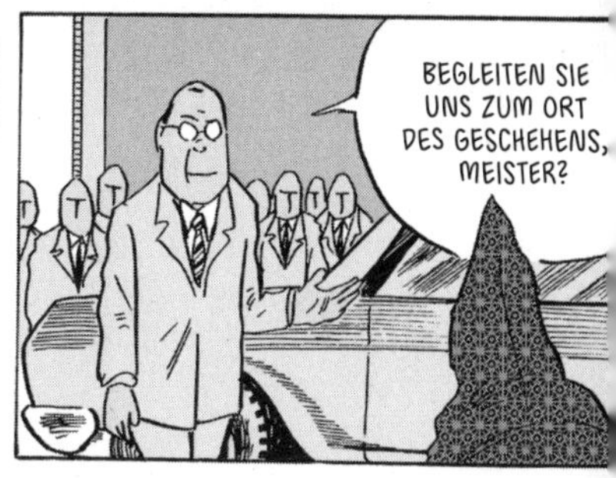
BEGLEITEN SIE UNS ZUM ORT DES GESCHEHENS, MEISTER?
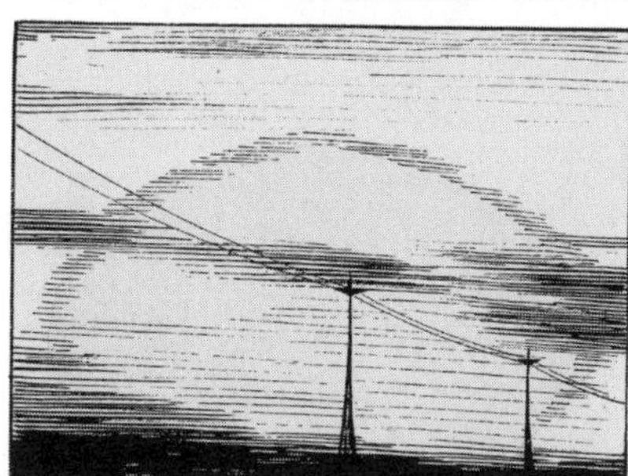
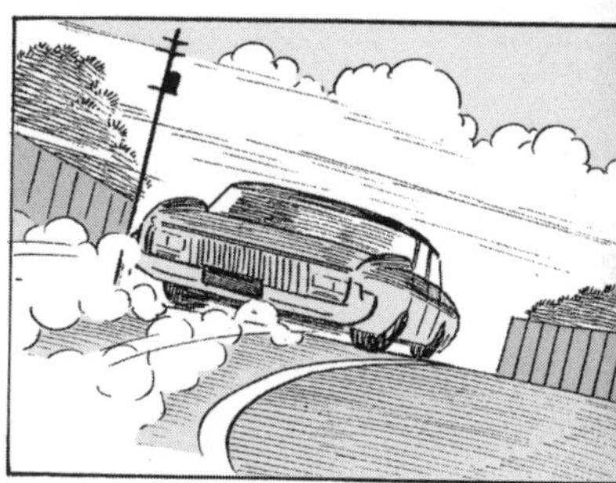
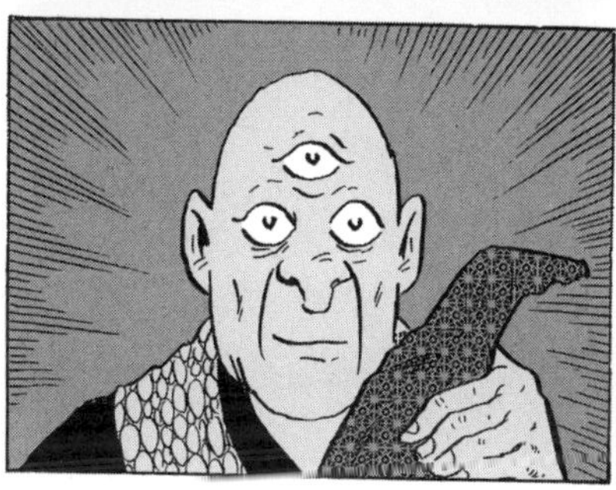
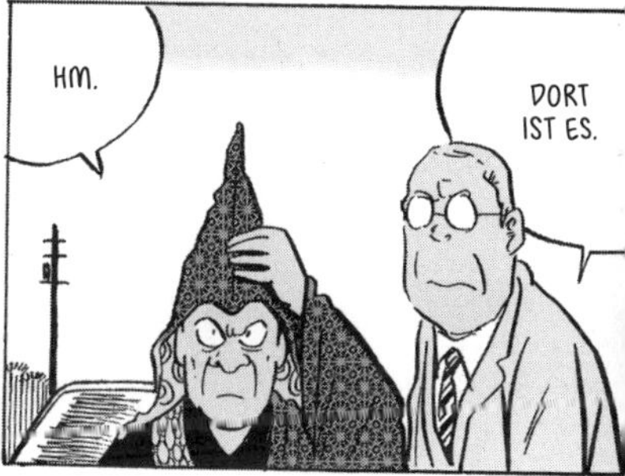
HM.
DORT IST ES.
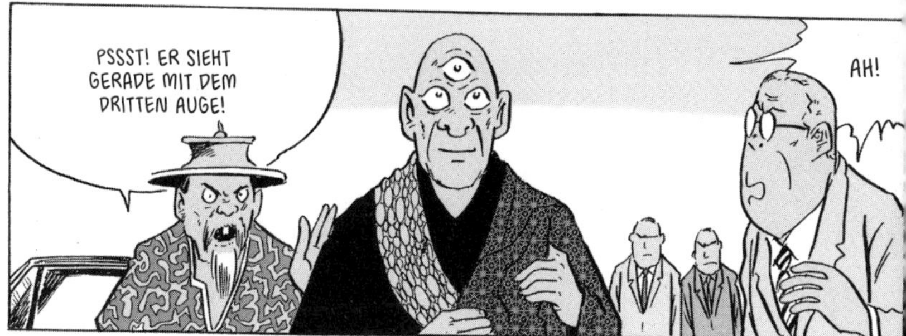
PSSST! ER SIEHT GERADE MIT DEM DRITTEN AUGE!
AH!

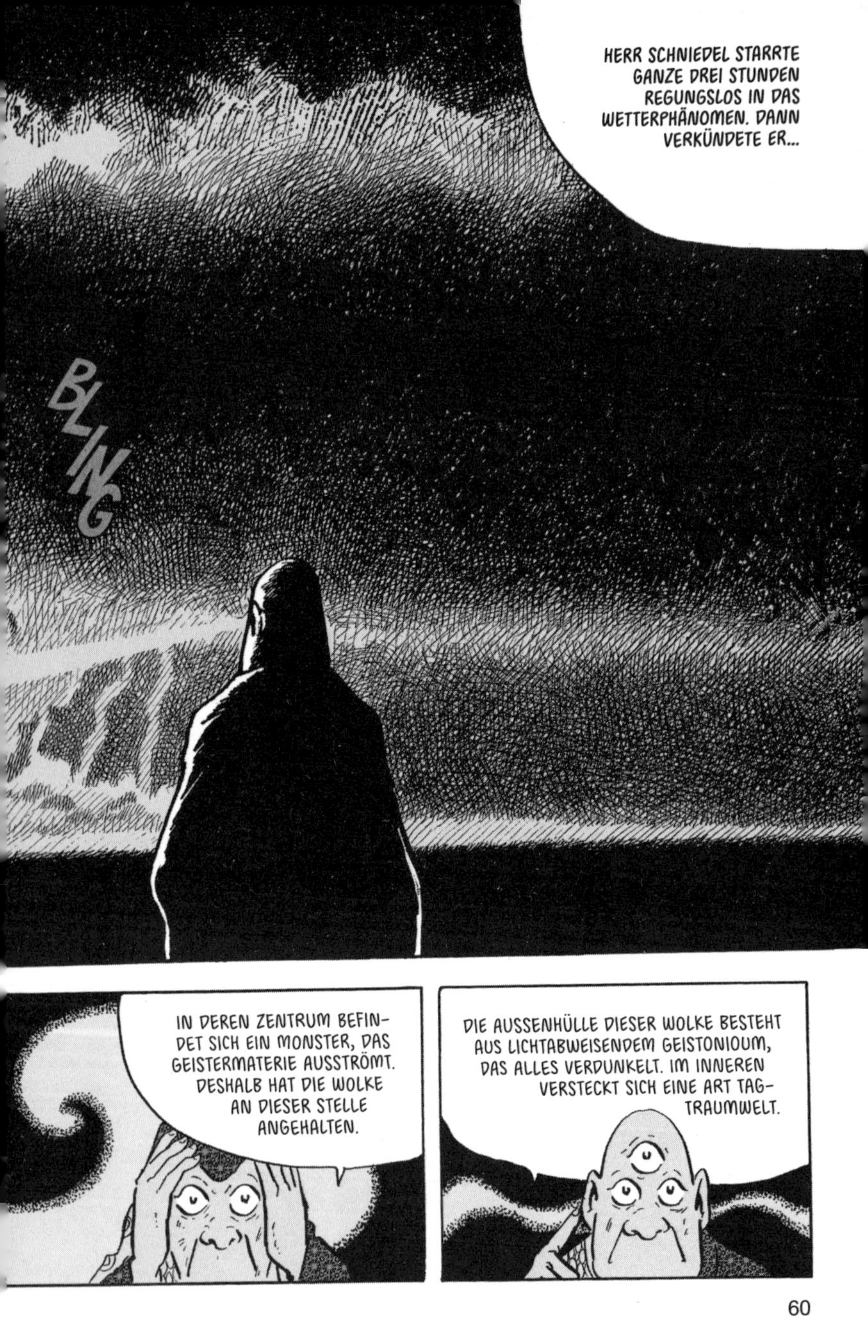

HERR SCHNIEDEL STARRTE GANZE DREI STUNDEN REGUNGSLOS IN DAS WETTERPHÄNOMEN. DANN VERKÜNDETE ER…

BLING

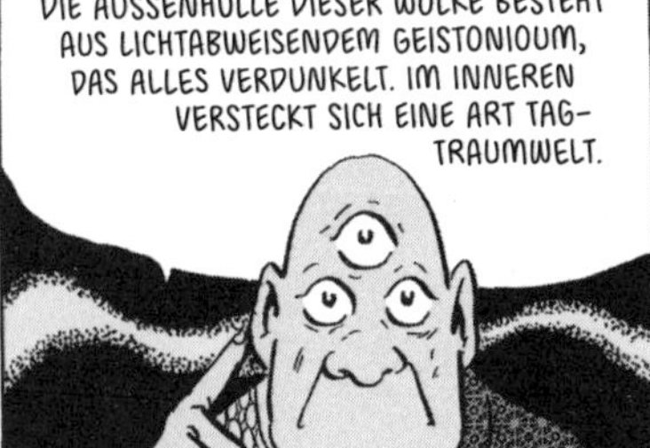

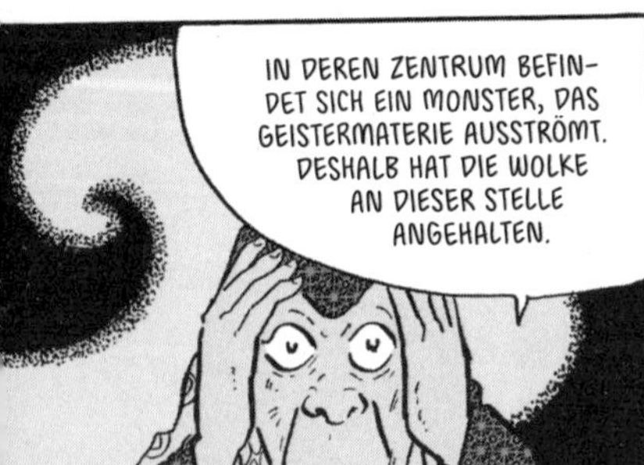

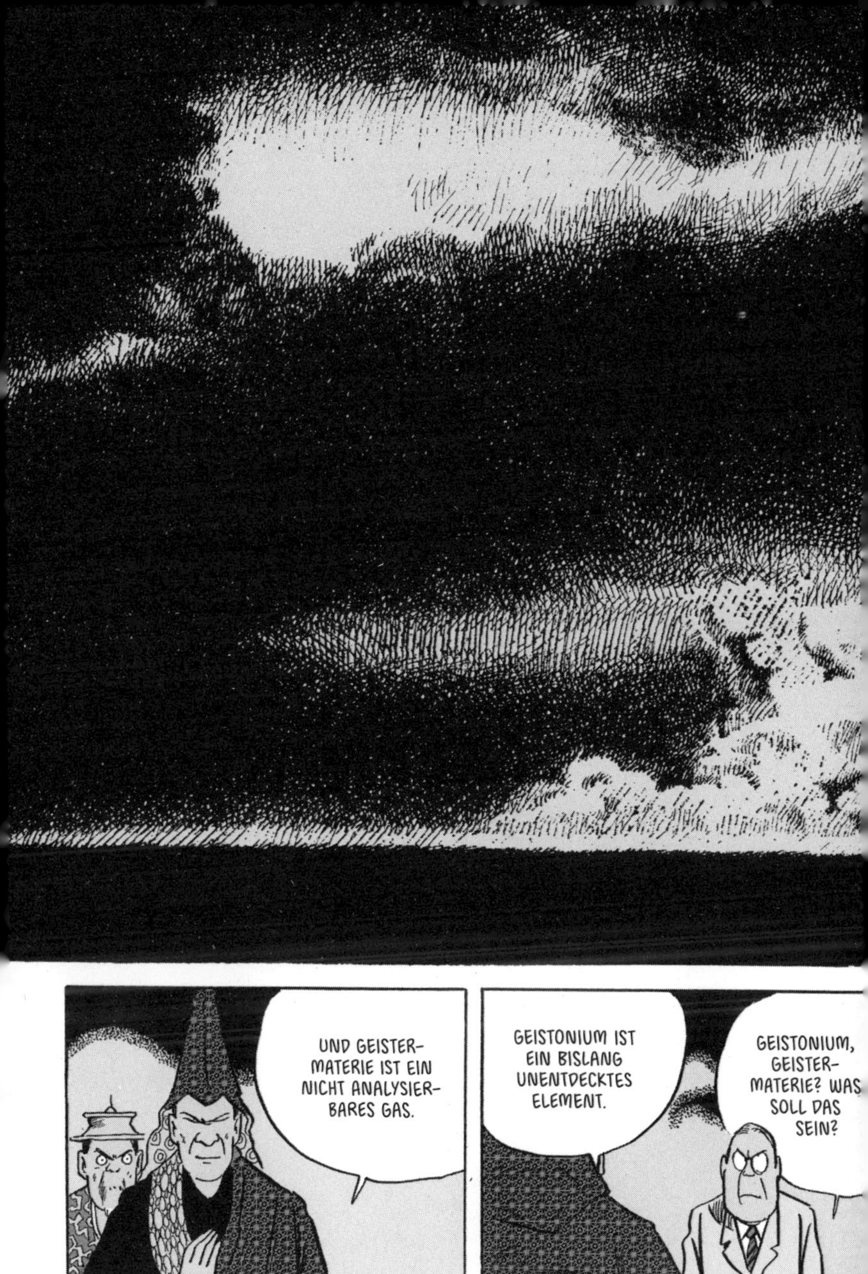

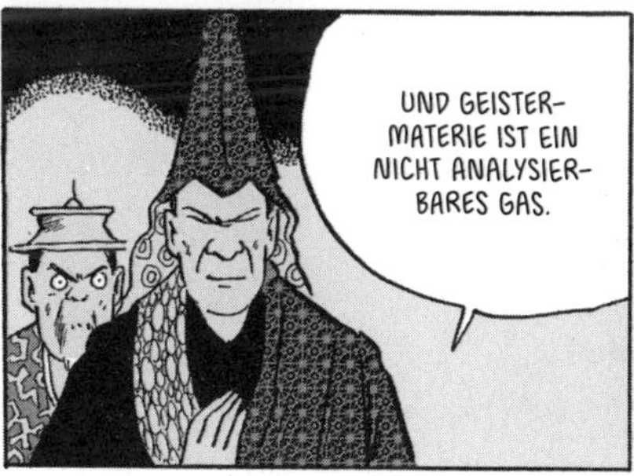
UND GEISTER-
MATERIE IST EIN
NICHT ANALYSIER-
BARES GAS.

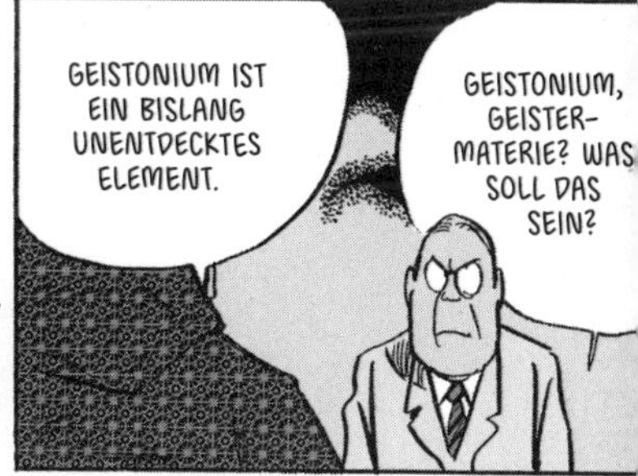
GEISTONIUM IST
EIN BISLANG
UNENTDECKTES
ELEMENT.
GEISTONIUM,
GEISTER-
MATERIE? WAS
SOLL DAS
SEIN?

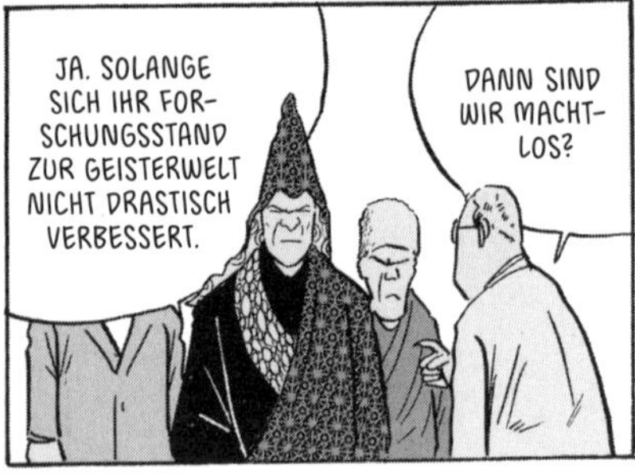

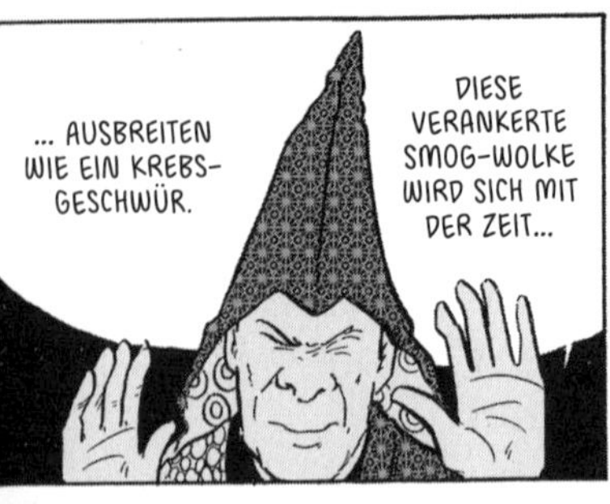

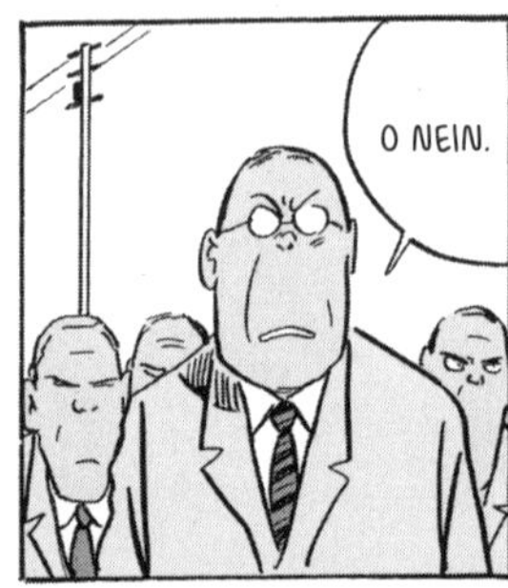

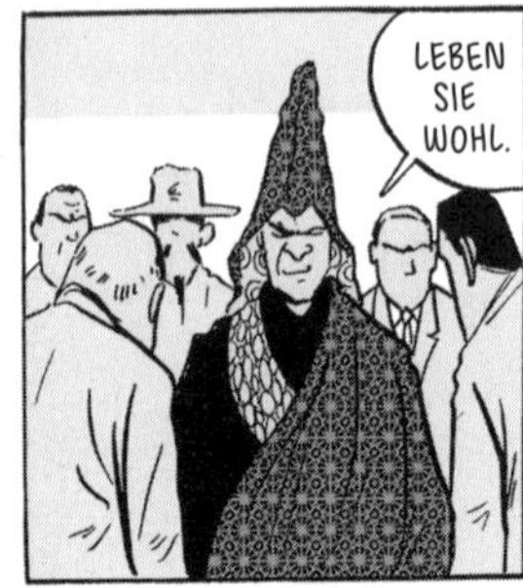

MIT DIESEN WORTEN VERSCHWAND DER LAMAISTISCHE PRIESTER SCHNIEDEL. WIE ERGING ES DERWEIL KITARO UND DEN ANDEREN IM INNEREN DES SMOGS?

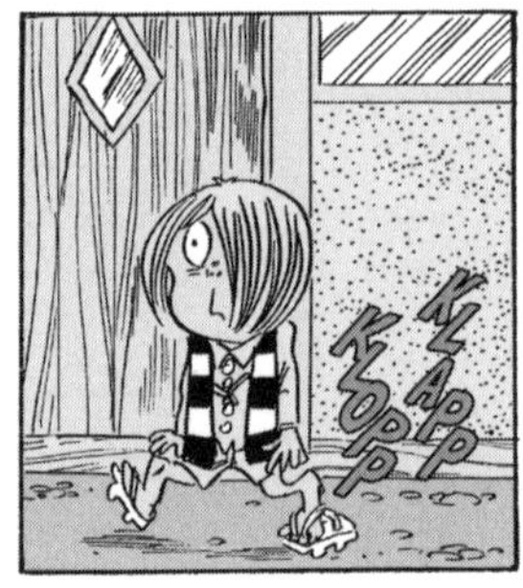

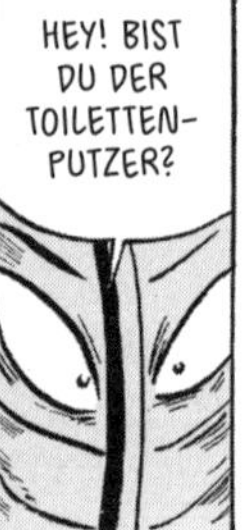

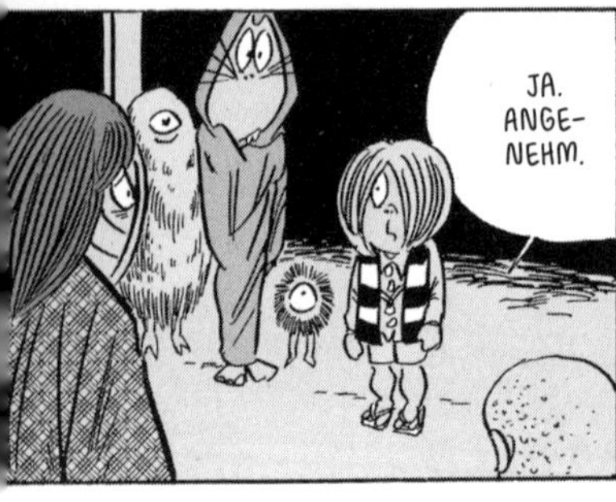

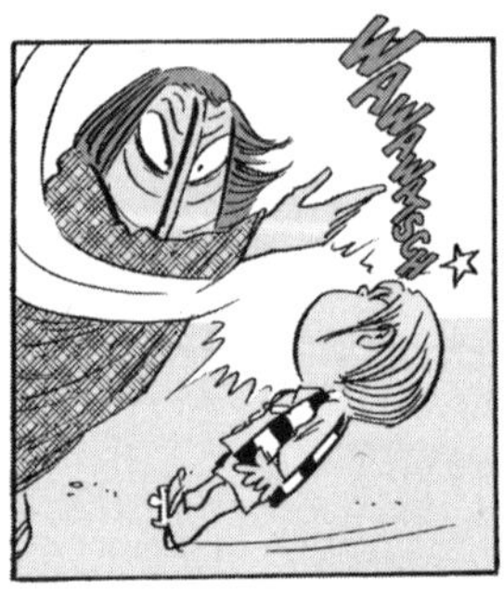

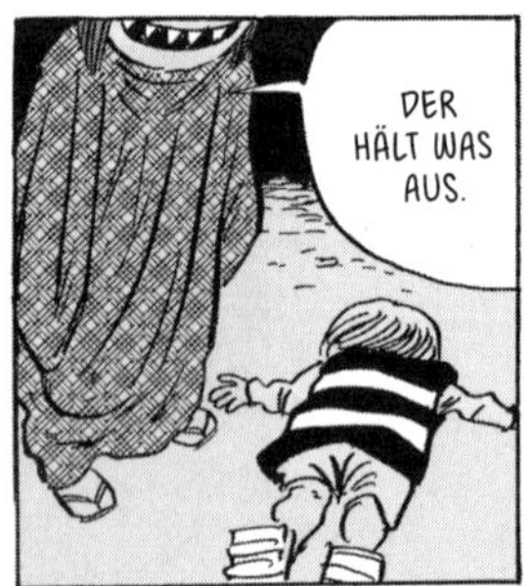

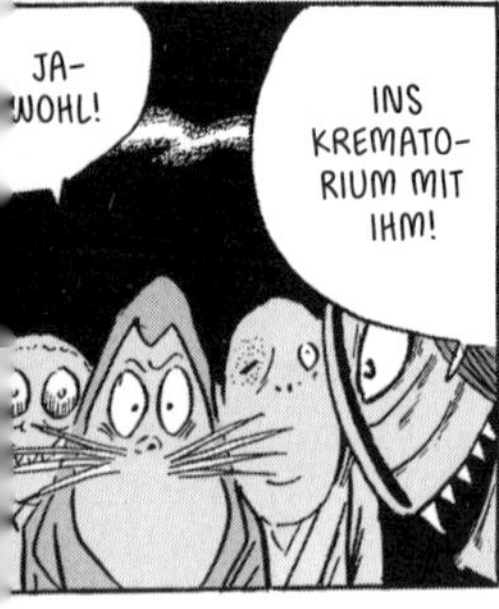

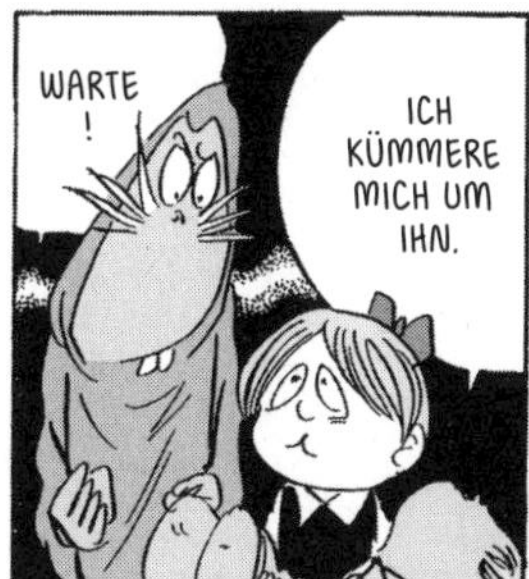

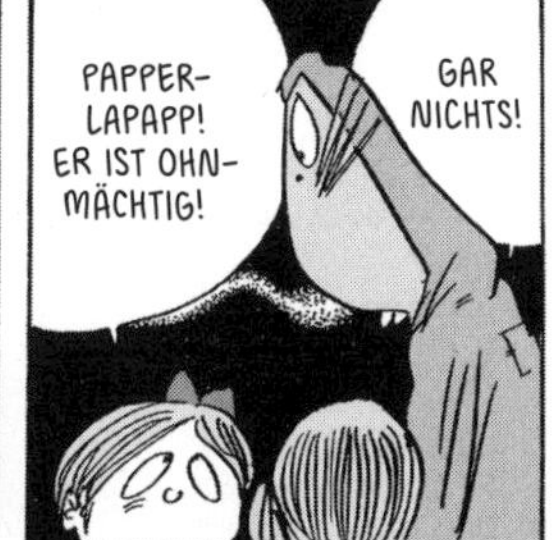

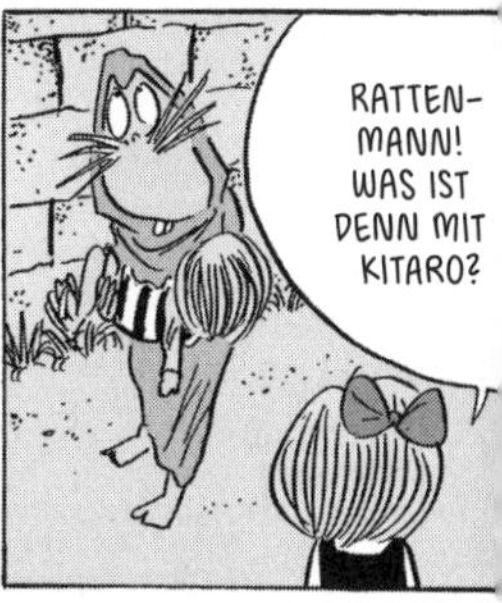

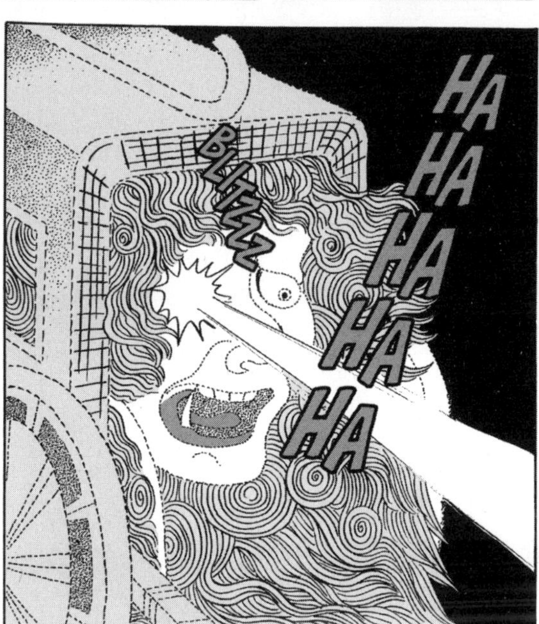

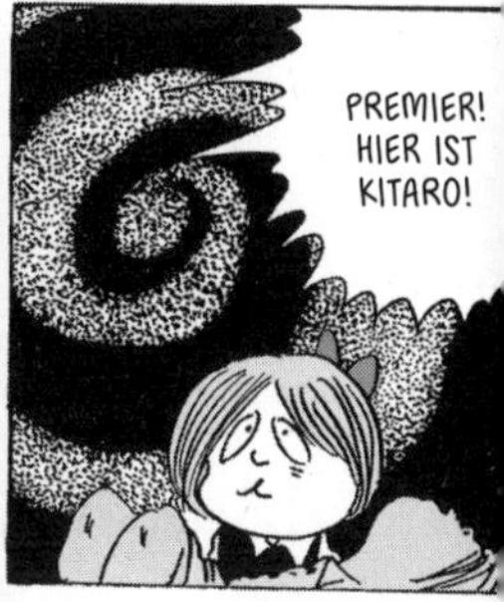

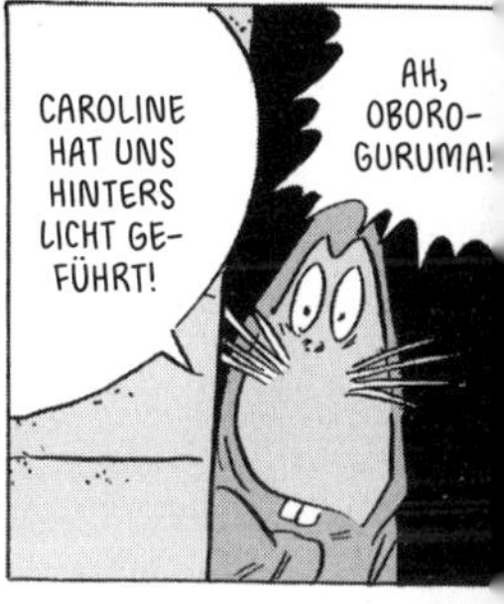

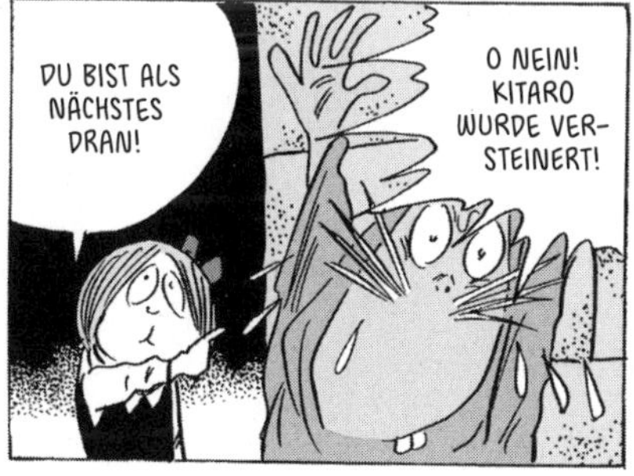

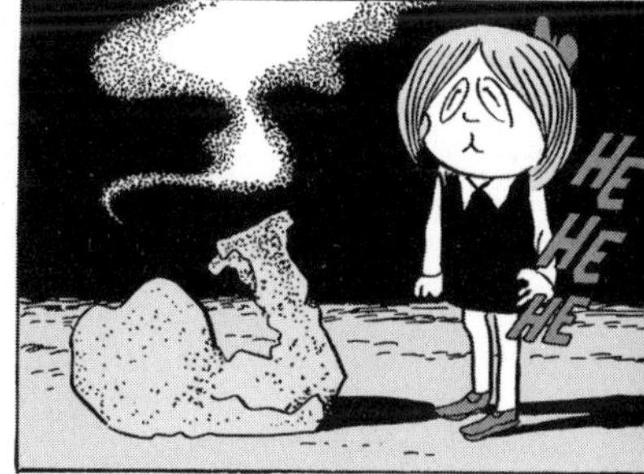

Oboroguruma, Teil 3 – End

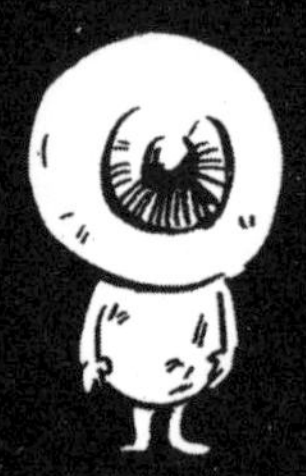

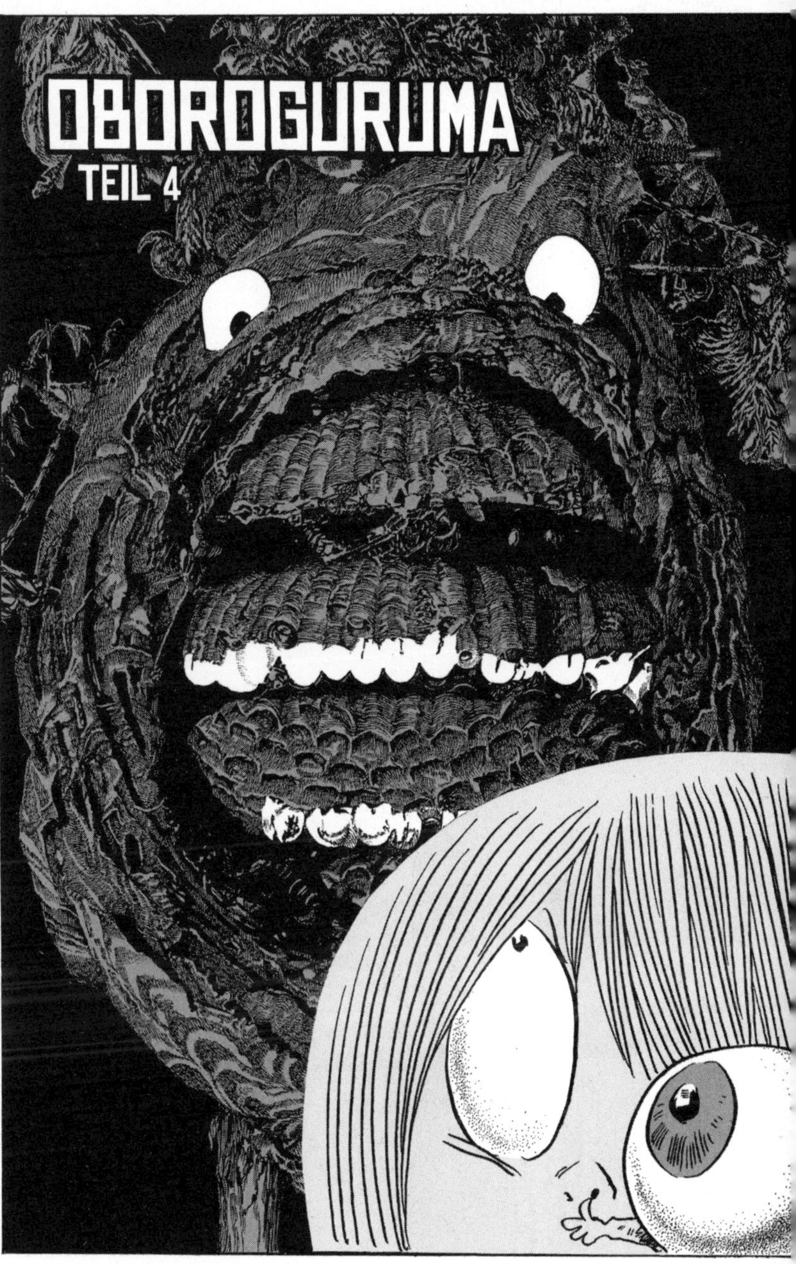
OBOROGURUMA
TEIL 4

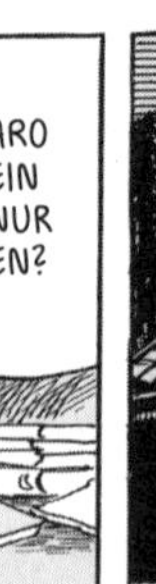

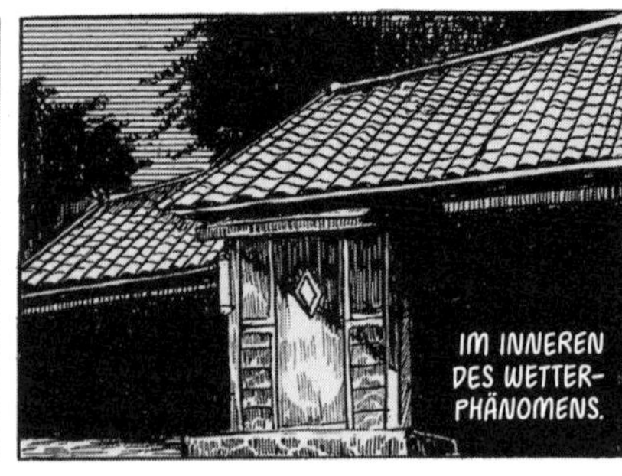

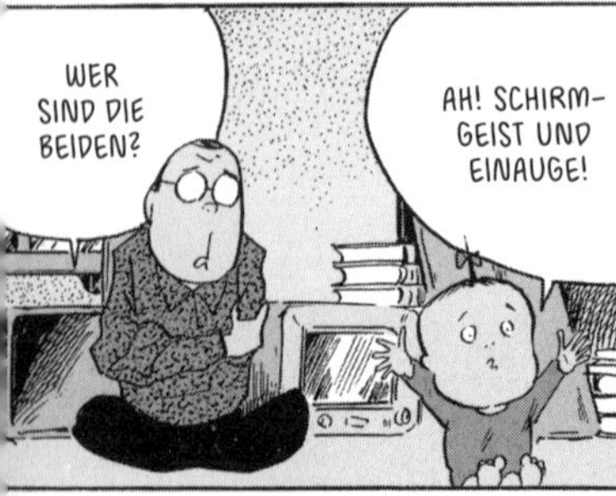

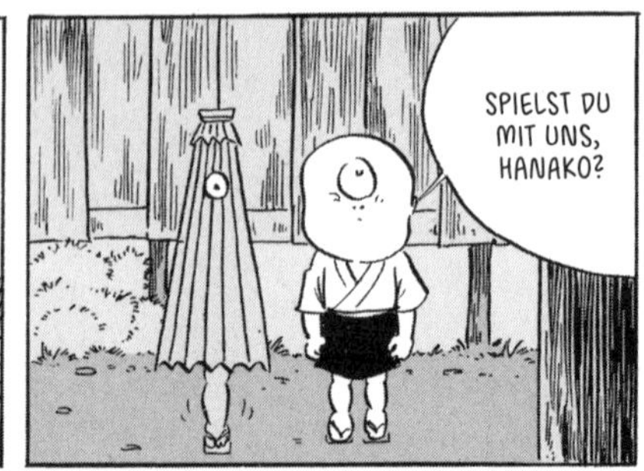

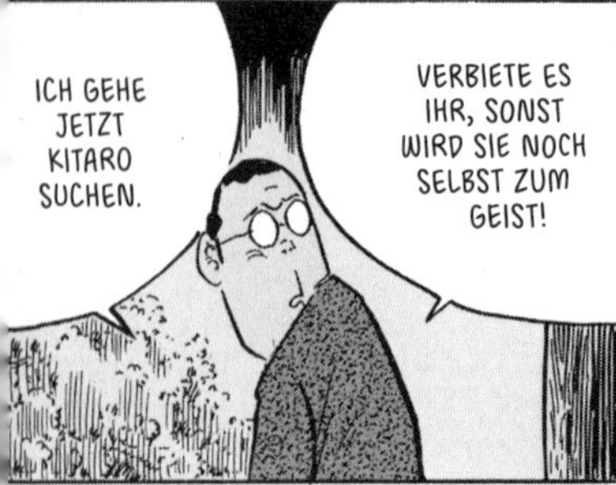

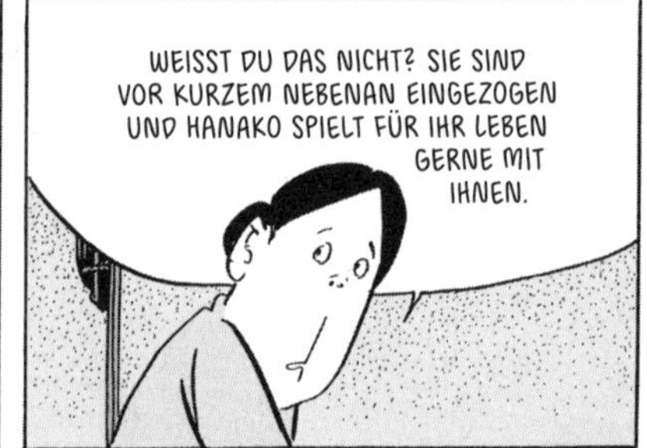

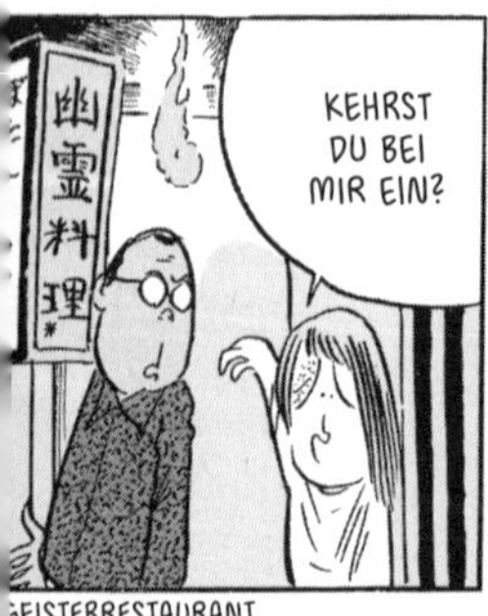

GEISTERRESTAURANT

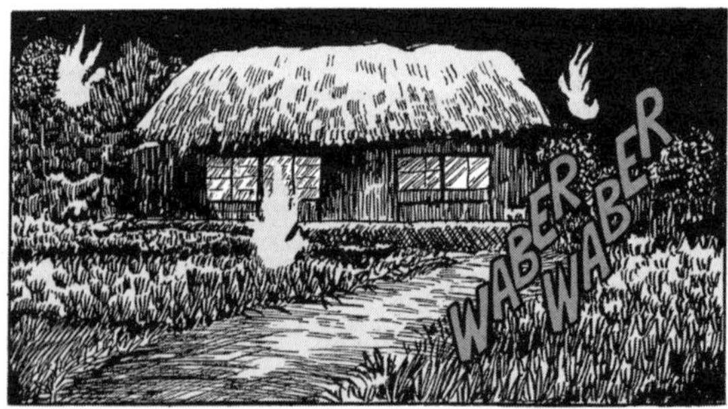

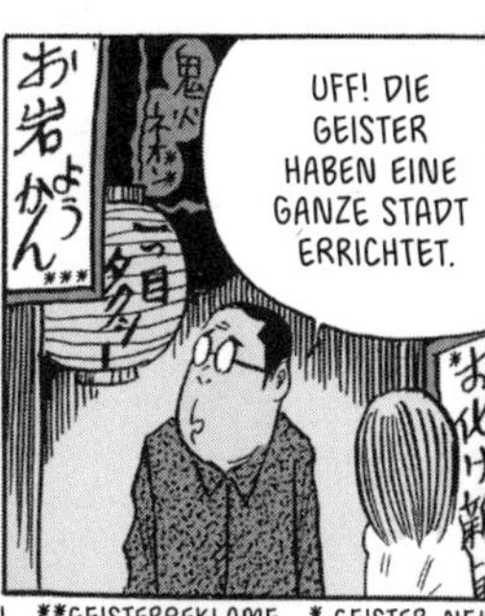

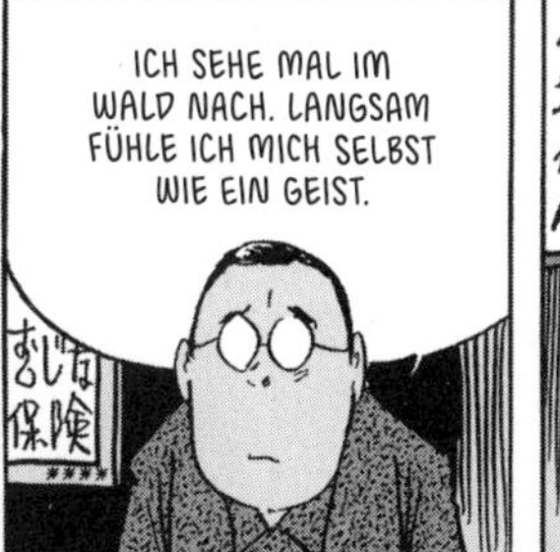

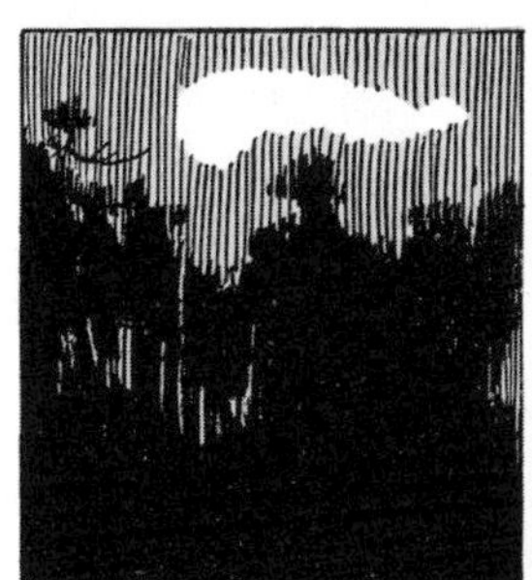

**** GEISTERVERSICHERUNG *** OIWA-SÜSSIGKEITEN **GEISTERREKLAME * GEISTER-NEU

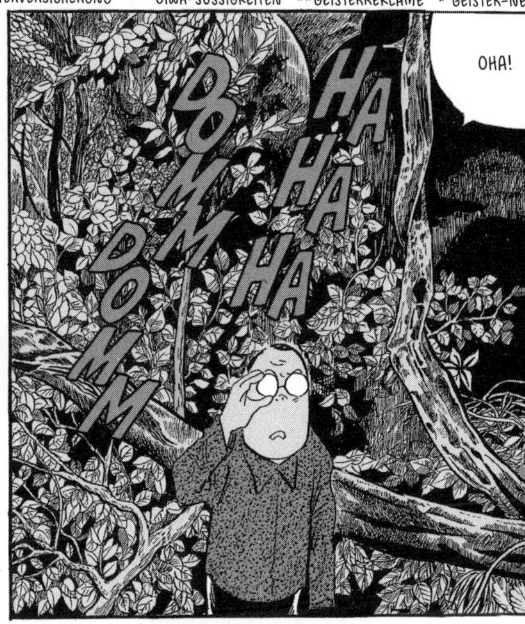

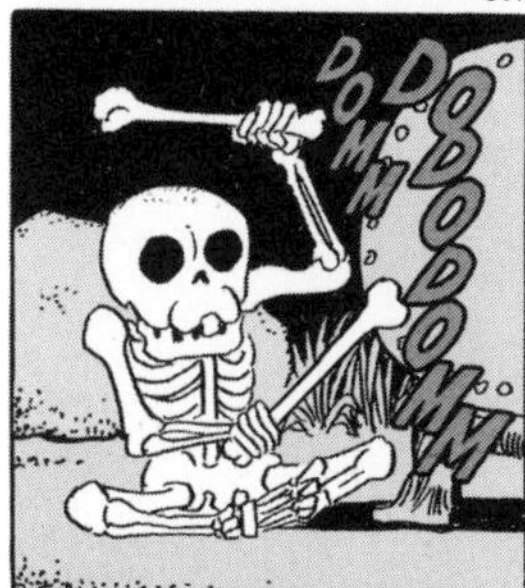

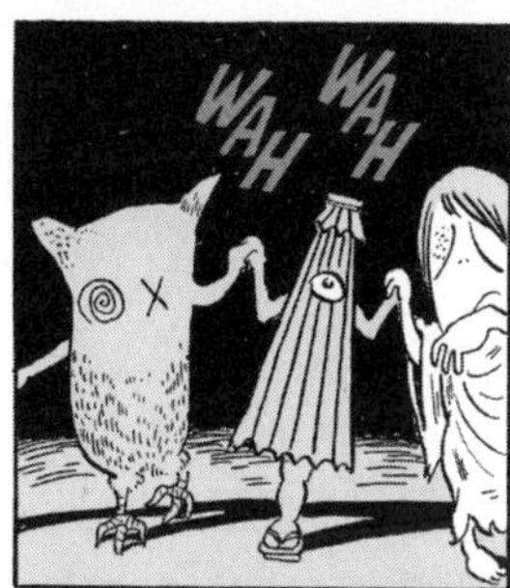

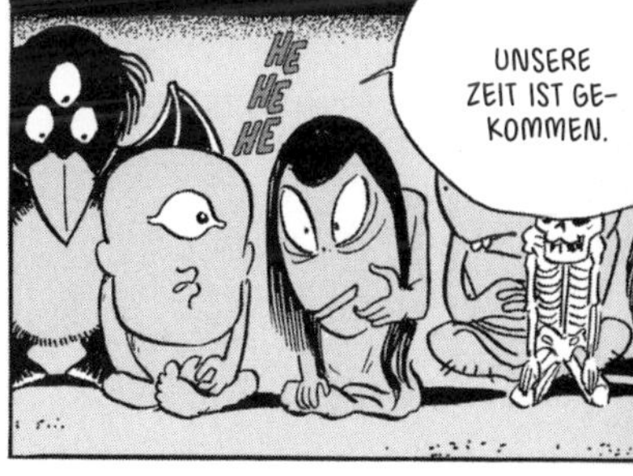

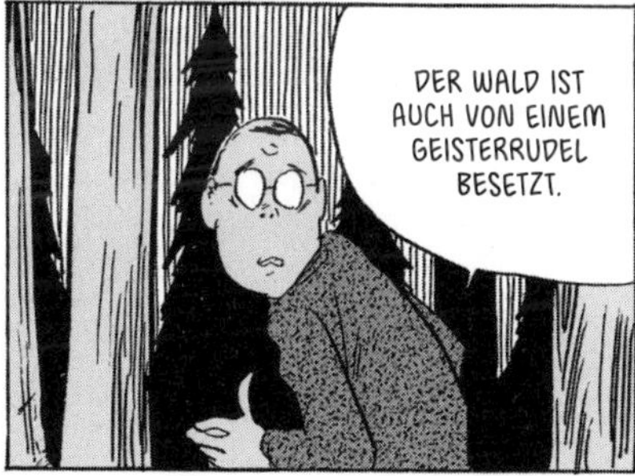

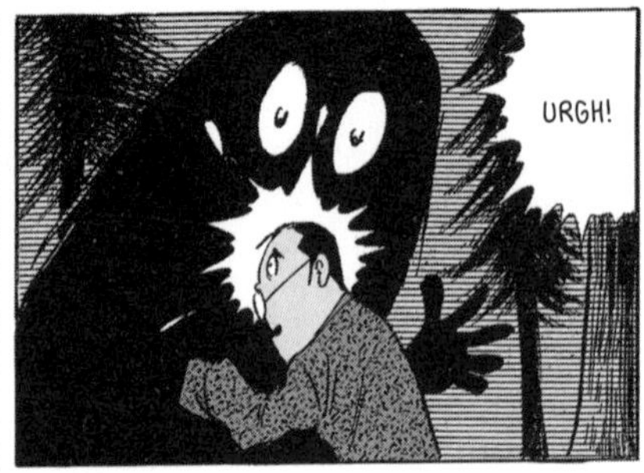
URGH!

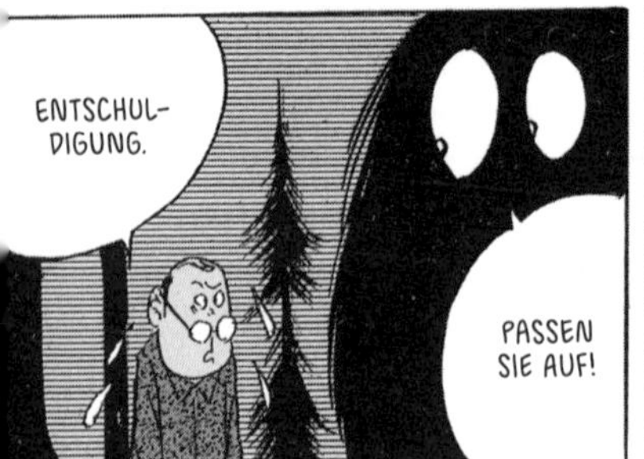
ENTSCHUL-
DIGUNG.
PASSEN
SIE AUF!

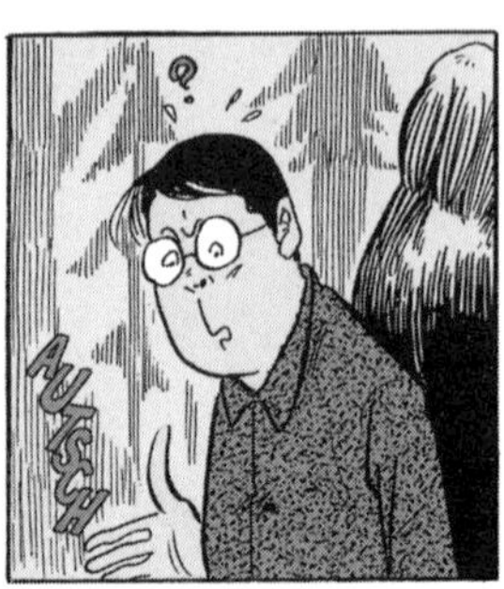
AUTSCH

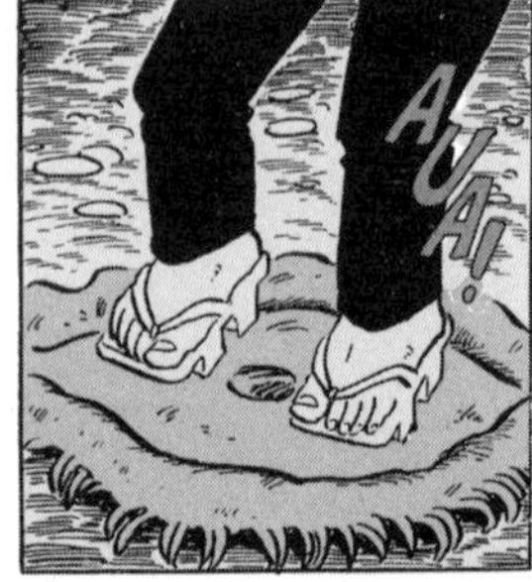
AUAI!

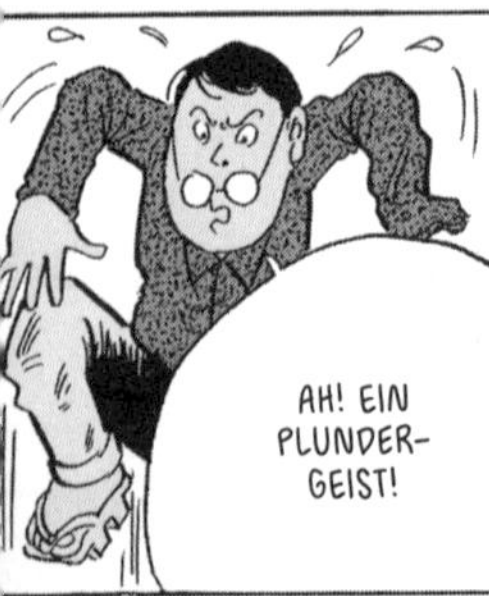
AH! EIN
PLUNDER-
GEIST!

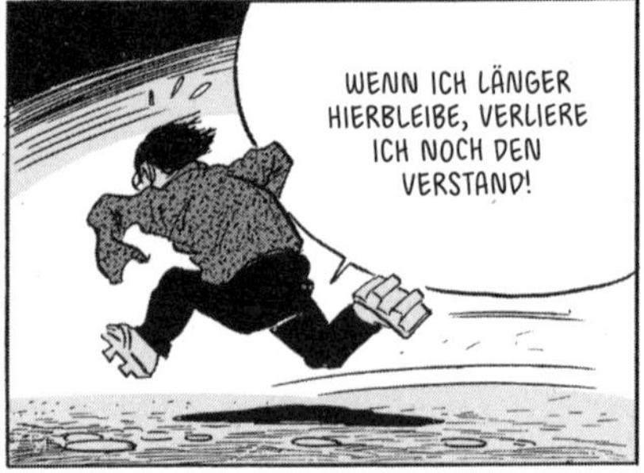
WENN ICH LÄNGER
HIERBLEIBE, VERLIERE
ICH NOCH DEN
VERSTAND!

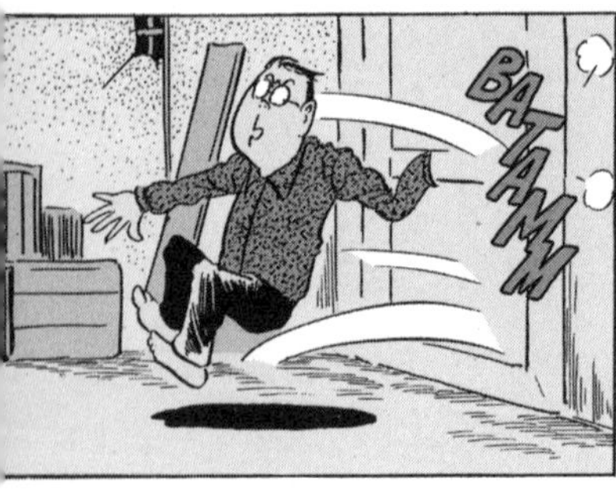
BATAMM

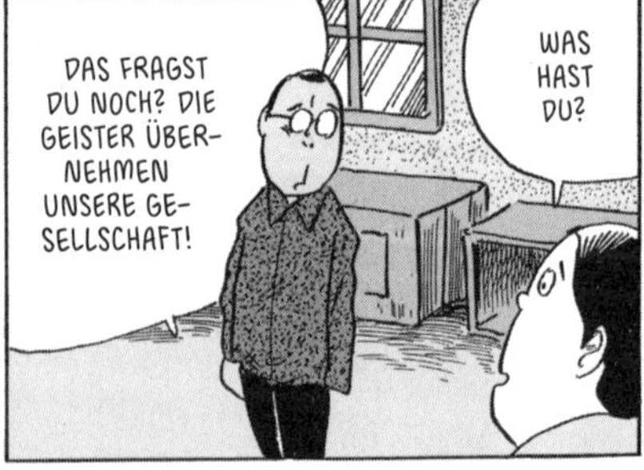
WAS
HAST
DU?
DAS FRAGST
DU NOCH? DIE
GEISTER ÜBER-
NEHMEN
UNSERE GE-
SELLSCHAFT!

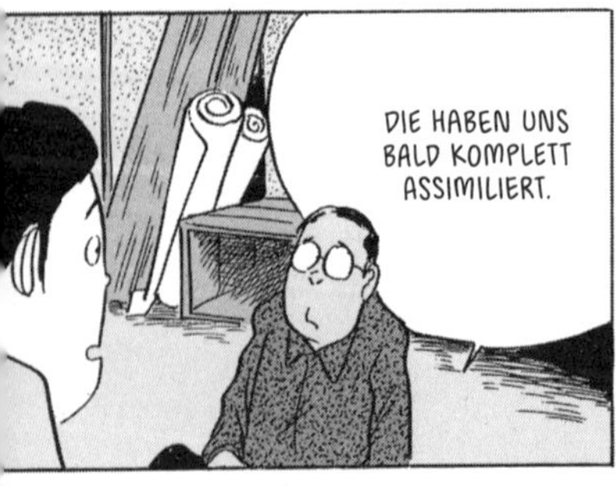
DIE HABEN UNS
BALD KOMPLETT
ASSIMILIERT.

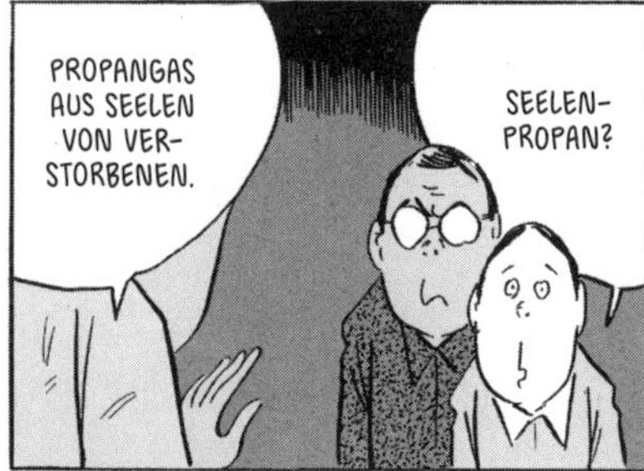
SEELEN-
PROPAN?
PROPANGAS AUS SEELEN VON VERSTORBENEN.

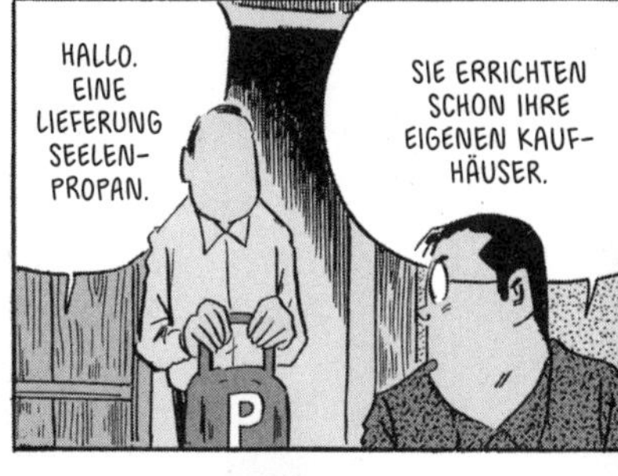
SIE ERRICHTEN SCHON IHRE EIGENEN KAUFHÄUSER.
HALLO. EINE LIEFERUNG SEELEN-PROPAN.
P

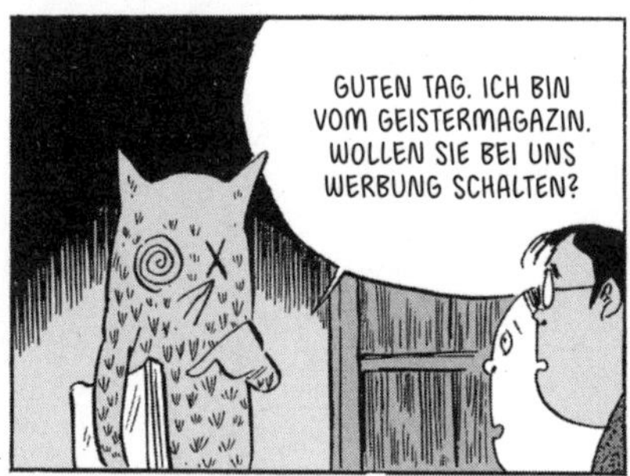
GUTEN TAG. ICH BIN VOM GEISTERMAGAZIN. WOLLEN SIE BEI UNS WERBUNG SCHALTEN?

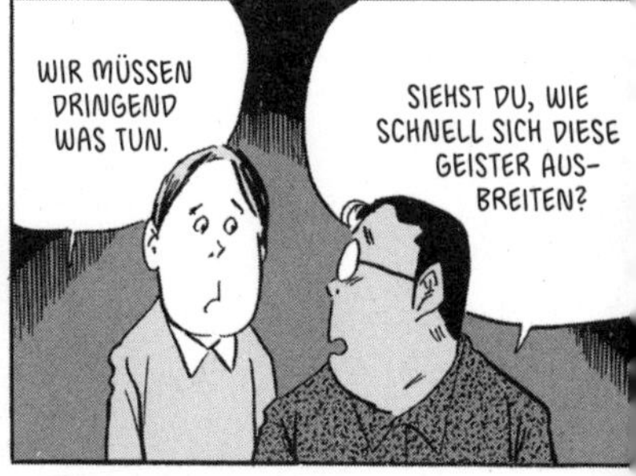
SIEHST DU, WIE SCHNELL SICH DIESE GEISTER AUSBREITEN?
WIR MÜSSEN DRINGEND WAS TUN.

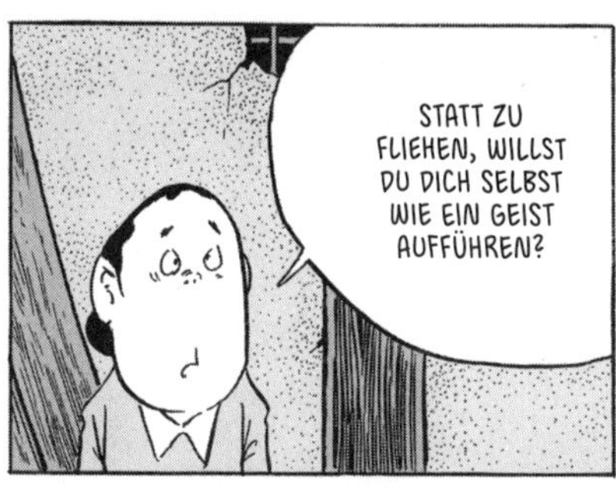
STATT ZU FLIEHEN, WILLST DU DICH SELBST WIE EIN GEIST AUFFÜHREN?

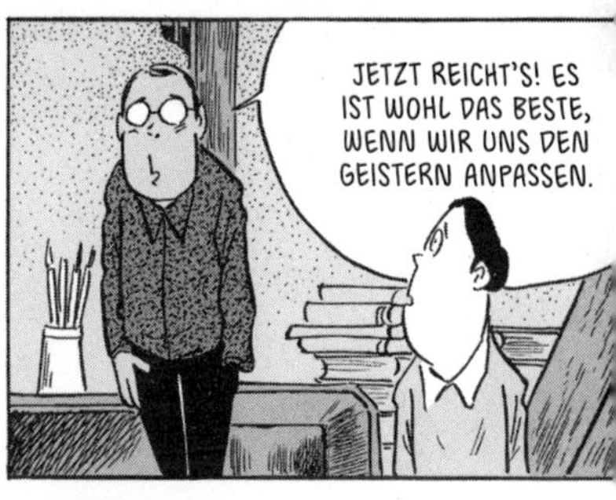
JETZT REICHT'S! ES IST WOHL DAS BESTE, WENN WIR UNS DEN GEISTERN ANPASSEN.

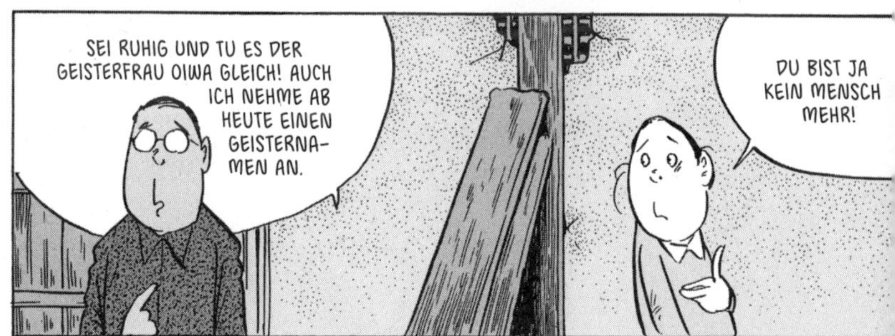
DU BIST JA KEIN MENSCH MEHR!
SEI RUHIG UND TU ES DER GEISTERFRAU OIWA GLEICH! AUCH ICH NEHME AB HEUTE EINEN GEISTERNAMEN AN.

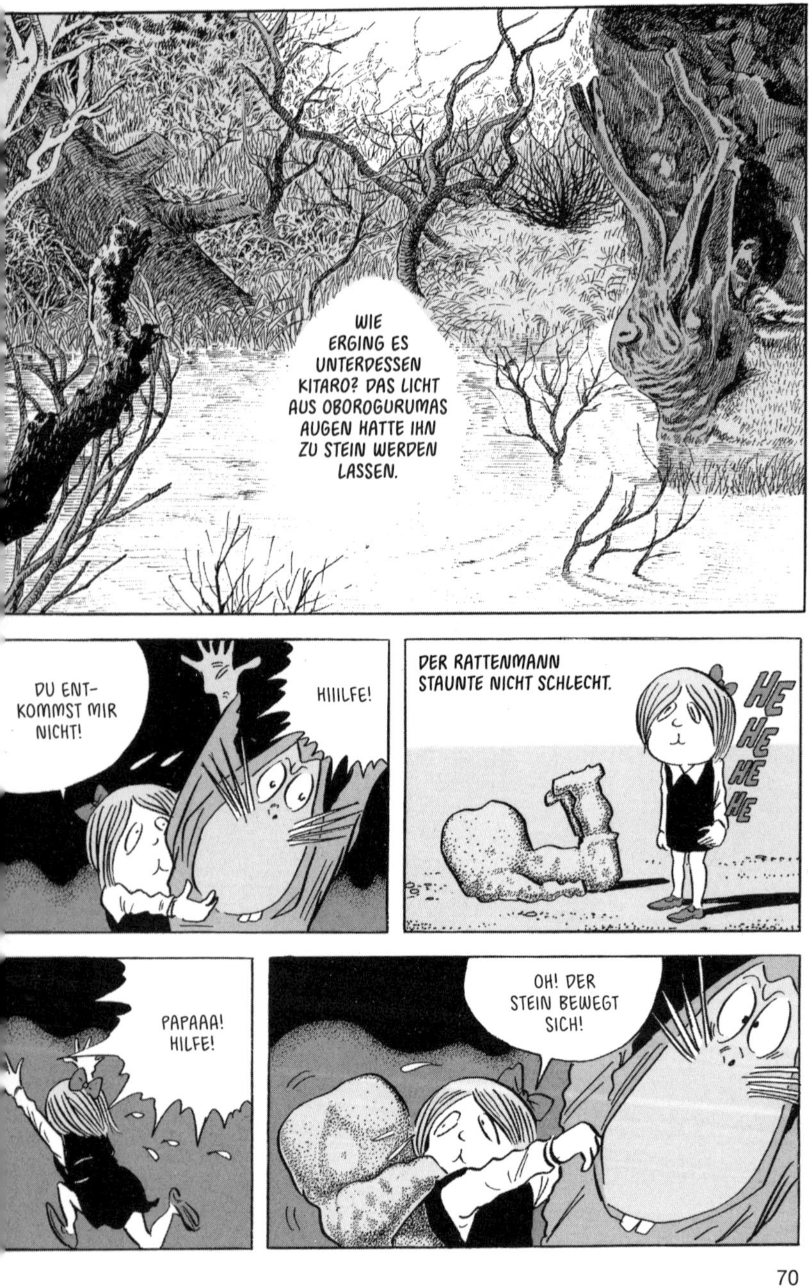

WIE ERGING ES UNTERDESSEN KITARO? DAS LICHT AUS OBOROGURUMAS AUGEN HATTE IHN ZU STEIN WERDEN LASSEN.

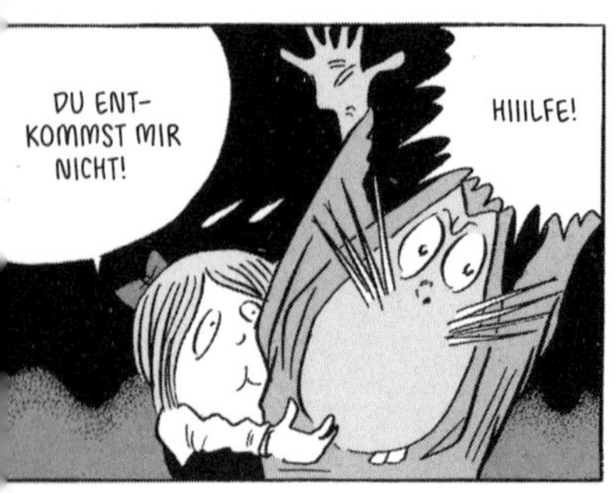

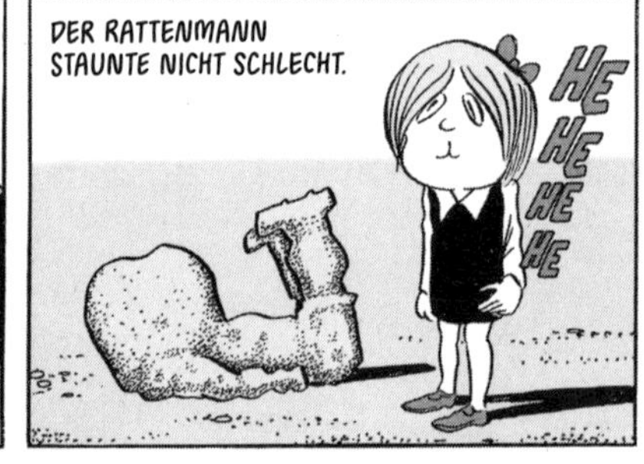

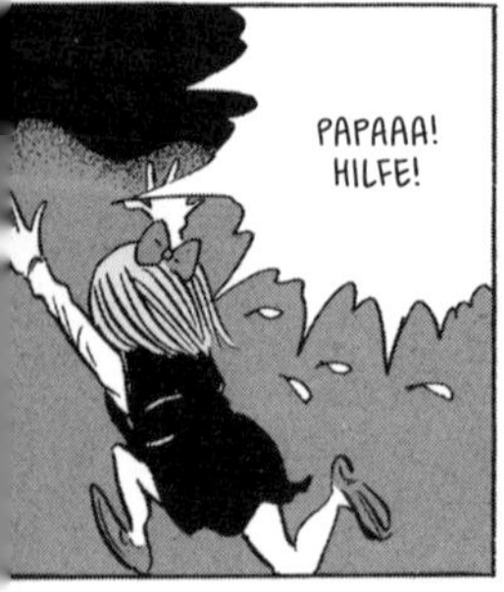

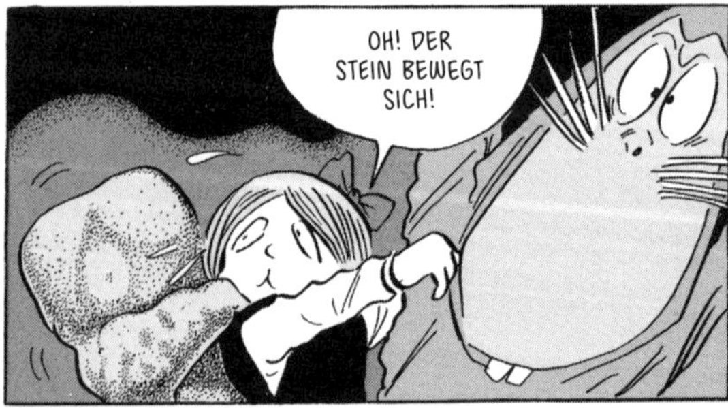

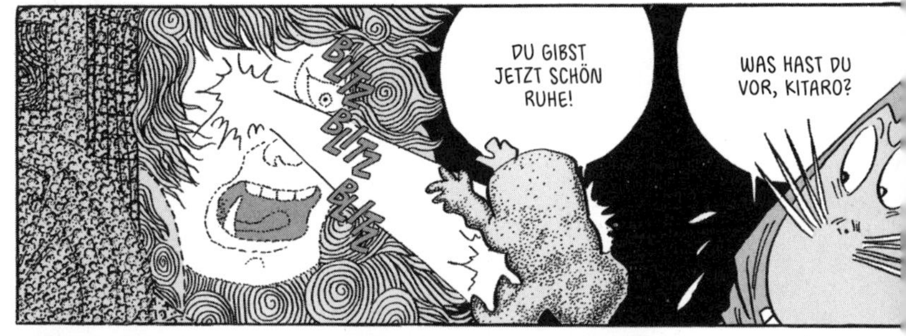
WAS HAST DU VOR, KITARO?
DU GIBST JETZT SCHÖN RUHE!
BLITZ BLITZ BLITZ

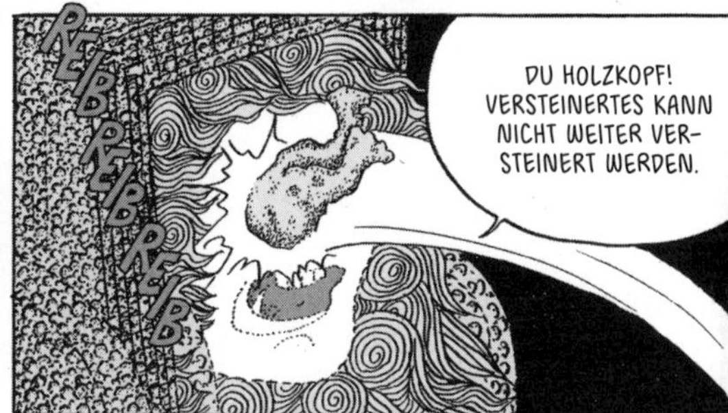
DU HOLZKOPF! VERSTEINERTES KANN NICHT WEITER VERSTEINERT WERDEN.
REIB REIB REIB REIB

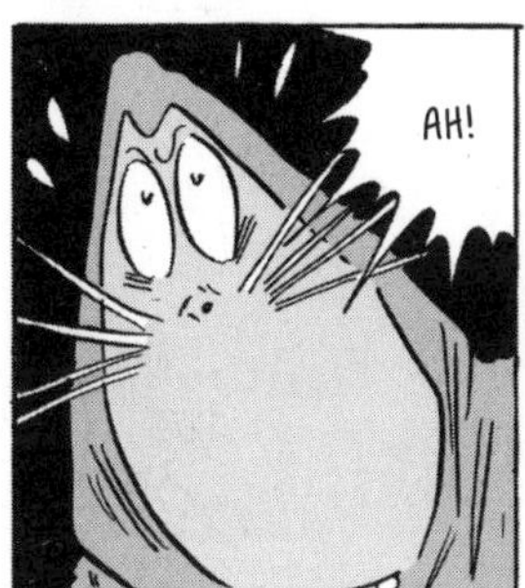
AH!

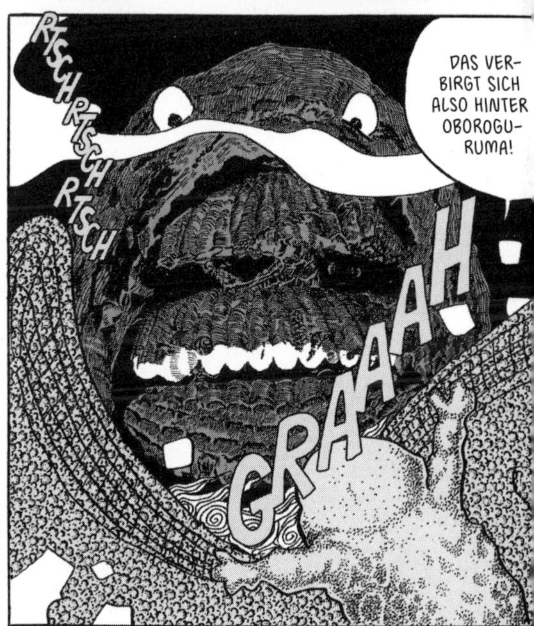
DAS VERBIRGT SICH ALSO HINTER OBOROGURUMA!
RTSCH RTSCH RTSCH RTSCH
GRAAAAH

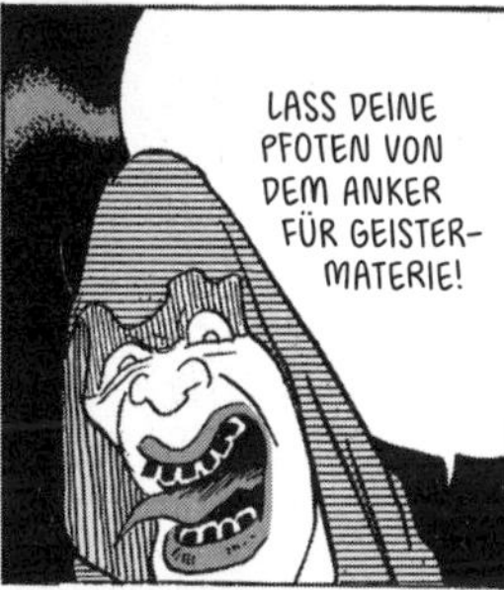
LASS DEINE PFOTEN VON DEM ANKER FÜR GEISTERMATERIE!

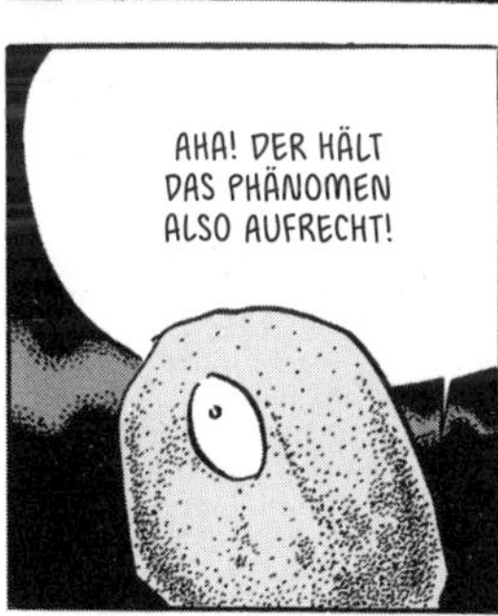
AHA! DER HÄLT DAS PHÄNOMEN ALSO AUFRECHT!

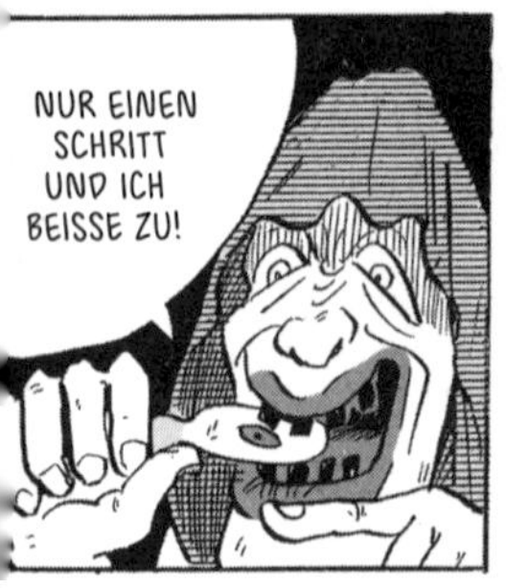
NUR EINEN SCHRITT UND ICH BEISSE ZU!
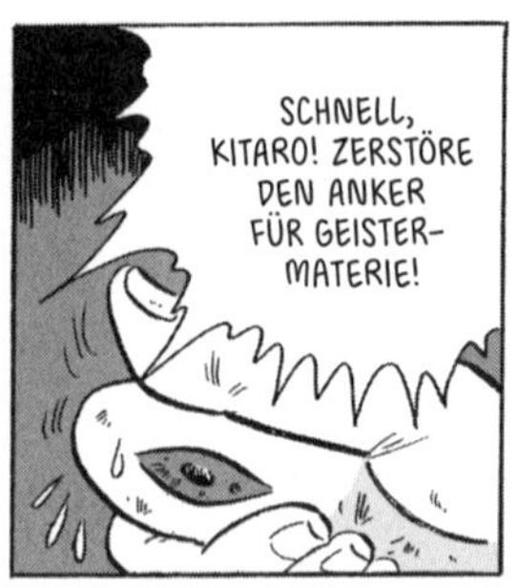
SCHNELL, KITARO! ZERSTÖRE DEN ANKER FÜR GEISTER-MATERIE!
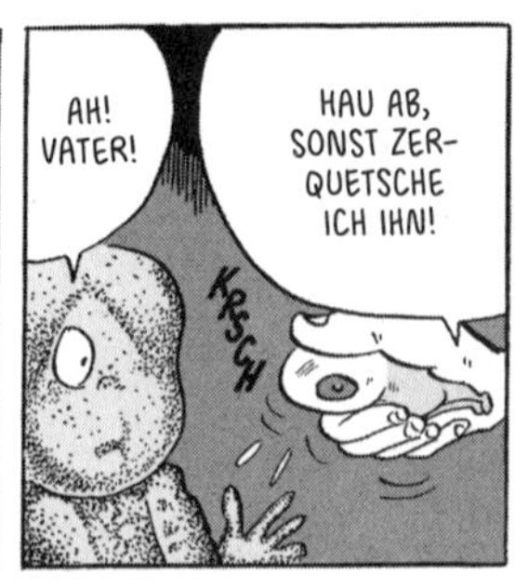
HAU AB, SONST ZER-QUETSCHE ICH IHN!
AH! VATER!
KRSCH
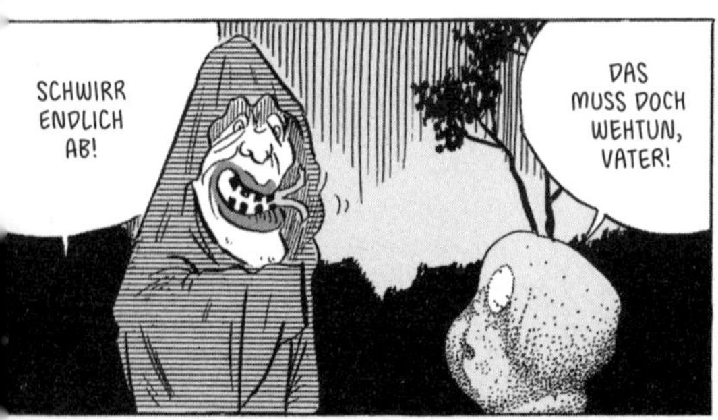
DAS MUSS DOCH WEHTUN, VATER!
SCHWIRR ENDLICH AB!
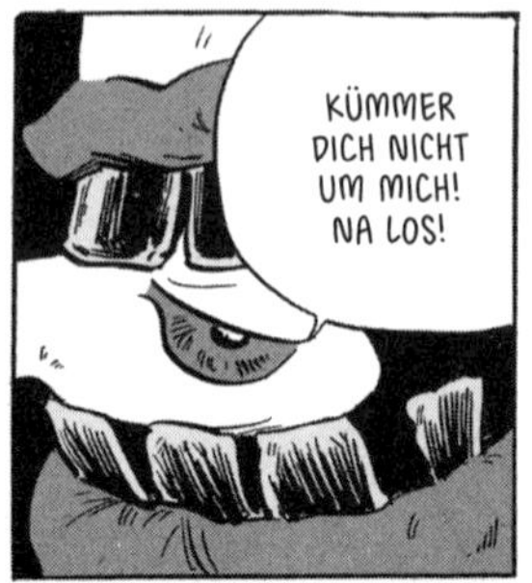
KÜMMER DICH NICHT UM MICH! NA LOS!
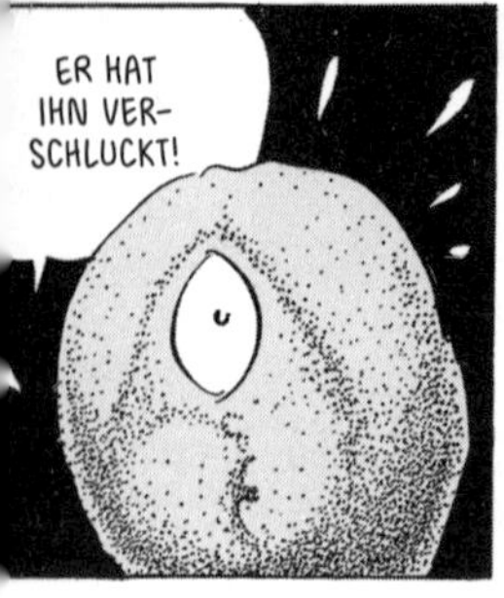
ER HAT IHN VER-SCHLUCKT!
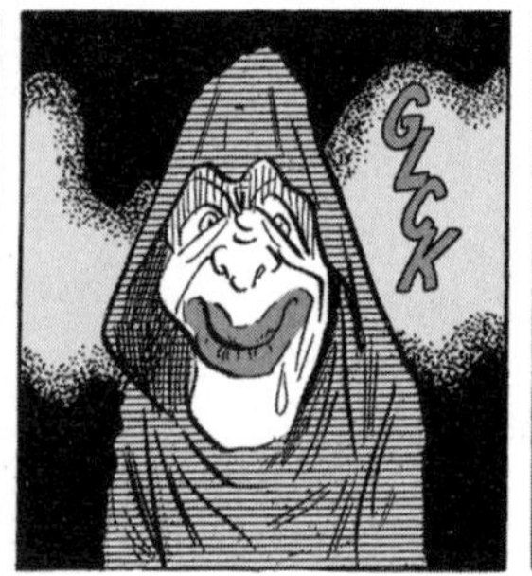
GLCK
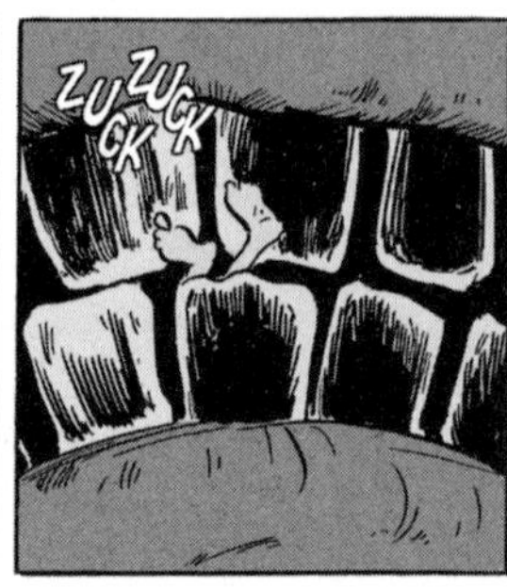
ZUCK ZUCK
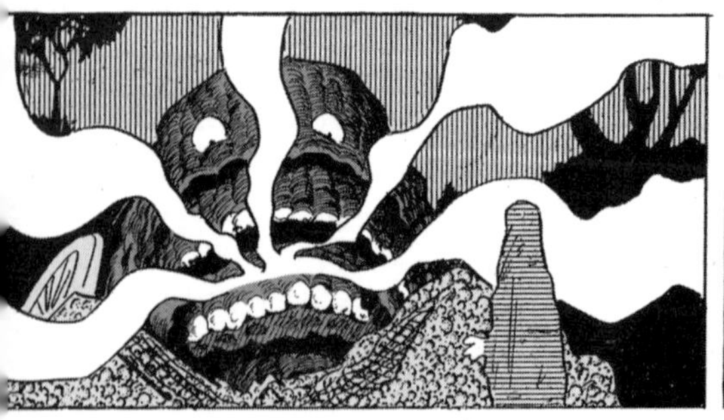
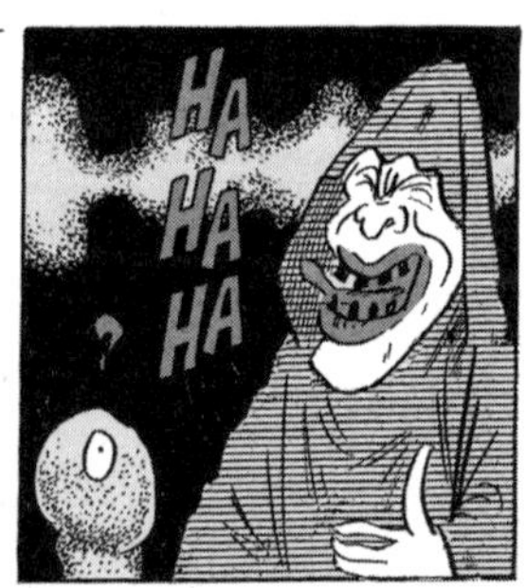
HA HA HA HA

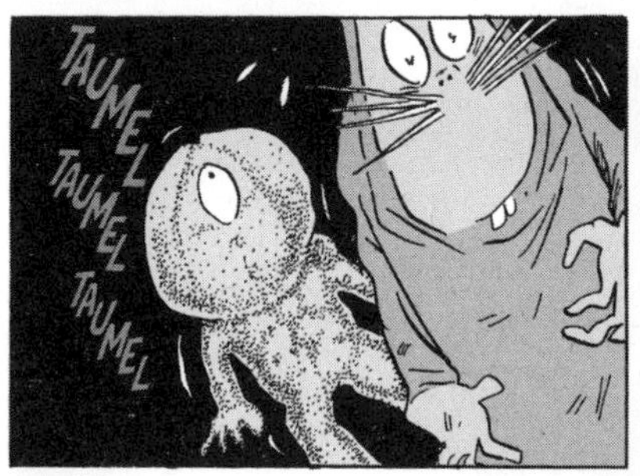
TAUMEL
TAUMEL
TAUMEL
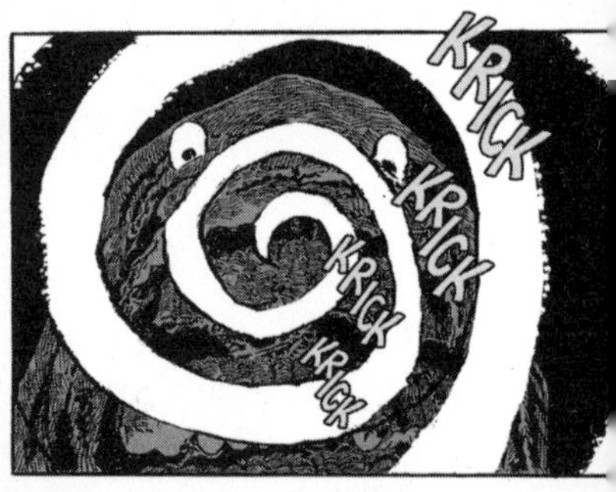
KRICK
KRICK
KRICK
KRICK
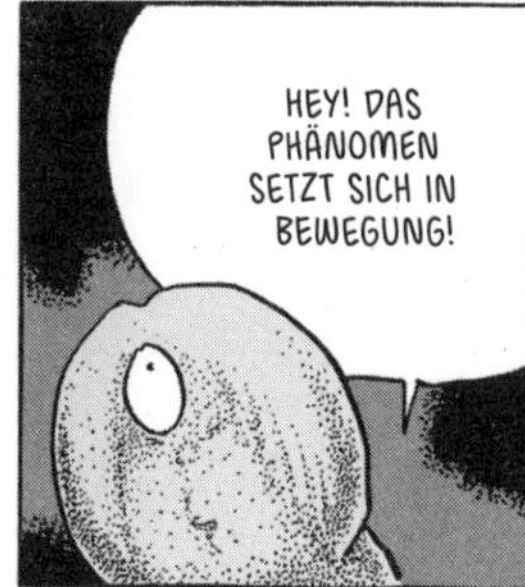
HEY! DAS PHÄNOMEN SETZT SICH IN BEWEGUNG!
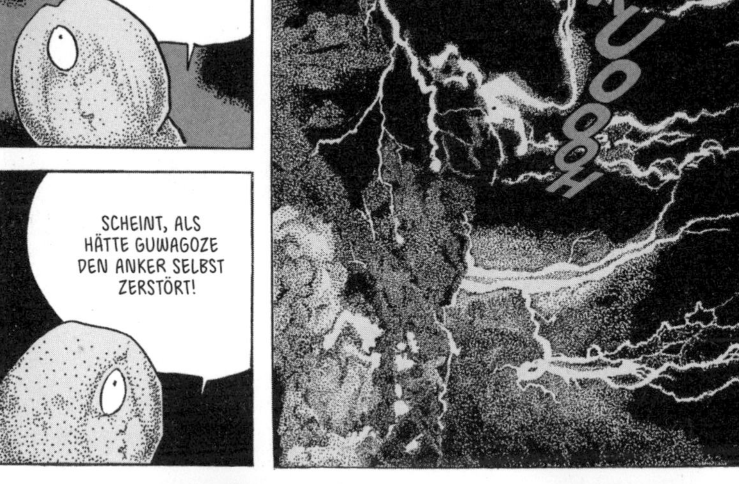
BRUOOOOH
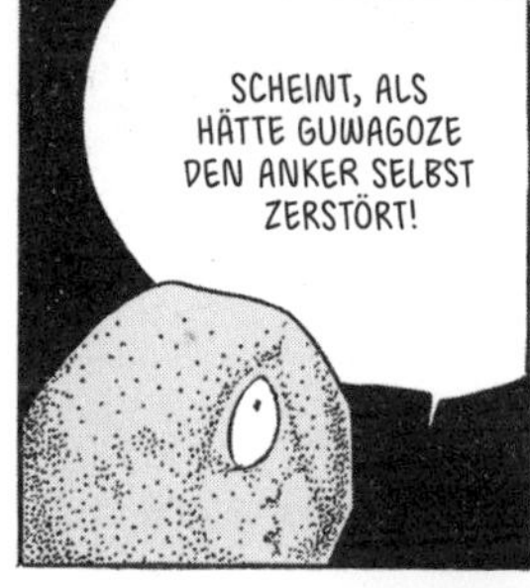
SCHEINT, ALS HÄTTE GUWAGOZE DEN ANKER SELBST ZERSTÖRT!
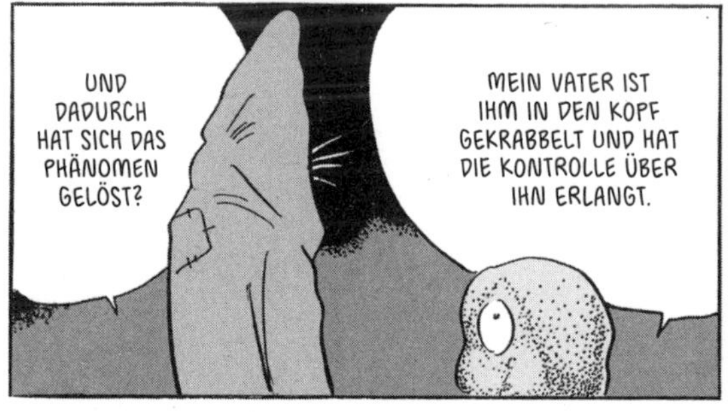
UND DADURCH HAT SICH DAS PHÄNOMEN GELÖST?
MEIN VATER IST IHM IN DEN KOPF GEKRABBELT UND HAT DIE KONTROLLE ÜBER IHN ERLANGT.
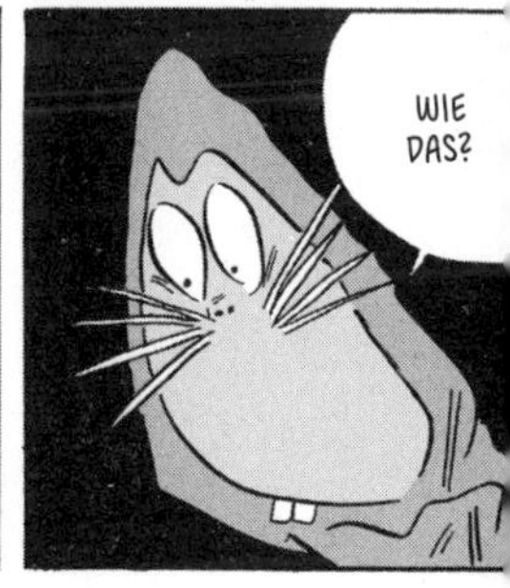
WIE DAS?

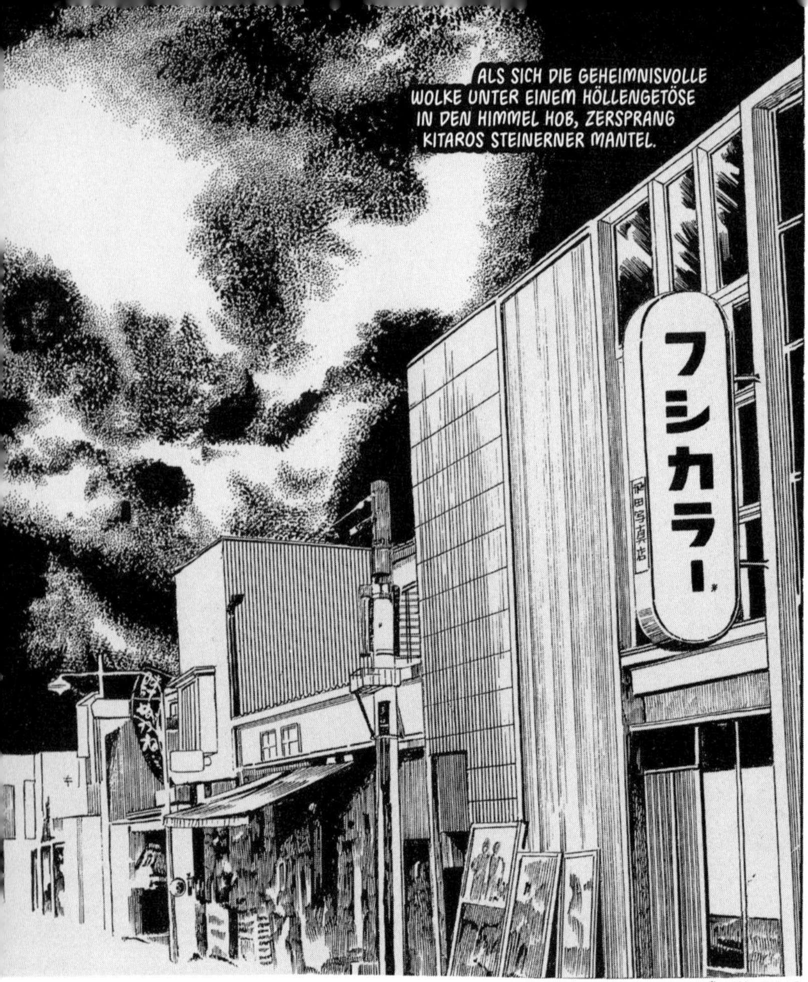

ALS SICH DIE GEHEIMNISVOLLE WOLKE UNTER EINEM HÖLLENGETÖSE IN DEN HIMMEL HOB, ZERSPRANG KITAROS STEINERNER MANTEL.

フシカラー*

* FUSHI COLOR

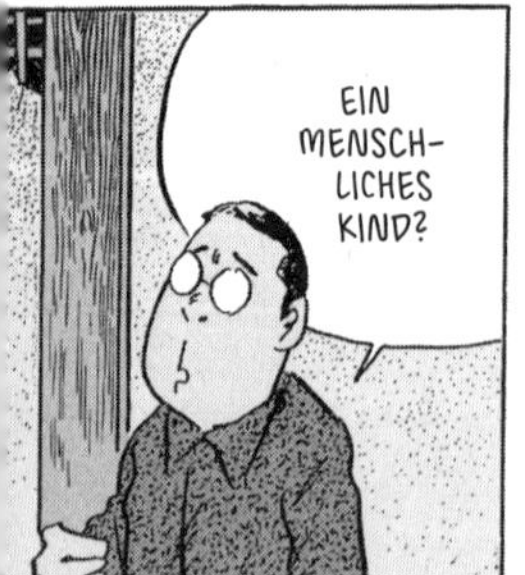

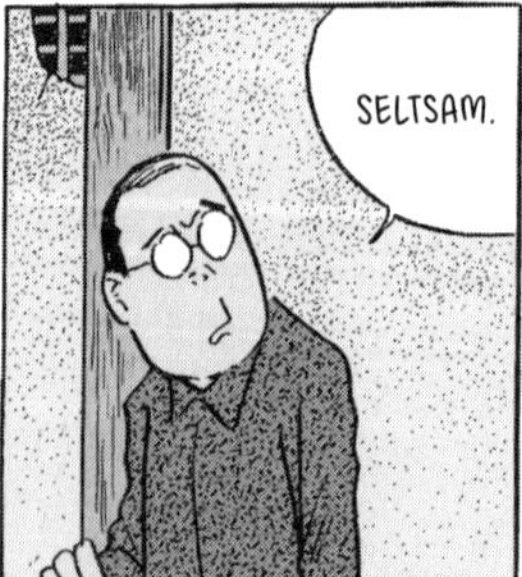

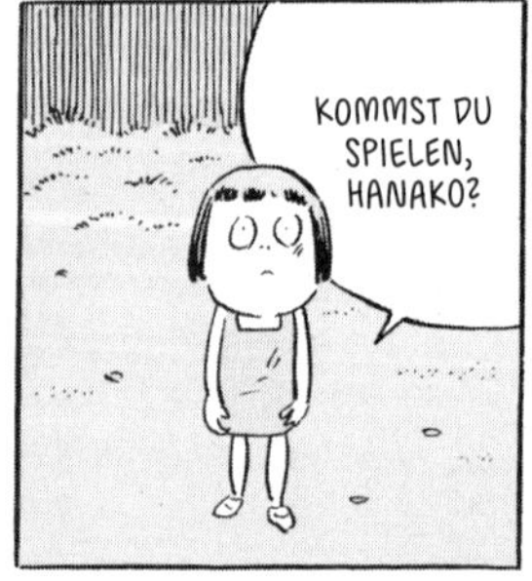

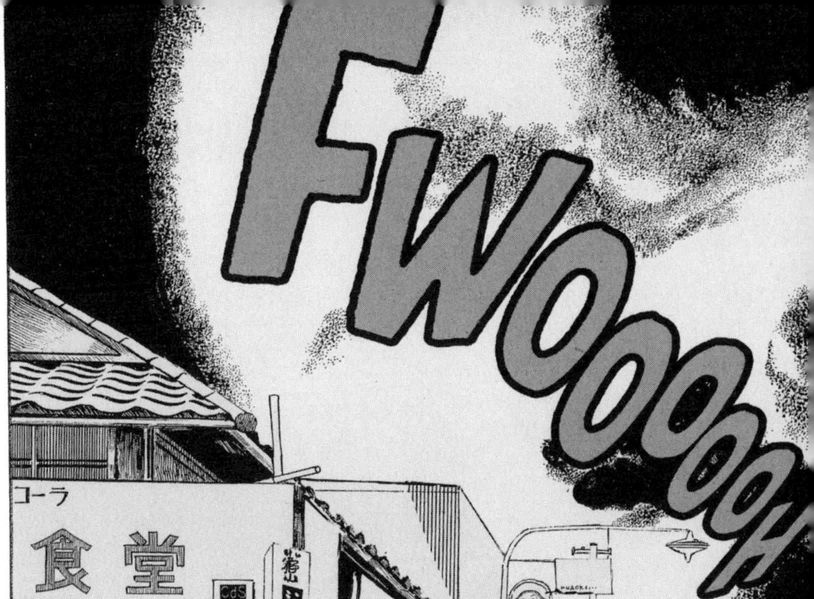

FWOOOOOH

コーラ

食堂

徳田屋*

TEL (571) 4811

徳田屋食堂

十生堂

* RESTAURANT TOKUDA

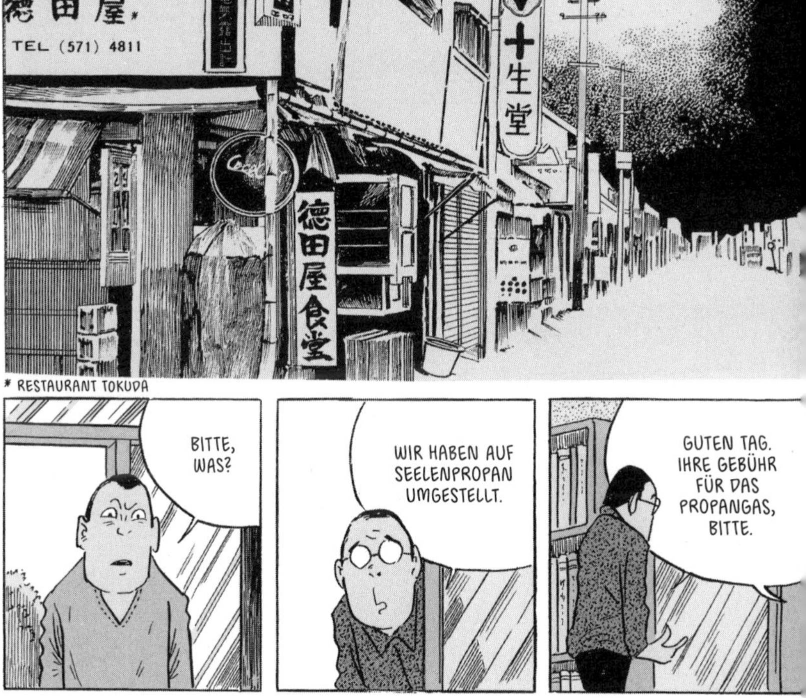

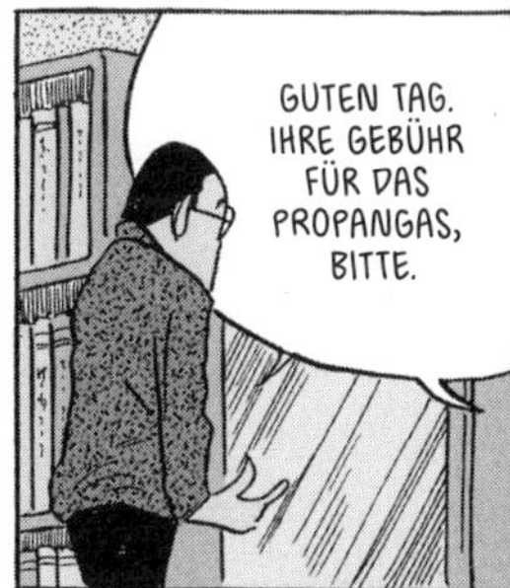

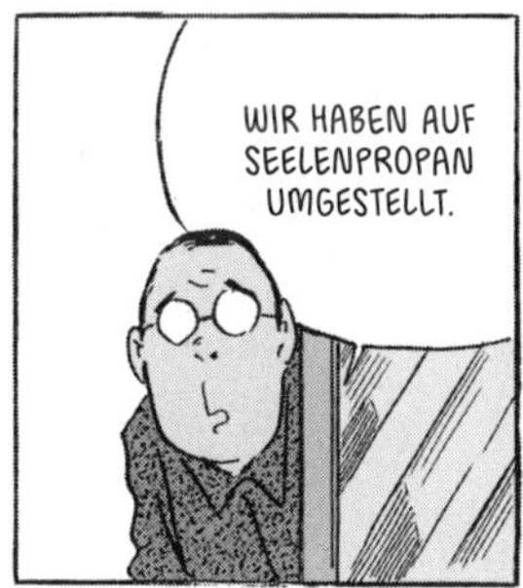

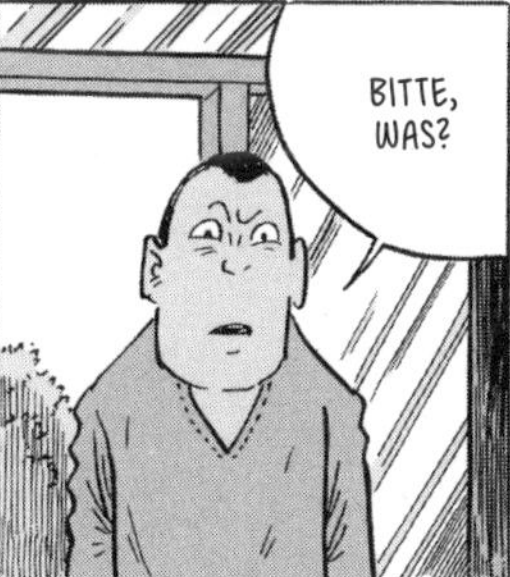

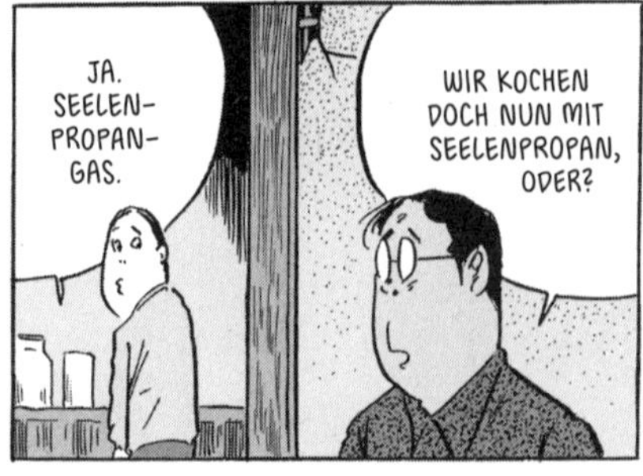
WIR KOCHEN DOCH NUN MIT SEELENPROPAN, ODER?
JA. SEELEN-PROPAN-GAS.

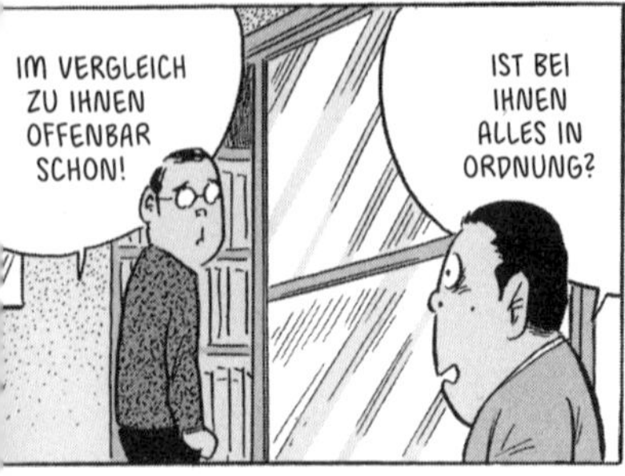
IST BEI IHNEN ALLES IN ORDNUNG?
IM VERGLEICH ZU IHNEN OFFENBAR SCHON!

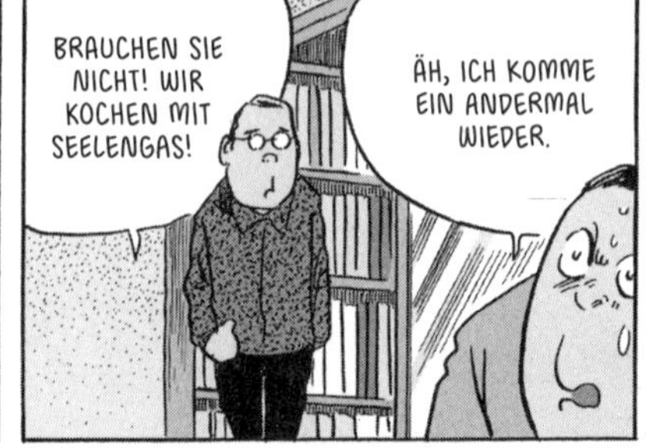
ÄH, ICH KOMME EIN ANDERMAL WIEDER.
BRAUCHEN SIE NICHT! WIR KOCHEN MIT SEELENGAS!

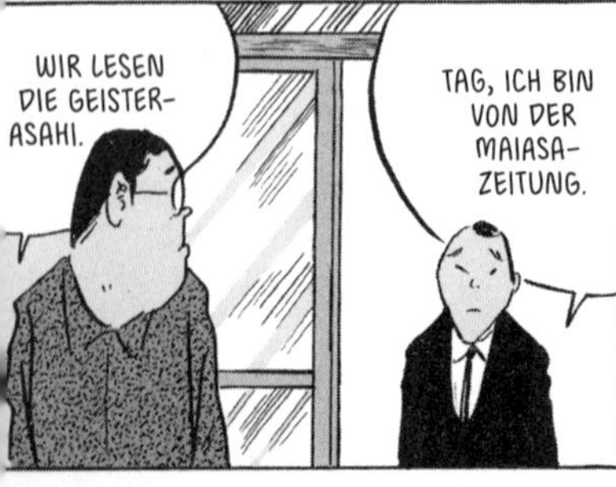
TAG, ICH BIN VON DER MAIASA-ZEITUNG.
WIR LESEN DIE GEISTER-ASAHI.

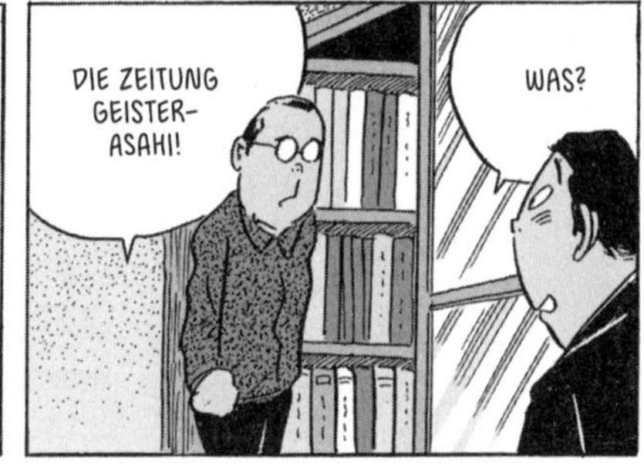
WAS?
DIE ZEITUNG GEISTER-ASAHI!

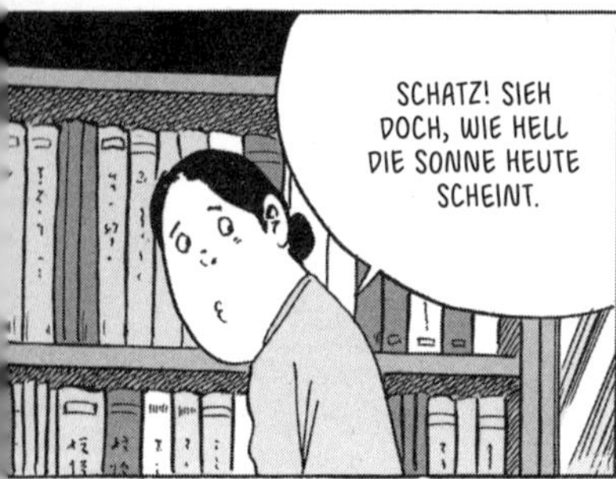
SCHATZ! SIEH DOCH, WIE HELL DIE SONNE HEUTE SCHEINT.

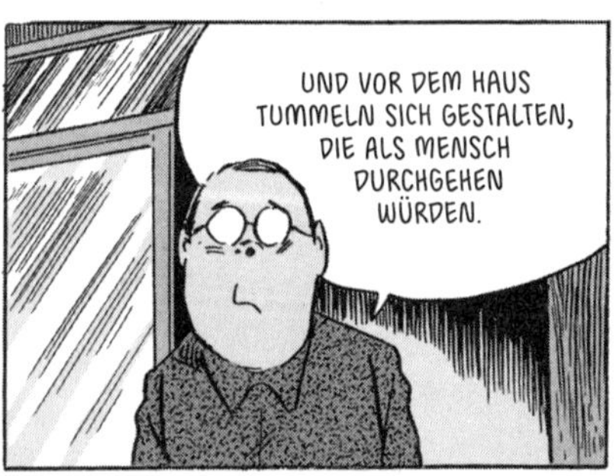
UND VOR DEM HAUS TUMMELN SICH GESTALTEN, DIE ALS MENSCH DURCHGEHEN WÜRDEN.

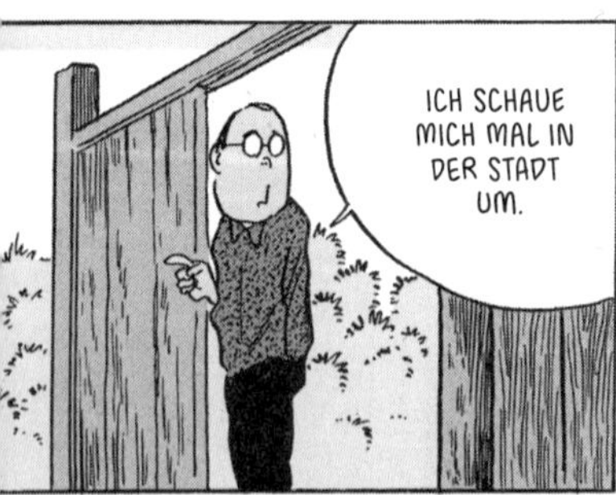
ICH SCHAUE MICH MAL IN DER STADT UM.

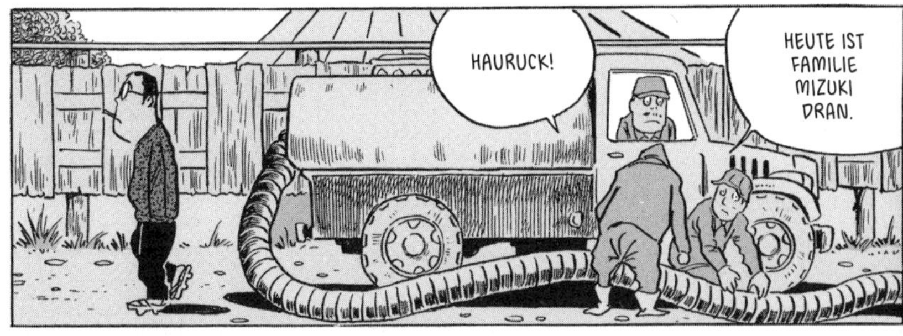

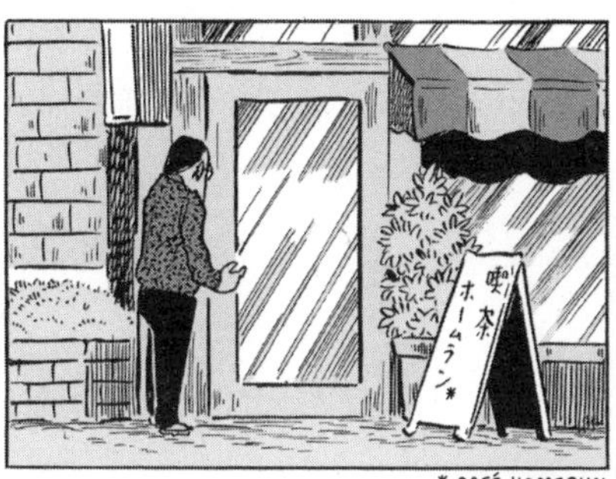

* CAFÉ HOMERUN

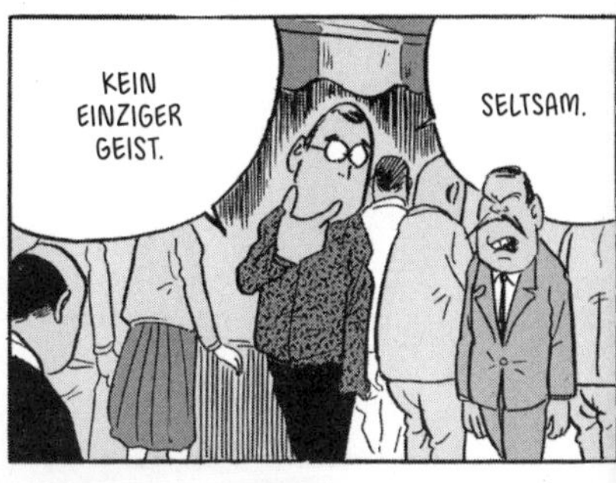

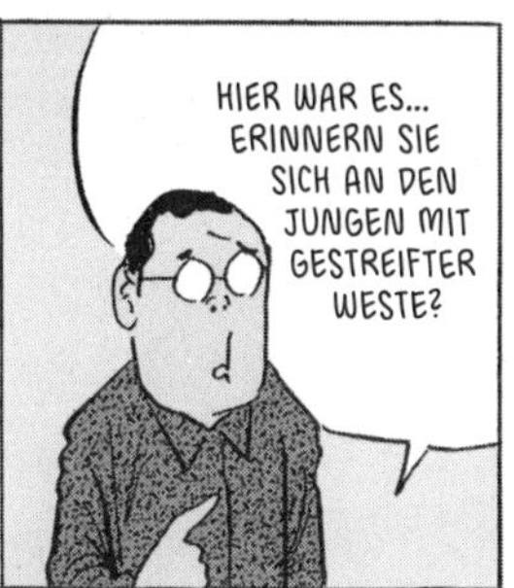

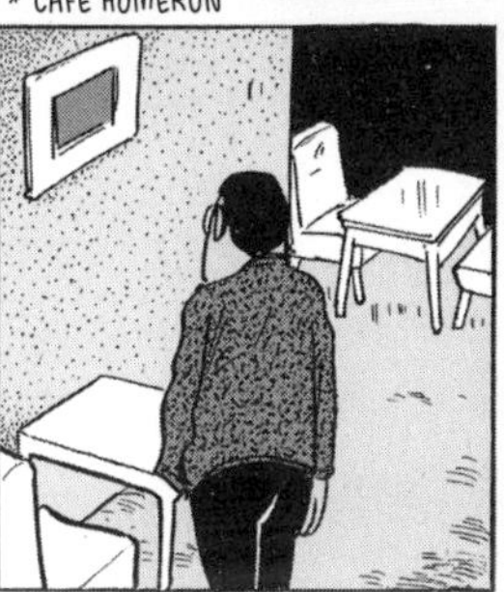

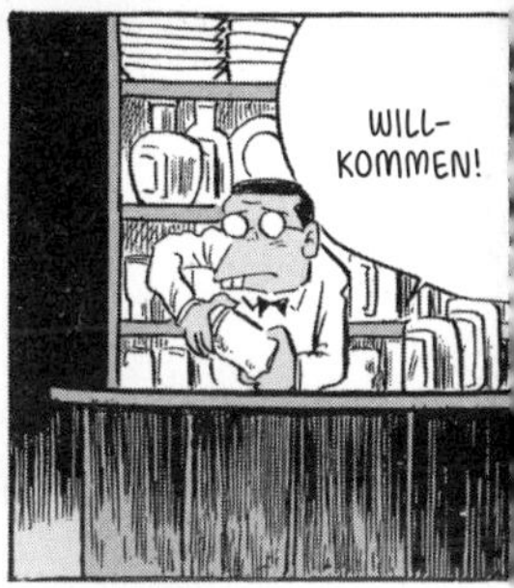

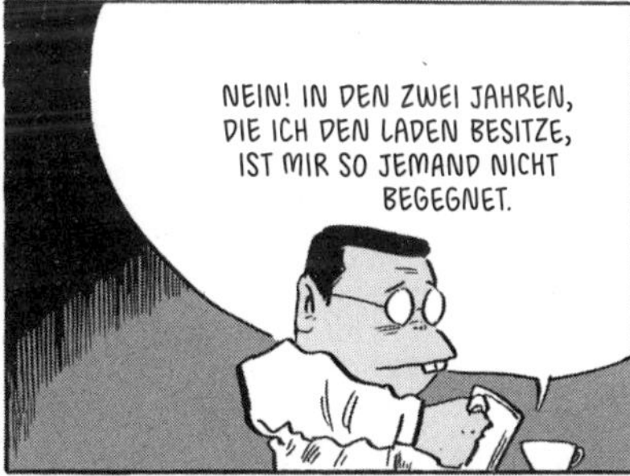

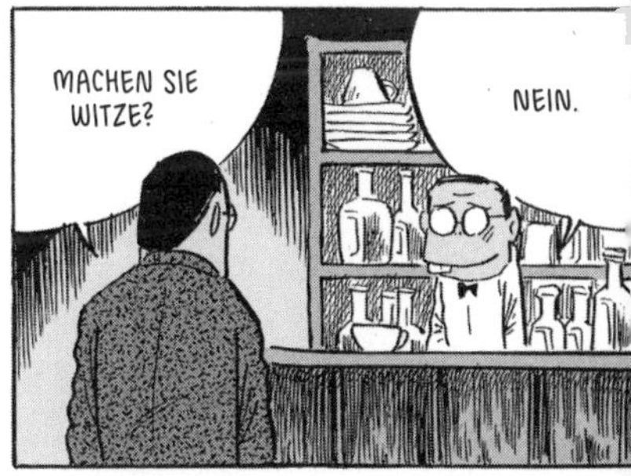

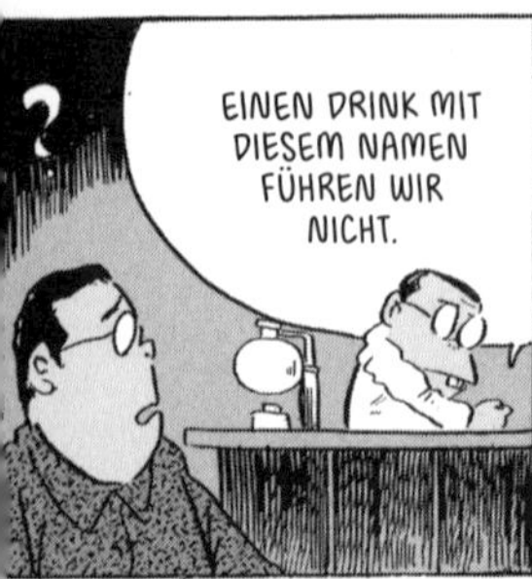

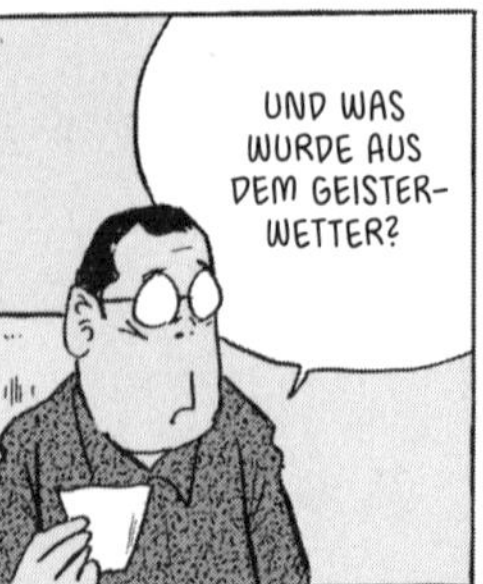

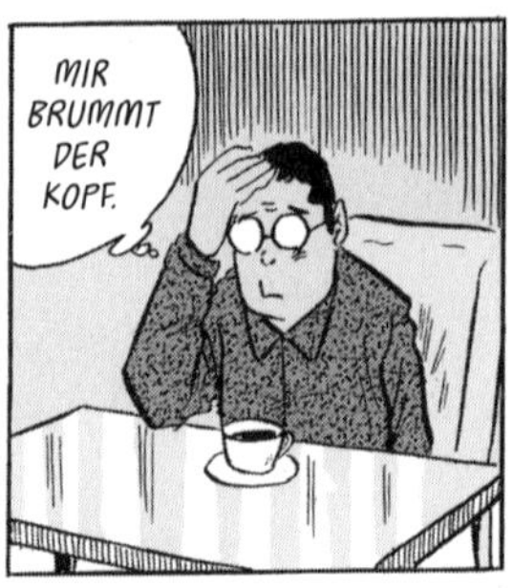

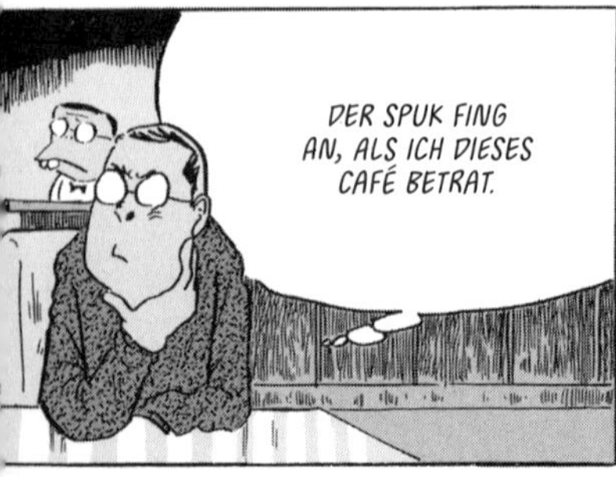

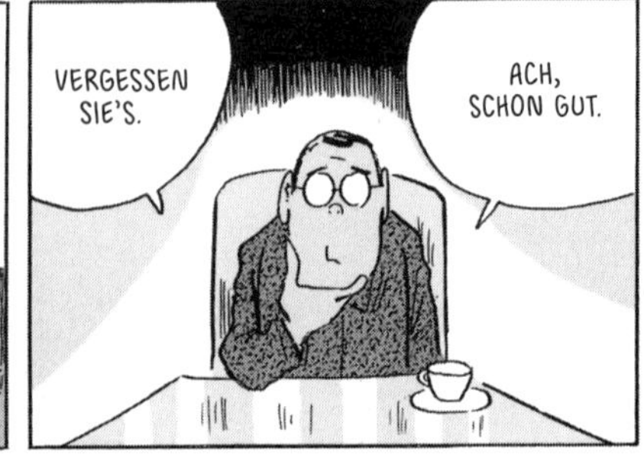

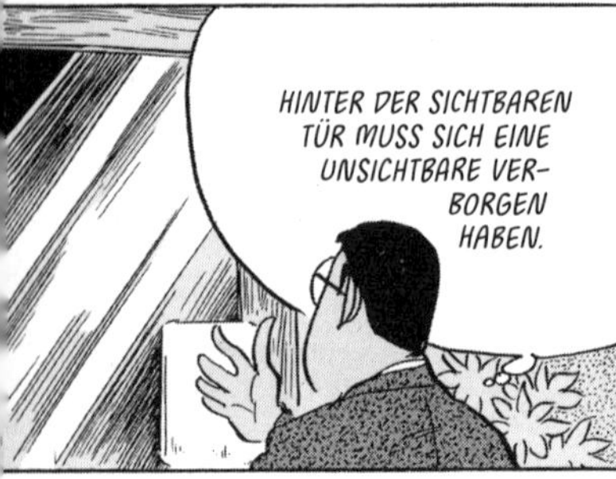

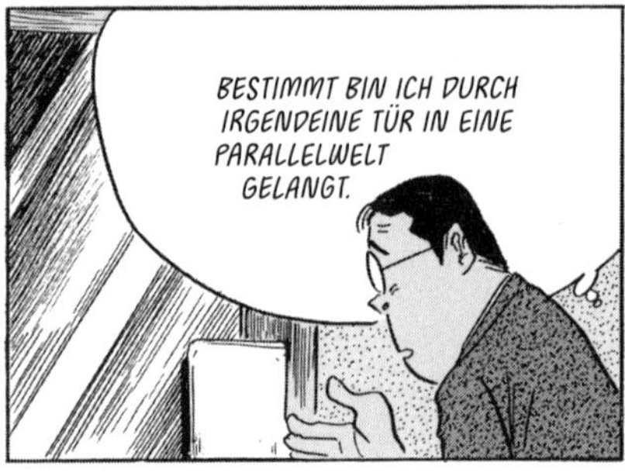

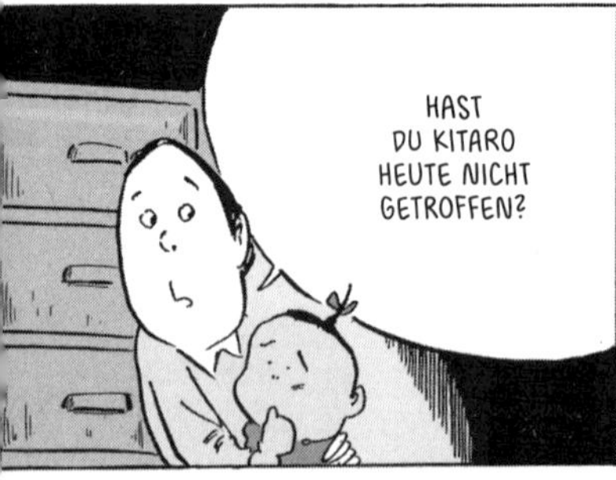

UND HINTER DIESER ACHTLOS GEÖFFNETEN TÜR BEFAND SICH DIE GEISTERWELT. DIESE TÜR IN EINE PARALLELWELT KANN NUR DURCH DAS ZUFÄLLIGE ZUSAMMENSPIEL UNSICHTBARER NATURGESETZE ERKLÄRT WERDEN...

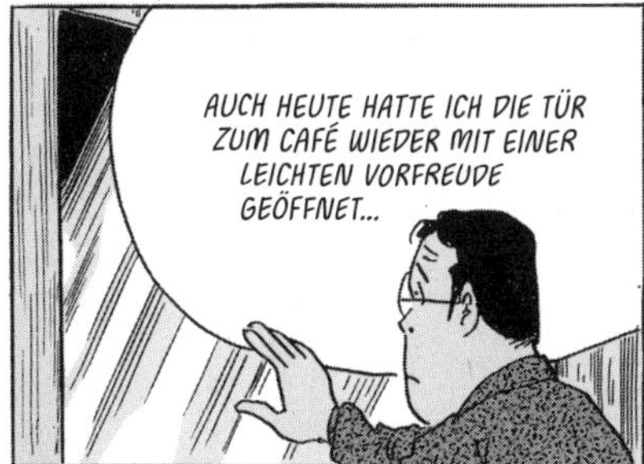

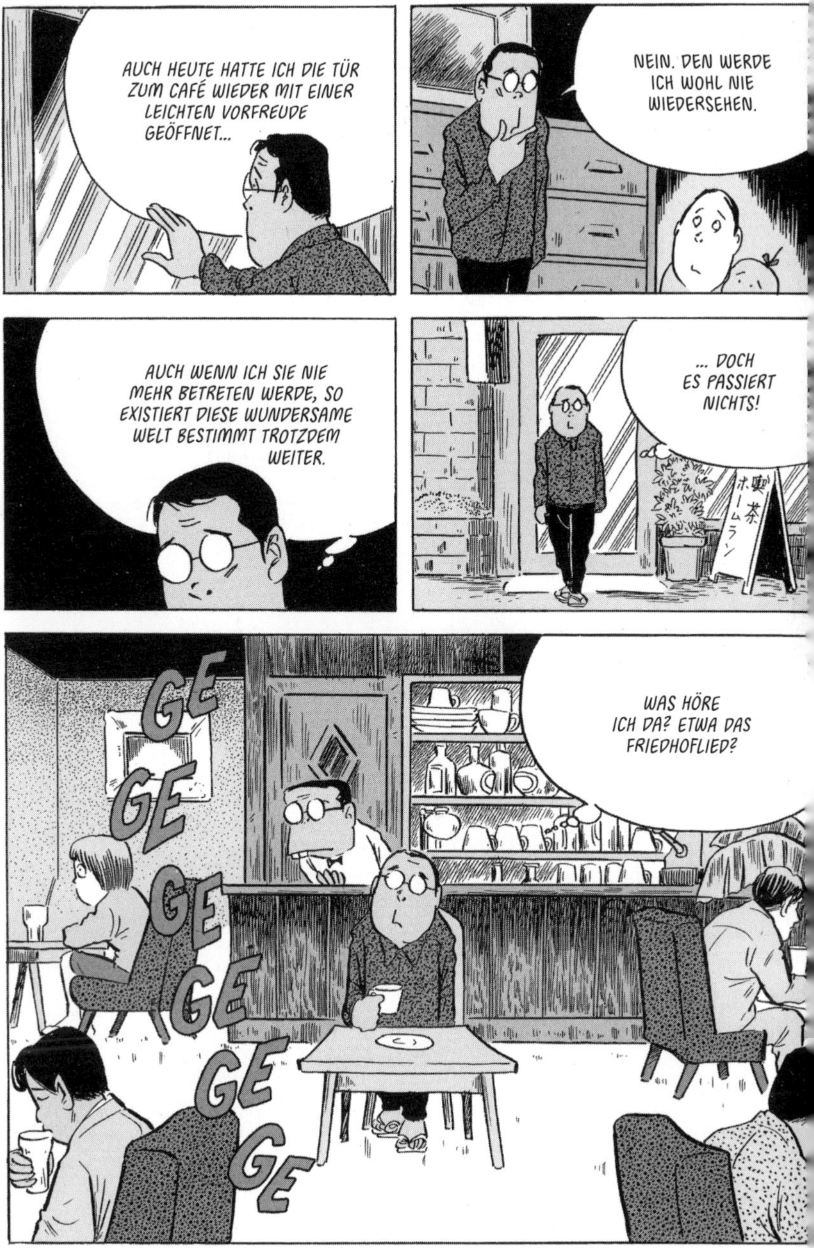

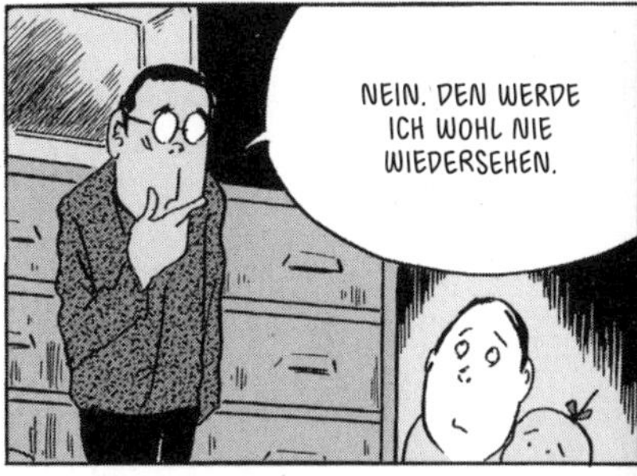

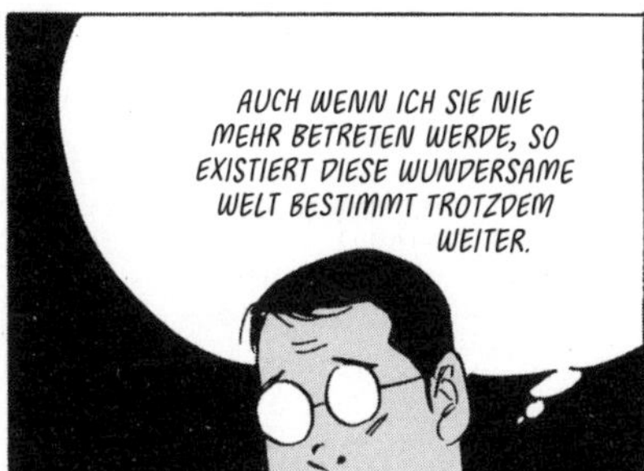

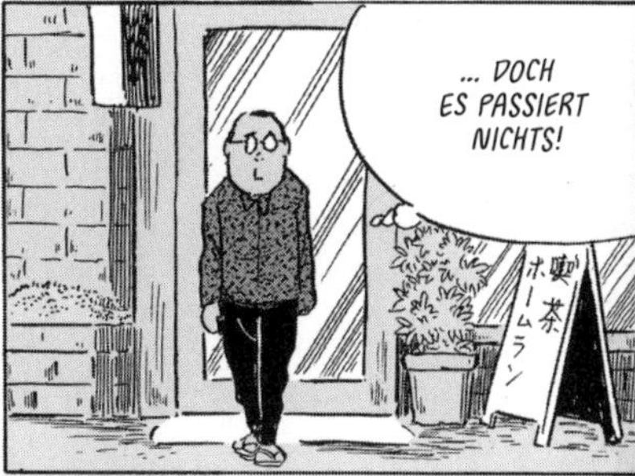

GE GE GE GE GE GE GE

WAS HÖRE ICH DA? ETWA DAS FRIEDHOFLIED?

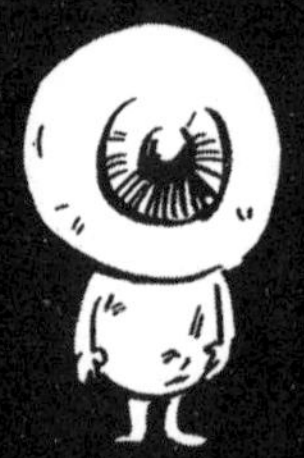

DIE RÜCKLINGS-ERSCHEINUNG

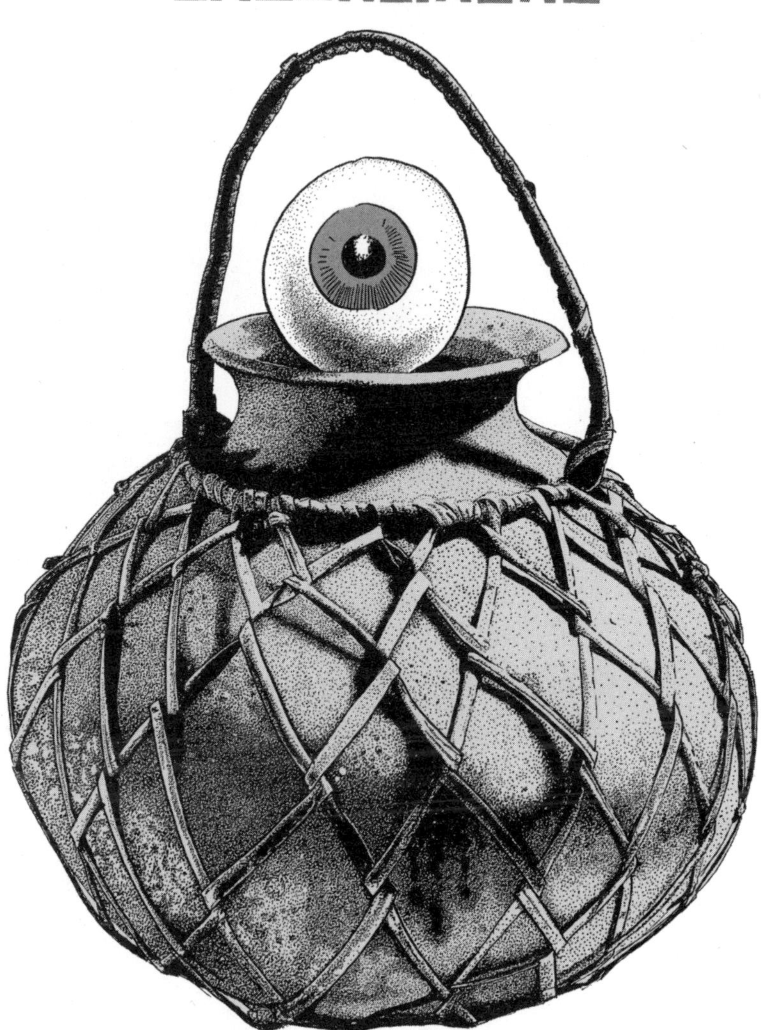

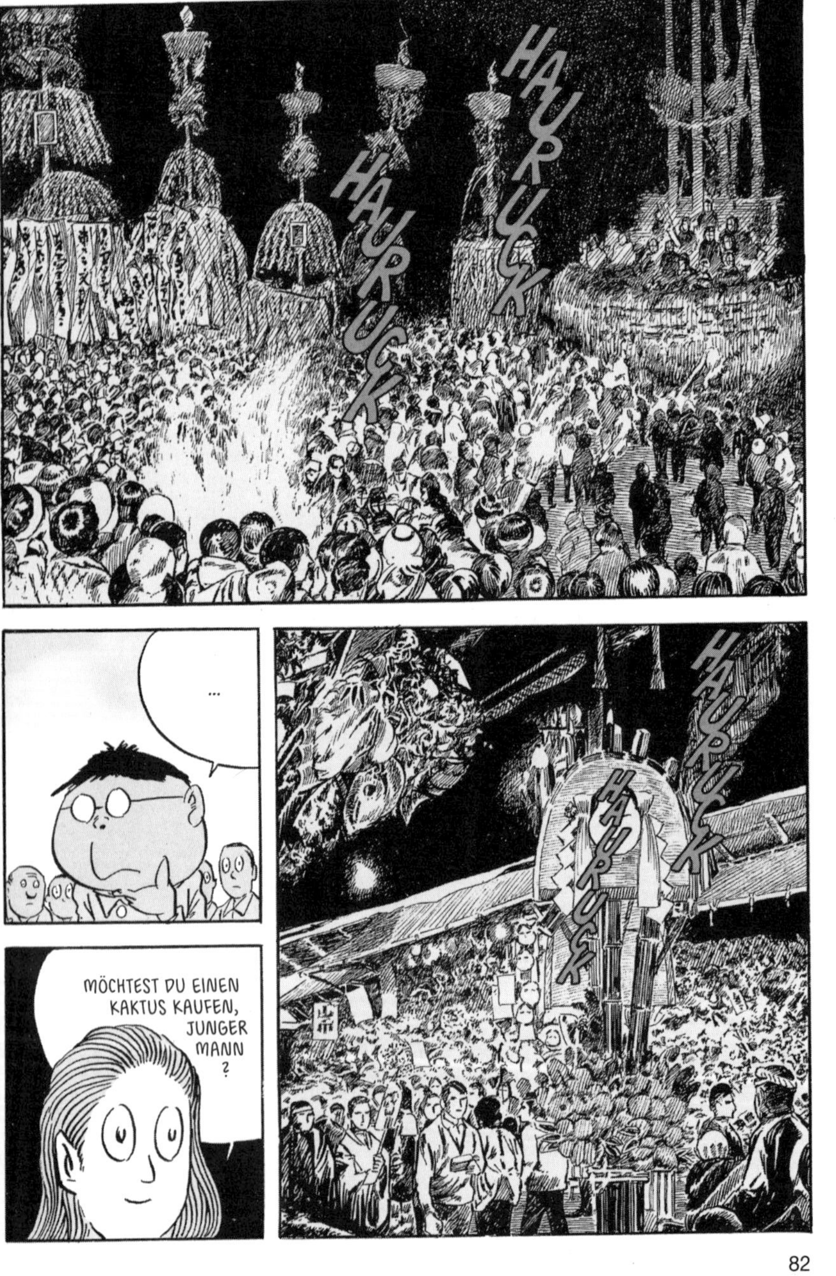

HAURUCK
HAURUCK

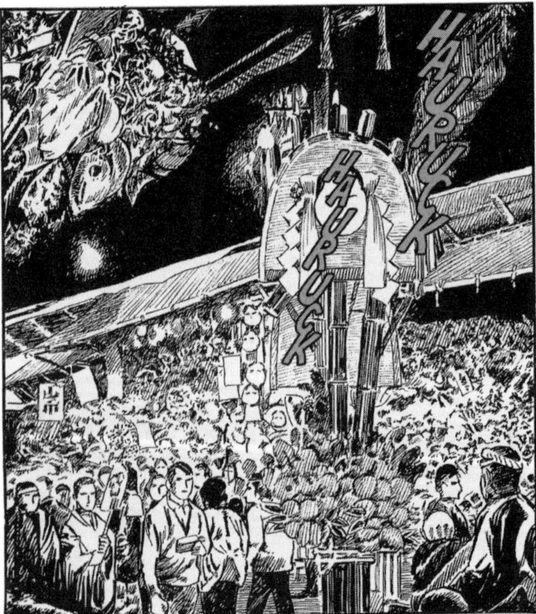

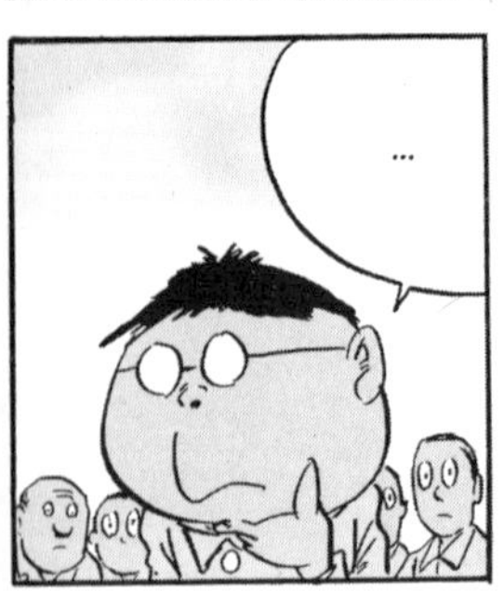

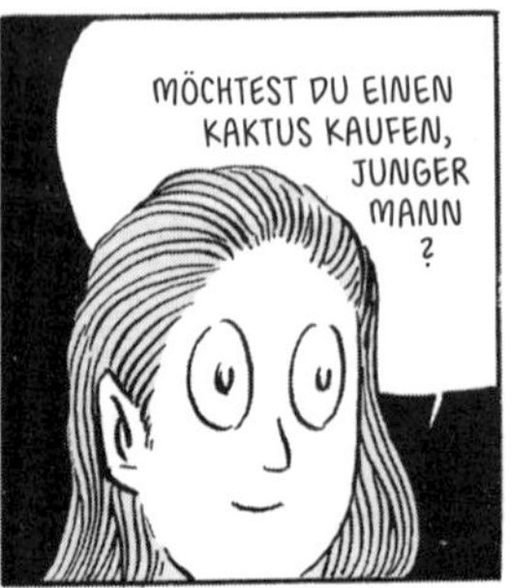

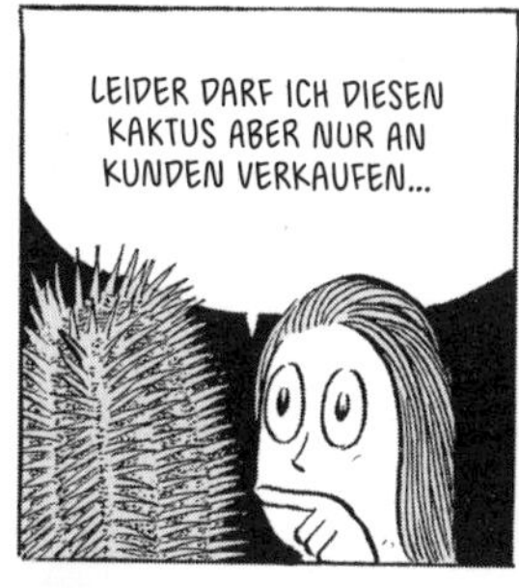
LEIDER DARF ICH DIESEN KAKTUS ABER NUR AN KUNDEN VERKAUFEN...

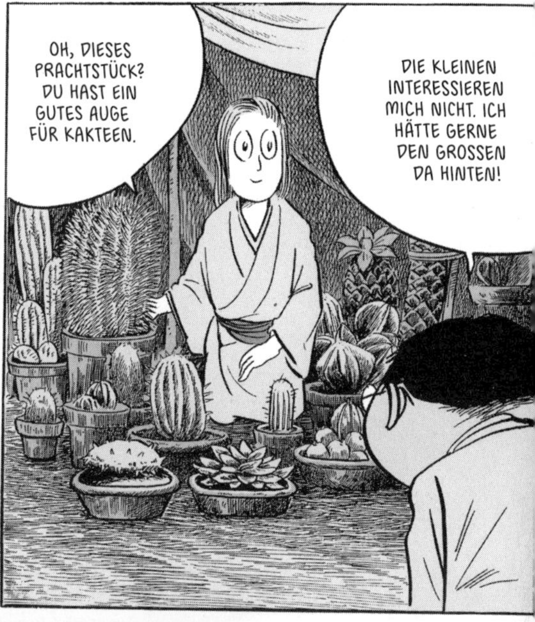
DIE KLEINEN INTERESSIEREN MICH NICHT. ICH HÄTTE GERNE DEN GROSSEN DA HINTEN!
OH, DIESES PRACHTSTÜCK? DU HAST EIN GUTES AUGE FÜR KAKTEEN.

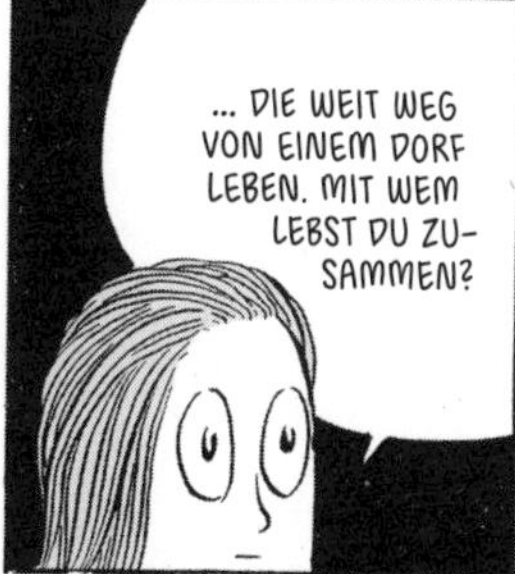
... DIE WEIT WEG VON EINEM DORF LEBEN. MIT WEM LEBST DU ZU-SAMMEN?

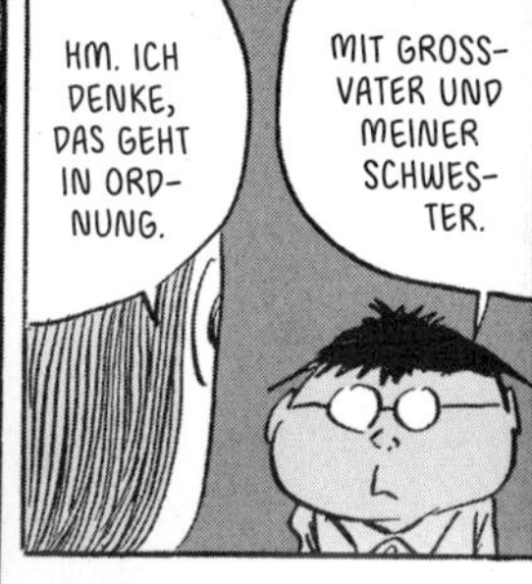
MIT GROSS-VATER UND MEINER SCHWES-TER.
HM. ICH DENKE, DAS GEHT IN ORD-NUNG.

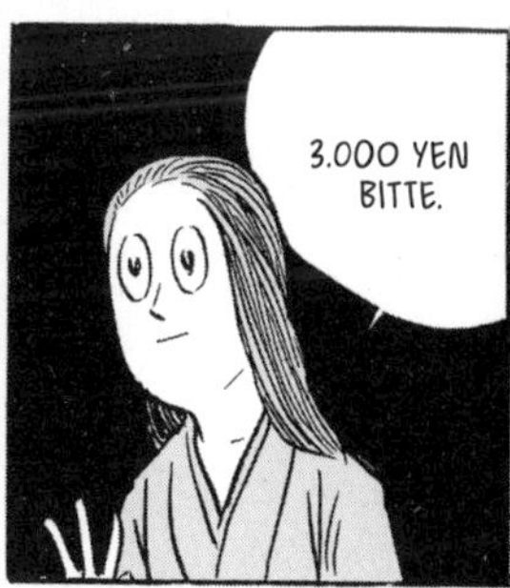
3.000 YEN BITTE.

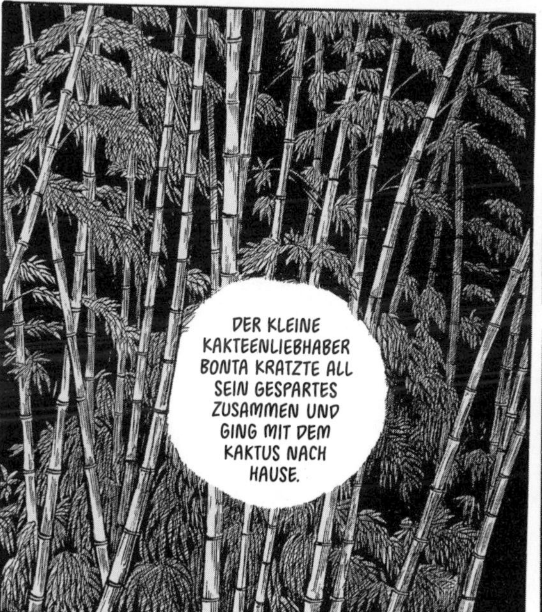
DER KLEINE KAKTEENLIEBHABER BONTA KRATZTE ALL SEIN GESPARTES ZUSAMMEN UND GING MIT DEM KAKTUS NACH HAUSE.

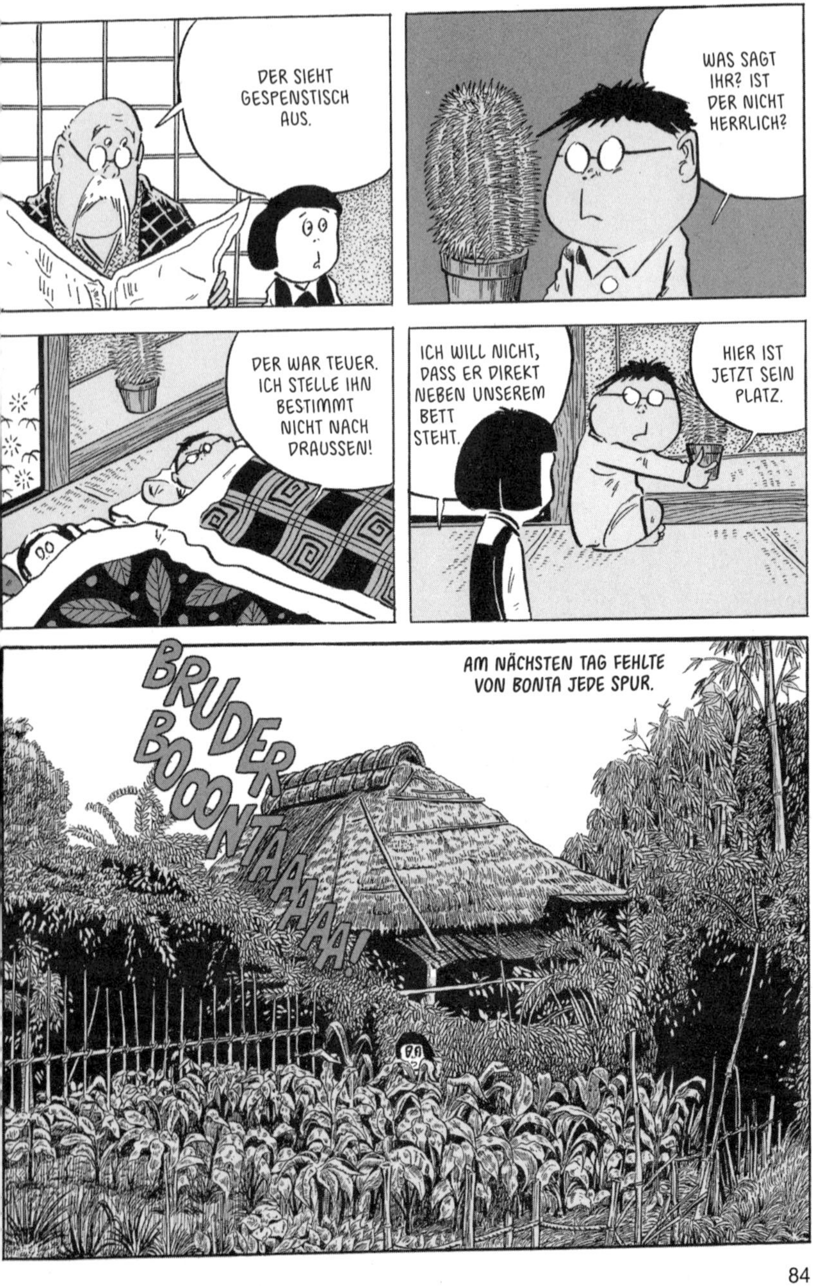

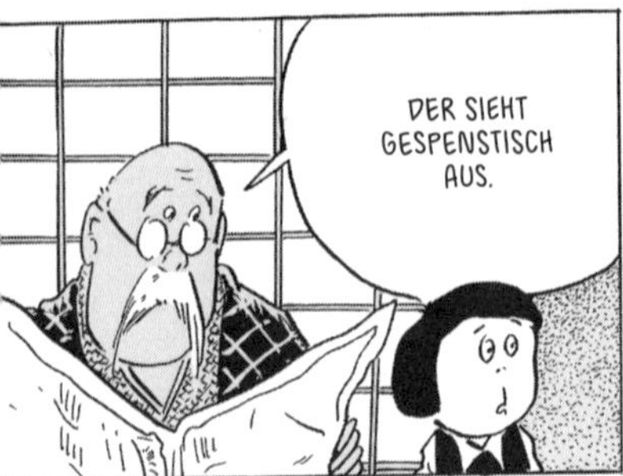
DER SIEHT GESPENSTISCH AUS.

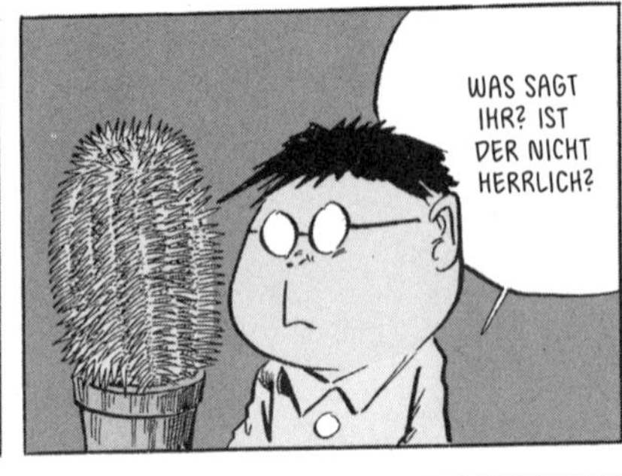
WAS SAGT IHR? IST DER NICHT HERRLICH?

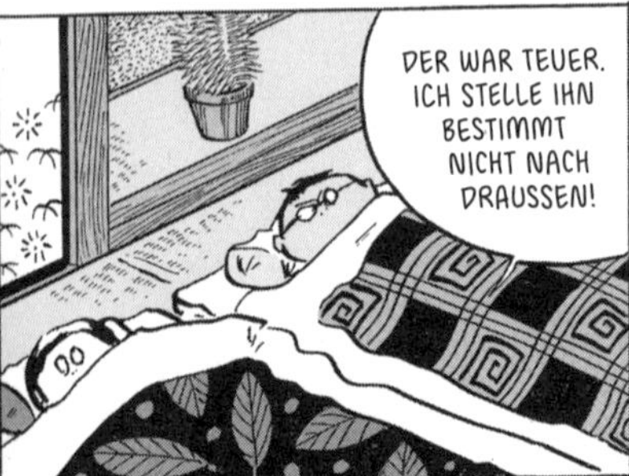
DER WAR TEUER. ICH STELLE IHN BESTIMMT NICHT NACH DRAUSSEN!

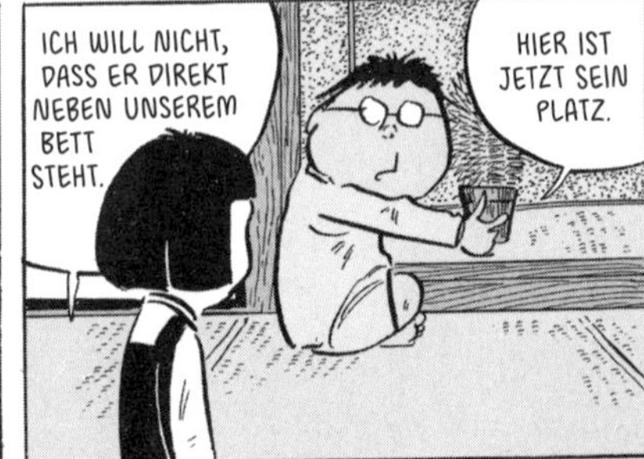
ICH WILL NICHT, DASS ER DIREKT NEBEN UNSEREM BETT STEHT.
HIER IST JETZT SEIN PLATZ.

BRUDER BOOONTAAAAAA!
AM NÄCHSTEN TAG FEHLTE VON BONTA JEDE SPUR.

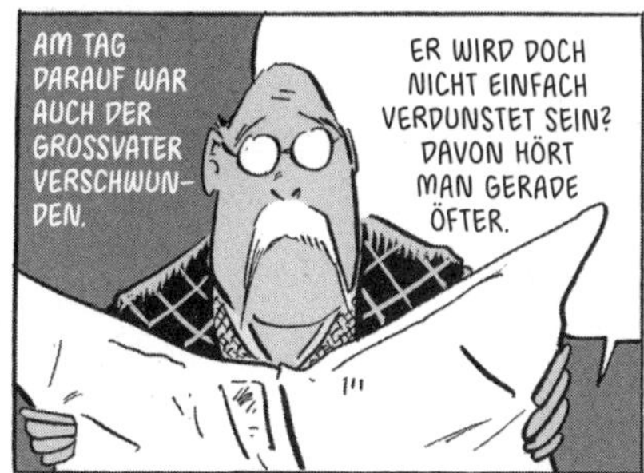
AM TAG DARAUF WAR AUCH DER GROSSVATER VERSCHWUNDEN.
ER WIRD DOCH NICHT EINFACH VERDUNSTET SEIN? DAVON HÖRT MAN GERADE ÖFTER.

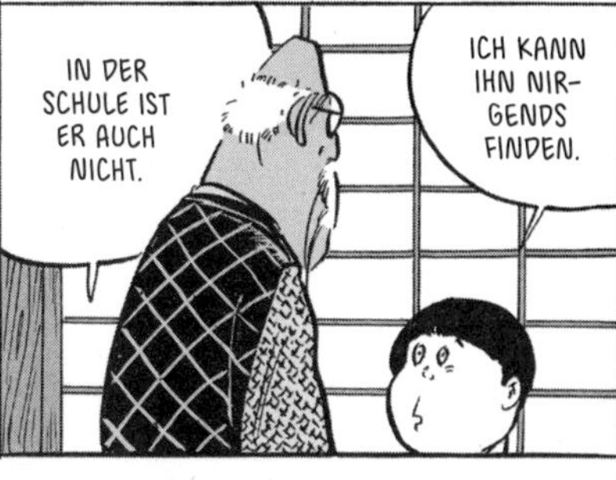
ICH KANN IHN NIRGENDS FINDEN.
IN DER SCHULE IST ER AUCH NICHT.

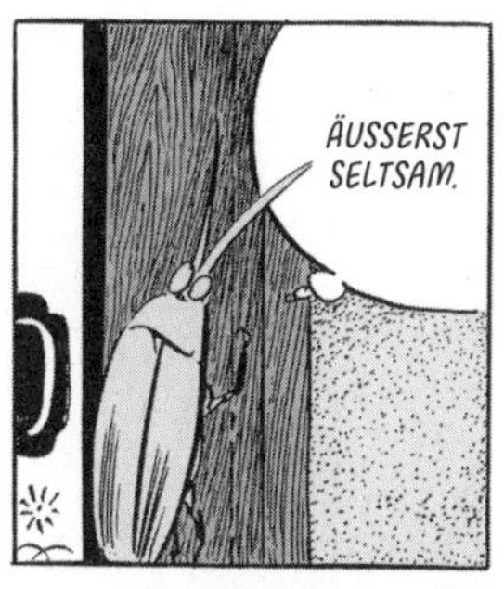
ÄUSSERST SELTSAM.

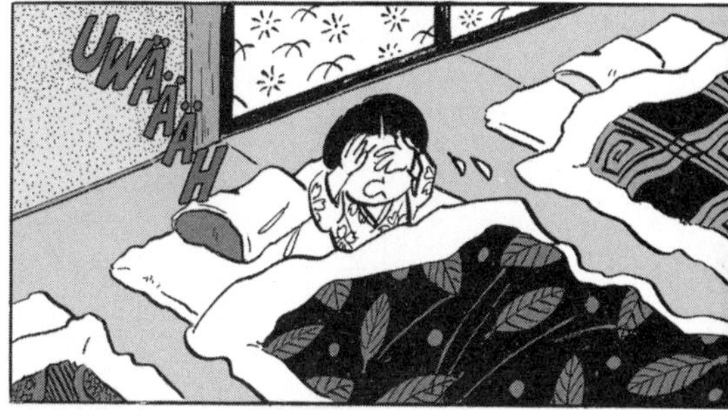
UWÄÄÄH

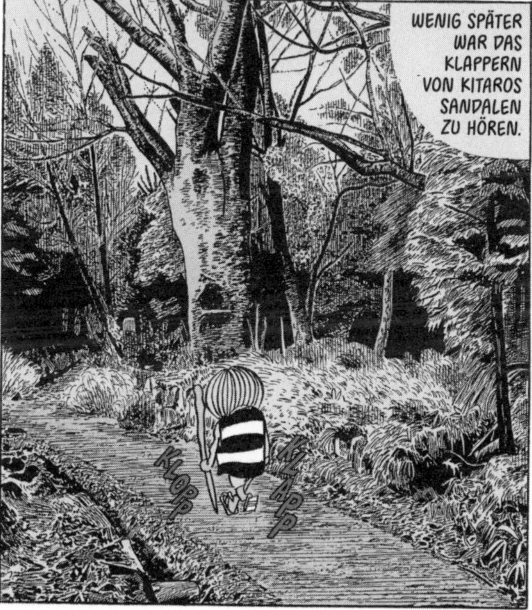
WENIG SPÄTER WAR DAS KLAPPERN VON KITAROS SANDALEN ZU HÖREN.
KLAPP
KLOPP

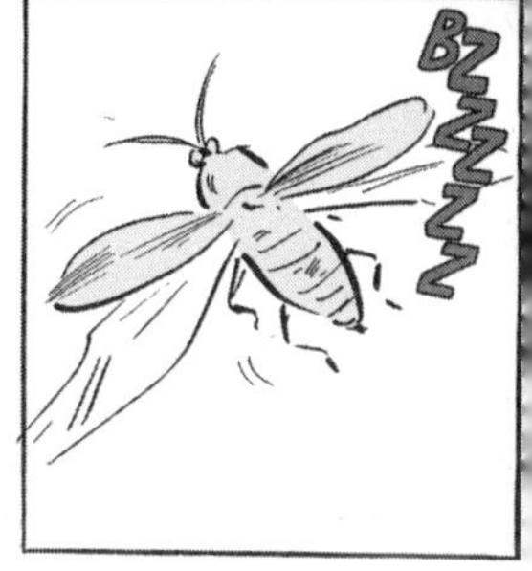
BZZZZZ

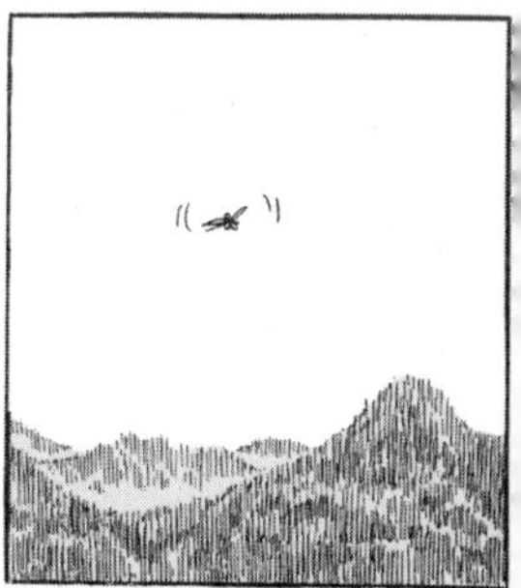

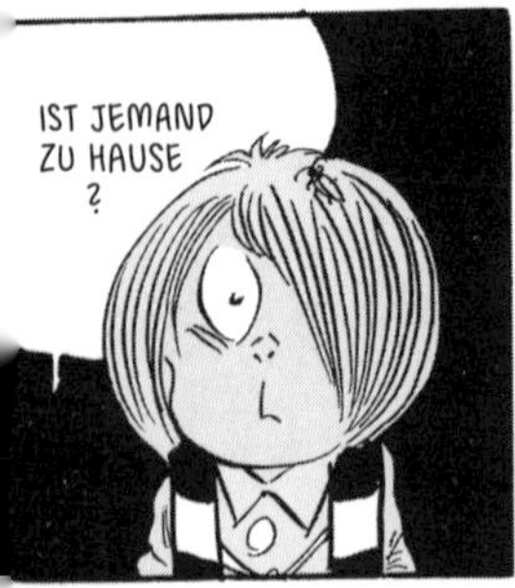
IST JEMAND ZU HAUSE ?
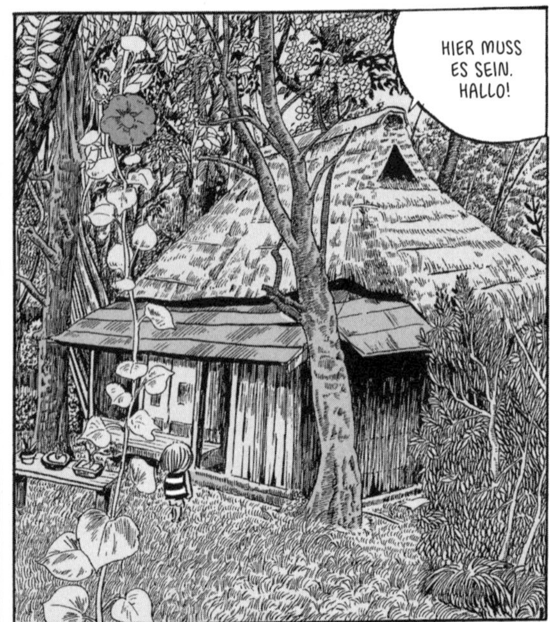
HIER MUSS ES SEIN. HALLO!
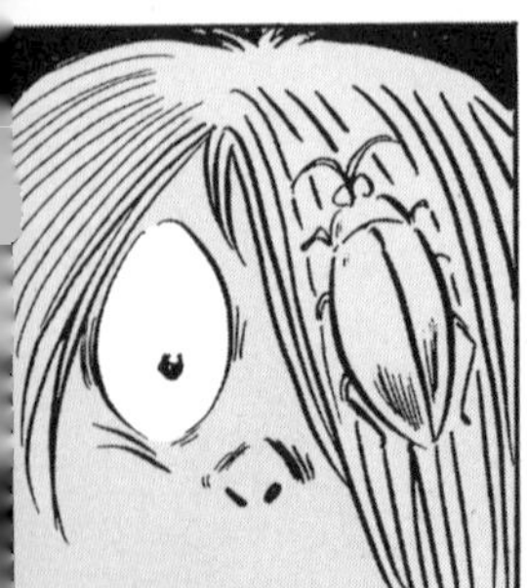
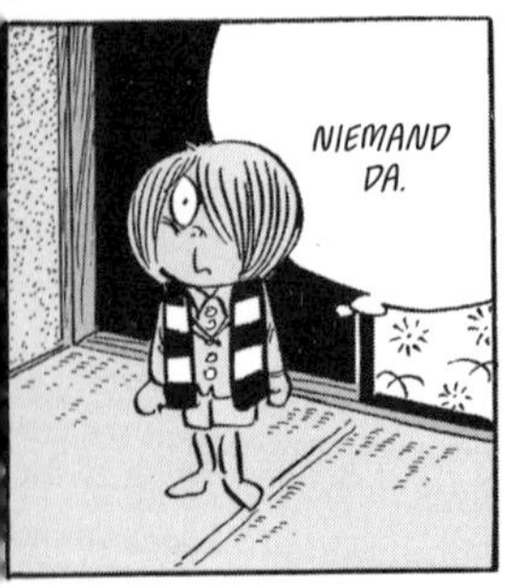
NIEMAND DA.
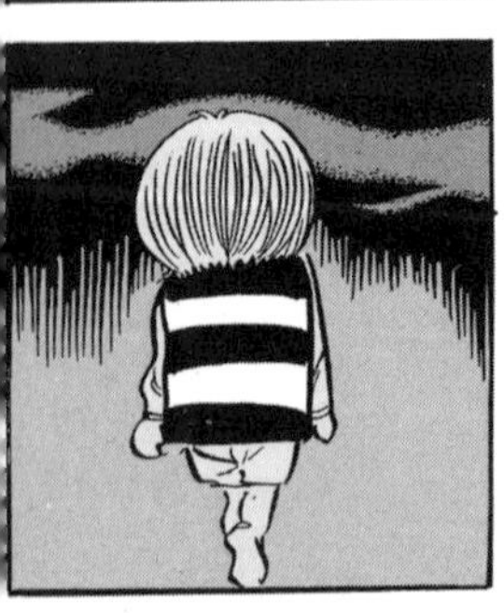
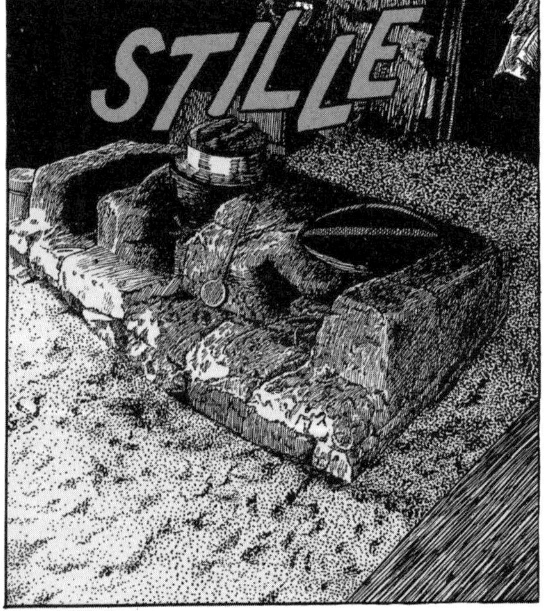
STILLE

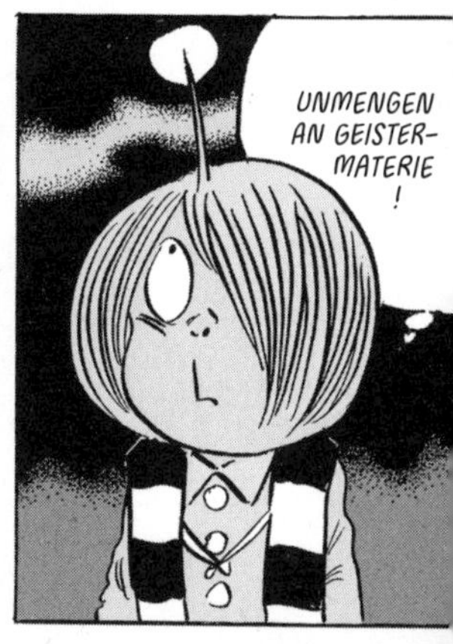
UNMENGEN AN GEISTER-MATERIE !

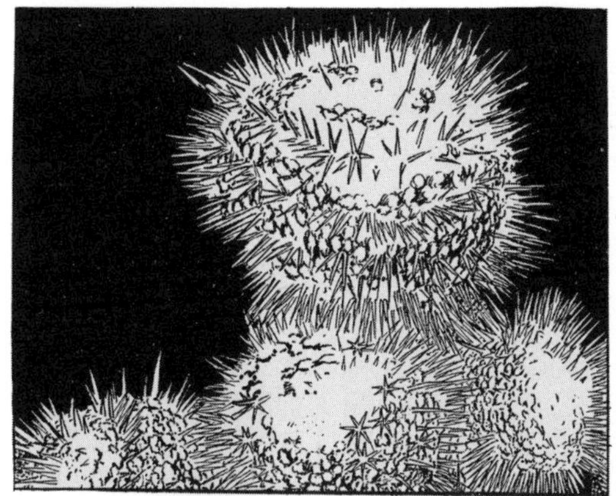

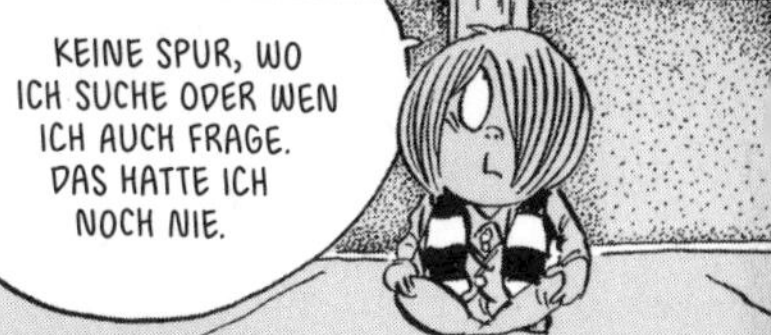
KEINE SPUR, WO ICH SUCHE ODER WEN ICH AUCH FRAGE. DAS HATTE ICH NOCH NIE.

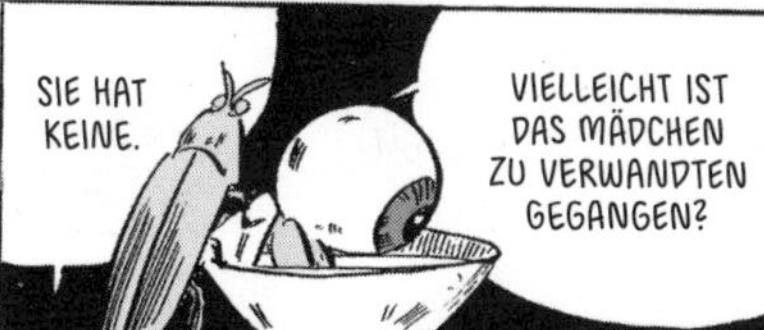
VIELLEICHT IST DAS MÄDCHEN ZU VERWANDTEN GEGANGEN?
SIE HAT KEINE.

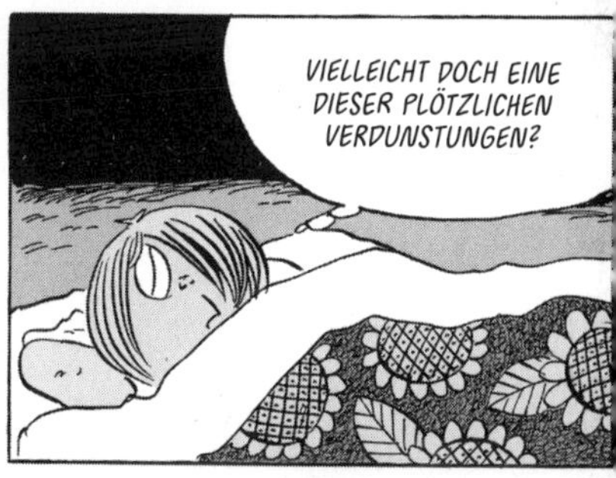
VIELLEICHT DOCH EINE DIESER PLÖTZLICHEN VERDUNSTUNGEN?

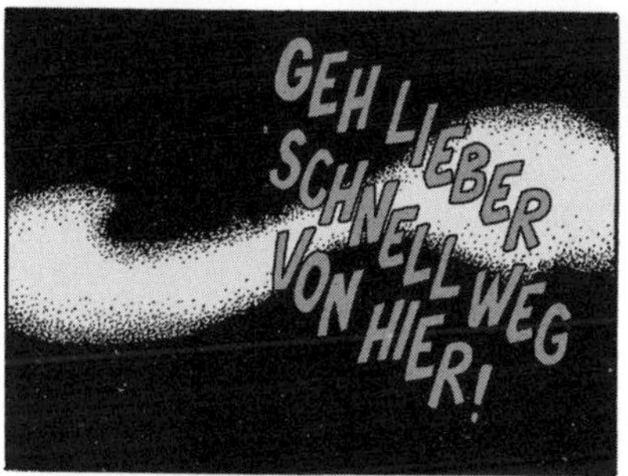
GEH LIEBER SCHNELL WEG VON HIER!

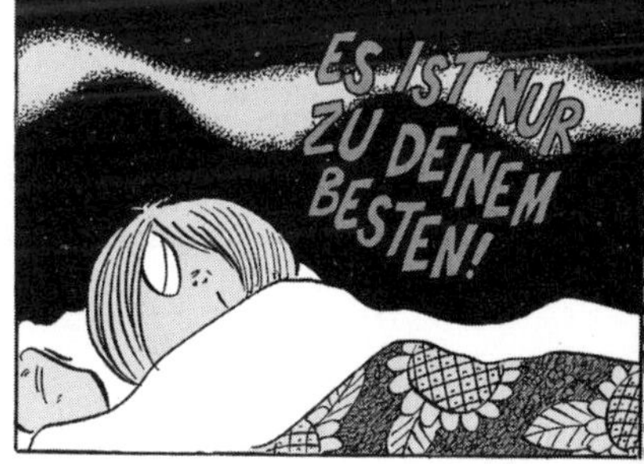
ES IST NUR ZU DEINEM BESTEN!

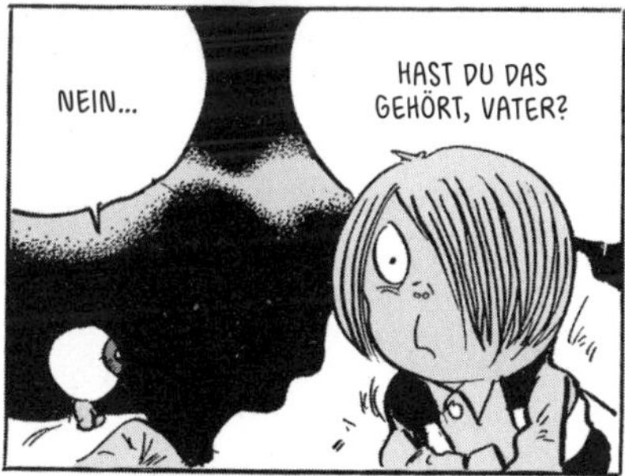
HAST DU DAS GEHÖRT, VATER?
NEIN...

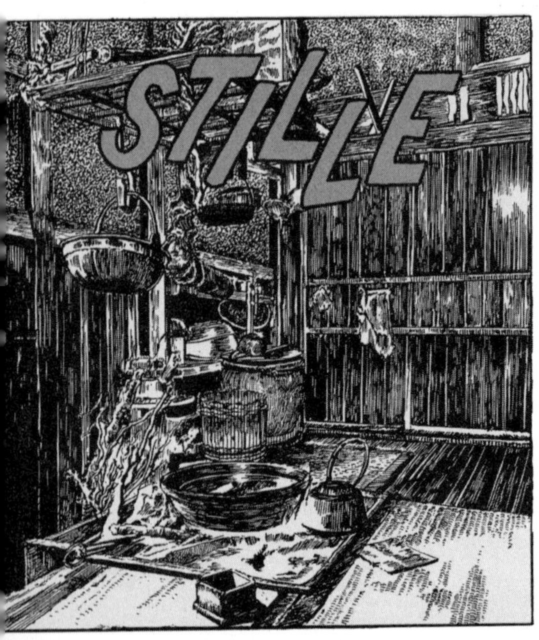
STILLE

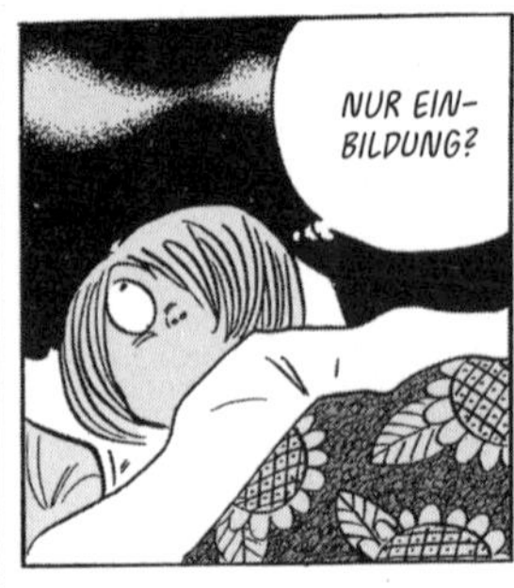
NUR EIN-
BILDUNG?

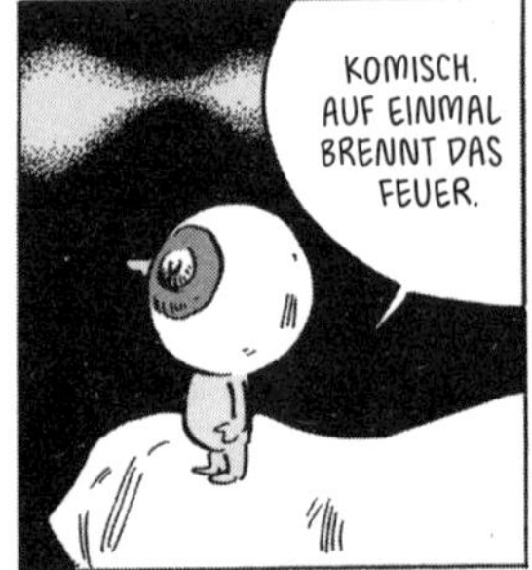
KOMISCH.
AUF EINMAL
BRENNT DAS
FEUER.

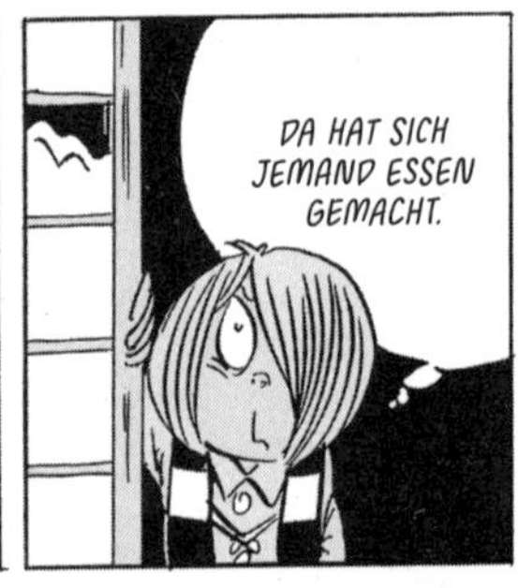
DA HAT SICH
JEMAND ESSEN
GEMACHT.

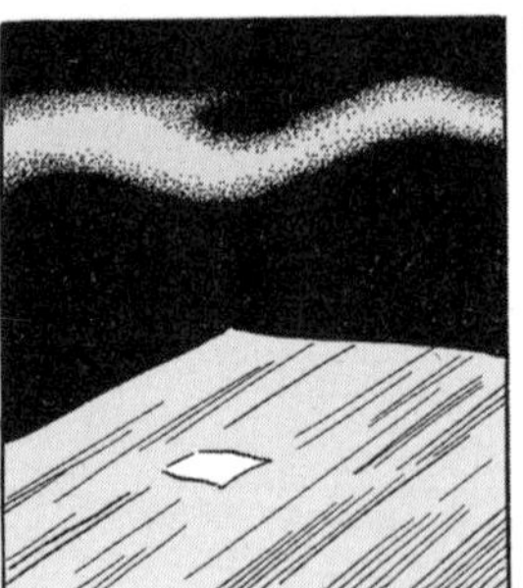

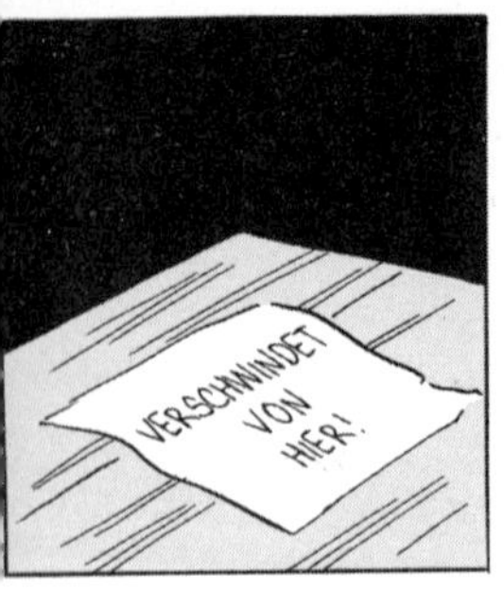
VERSCHWINDET
VON
HIER!

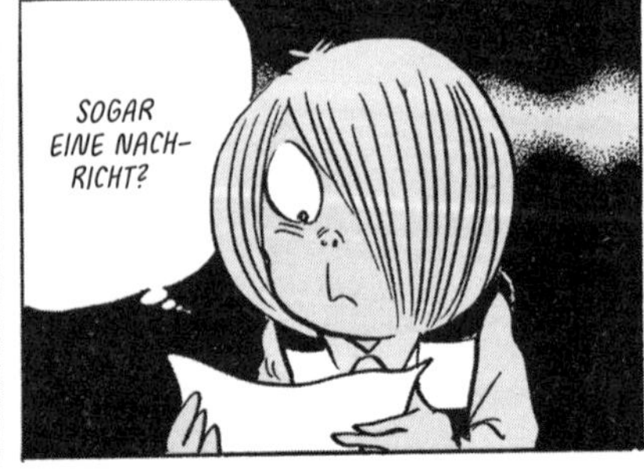
SOGAR
EINE NACH-
RICHT?

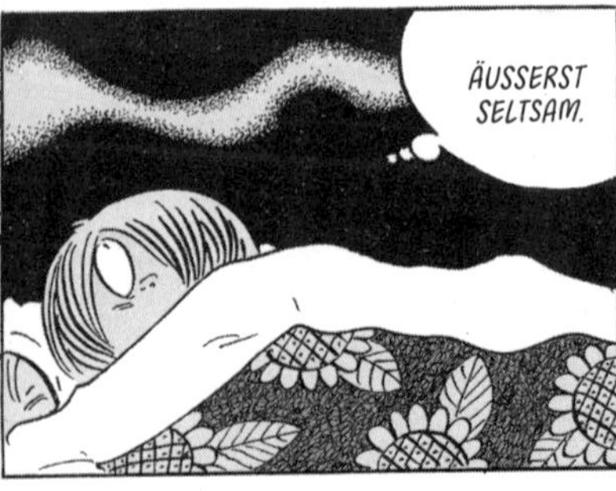
ÄUSSERST
SELTSAM.

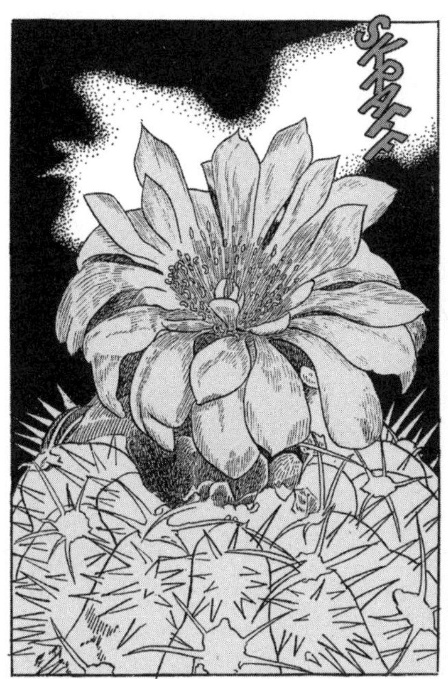
SKOAFF
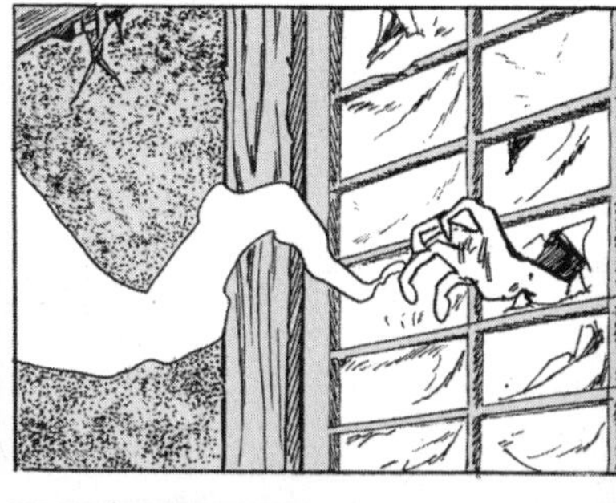
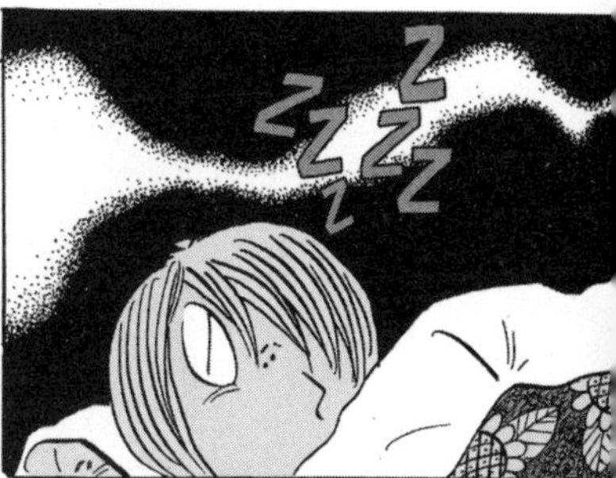
ZZZZZZ
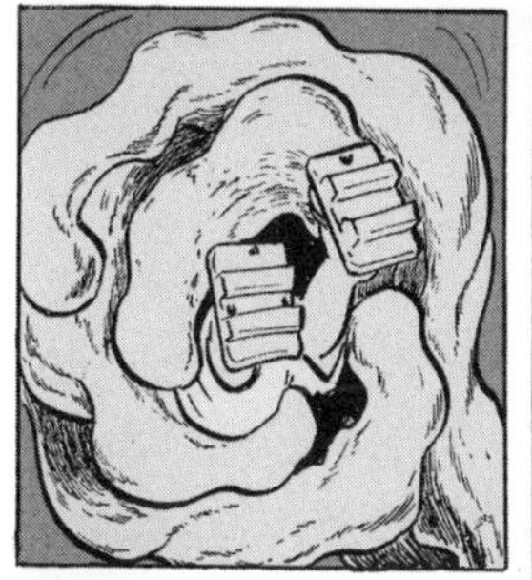
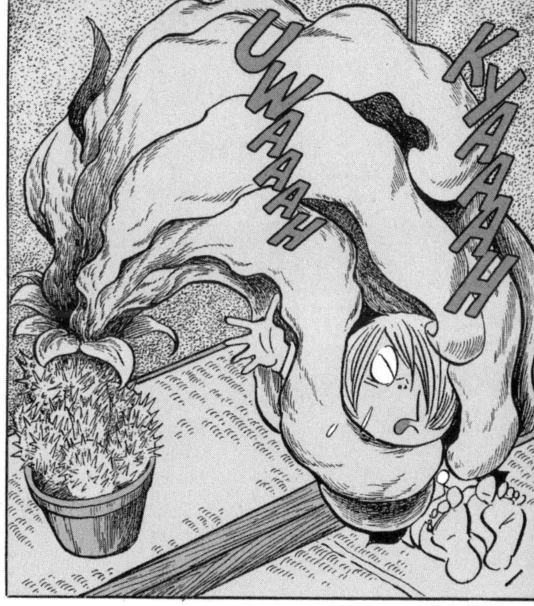
KYAAAAH
UWAAAH
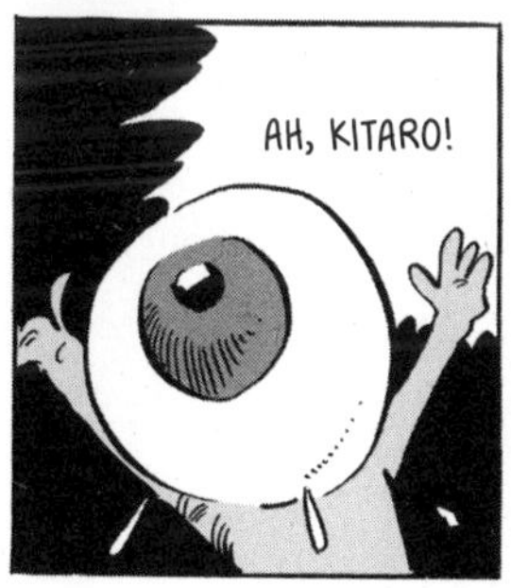
AH, KITARO!

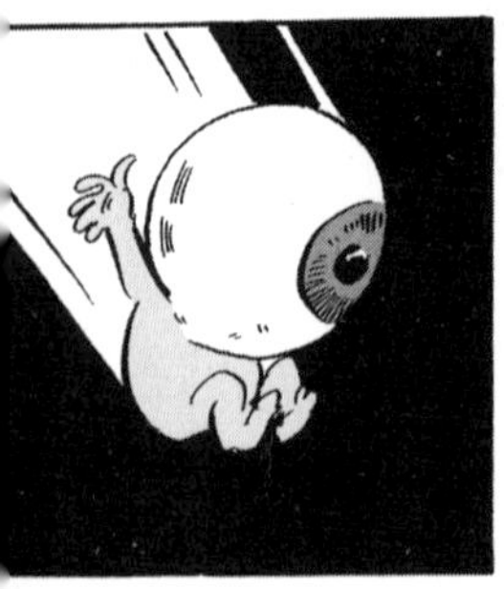

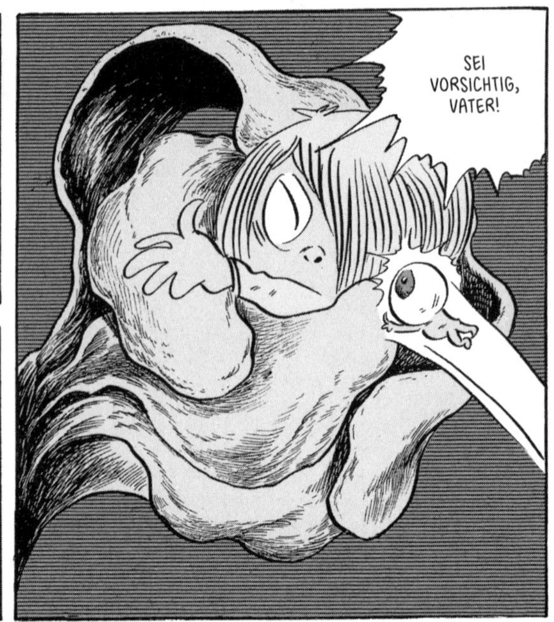
SEI VORSICHTIG, VATER!

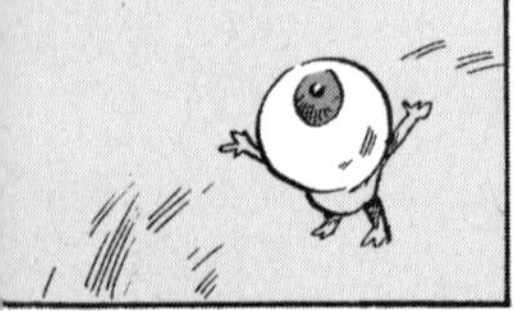
KITARO WURDE VON KLEBRIGER FLÜSSIGKEIT VERSCHLUCKT UND SEIN VATER KONNTE DABEI NUR ZUSEHEN.

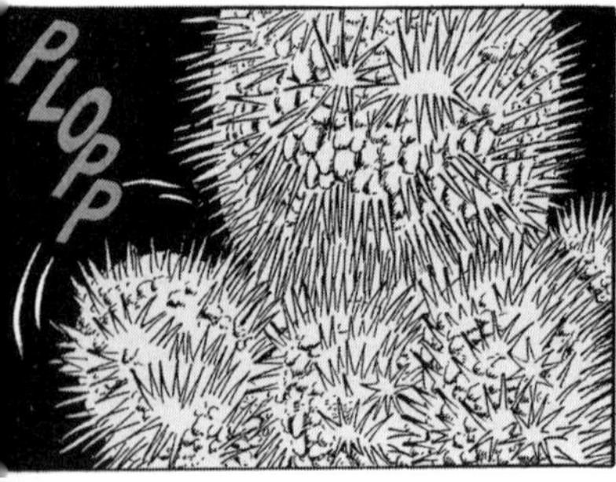
PLOPP

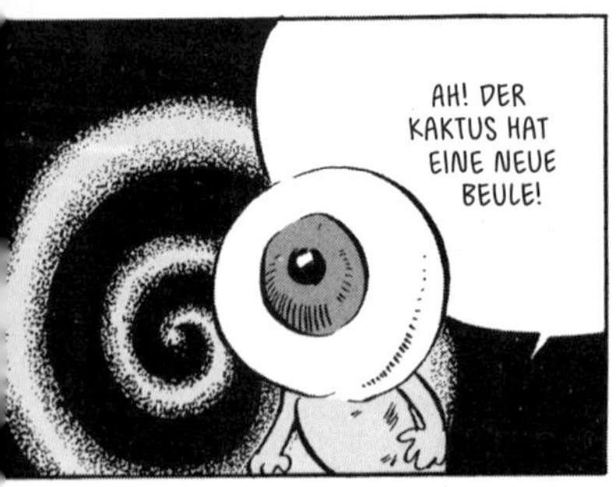
AH! DER KAKTUS HAT EINE NEUE BEULE!

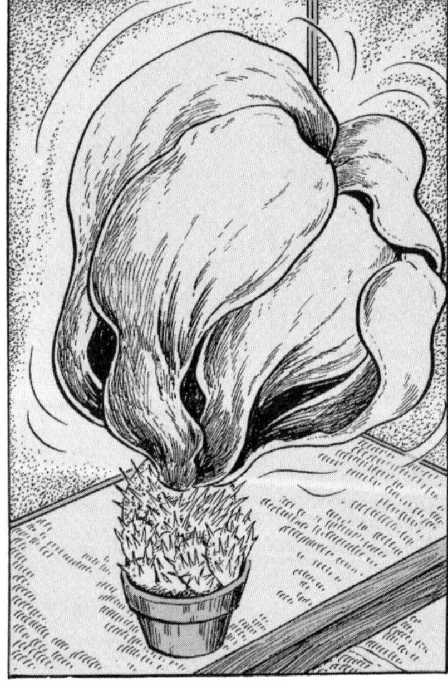

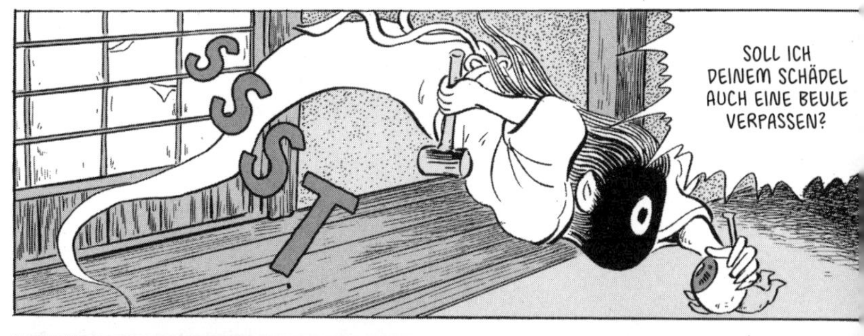
SSST
SOLL ICH DEINEM SCHÄDEL AUCH EINE BEULE VERPASSEN?

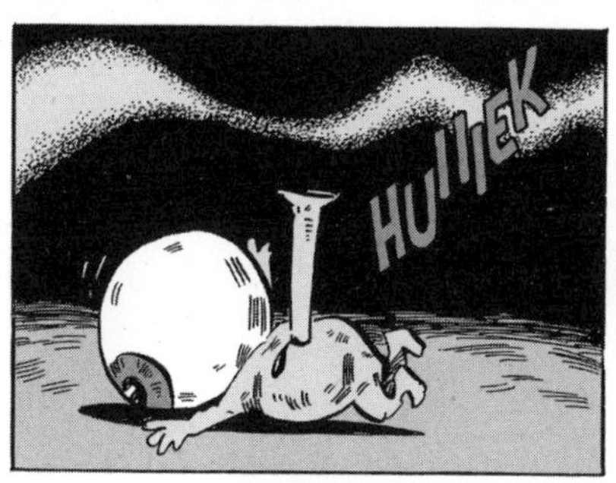
HUIIIEK

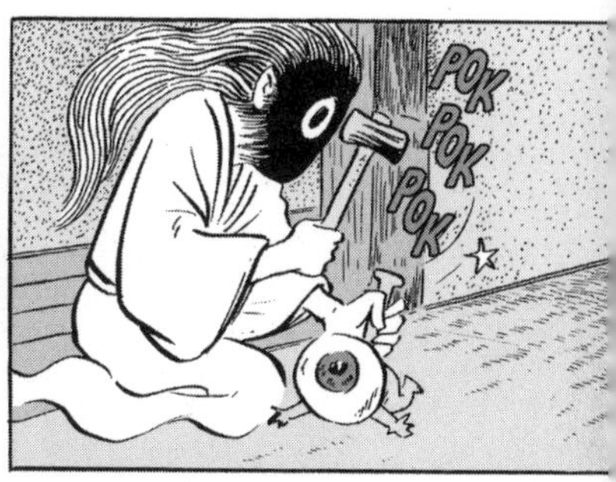
POK POK POK

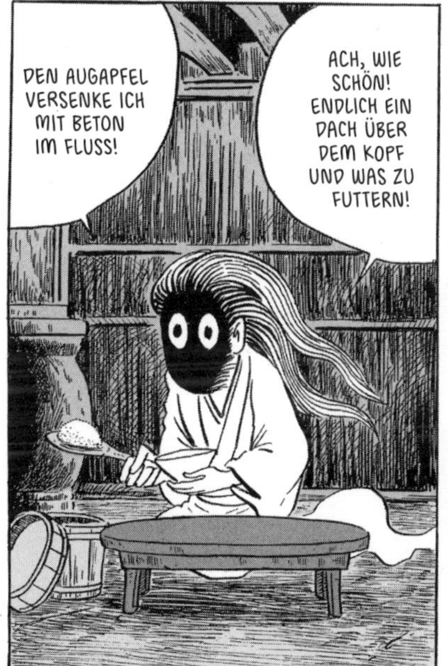
DEN AUGAPFEL VERSENKE ICH MIT BETON IM FLUSS!
ACH, WIE SCHÖN! ENDLICH EIN DACH ÜBER DEM KOPF UND WAS ZU FUTTERN!

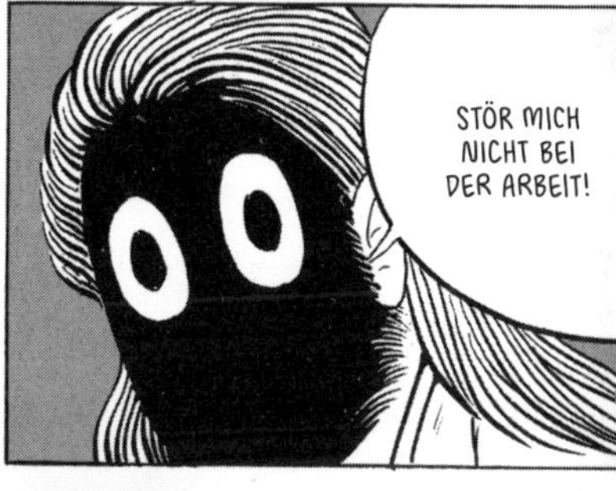
STÖR MICH NICHT BEI DER ARBEIT!

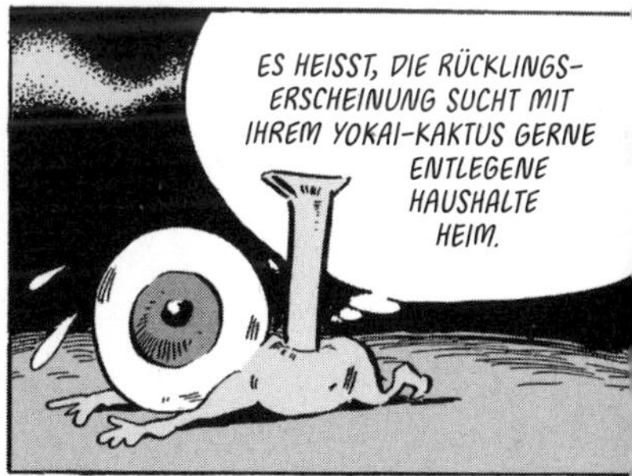
ES HEISST, DIE RÜCKLINGS-ERSCHEINUNG SUCHT MIT IHREM YOKAI-KAKTUS GERNE ENTLEGENE HAUSHALTE HEIM.

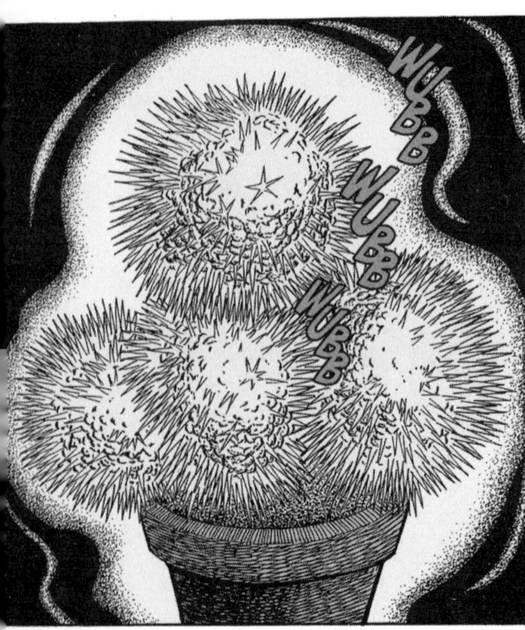

IM MAGEN DES YOKAI-KAKTUS ERFUHR KITARO, DASS AUCH DIE VERSCHWUNDENE FAMILIE ZU KAKTEENBEULEN GEWORDEN WAR.

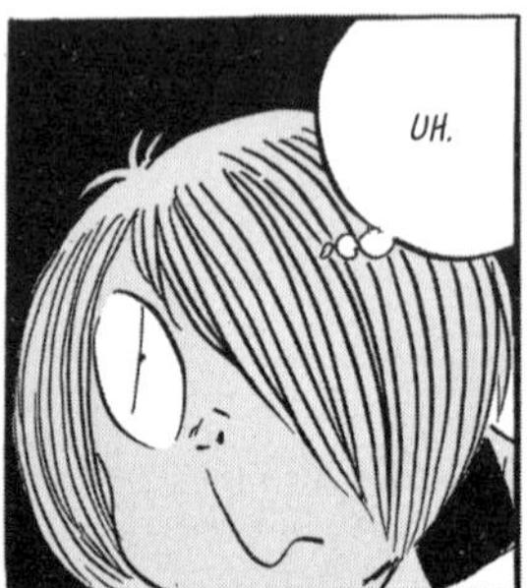

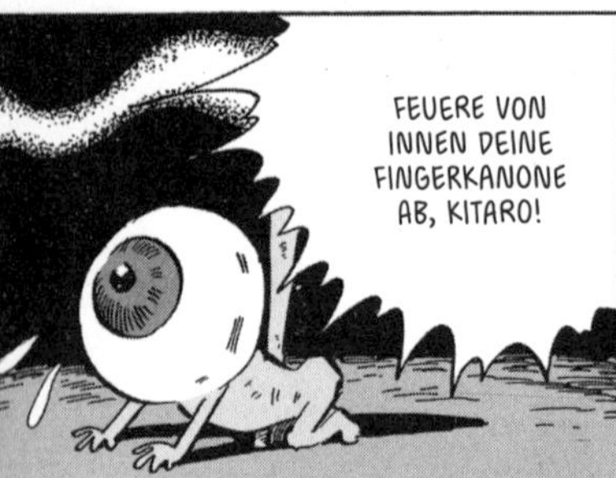

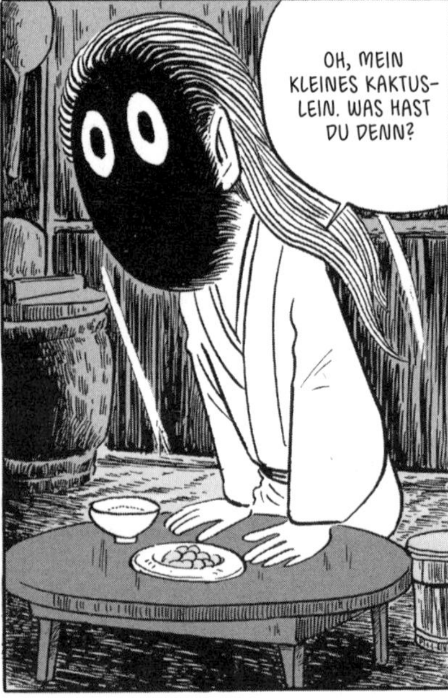

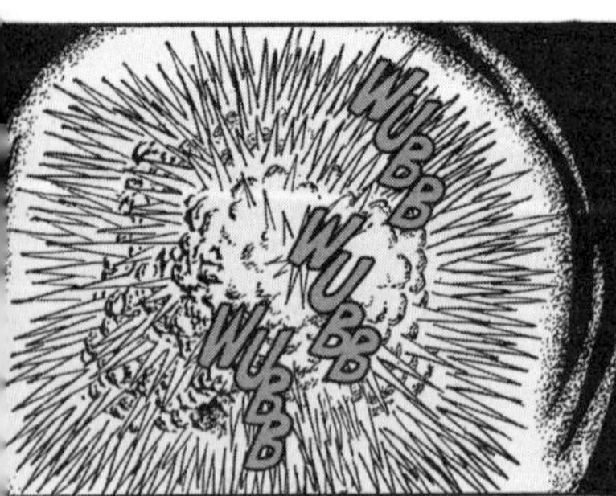

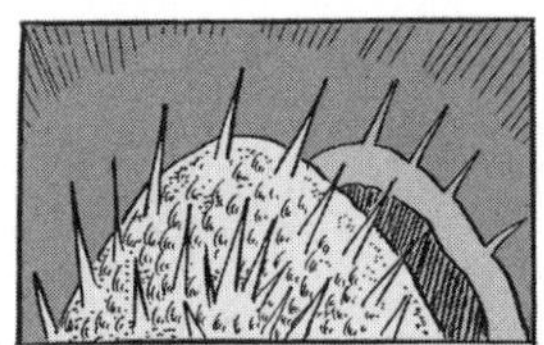

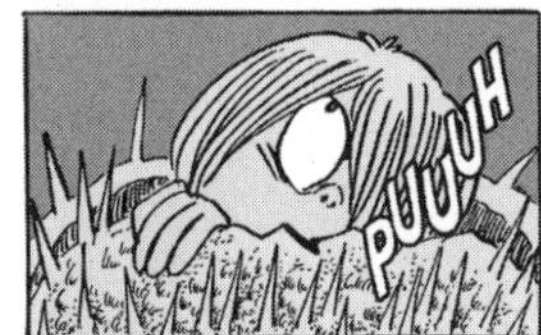
PUUUH

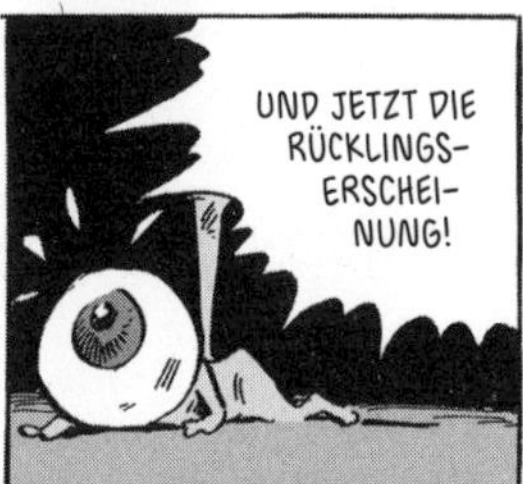
UND JETZT DIE RÜCKLINGS-ERSCHEI-NUNG!

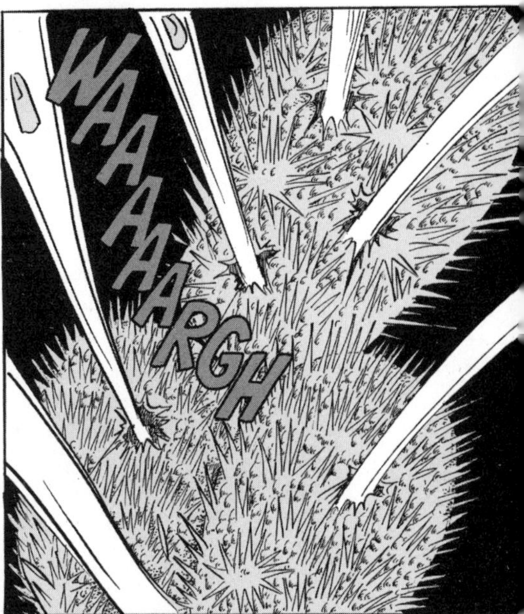
WAAAAAARGH

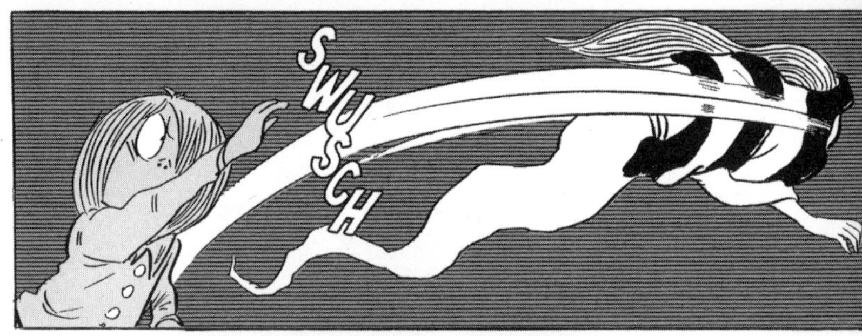
SWUSCH

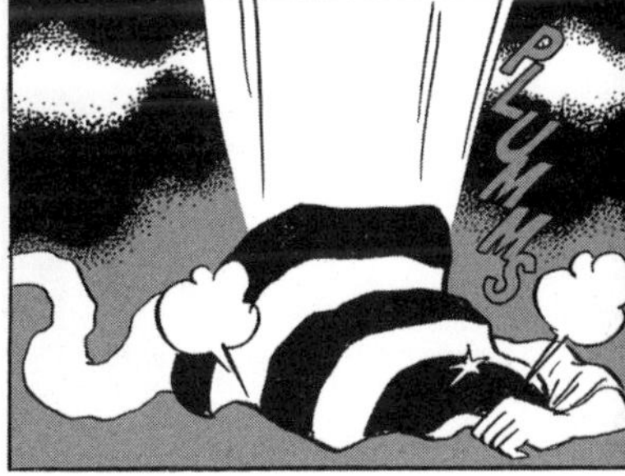
PLUMMS

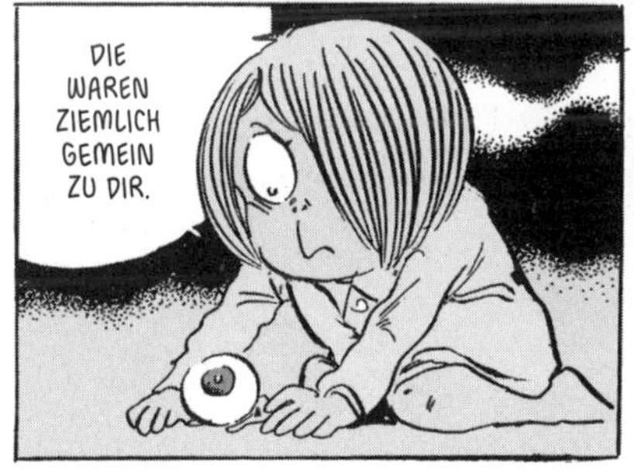
DIE WAREN ZIEMLICH GEMEIN ZU DIR.

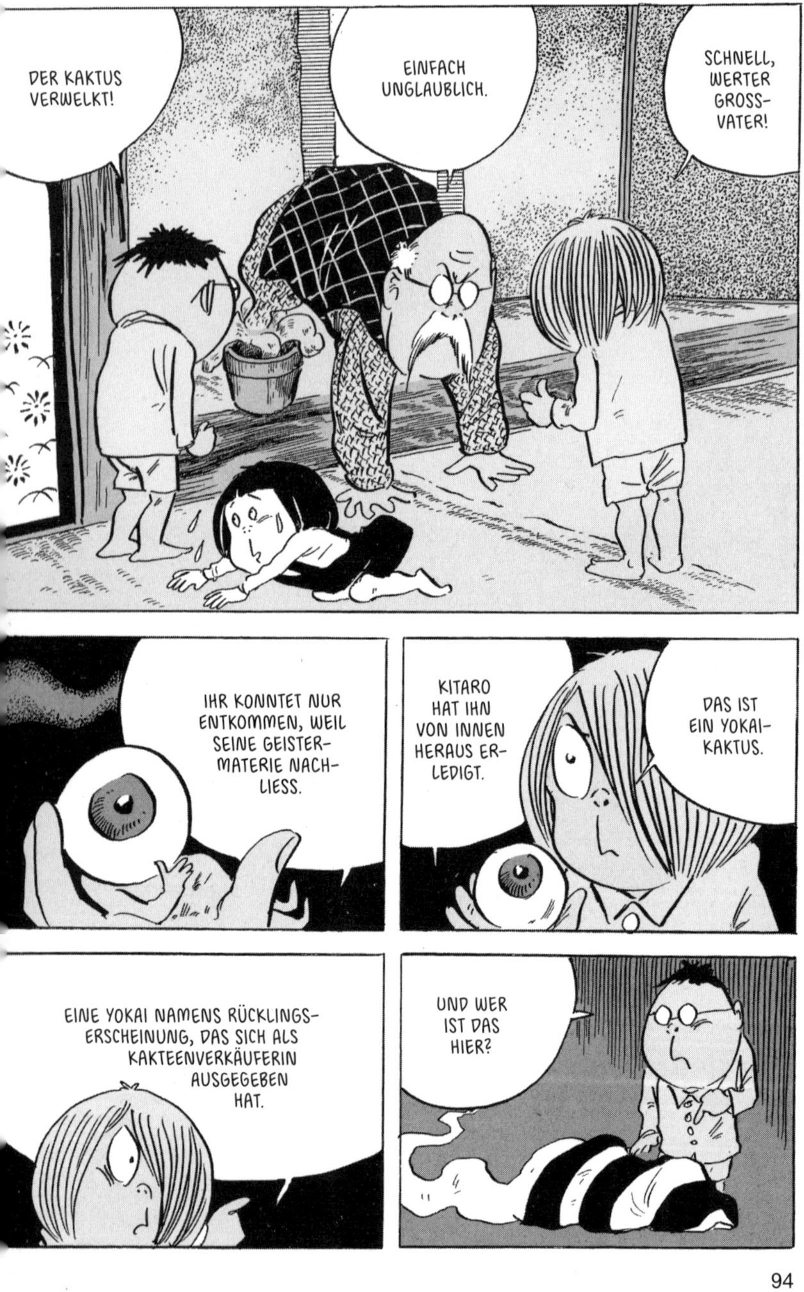

SCHNELL, WERTER GROSSVATER!

EINFACH UNGLAUBLICH.

DER KAKTUS VERWELKT!

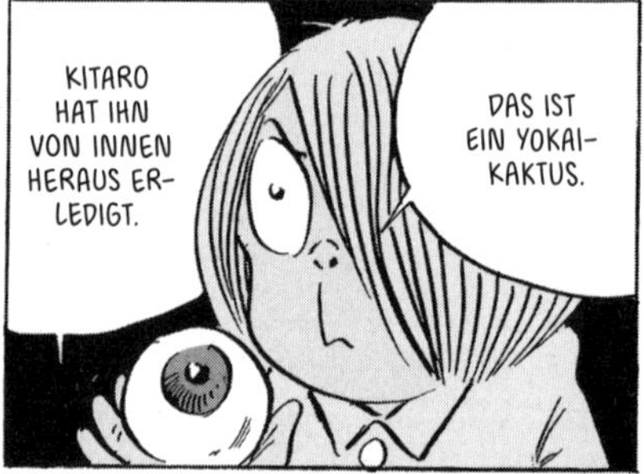

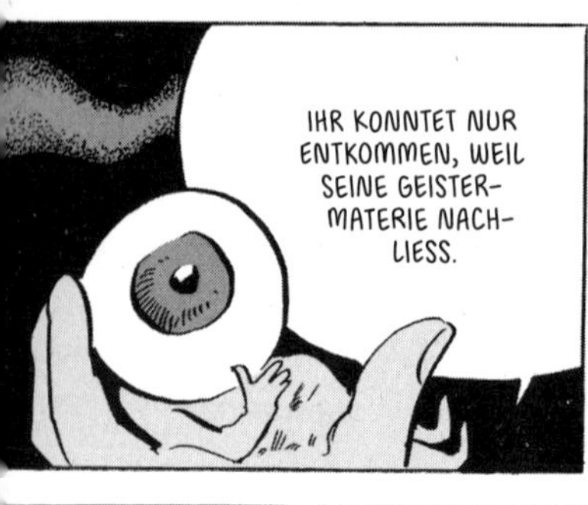

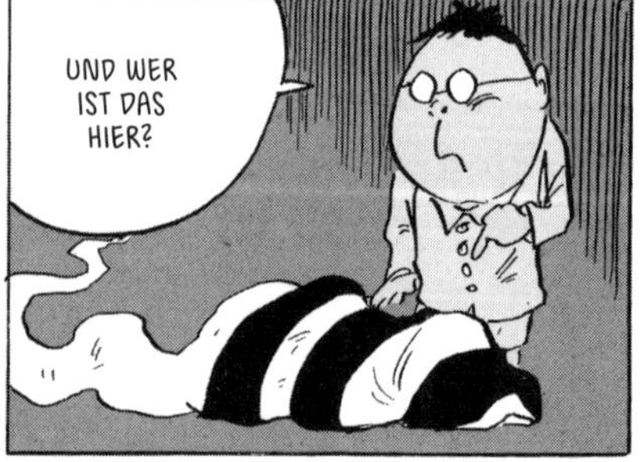

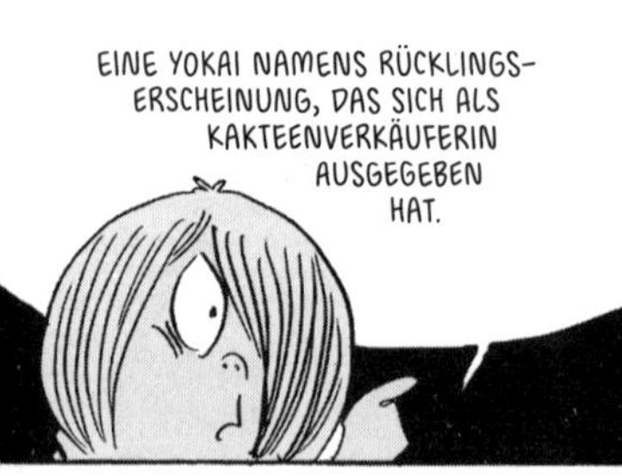

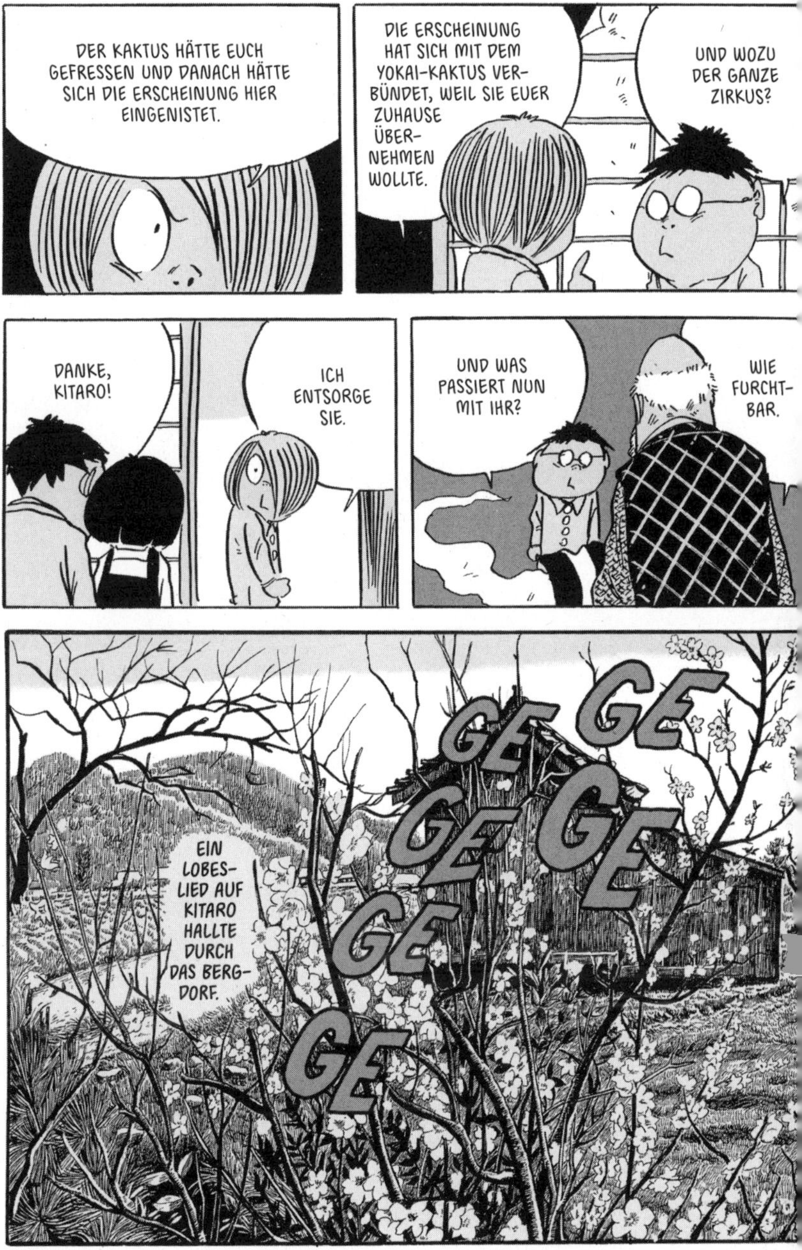

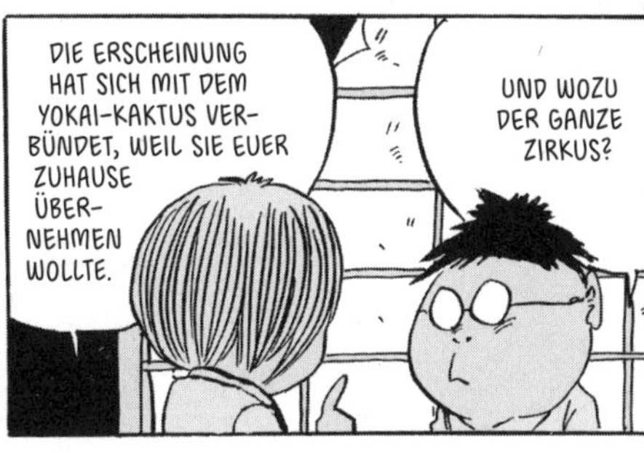

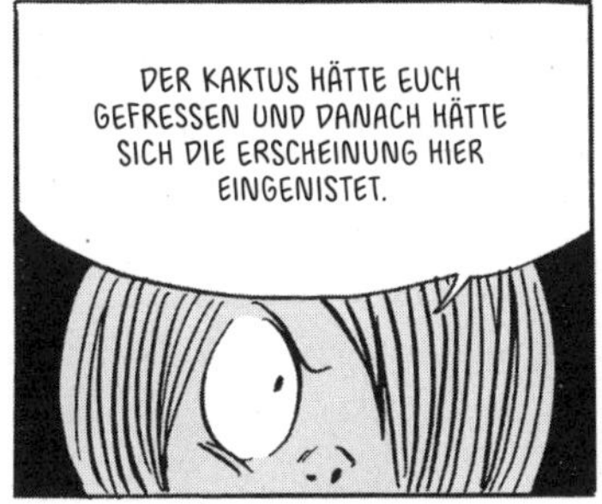

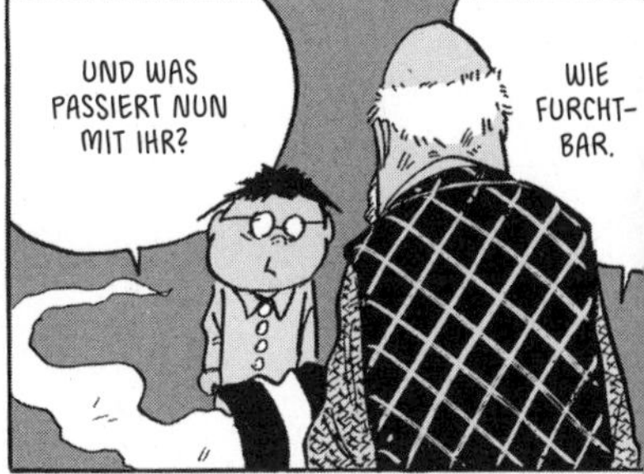

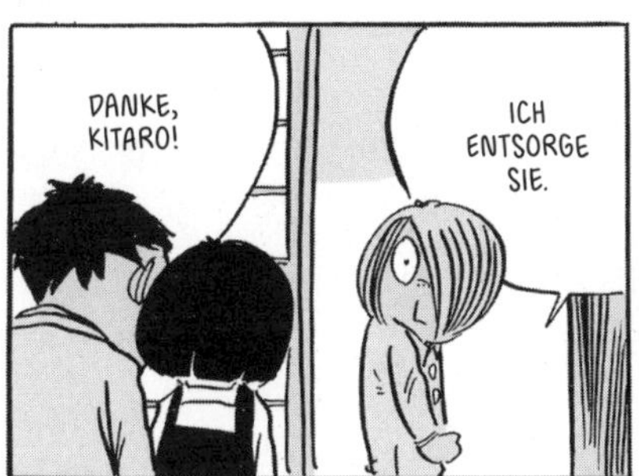

GE GE
GE GE GE
GE
GE

EIN LOBESLIED AUF KITARO HALLTE DURCH DAS BERGDORF.

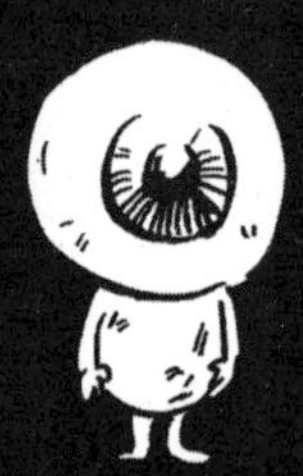

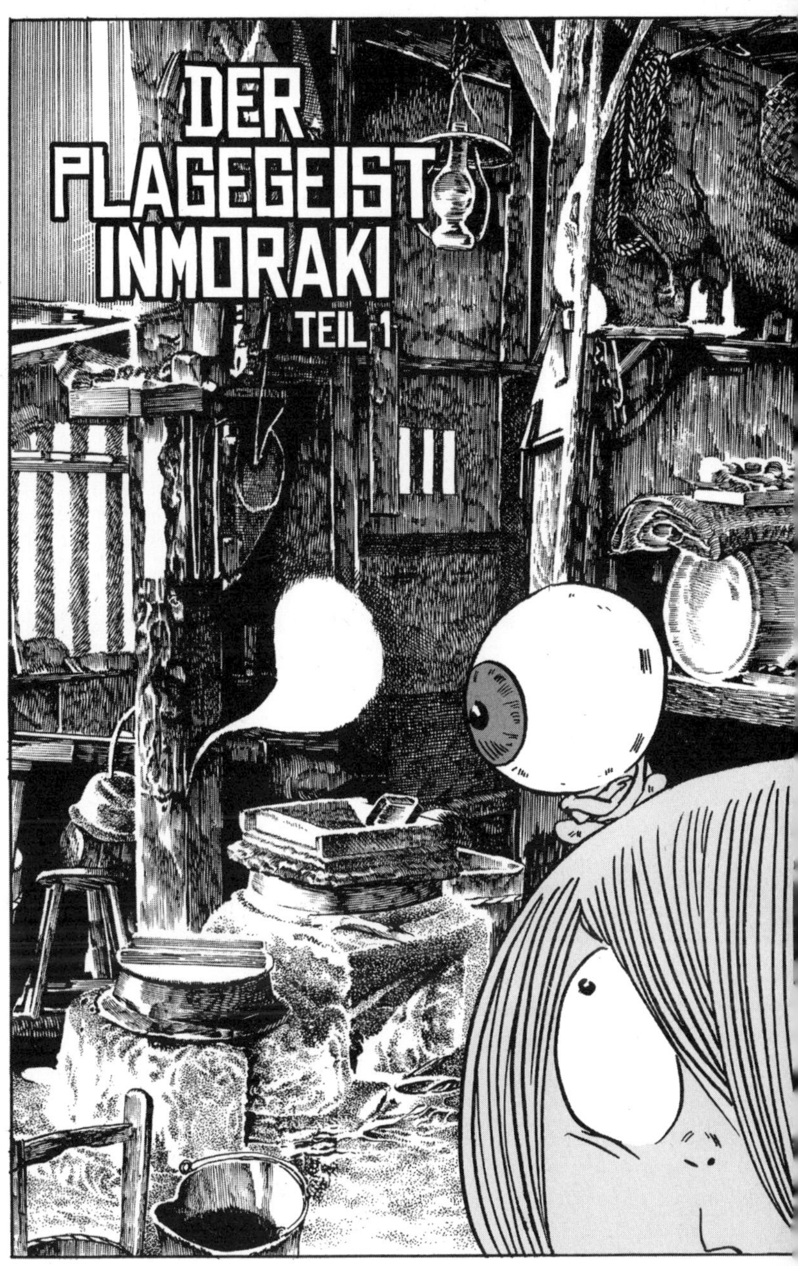
DER
PLAGEGEIST
INMORAKI
TEIL 1

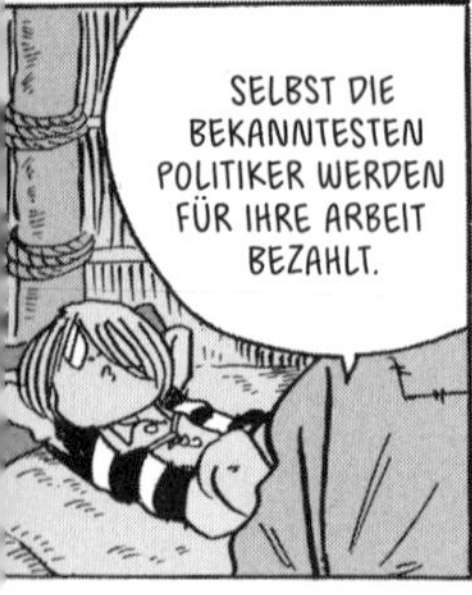
SELBST DIE BEKANNTESTEN POLITIKER WERDEN FÜR IHRE ARBEIT BEZAHLT.

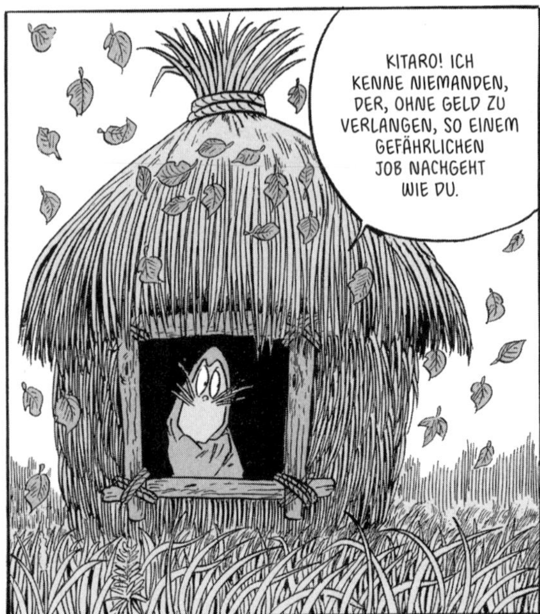
KITARO! ICH KENNE NIEMANDEN, DER, OHNE GELD ZU VERLANGEN, SO EINEM GEFÄHRLICHEN JOB NACHGEHT WIE DU.

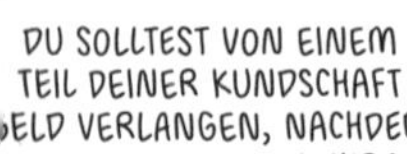
DU SOLLTEST VON EINEM TEIL DEINER KUNDSCHAFT GELD VERLANGEN, NACHDEM DU IHRE MYSTERIÖSEN FÄLLE GELÖST HAST!

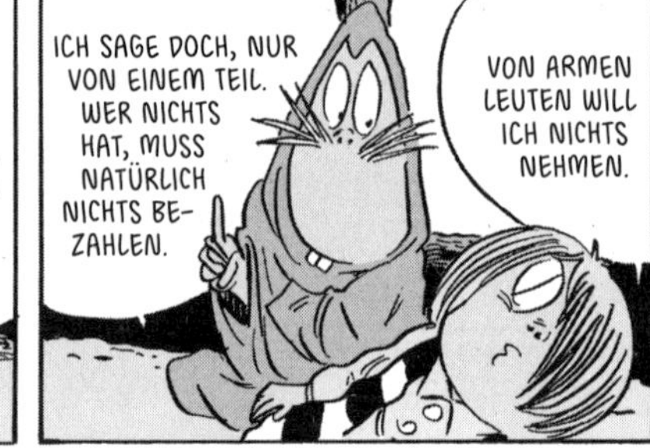
VON ARMEN LEUTEN WILL ICH NICHTS NEHMEN.
ICH SAGE DOCH, NUR VON EINEM TEIL. WER NICHTS HAT, MUSS NATÜRLICH NICHTS BEZAHLEN.

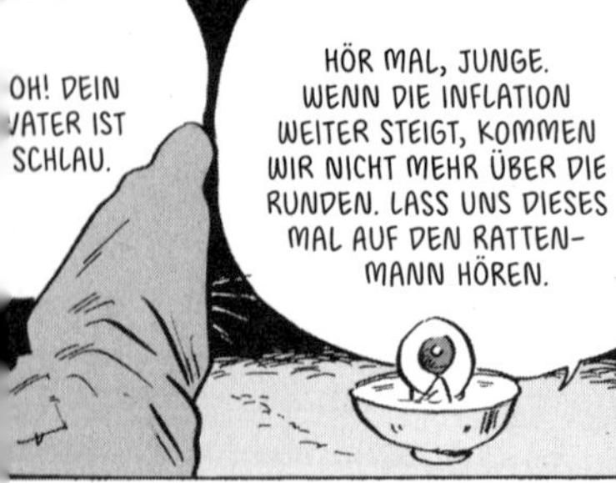
HÖR MAL, JUNGE. WENN DIE INFLATION WEITER STEIGT, KOMMEN WIR NICHT MEHR ÜBER DIE RUNDEN. LASS UNS DIESES MAL AUF DEN RATTENMANN HÖREN.
OH! DEIN VATER IST SCHLAU.

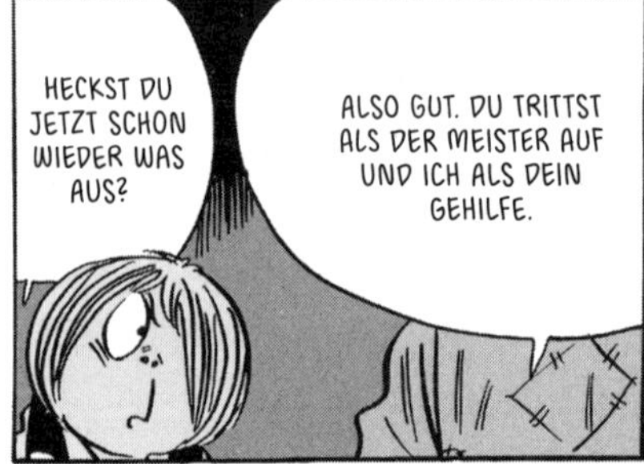
ALSO GUT. DU TRITTST ALS DER MEISTER AUF UND ICH ALS DEIN GEHILFE.
HECKST DU JETZT SCHON WIEDER WAS AUS?

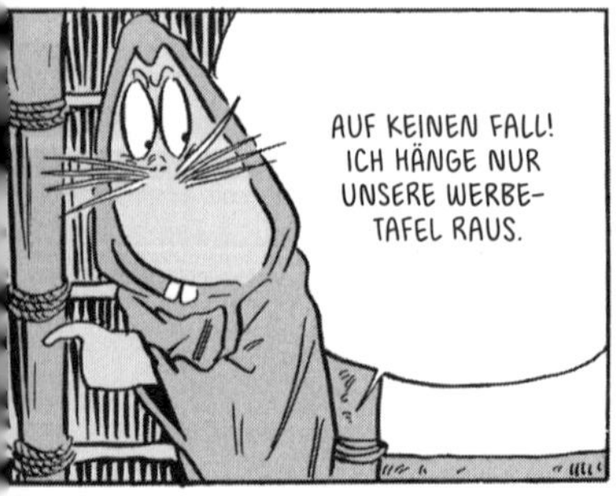
AUF KEINEN FALL! ICH HÄNGE NUR UNSERE WERBETAFEL RAUS.

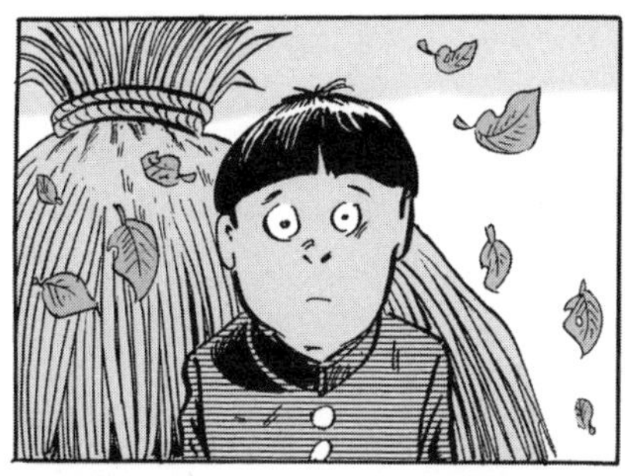

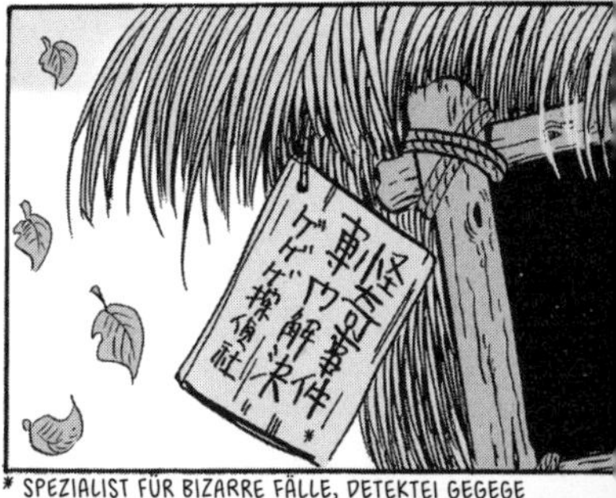

* SPEZIALIST FÜR BIZARRE FÄLLE, DETEKTEI GEGEGE

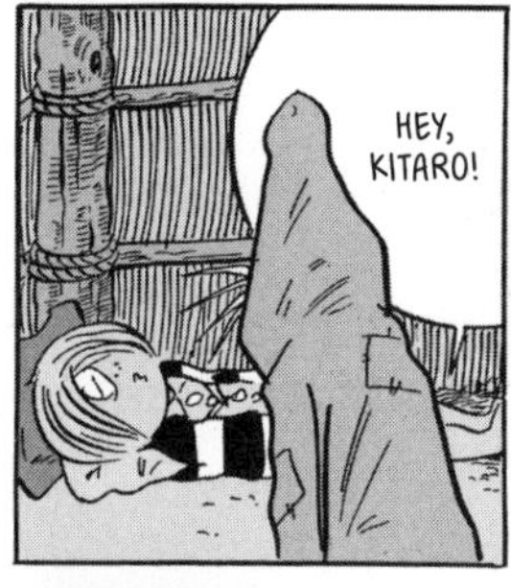

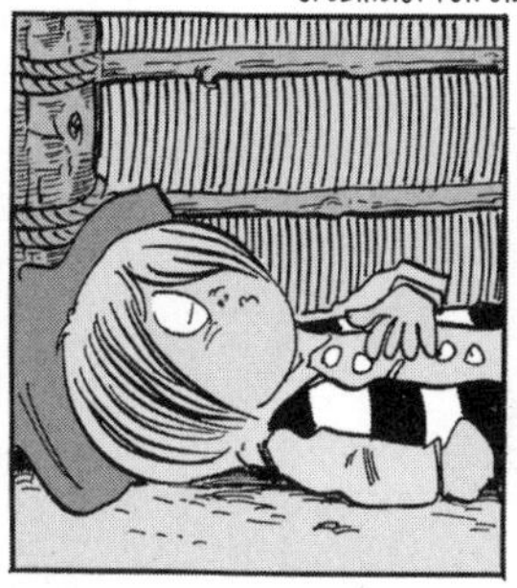

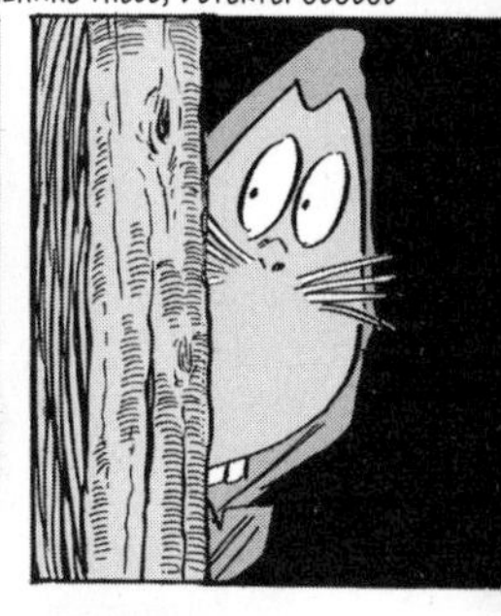

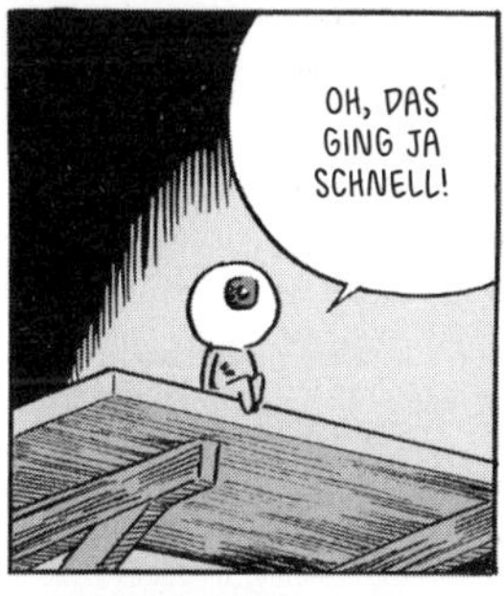

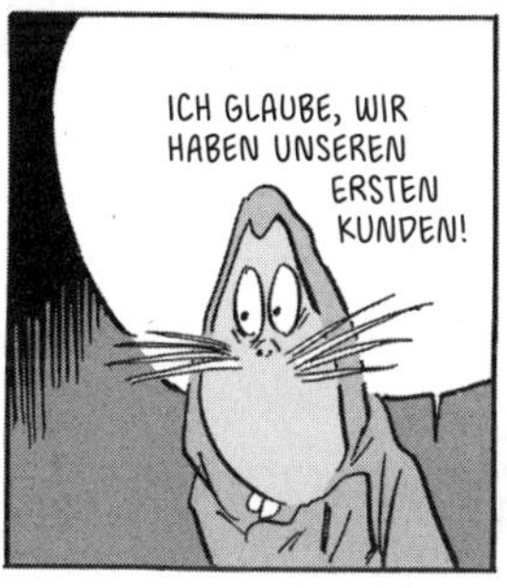

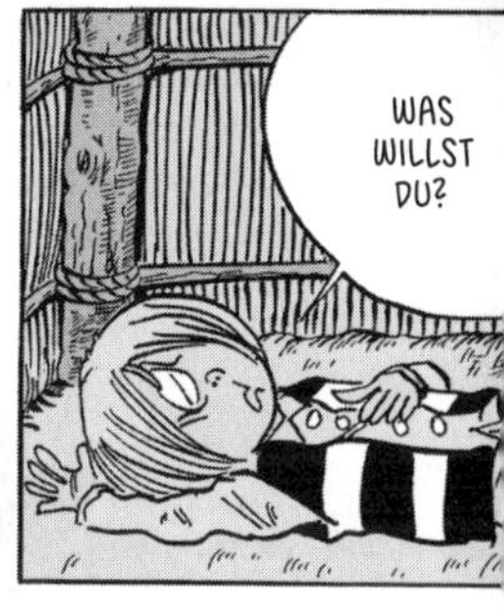

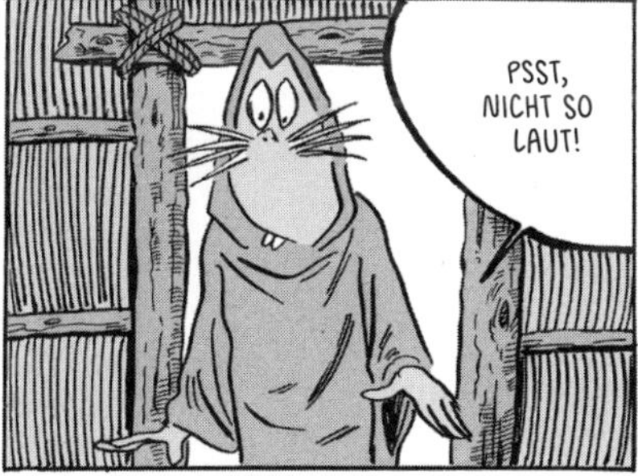

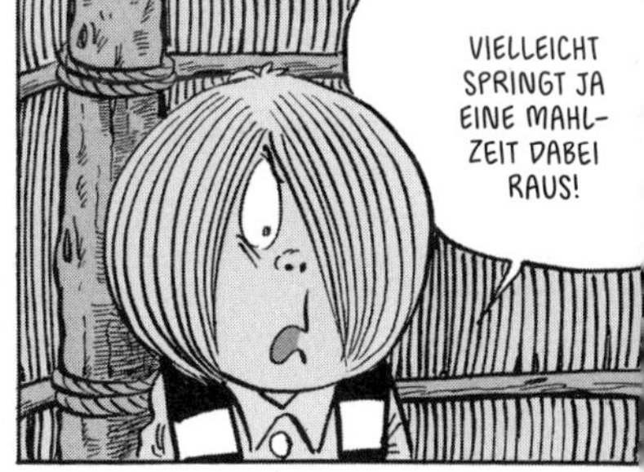

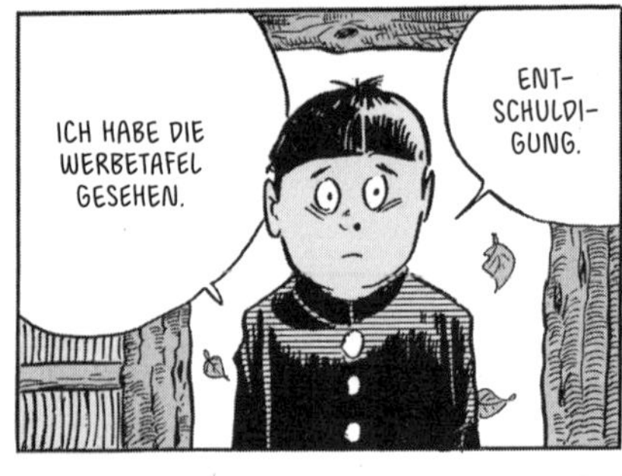
ENT-SCHULDI-GUNG.
ICH HABE DIE WERBETAFEL GESEHEN.

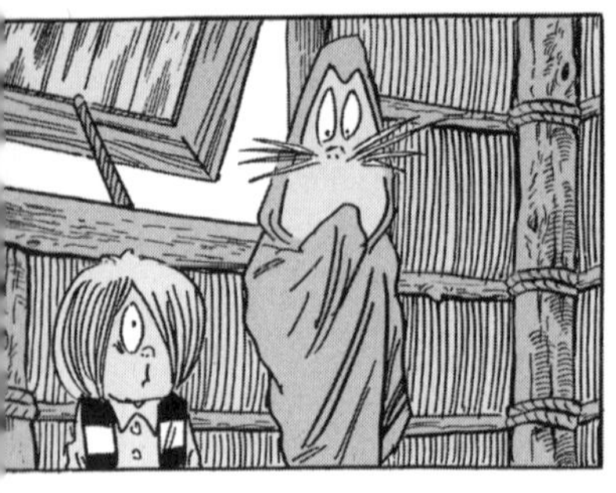

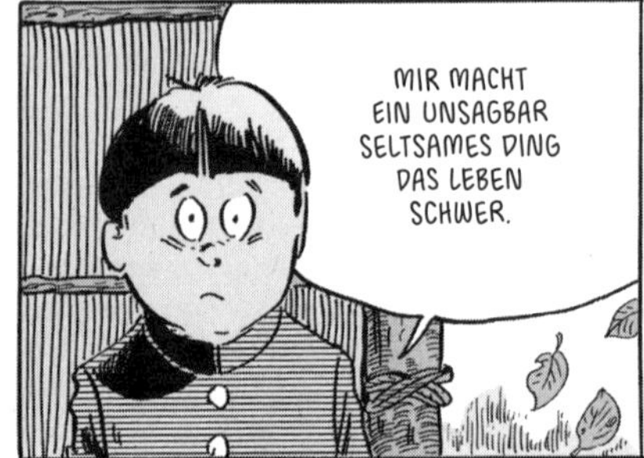
MIR MACHT EIN UNSAGBAR SELTSAMES DING DAS LEBEN SCHWER.

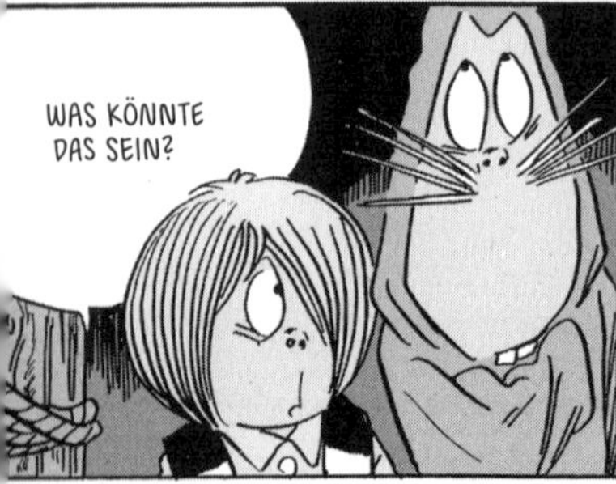
WAS KÖNNTE DAS SEIN?

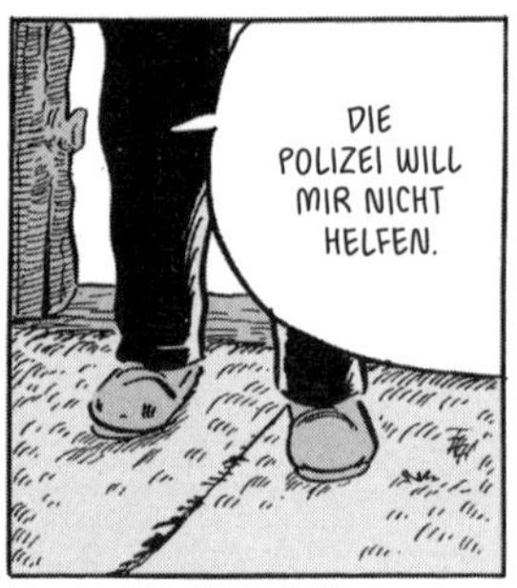
DIE POLIZEI WILL MIR NICHT HELFEN.

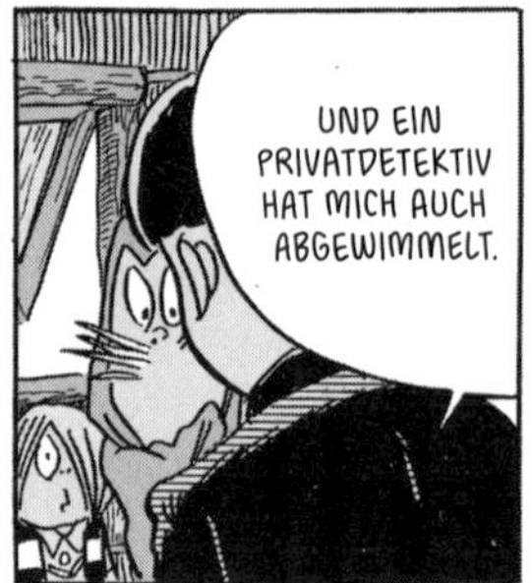
UND EIN PRIVATDETEKTIV HAT MICH AUCH ABGEWIMMELT.

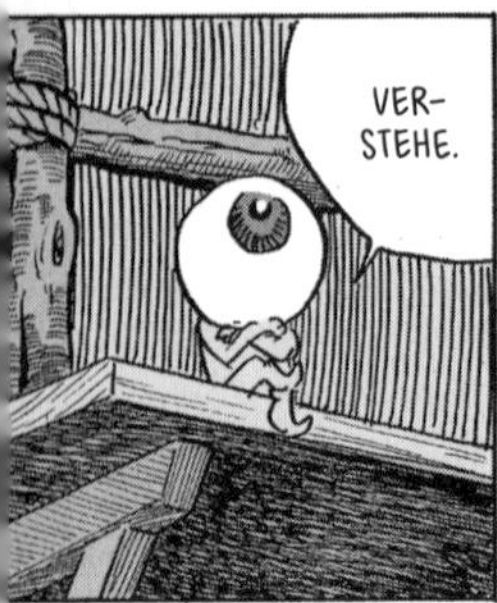
VER-STEHE.

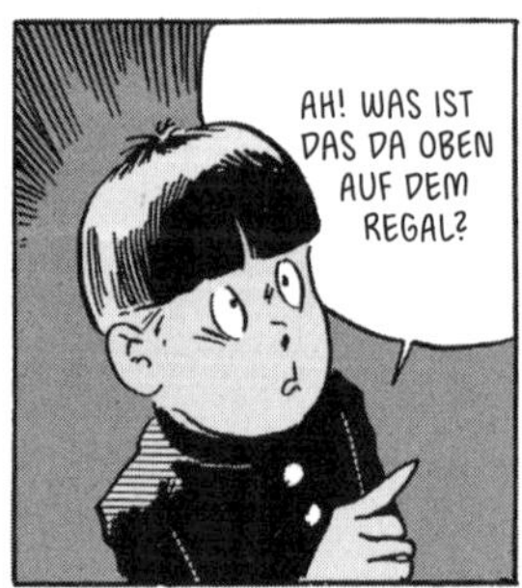
AH! WAS IST DAS DA OBEN AUF DEM REGAL?

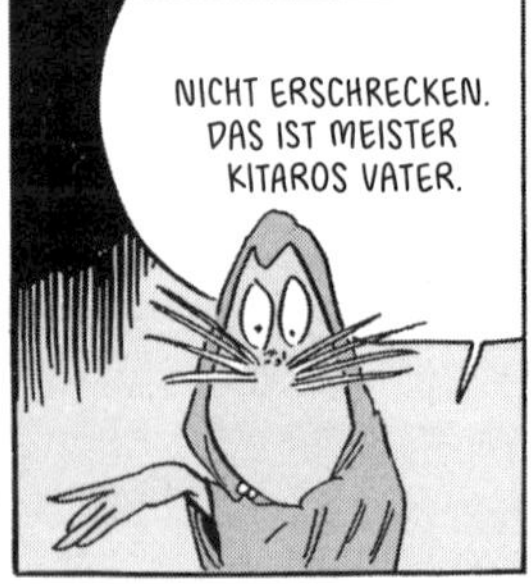
NICHT ERSCHRECKEN. DAS IST MEISTER KITAROS VATER.

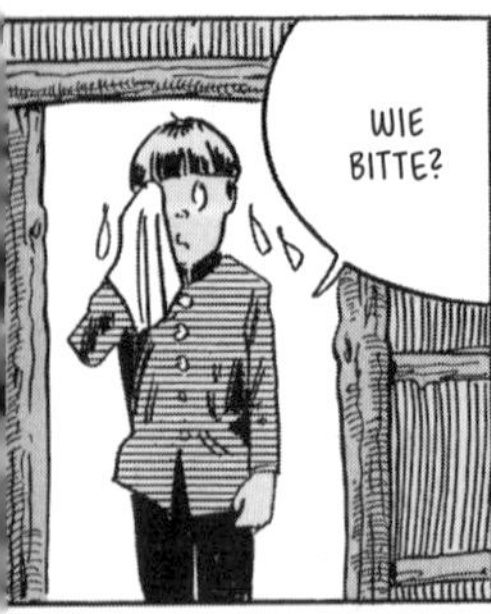
WIE BITTE?

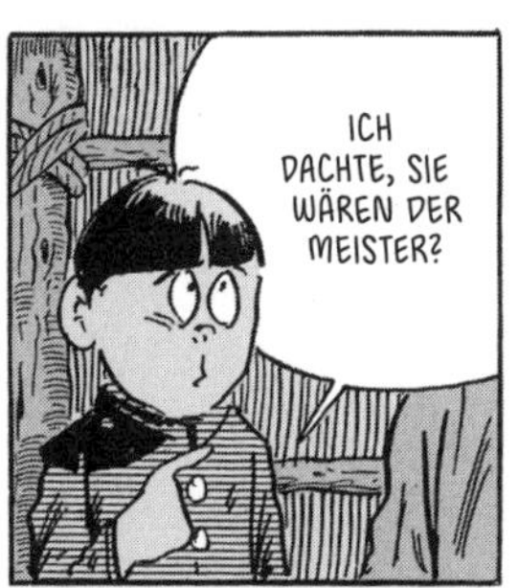
ICH DACHTE, SIE WÄREN DER MEISTER?

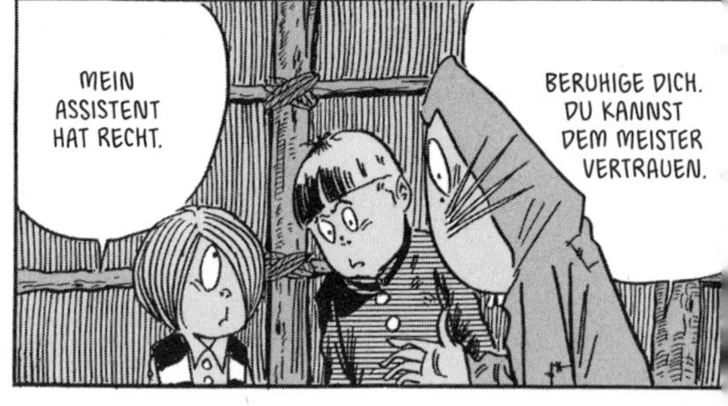
MEIN ASSISTENT HAT RECHT.
BERUHIGE DICH. DU KANNST DEM MEISTER VERTRAUEN.

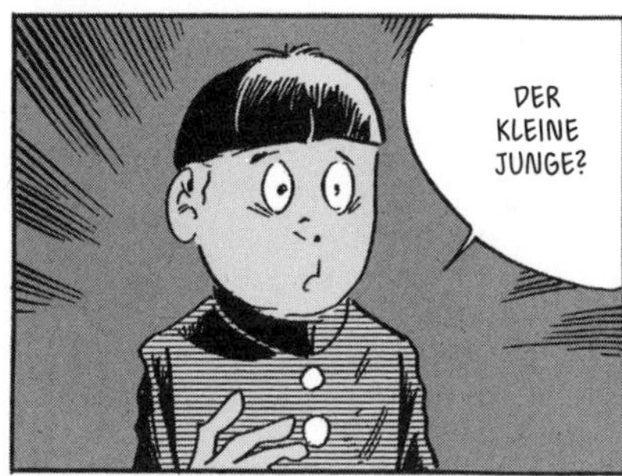
DER KLEINE JUNGE?

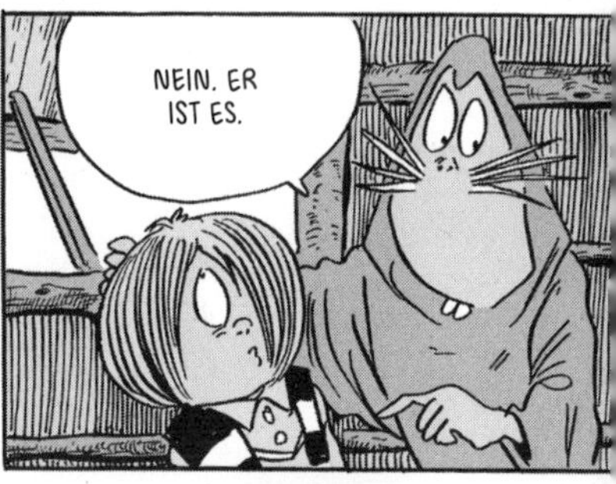
NEIN. ER IST ES.

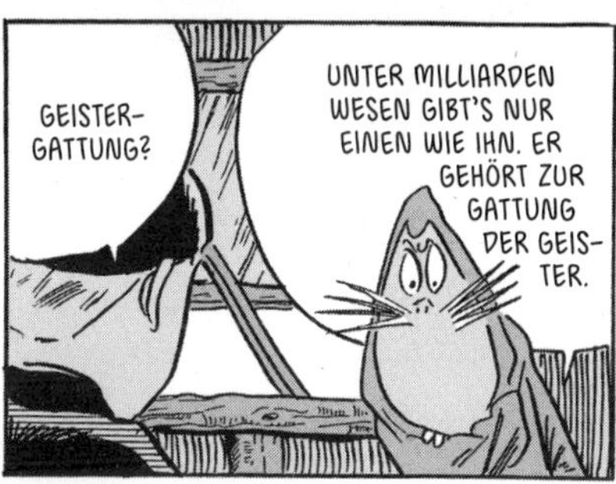
GEISTER-GATTUNG?
UNTER MILLIARDEN WESEN GIBT'S NUR EINEN WIE IHN. ER GEHÖRT ZUR GATTUNG DER GEIS-TER.

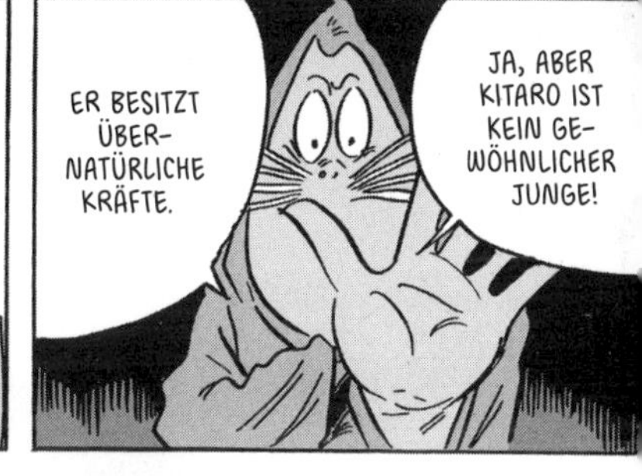
ER BESITZT ÜBER-NATÜRLICHE KRÄFTE.
JA, ABER KITARO IST KEIN GE-WÖHNLICHER JUNGE!

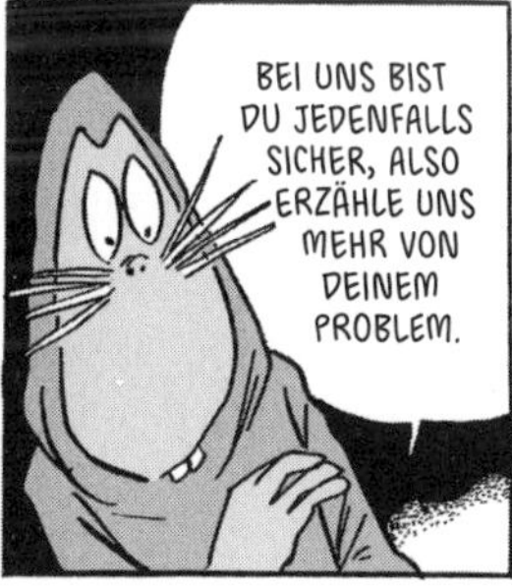
BEI UNS BIST DU JEDENFALLS SICHER, ALSO ERZÄHLE UNS MEHR VON DEINEM PROBLEM.

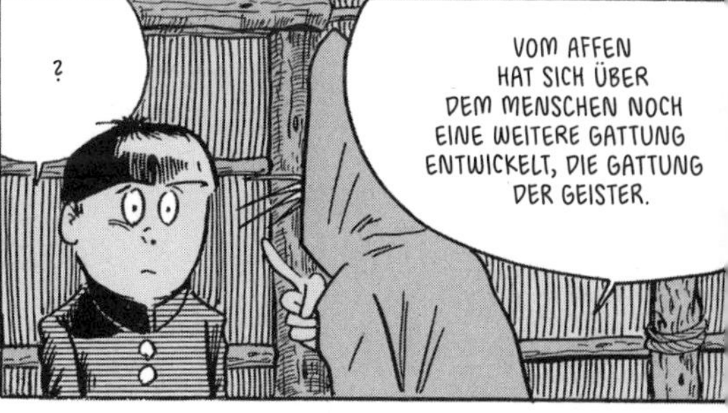
?
VOM AFFEN HAT SICH ÜBER DEM MENSCHEN NOCH EINE WEITERE GATTUNG ENTWICKELT, DIE GATTUNG DER GEISTER.

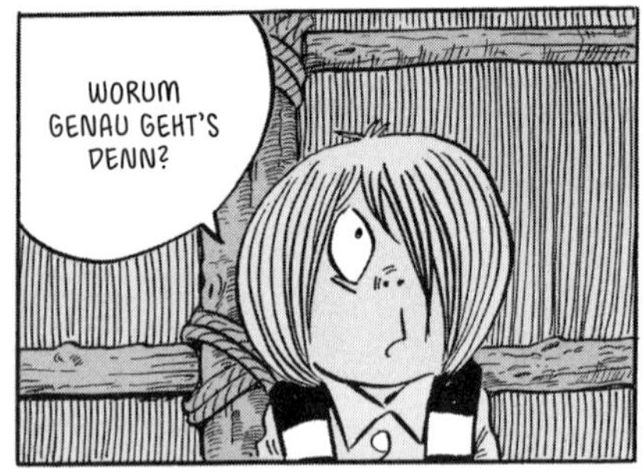
WORUM GENAU GEHT'S DENN?

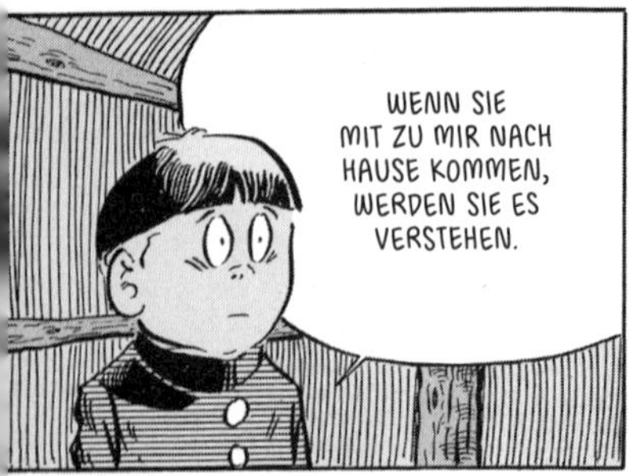
WENN SIE MIT ZU MIR NACH HAUSE KOMMEN, WERDEN SIE ES VERSTEHEN.

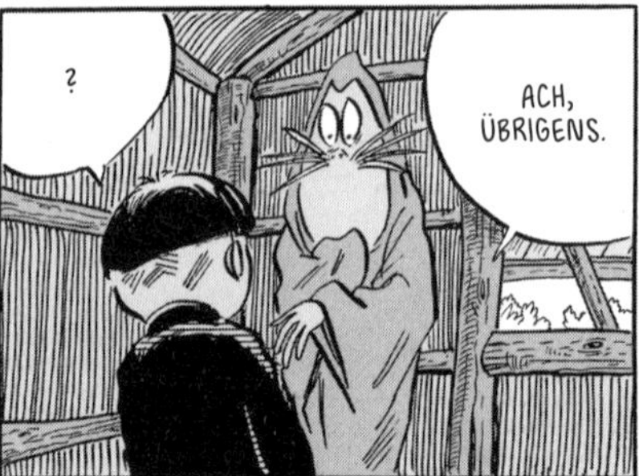
ACH, ÜBRIGENS.
?

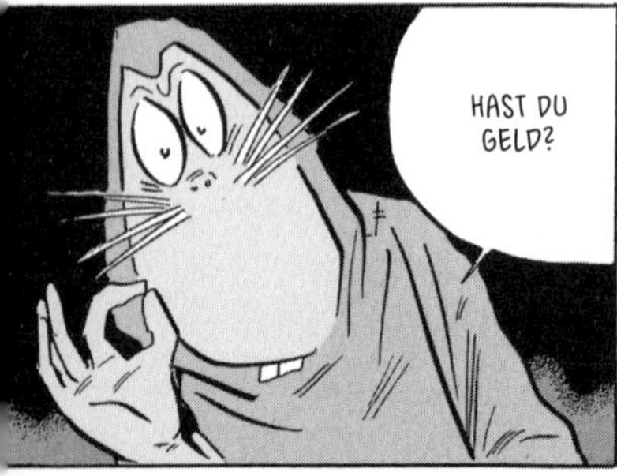
HAST DU GELD?

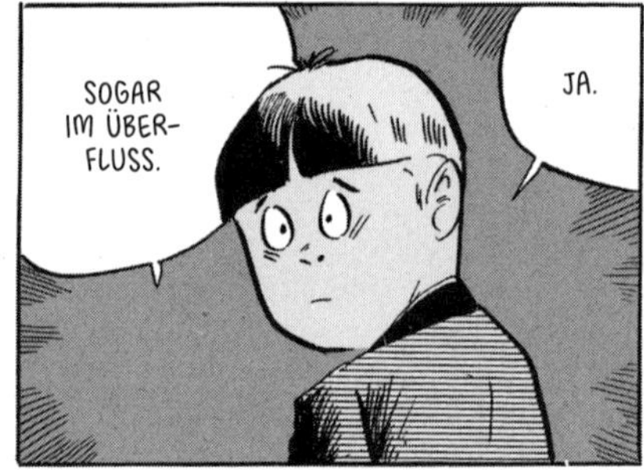
JA.
SOGAR IM ÜBER-FLUSS.

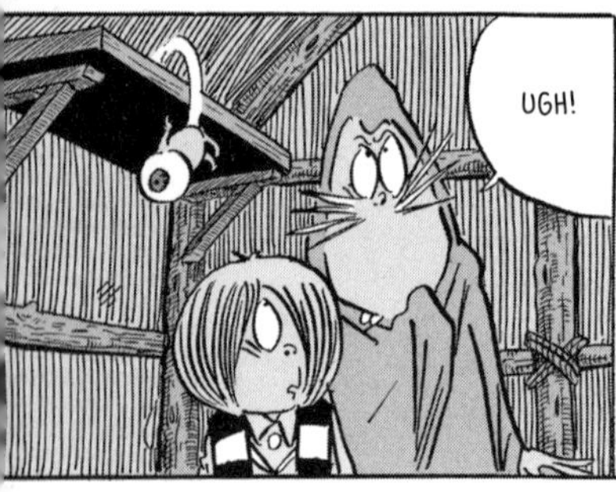
UGH!

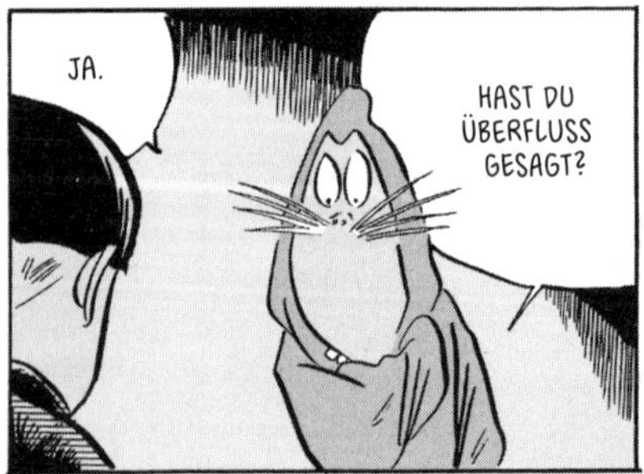
HAST DU ÜBERFLUSS GESAGT?
JA.

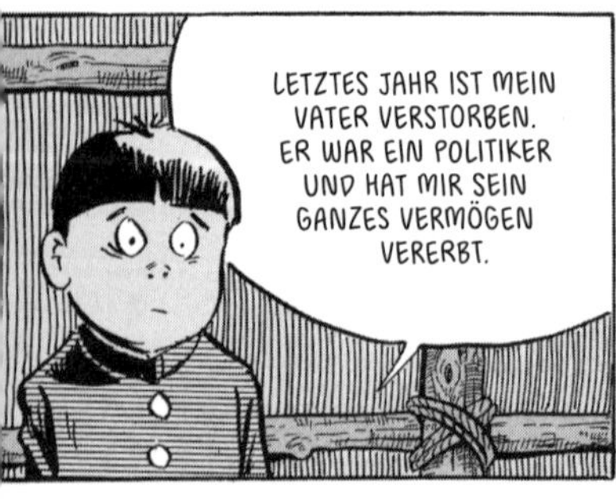
LETZTES JAHR IST MEIN VATER VERSTORBEN. ER WAR EIN POLITIKER UND HAT MIR SEIN GANZES VERMÖGEN VERERBT.

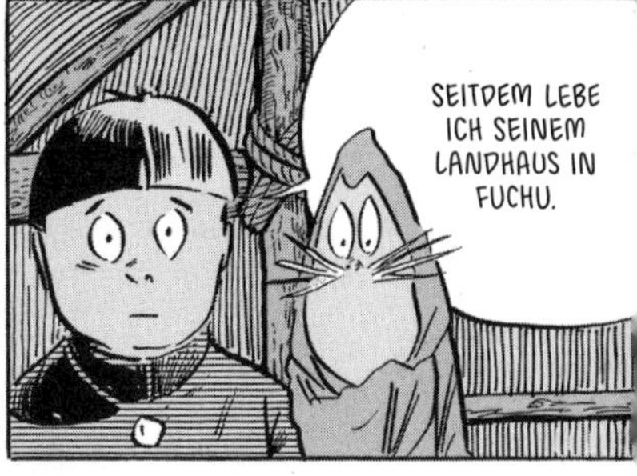

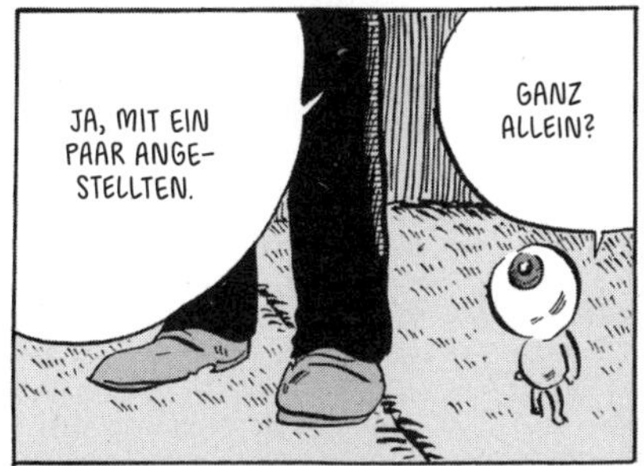

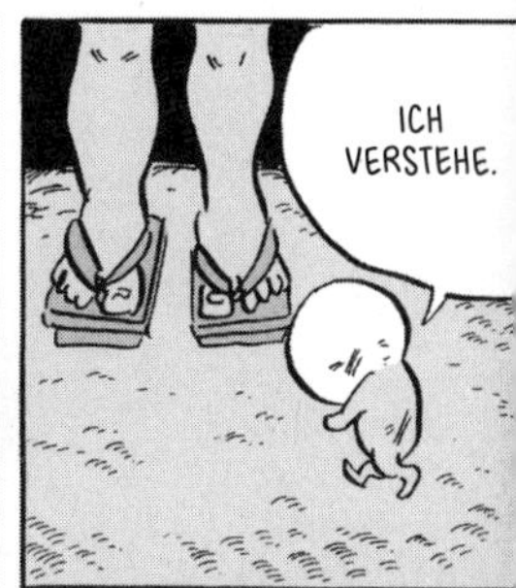

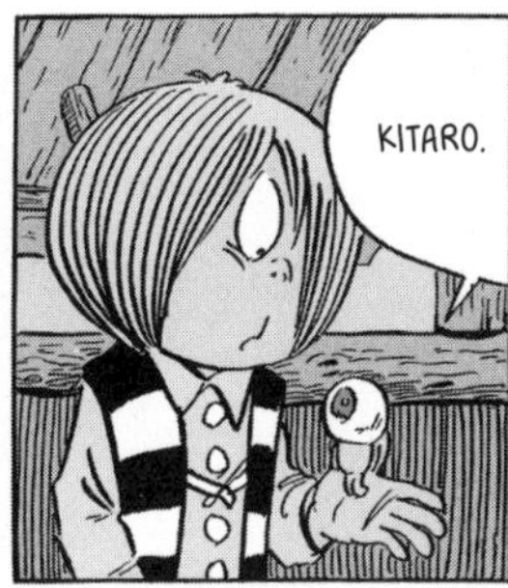

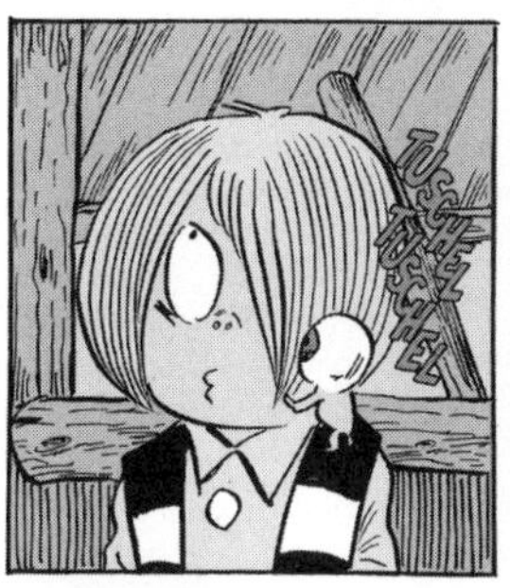

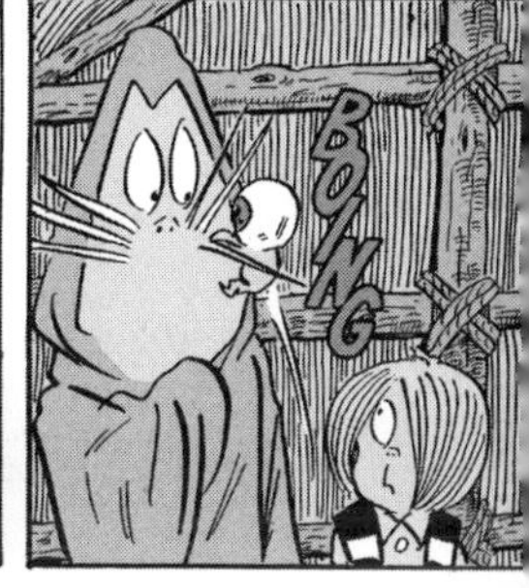

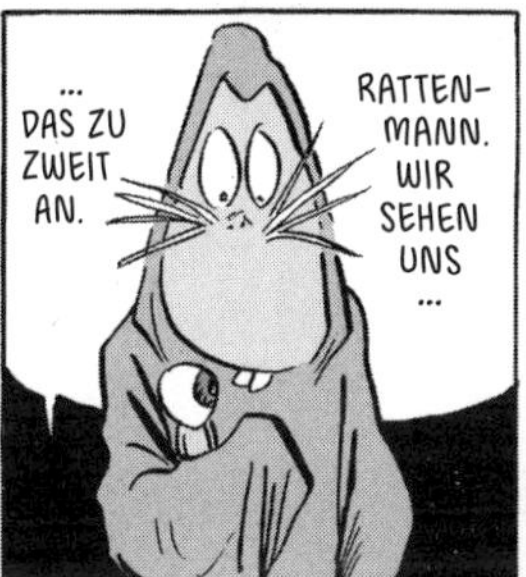

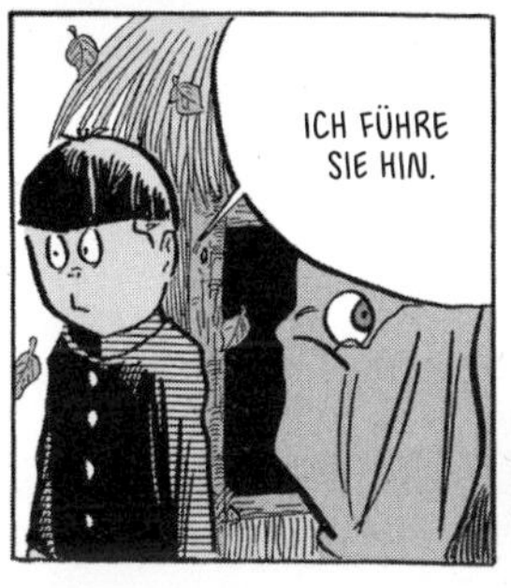

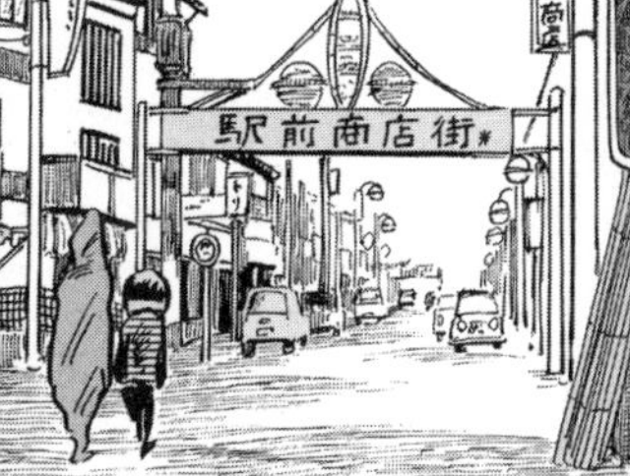

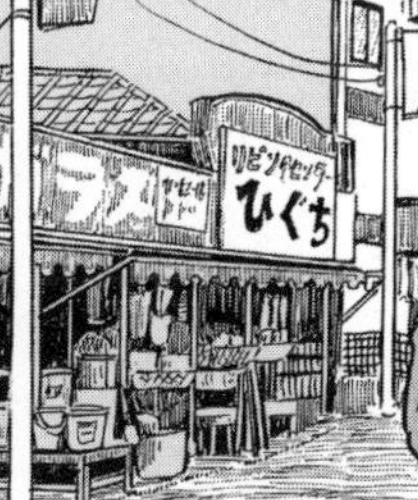

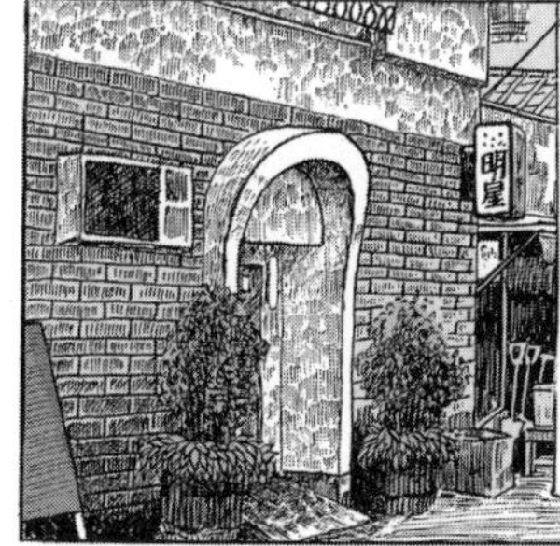

* LADENSTRASS

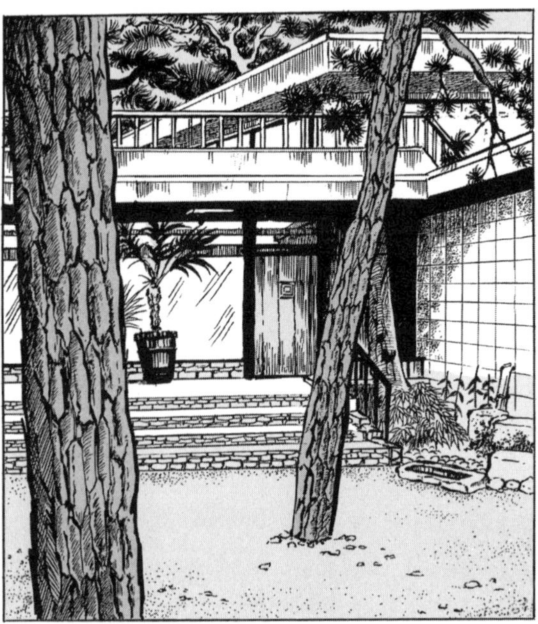
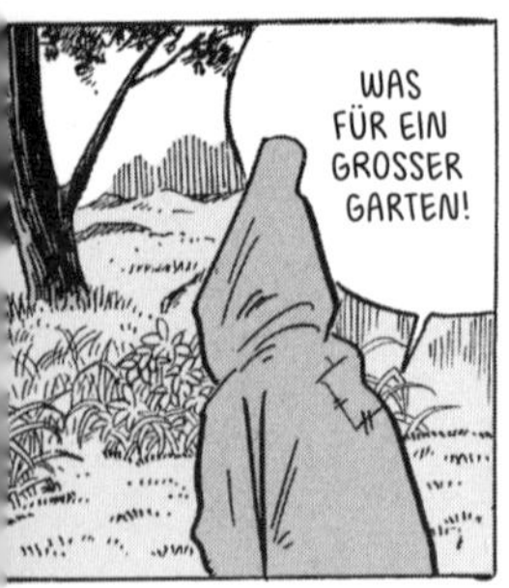
WAS FÜR EIN GROSSER GARTEN!
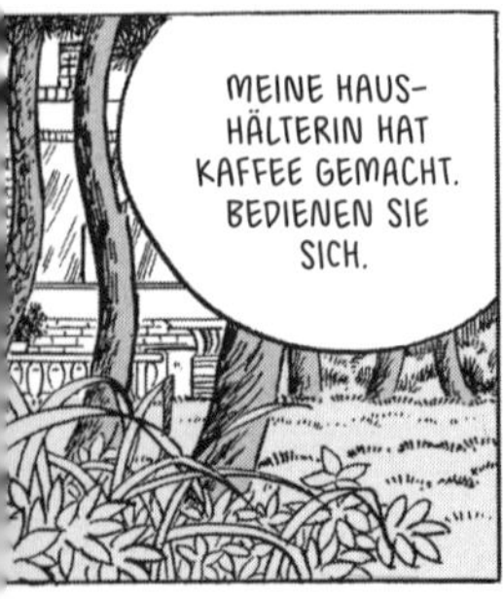
MEINE HAUS-HÄLTERIN HAT KAFFEE GEMACHT. BEDIENEN SIE SICH.
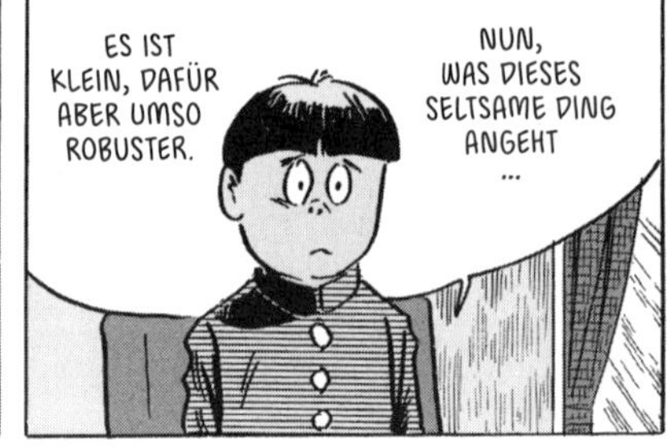
NUN, WAS DIESES SELTSAME DING ANGEHT ...
ES IST KLEIN, DAFÜR ABER UMSO ROBUSTER.
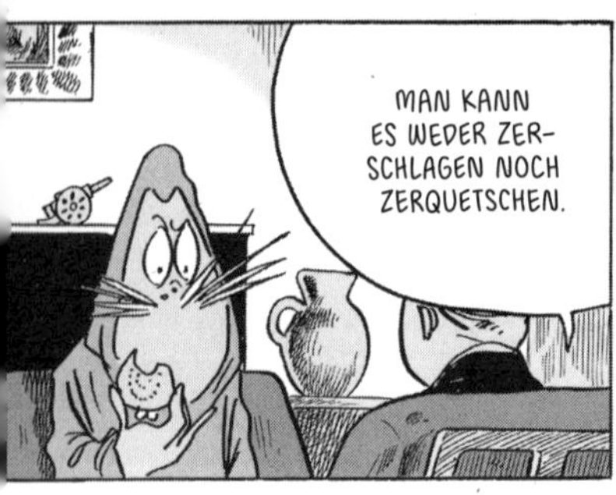
MAN KANN ES WEDER ZER-SCHLAGEN NOCH ZERQUETSCHEN.
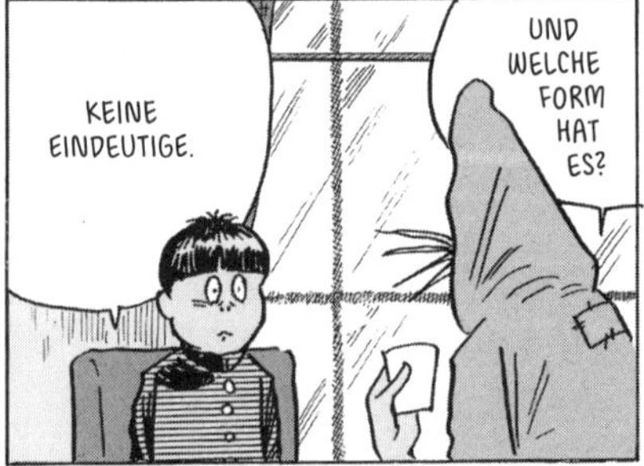
UND WELCHE FORM HAT ES?
KEINE EINDEUTIGE.
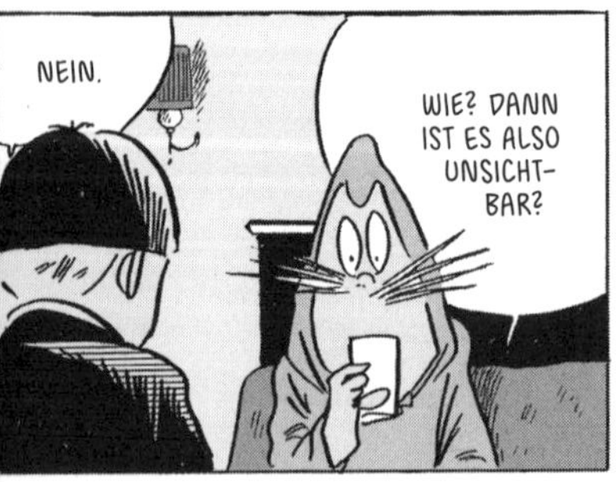
WIE? DANN IST ES ALSO UNSICHT-BAR?
NEIN.

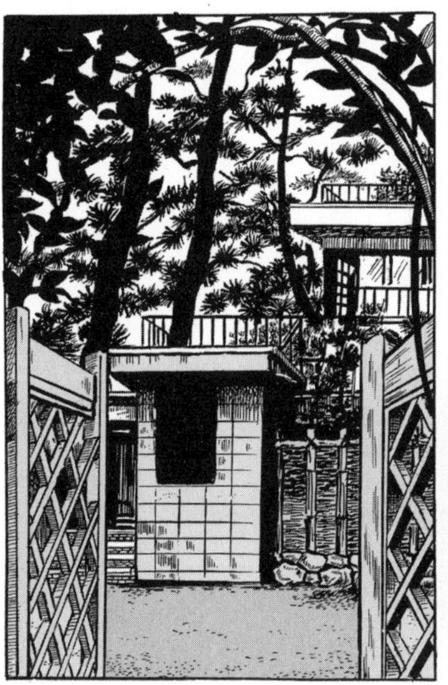

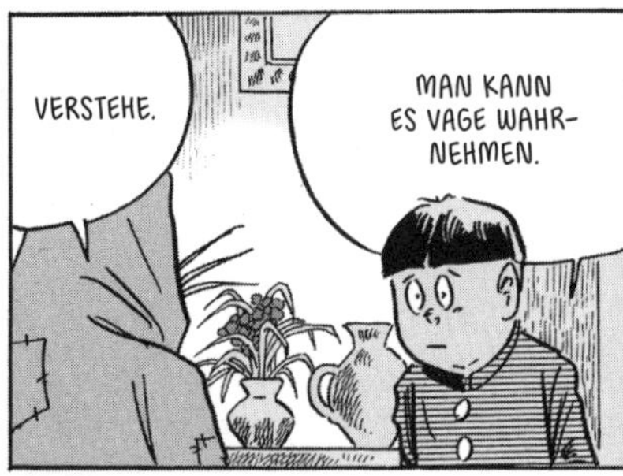
MAN KANN ES VAGE WAHRNEHMEN.
VERSTEHE.

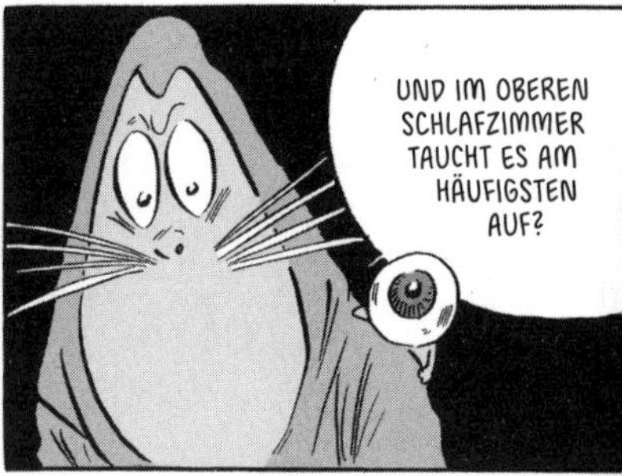
UND IM OBEREN SCHLAFZIMMER TAUCHT ES AM HÄUFIGSTEN AUF?

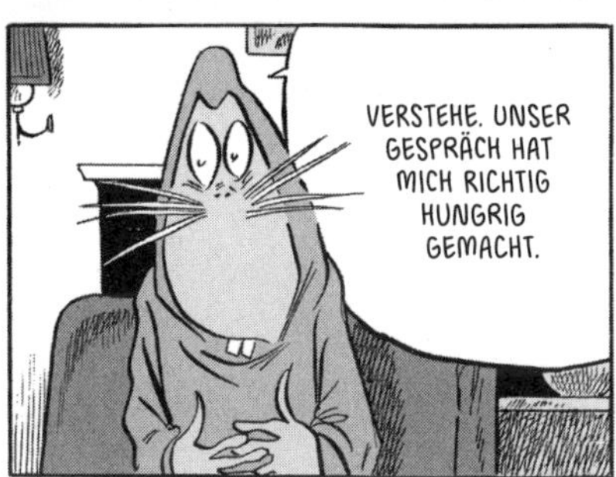
VERSTEHE. UNSER GESPRÄCH HAT MICH RICHTIG HUNGRIG GEMACHT.

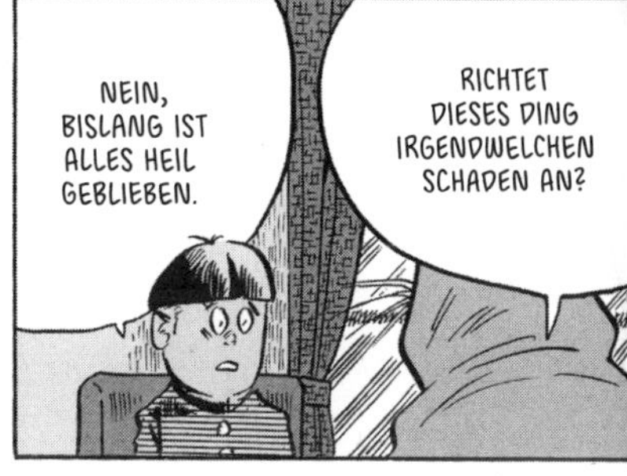
RICHTET DIESES DING IRGENDWELCHEN SCHADEN AN?
NEIN, BISLANG IST ALLES HEIL GEBLIEBEN.

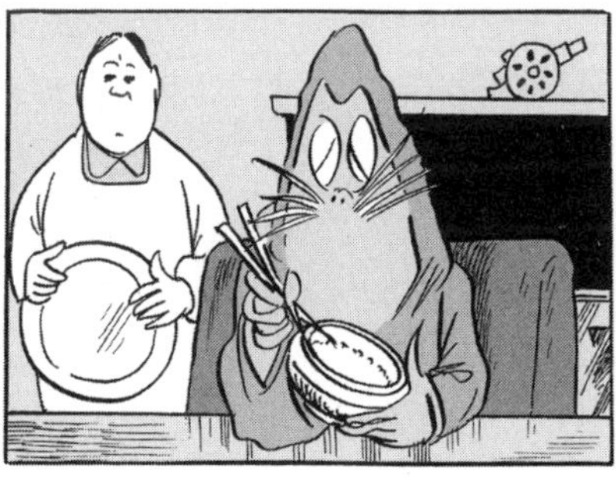

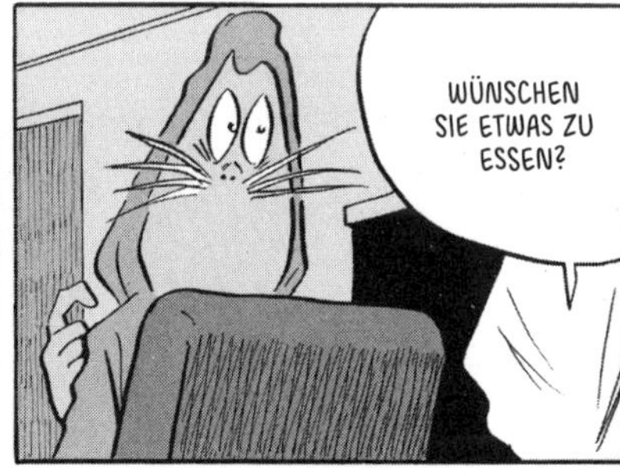
WÜNSCHEN SIE ETWAS ZU ESSEN?

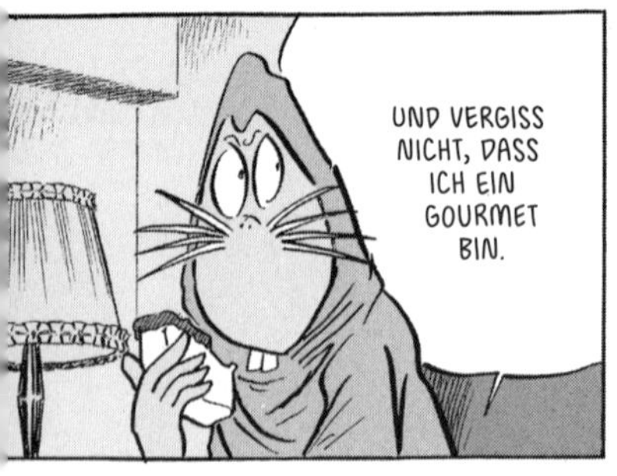
UND VERGISS NICHT, DASS ICH EIN GOURMET BIN.
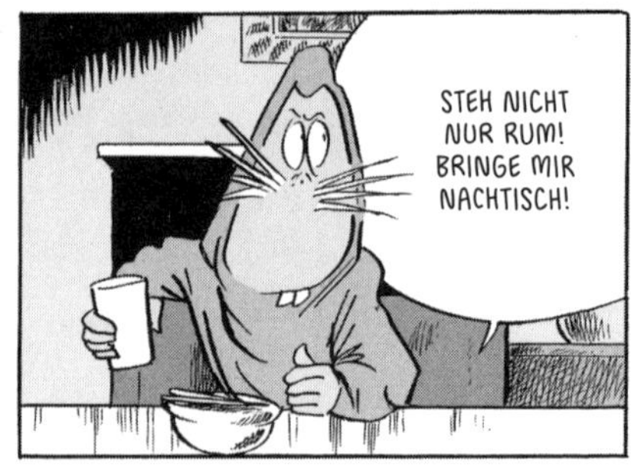
STEH NICHT NUR RUM! BRINGE MIR NACHTISCH!
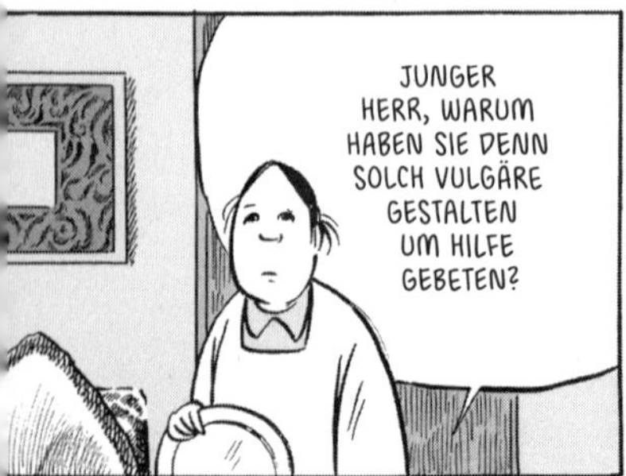
JUNGER HERR, WARUM HABEN SIE DENN SOLCH VULGÄRE GESTALTEN UM HILFE GEBETEN?
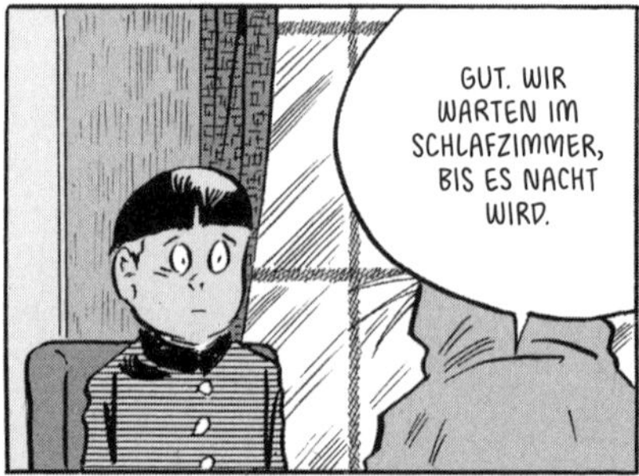
GUT. WIR WARTEN IM SCHLAFZIMMER, BIS ES NACHT WIRD.
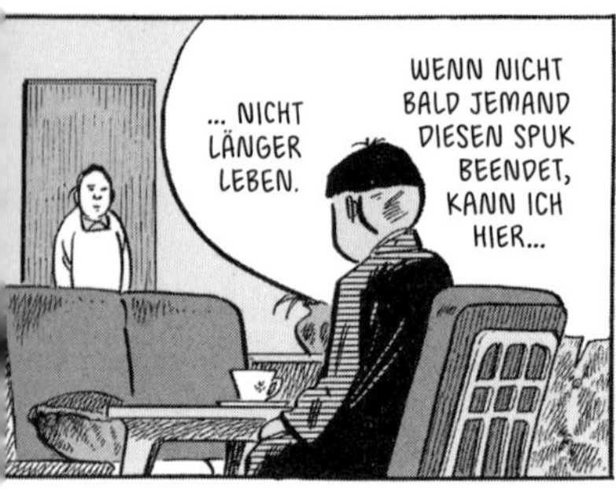
WENN NICHT BALD JEMAND DIESEN SPUK BEENDET, KANN ICH HIER...
... NICHT LÄNGER LEBEN.
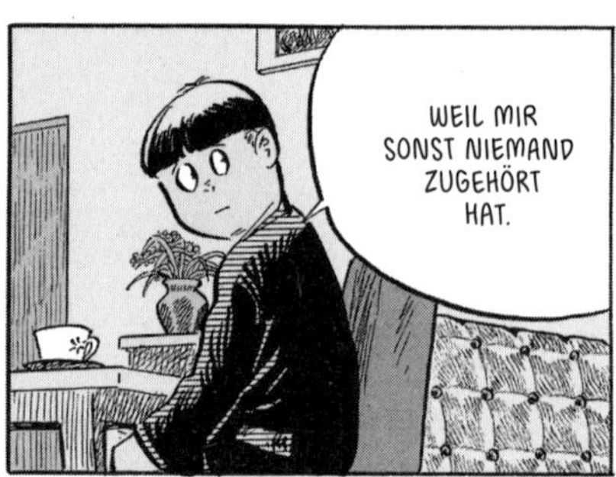
WEIL MIR SONST NIEMAND ZUGEHÖRT HAT.
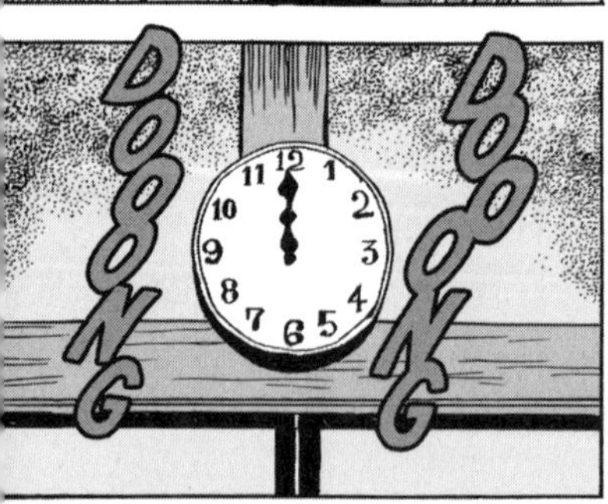
DOOONG
DOOONG
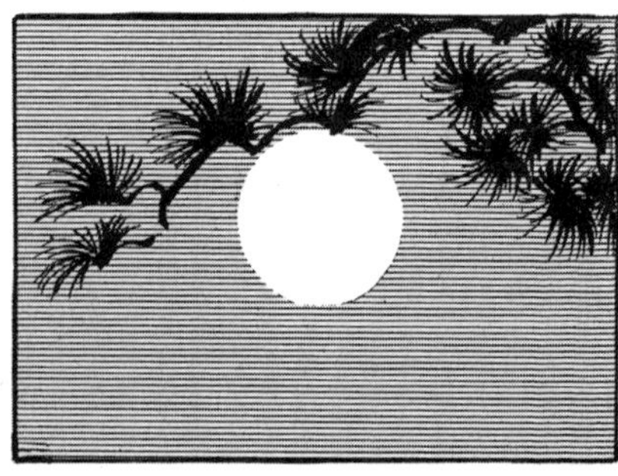

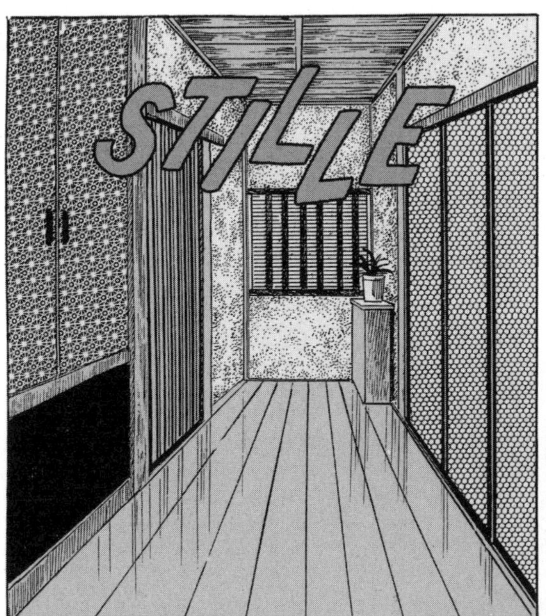
STILLE

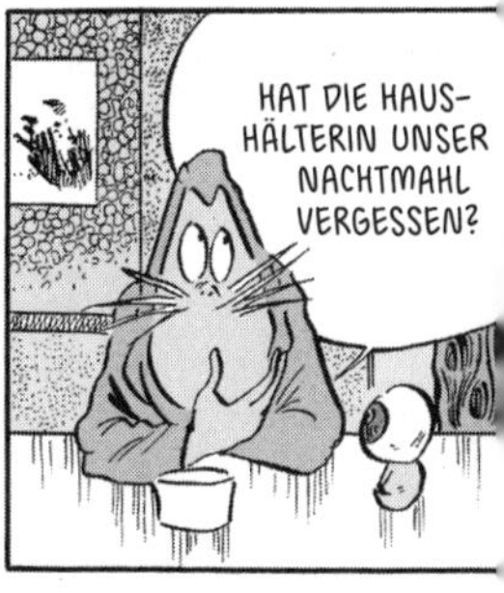
HAT DIE HAUS-
HÄLTERIN UNSER
NACHTMAHL
VERGESSEN?

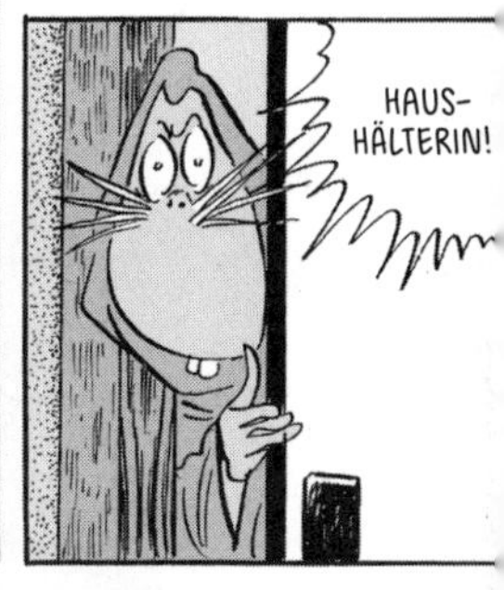
HAUS-
HÄLTERIN!

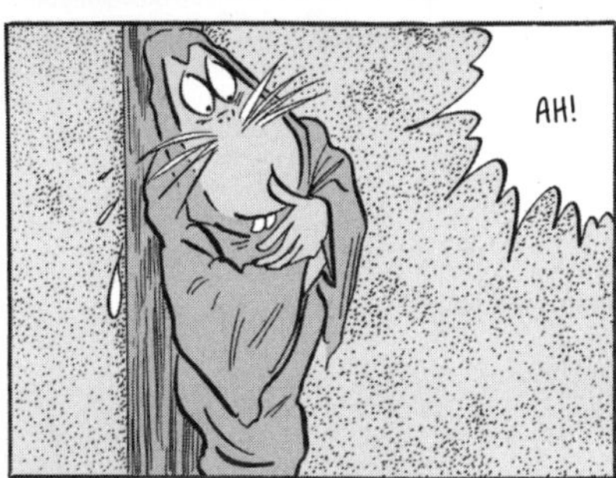
AH!

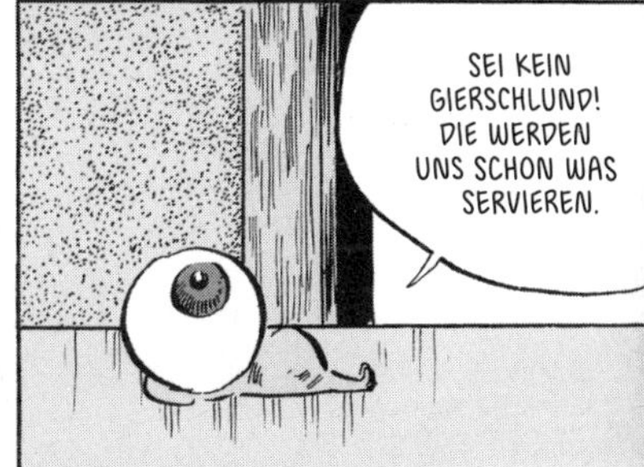
SEI KEIN
GIERSCHLUND!
DIE WERDEN
UNS SCHON WAS
SERVIEREN.

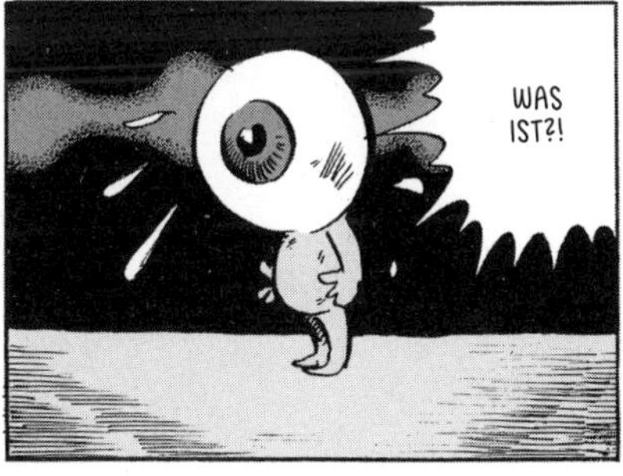
WAS
IST?!

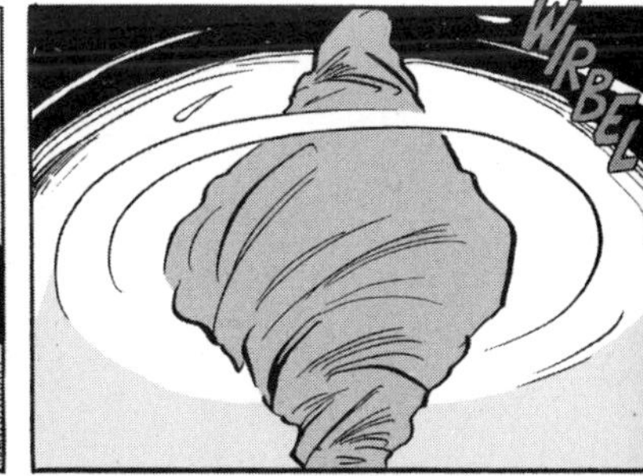
WIRBEL

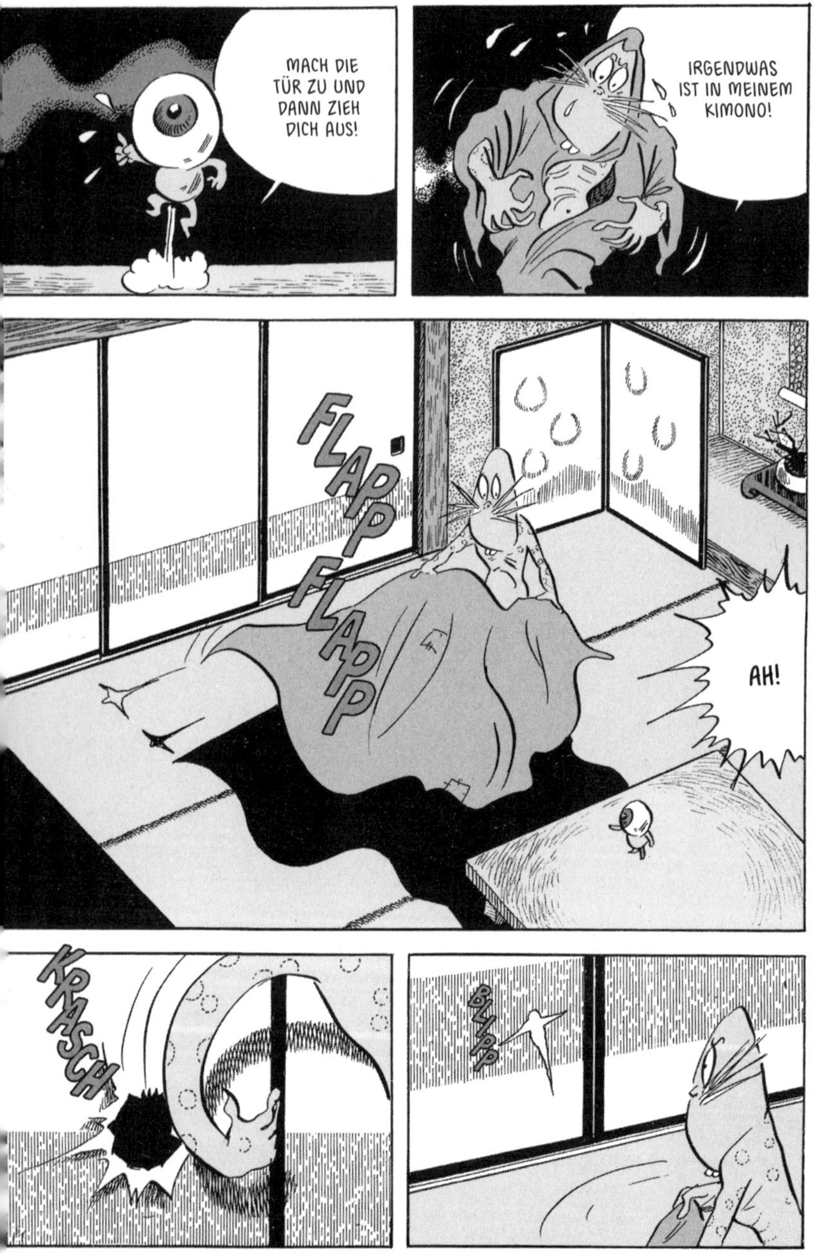

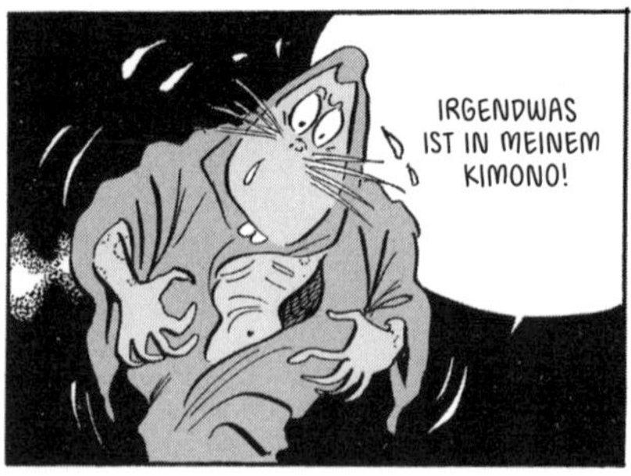

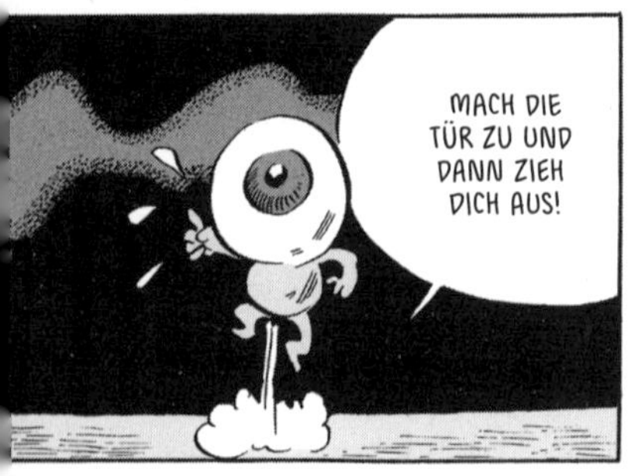

FLAPP FLAPP

AH!

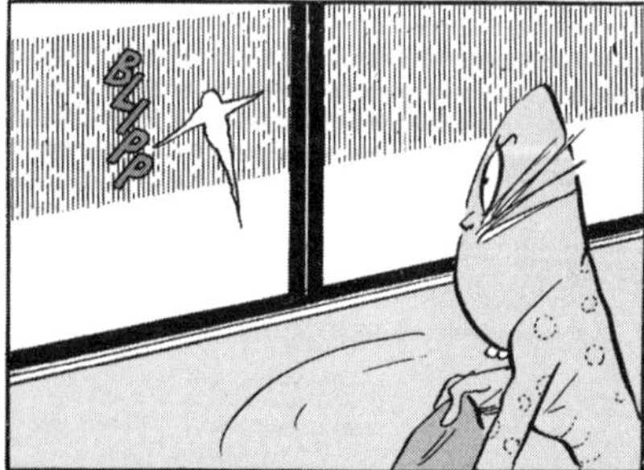

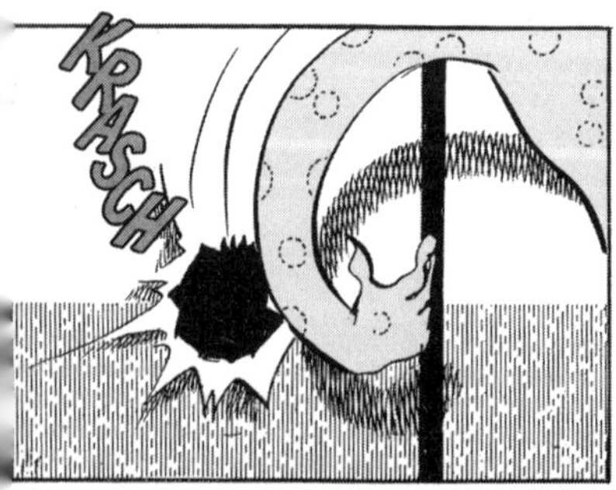

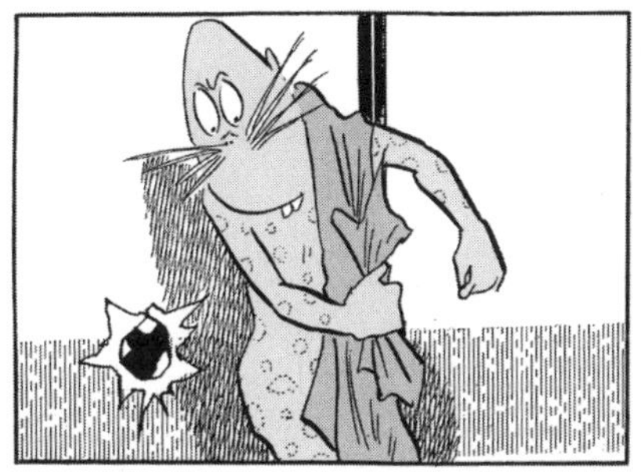
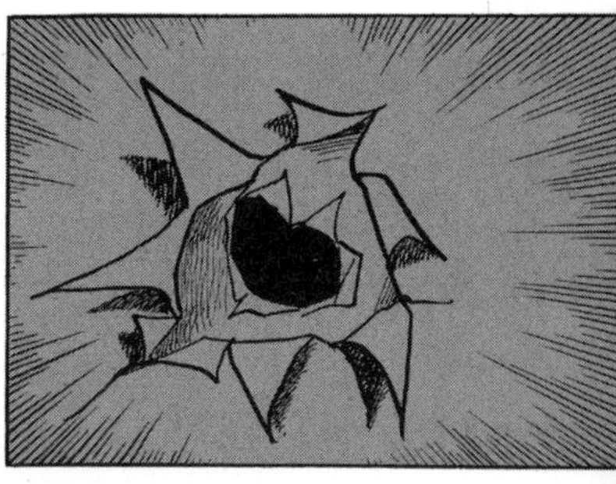
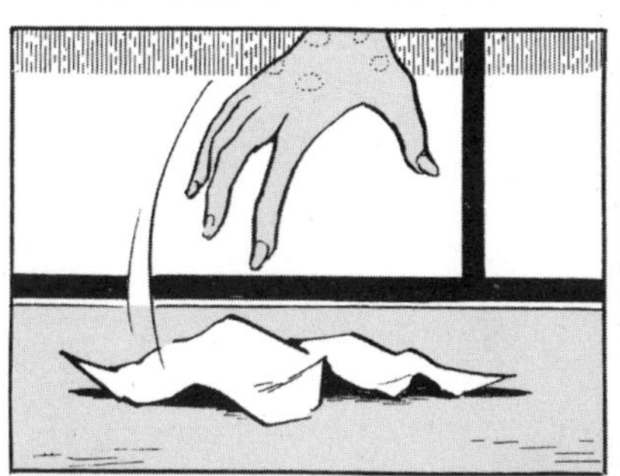
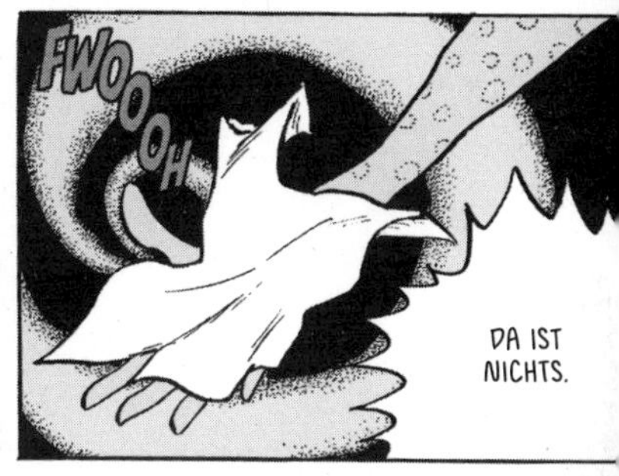
FWOOOH
DA IST NICHTS.
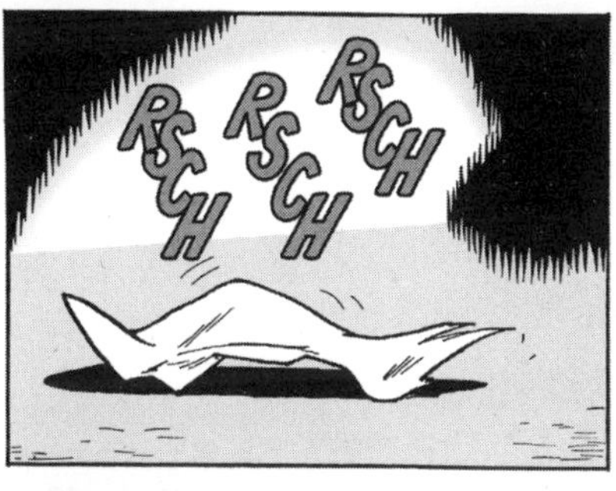
RSCH RSCH RSCH
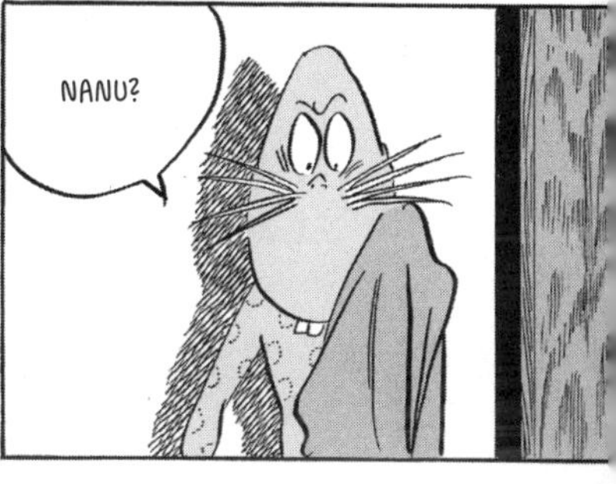
NANU?
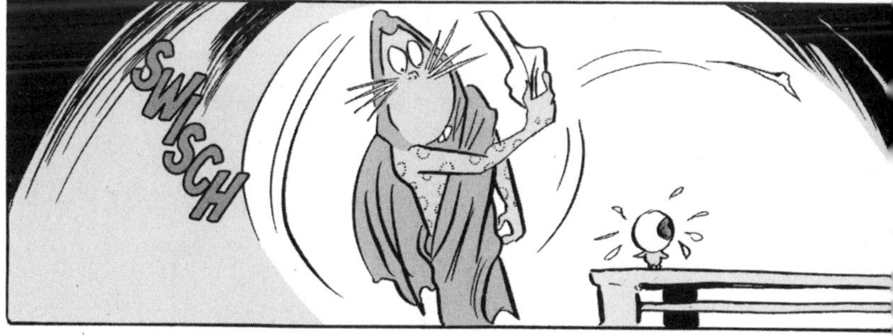
SWISCH

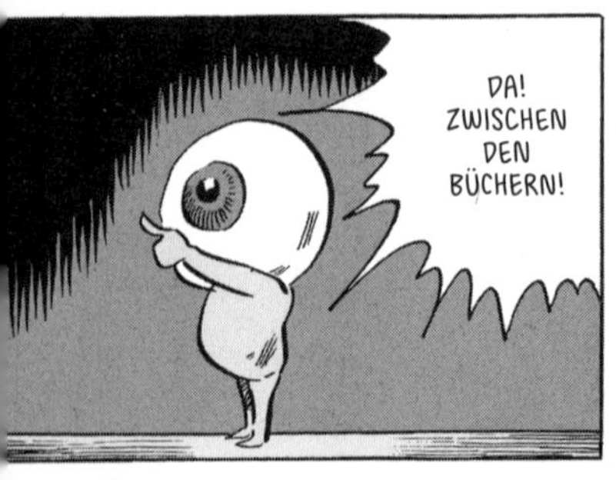
DA! ZWISCHEN DEN BÜCHERN!

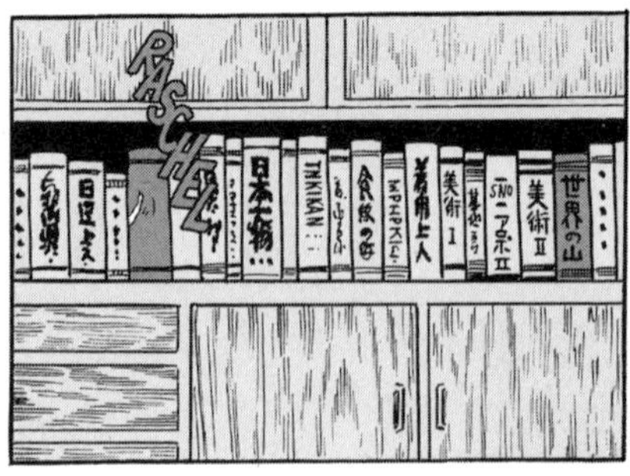
RASCHEL

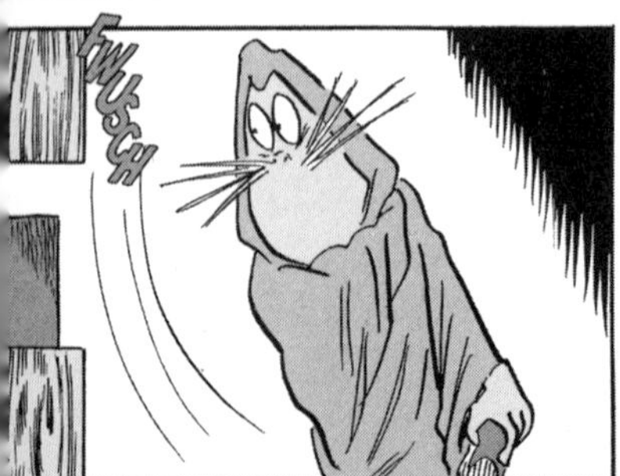
FWUSCH

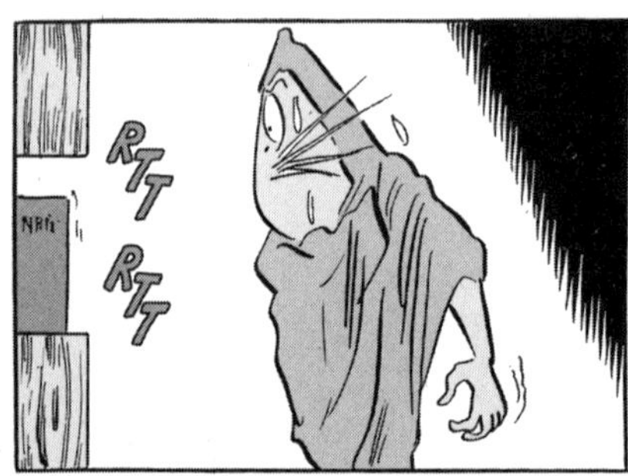
RTT
RTT

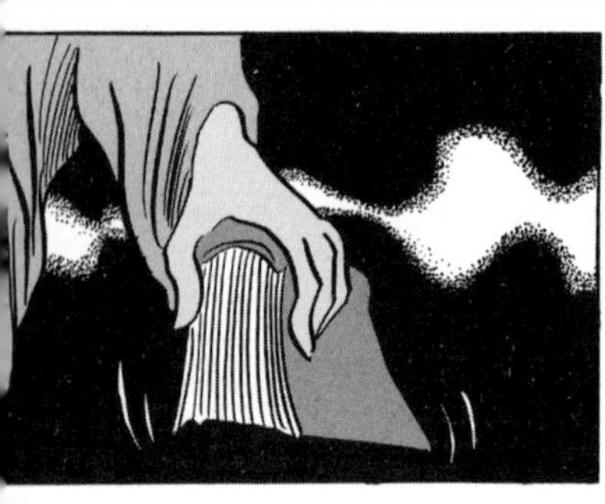

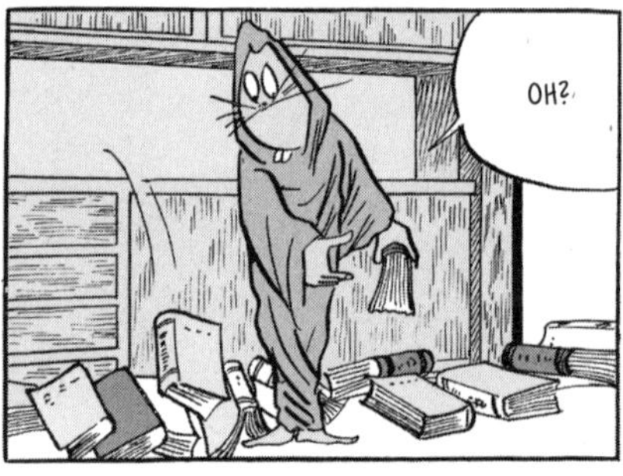
OH?

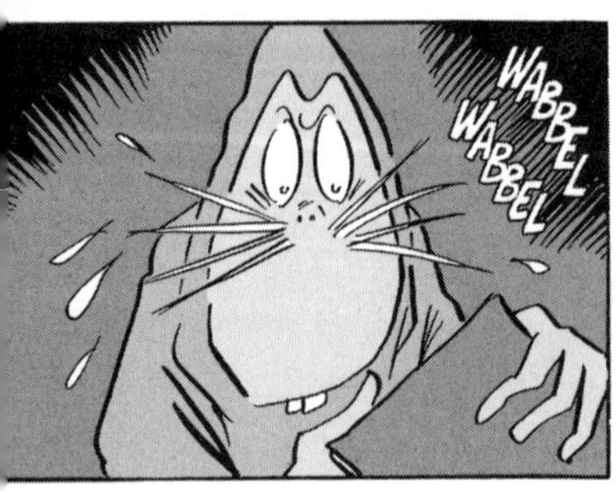
WABBEL
WABBEL

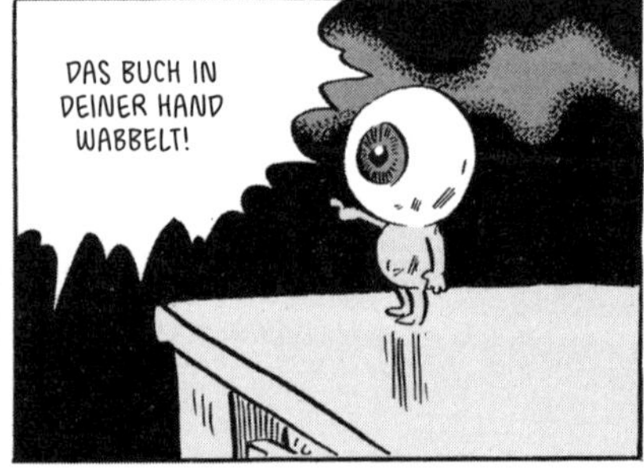
DAS BUCH IN DEINER HAND WABBELT!

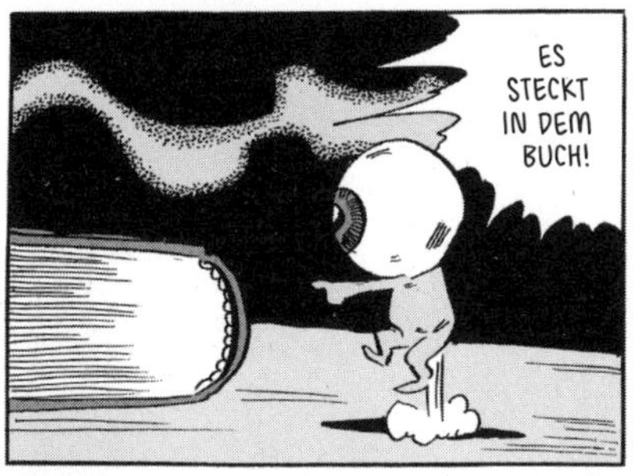
ES STECKT IN DEM BUCH!

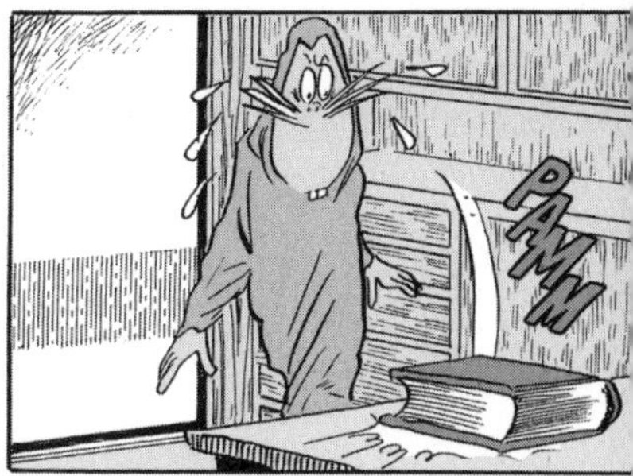
PAMM

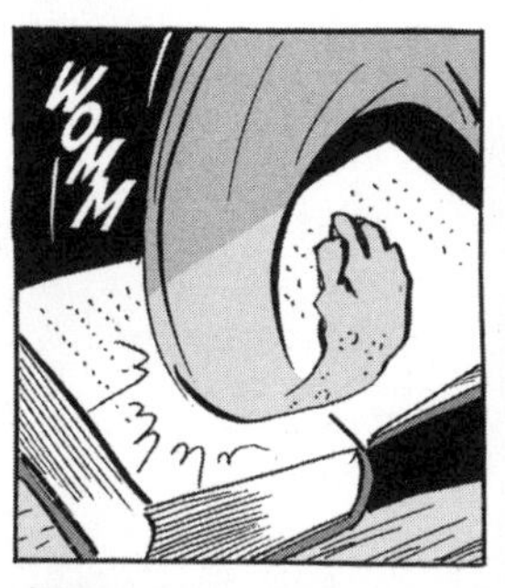
WOMM

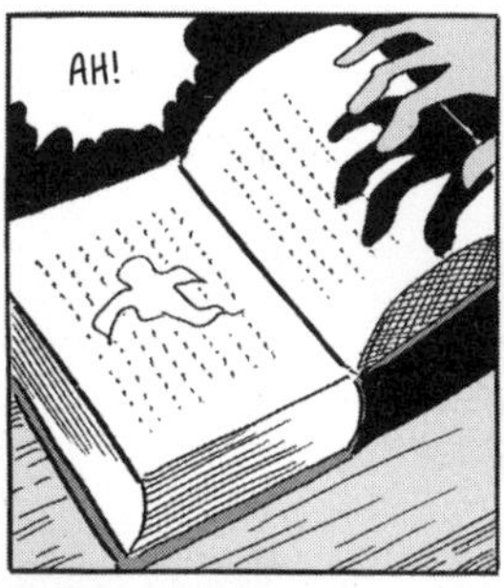
AH!

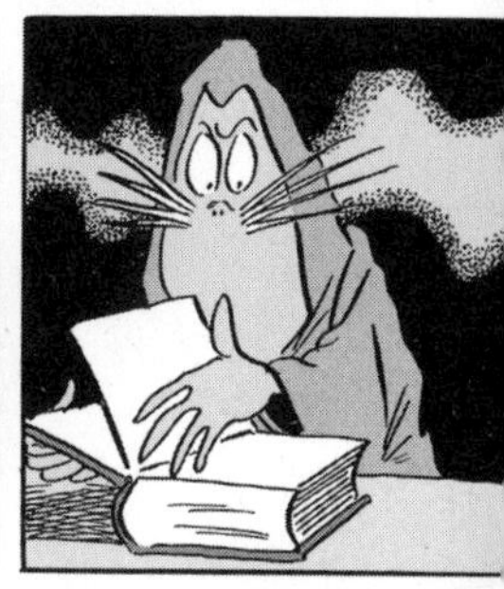

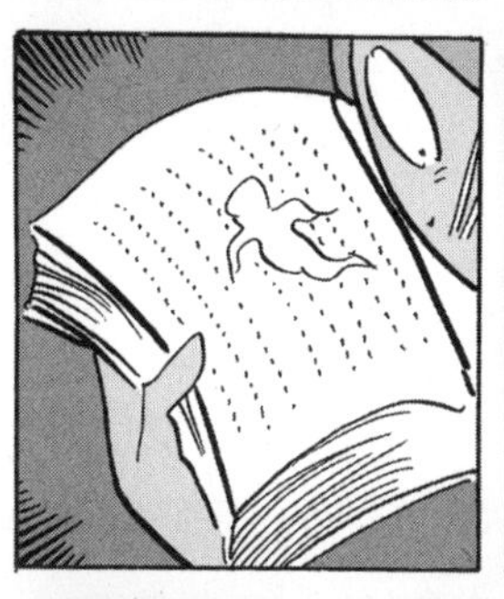

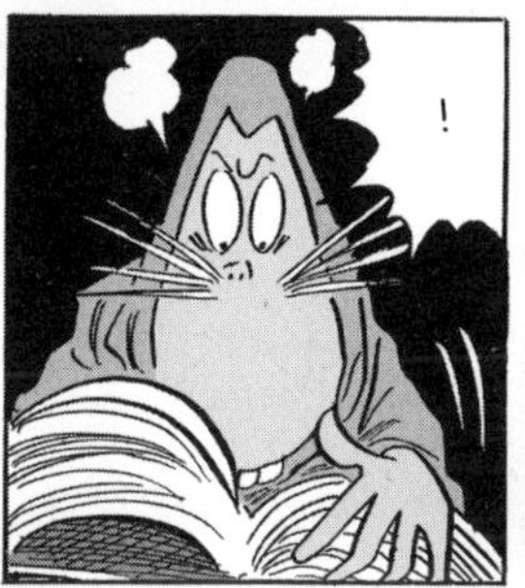
!

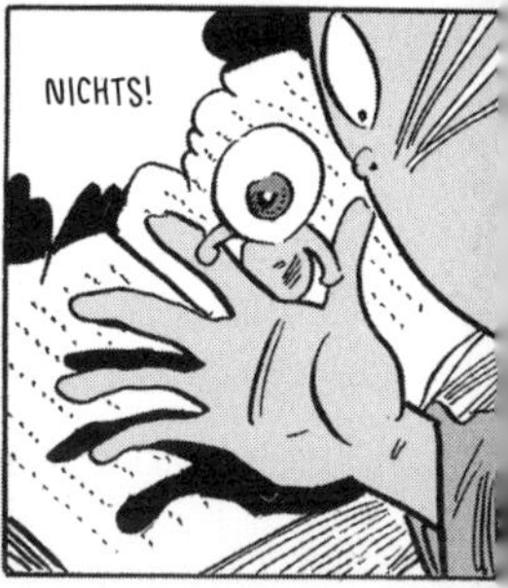
NICHTS!

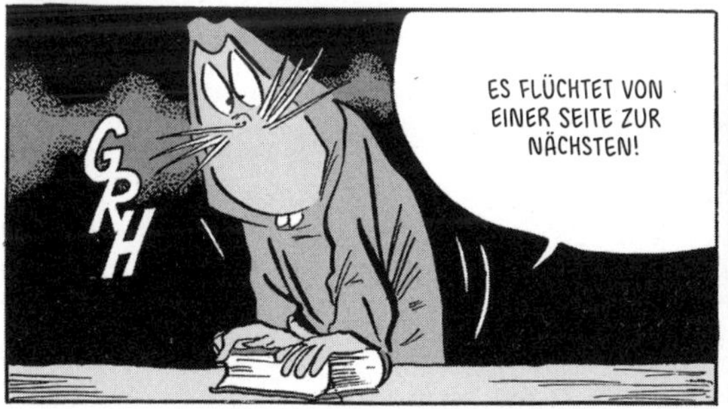
GRH
ES FLÜCHTET VON EINER SEITE ZUR NÄCHSTEN!

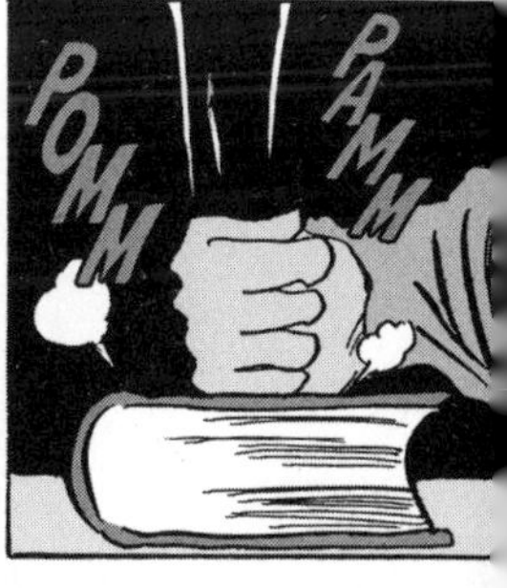
POMM
PAMM

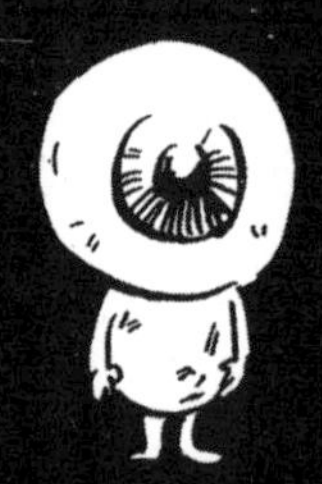

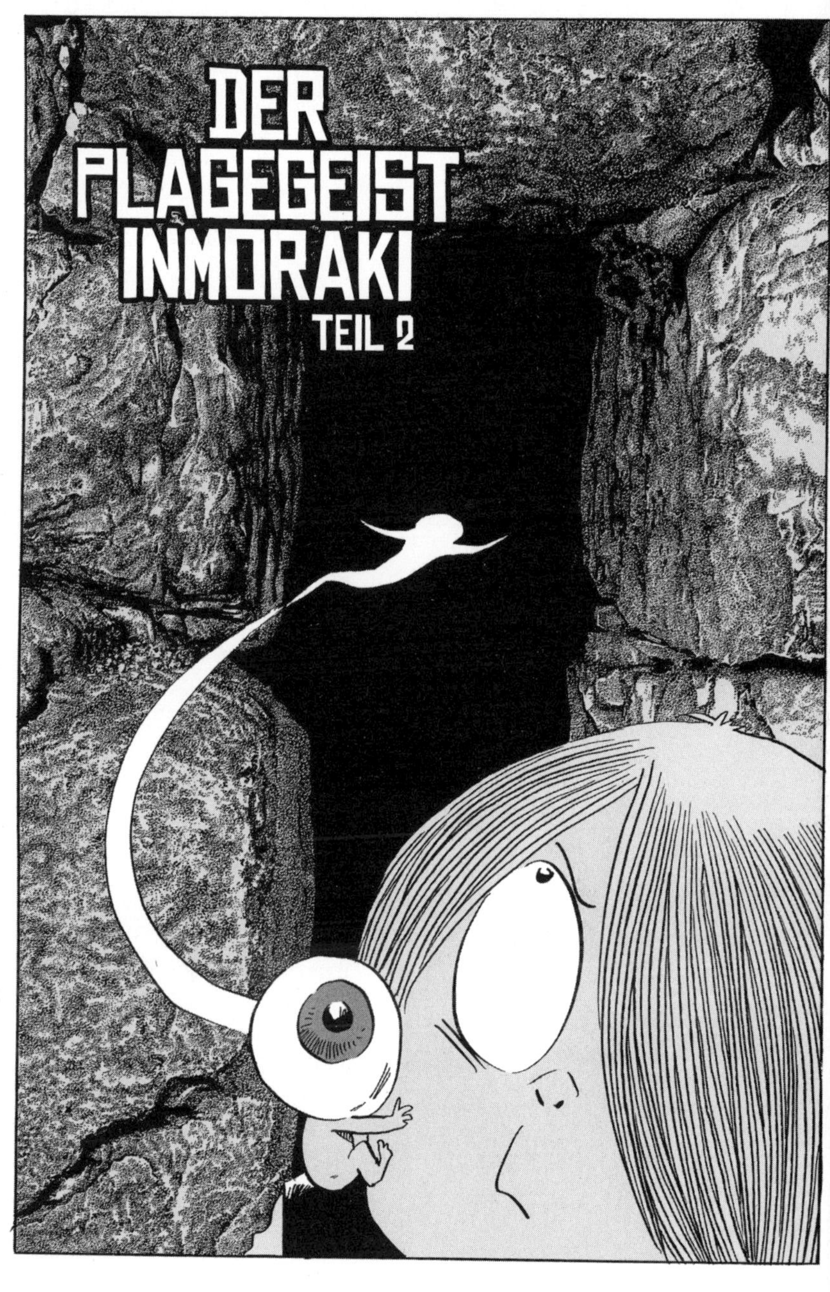
DER PLAGEGEIST INMORAKI
TEIL 2

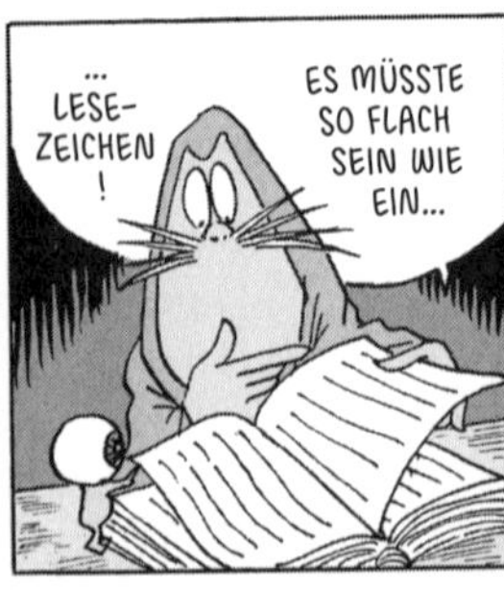
ES MÜSSTE SO FLACH SEIN WIE EIN...
... LESE-ZEICHEN !
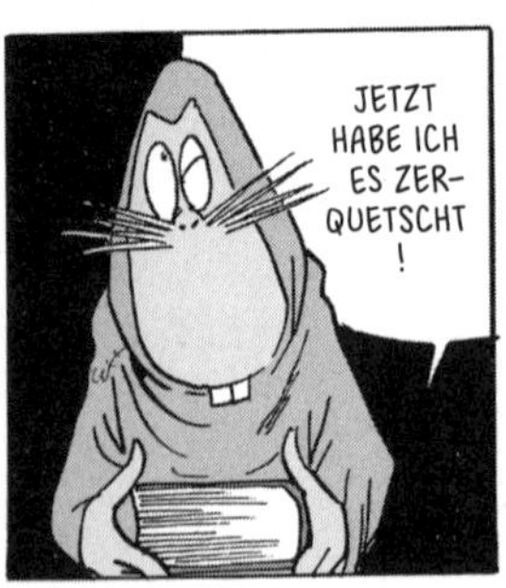
JETZT HABE ICH ES ZER-QUETSCHT !
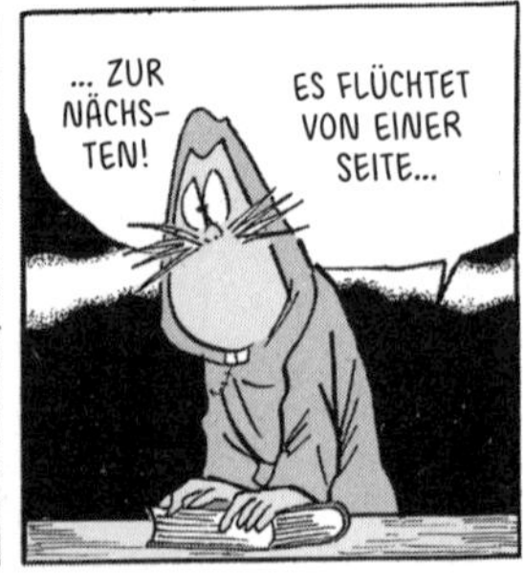
ES FLÜCHTET VON EINER SEITE...
... ZUR NÄCHS-TEN!
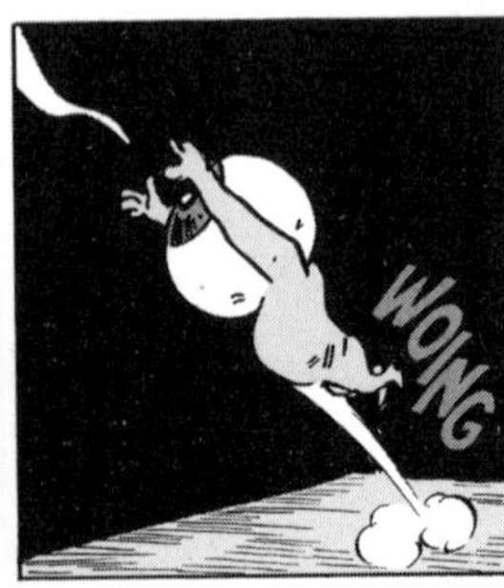
WOING
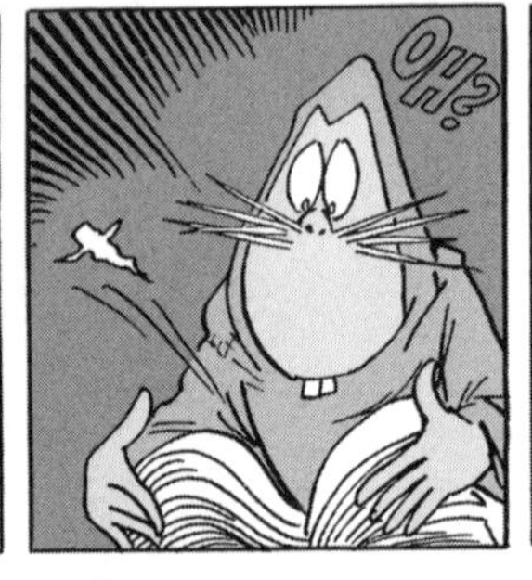
OH?
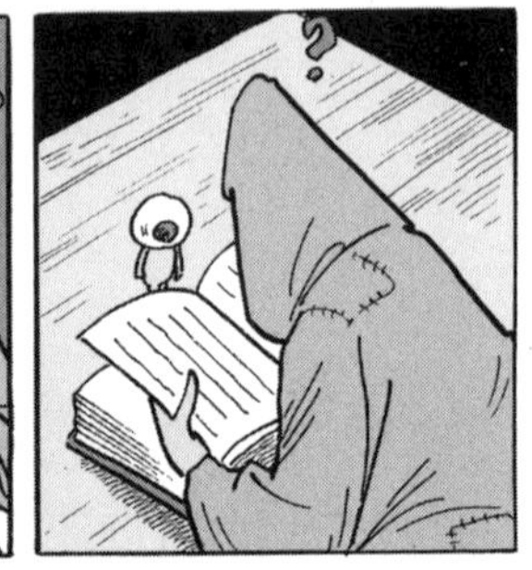
?
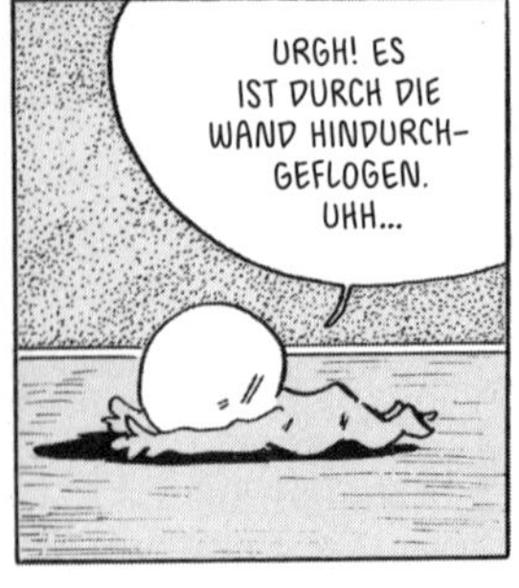
URGH! ES IST DURCH DIE WAND HINDURCH-GEFLOGEN. UHH...
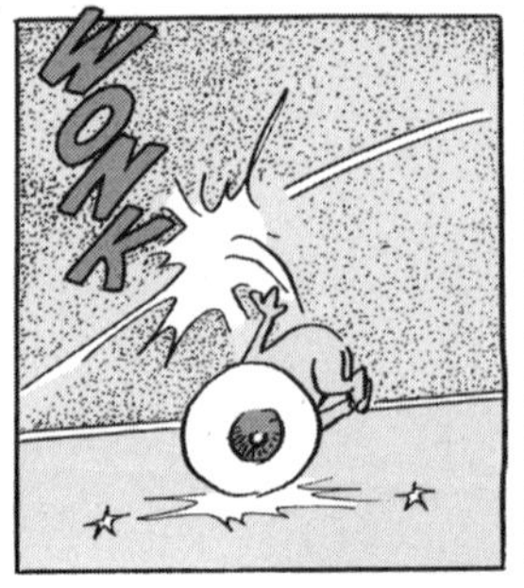
WONK
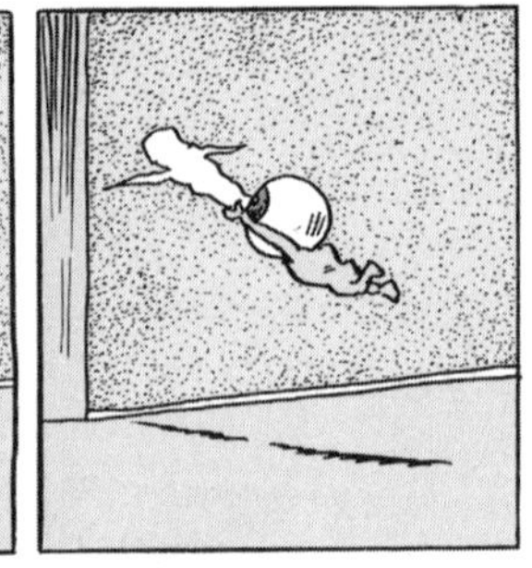
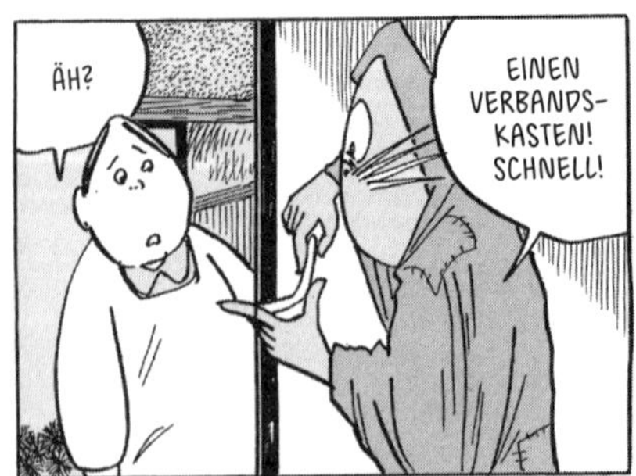
EINEN VERBANDS-KASTEN! SCHNELL!
ÄH?
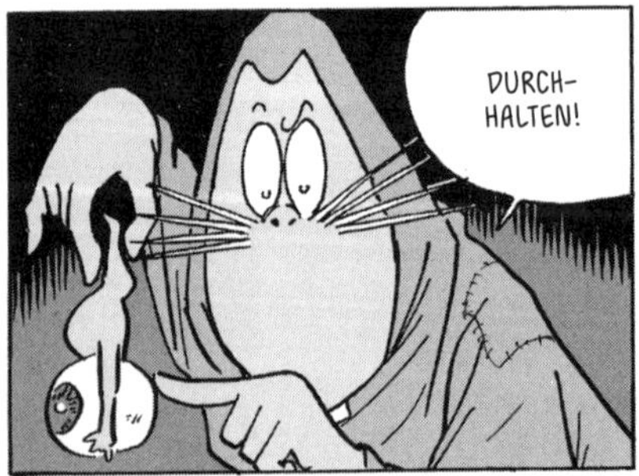
DURCH-HALTEN!

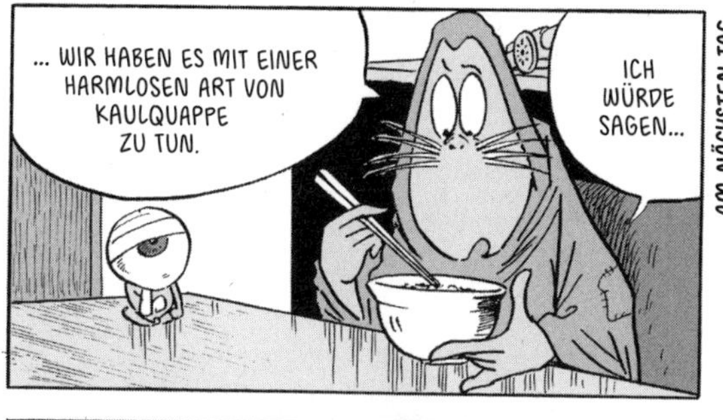
... WIR HABEN ES MIT EINER HARMLOSEN ART VON KAULQUAPPE ZU TUN.
ICH WÜRDE SAGEN...

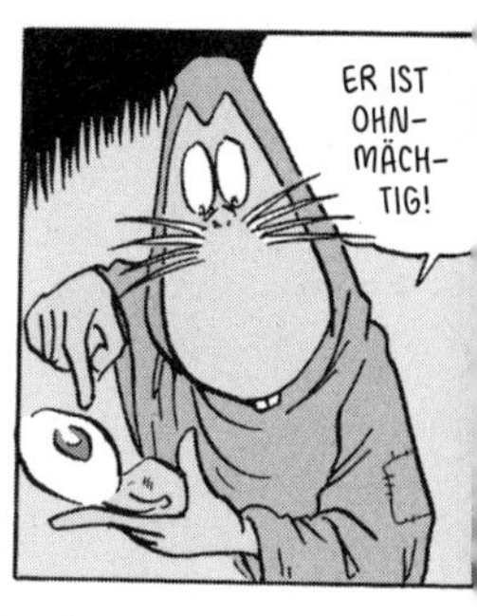
AM NÄCHSTEN TAG.
ER IST OHNMÄCHTIG!

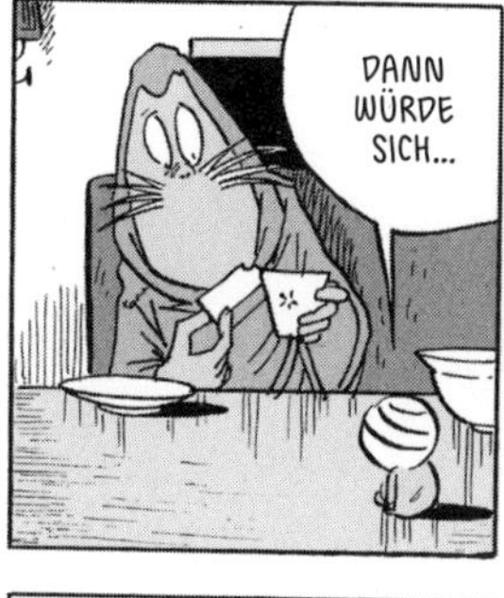
DANN WÜRDE SICH...

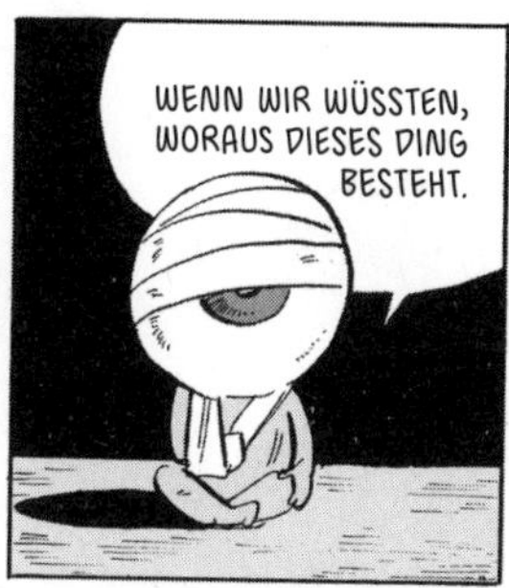
WENN WIR WÜSSTEN, WORAUS DIESES DING BESTEHT.

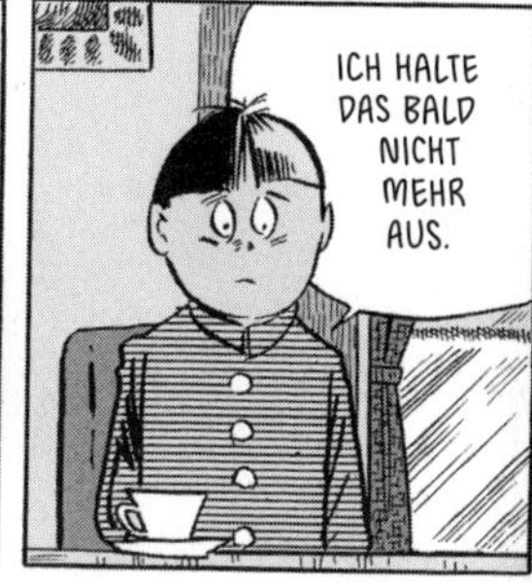
ICH HALTE DAS BALD NICHT MEHR AUS.

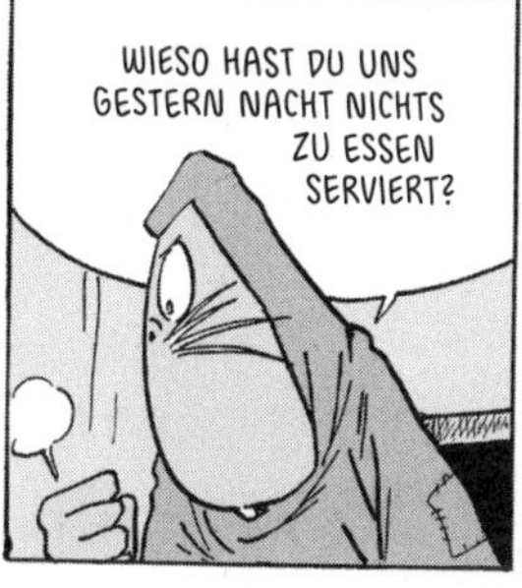
WIESO HAST DU UNS GESTERN NACHT NICHTS ZU ESSEN SERVIERT?

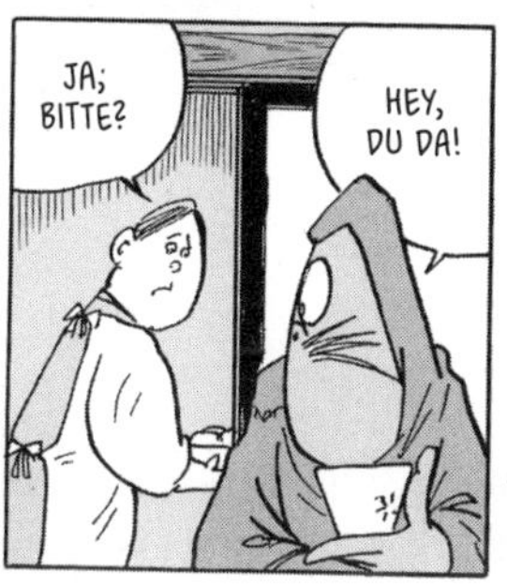
JA; BITTE?
HEY, DU DA!

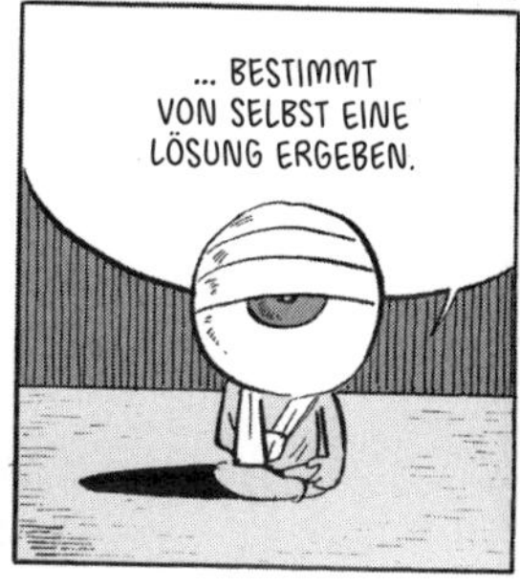
... BESTIMMT VON SELBST EINE LÖSUNG ERGEBEN.

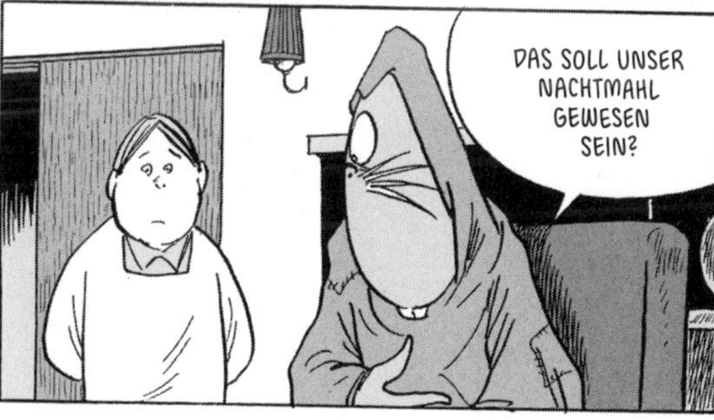
DAS SOLL UNSER NACHTMAHL GEWESEN SEIN?

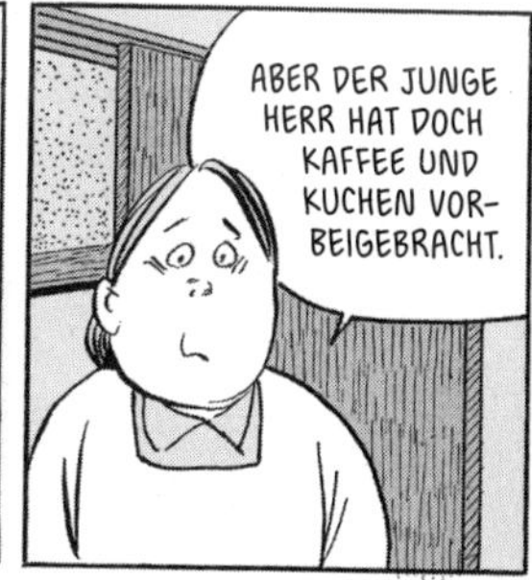
ABER DER JUNGE HERR HAT DOCH KAFFEE UND KUCHEN VORBEIGEBRACHT.

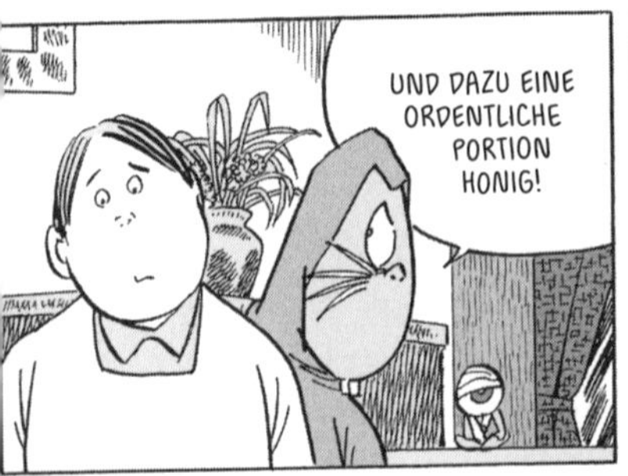
UND DAZU EINE ORDENTLICHE PORTION HONIG!

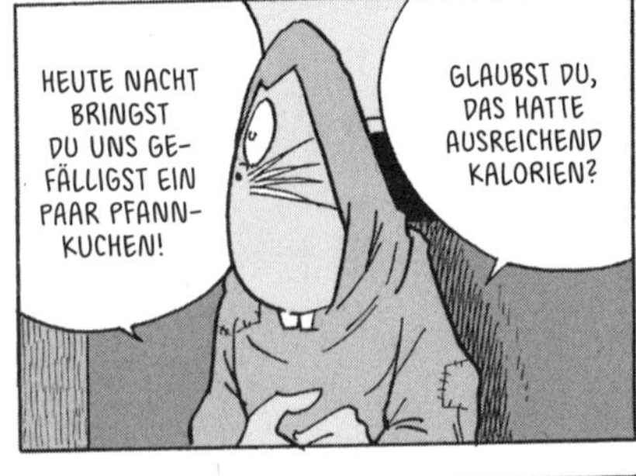
GLAUBST DU, DAS HATTE AUSREICHEND KALORIEN?
HEUTE NACHT BRINGST DU UNS GEFÄLLIGST EIN PAAR PFANNKUCHEN!

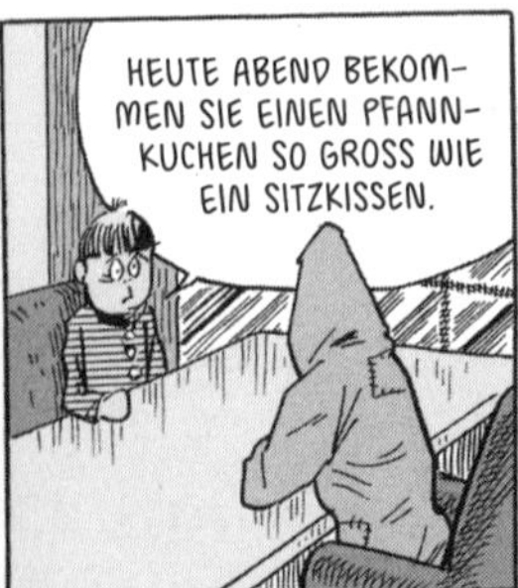
HEUTE ABEND BEKOMMEN SIE EINEN PFANNKUCHEN SO GROSS WIE EIN SITZKISSEN.

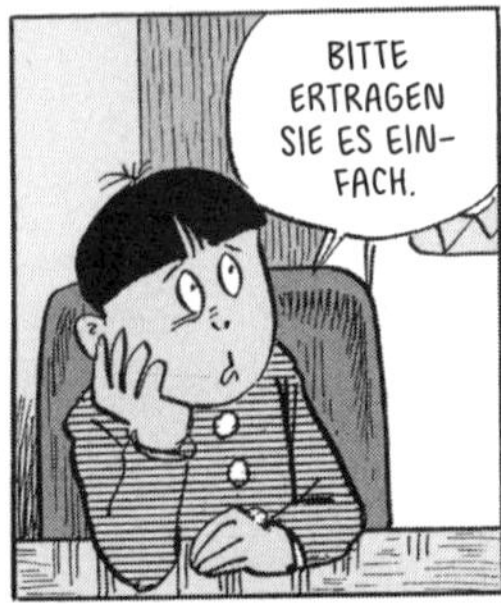
BITTE ERTRAGEN SIE ES EINFACH.

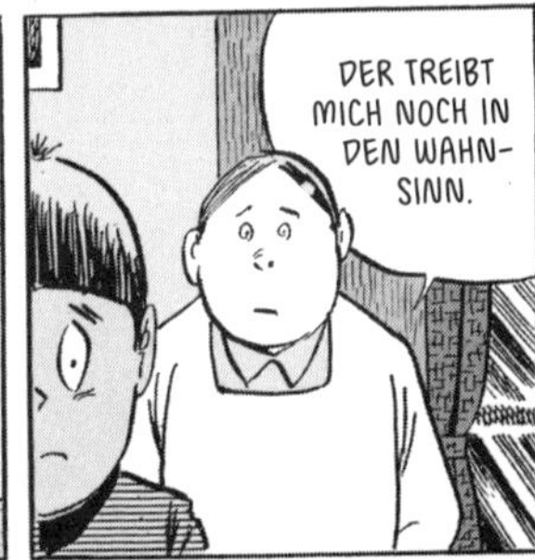
DER TREIBT MICH NOCH IN DEN WAHNSINN.

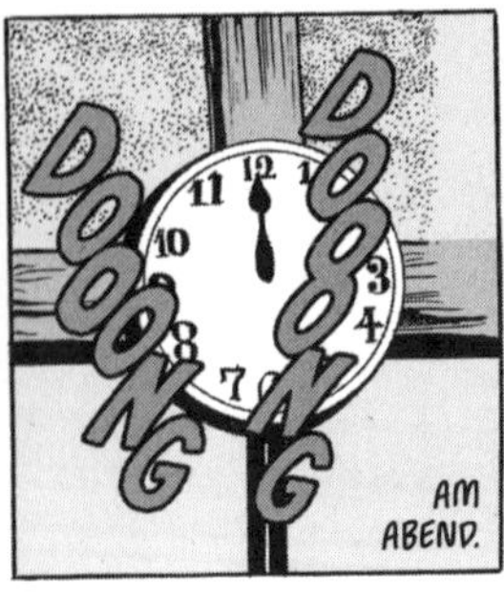
DOOOONG
DOOOONG
AM ABEND.

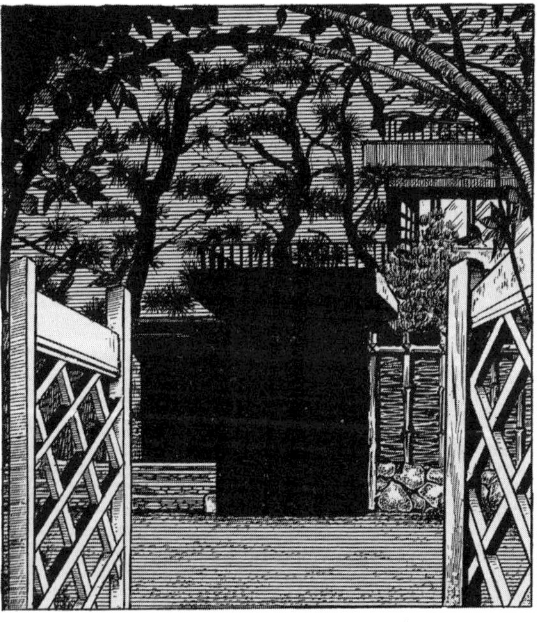

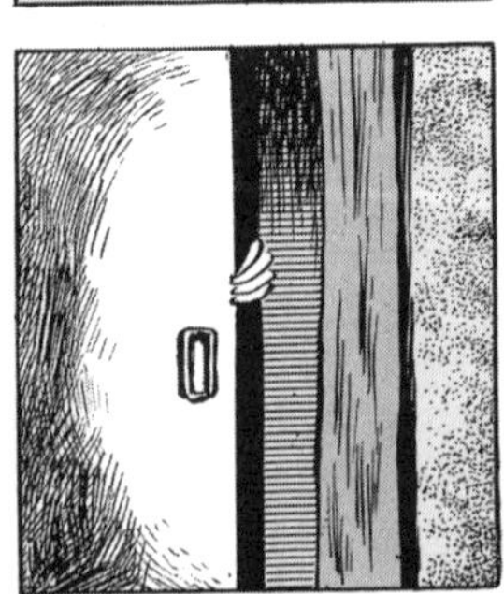

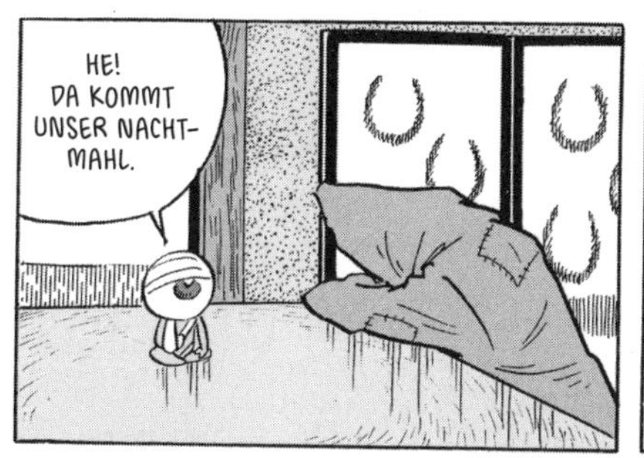
HE!
DA KOMMT
UNSER NACHT-
MAHL.

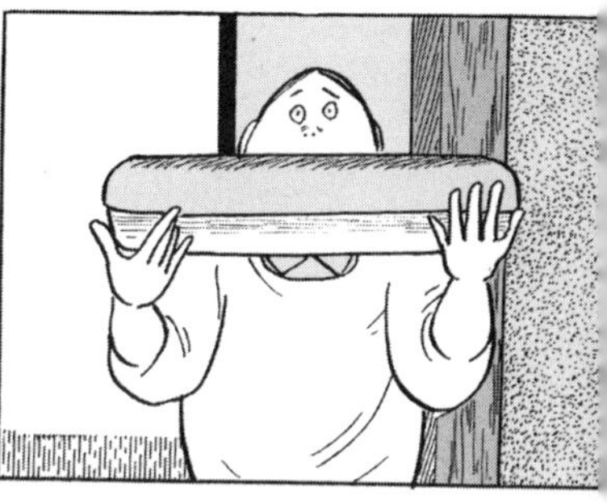

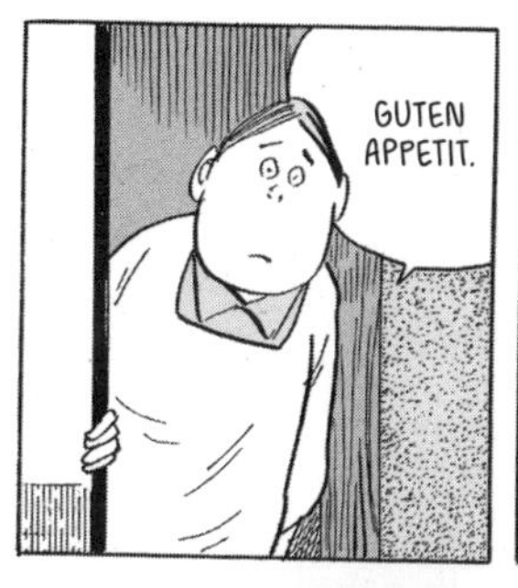
GUTEN
APPETIT.

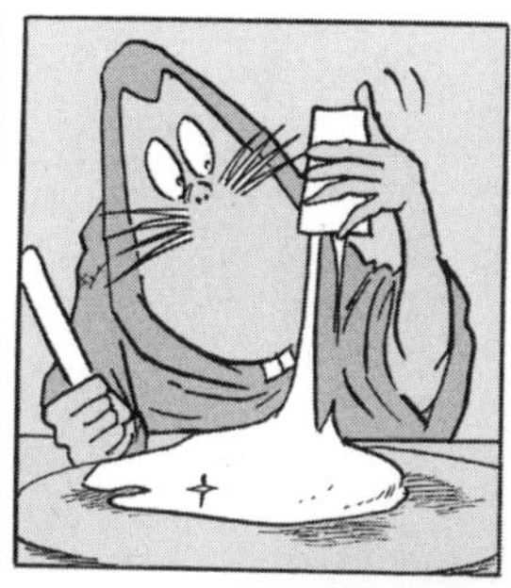

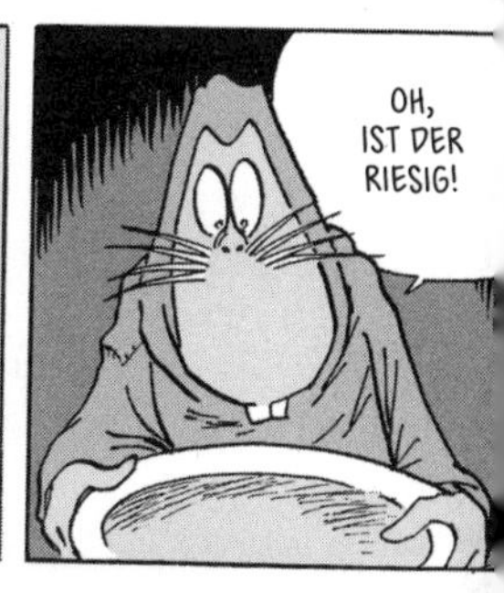
OH,
IST DER
RIESIG!

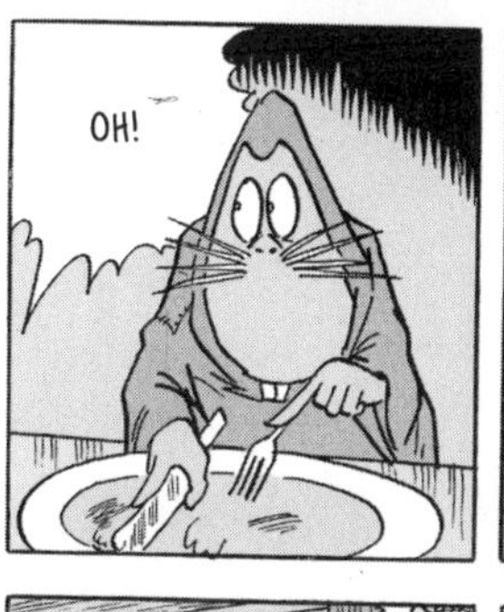
OH!

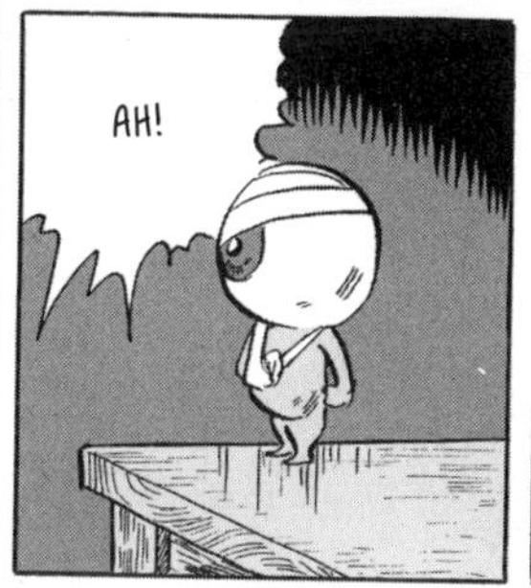
AH!

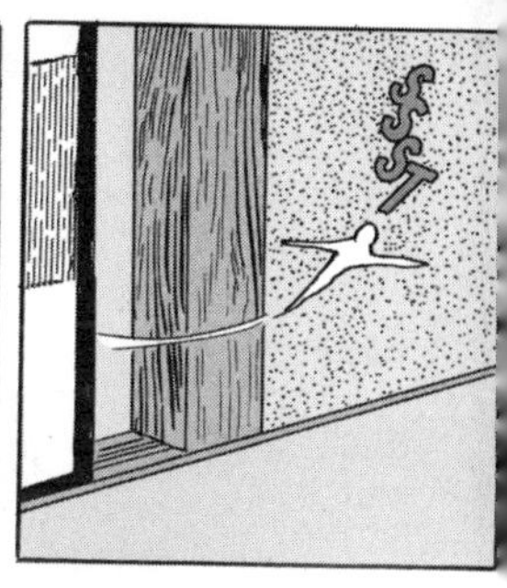
SSST

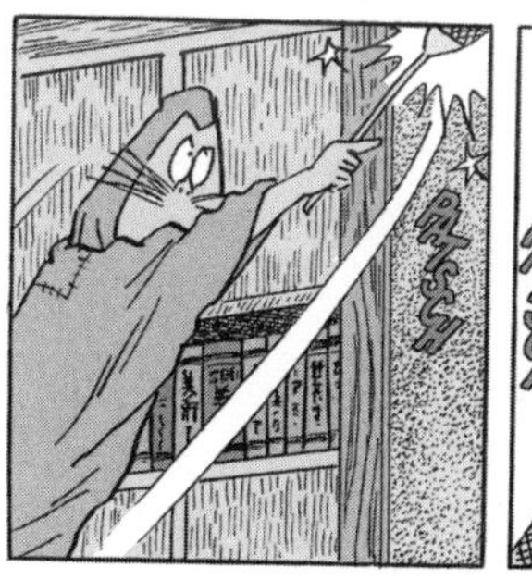
PATSCH

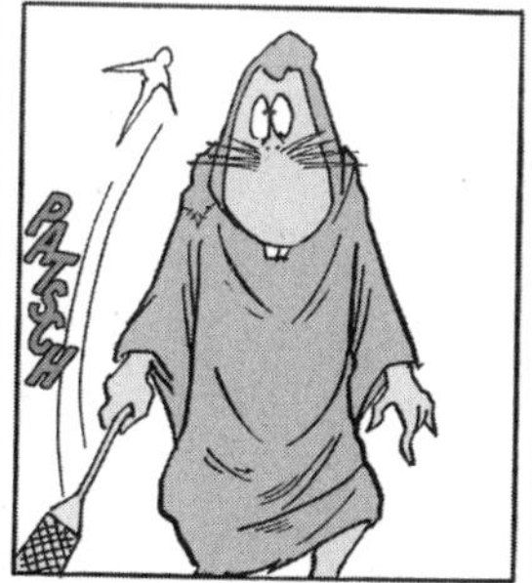
PATSCH

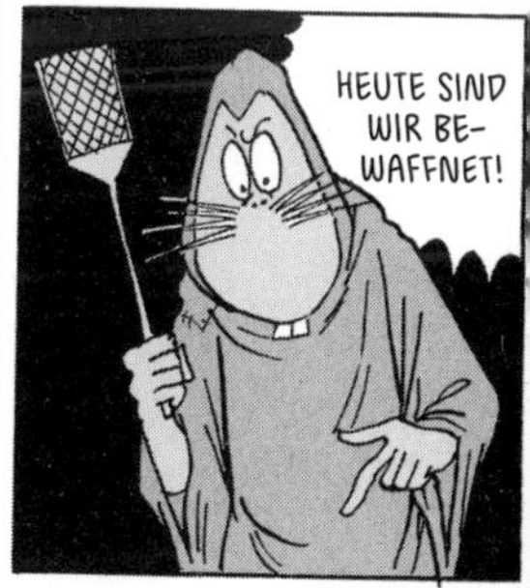
HEUTE SIND
WIR BE-
WAFFNET!

IN DIESEM MOMENT BLIEB DAS MERKWÜRDIGE DING IM HONIG KLEBEN.

FLPP

FLPP

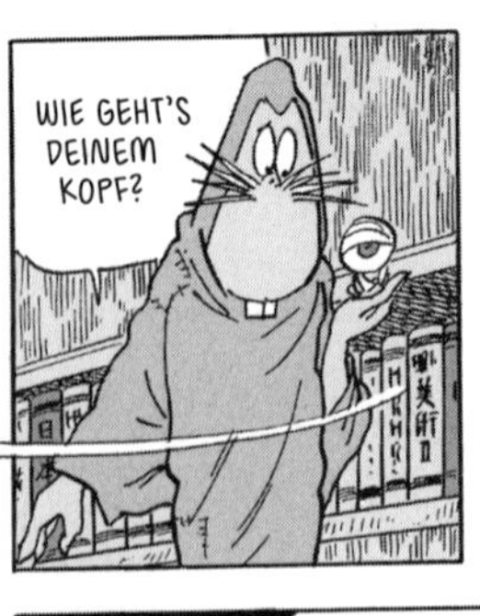

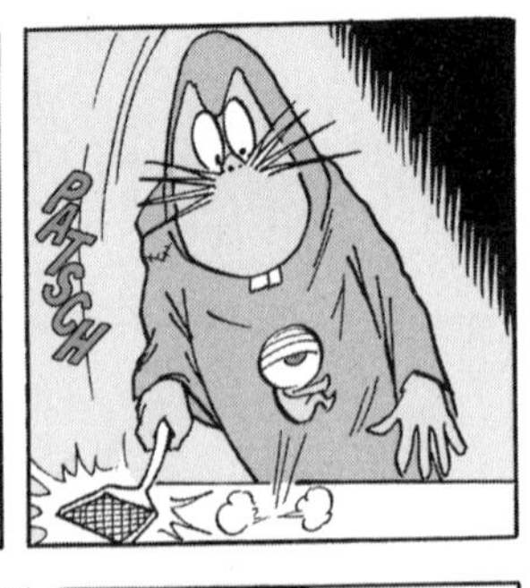

ICH VERSTECKE MICH ZWISCHEN ZWEI PFANNKUCHEN.

SCHLBB SCHLBB

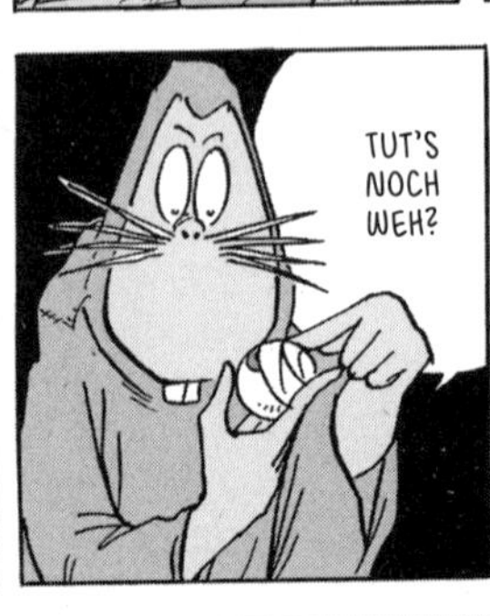

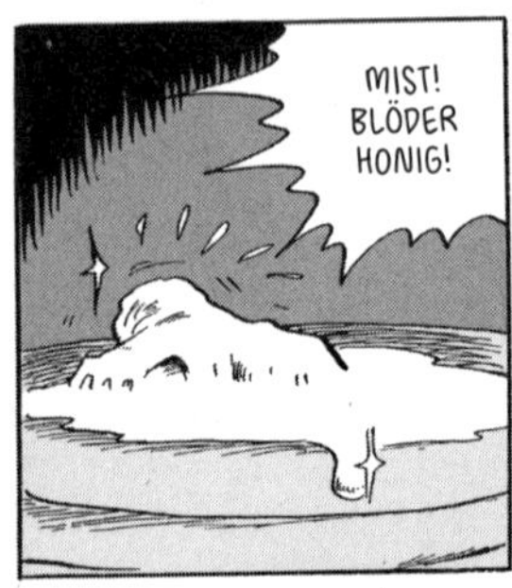

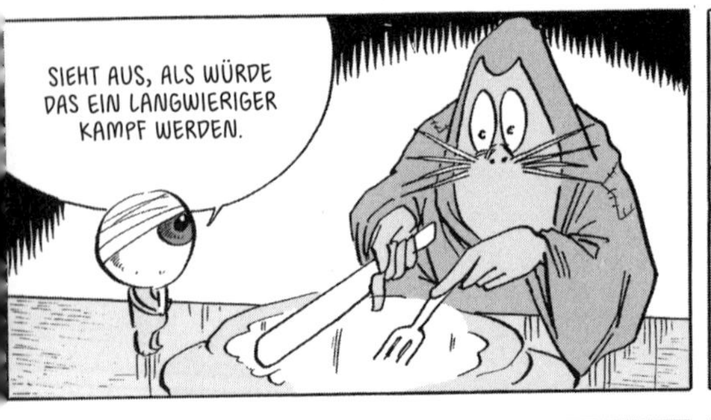

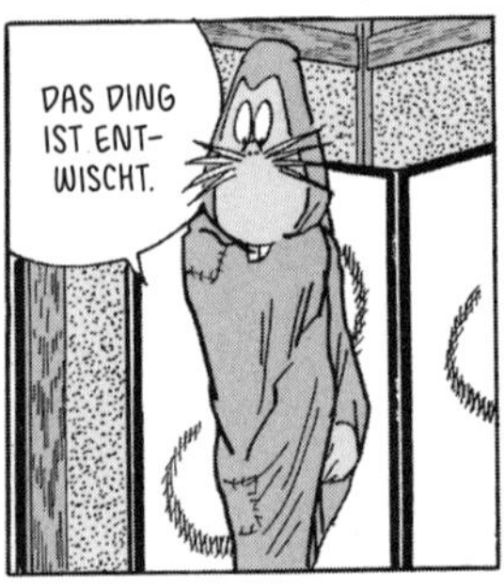

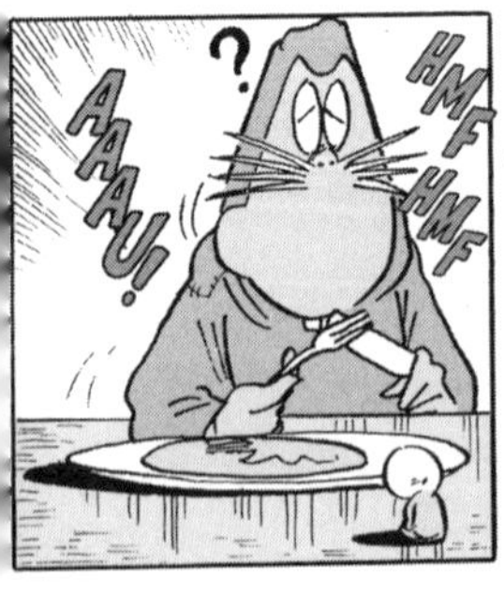

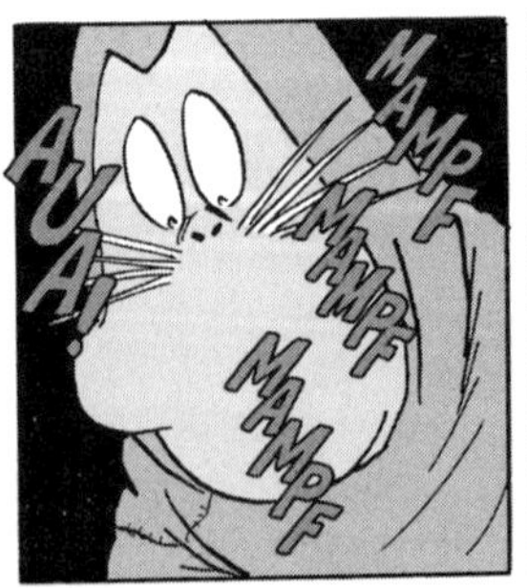

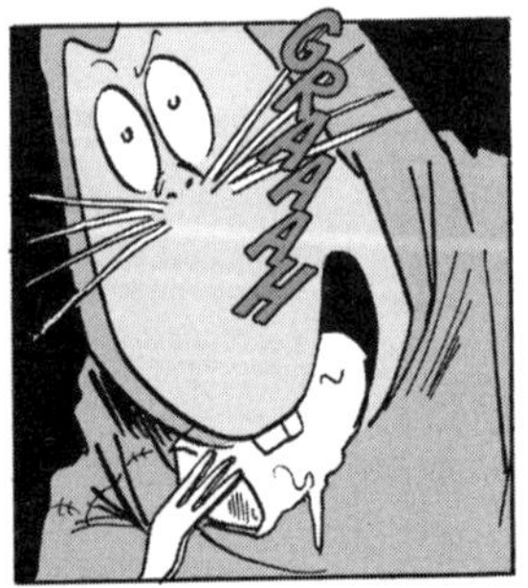

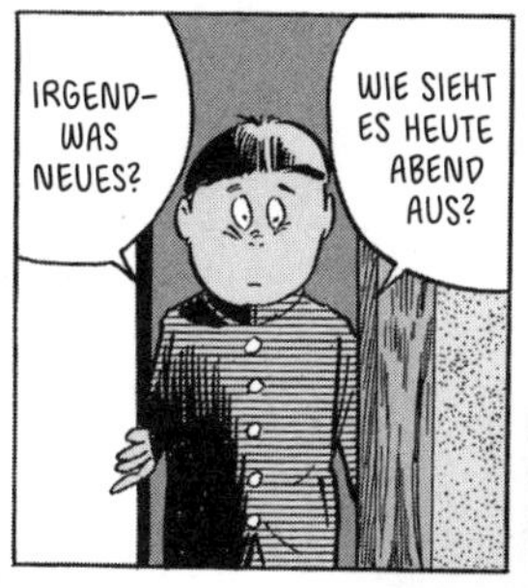
IRGEND-
WAS
NEUES?
WIE SIEHT
ES HEUTE
ABEND
AUS?

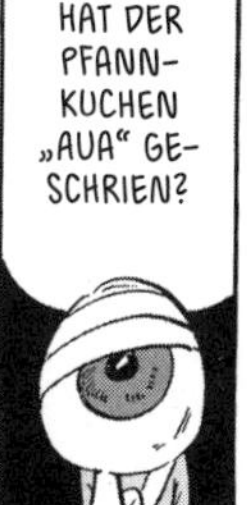
HAT DER
PFANN-
KUCHEN
„AUA" GE-
SCHRIEN?

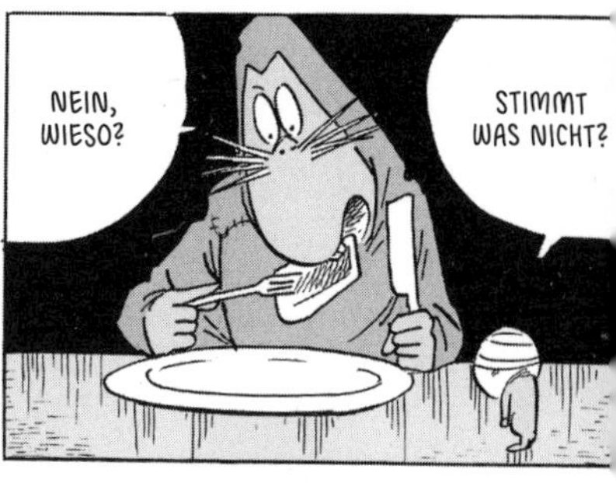
NEIN,
WIESO?
STIMMT
WAS NICHT?

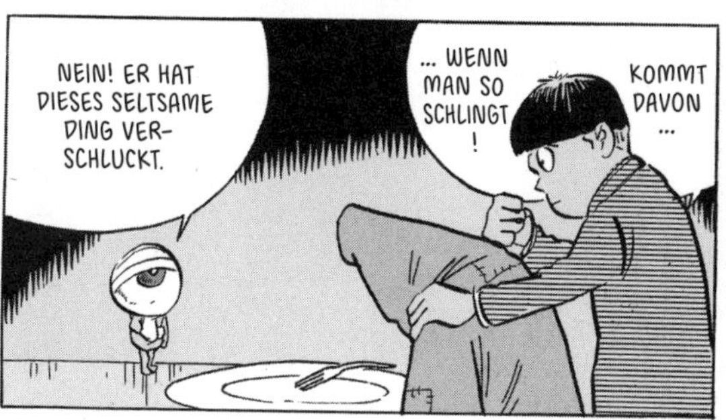
NEIN! ER HAT
DIESES SELTSAME
DING VER-
SCHLUCKT.
... WENN
MAN SO
SCHLINGT
!
KOMMT
DAVON
...

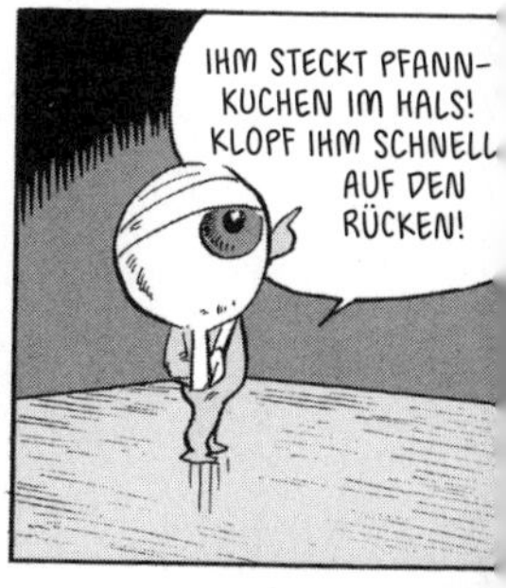
IHM STECKT PFANN-
KUCHEN IM HALS!
KLOPF IHM SCHNELL
AUF DEN
RÜCKEN!

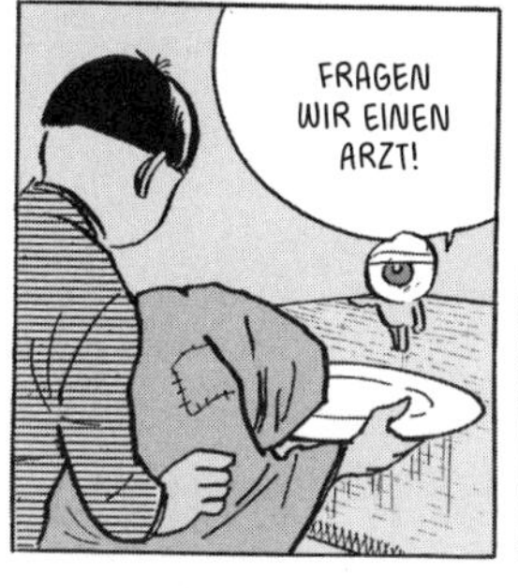
FRAGEN
WIR EINEN
ARZT!

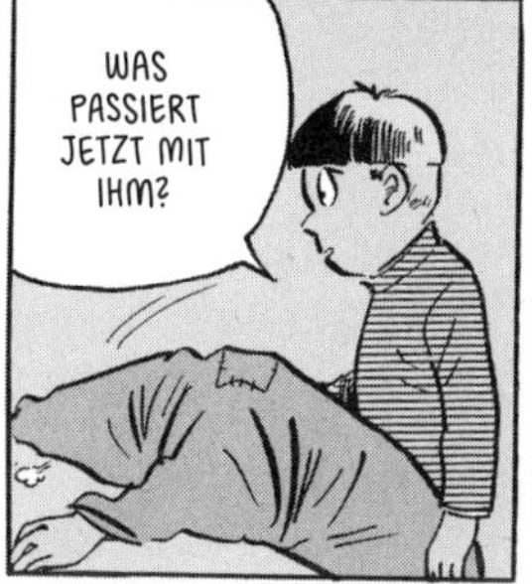
WAS
PASSIERT
JETZT MIT
IHM?

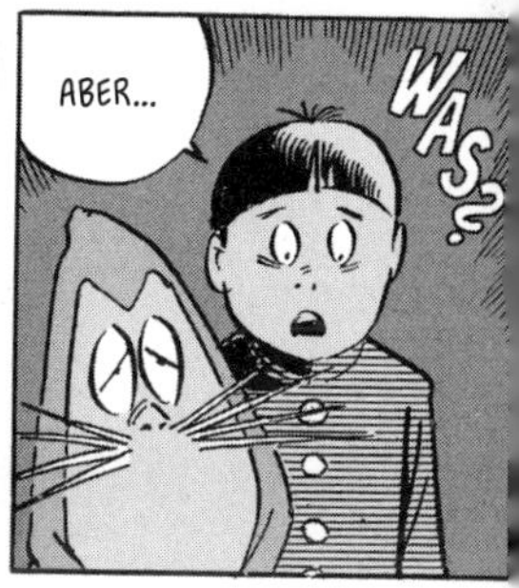
ABER...
WAS?

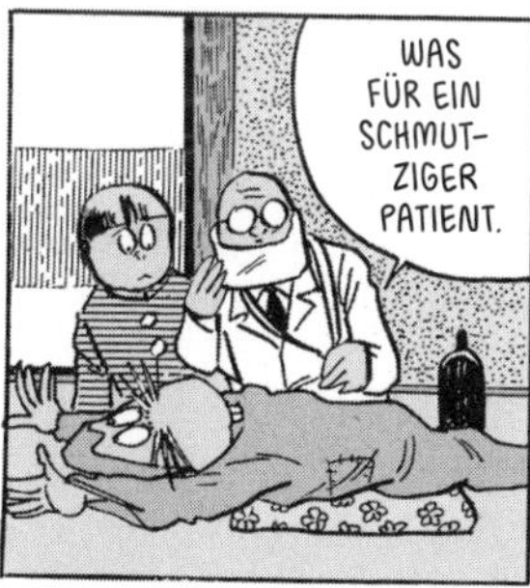
WAS
FÜR EIN
SCHMUT-
ZIGER
PATIENT.

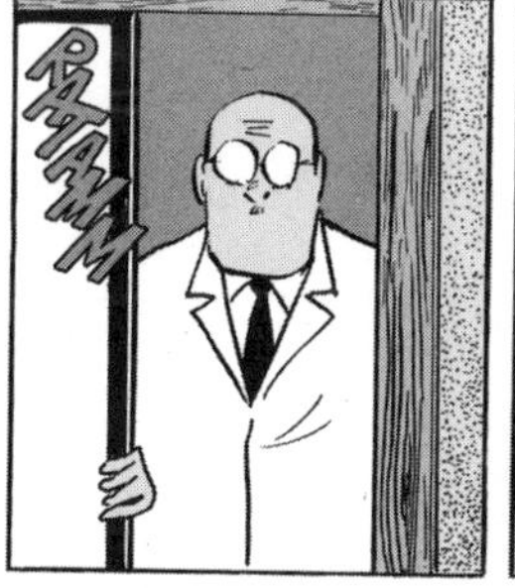
RAAMM

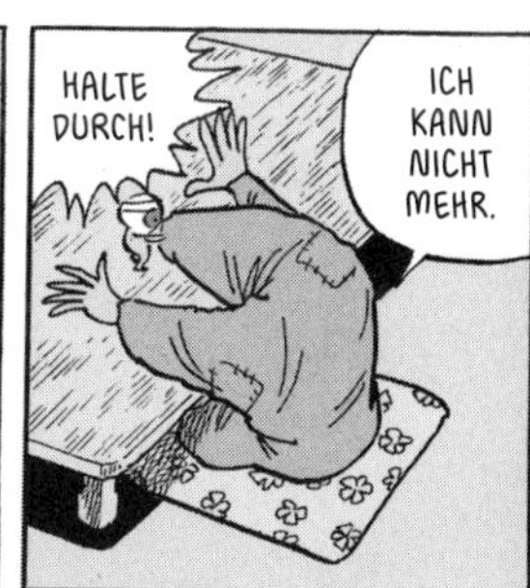
HALTE
DURCH!
ICH
KANN
NICHT
MEHR.

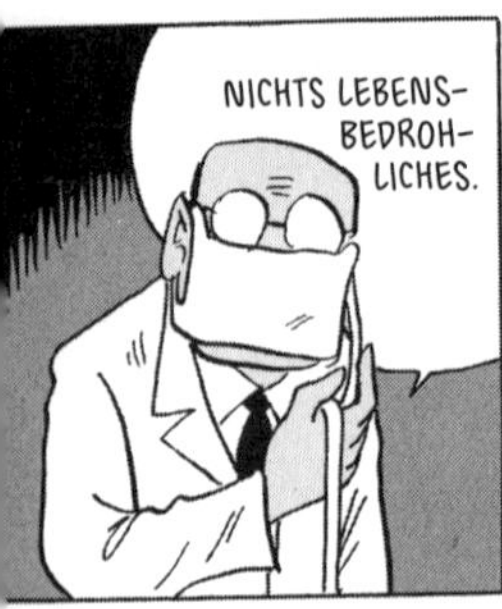
NICHTS LEBENS-
BEDROH-
LICHES.

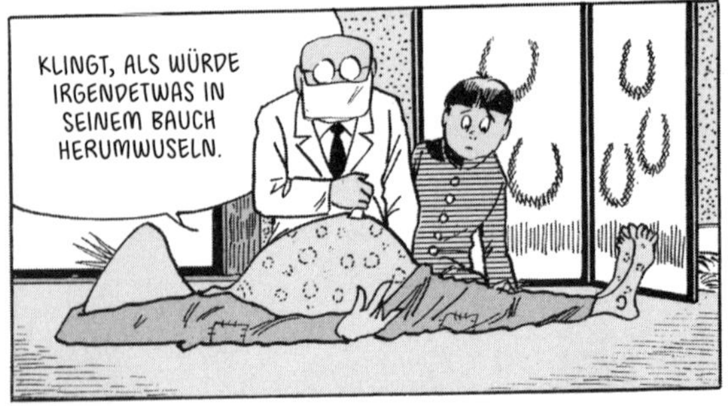
KLINGT, ALS WÜRDE
IRGENDETWAS IN
SEINEM BAUCH
HERUMWUSELN.

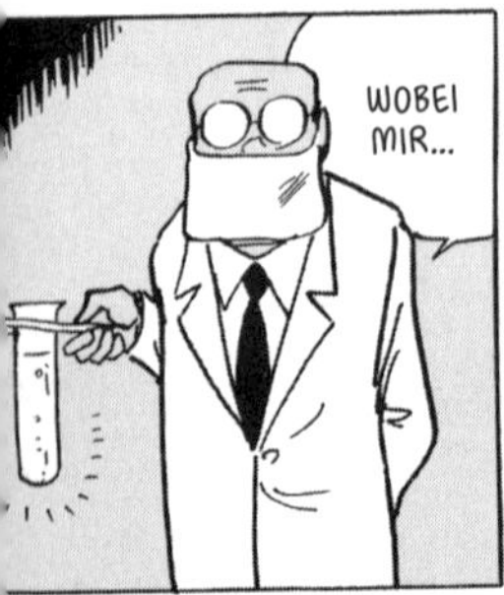
WOBEI
MIR…

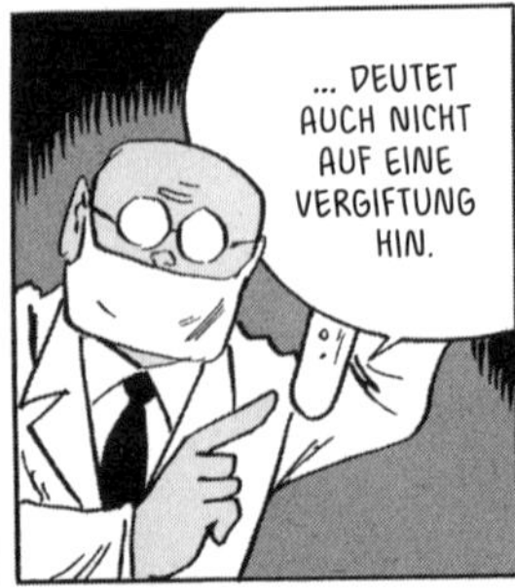
… DEUTET
AUCH NICHT
AUF EINE
VERGIFTUNG
HIN.

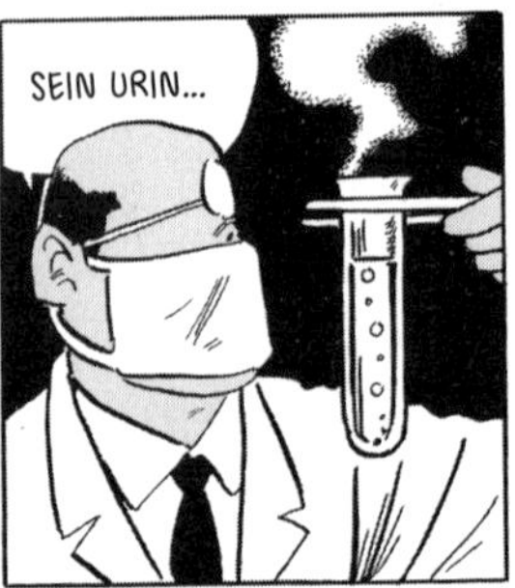
SEIN URIN…

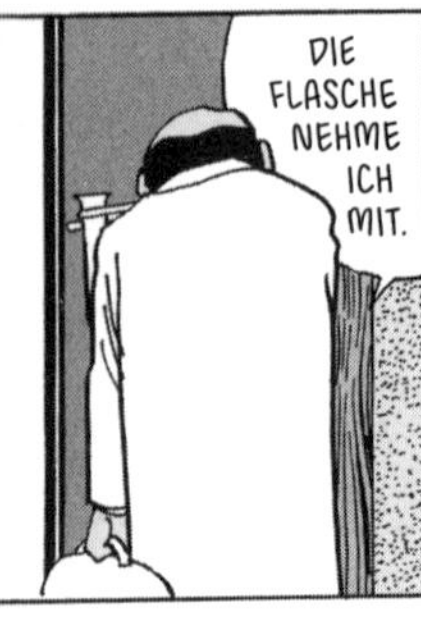
DIE
FLASCHE
NEHME
ICH
MIT.

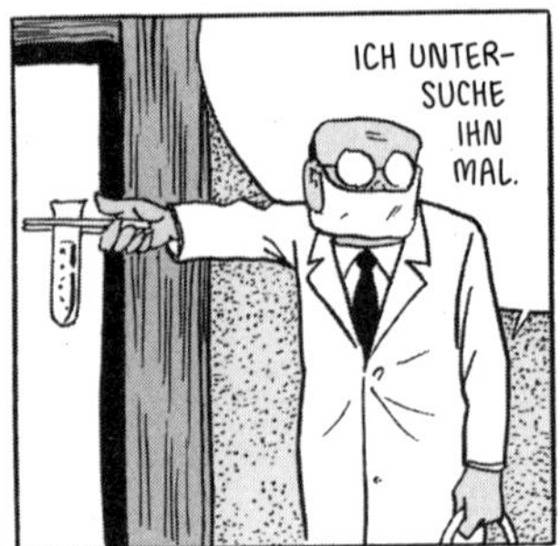
ICH UNTER-
SUCHE
IHN
MAL.

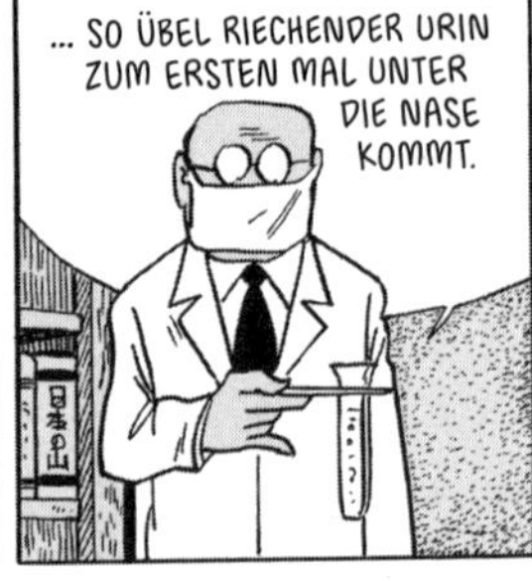
… SO ÜBEL RIECHENDER URIN
ZUM ERSTEN MAL UNTER
DIE NASE
KOMMT.

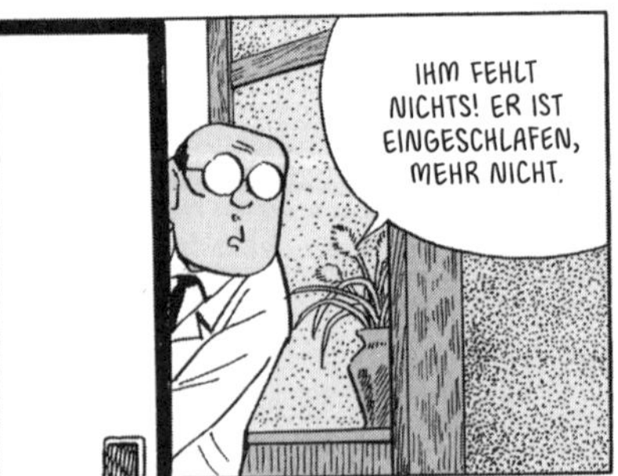
IHM FEHLT
NICHTS! ER IST
EINGESCHLAFEN,
MEHR NICHT.

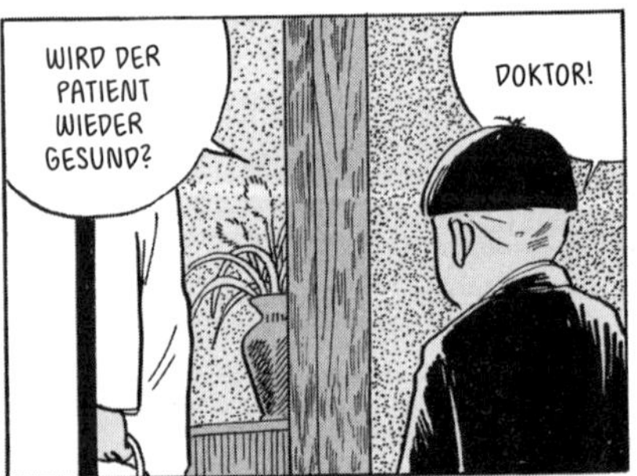
DOKTOR!
WIRD DER
PATIENT
WIEDER
GESUND?

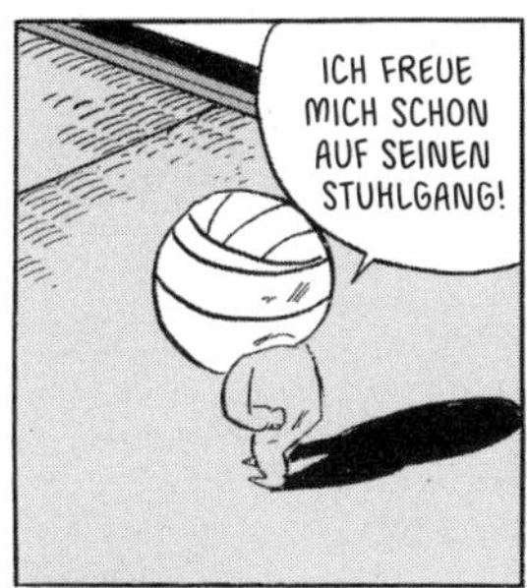
ICH FREUE MICH SCHON AUF SEINEN STUHLGANG!

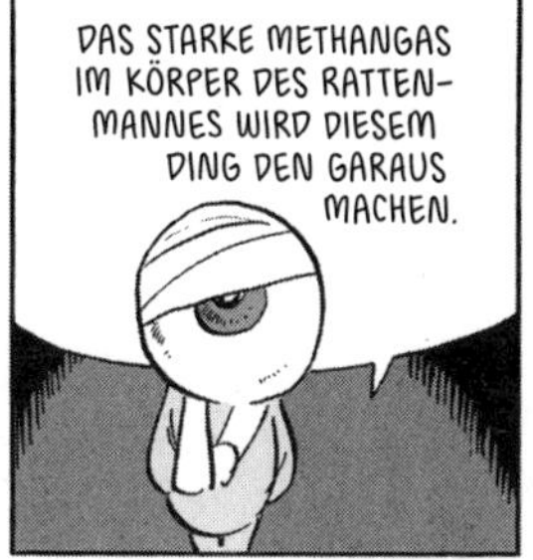
DAS STARKE METHANGAS IM KÖRPER DES RATTEN-MANNES WIRD DIESEM DING DEN GARAUS MACHEN.

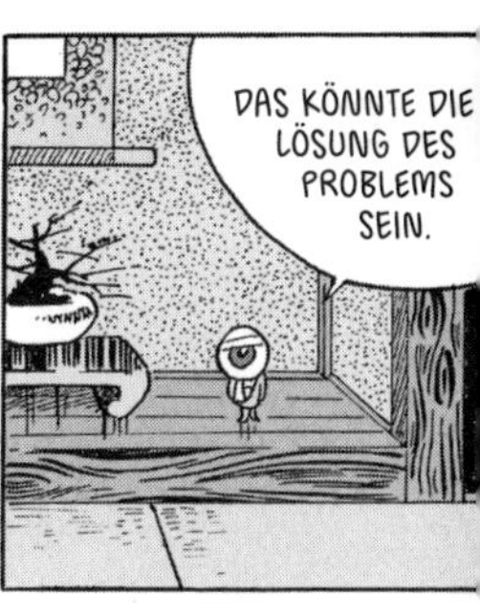
DAS KÖNNTE DIE LÖSUNG DES PROBLEMS SEIN.

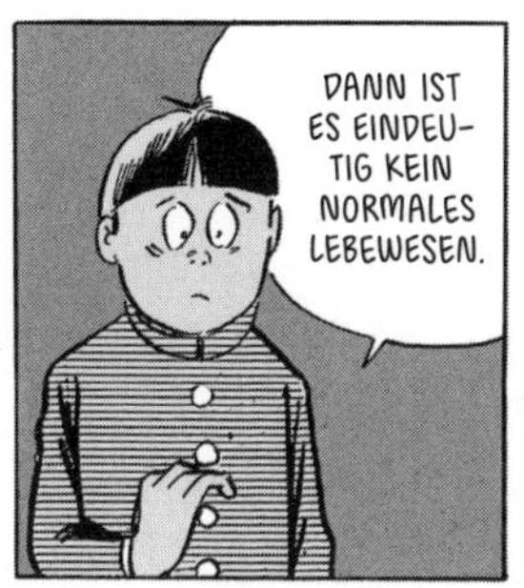
DANN IST ES EINDEU-TIG KEIN NORMALES LEBEWESEN.

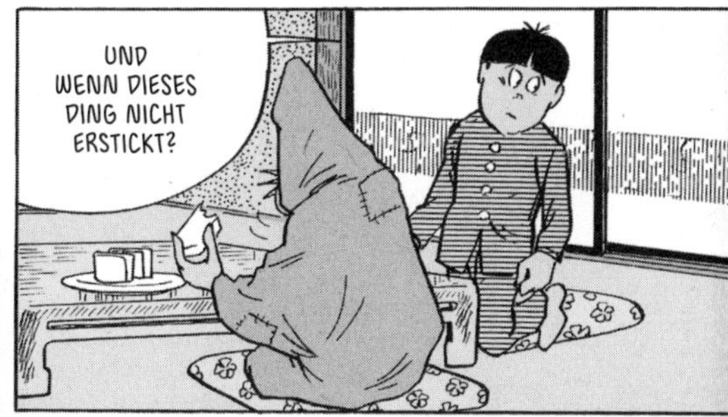
UND WENN DIESES DING NICHT ERSTICKT?

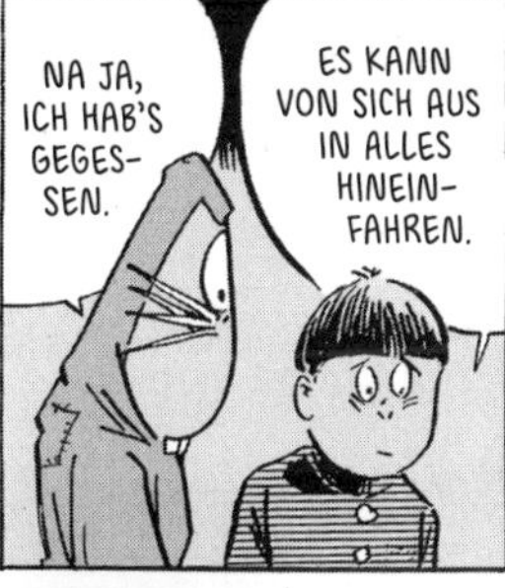
ES KANN VON SICH AUS IN ALLES HINEIN-FAHREN.
NA JA, ICH HAB'S GEGES-SEN.

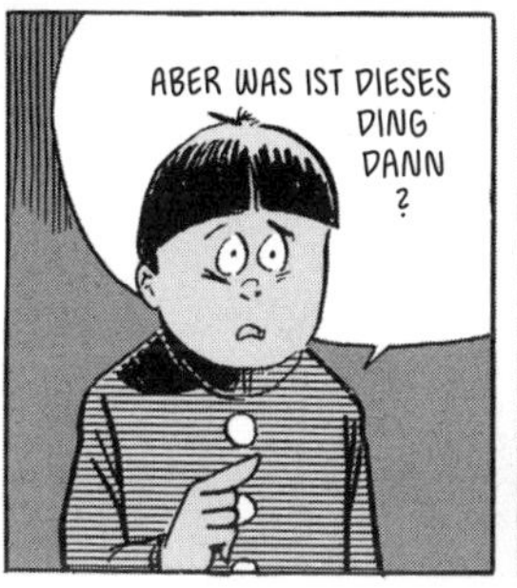
ABER WAS IST DIESES DING DANN ?

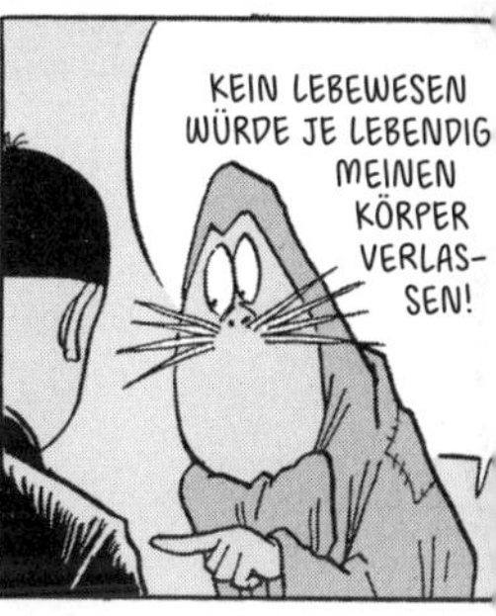
KEIN LEBEWESEN WÜRDE JE LEBENDIG MEINEN KÖRPER VERLAS-SEN!

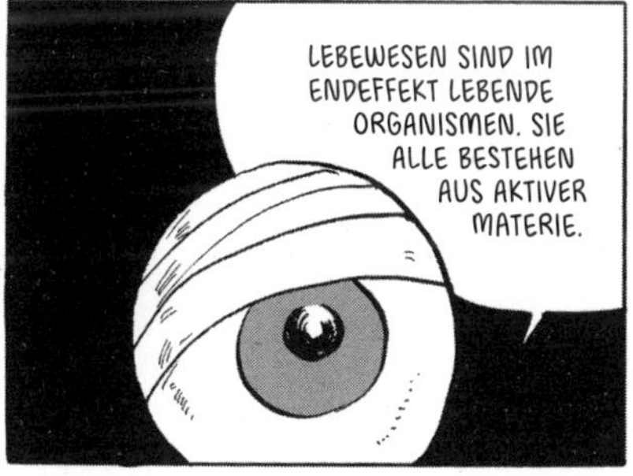
LEBEWESEN SIND IM ENDEFFEKT LEBENDE ORGANISMEN. SIE ALLE BESTEHEN AUS AKTIVER MATERIE.

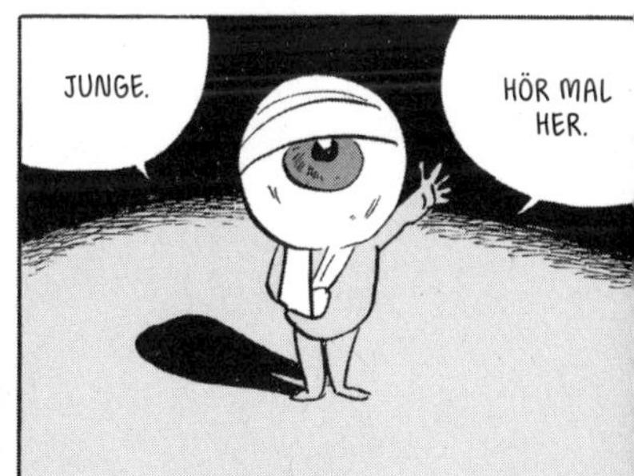
HÖR MAL HER.
JUNGE.

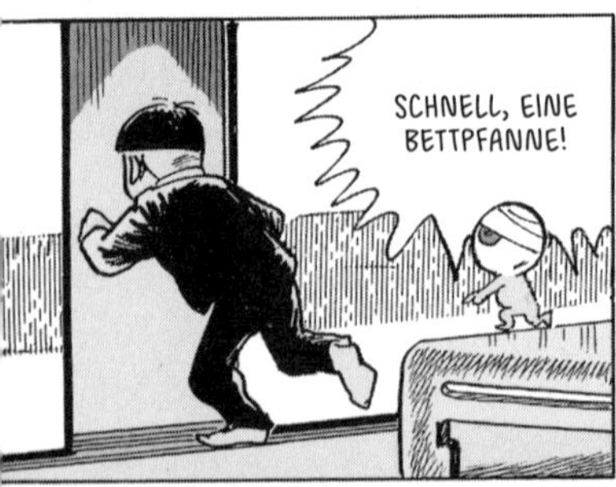

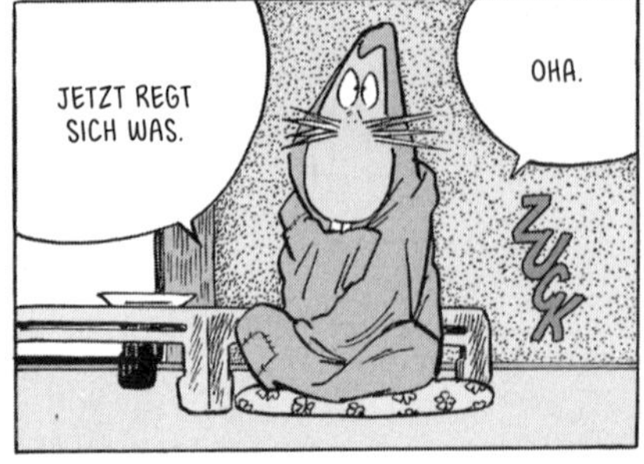

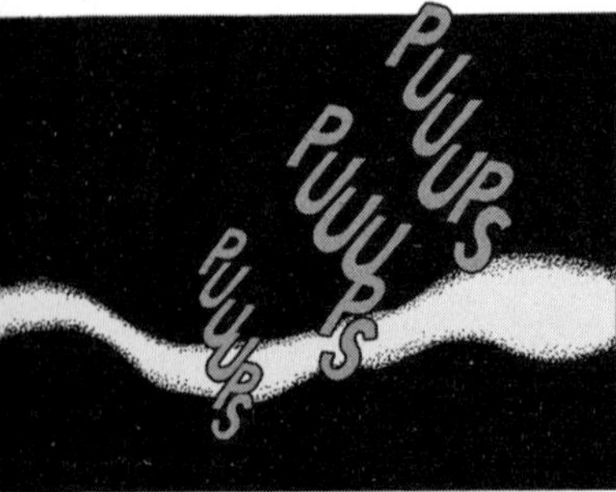

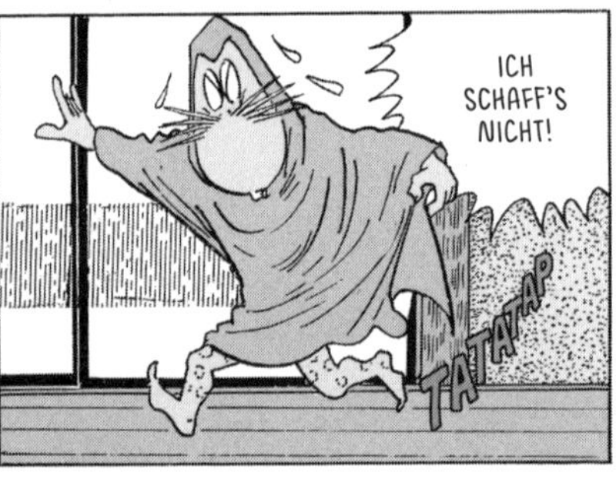

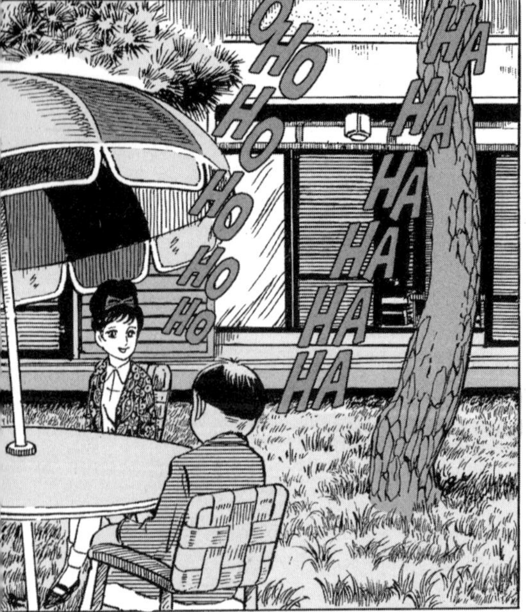

DER VORFALL WAR LOGISCH NICHT ZU ERKLÄREN. DAS SELTSAME DING WAR ÜBER RATTENMANNS HINTERN ENTWISCHT! EIN LEBEWESEN, WAS GAR NICHT LEBT? WAS KONNTE DAS SEIN? IRGENDEINE FORM VON UNBEKANNTER MATERIE?

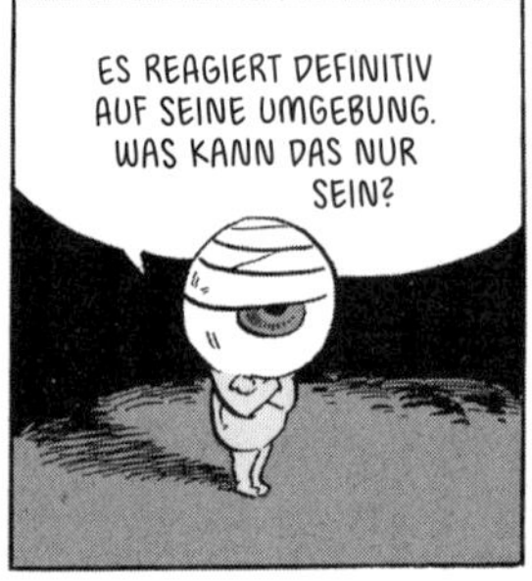

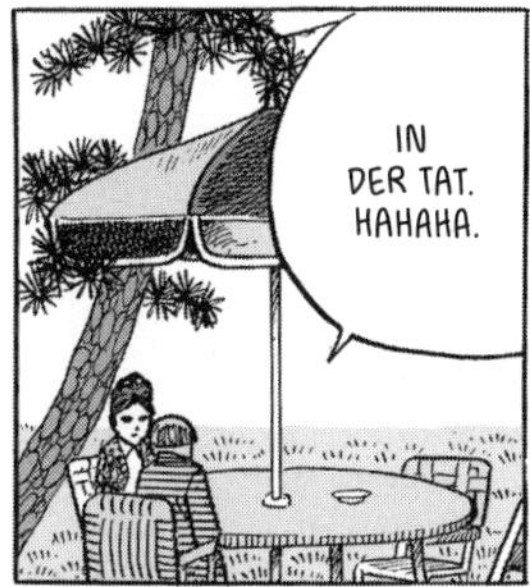
IN DER TAT. HAHAHA.
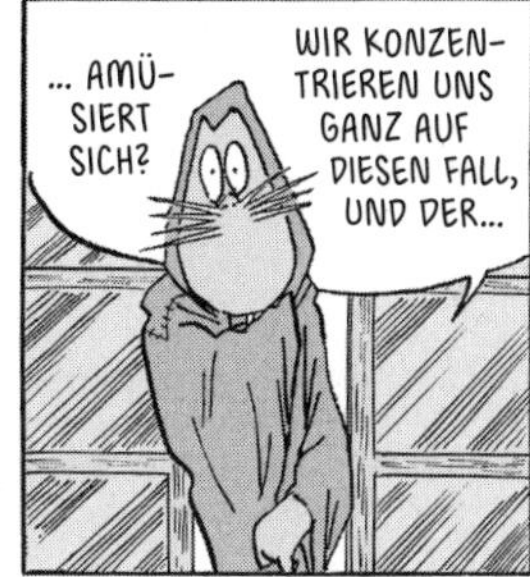
... AMÜSIERT SICH?
WIR KONZENTRIEREN UNS GANZ AUF DIESEN FALL, UND DER...
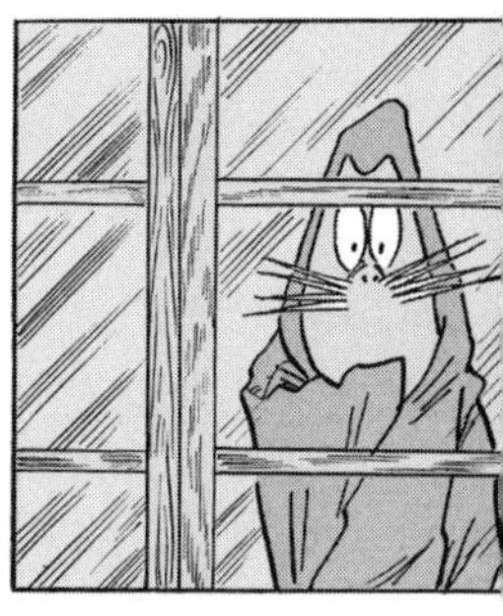
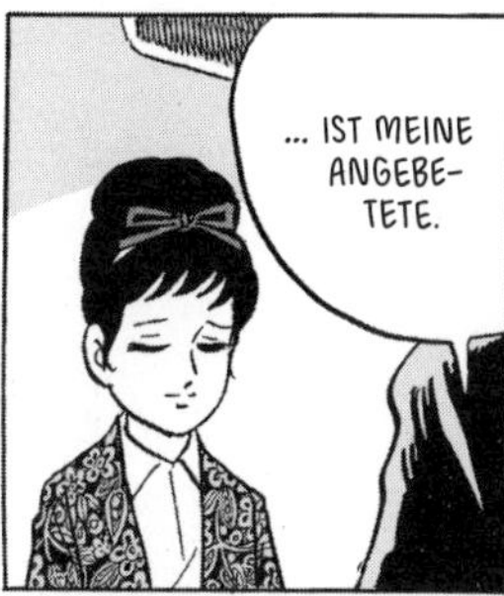
... IST MEINE ANGEBETETE.
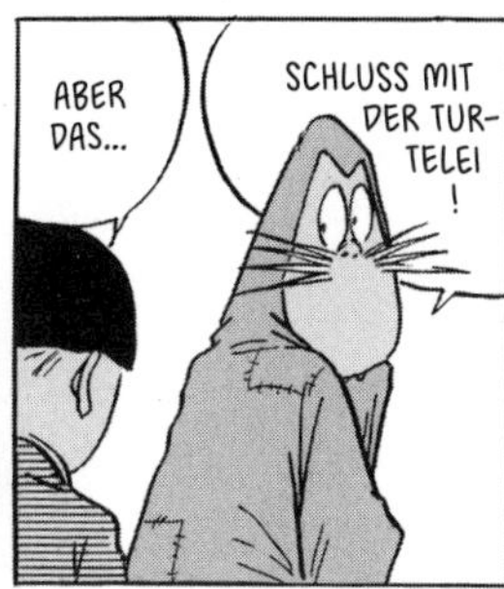
ABER DAS...
SCHLUSS MIT DER TURTELEI!
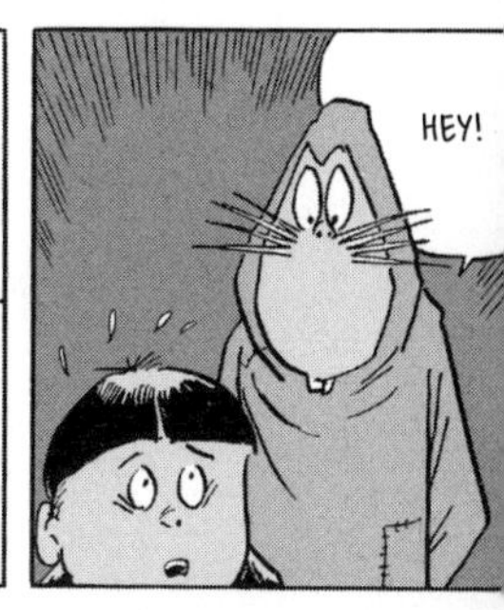
HEY!
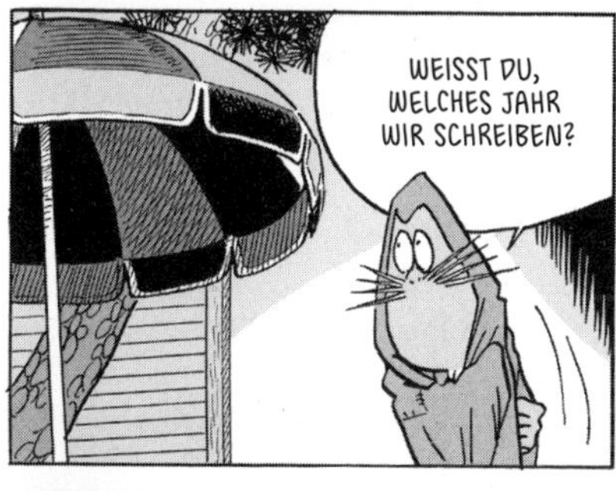
WEISST DU, WELCHES JAHR WIR SCHREIBEN?
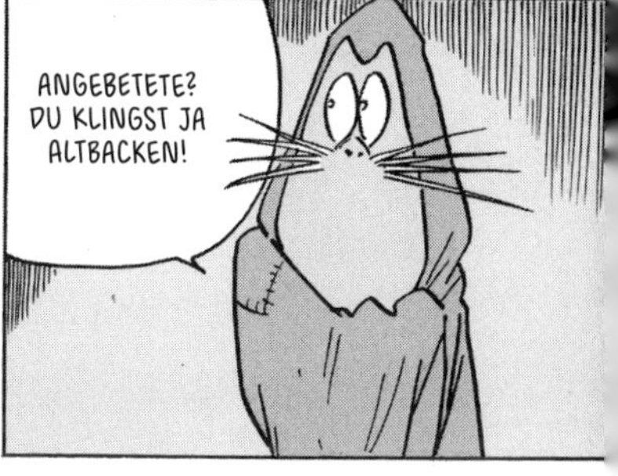
ANGEBETETE? DU KLINGST JA ALTBACKEN!
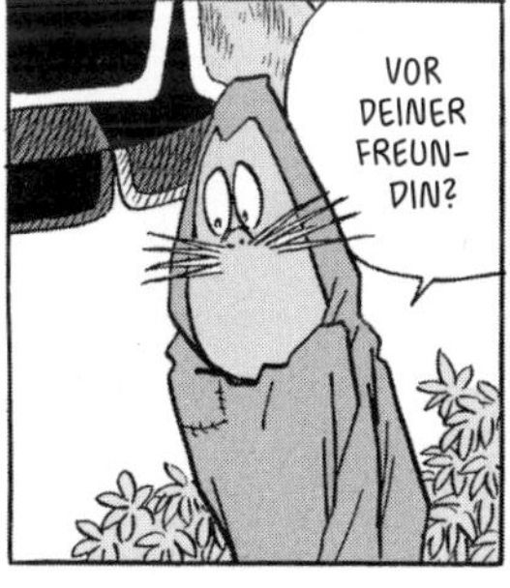
VOR DEINER FREUNDIN?
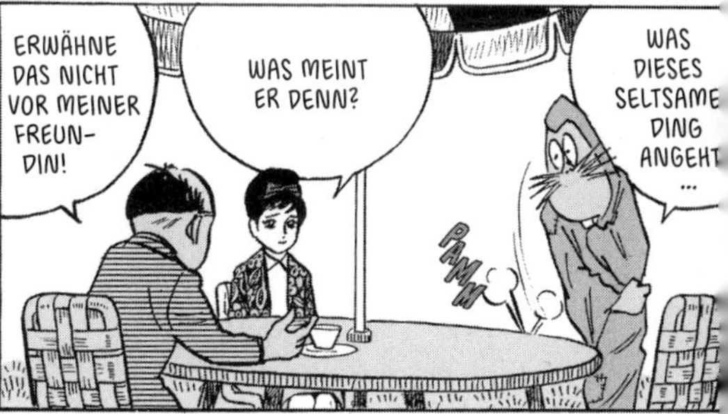
ERWÄHNE DAS NICHT VOR MEINER FREUNDIN!
WAS MEINT ER DENN?
WAS DIESES SELTSAME DING ANGEHT ...
PAMM

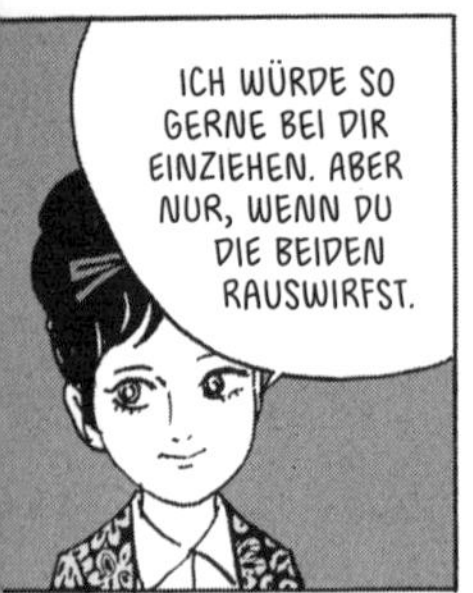
ICH WÜRDE SO GERNE BEI DIR EINZIEHEN. ABER NUR, WENN DU DIE BEIDEN RAUSWIRFST.

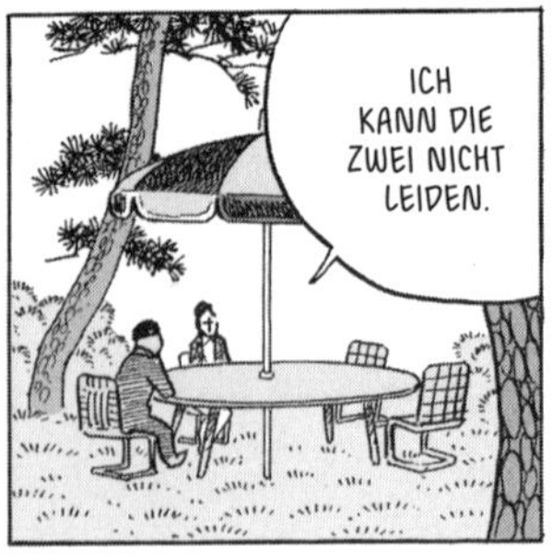
ICH KANN DIE ZWEI NICHT LEIDEN.

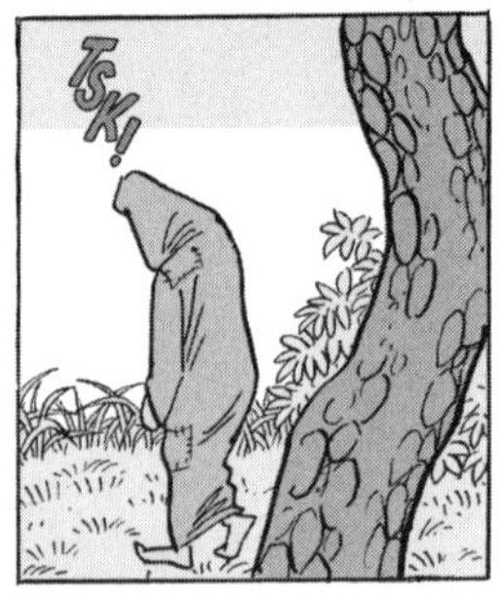
TSK!

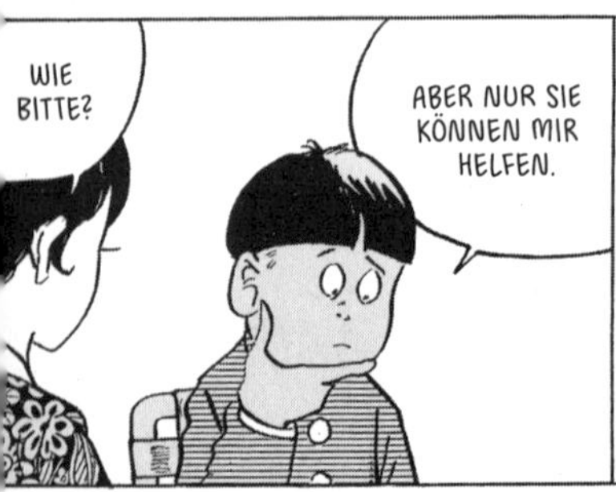
WIE BITTE?
ABER NUR SIE KÖNNEN MIR HELFEN.

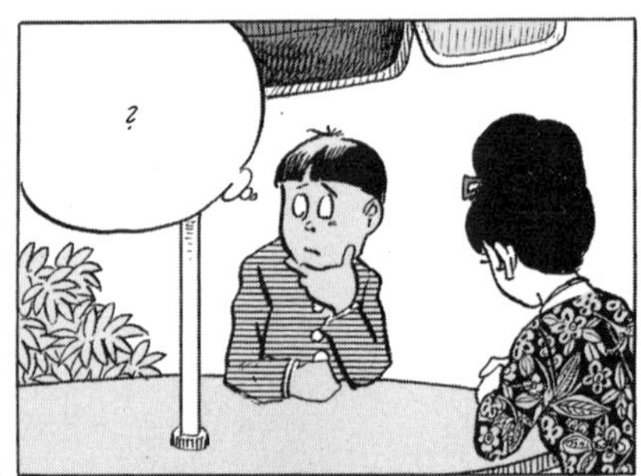
?

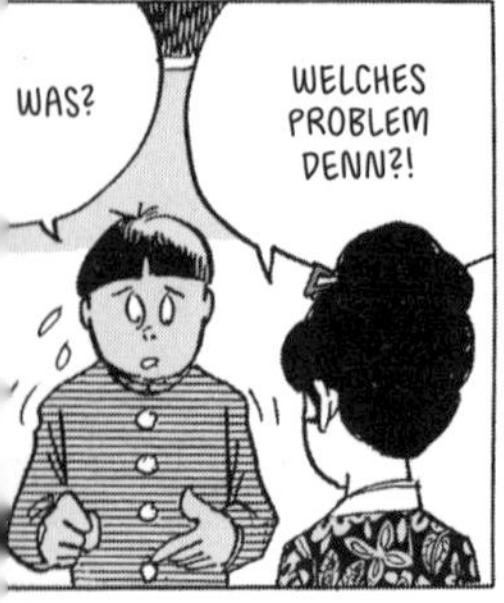
WAS?
WELCHES PROBLEM DENN?!

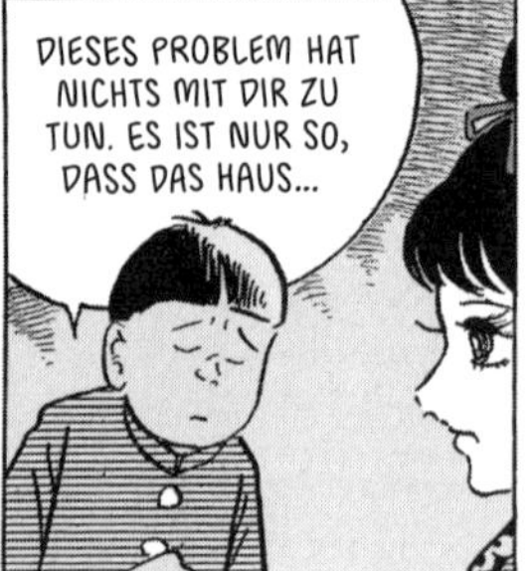
DIESES PROBLEM HAT NICHTS MIT DIR ZU TUN. ES IST NUR SO, DASS DAS HAUS...

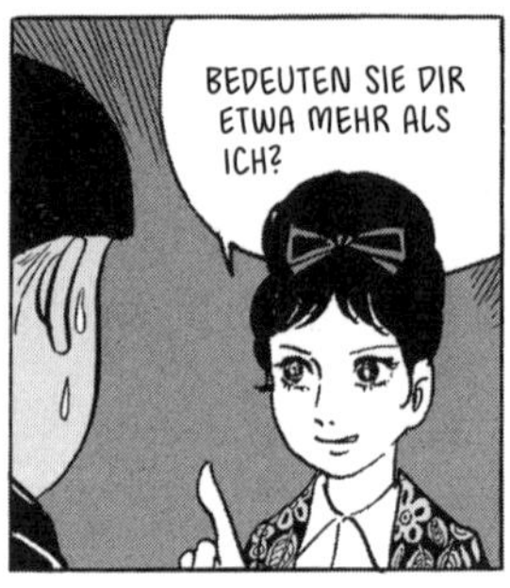
BEDEUTEN SIE DIR ETWA MEHR ALS ICH?

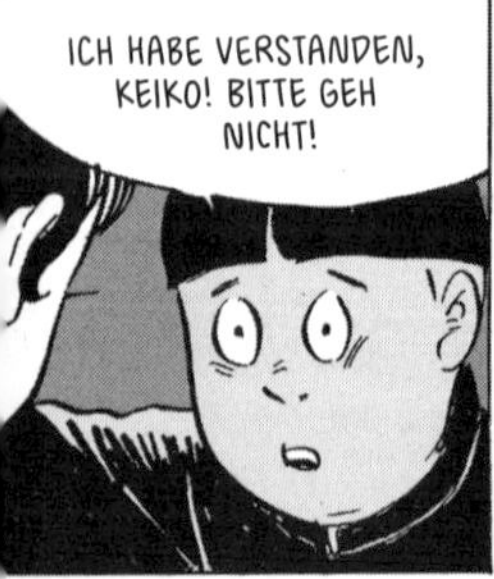
ICH HABE VERSTANDEN, KEIKO! BITTE GEH NICHT!

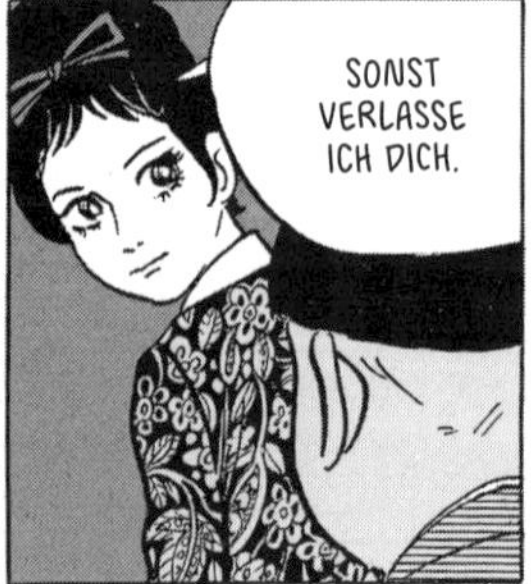
SONST VERLASSE ICH DICH.

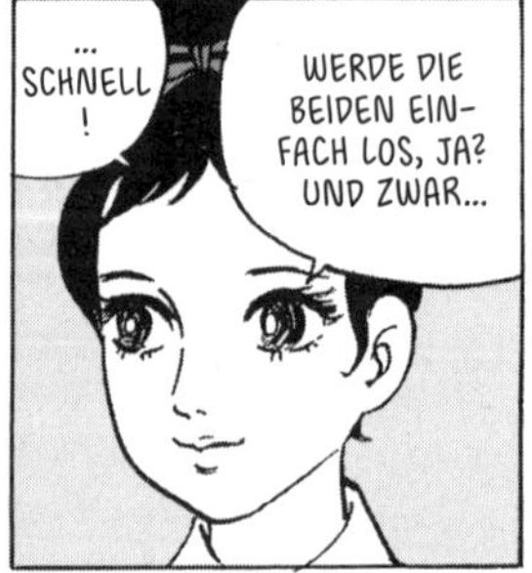
WERDE DIE BEIDEN EINFACH LOS, JA? UND ZWAR...
... SCHNELL!

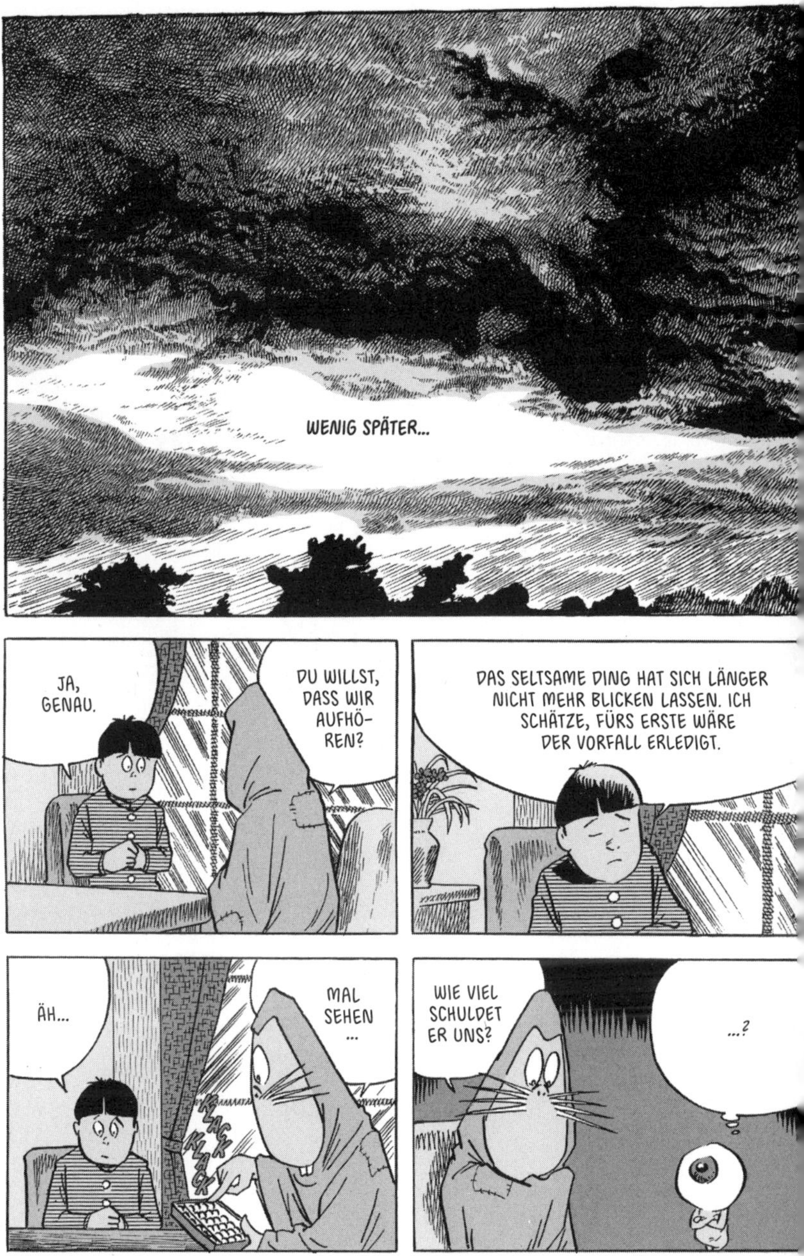

WENIG SPÄTER...

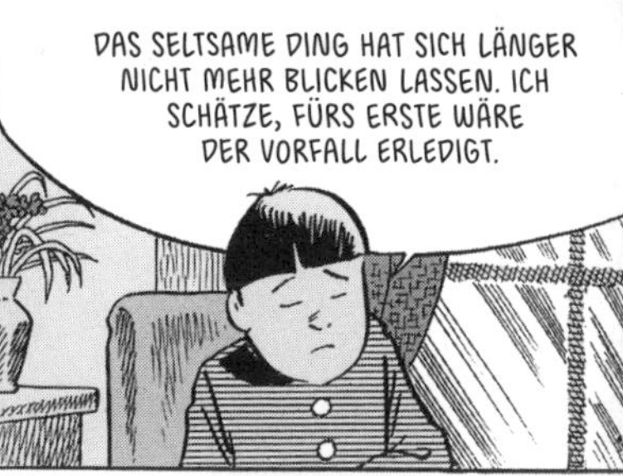

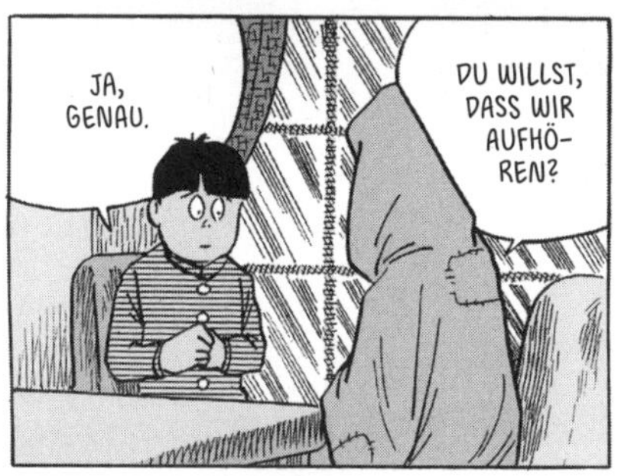

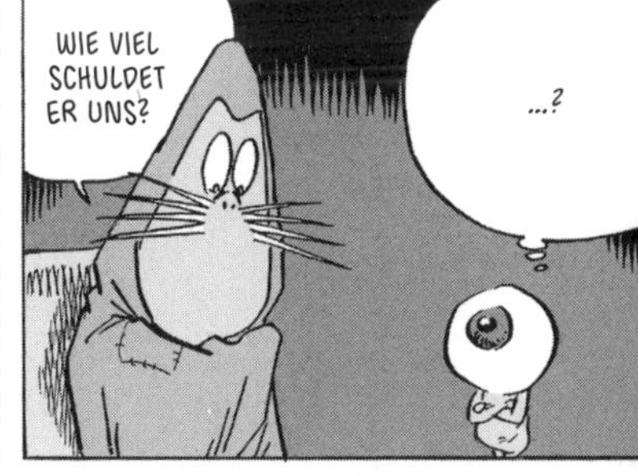

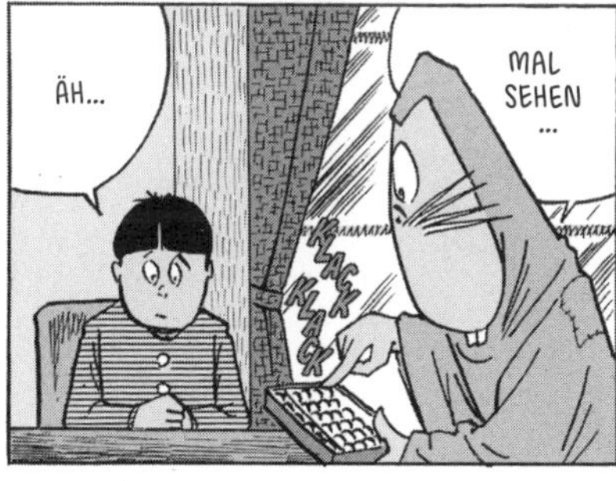

NACHDEM RATTENMANN UND AUGAPFEL WEG WAREN, WURDE ES DUNKEL. DIE NACHT WAR GESPENSTISCH STILL.

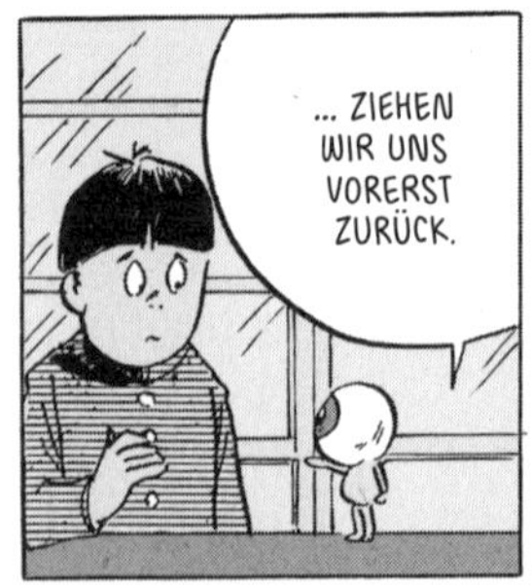

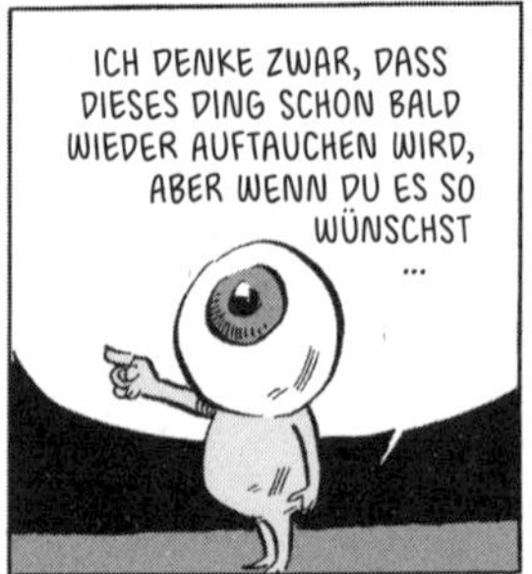

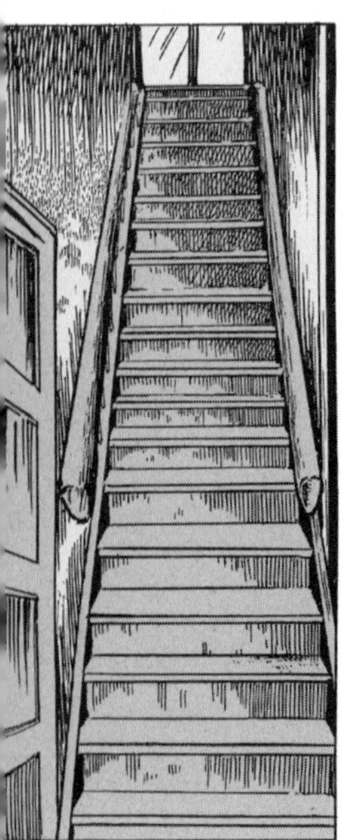

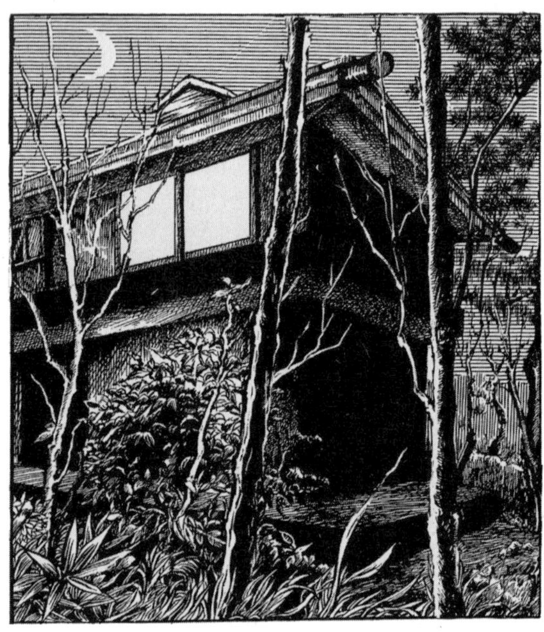

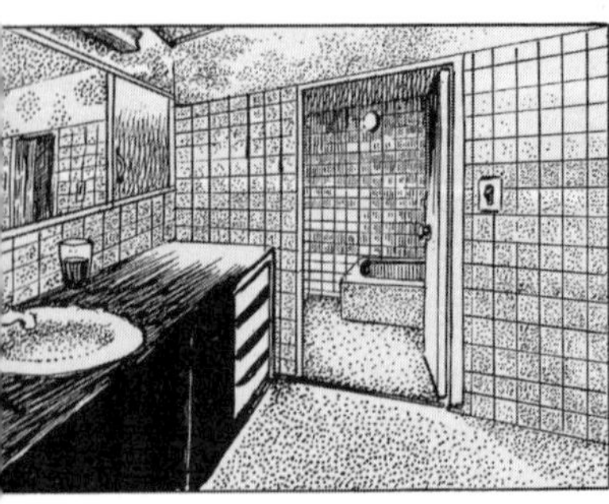

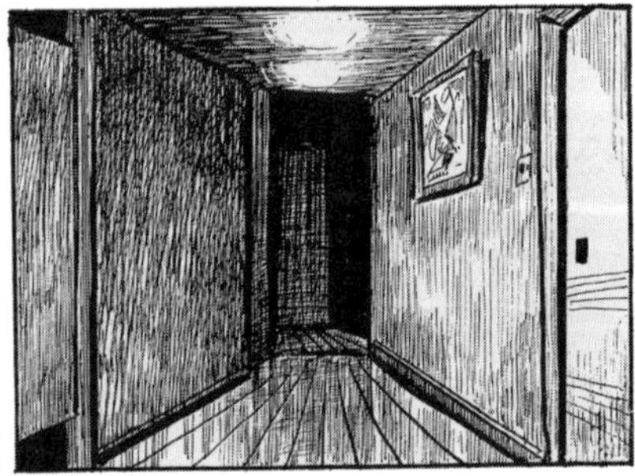

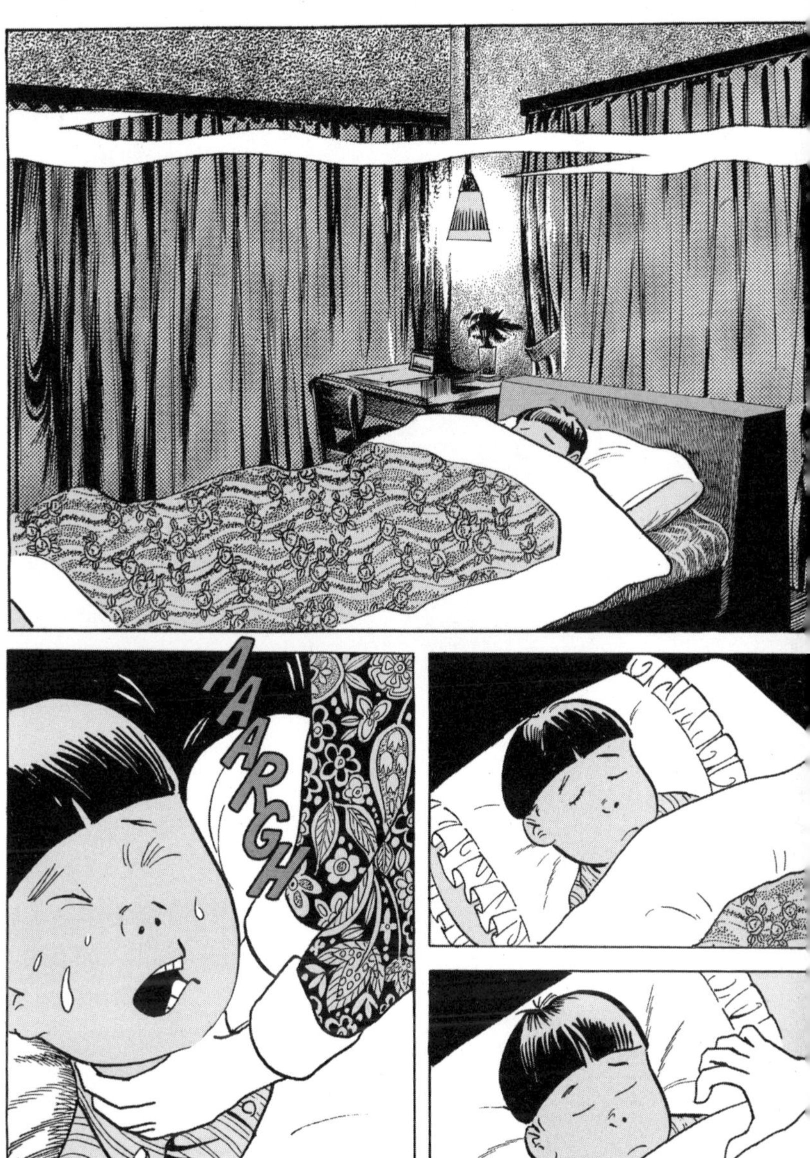

Der Plagegeist Inmoraki, Teil 2 – End

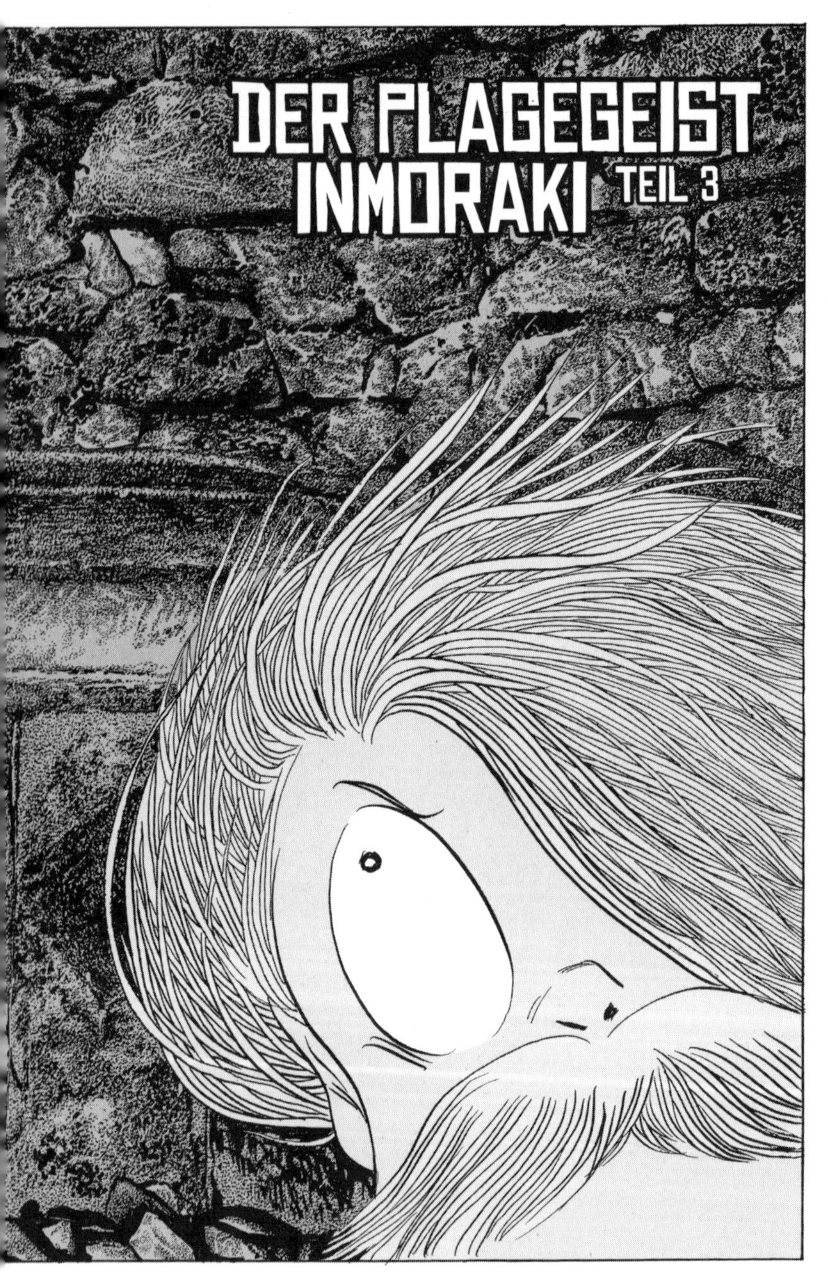
DER PLAGEGEIST
INMORAKI TEIL 3

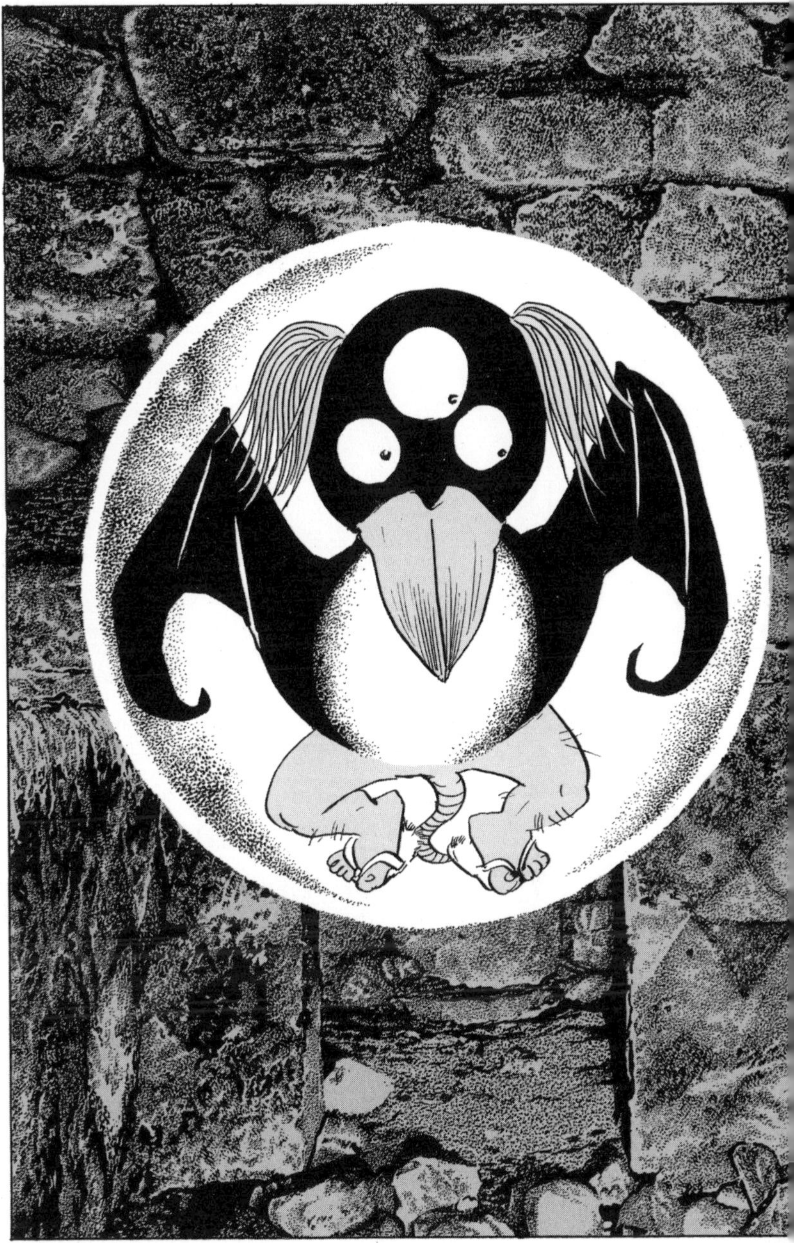

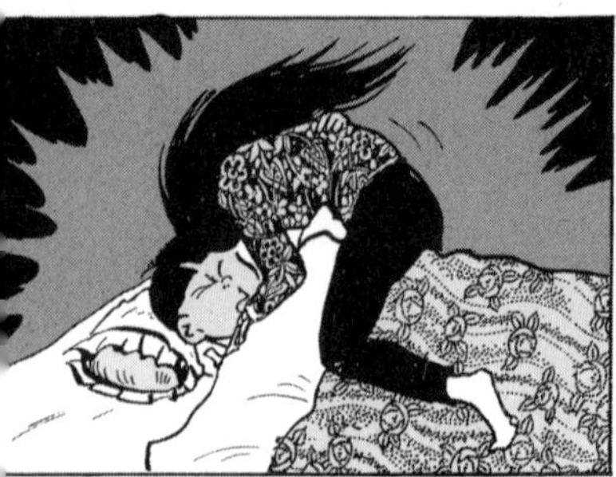
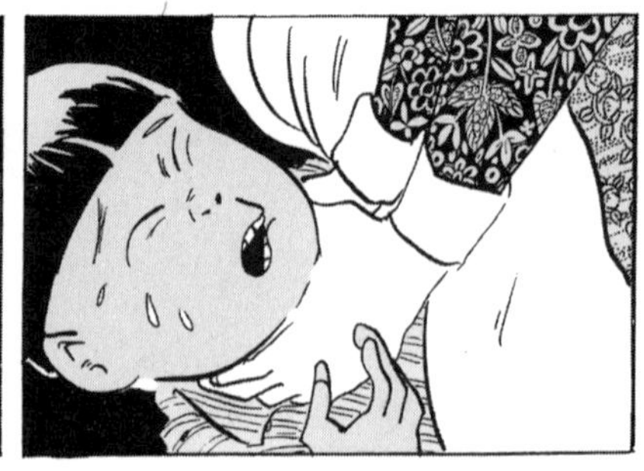
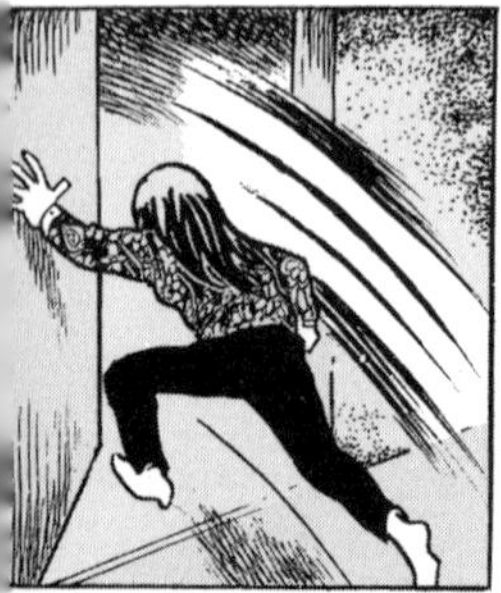
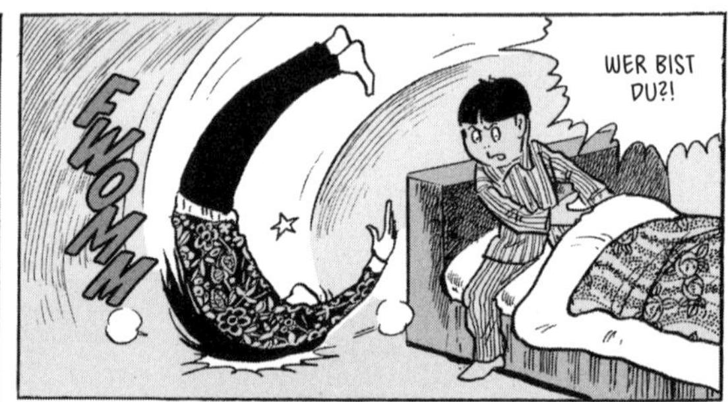
FWOMM
WER BIST DU?!
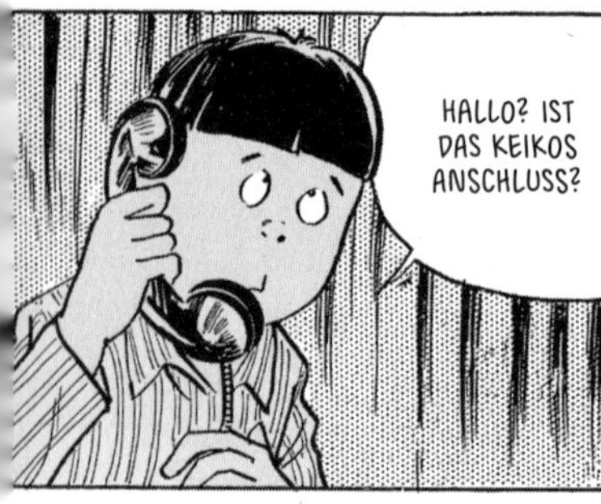
HALLO? IST DAS KEIKOS ANSCHLUSS?
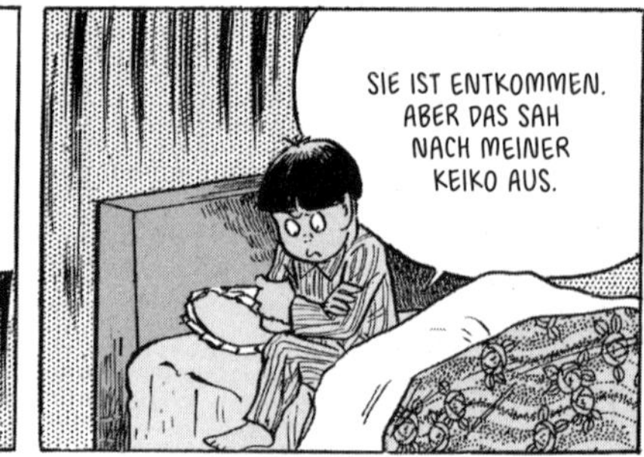
SIE IST ENTKOMMEN. ABER DAS SAH NACH MEINER KEIKO AUS.
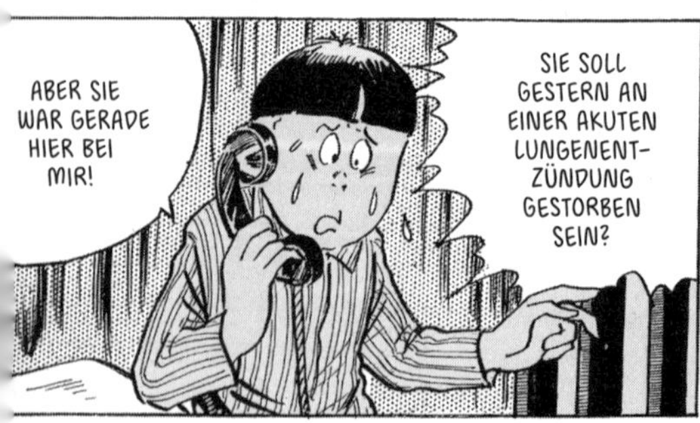
SIE SOLL GESTERN AN EINER AKUTEN LUNGENENT-ZÜNDUNG GESTORBEN SEIN?
ABER SIE WAR GERADE HIER BEI MIR!
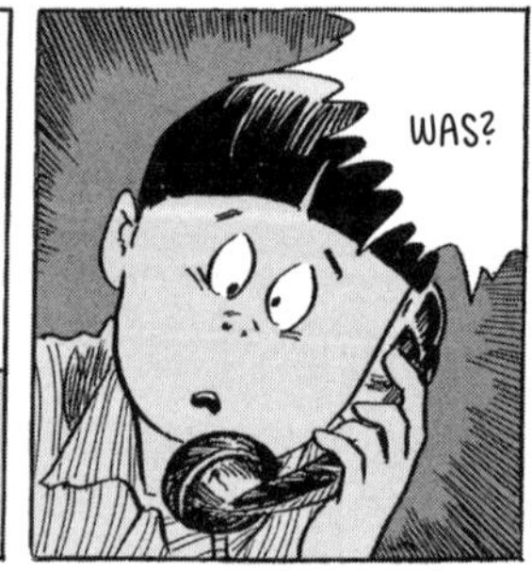
WAS?

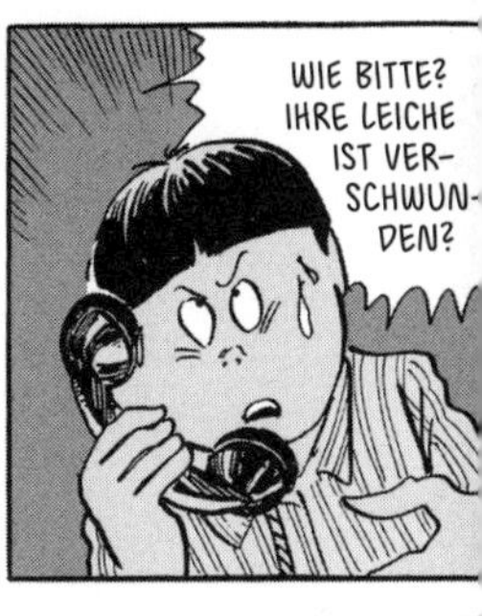
WIE BITTE? IHRE LEICHE IST VERSCHWUNDEN?

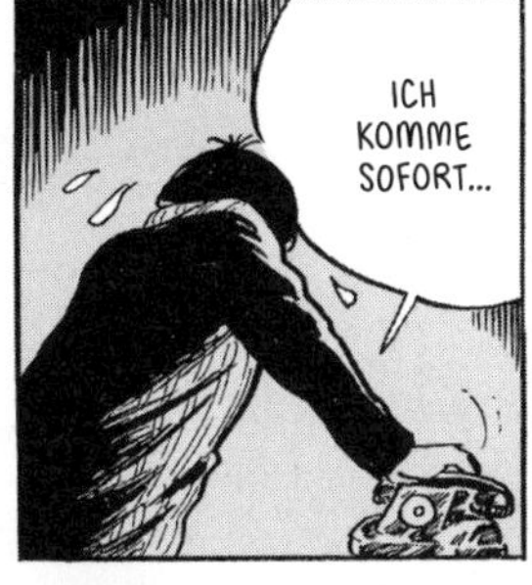
ICH KOMME SOFORT...

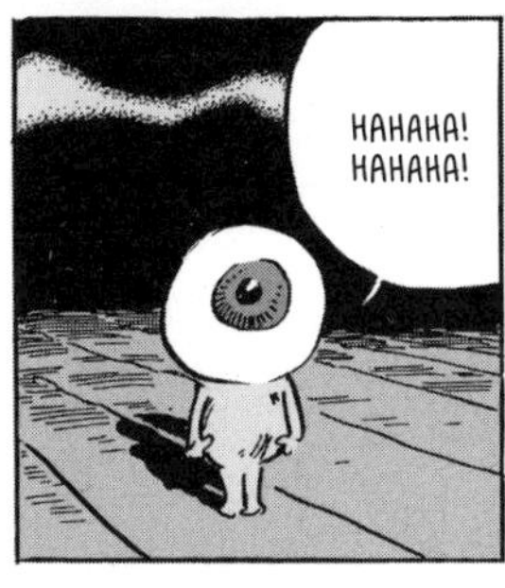
HAHAHA! HAHAHA!

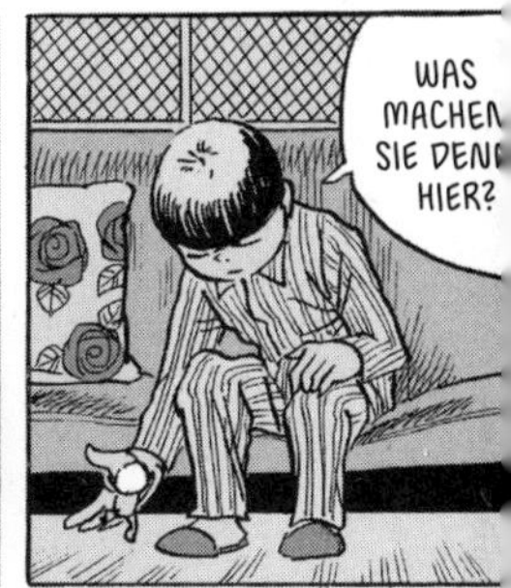
WAS MACHEN SIE DENN HIER?

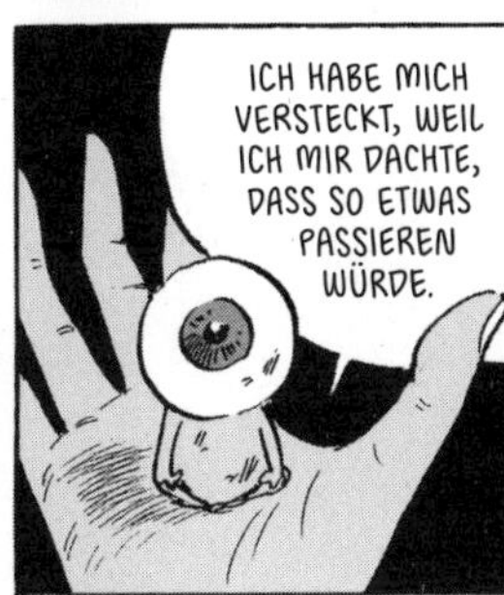
ICH HABE MICH VERSTECKT, WEIL ICH MIR DACHTE, DASS SO ETWAS PASSIEREN WÜRDE.

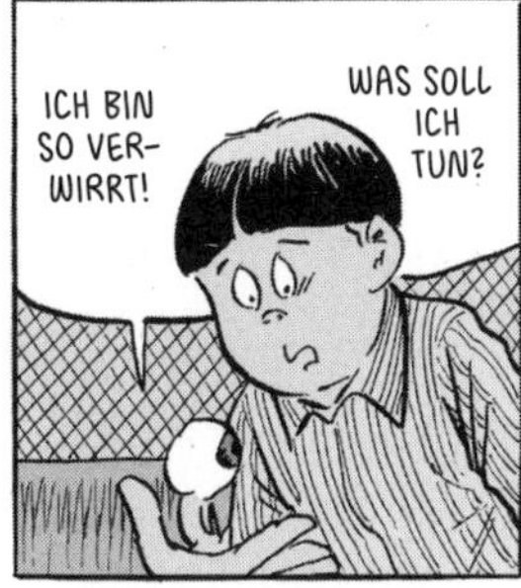
WAS SOLL ICH TUN?
ICH BIN SO VERWIRRT!

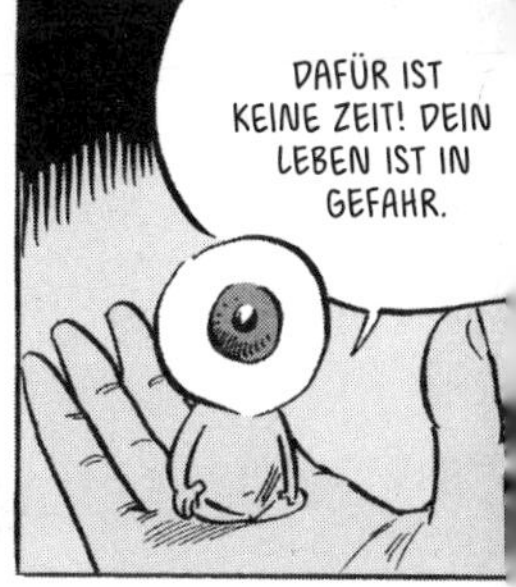
DAFÜR IST KEINE ZEIT! DEIN LEBEN IST IN GEFAHR.

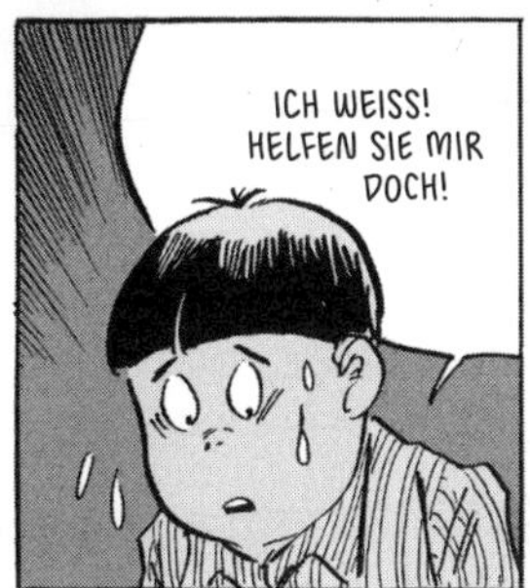
ICH WEISS! HELFEN SIE MIR DOCH!

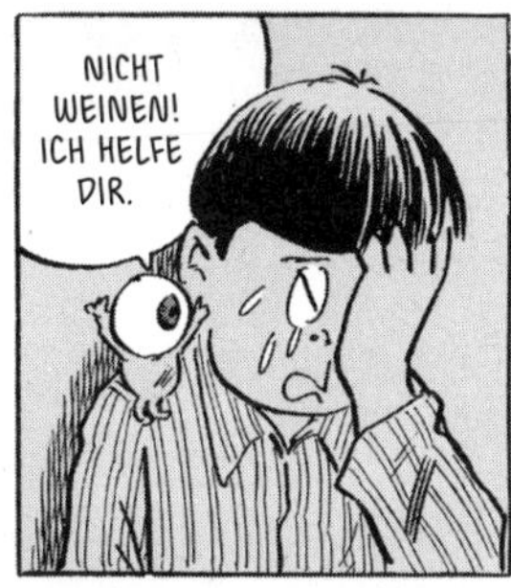
NICHT WEINEN! ICH HELFE DIR.

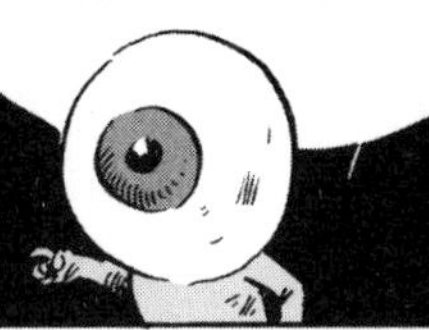
MORGEN FRÜH KOMMT DICH EIN BEGNADETER MALER BESUCHEN. TU, WAS ER DIR SAGT. NUR SO KANNST DU GERETTET WERDEN.

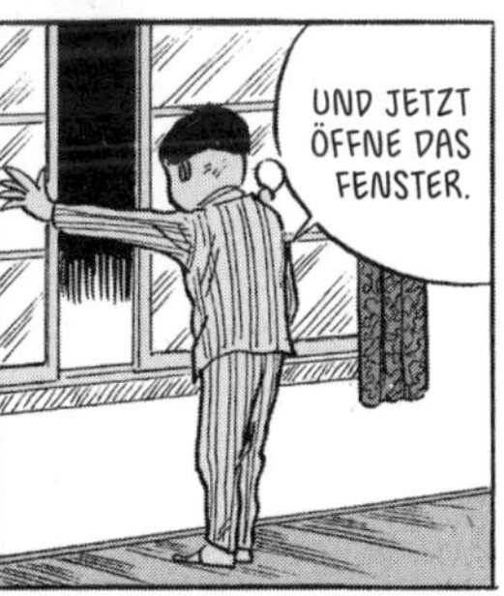
UND JETZT ÖFFNE DAS FENSTER.

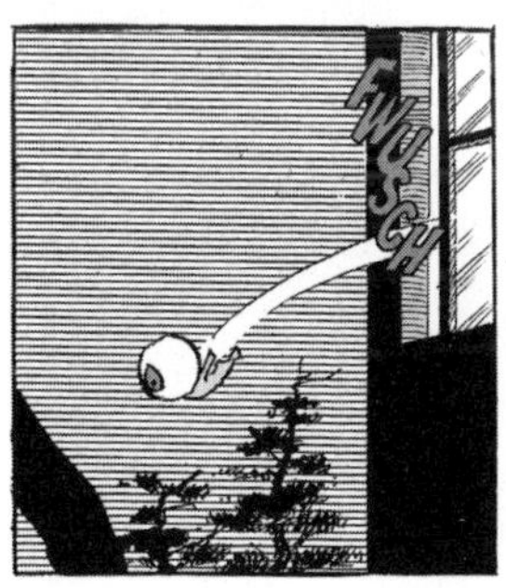
FWUSCH

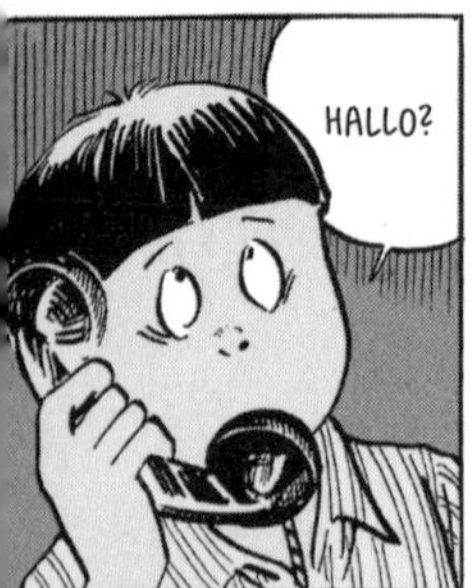
HALLO?

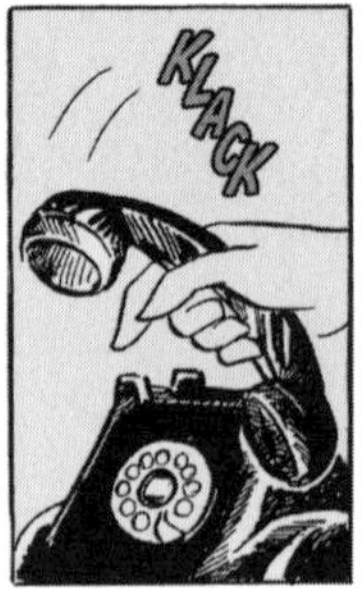
KLACK

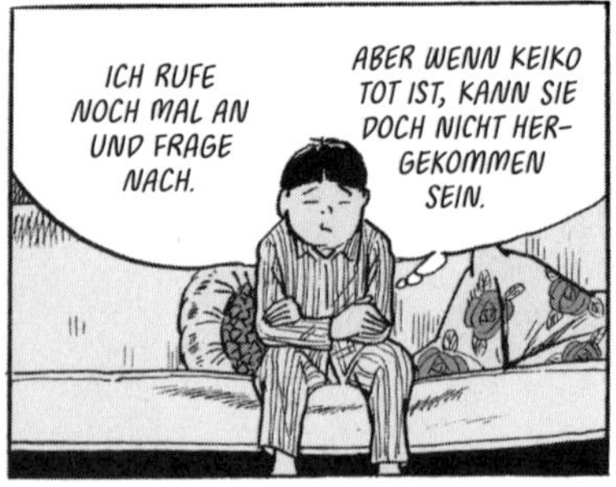
ICH RUFE NOCH MAL AN UND FRAGE NACH.
ABER WENN KEIKO TOT IST, KANN SIE DOCH NICHT HER-GEKOMMEN SEIN.

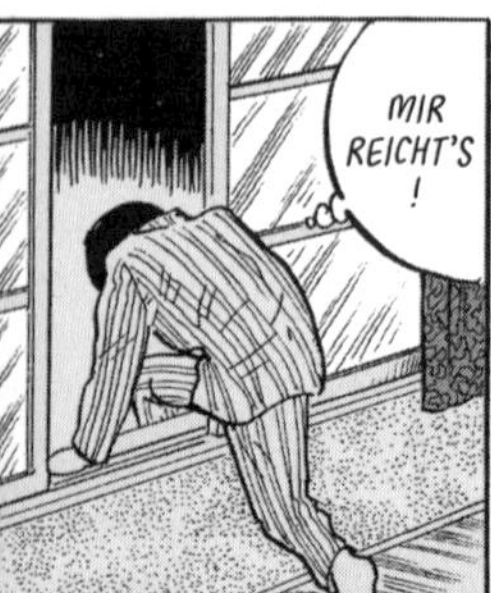
MIR REICHT'S!

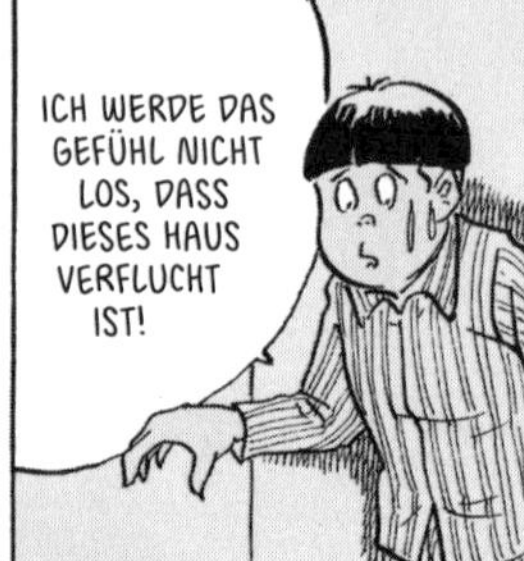
ICH WERDE DAS GEFÜHL NICHT LOS, DASS DIESES HAUS VERFLUCHT IST!

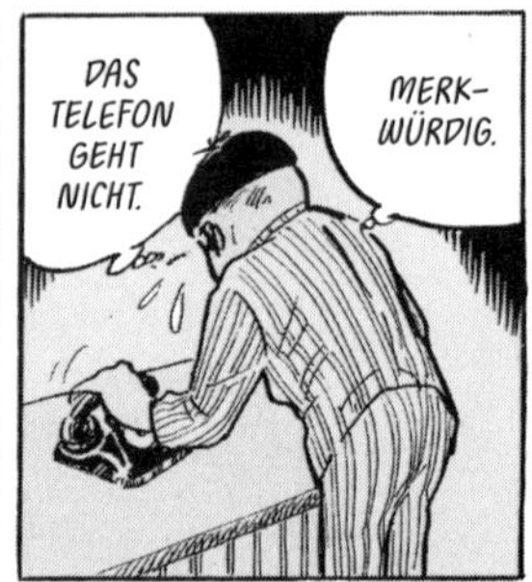
DAS TELEFON GEHT NICHT.
MERK-WÜRDIG.

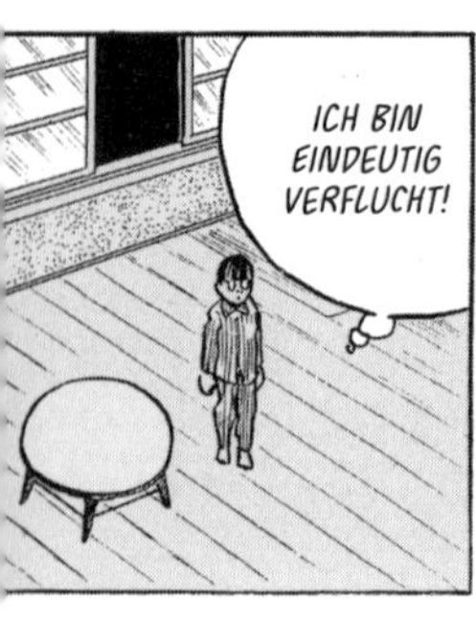
ICH BIN EINDEUTIG VERFLUCHT!

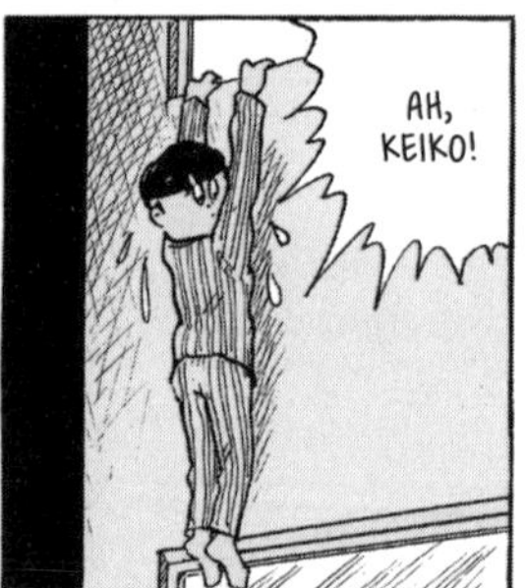
AH, KEIKO!

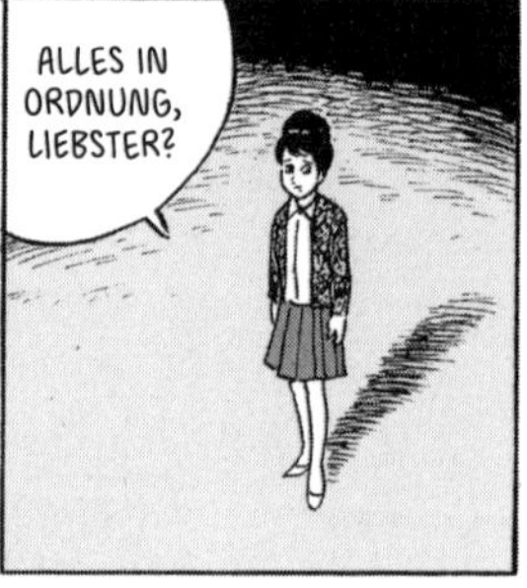
ALLES IN ORDNUNG, LIEBSTER?

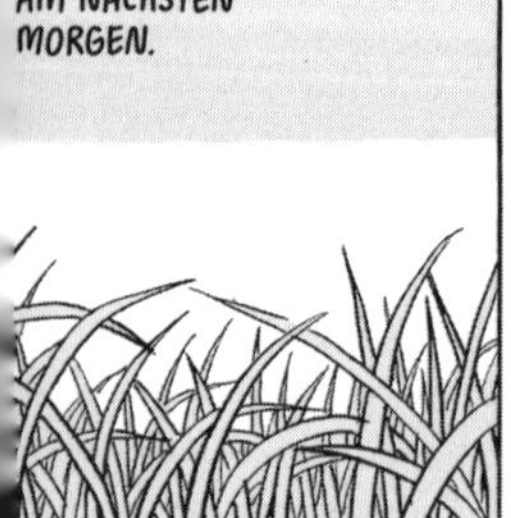
AM NÄCHSTEN MORGEN.

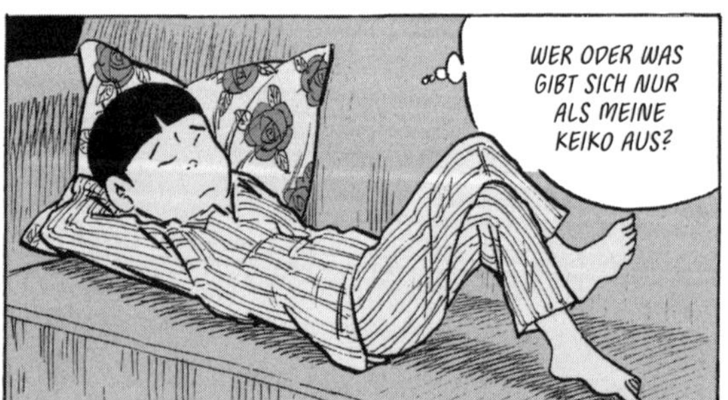
WER ODER WAS GIBT SICH NUR ALS MEINE KEIKO AUS?

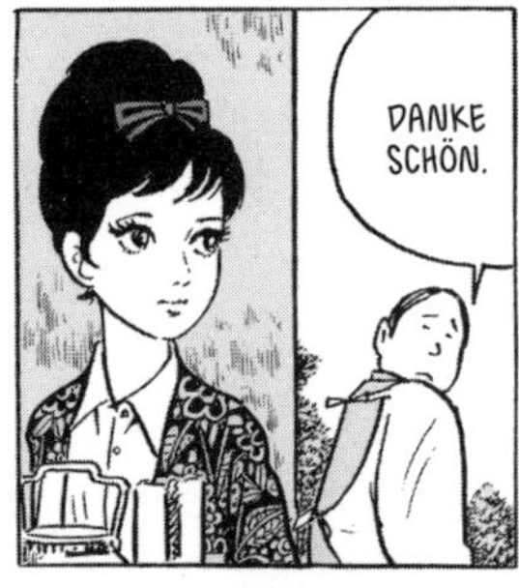
DANKE SCHÖN.

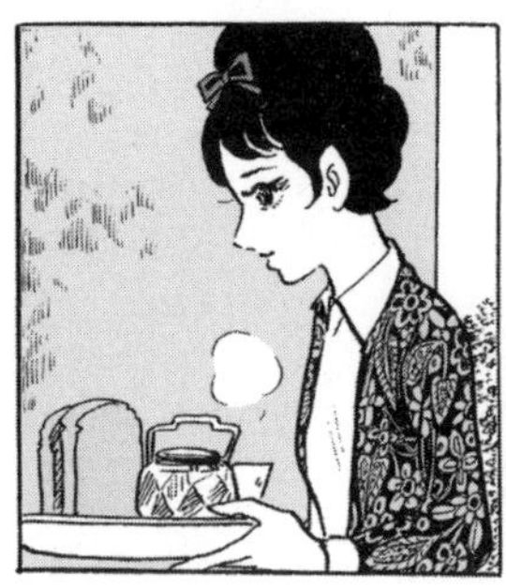

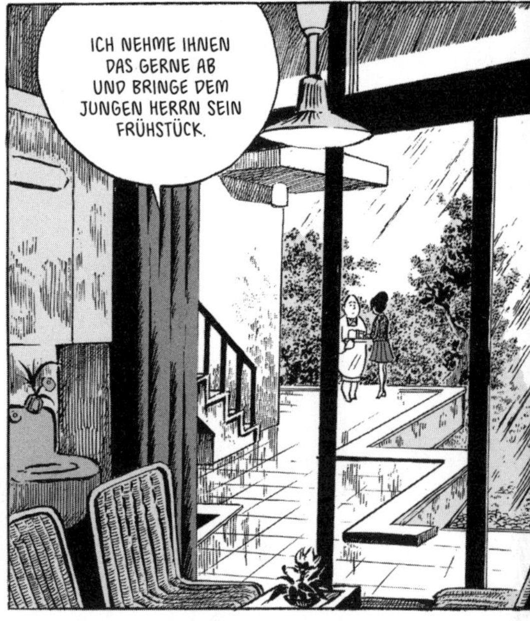
ICH NEHME IHNEN DAS GERNE AB UND BRINGE DEM JUNGEN HERRN SEIN FRÜHSTÜCK.

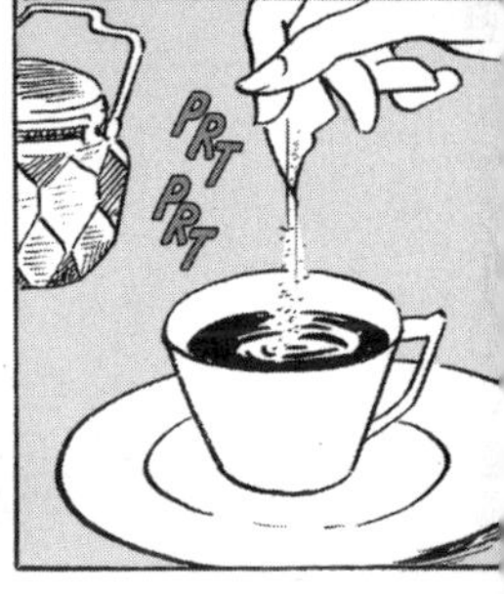
PRT
PRT

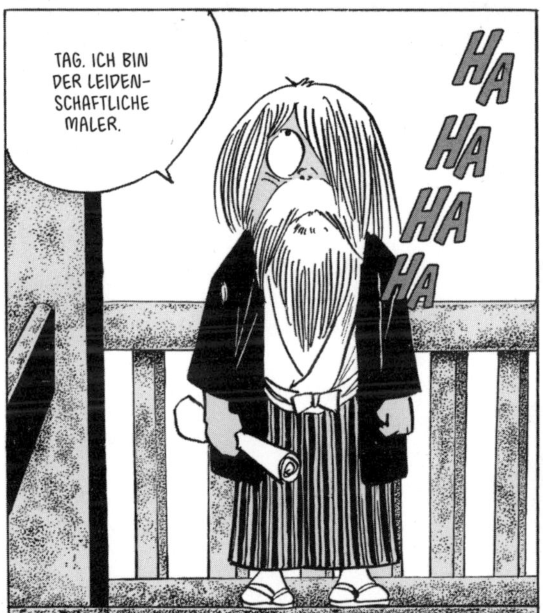
TAG. ICH BIN DER LEIDEN-SCHAFTLICHE MALER.
HA
HA
HA
HA

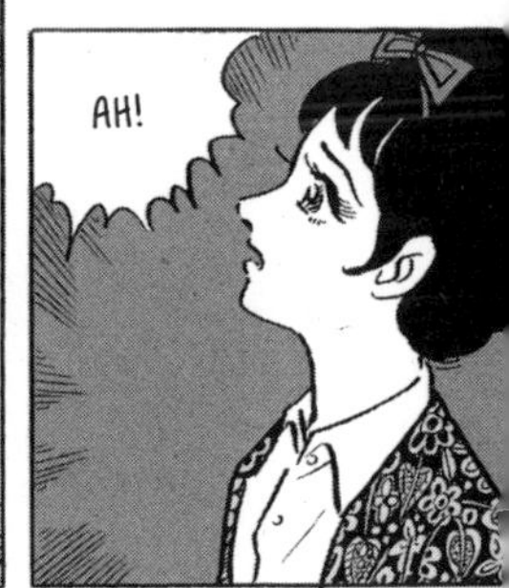
AH!

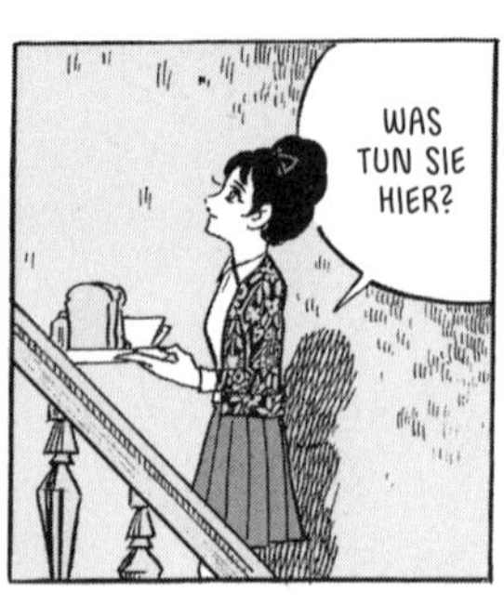
WAS TUN SIE HIER?

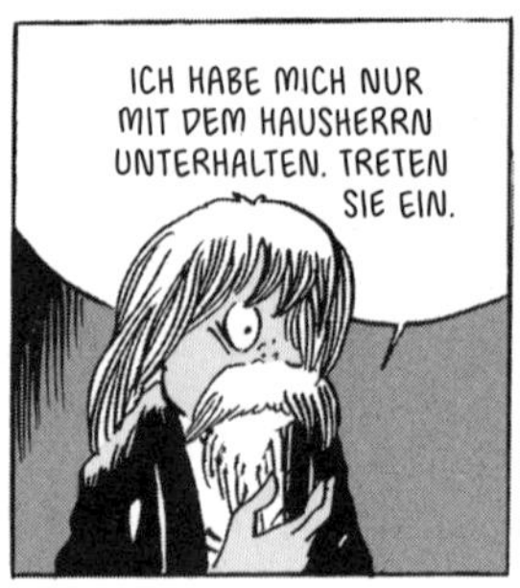
ICH HABE MICH NUR MIT DEM HAUSHERRN UNTERHALTEN. TRETEN SIE EIN.

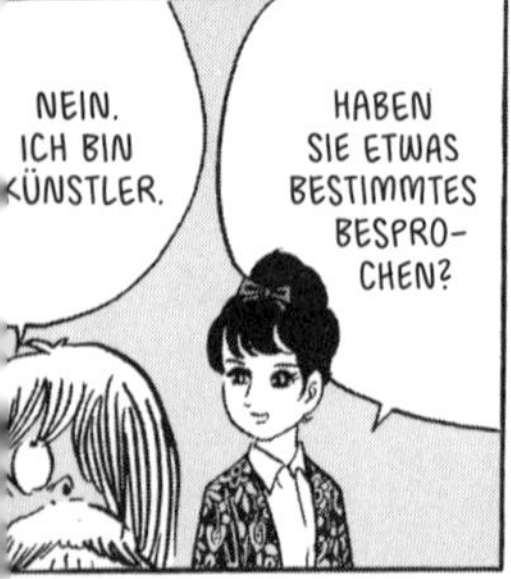
HABEN SIE ETWAS BESTIMMTES BESPRO-CHEN?
NEIN. ICH BIN KÜNSTLER.

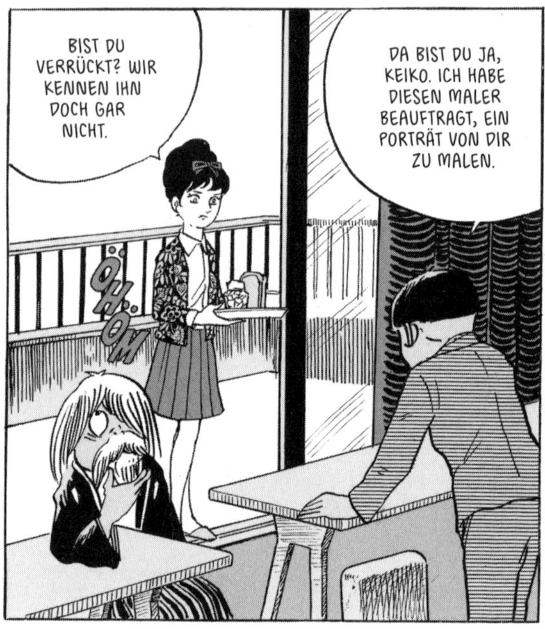
DA BIST DU JA, KEIKO. ICH HABE DIESEN MALER BEAUFTRAGT, EIN PORTRÄT VON DIR ZU MALEN.
BIST DU VERRÜCKT? WIR KENNEN IHN DOCH GAR NICHT.
ÖHÖM

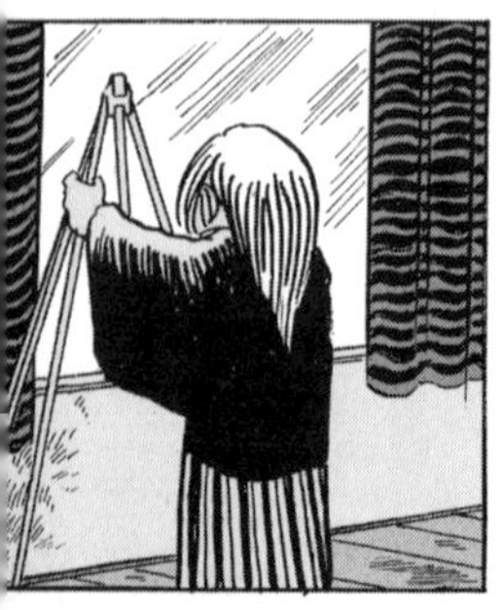

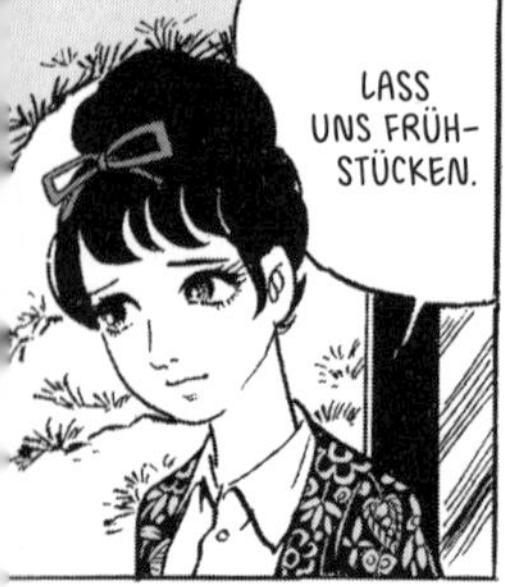
LASS UNS FRÜH-STÜCKEN.

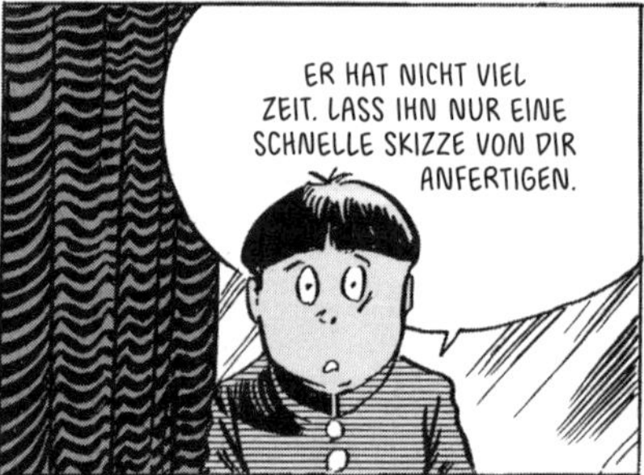
ER HAT NICHT VIEL ZEIT. LASS IHN NUR EINE SCHNELLE SKIZZE VON DIR ANFERTIGEN.

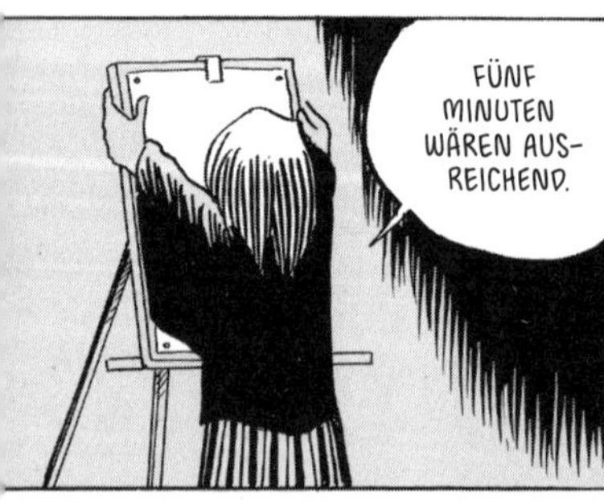
FÜNF MINUTEN WÄREN AUS-REICHEND.

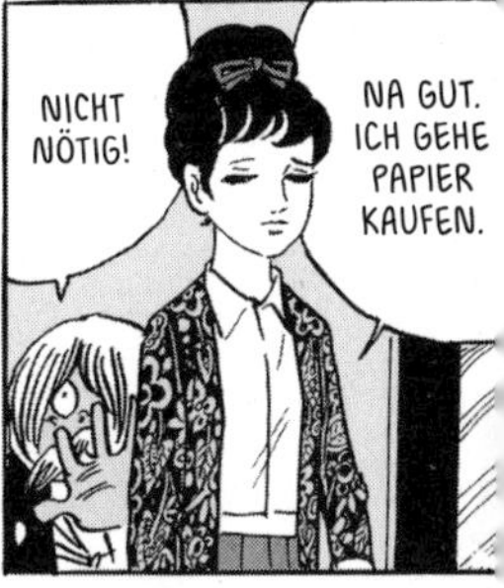

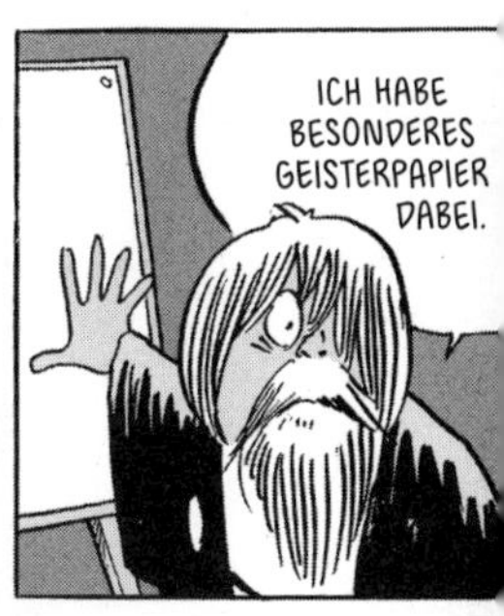

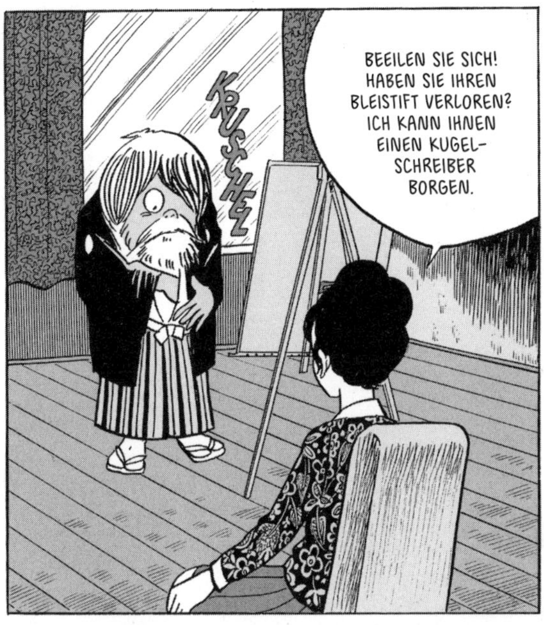

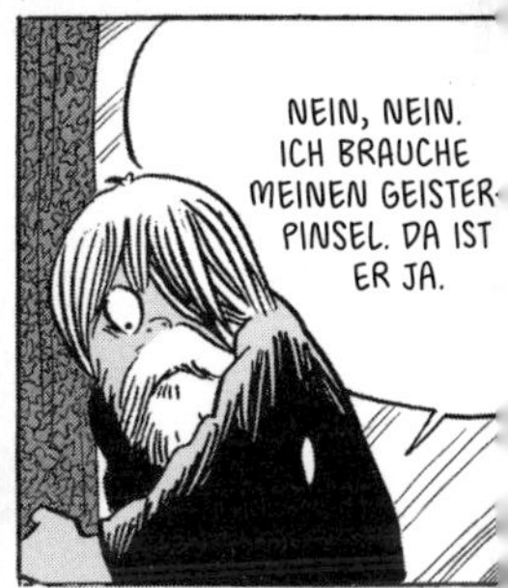

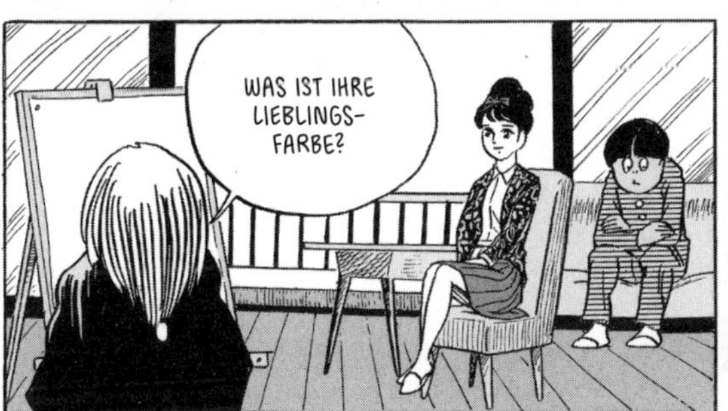

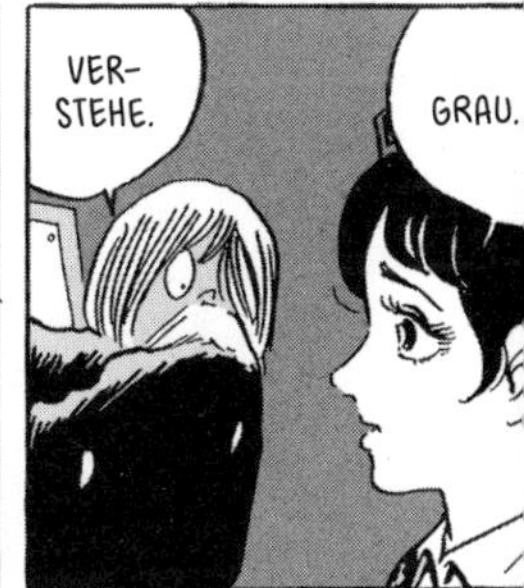

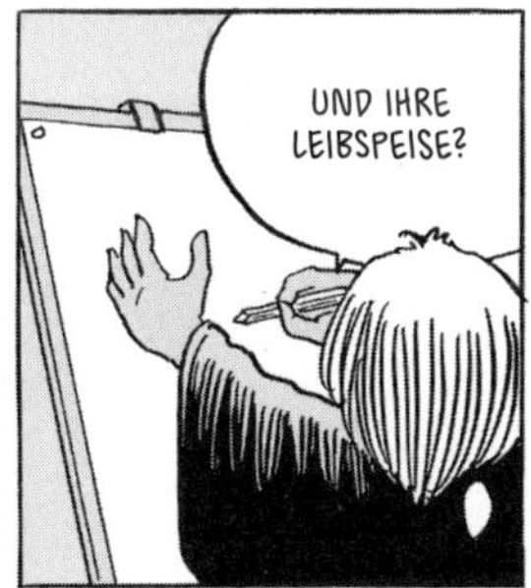

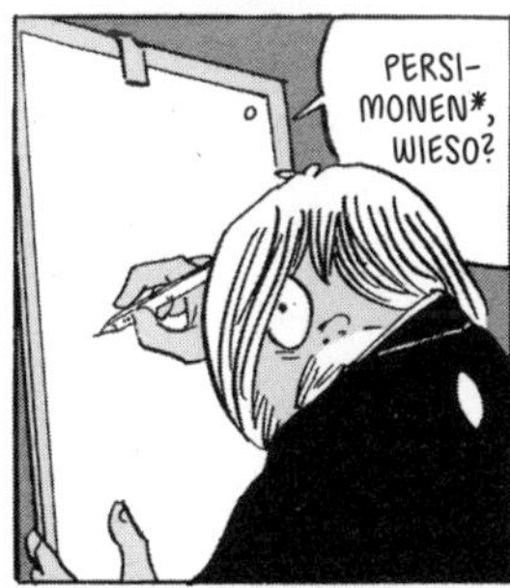

* ZUCHTFORM DER KAKIFRUCHT

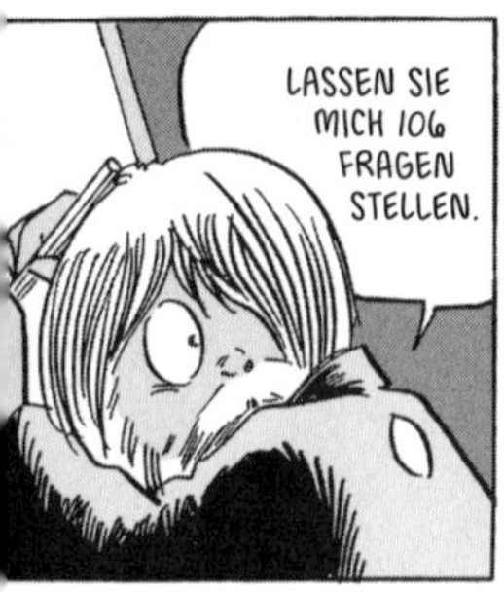
LASSEN SIE MICH 106 FRAGEN STELLEN.

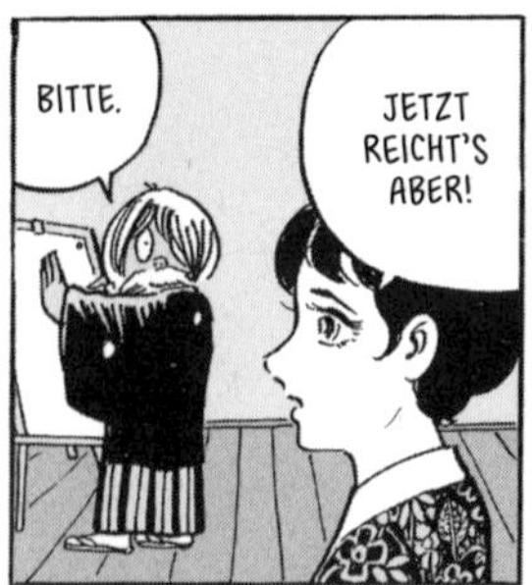
BITTE.
JETZT REICHT'S ABER!

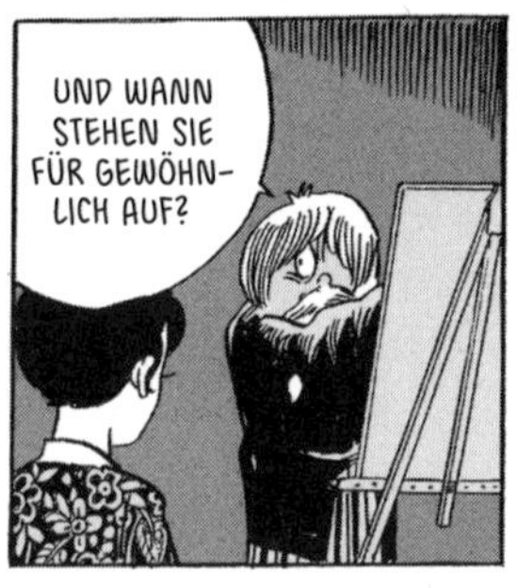
UND WANN STEHEN SIE FÜR GEWÖHN-LICH AUF?

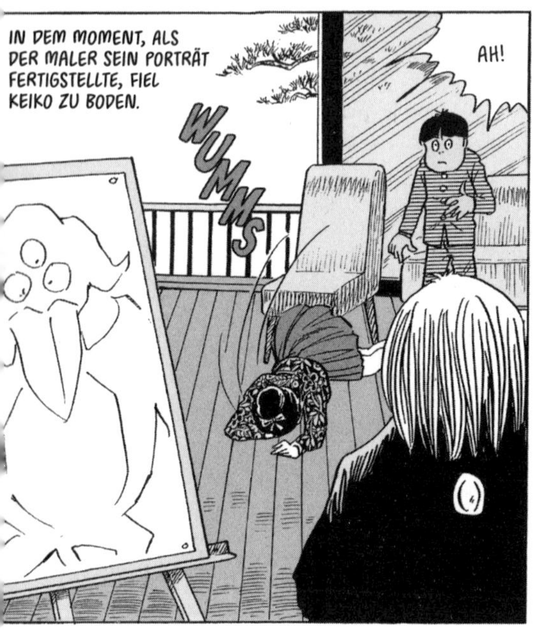
IN DEM MOMENT, ALS DER MALER SEIN PORTRÄT FERTIGSTELLTE, FIEL KEIKO ZU BODEN.
AH!
WUMMS

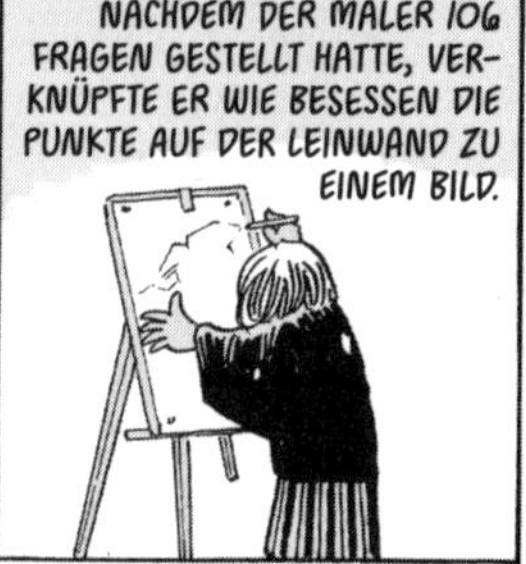
NACHDEM DER MALER 106 FRAGEN GESTELLT HATTE, VER-KNÜPFTE ER WIE BESESSEN DIE PUNKTE AUF DER LEINWAND ZU EINEM BILD.

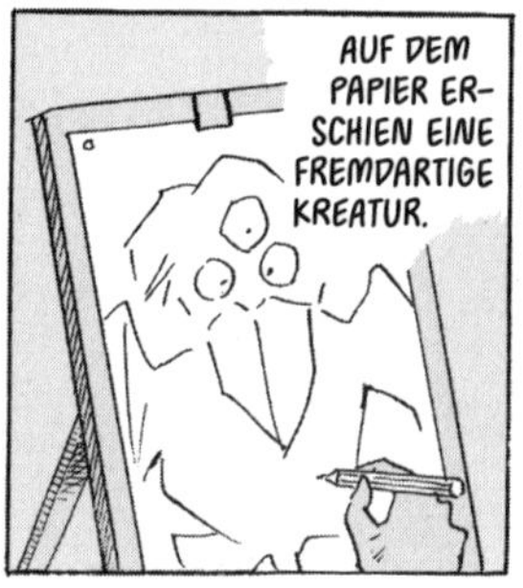
AUF DEM PAPIER ER-SCHIEN EINE FREMDARTIGE KREATUR.

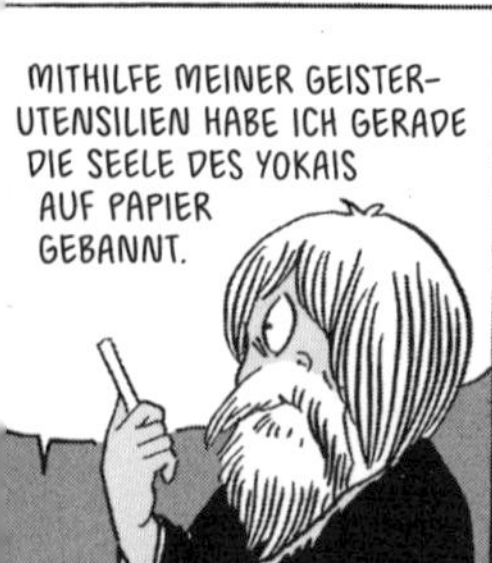
MITHILFE MEINER GEISTER-UTENSILIEN HABE ICH GERADE DIE SEELE DES YOKAIS AUF PAPIER GEBANNT.

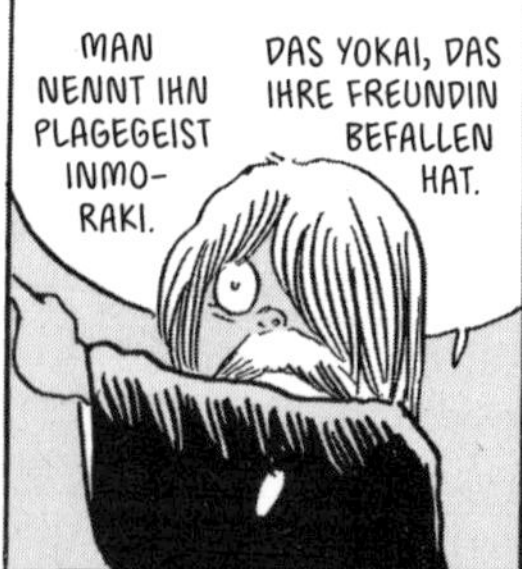
DAS YOKAI, DAS IHRE FREUNDIN BEFALLEN HAT.
MAN NENNT IHN PLAGEGEIST INMO-RAKI.

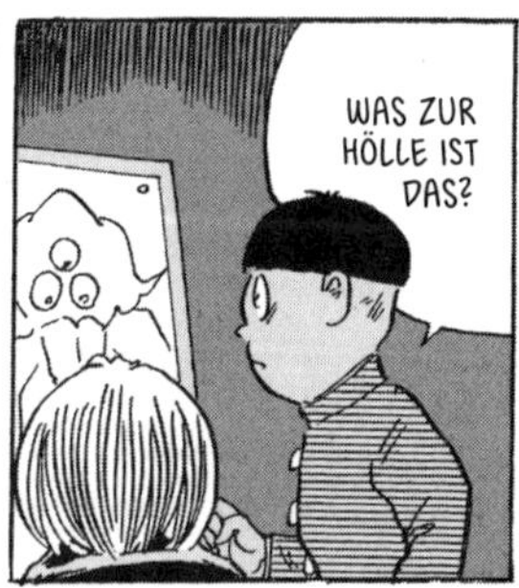
WAS ZUR HÖLLE IST DAS?

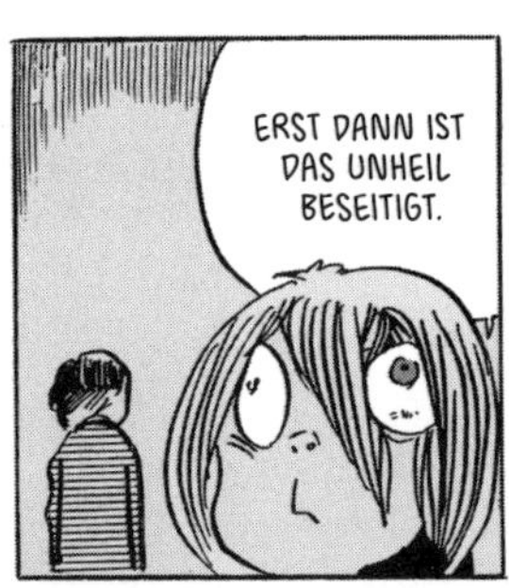
ERST DANN IST
DAS UNHEIL
BESEITIGT.

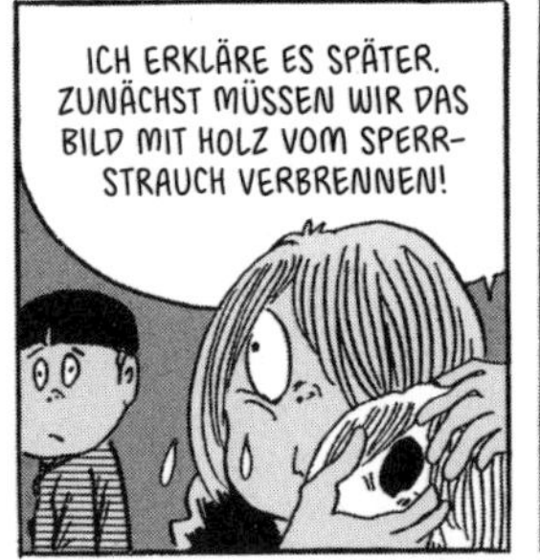
ICH ERKLÄRE ES SPÄTER.
ZUNÄCHST MÜSSEN WIR DAS
BILD MIT HOLZ VOM SPERR-
STRAUCH VERBRENNEN!

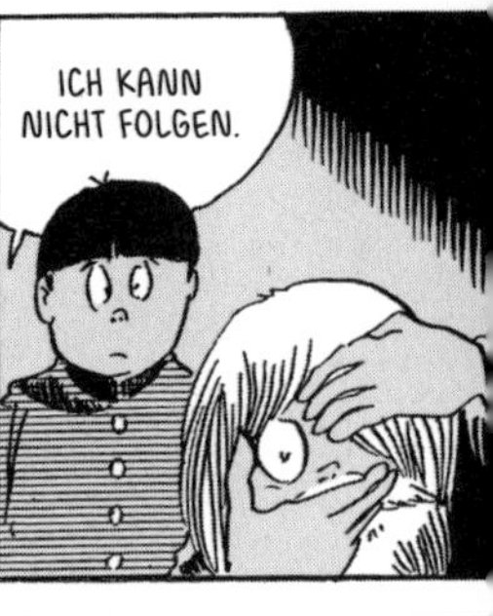
ICH KANN
NICHT FOLGEN.

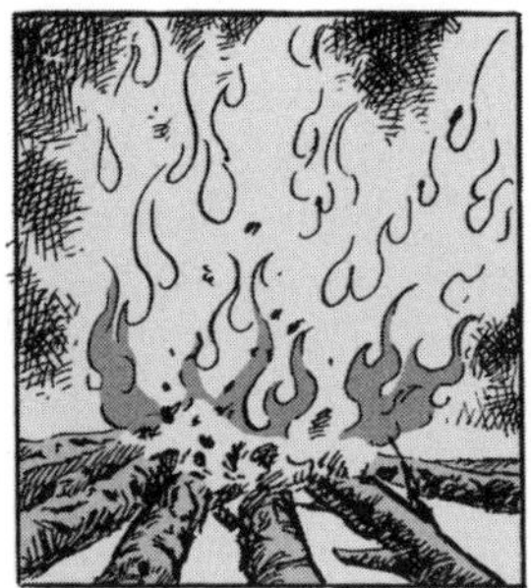

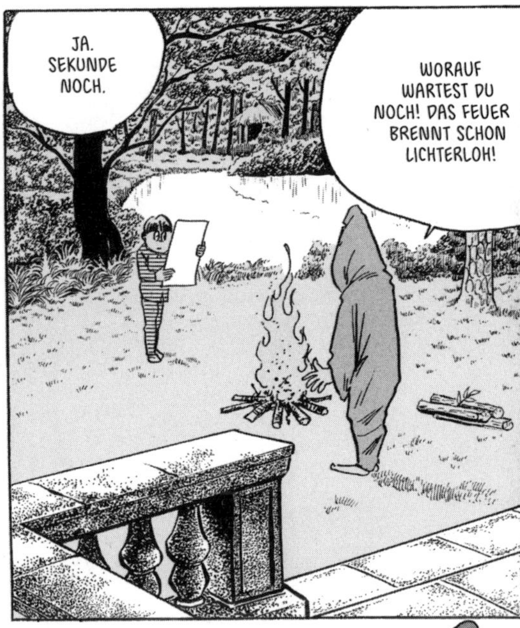
WORAUF
WARTEST DU
NOCH! DAS FEUER
BRENNT SCHON
LICHTERLOH!
JA.
SEKUNDE
NOCH.

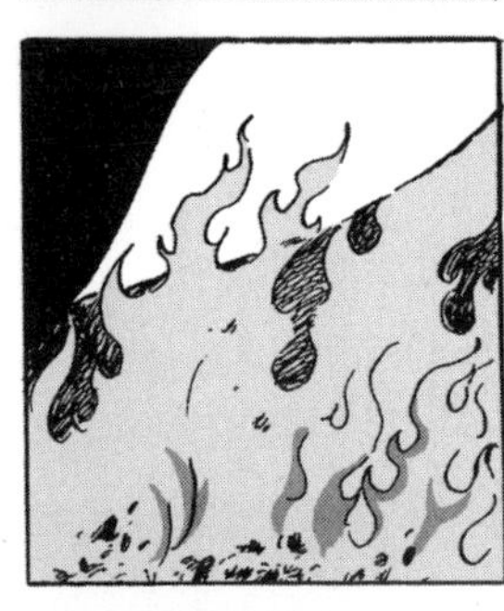

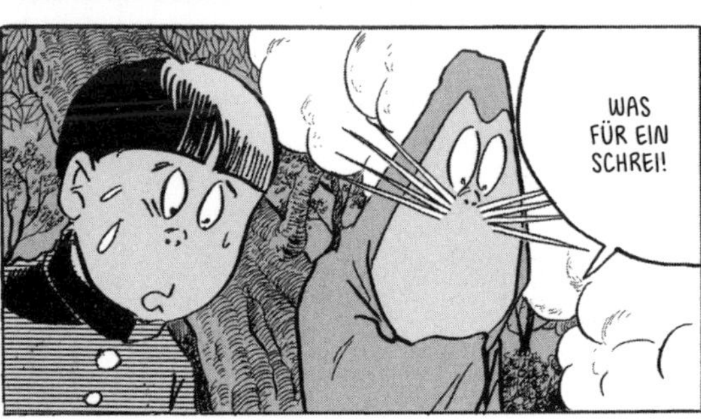
WAS
FÜR EIN
SCHREI!

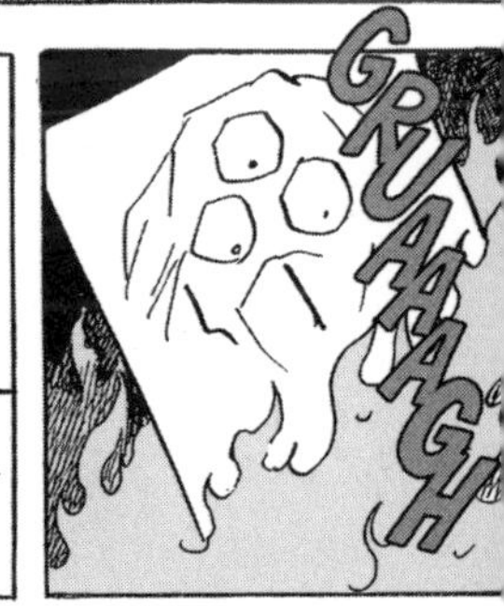
GRUAAAGH

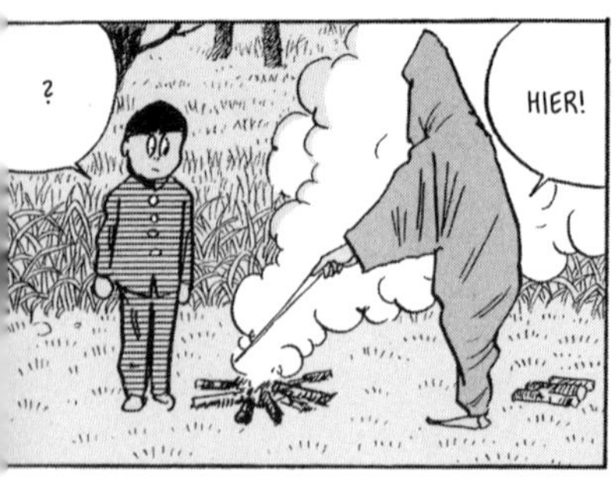
HIER!
?

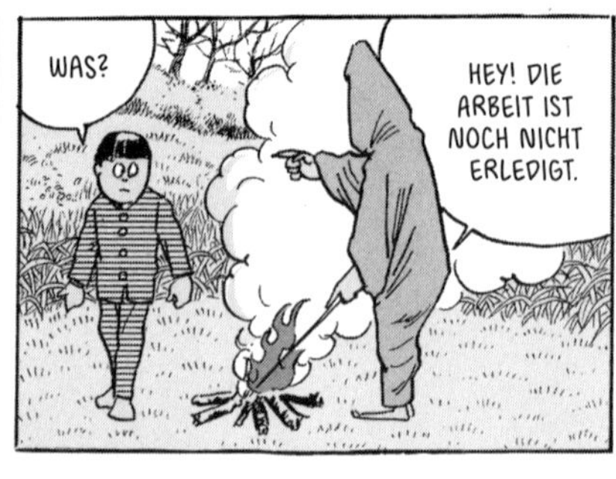
HEY! DIE ARBEIT IST NOCH NICHT ERLEDIGT.
WAS?

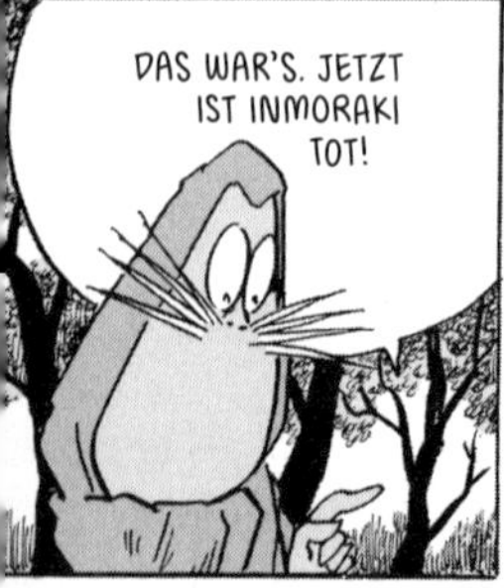
DAS WAR'S. JETZT IST INMORAKI TOT!

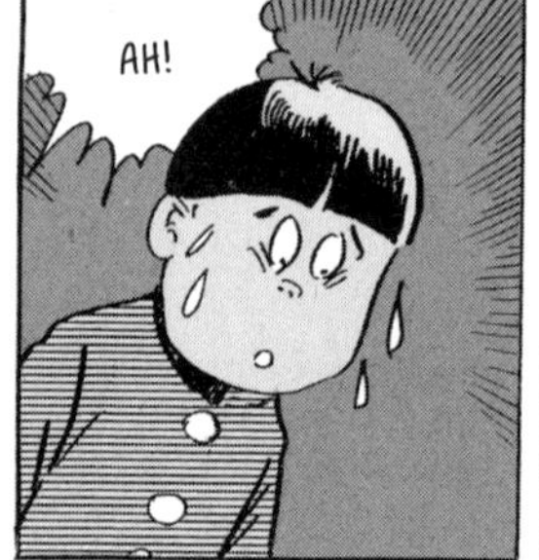
AH!

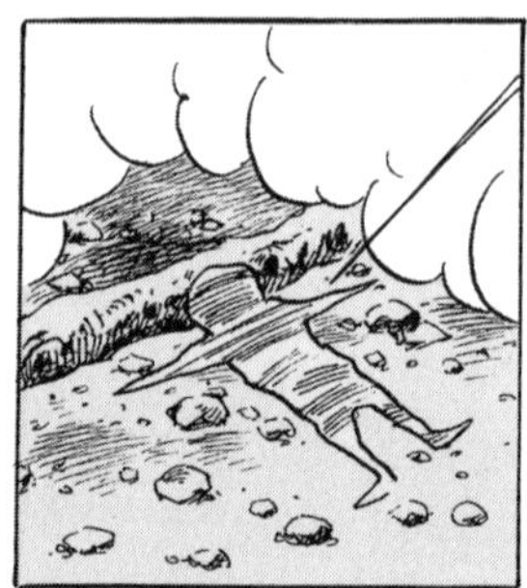

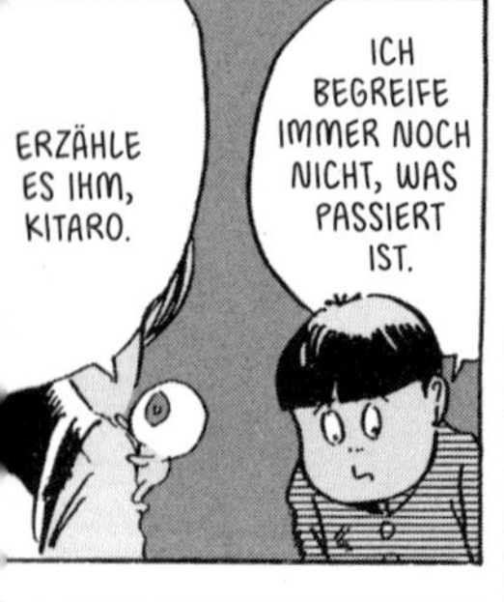
ICH BEGREIFE IMMER NOCH NICHT, WAS PASSIERT IST.
ERZÄHLE ES IHM, KITARO.

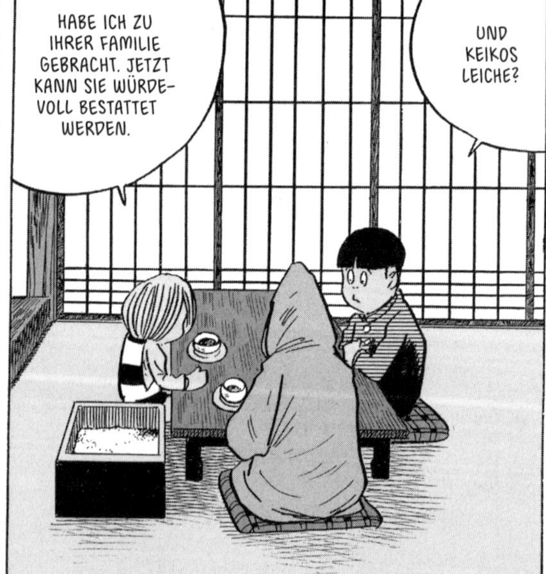
UND KEIKOS LEICHE?
HABE ICH ZU IHRER FAMILIE GEBRACHT. JETZT KANN SIE WÜRDE-VOLL BESTATTET WERDEN.

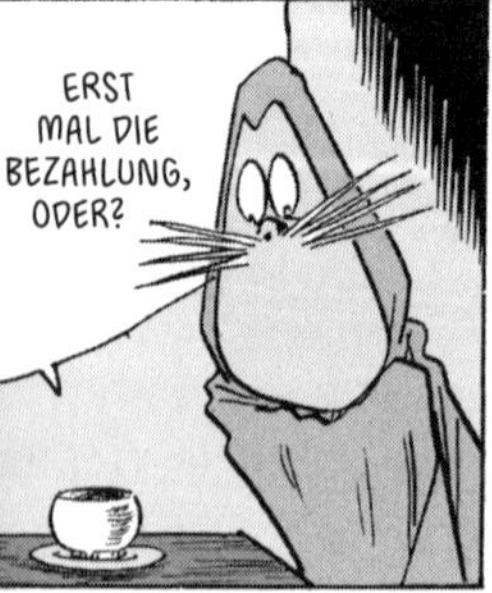
ERST MAL DIE BEZAHLUNG, ODER?

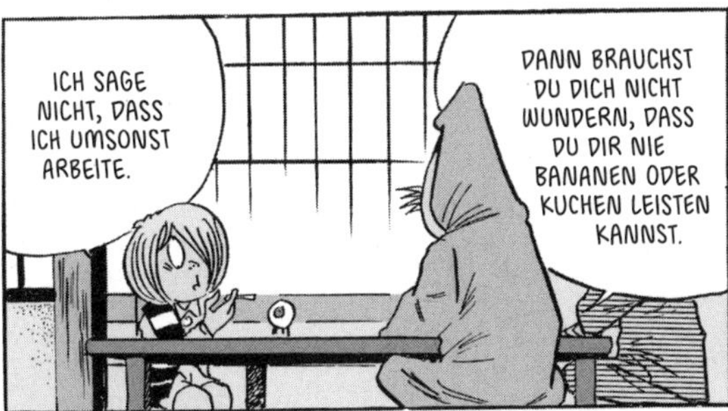
ICH SAGE NICHT, DASS ICH UMSONST ARBEITE.
DANN BRAUCHST DU DICH NICHT WUNDERN, DASS DU DIR NIE BANANEN ODER KUCHEN LEISTEN KANNST.

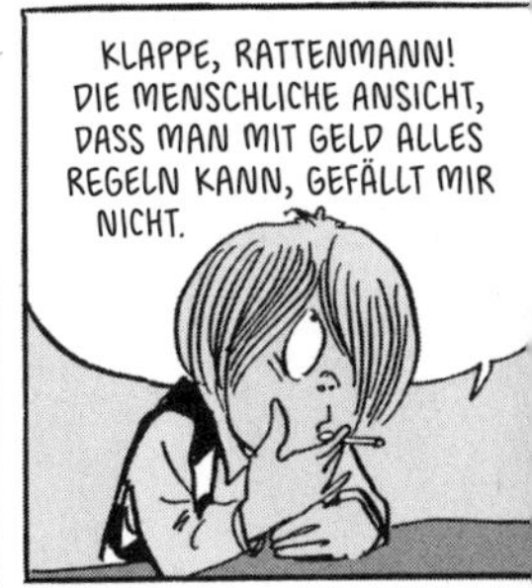
KLAPPE, RATTENMANN! DIE MENSCHLICHE ANSICHT, DASS MAN MIT GELD ALLES REGELN KANN, GEFÄLLT MIR NICHT.

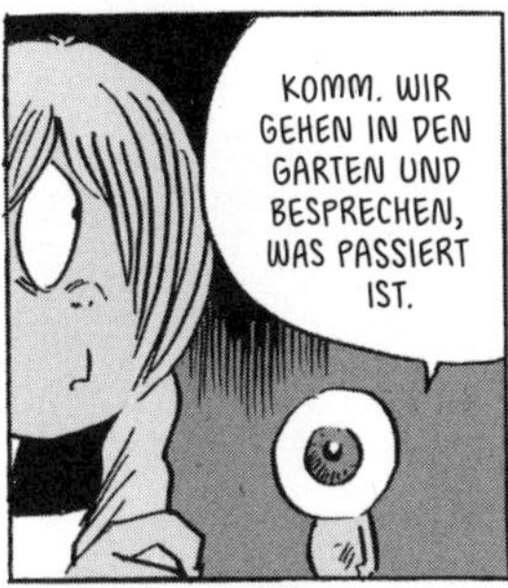
KOMM. WIR GEHEN IN DEN GARTEN UND BESPRECHEN, WAS PASSIERT IST.

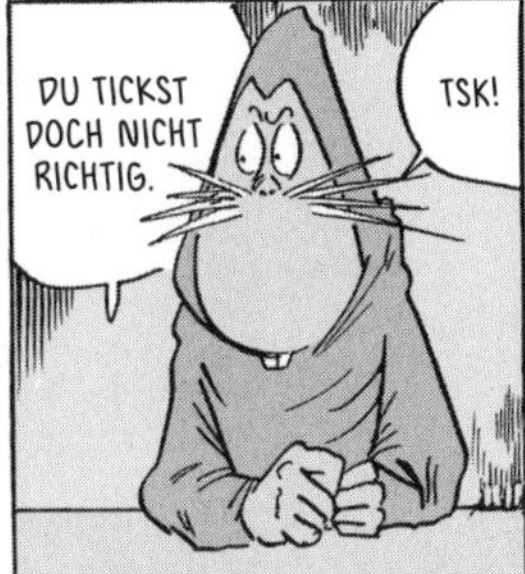
TSK!
DU TICKST DOCH NICHT RICHTIG.

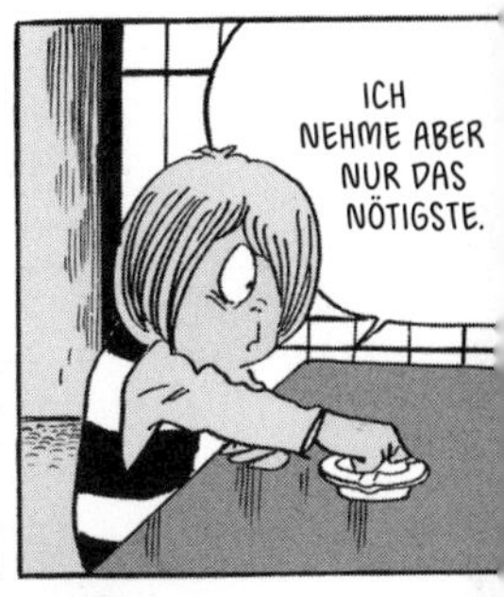
ICH NEHME ABER NUR DAS NÖTIGSTE.

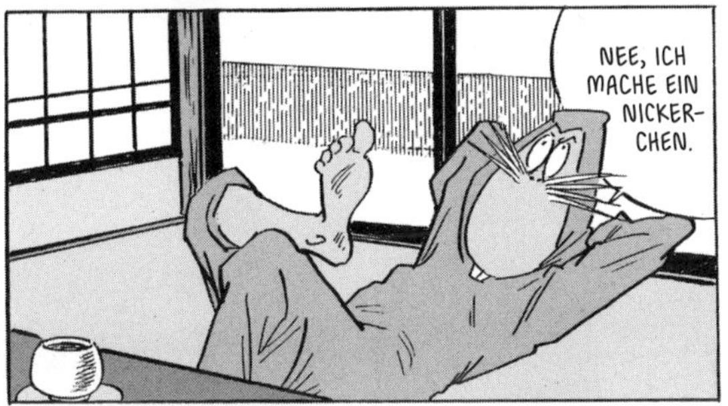
NEE, ICH MACHE EIN NICKER-CHEN.

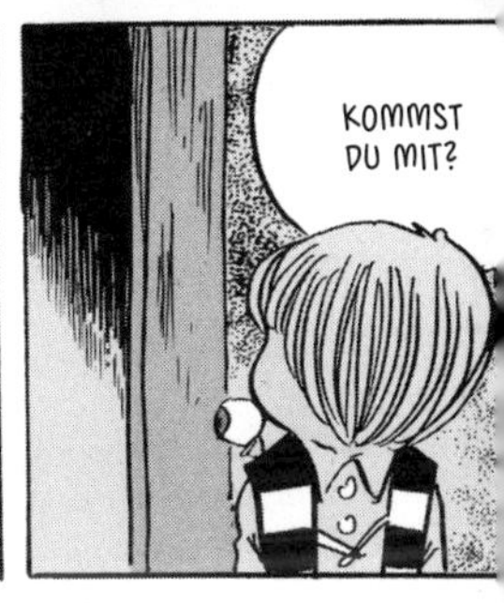
KOMMST DU MIT?

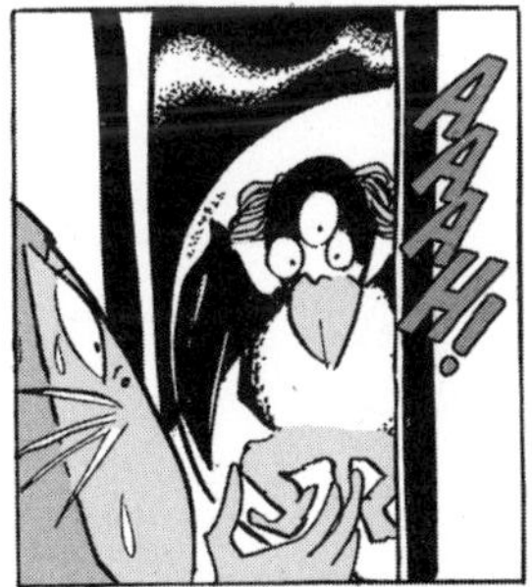
AAAAH!

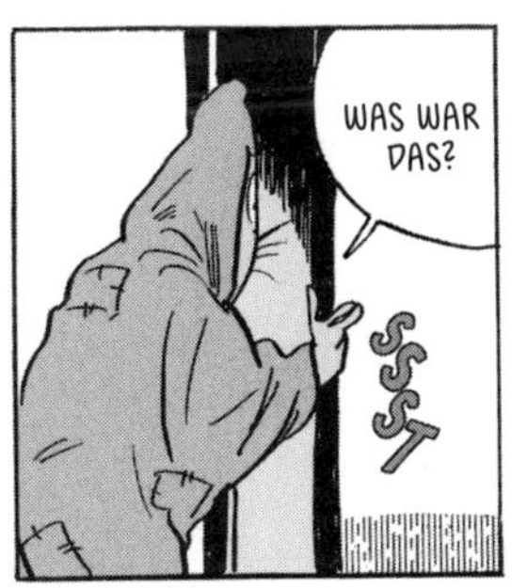
WAS WAR DAS?
SSST

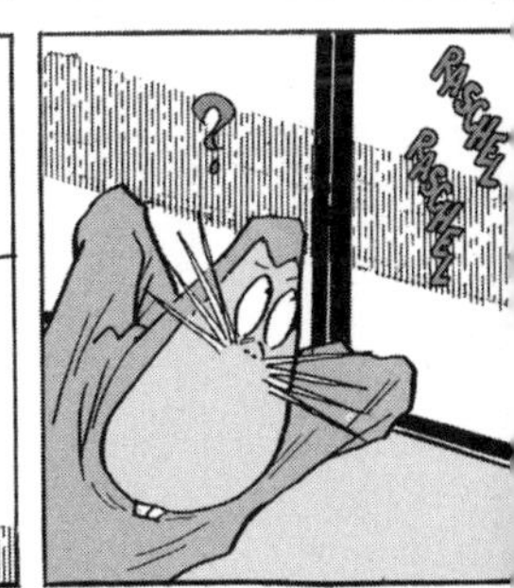
?
RASCHEL
RASCHEL

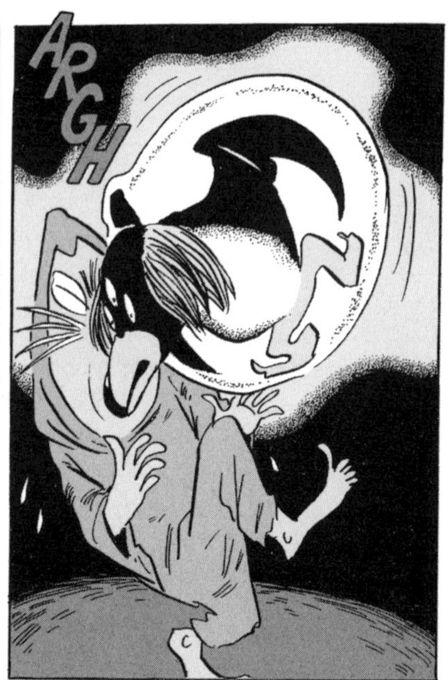
ARGH

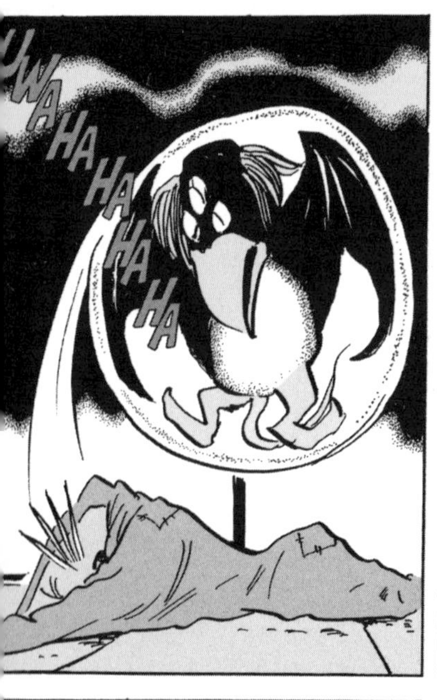
UWAHAHAHAHAHAHA

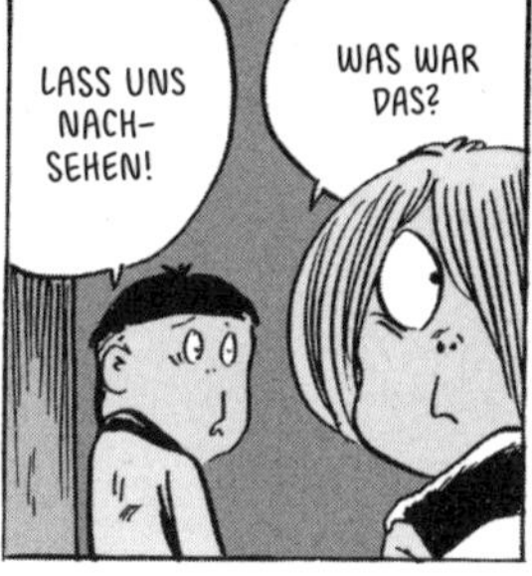
WAS WAR DAS?
LASS UNS NACH-SEHEN!

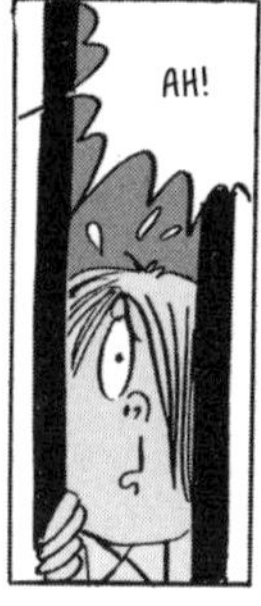
AH!

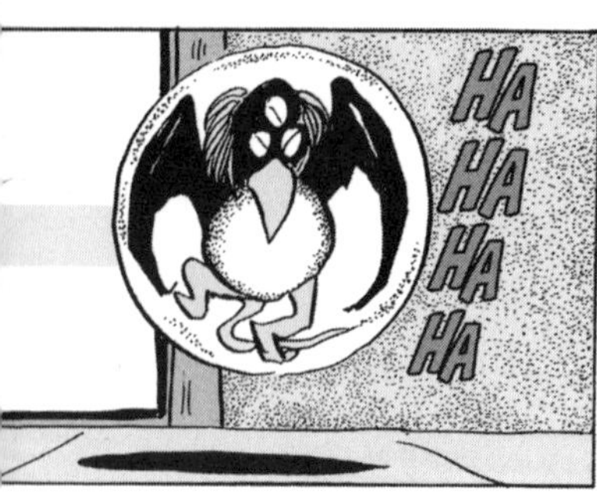
HAHAHAHAHA

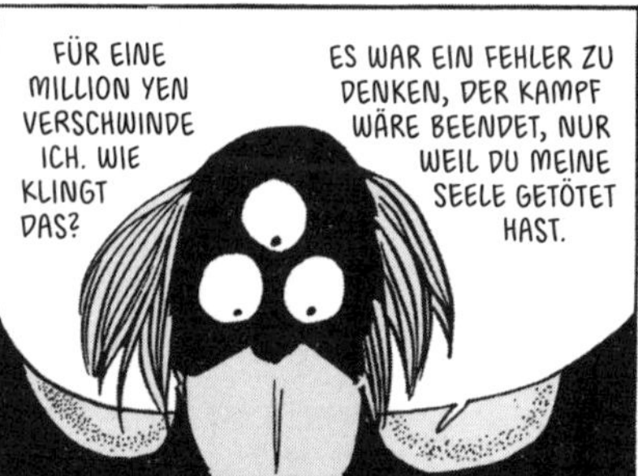
ES WAR EIN FEHLER ZU DENKEN, DER KAMPF WÄRE BEENDET, NUR WEIL DU MEINE SEELE GETÖTET HAST.
FÜR EINE MILLION YEN VERSCHWINDE ICH. WIE KLINGT DAS?

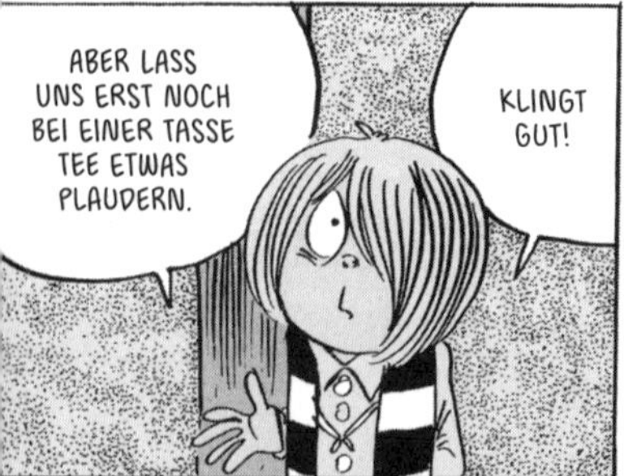
KLINGT GUT!
ABER LASS UNS ERST NOCH BEI EINER TASSE TEE ETWAS PLAUDERN.

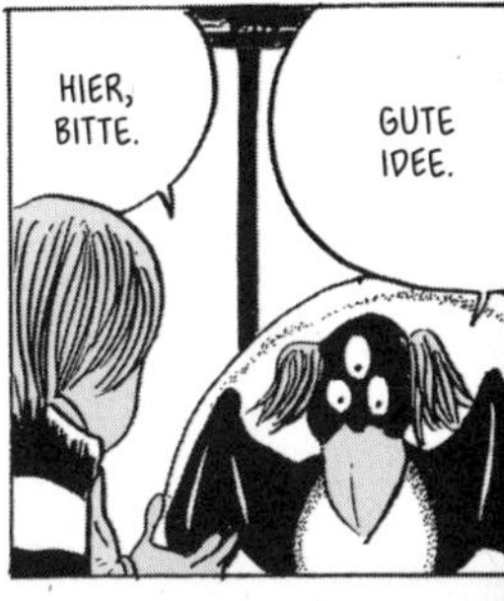
GUTE IDEE.
HIER, BITTE.

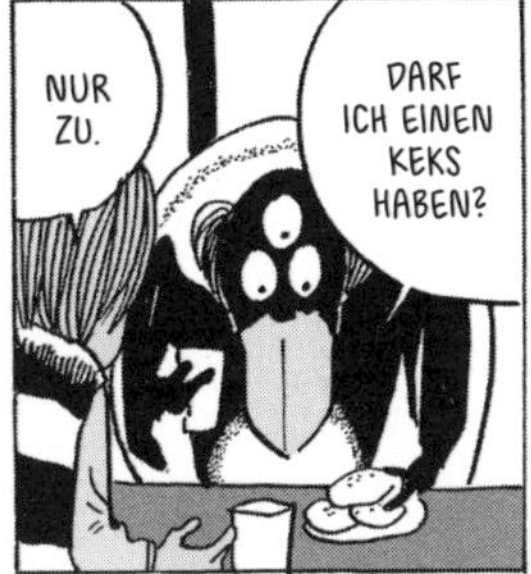
DARF ICH EINEN KEKS HABEN?
NUR ZU.

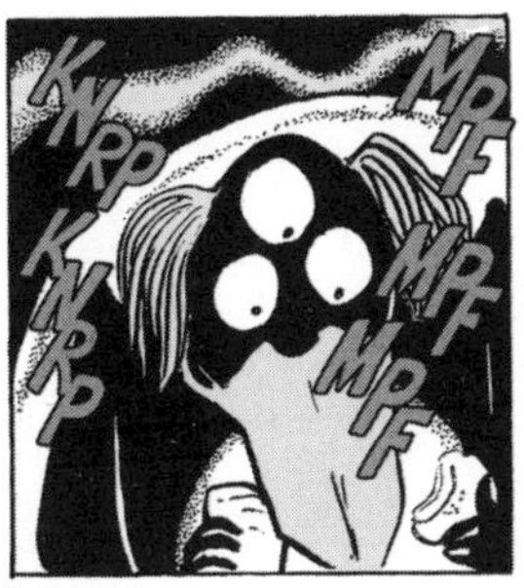
MPF MPF MPF
KNRP KNRP

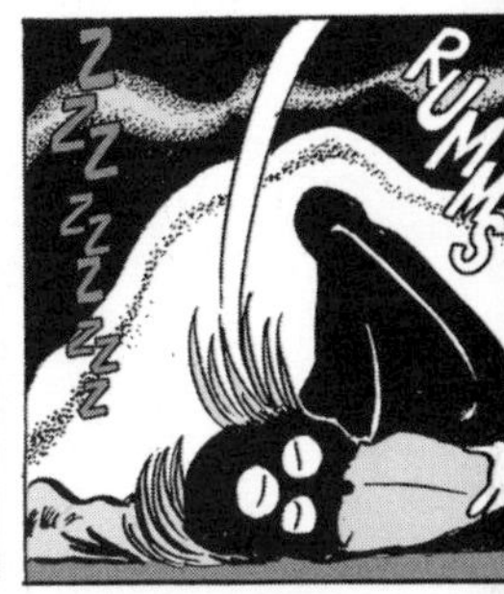
RUMMS
ZZZZZZZ

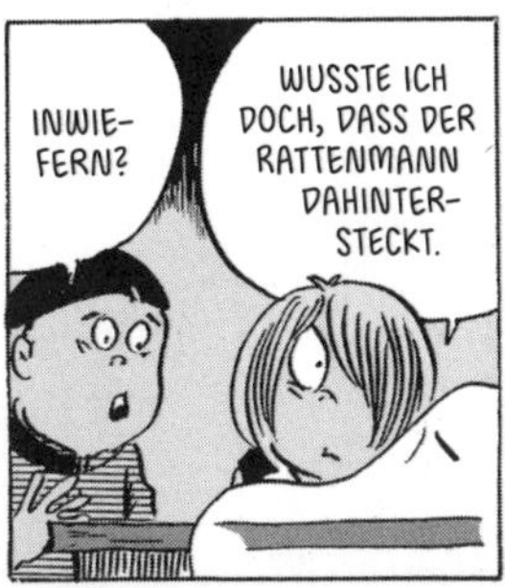
WUSSTE ICH DOCH, DASS DER RATTENMANN DAHINTERSTECKT.
INWIEFERN?

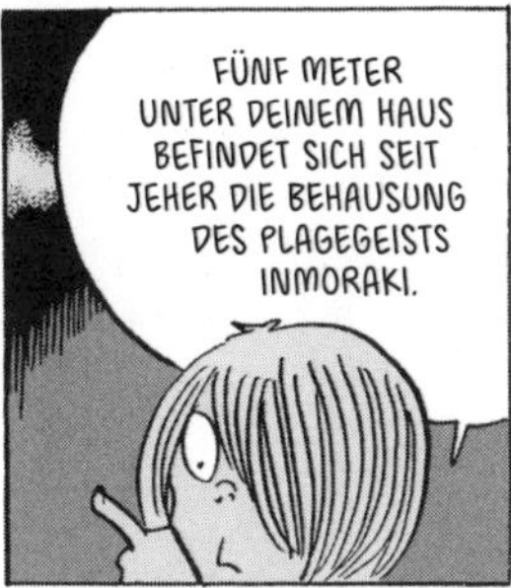
FÜNF METER UNTER DEINEM HAUS BEFINDET SICH SEIT JEHER DIE BEHAUSUNG DES PLAGEGEISTS INMORAKI.

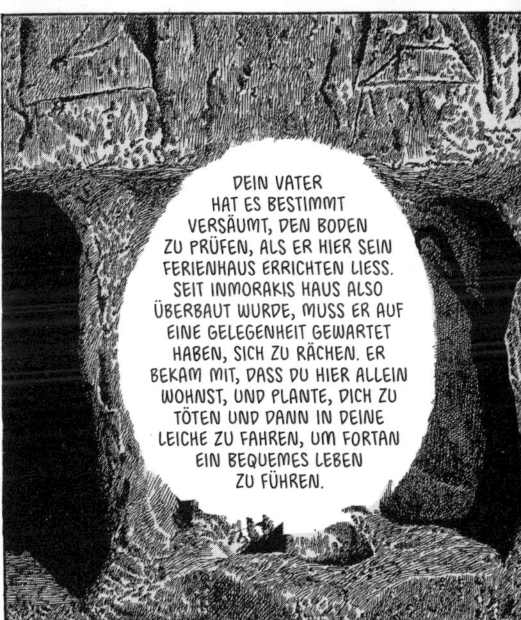
DEIN VATER HAT ES BESTIMMT VERSÄUMT, DEN BODEN ZU PRÜFEN, ALS ER HIER SEIN FERIENHAUS ERRICHTEN LIESS. SEIT INMORAKIS HAUS ALSO ÜBERBAUT WURDE, MUSS ER AUF EINE GELEGENHEIT GEWARTET HABEN, SICH ZU RÄCHEN. ER BEKAM MIT, DASS DU HIER ALLEIN WOHNST, UND PLANTE, DICH ZU TÖTEN UND DANN IN DEINE LEICHE ZU FAHREN, UM FORTAN EIN BEQUEMES LEBEN ZU FÜHREN.

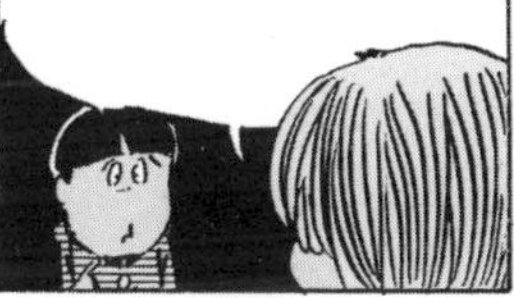
ALS KEIKO STARB, HAT ER STATTDESSEN IHREN KÖRPER ÜBERNOMMEN UND SICH DIR AUF DIESE WEISE GENÄHERT.

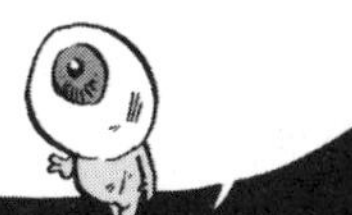
ALS INMORAKIS SEELE JEDOCH VERBRANNT WURDE, BLIEB IHM NUR NOCH SEIN KÖRPER UND ER MUSSTE SICH EINE NEUE SEELE SUCHEN.

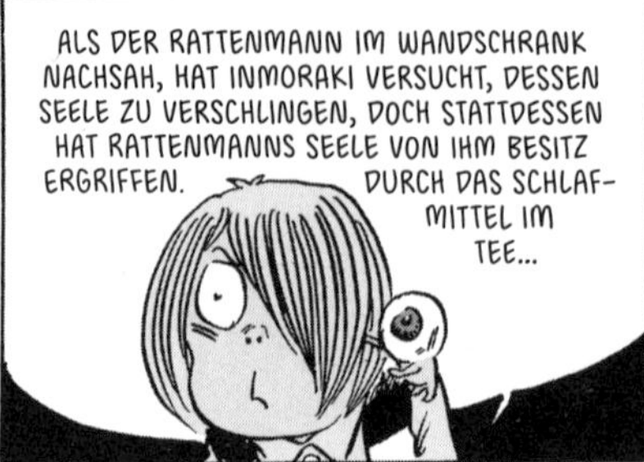
ALS DER RATTENMANN IM WANDSCHRANK NACHSAH, HAT INMORAKI VERSUCHT, DESSEN SEELE ZU VERSCHLINGEN, DOCH STATTDESSEN HAT RATTENMANNS SEELE VON IHM BESITZ ERGRIFFEN.
DURCH DAS SCHLAFMITTEL IM TEE...

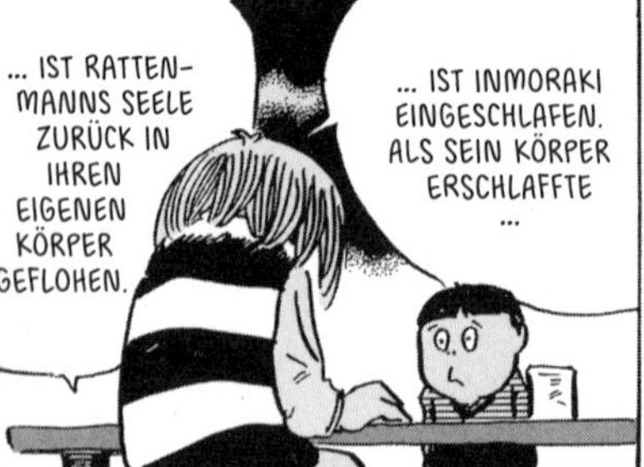
... IST INMORAKI EINGESCHLAFEN. ALS SEIN KÖRPER ERSCHLAFFTE ...
... IST RATTENMANNS SEELE ZURÜCK IN IHREN EIGENEN KÖRPER GEFLOHEN.

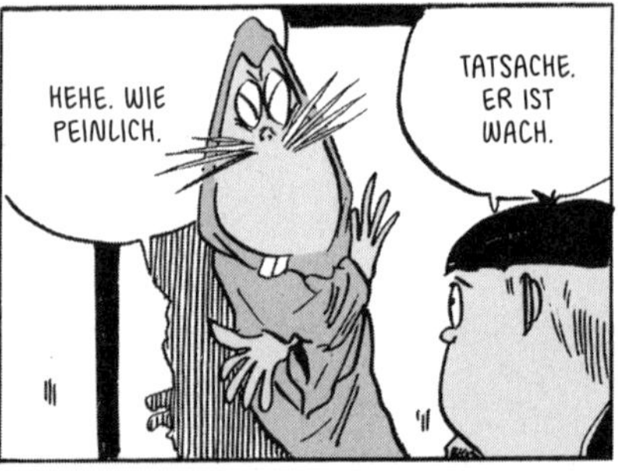
TATSACHE. ER IST WACH.
HEHE. WIE PEINLICH.

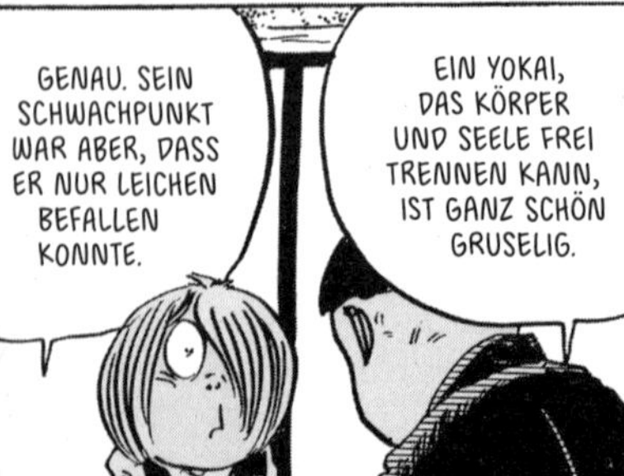
EIN YOKAI, DAS KÖRPER UND SEELE FREI TRENNEN KANN, IST GANZ SCHÖN GRUSELIG.
GENAU. SEIN SCHWACHPUNKT WAR ABER, DASS ER NUR LEICHEN BEFALLEN KONNTE.

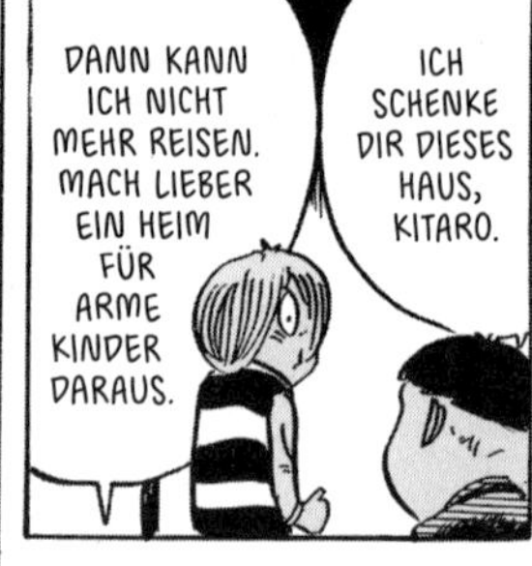
ICH SCHENKE DIR DIESES HAUS, KITARO.
DANN KANN ICH NICHT MEHR REISEN. MACH LIEBER EIN HEIM FÜR ARME KINDER DARAUS.

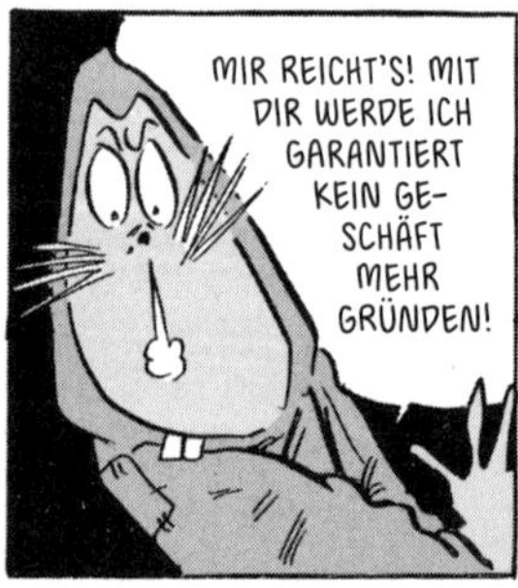
MIR REICHT'S! MIT DIR WERDE ICH GARANTIERT KEIN GESCHÄFT MEHR GRÜNDEN!

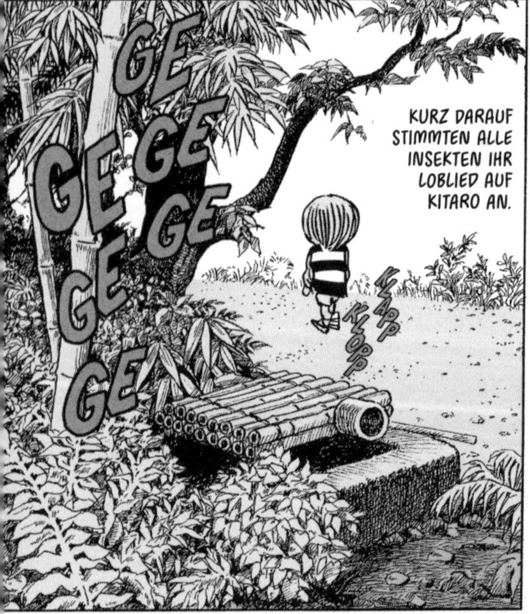
KURZ DARAUF STIMMTEN ALLE INSEKTEN IHR LOBLIED AUF KITARO AN.
GE GE GE GE GE GE GE GE
KLAPP KLOPP

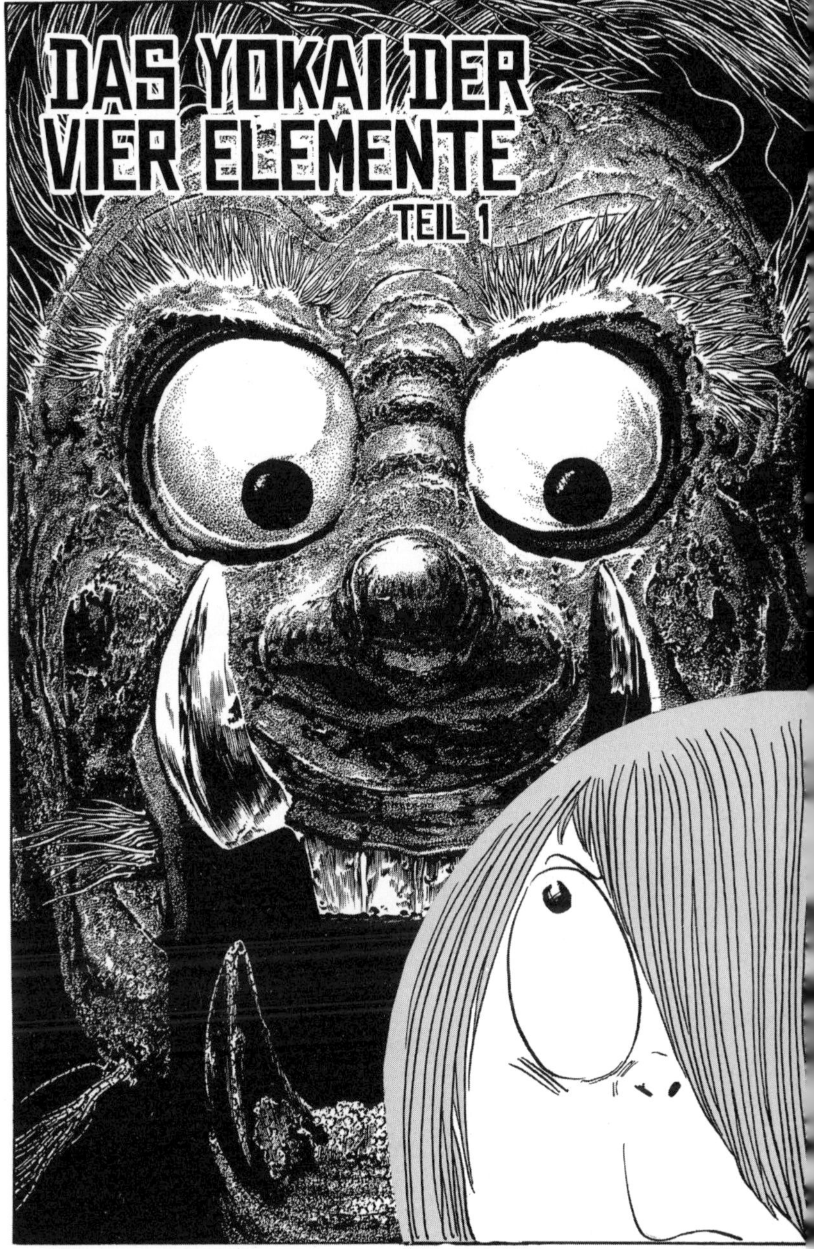
DAS YOKAI DER
VIER ELEMENTE
TEIL 1

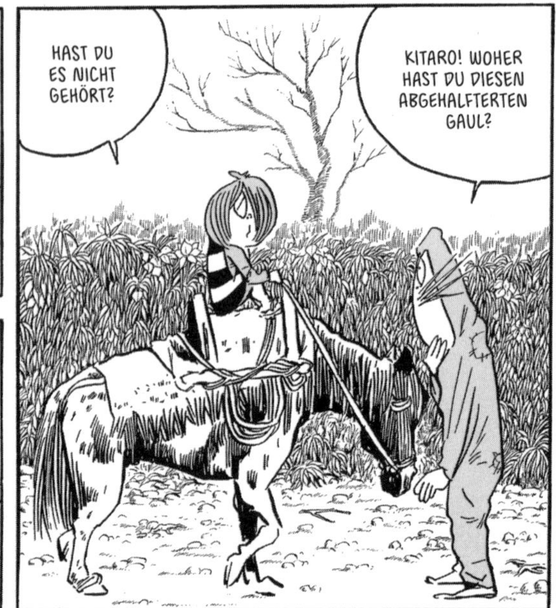
KITARO! WOHER HAST DU DIESEN ABGEHALFTERTEN GAUL?
HAST DU ES NICHT GEHÖRT?

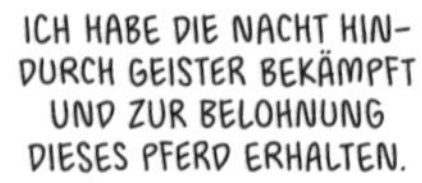
ICH HABE DIE NACHT HINDURCH GEISTER BEKÄMPFT UND ZUR BELOHNUNG DIESES PFERD ERHALTEN.

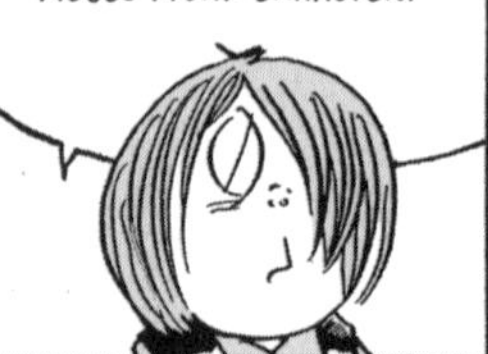

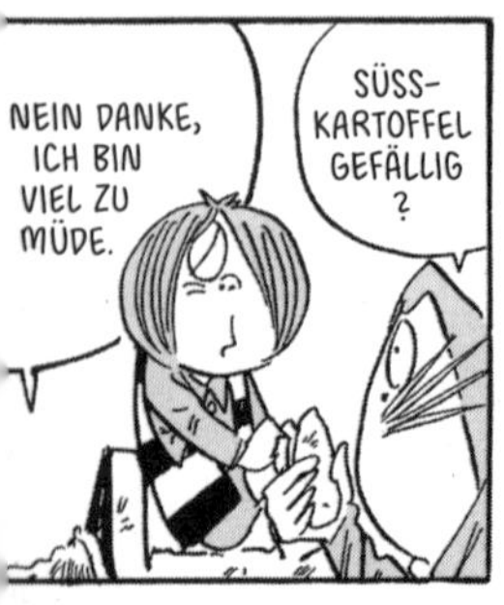
SÜSSKARTOFFEL GEFÄLLIG?
NEIN DANKE, ICH BIN VIEL ZU MÜDE.

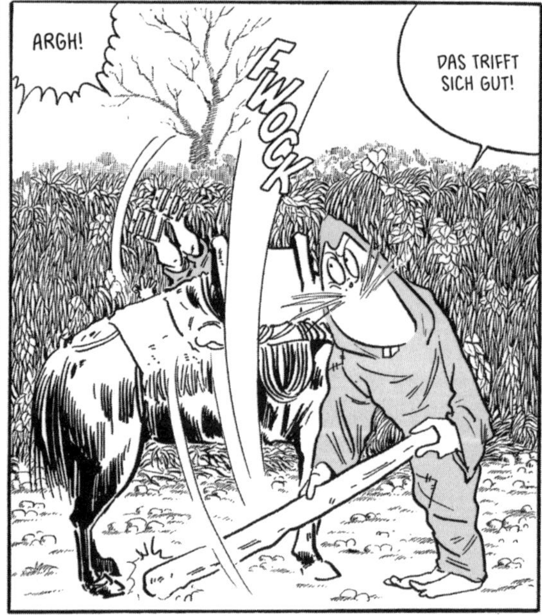
DAS TRIFFT SICH GUT!
FWOCK
ARGH!

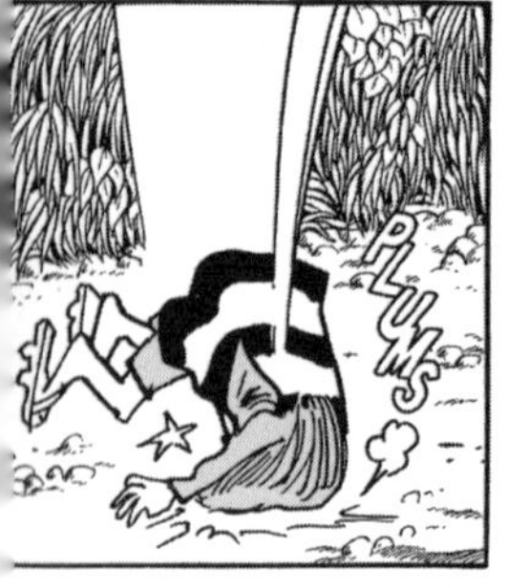
PLUMS

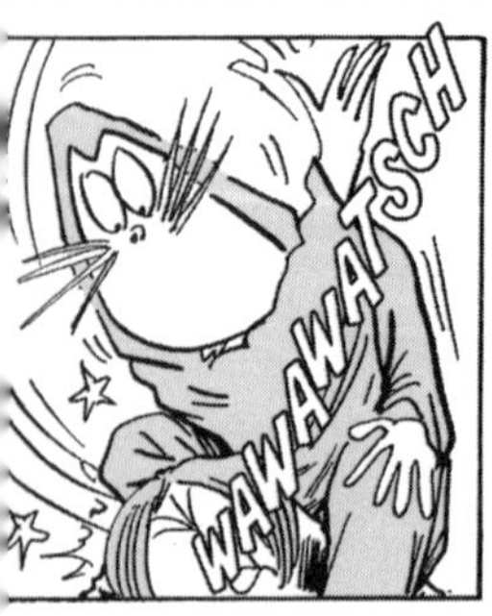
WAWAWATSCH

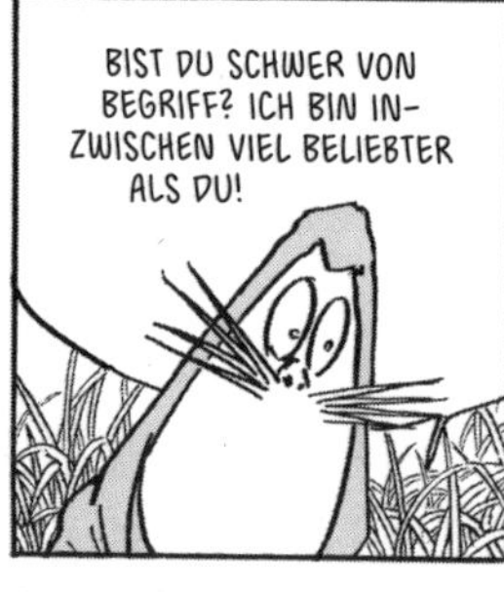
BIST DU SCHWER VON BEGRIFF? ICH BIN INZWISCHEN VIEL BELIEBTER ALS DU!

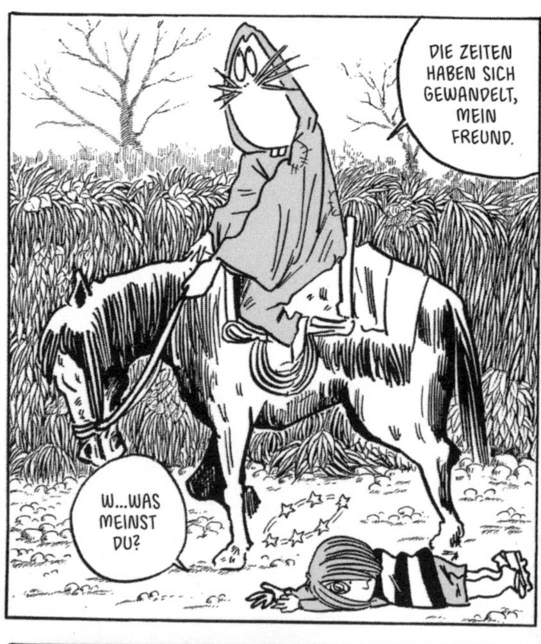
DIE ZEITEN HABEN SICH GEWANDELT, MEIN FREUND.
W...WAS MEINST DU?

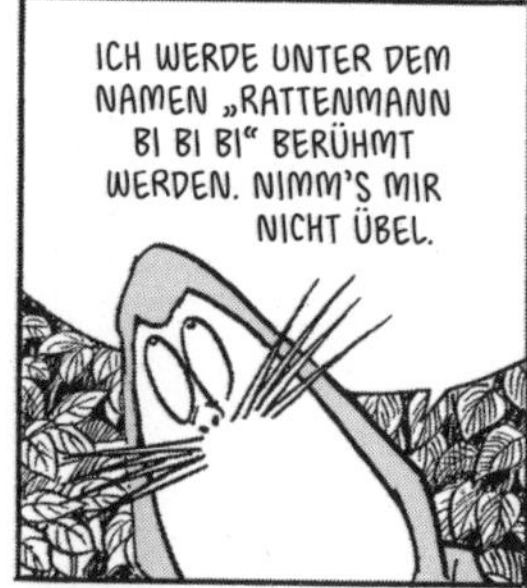
ICH WERDE UNTER DEM NAMEN „RATTENMANN BI BI BI“ BERÜHMT WERDEN. NIMM'S MIR NICHT ÜBEL.

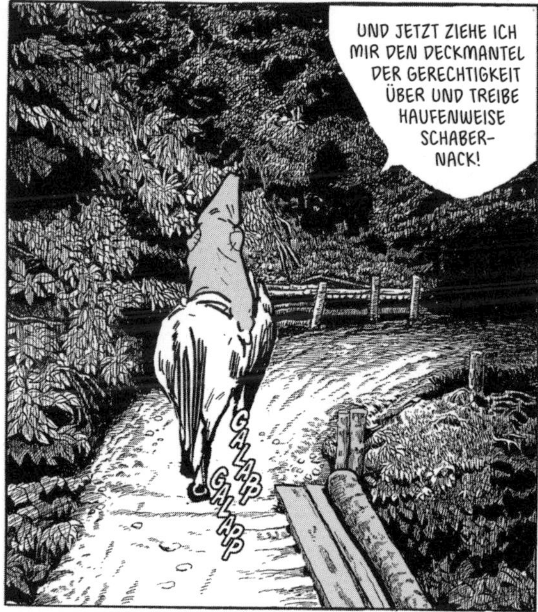
UND JETZT ZIEHE ICH MIR DEN DECKMANTEL DER GERECHTIGKEIT ÜBER UND TREIBE HAUFENWEISE SCHABERNACK!
GALAPP
GALAPP

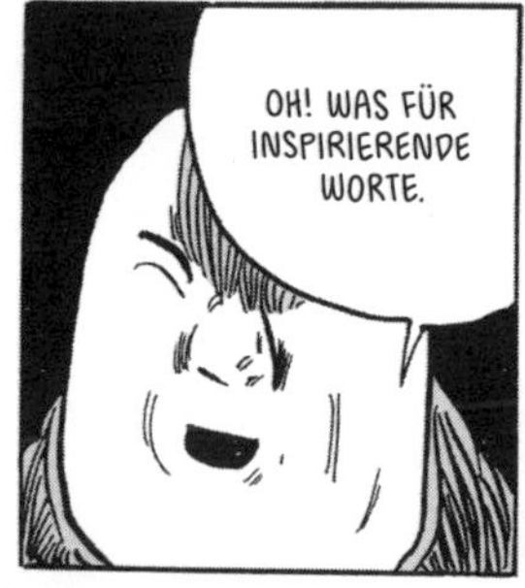
OH! WAS FÜR INSPIRIERENDE WORTE.

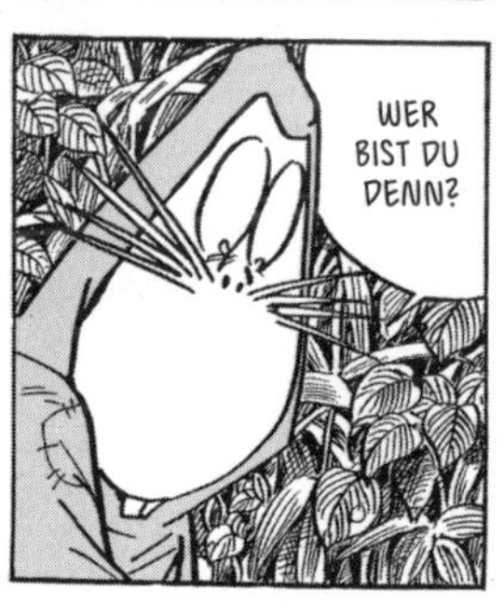
WER BIST DU DENN?

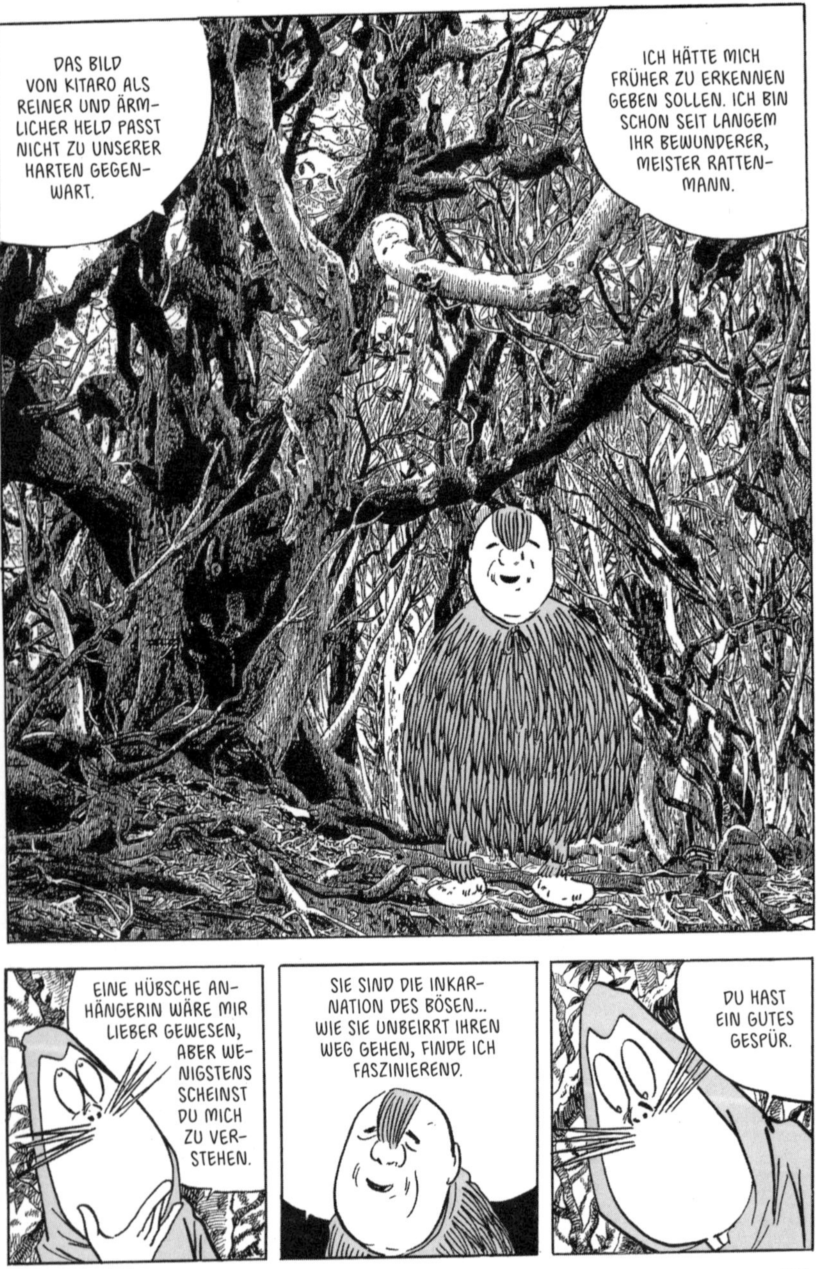

ICH HÄTTE MICH FRÜHER ZU ERKENNEN GEBEN SOLLEN. ICH BIN SCHON SEIT LANGEM IHR BEWUNDERER, MEISTER RATTENMANN.

DAS BILD VON KITARO ALS REINER UND ÄRMLICHER HELD PASST NICHT ZU UNSERER HARTEN GEGENWART.

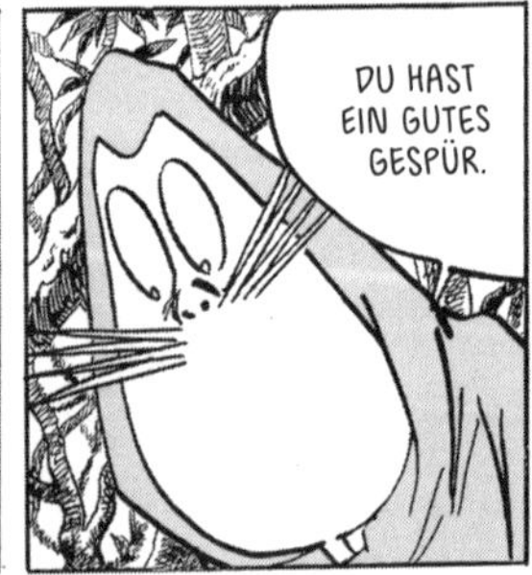

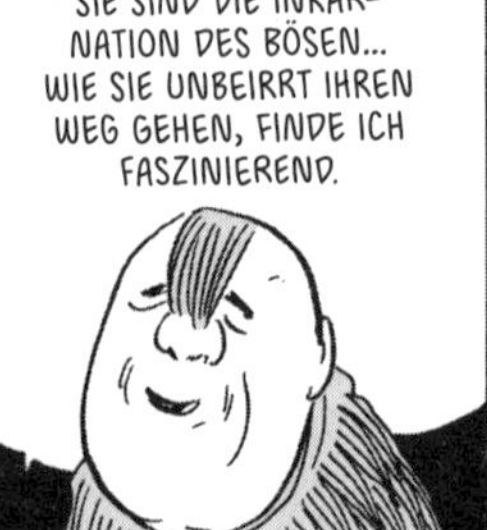

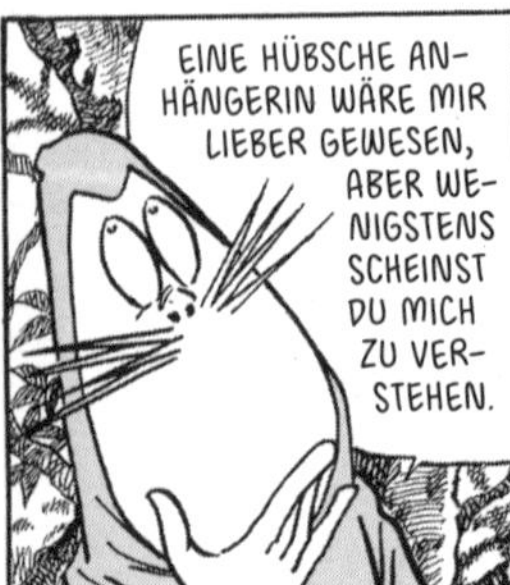

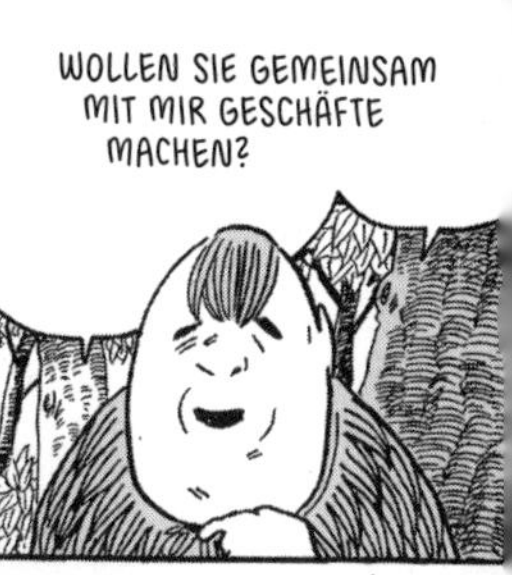
WOLLEN SIE GEMEINSAM MIT MIR GESCHÄFTE MACHEN?

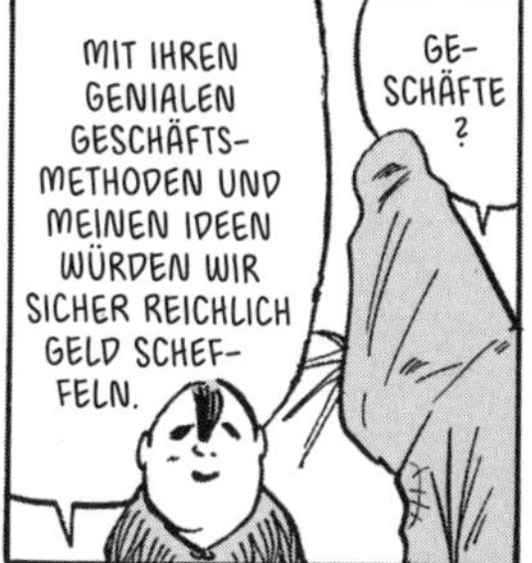
GE-SCHÄFTE?
MIT IHREN GENIALEN GESCHÄFTS-METHODEN UND MEINEN IDEEN WÜRDEN WIR SICHER REICHLICH GELD SCHEF-FELN.

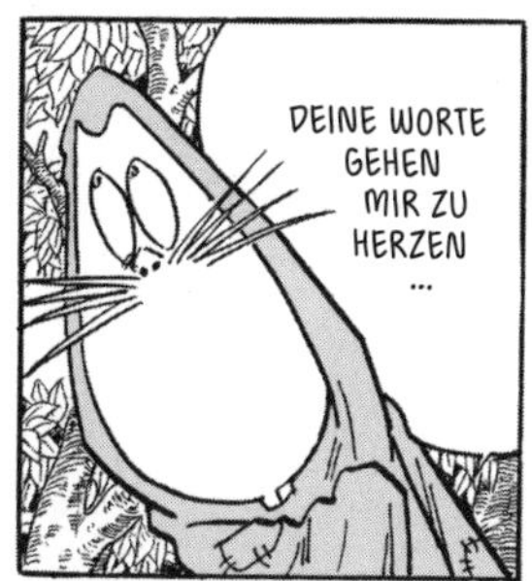
DEINE WORTE GEHEN MIR ZU HERZEN …

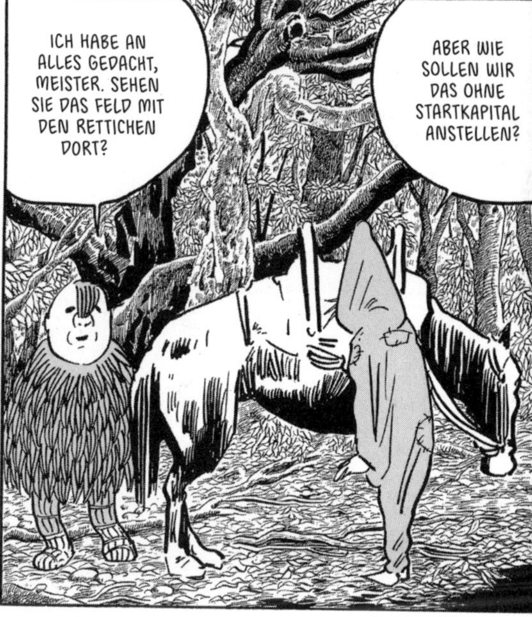
ABER WIE SOLLEN WIR DAS OHNE STARTKAPITAL ANSTELLEN?
ICH HABE AN ALLES GEDACHT, MEISTER. SEHEN SIE DAS FELD MIT DEN RETTICHEN DORT?

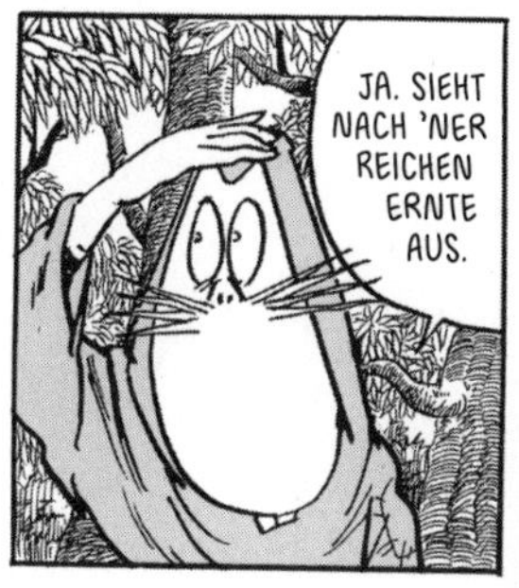
JA. SIEHT NACH 'NER REICHEN ERNTE AUS.

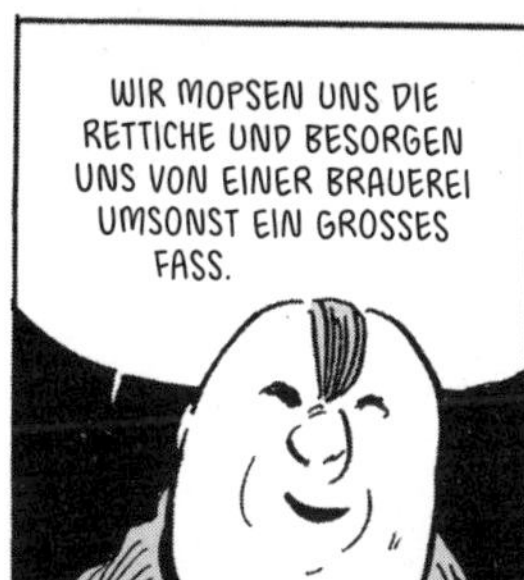
WIR MOPSEN UNS DIE RETTICHE UND BESORGEN UNS VON EINER BRAUEREI UMSONST EIN GROSSES FASS.

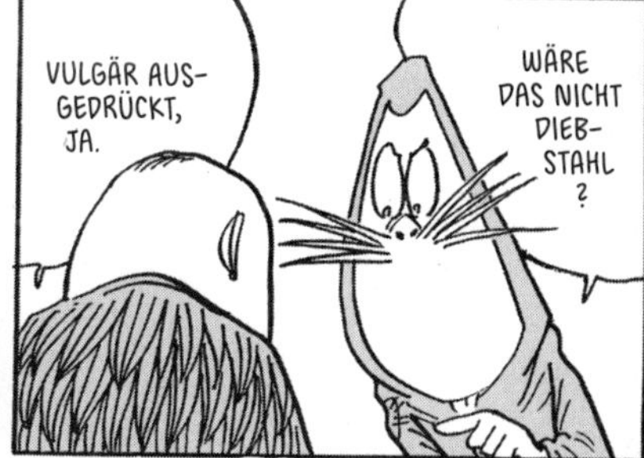
WÄRE DAS NICHT DIEB-STAHL?
VULGÄR AUS-GEDRÜCKT, JA.

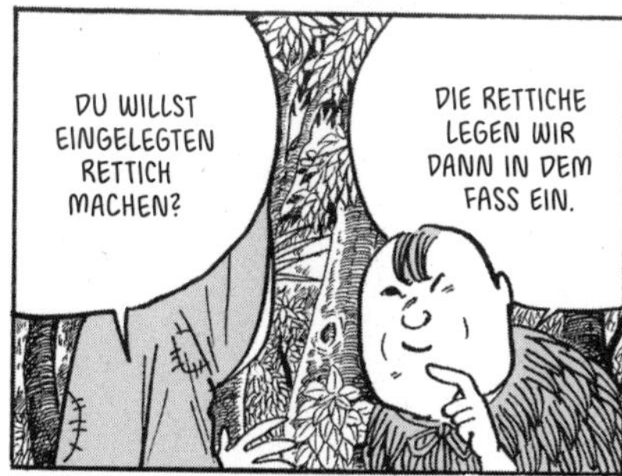
DIE RETTICHE LEGEN WIR DANN IN DEM FASS EIN.
DU WILLST EINGELEGTEN RETTICH MACHEN?

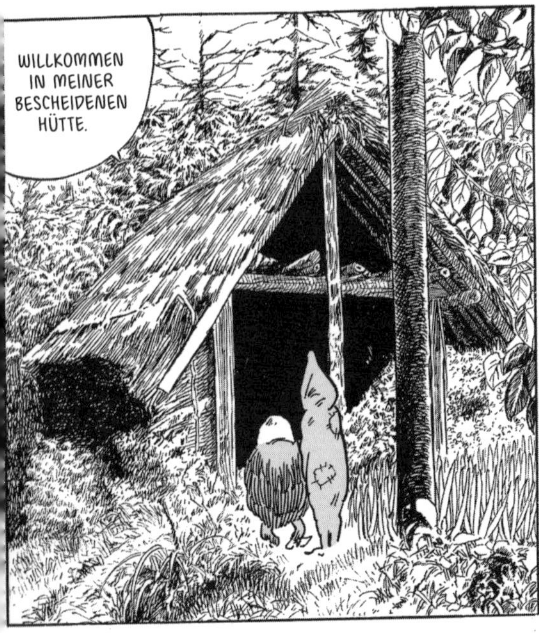
WILLKOMMEN IN MEINER BESCHEIDENEN HÜTTE.

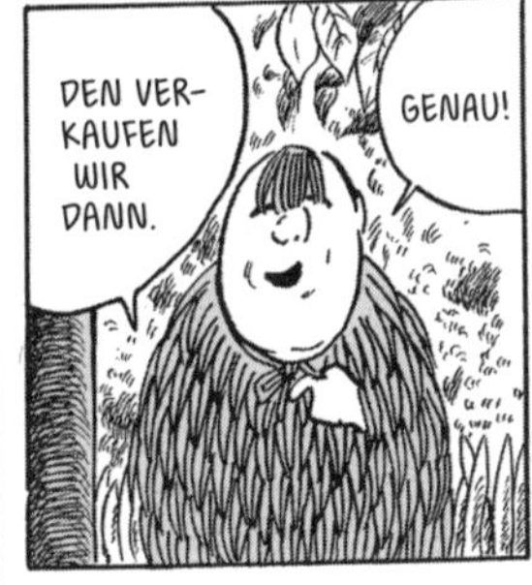
DEN VERKAUFEN WIR DANN.
GENAU!

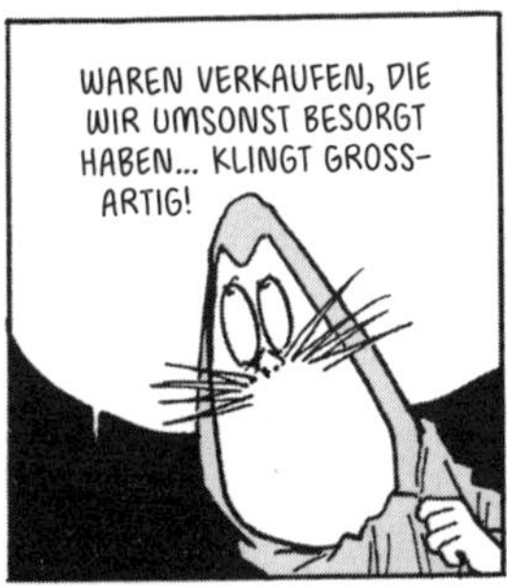
WAREN VERKAUFEN, DIE WIR UMSONST BESORGT HABEN... KLINGT GROSSARTIG!

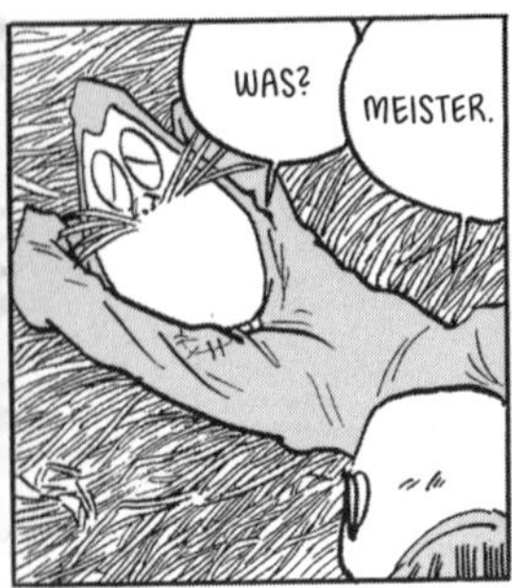
MEISTER.
WAS?

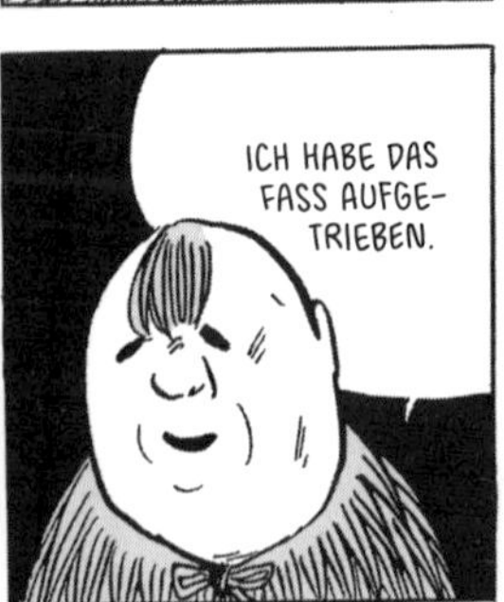
ICH HABE DAS FASS AUFGETRIEBEN.

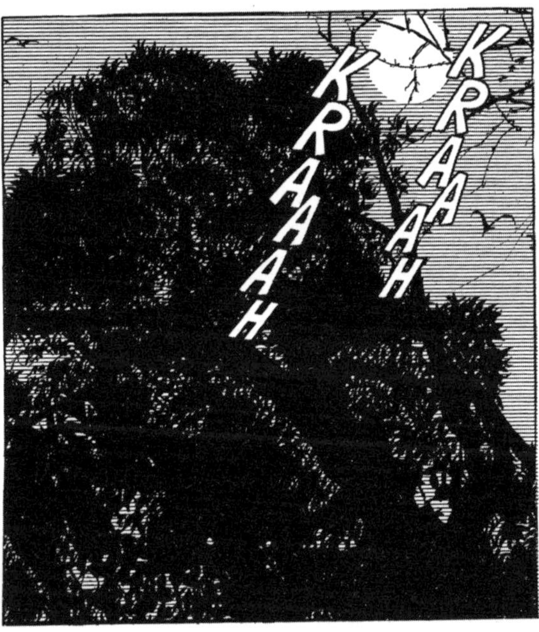
KRAAAH
KRAAAAH

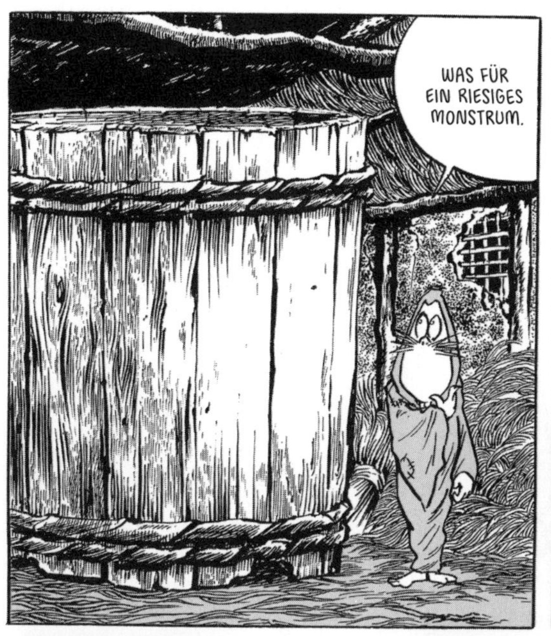
WAS FÜR
EIN RIESIGES
MONSTRUM.

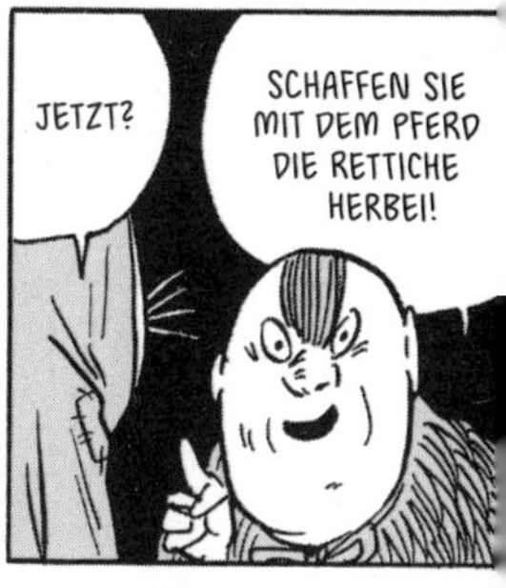
SCHAFFEN SIE
MIT DEM PFERD
DIE RETTICHE
HERBEI!
JETZT?

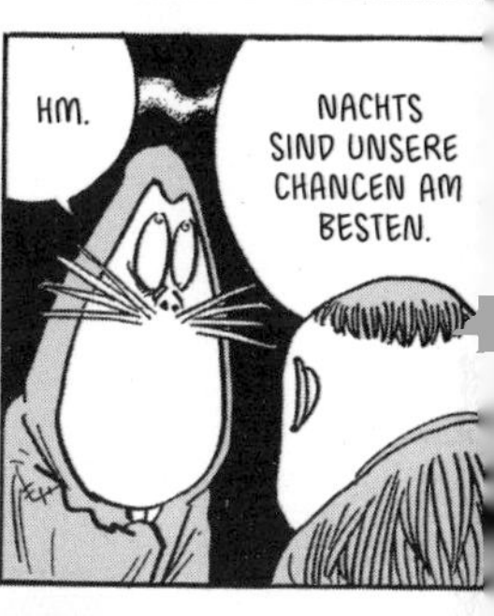
NACHTS
SIND UNSERE
CHANCEN AM
BESTEN.
HM.

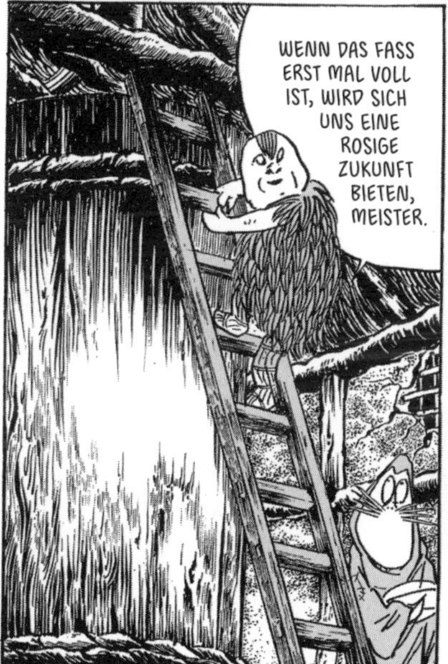
WENN DAS FASS
ERST MAL VOLL
IST, WIRD SICH
UNS EINE
ROSIGE
ZUKUNFT
BIETEN,
MEISTER.

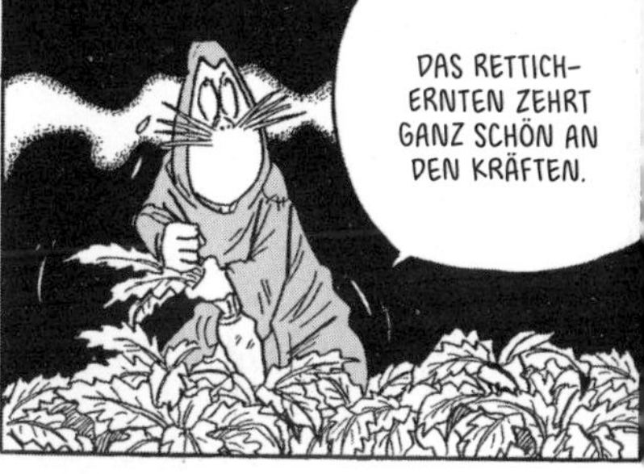
DAS RETTICH-
ERNTEN ZEHRT
GANZ SCHÖN AN
DEN KRÄFTEN.

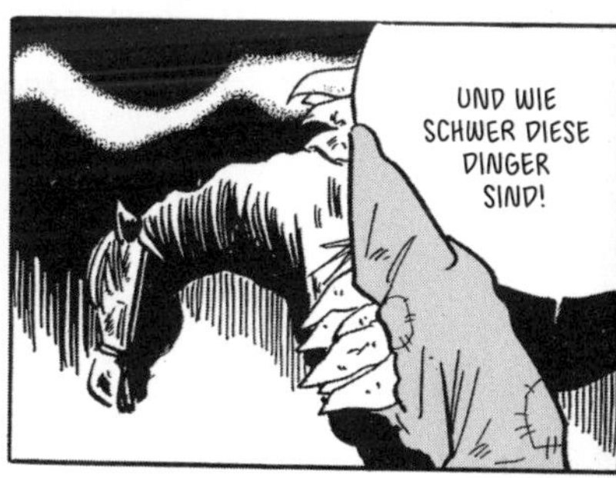
UND WIE
SCHWER DIESE
DINGER
SIND!

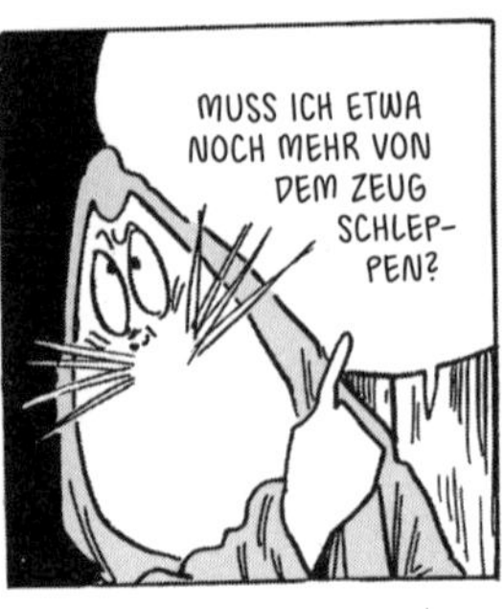
MUSS ICH ETWA NOCH MEHR VON DEM ZEUG SCHLEP-PEN?

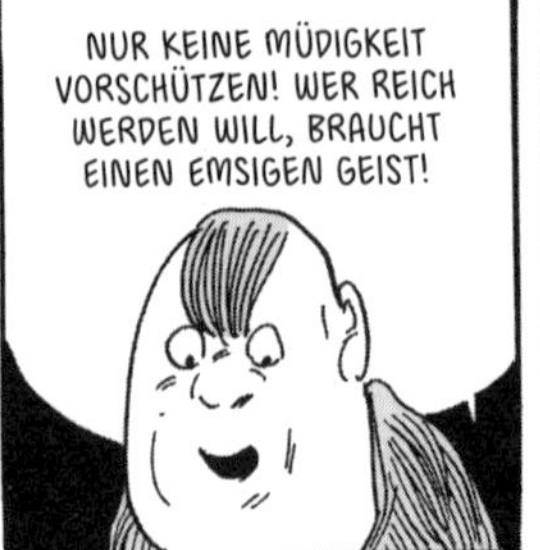
NUR KEINE MÜDIGKEIT VORSCHÜTZEN! WER REICH WERDEN WILL, BRAUCHT EINEN EMSIGEN GEIST!

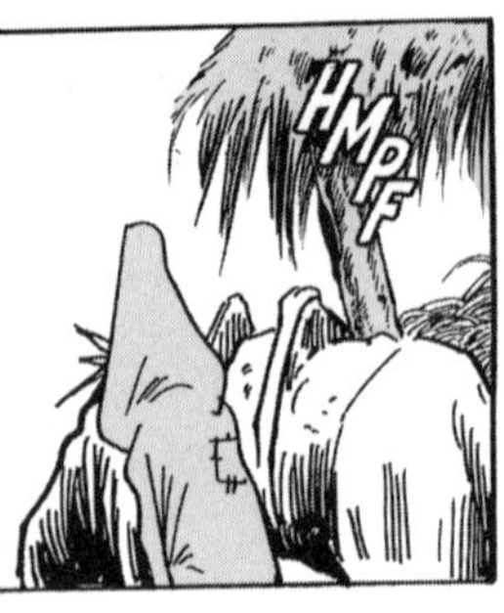
HMPF

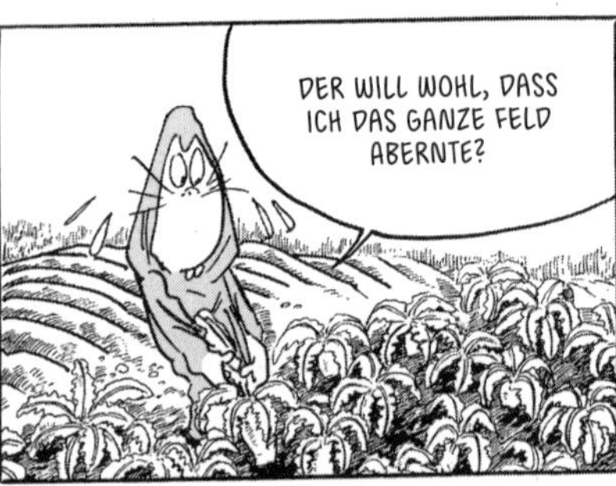
DER WILL WOHL, DASS ICH DAS GANZE FELD ABERNTE?

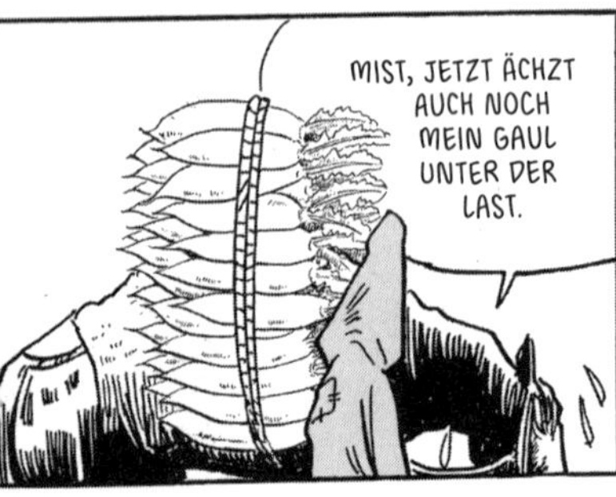
MIST, JETZT ÄCHZT AUCH NOCH MEIN GAUL UNTER DER LAST.

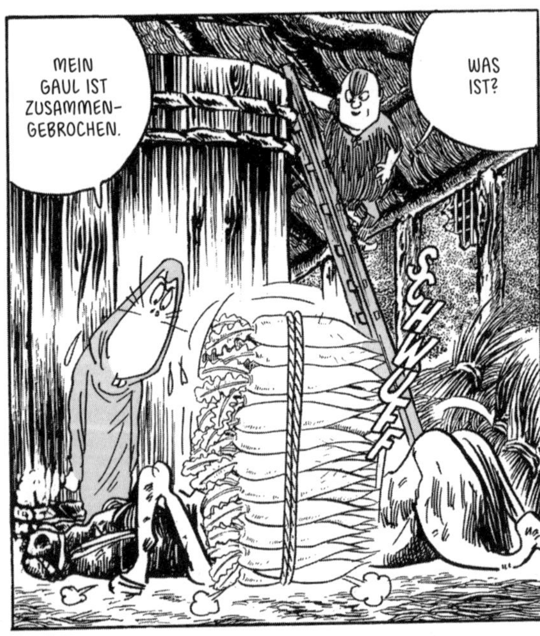
WAS IST?
MEIN GAUL IST ZUSAMMEN-GEBROCHEN.
SCHWUFF

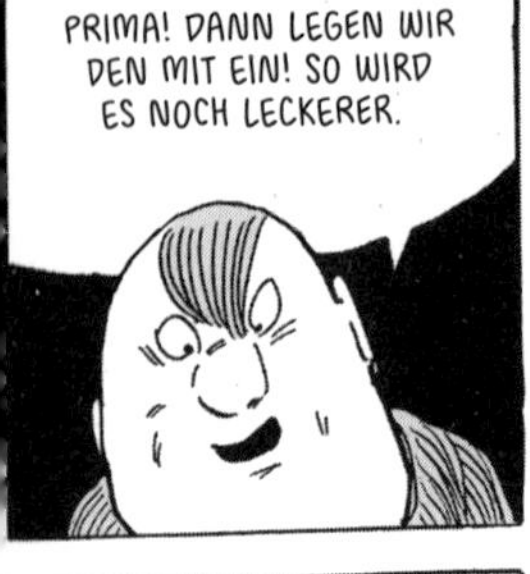
PRIMA! DANN LEGEN WIR DEN MIT EIN! SO WIRD ES NOCH LECKERER.

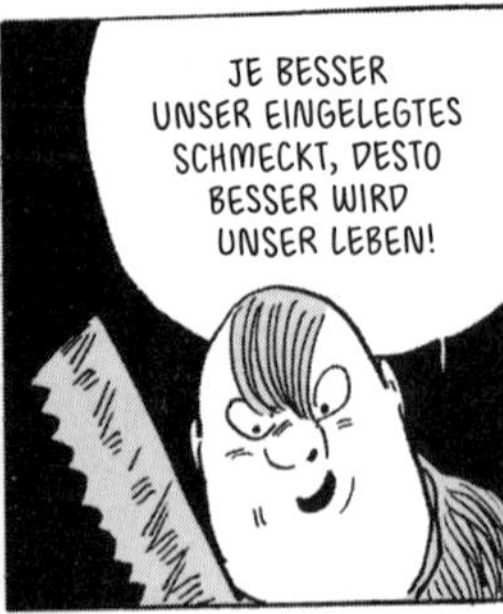
JE BESSER UNSER EINGELEGTES SCHMECKT, DESTO BESSER WIRD UNSER LEBEN!

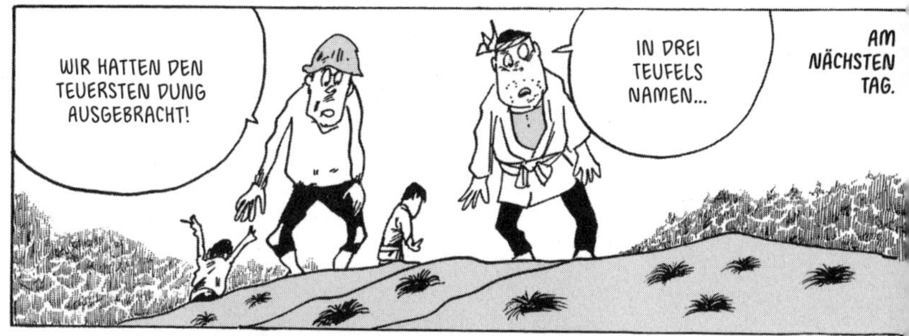

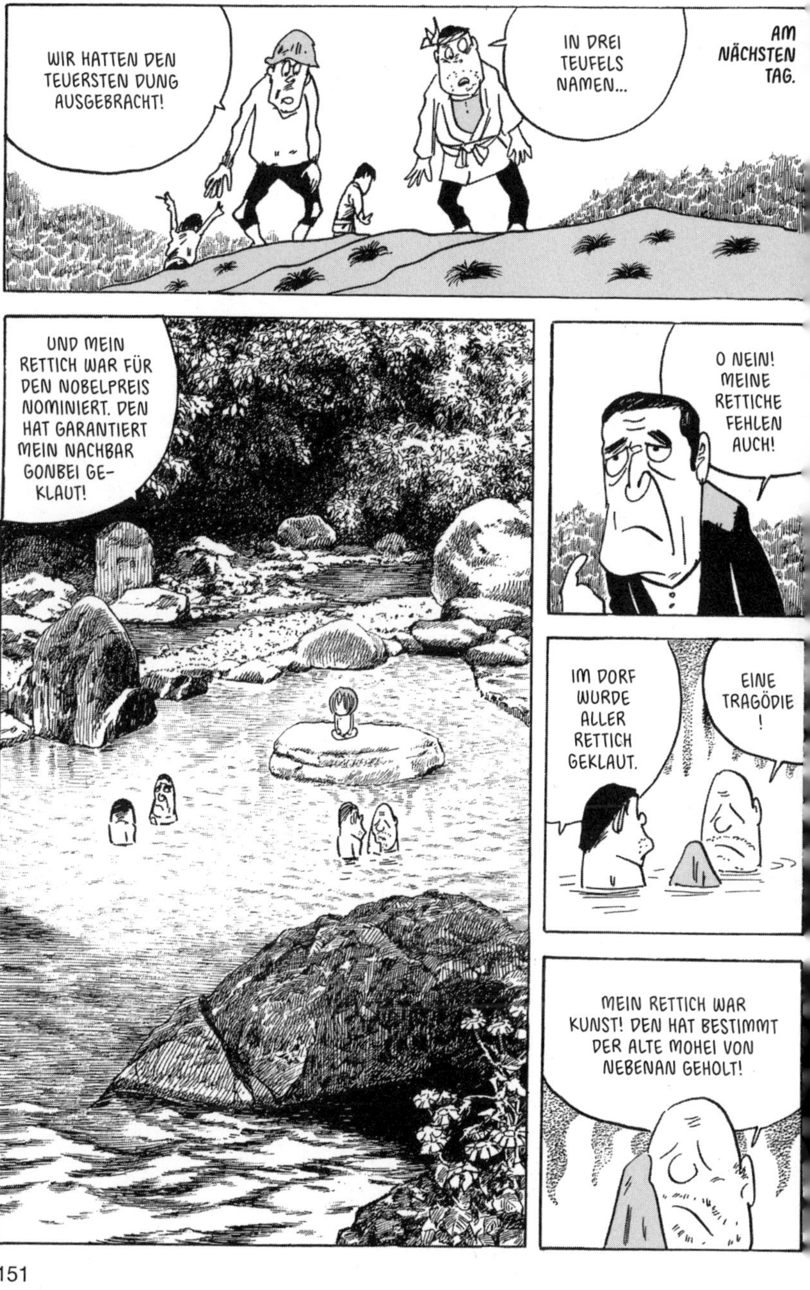

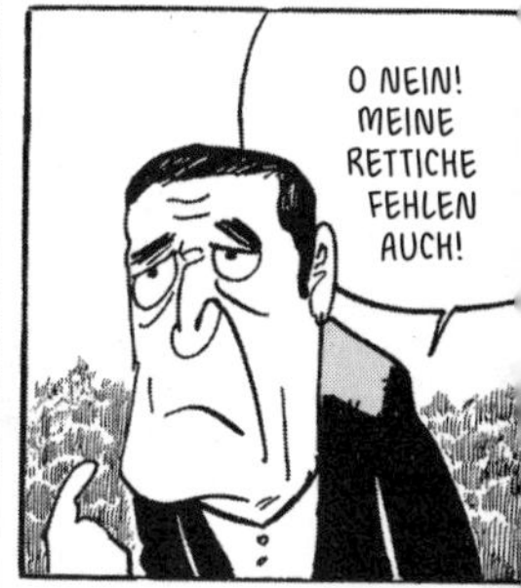

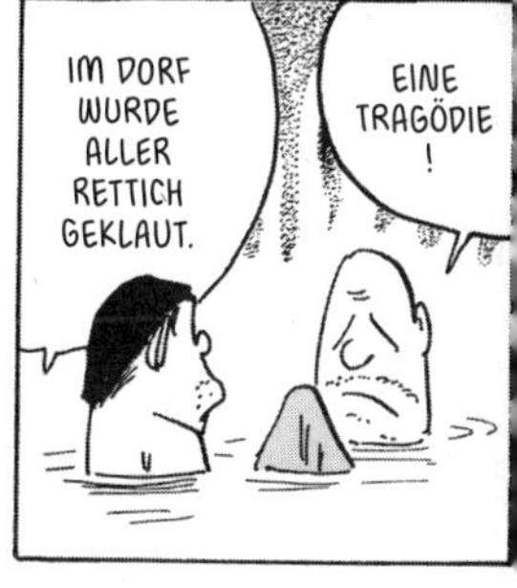

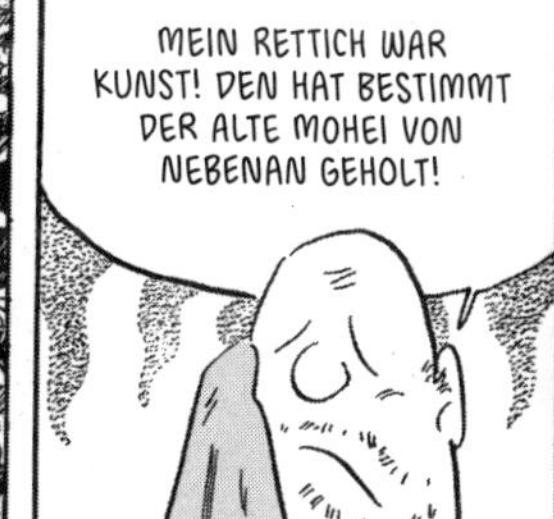

UND MEIN RETTICH WAR FÜR DEN NOBELPREIS NOMINIERT. DEN HAT GARANTIERT MEIN NACHBAR GONBEI GEKLAUT!

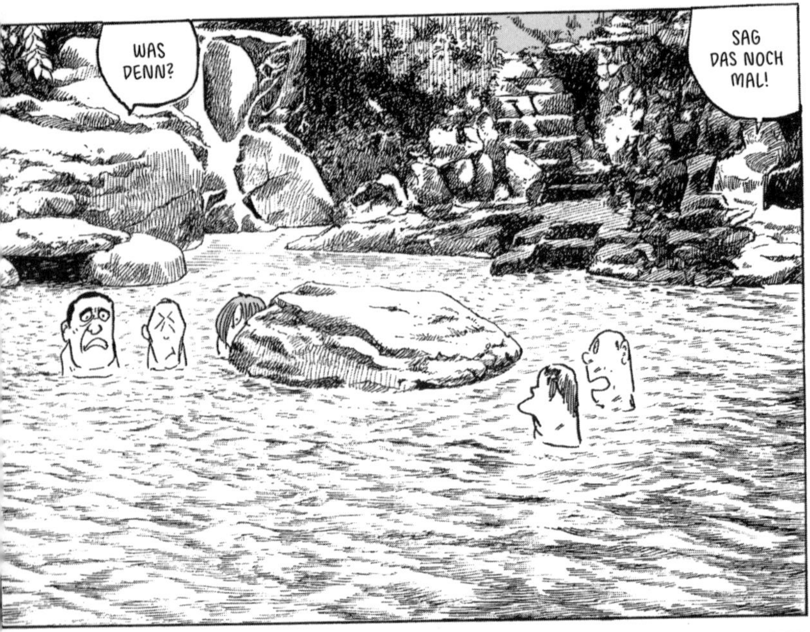

SAG DAS NOCH MAL!

WAS DENN?

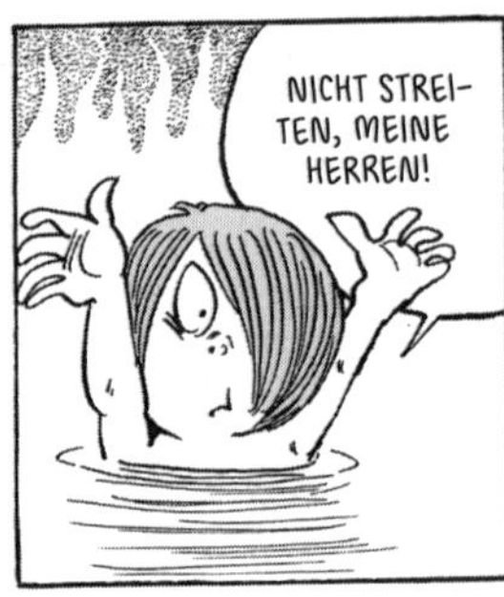

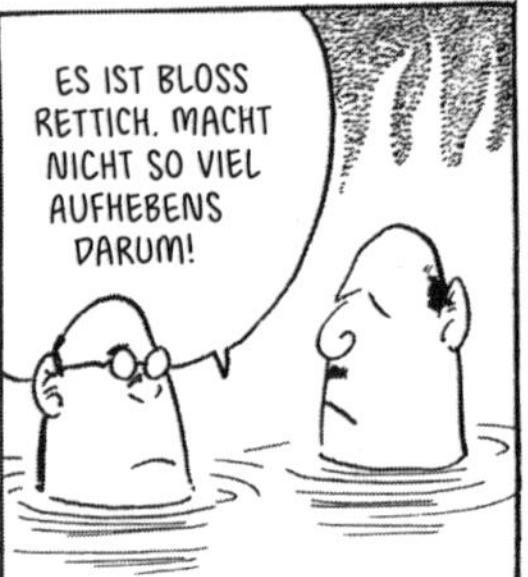

DIESER ONSEN WAR FÜR SEINE HEILENDE WIRKUNG BEI PRELLUNGEN UND SCHNITTWUNDEN BEKANNT. NACHDEM KITARO VON RATTENMANN VOM PFERD GESTOSSEN WURDE UND SICH DABEI DEN HINTERN GEPRELLT HATTE, WAR ER ZUR LINDERUNG HERGEKOMMEN.

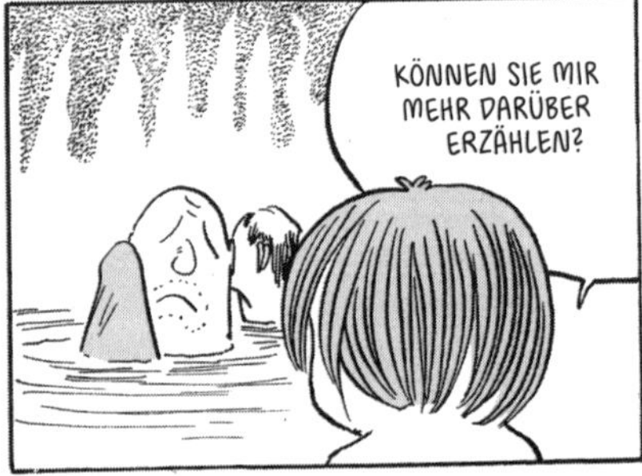

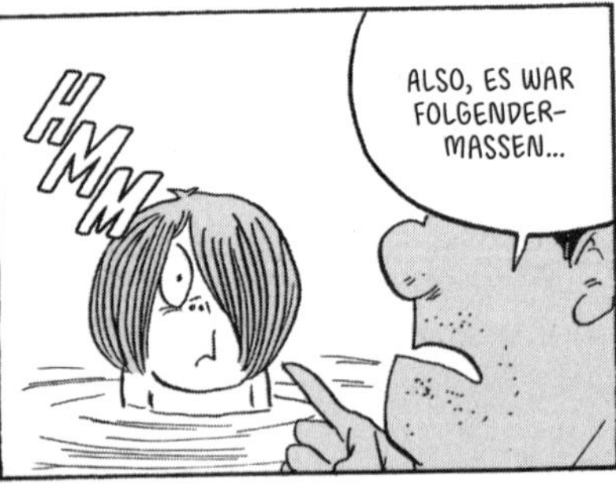

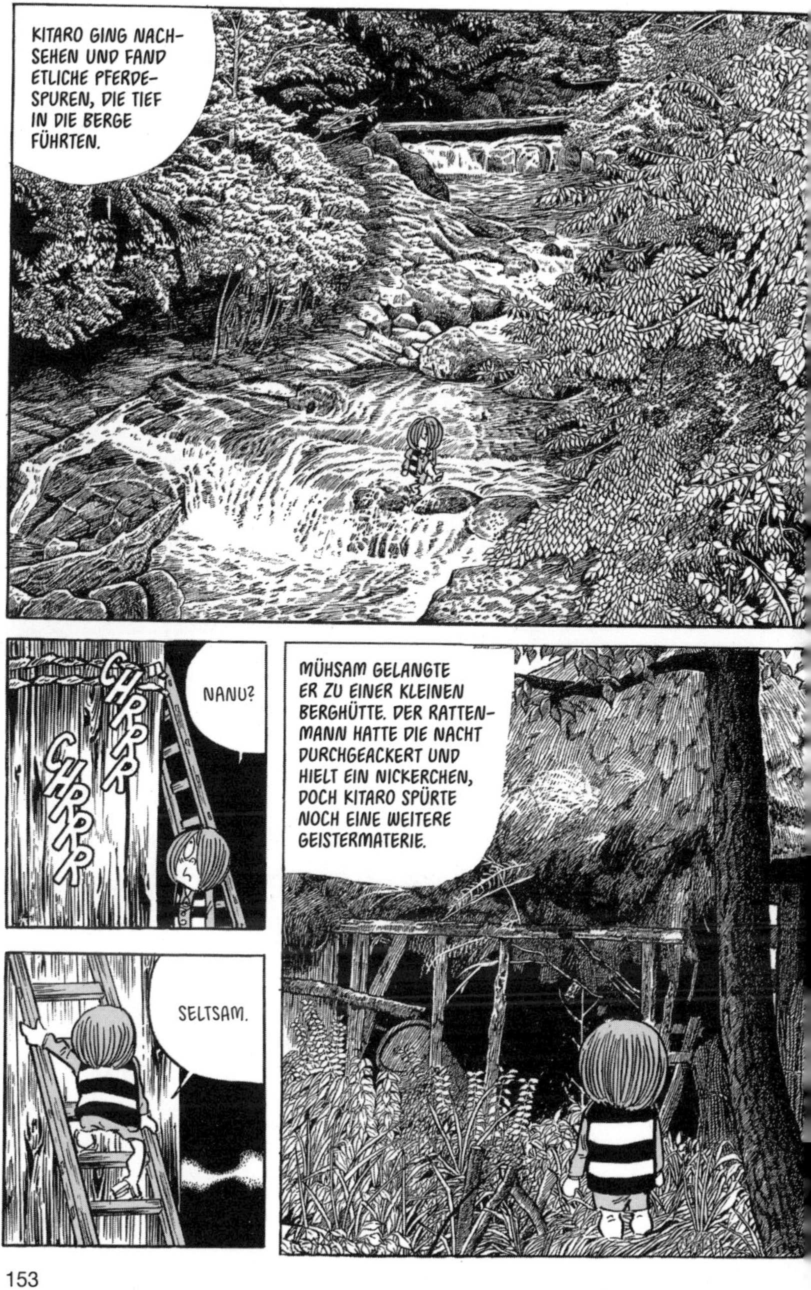

KITARO GING NACHSEHEN UND FAND ETLICHE PFERDESPUREN, DIE TIEF IN DIE BERGE FÜHRTEN.

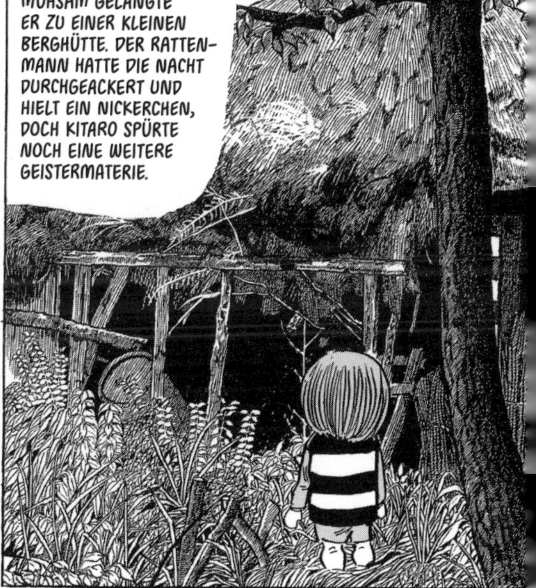

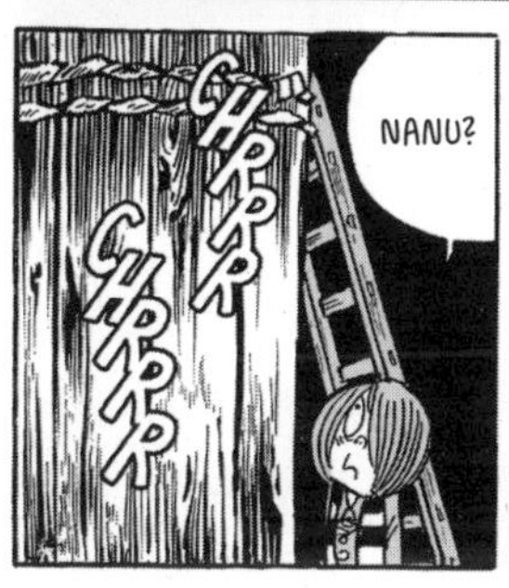

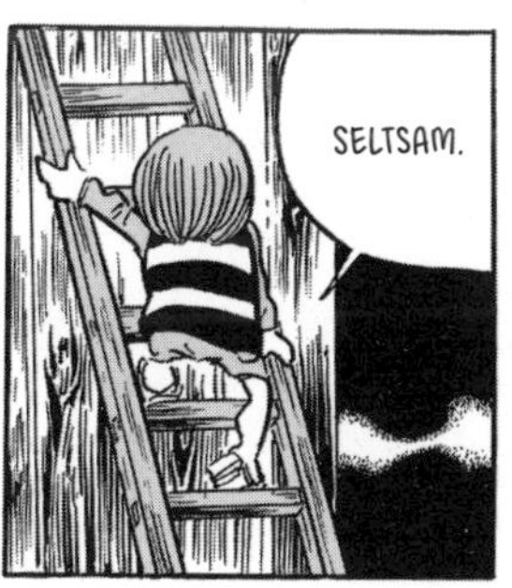

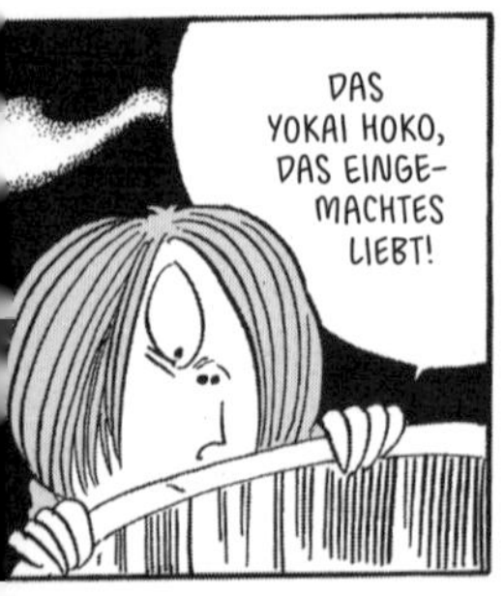
DAS YOKAI HOKO, DAS EINGE-MACHTES LIEBT!

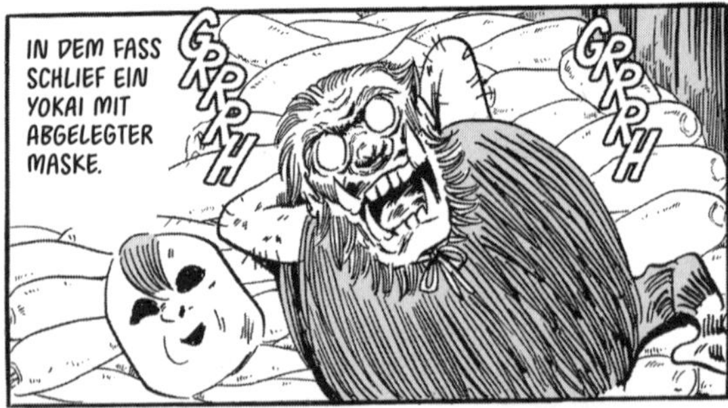
IN DEM FASS SCHLIEF EIN YOKAI MIT ABGELEGTER MASKE.
GRRRH
GRRRH

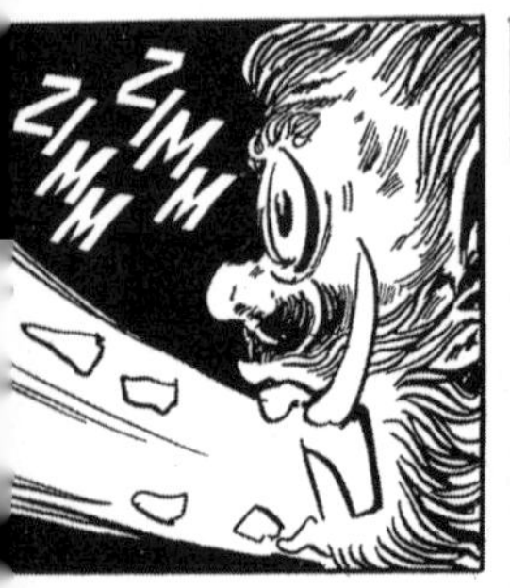
ZIMM
ZIMM

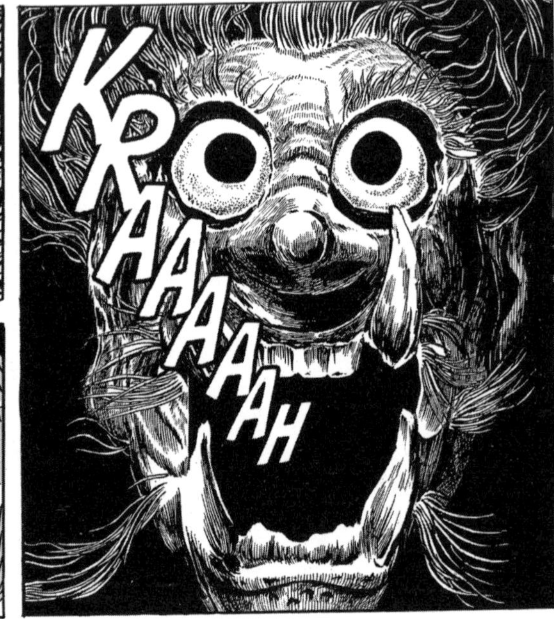
KRAAAAAAH

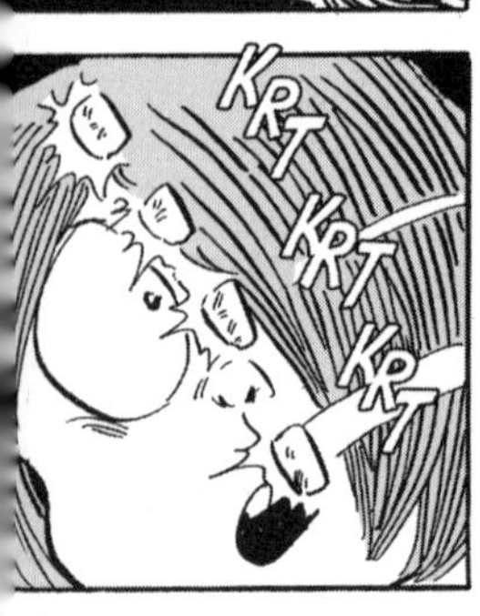
KRT KRT KRT

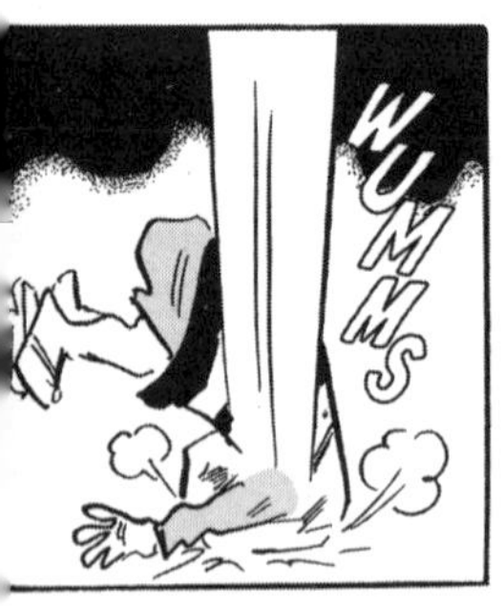
WUMMS

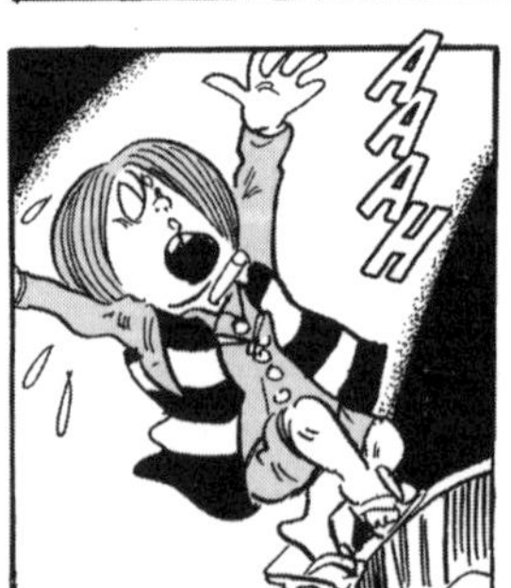
AAAAH

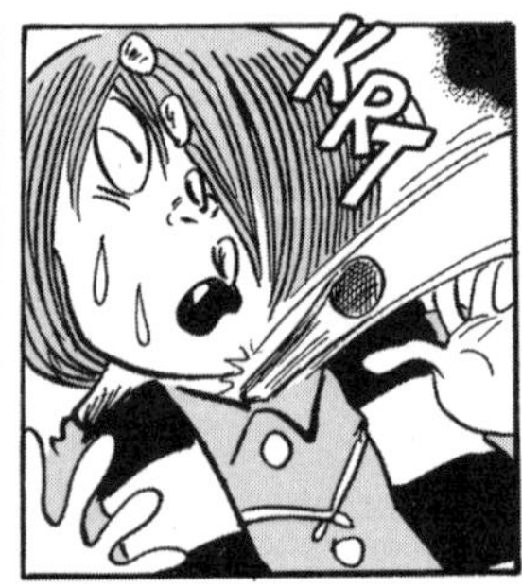
KRT

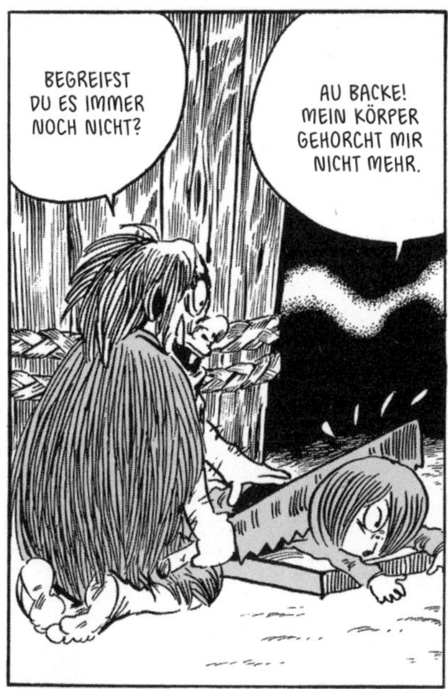
AU BACKE!
MEIN KÖRPER
GEHORCHT MIR
NICHT MEHR.
BEGREIFST
DU ES IMMER
NOCH NICHT?

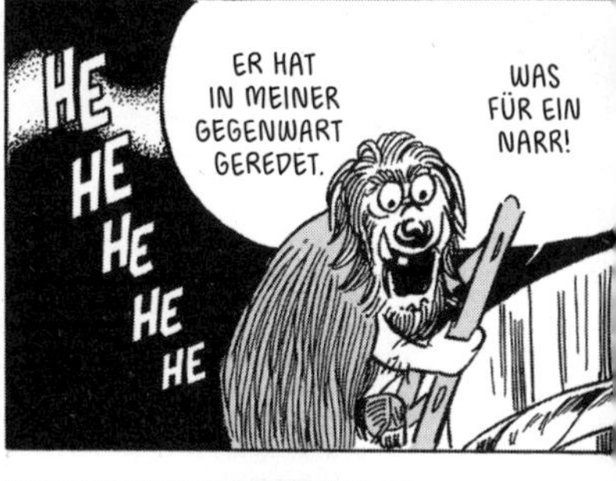
WAS
FÜR EIN
NARR!
ER HAT
IN MEINER
GEGENWART
GEREDET.
HE
HE
HE
HE
HE

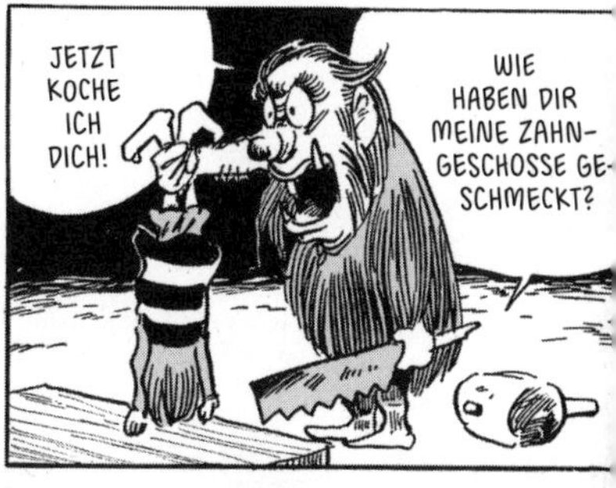
WIE
HABEN DIR
MEINE ZAHN-
GESCHOSSE GE-
SCHMECKT?
JETZT
KOCHE
ICH
DICH!

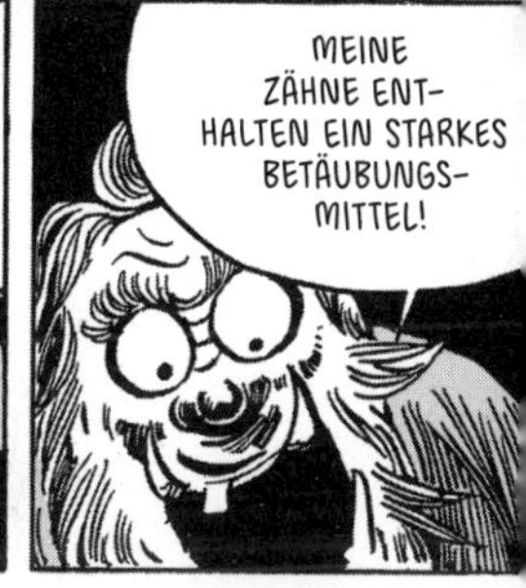
MEINE
ZÄHNE ENT-
HALTEN EIN STARKES
BETÄUBUNGS-
MITTEL!

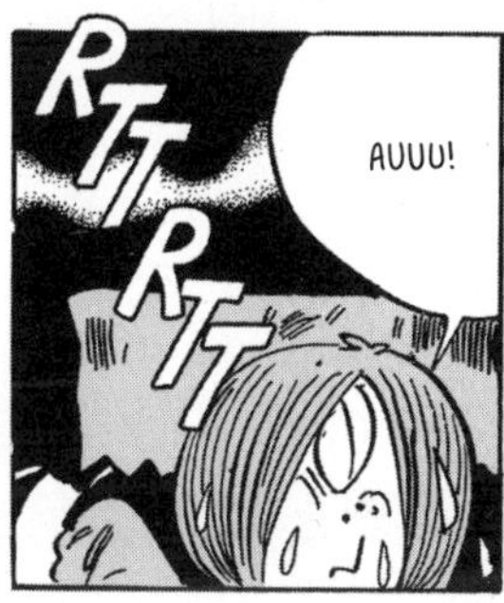
AUUU!
RTTRTT

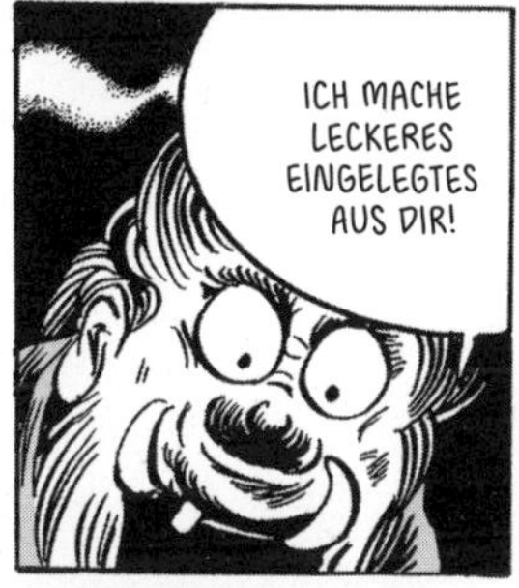
ICH MACHE
LECKERES
EINGELEGTES
AUS DIR!

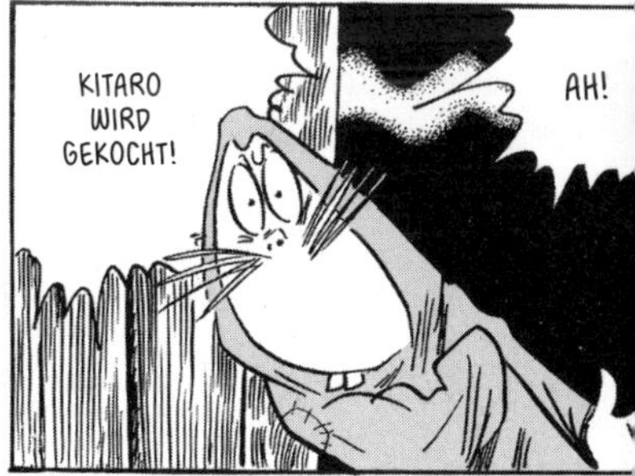
AH!
KITARO
WIRD
GEKOCHT!

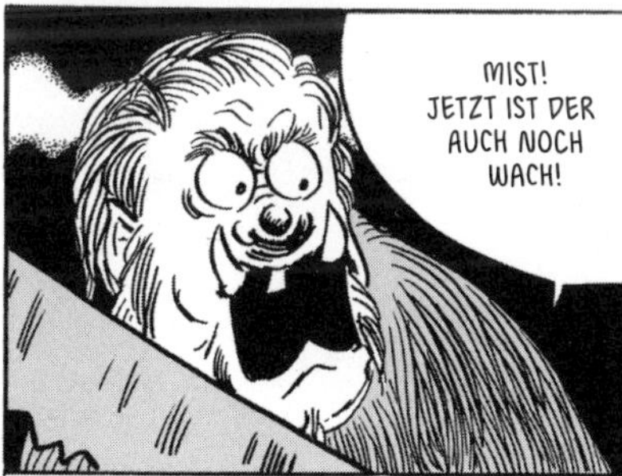
MIST!
JETZT IST DER
AUCH NOCH
WACH!

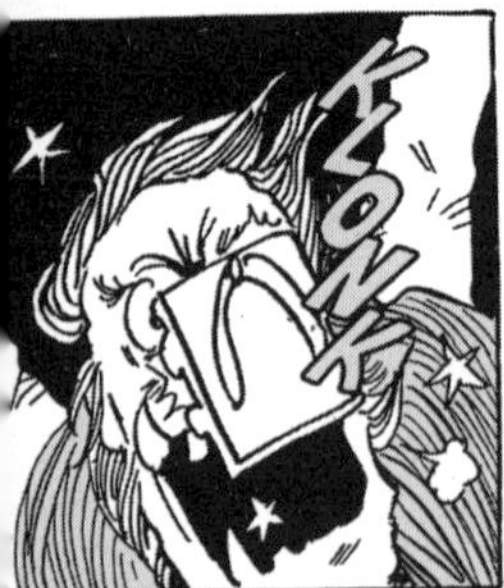
KLONK
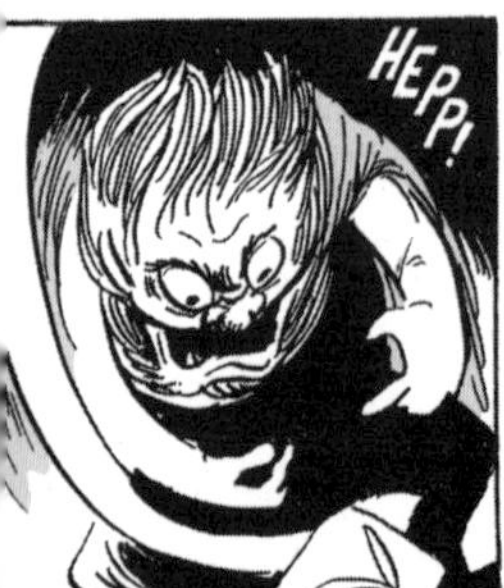
HEPP!
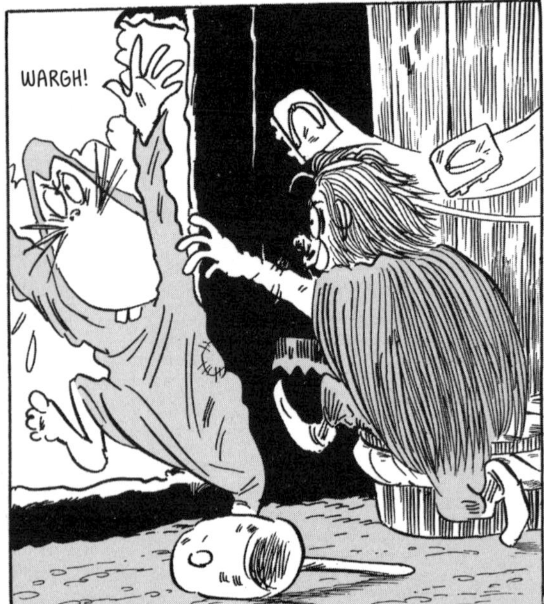
WARGH!
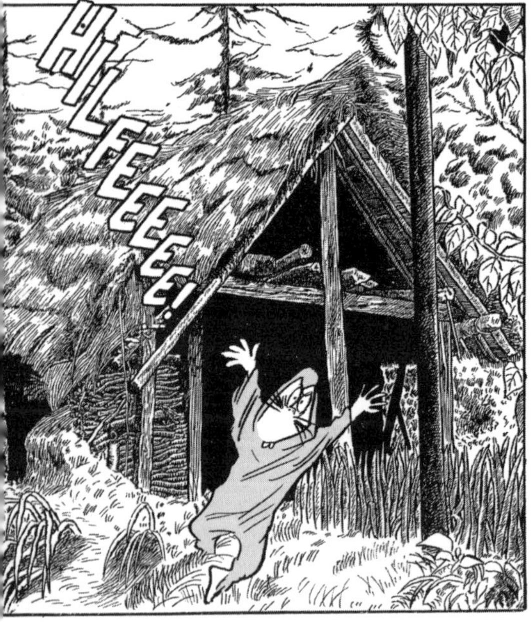
HILFEEEEE!
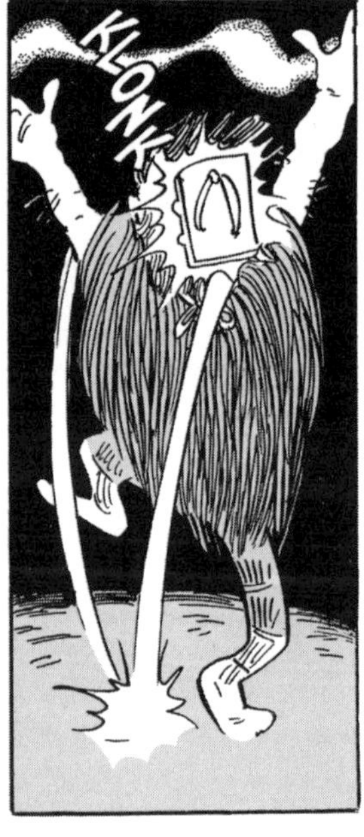
KLONK

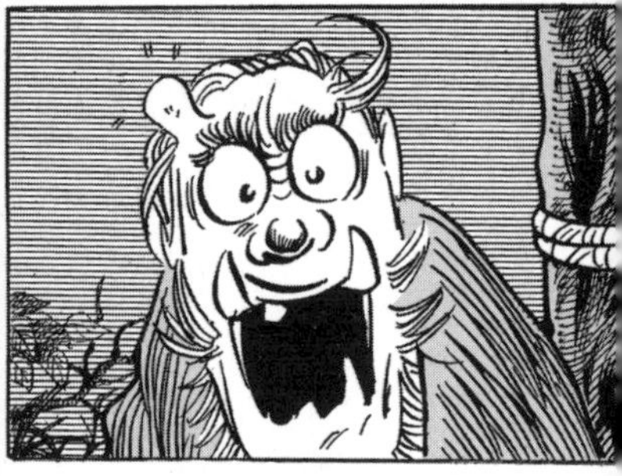

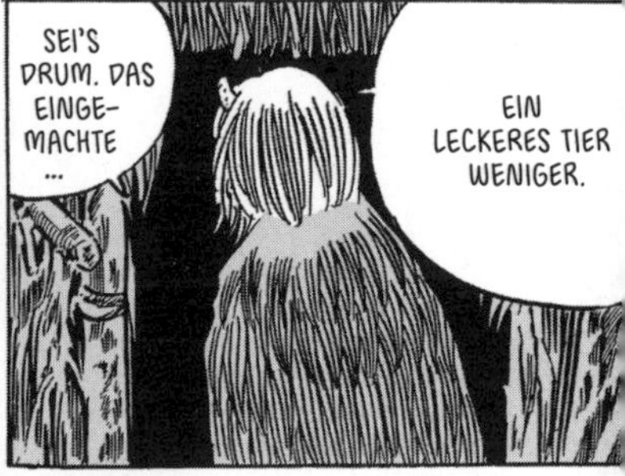

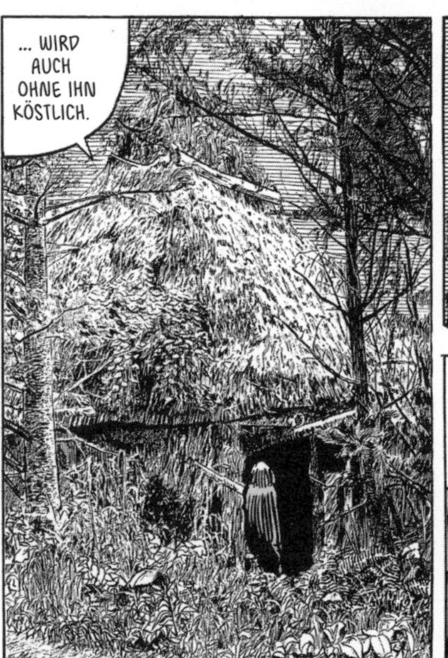

NORMALERWEISE KOMMT KITARO AUCH DAVON, WENN ER VOLLENDS ZERSETZT WIRD, DOCH DIESMAL WAR DAS GIFT STÄRKER ALS ER. DAS YOKAI HOKO STECKTE IHN IN DAS FASS ZUM EINGELEGTEN UND VERSCHLOSS DEN DECKEL.

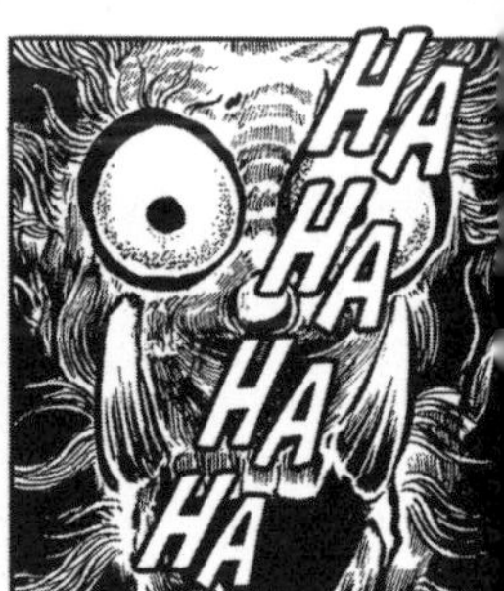

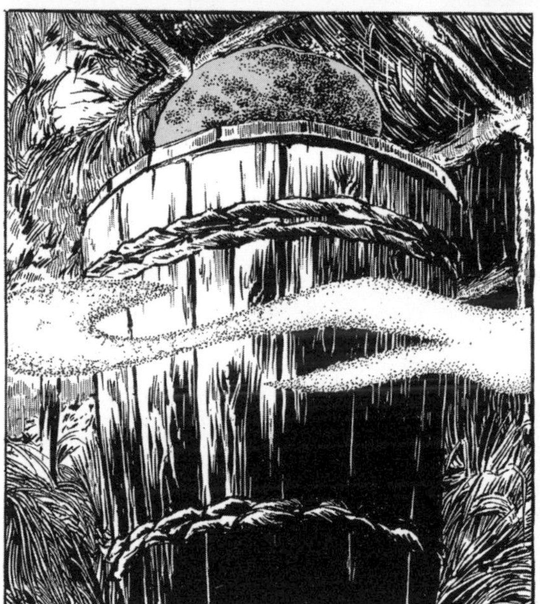

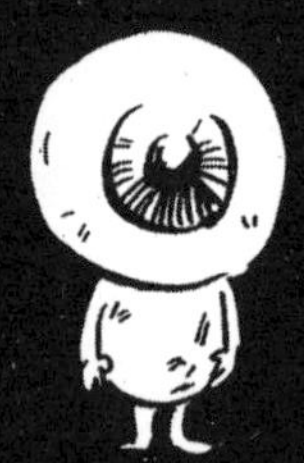

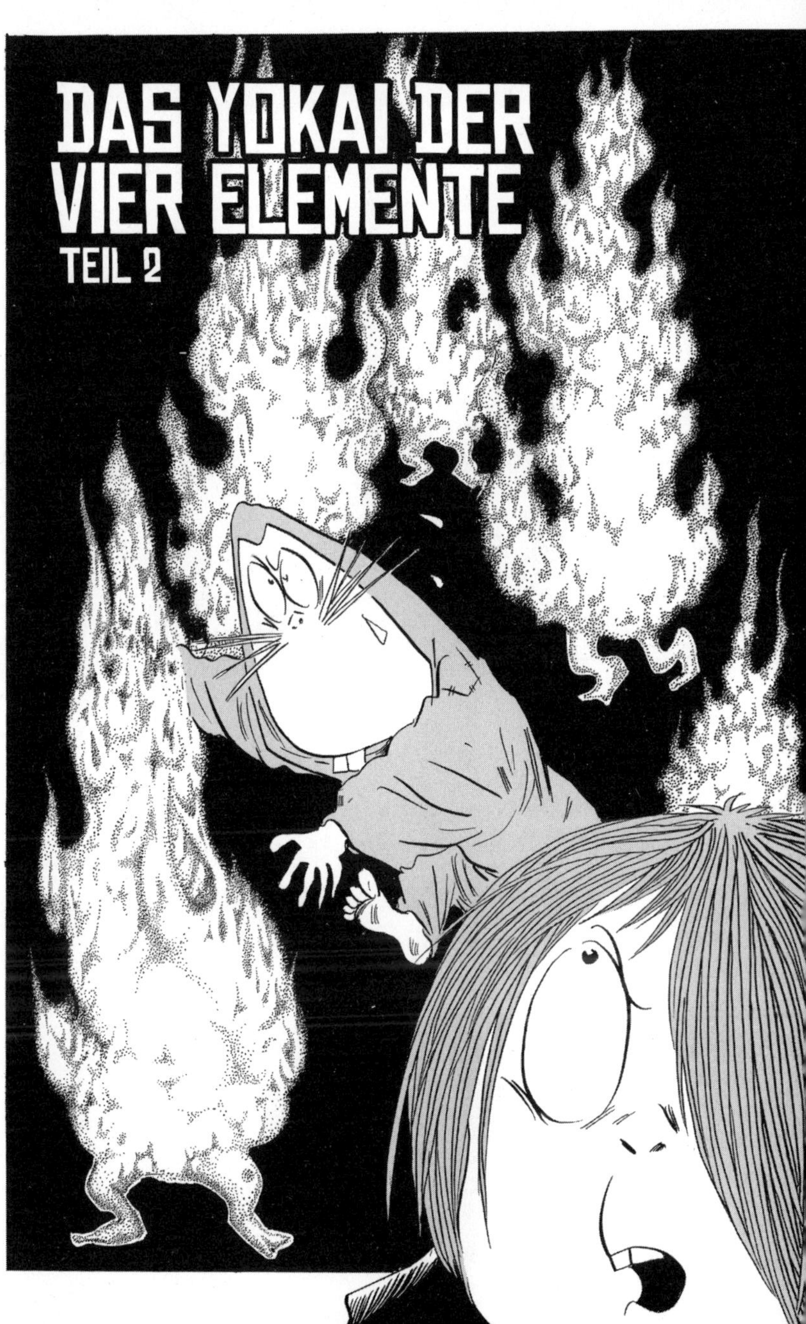
DAS YOKAI DER
VIER ELEMENTE
TEIL 2

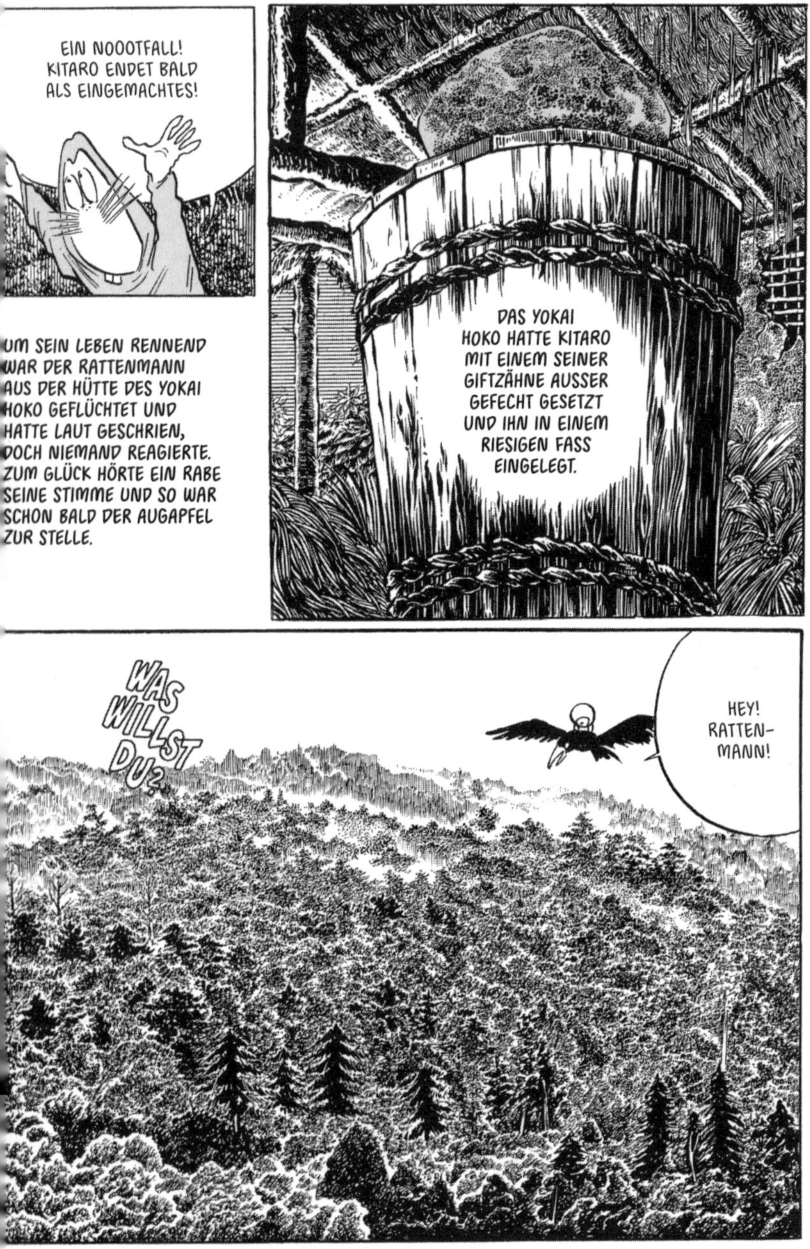

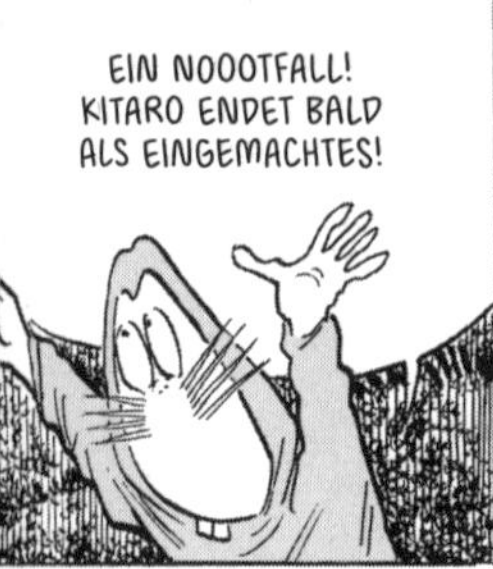

UM SEIN LEBEN RENNEND WAR DER RATTENMANN AUS DER HÜTTE DES YOKAI HOKO GEFLÜCHTET UND HATTE LAUT GESCHRIEN, DOCH NIEMAND REAGIERTE. ZUM GLÜCK HÖRTE EIN RABE SEINE STIMME UND SO WAR SCHON BALD DER AUGAPFEL ZUR STELLE.

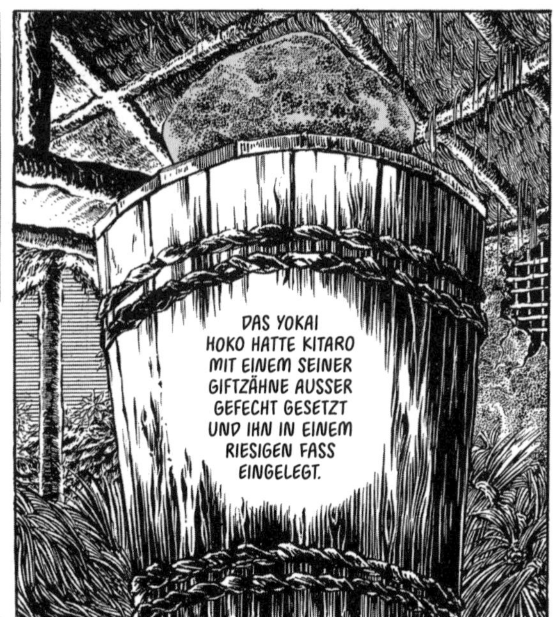

HEY! RATTEN-MANN!

WAS WILLST DU?

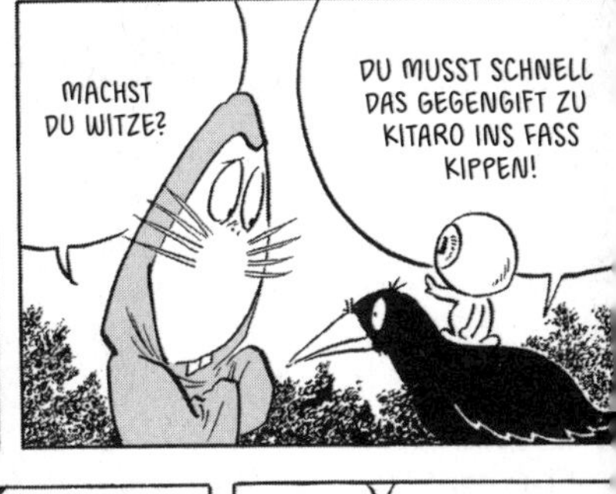

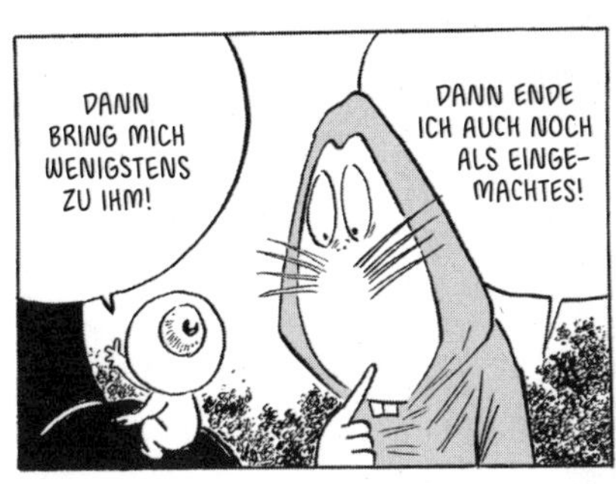

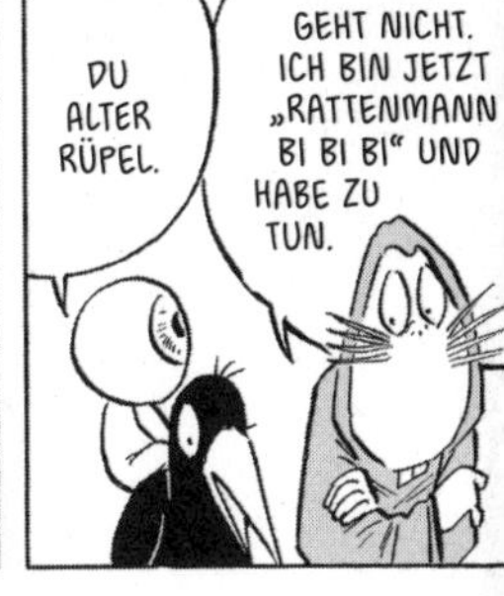

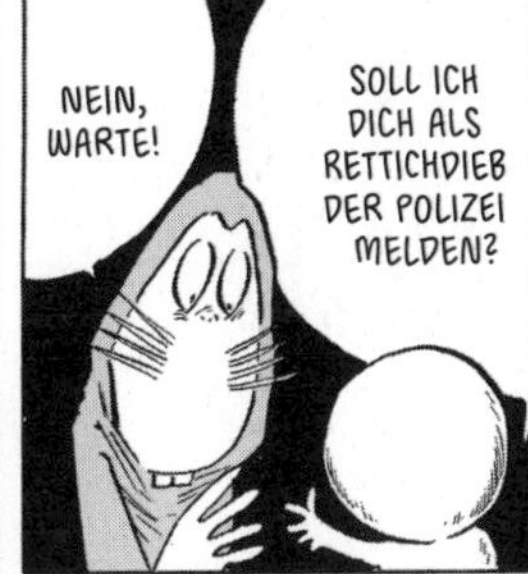

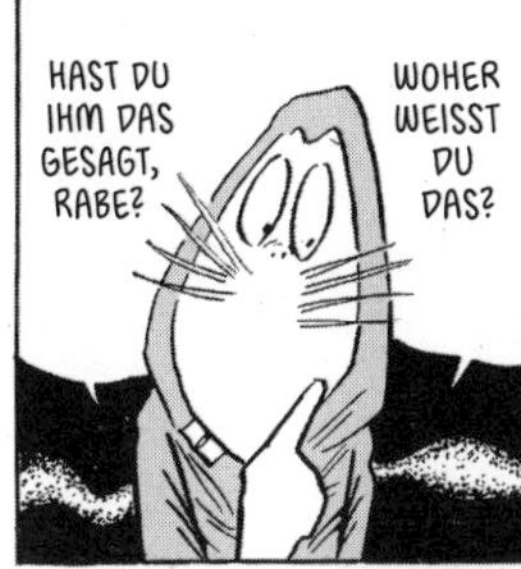

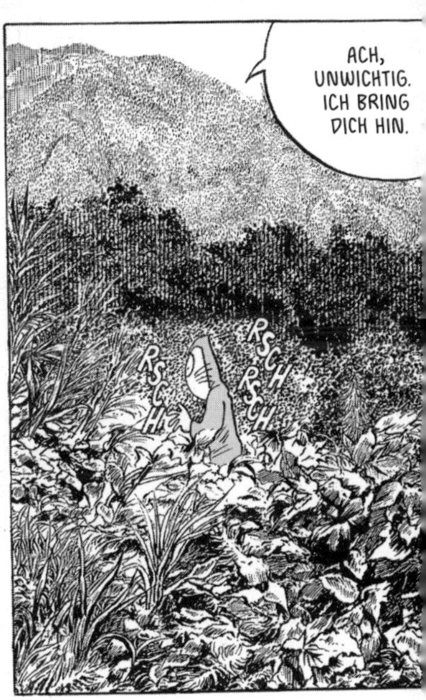

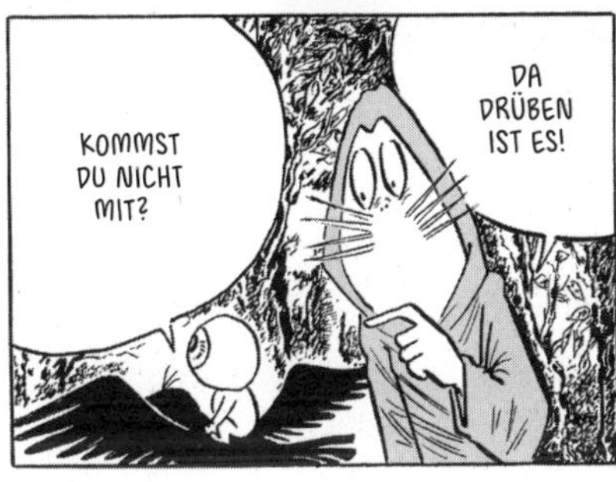

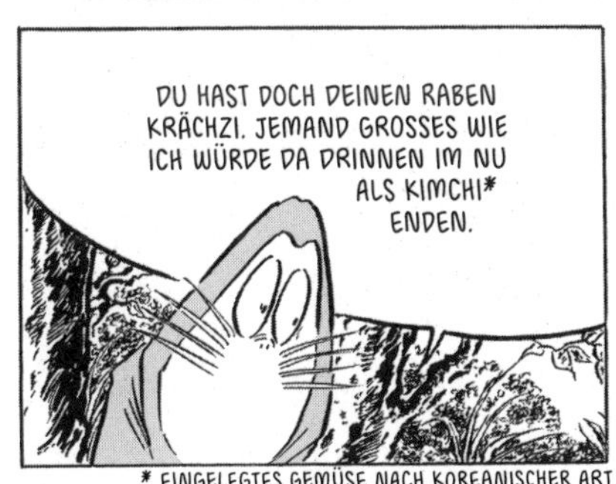

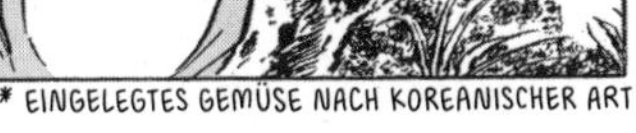
* EINGELEGTES GEMÜSE NACH KOREANISCHER ART

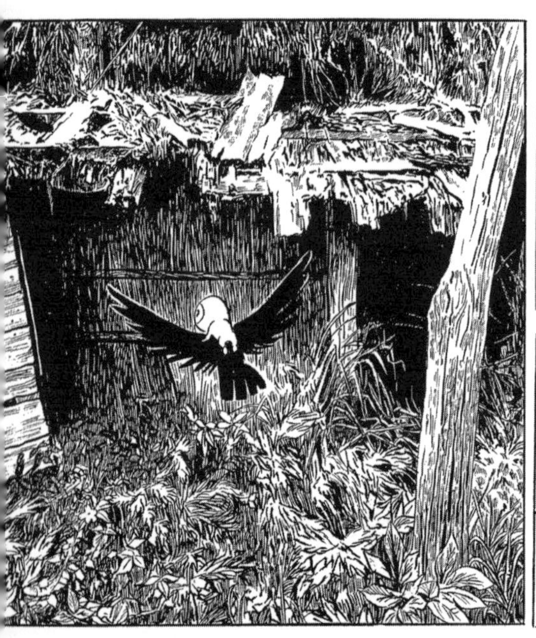

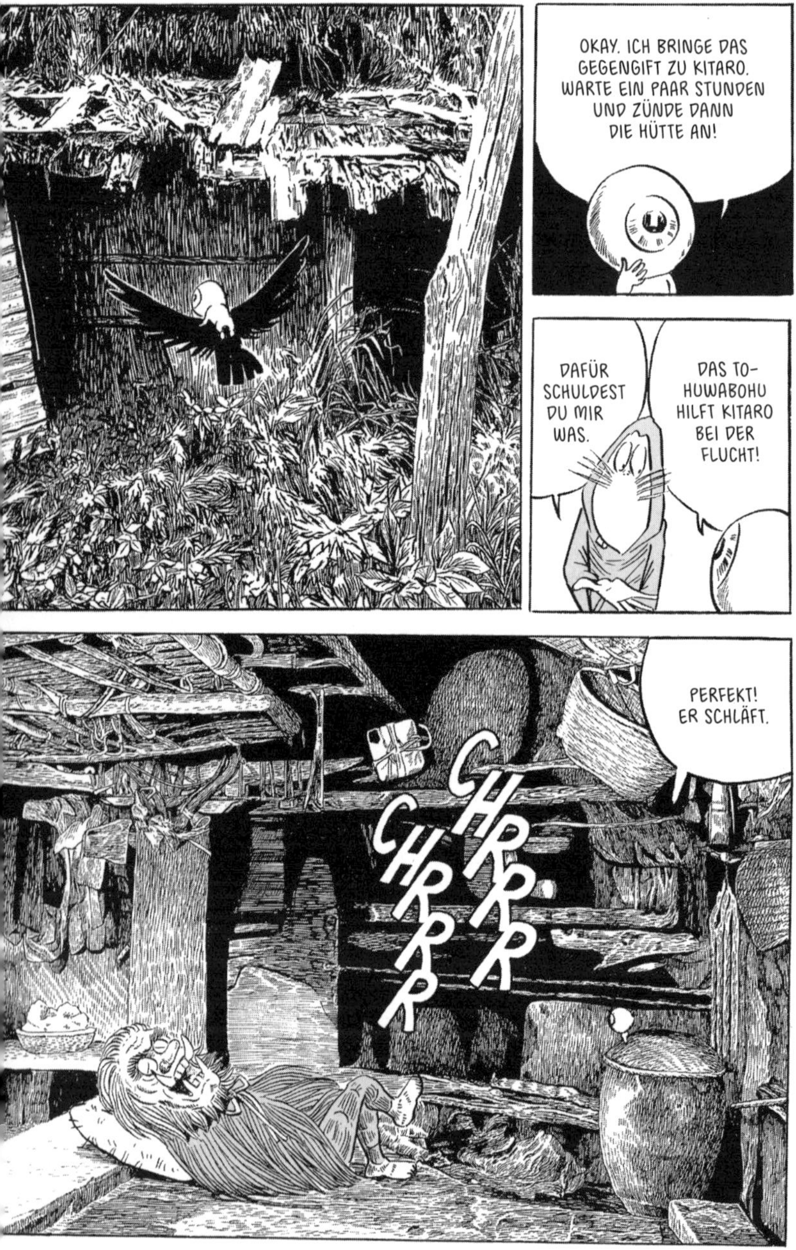

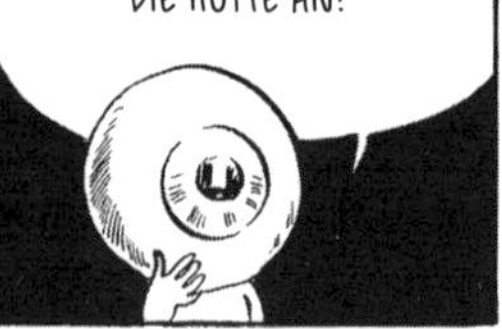
OKAY. ICH BRINGE DAS GEGENGIFT ZU KITARO. WARTE EIN PAAR STUNDEN UND ZÜNDE DANN DIE HÜTTE AN!

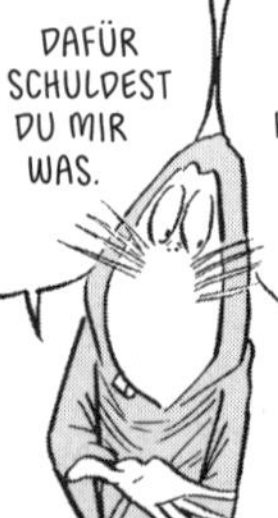
DAFÜR SCHULDEST DU MIR WAS.
DAS TO-HUWABOHU HILFT KITARO BEI DER FLUCHT!
PERFEKT! ER SCHLÄFT.
CHRRR
CHRRR

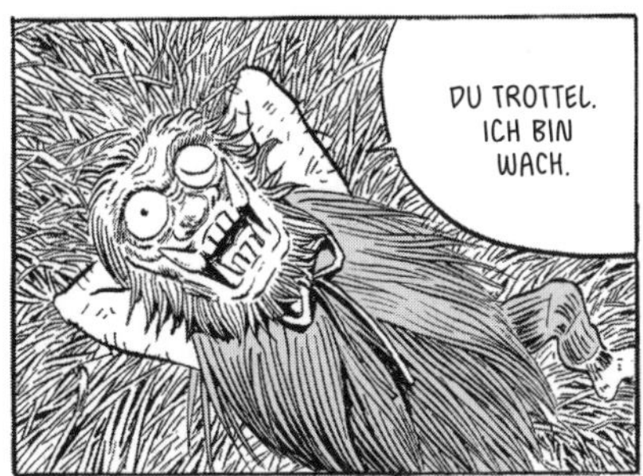
DU TROTTEL. ICH BIN WACH.

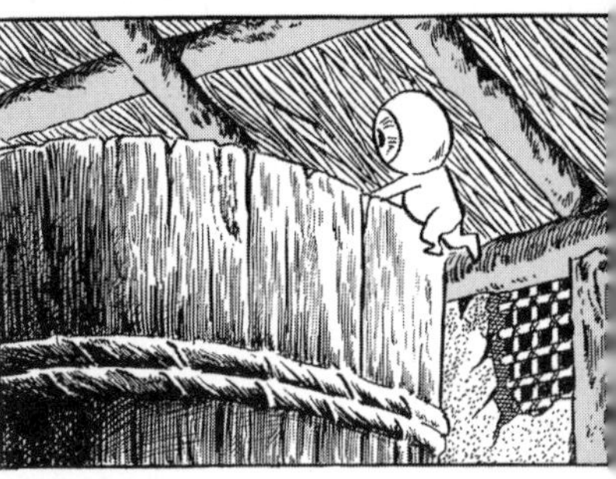

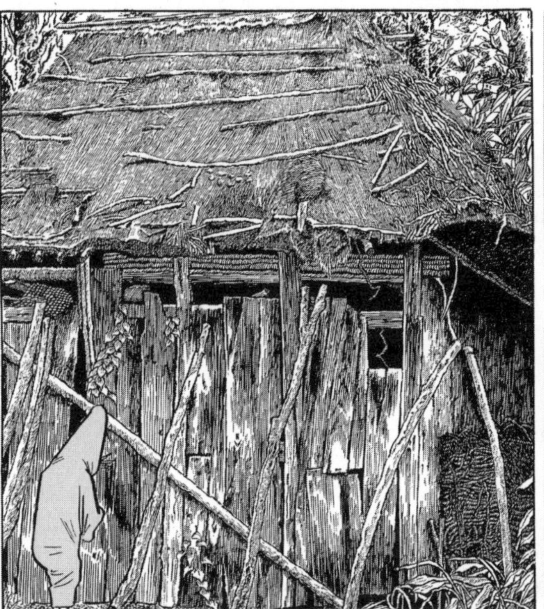

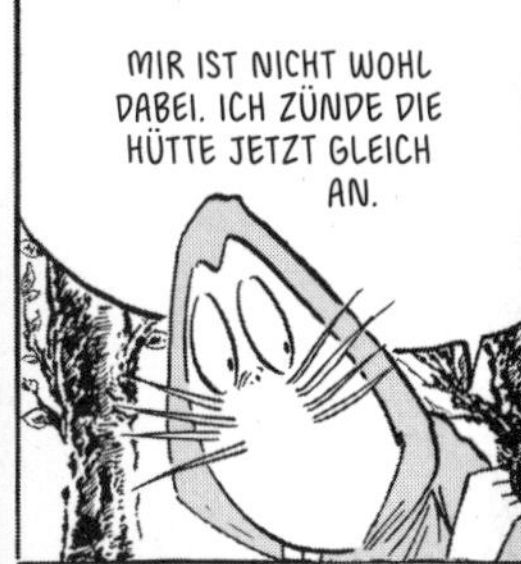
MIR IST NICHT WOHL DABEI. ICH ZÜNDE DIE HÜTTE JETZT GLEICH AN.

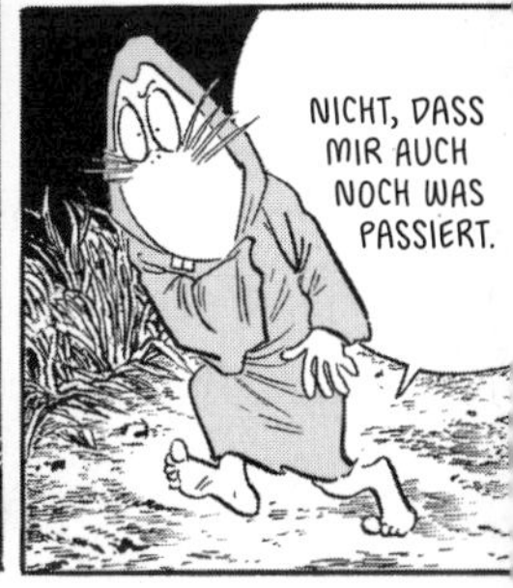
NICHT, DASS MIR AUCH NOCH WAS PASSIERT.

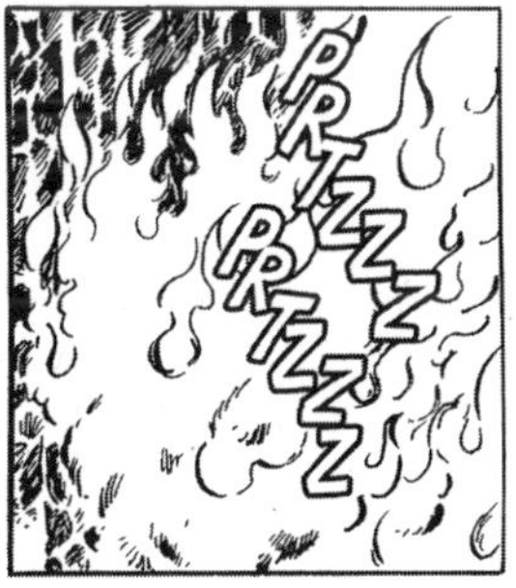
PRTZZZ
PRTZZZ

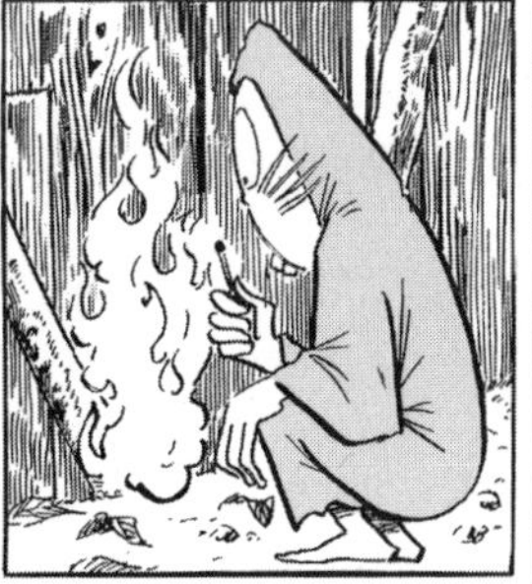

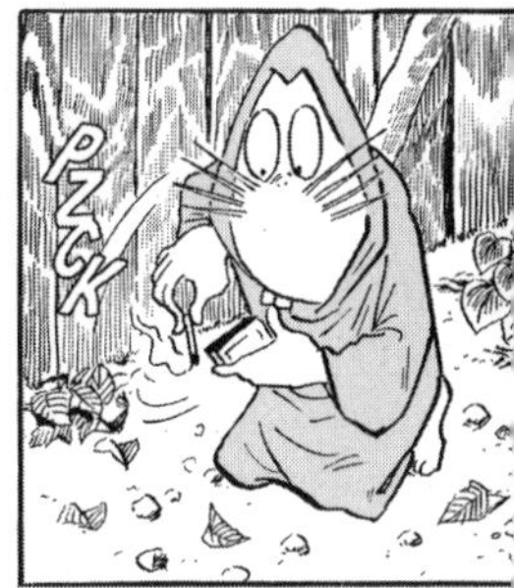
PZCK

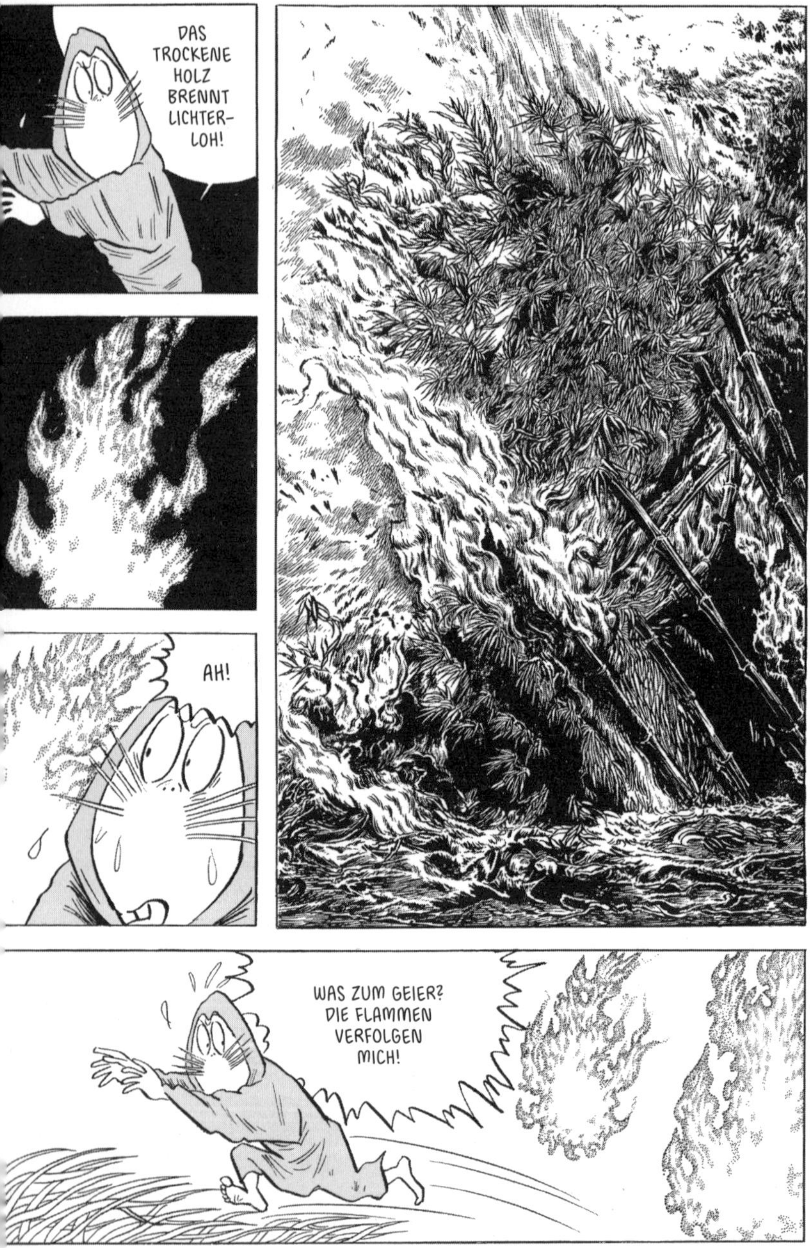

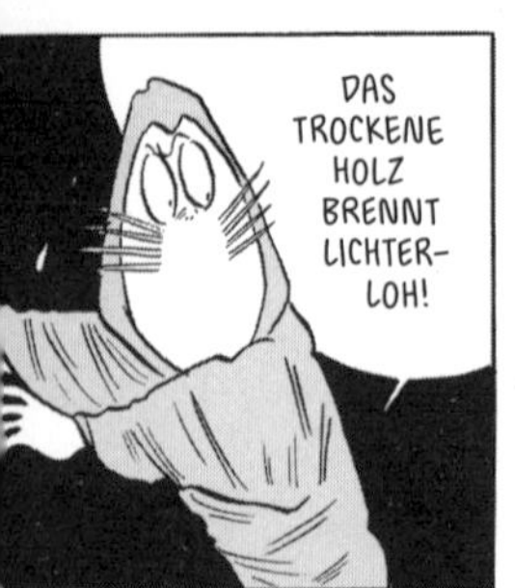
DAS TROCKENE HOLZ BRENNT LICHTERLOH!

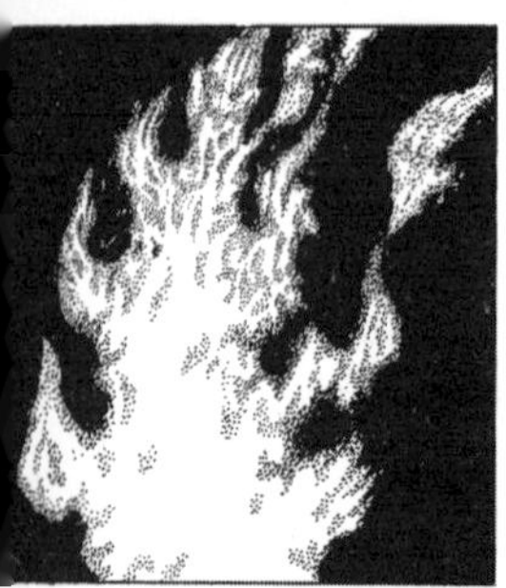

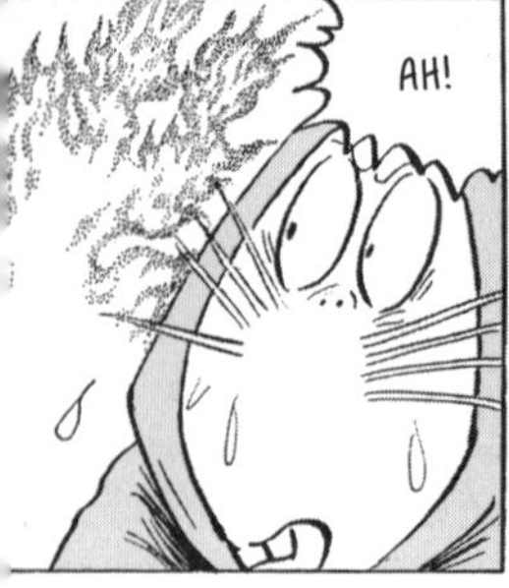
AH!

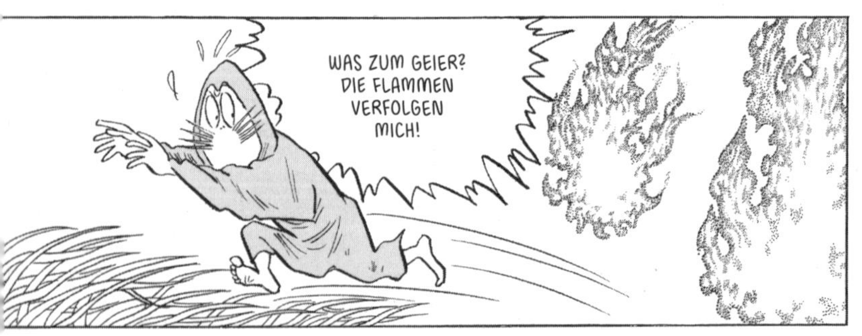
WAS ZUM GEIER? DIE FLAMMEN VERFOLGEN MICH!

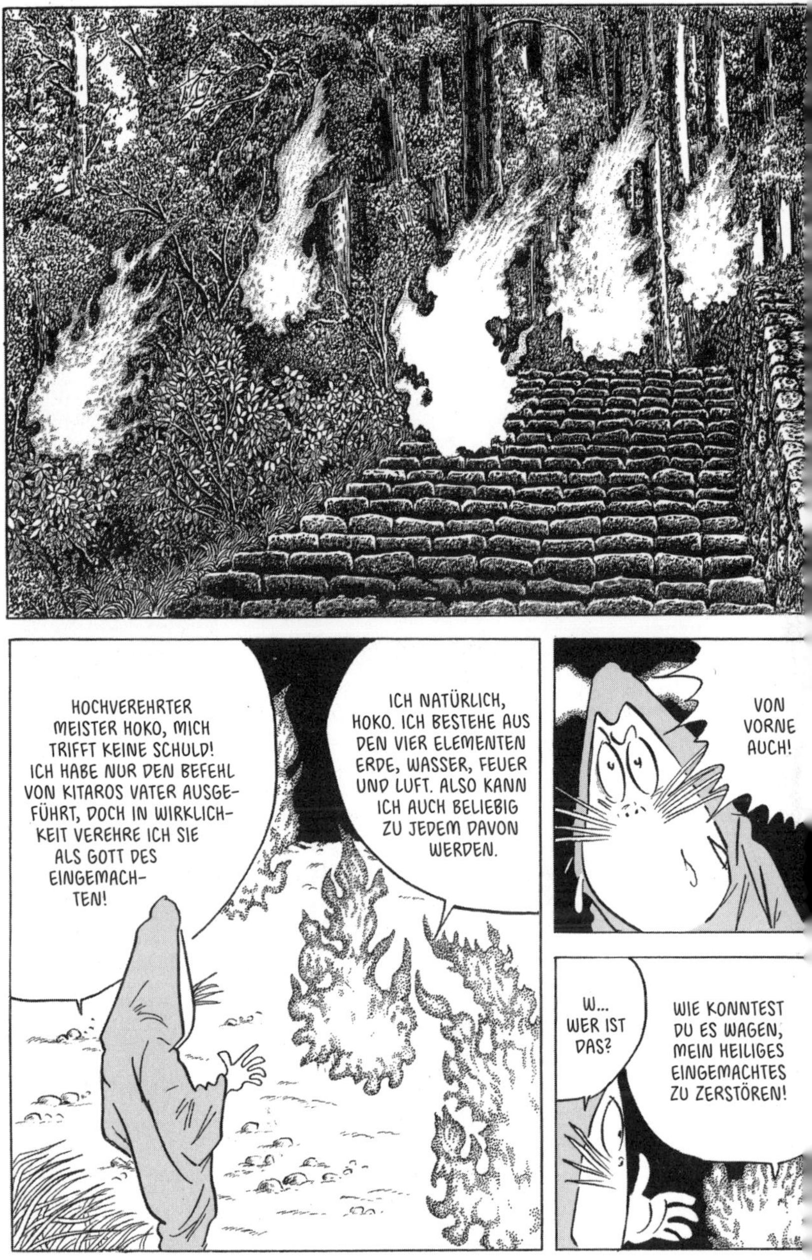

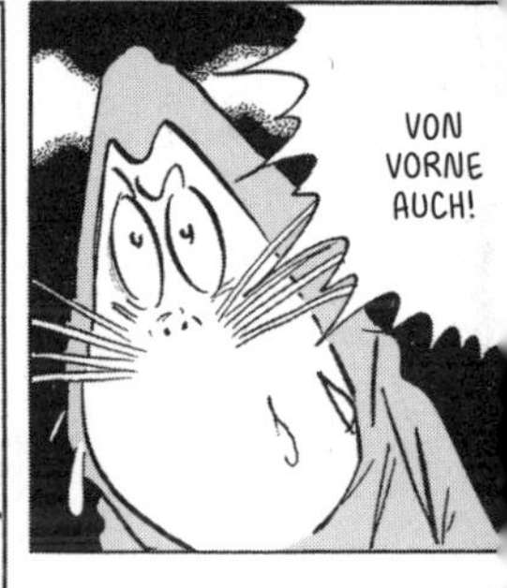
VON VORNE AUCH!

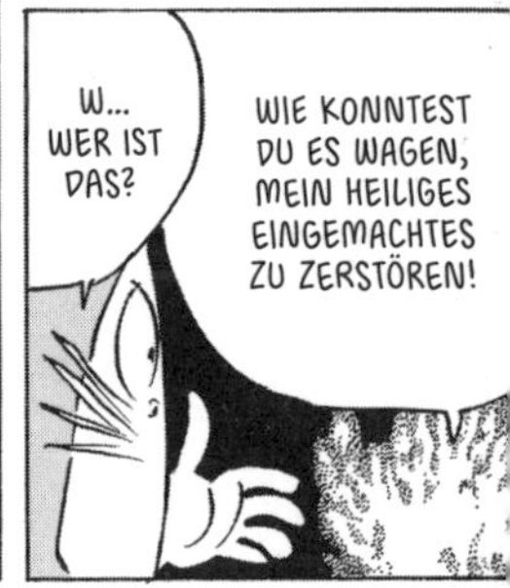
WIE KONNTEST DU ES WAGEN, MEIN HEILIGES EINGEMACHTES ZU ZERSTÖREN!
W... WER IST DAS?

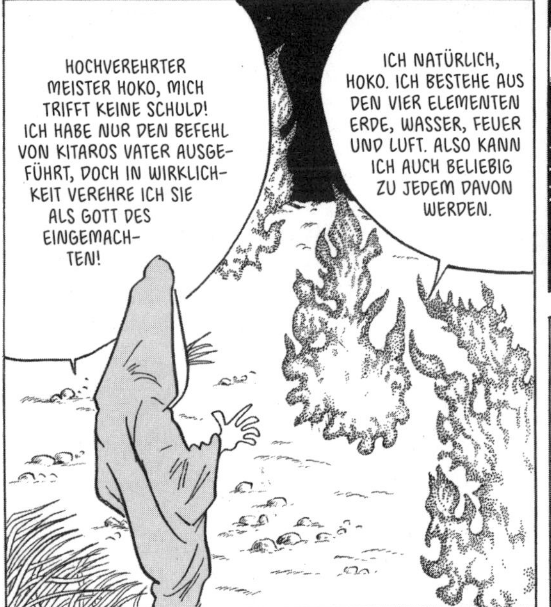
ICH NATÜRLICH, HOKO. ICH BESTEHE AUS DEN VIER ELEMENTEN ERDE, WASSER, FEUER UND LUFT. ALSO KANN ICH AUCH BELIEBIG ZU JEDEM DAVON WERDEN.
HOCHVEREHRTER MEISTER HOKO, MICH TRIFFT KEINE SCHULD! ICH HABE NUR DEN BEFEHL VON KITAROS VATER AUSGEFÜHRT, DOCH IN WIRKLICHKEIT VEREHRE ICH SIE ALS GOTT DES EINGEMACHTEN!

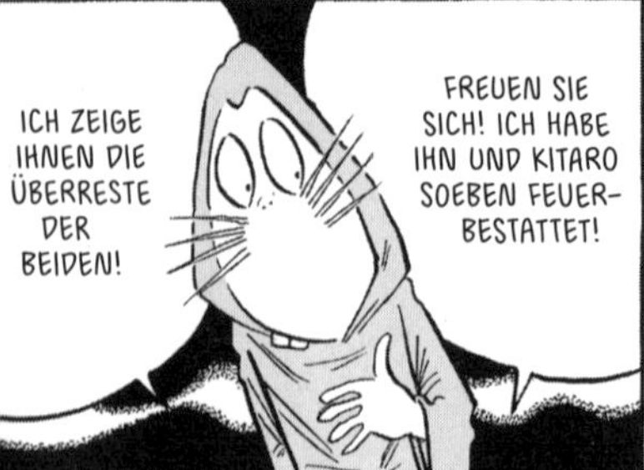

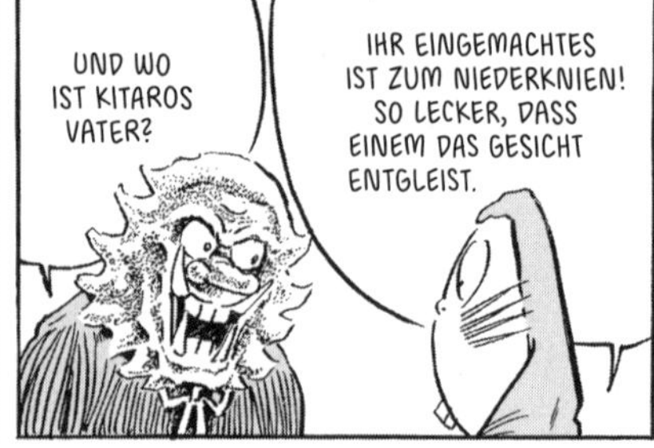

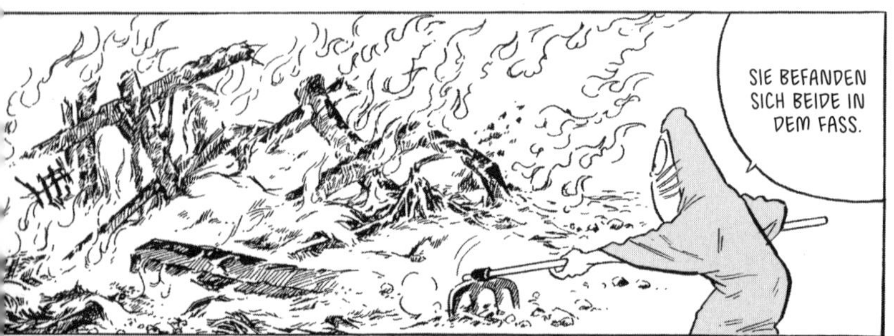

OKO HATTE SICH GEVIERTEILT. AS ERD-HOKO (WIRD ZU EISEN ND SAND), DAS WASSER-HOKO WIRD ZU WASSER UND EIS), AS FEUER-HOKO (WIRD ZU LAUEM UND ROTEM FEUER) ND DAS LUFT-HOKO (WIRD U EINEM WIRBELSTURM) IESSEN DEN RATTENMANN ICHT AUS DEN AUGEN.

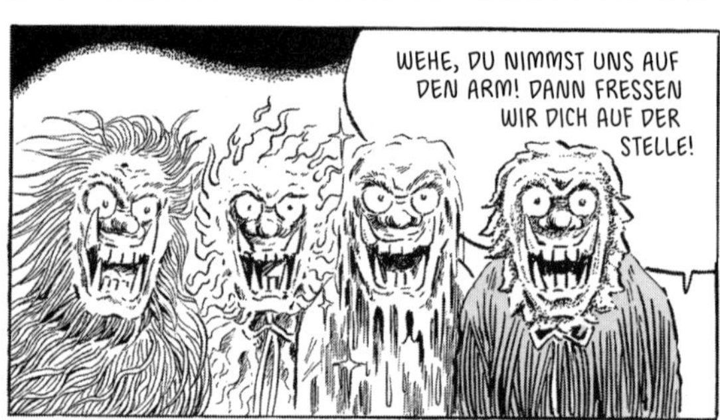

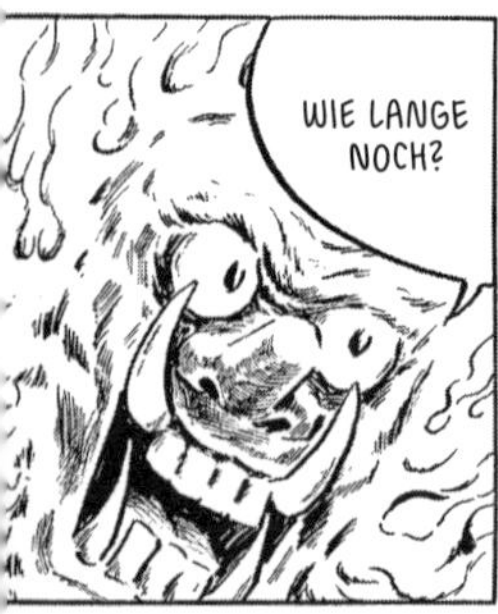

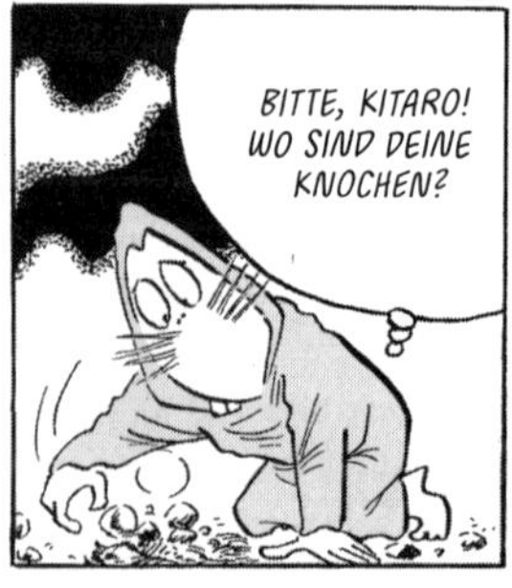

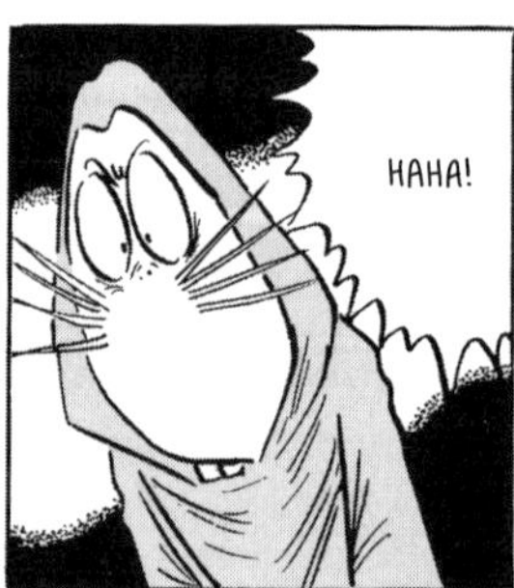

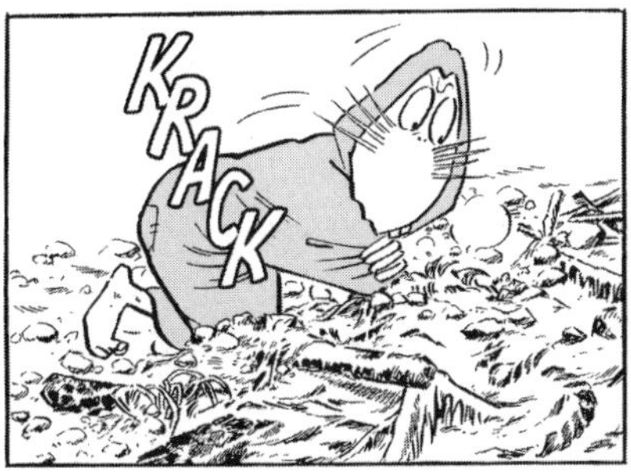
KRACK
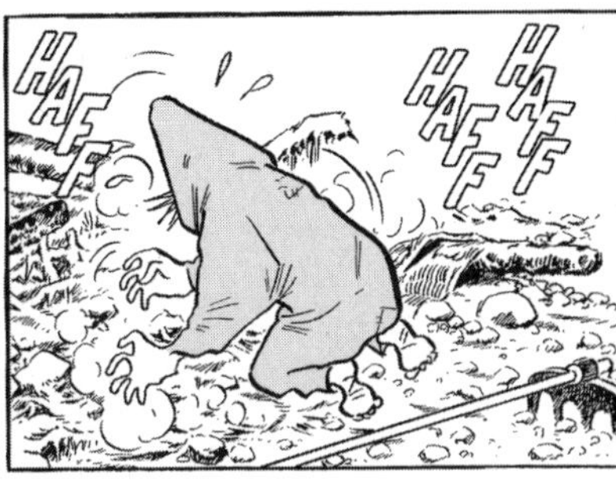
HAFF
HAFF
HAFF
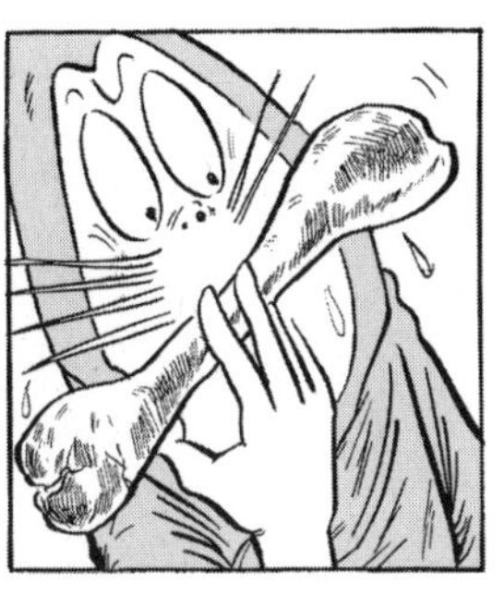
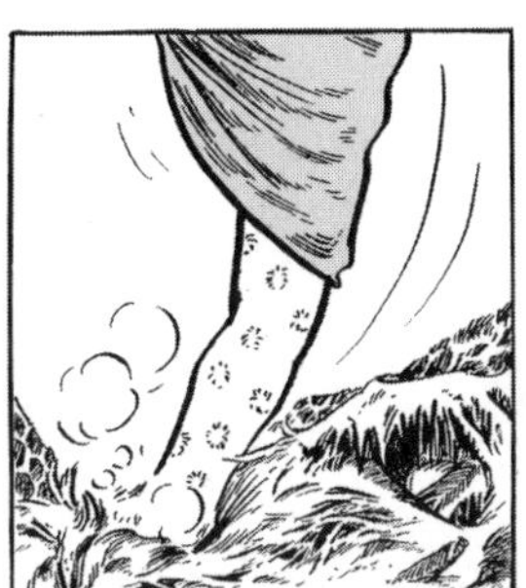
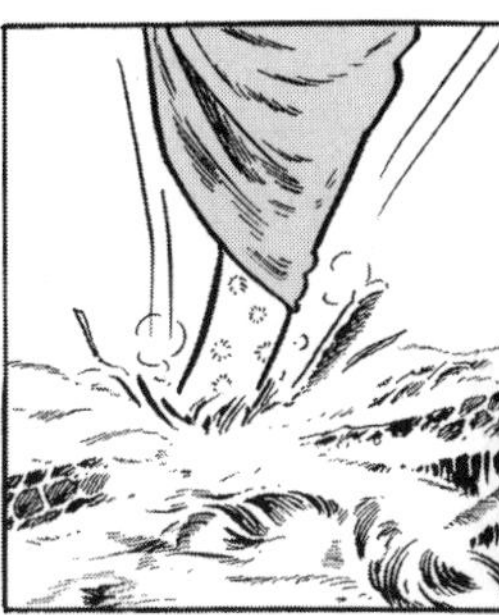
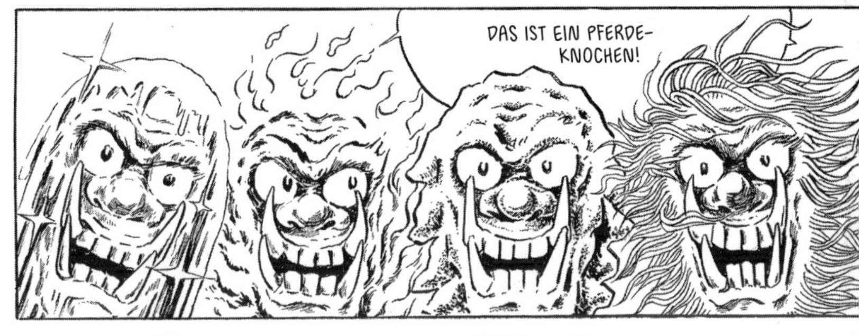
DAS IST EIN PFERDE-KNOCHEN!
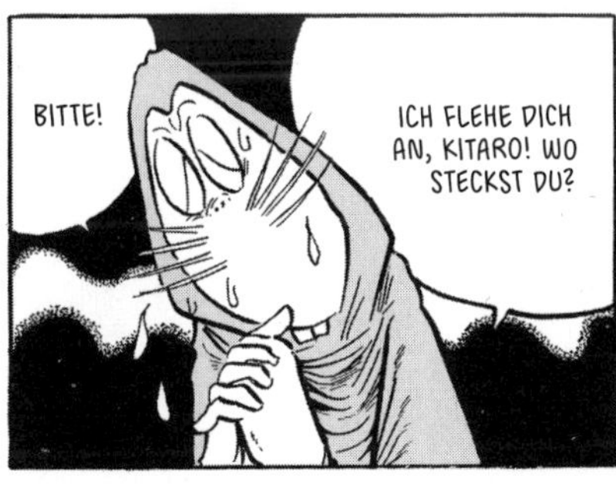
BITTE!
ICH FLEHE DICH AN, KITARO! WO STECKST DU?
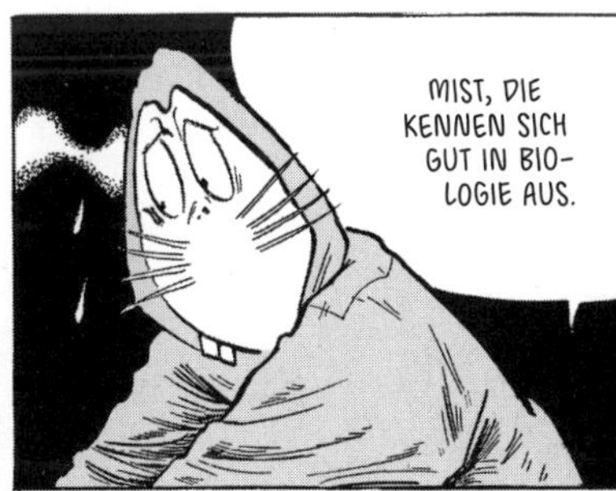
MIST, DIE KENNEN SICH GUT IN BIO-LOGIE AUS.

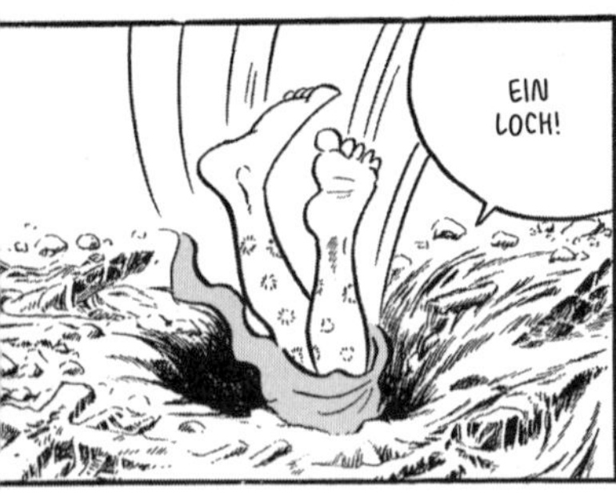
EIN LOCH!

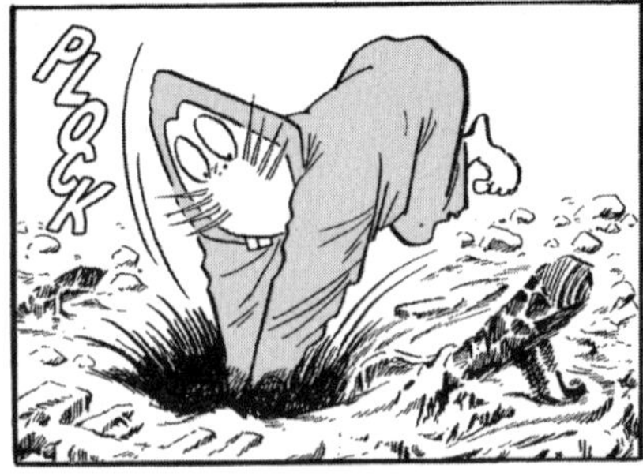
PLOCK

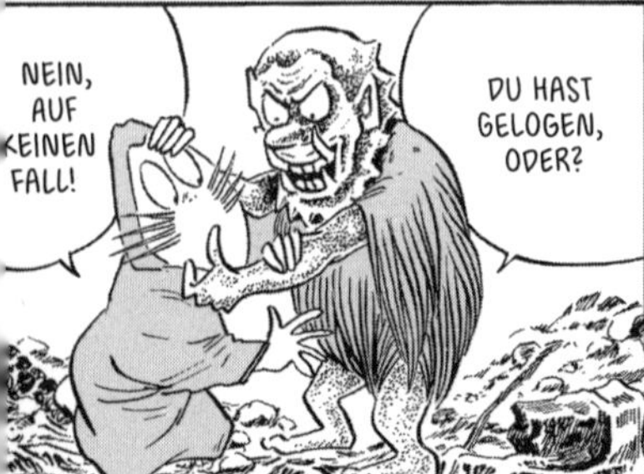
DU HAST GELOGEN, ODER?
NEIN, AUF KEINEN FALL!

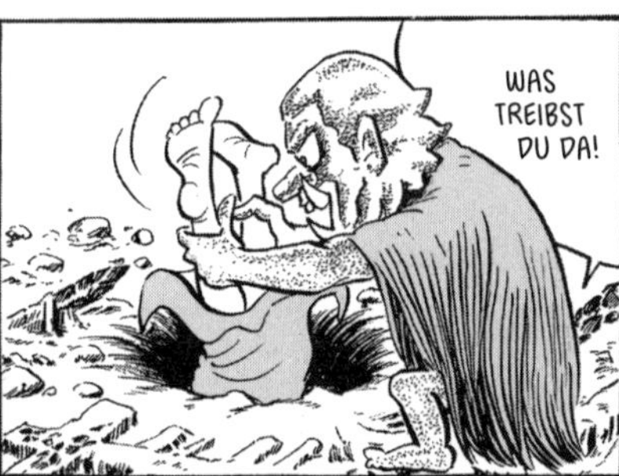
WAS TREIBST DU DA!

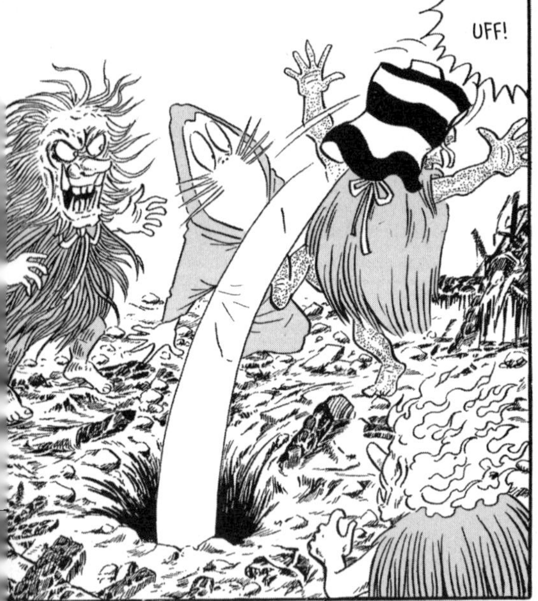
UFF!

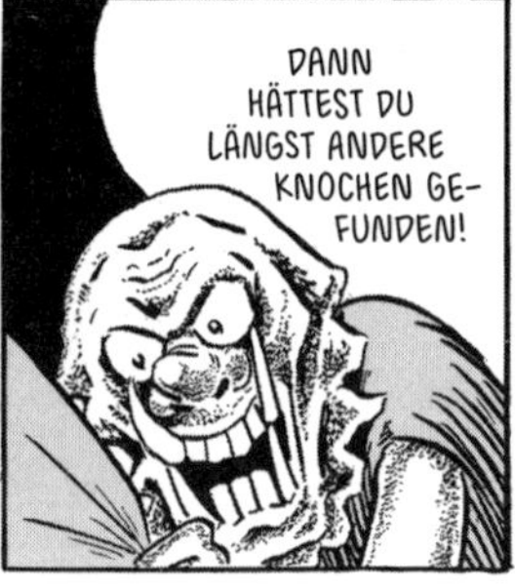
DANN HÄTTEST DU LÄNGST ANDERE KNOCHEN GE-FUNDEN!

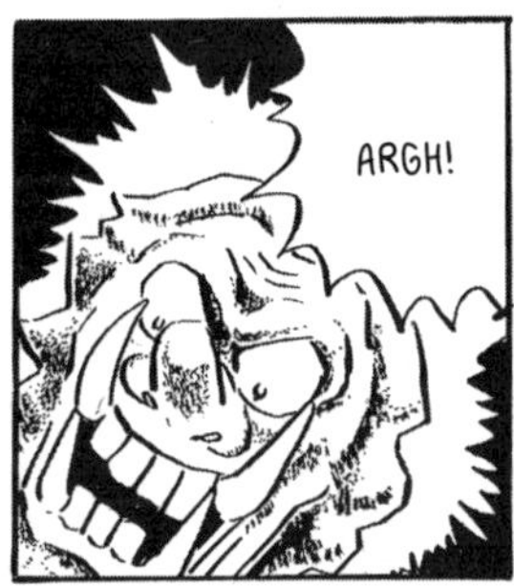
ARGH!

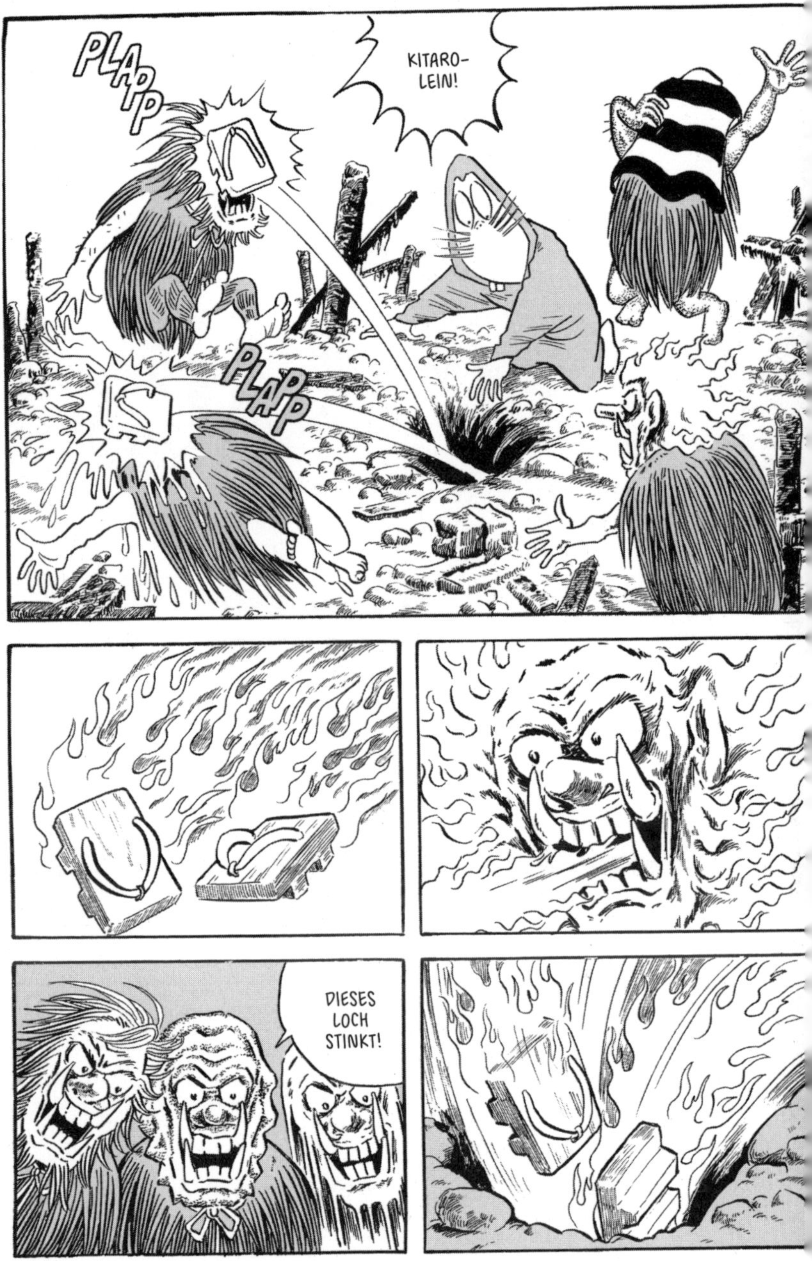

PLAPP

KITARO-
LEIN!

PLAPP

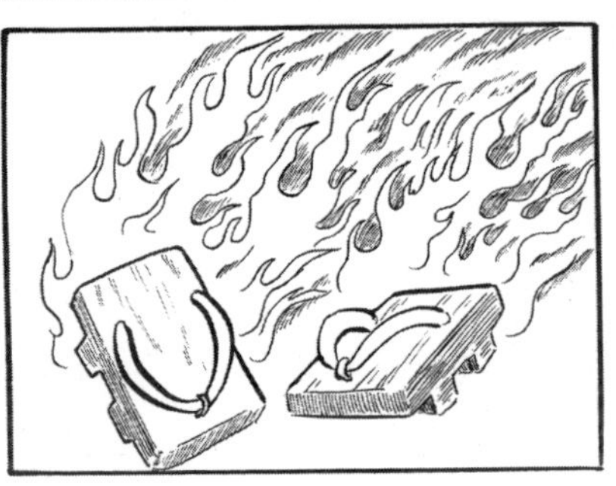

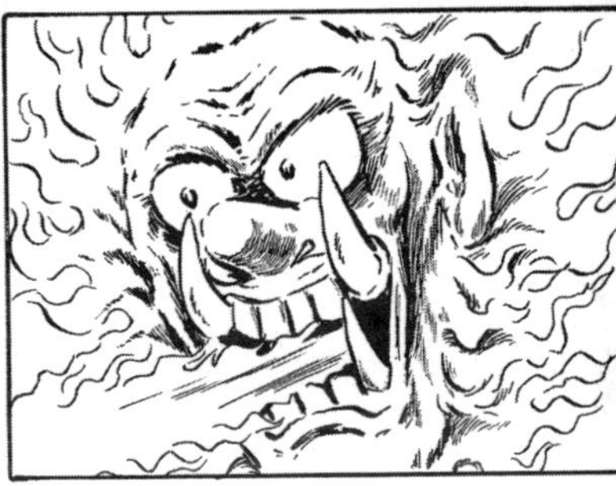

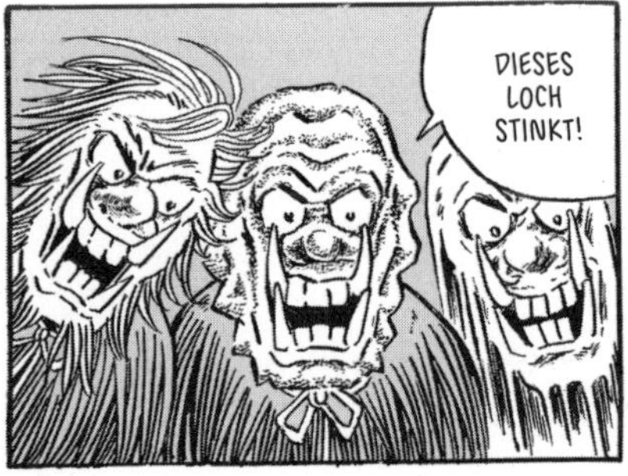

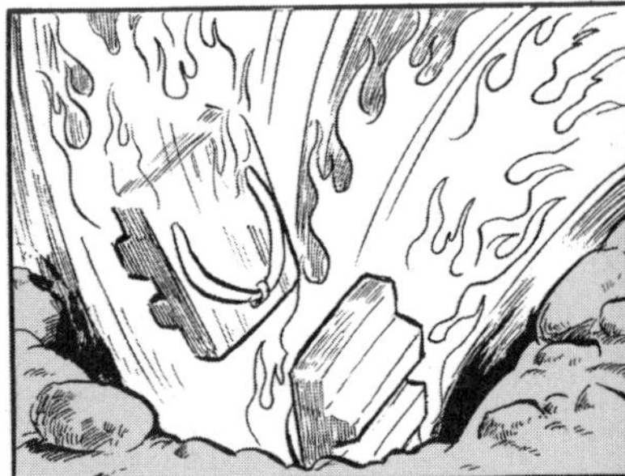

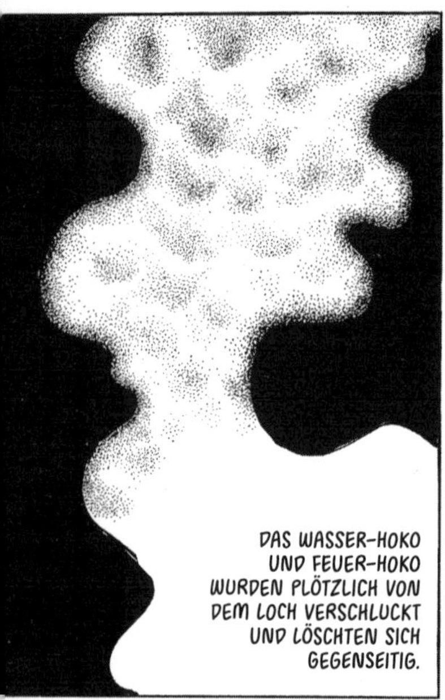
DAS WASSER-HOKO
UND FEUER-HOKO
WURDEN PLÖTZLICH VON
DEM LOCH VERSCHLUCKT
UND LÖSCHTEN SICH
GEGENSEITIG.

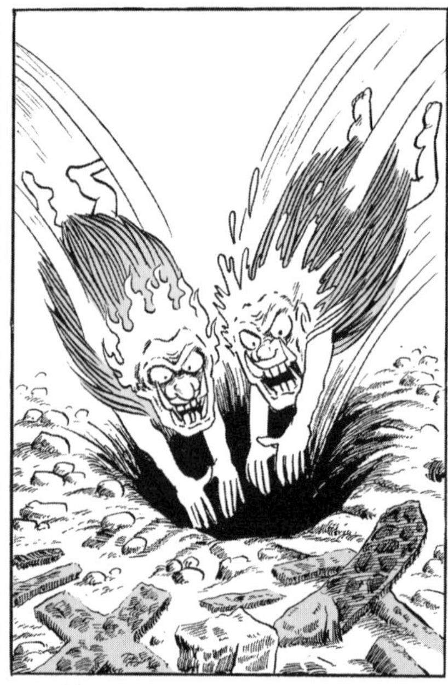

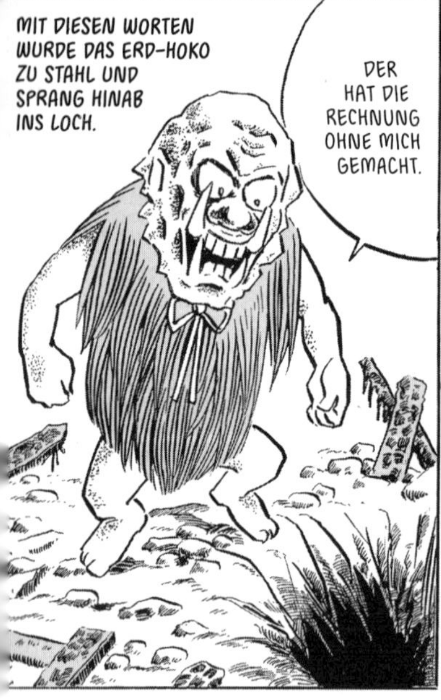
MIT DIESEN WORTEN
WURDE DAS ERD-HOKO
ZU STAHL UND
SPRANG HINAB
INS LOCH.
DER
HAT DIE
RECHNUNG
OHNE MICH
GEMACHT.

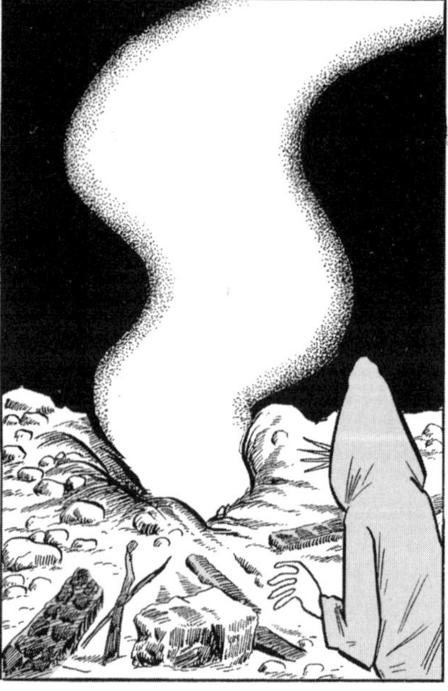

SO WIE DIE ERDE WACKELTE, WAR DAVON AUSZUGEHEN, DASS SICH KITARO UND DAS ERD-HOKO BEKÄMPFTEN. DAS ERD-HOKO VERWANDELTE SICH ABWECHSELND ZU EISEN UND SAND, SODASS KITARO IHM NICHT MEHR HERR WURDE.

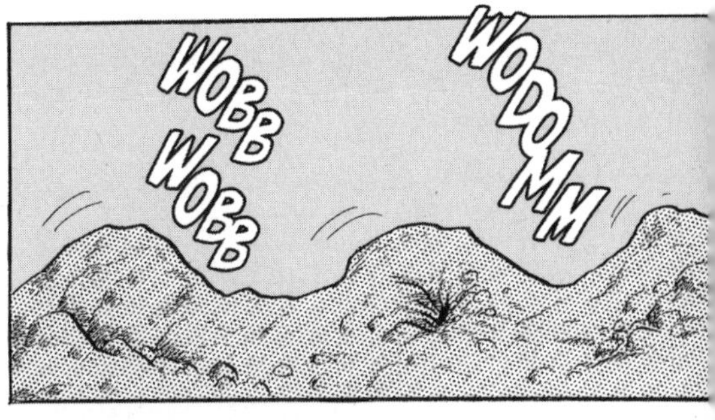

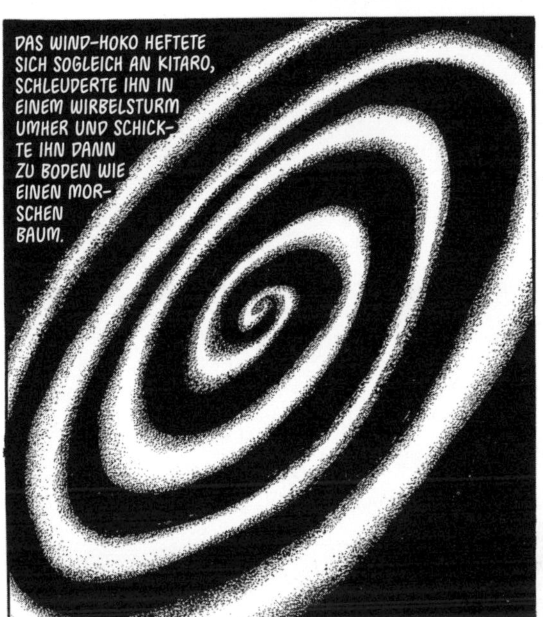

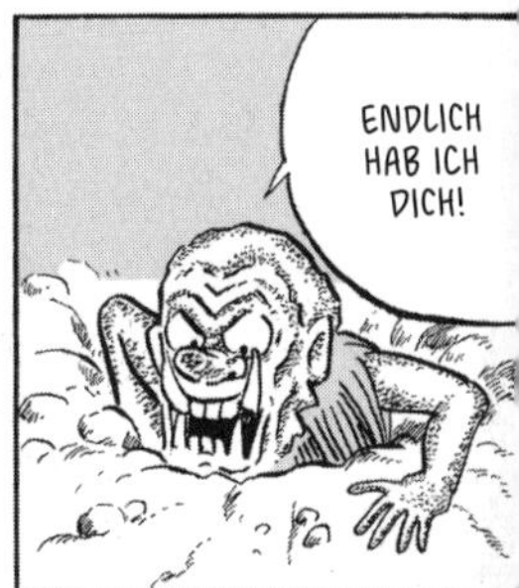

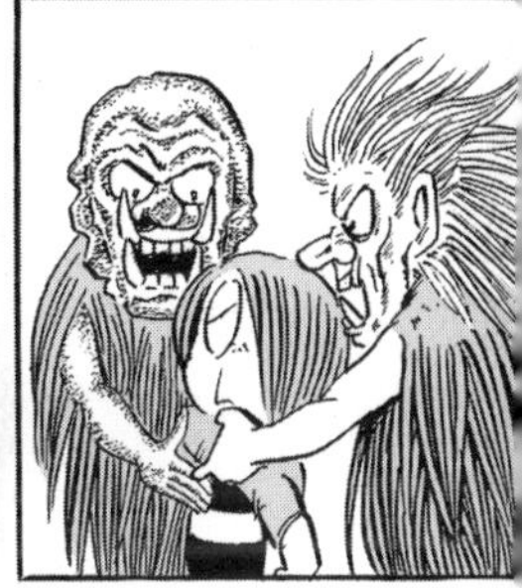

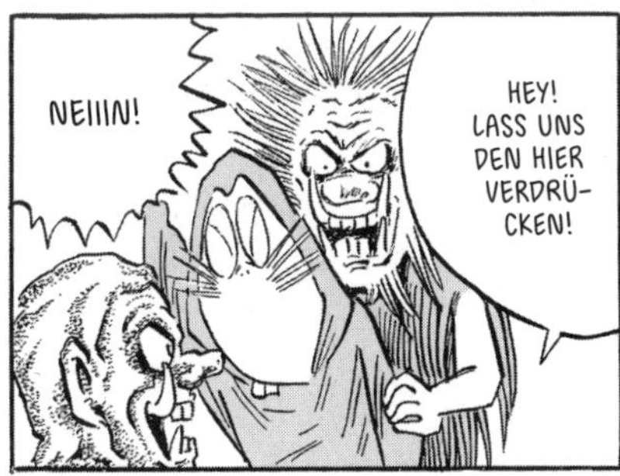

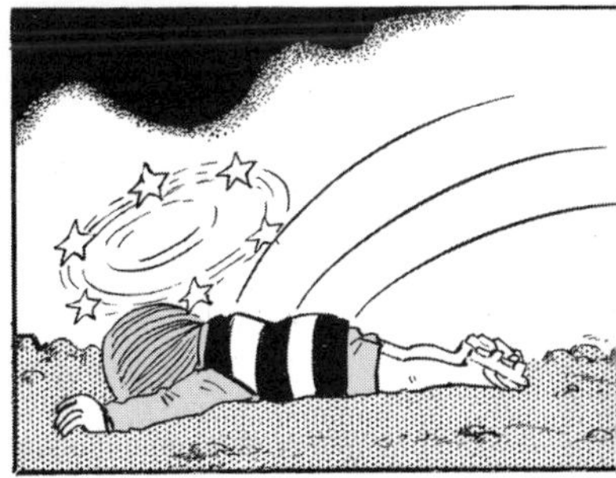

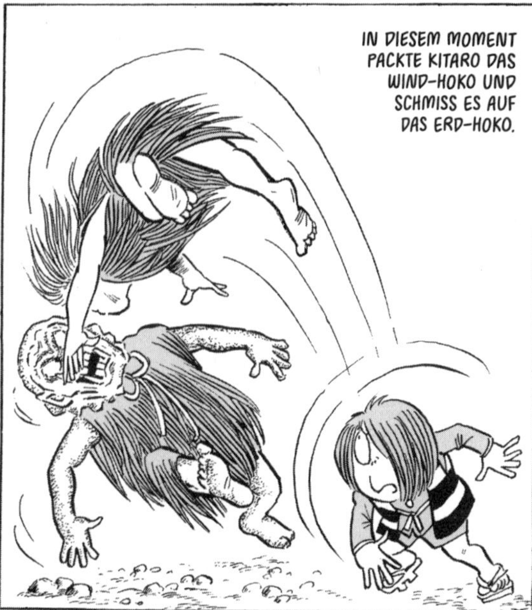

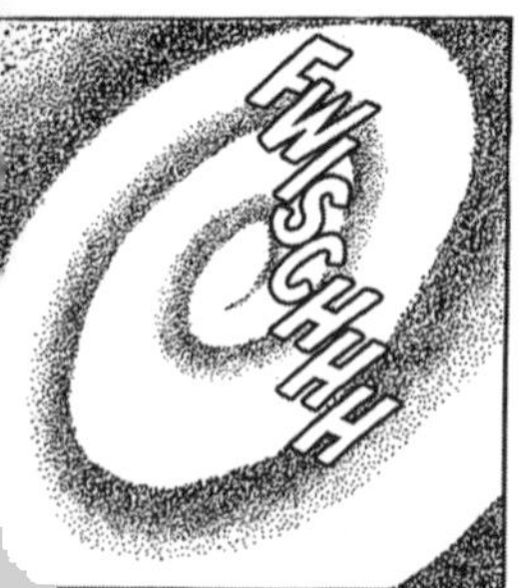

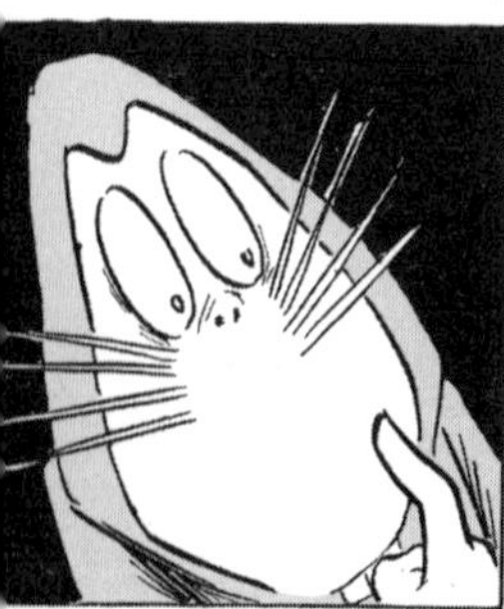

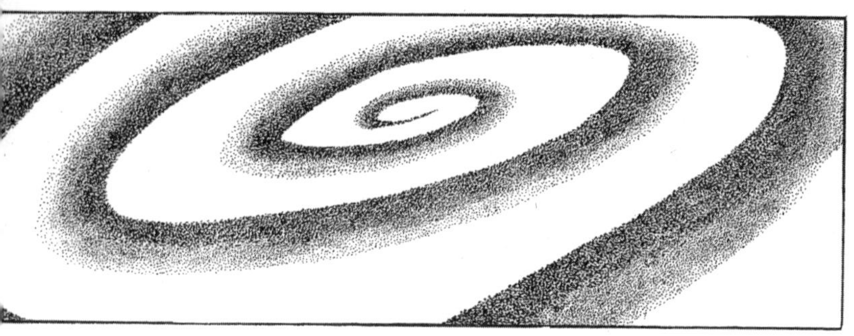

DURCH DIE WIRKUNG DES WIND-HOKOS VERWITTERTE DAS ERD-HOKO UND LÖSTE SICH AUF. AUCH DAS WIND-HOKO WAR MIT SEINEN KRÄFTEN AM ENDE. KITARO HATTE SICH DURCH DAS GEGENGIFT IN SEINE NORMALE GESTALT ZURÜCK-VERWANDELT. KAUM WAR ER WIEDER ER SELBST, VERSTECKTE ER SICH IN EINEM ERDLOCH UND PASSTE DEN RICHTIGEN RACHEMOMENT AB.

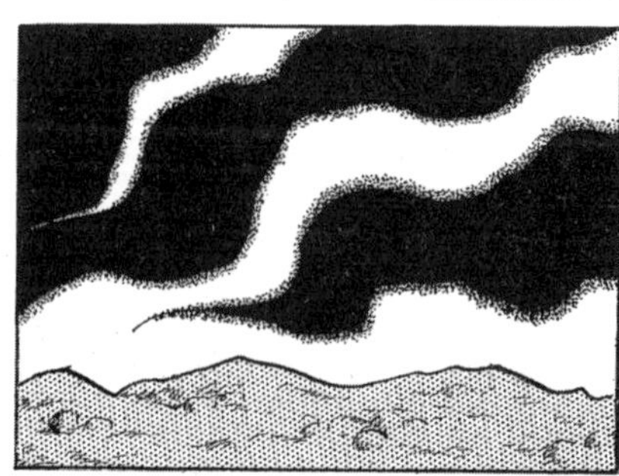

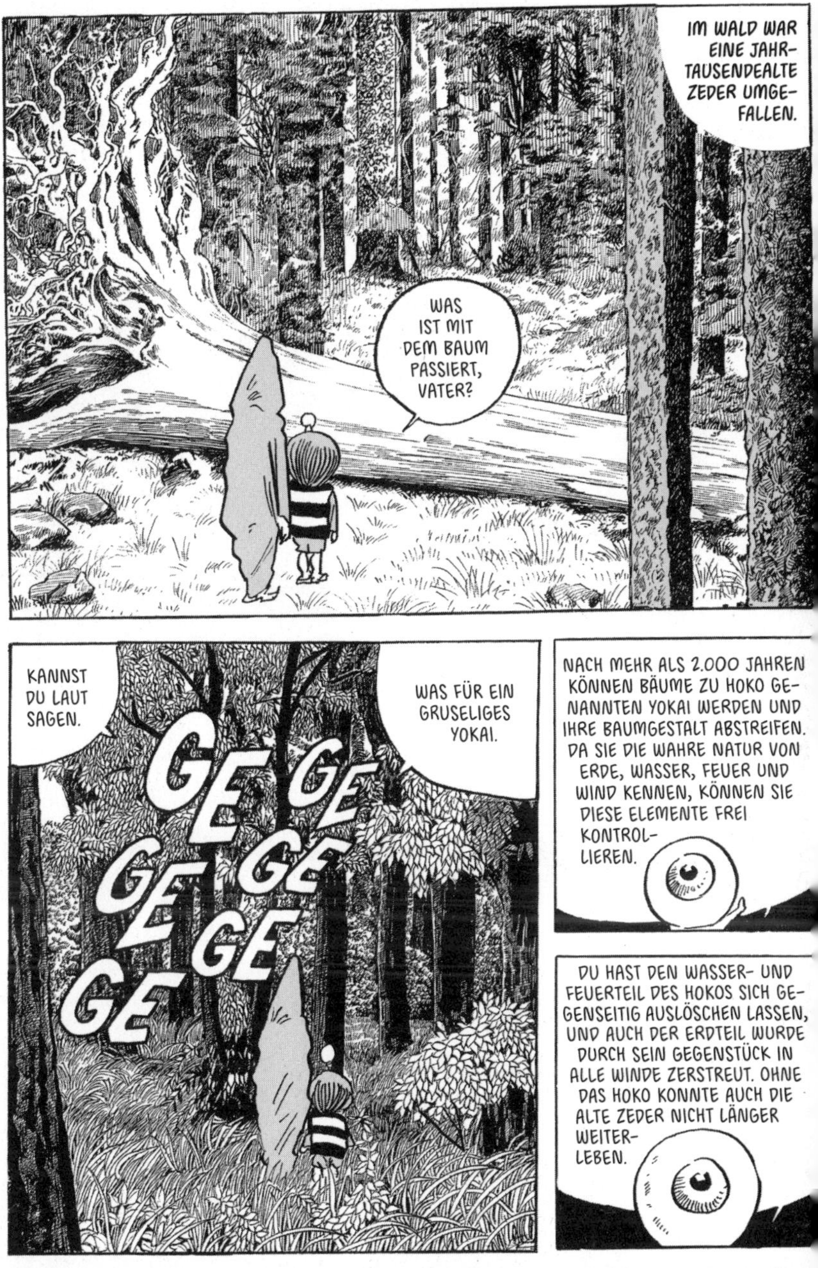

IM WALD WAR EINE JAHRTAUSENDEALTE ZEDER UMGEFALLEN.

WAS IST MIT DEM BAUM PASSIERT, VATER?

NACH MEHR ALS 2.000 JAHREN KÖNNEN BÄUME ZU HOKO GENANNTEN YOKAI WERDEN UND IHRE BAUMGESTALT ABSTREIFEN. DA SIE DIE WAHRE NATUR VON ERDE, WASSER, FEUER UND WIND KENNEN, KÖNNEN SIE DIESE ELEMENTE FREI KONTROLLIEREN.

DU HAST DEN WASSER- UND FEUERTEIL DES HOKOS SICH GEGENSEITIG AUSLÖSCHEN LASSEN, UND AUCH DER ERDTEIL WURDE DURCH SEIN GEGENSTÜCK IN ALLE WINDE ZERSTREUT. OHNE DAS HOKO KONNTE AUCH DIE ALTE ZEDER NICHT LÄNGER WEITERLEBEN.

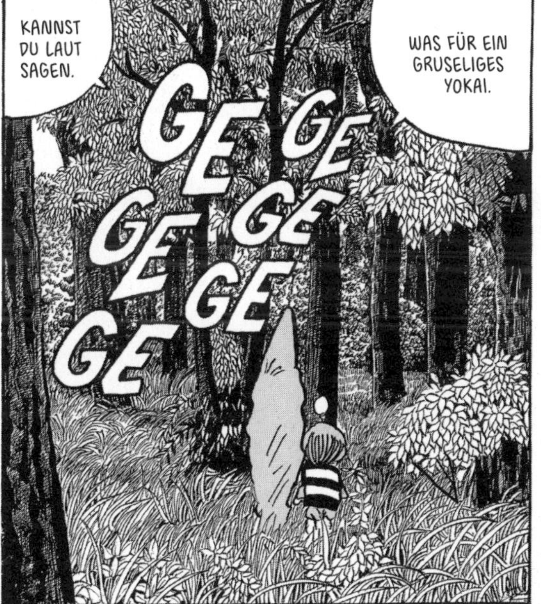

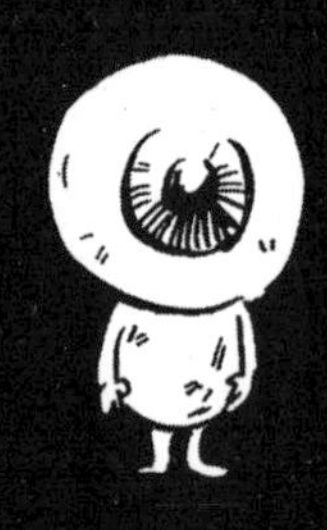

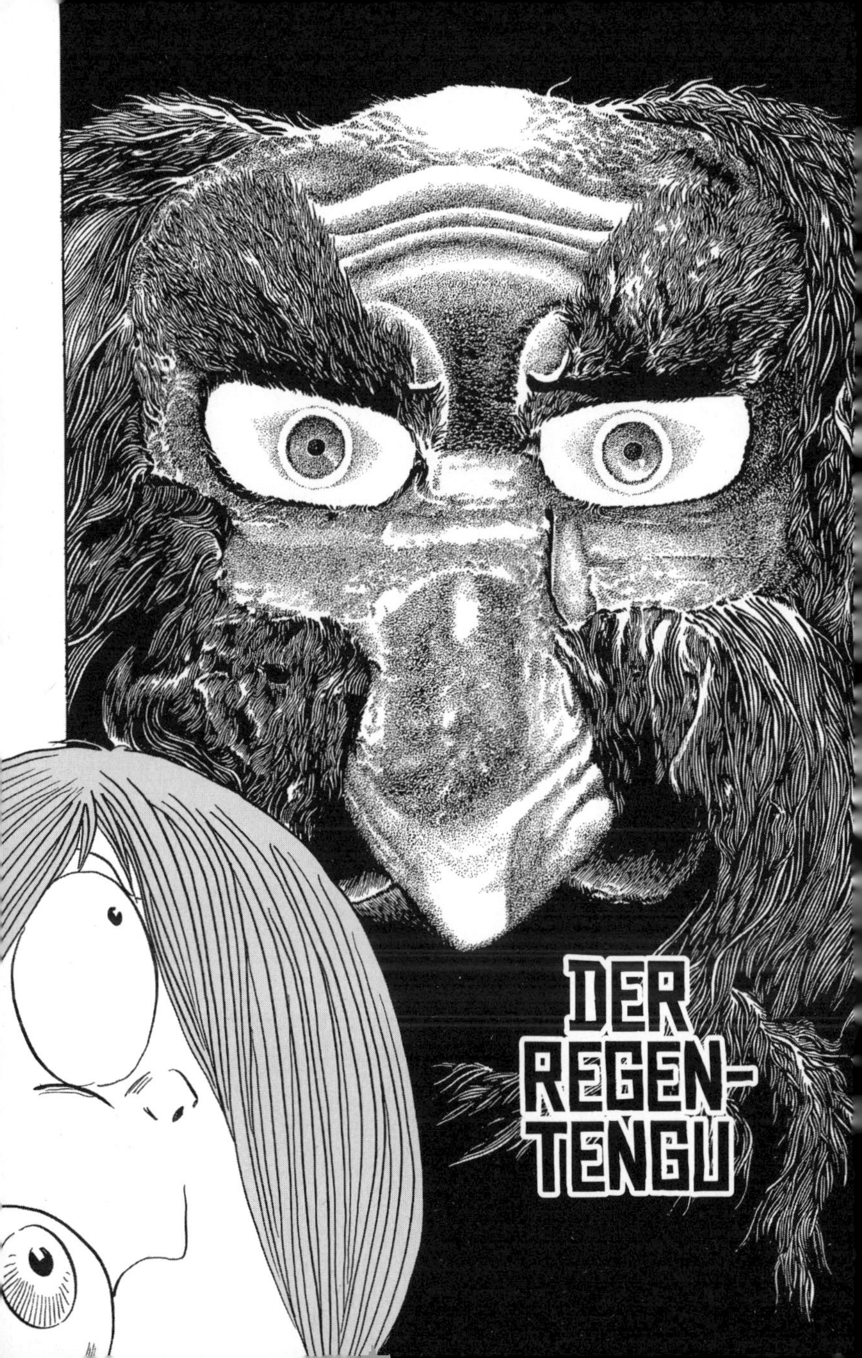
DER
REGEN-
TENGU

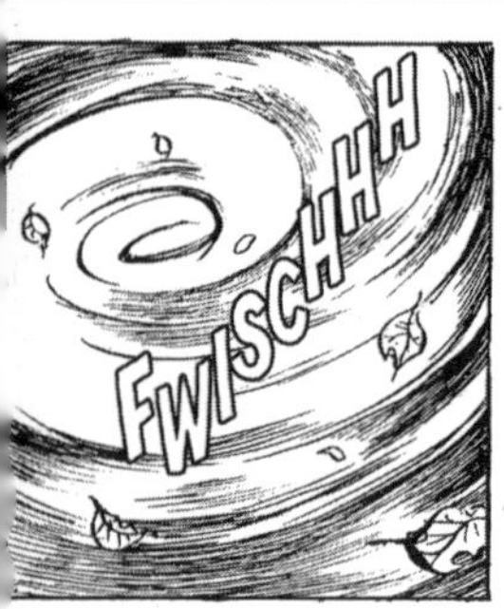
FWISCHHH

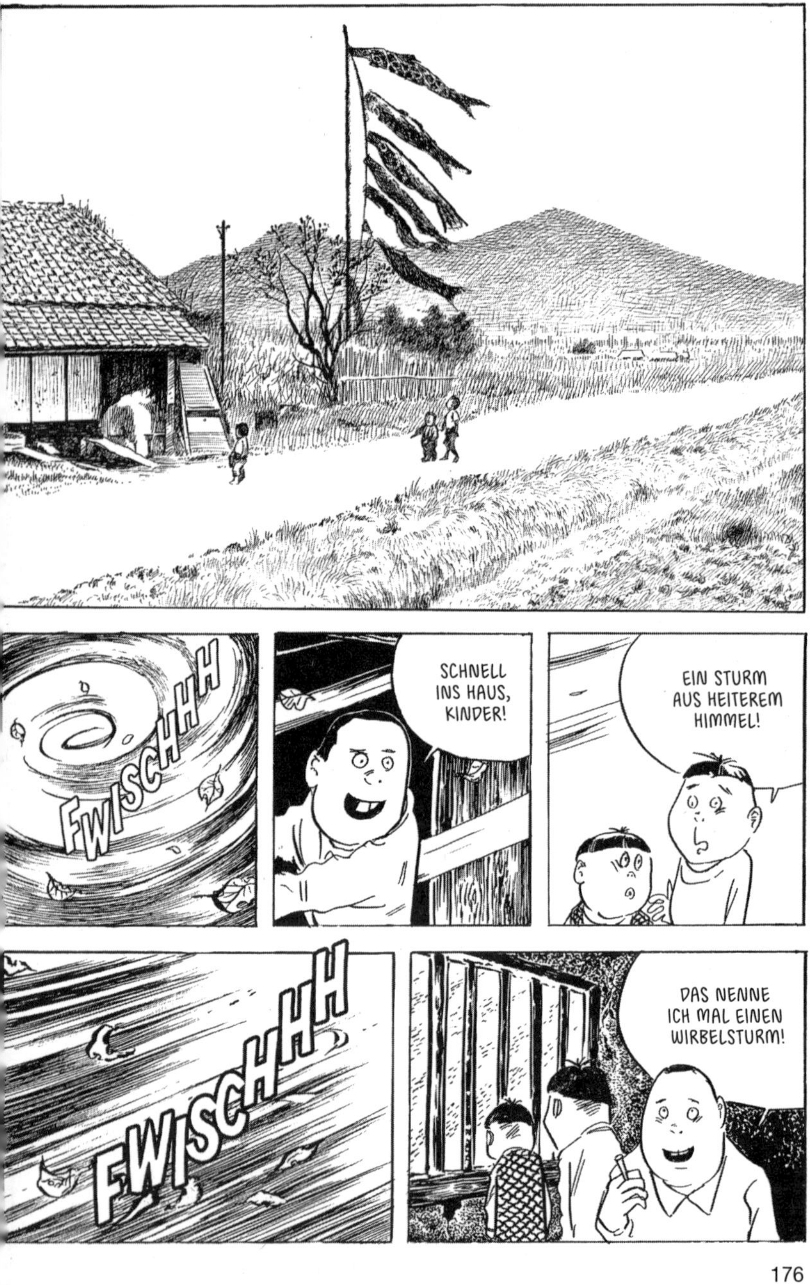

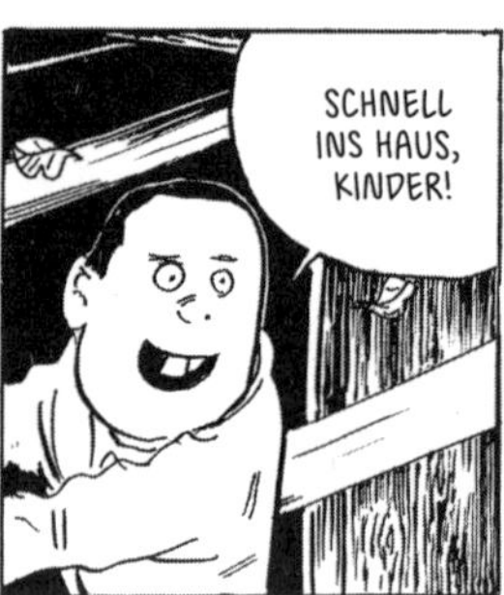
SCHNELL INS HAUS, KINDER!

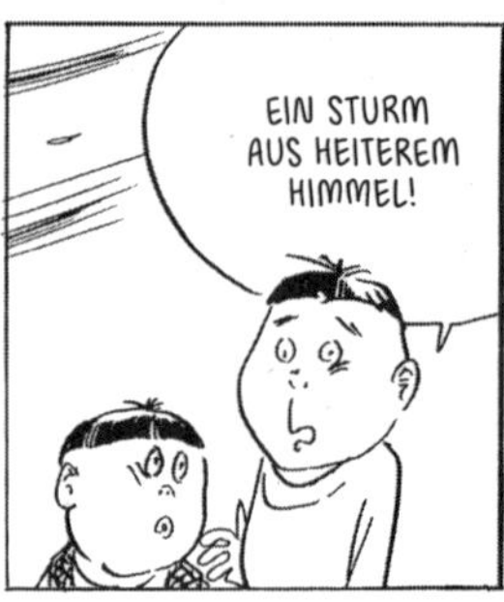
EIN STURM AUS HEITEREM HIMMEL!

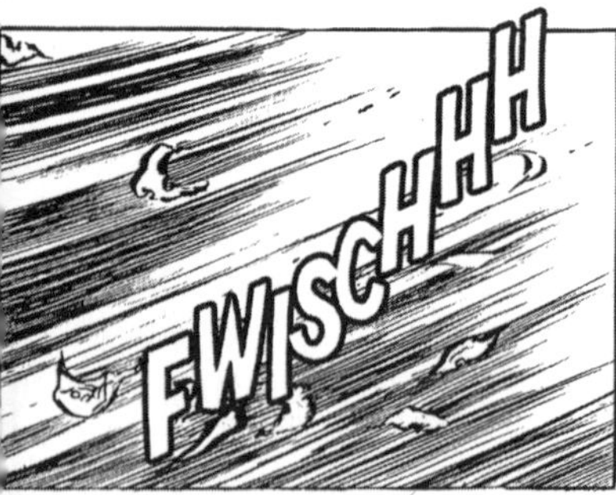
FWISCHHH

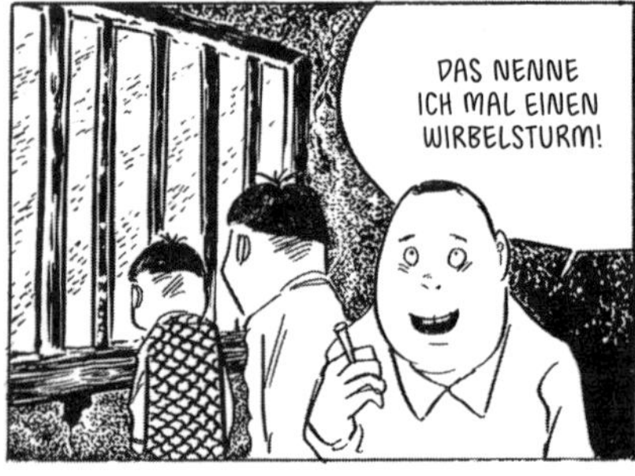
DAS NENNE ICH MAL EINEN WIRBELSTURM!

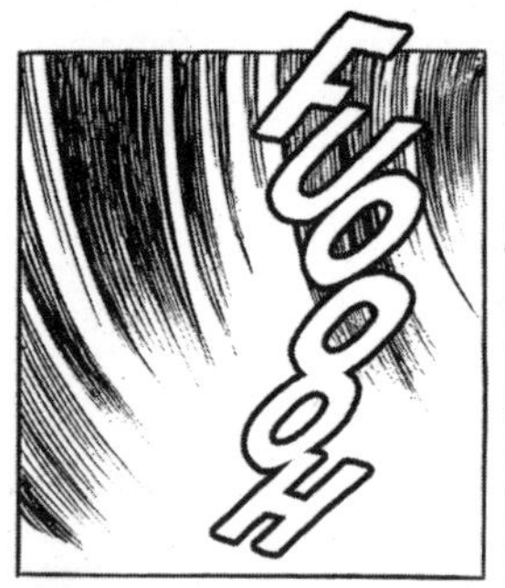
FUOOOOH

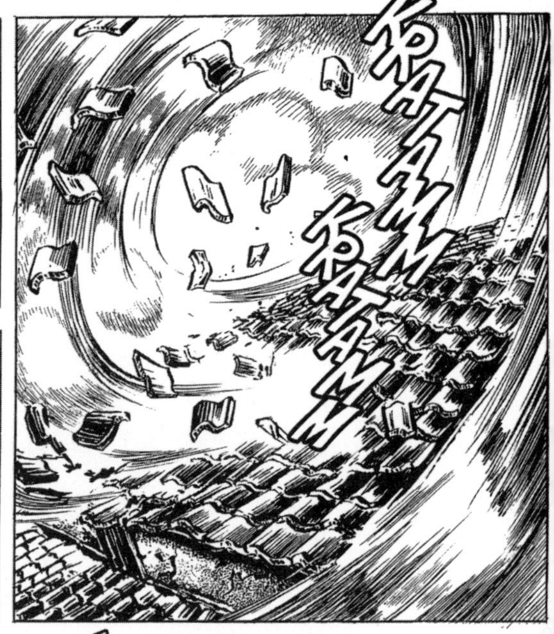
KRATAMM
KRATAMM

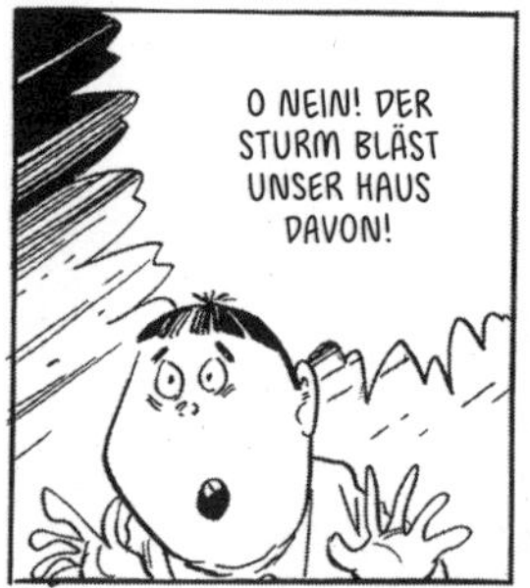
O NEIN! DER STURM BLÄST UNSER HAUS DAVON!

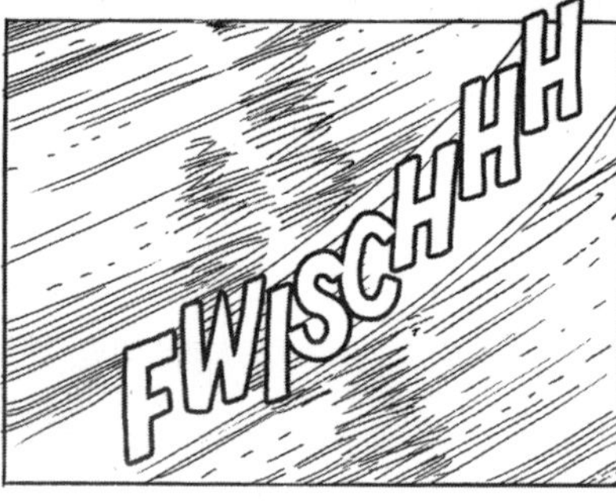
FWISCHHH

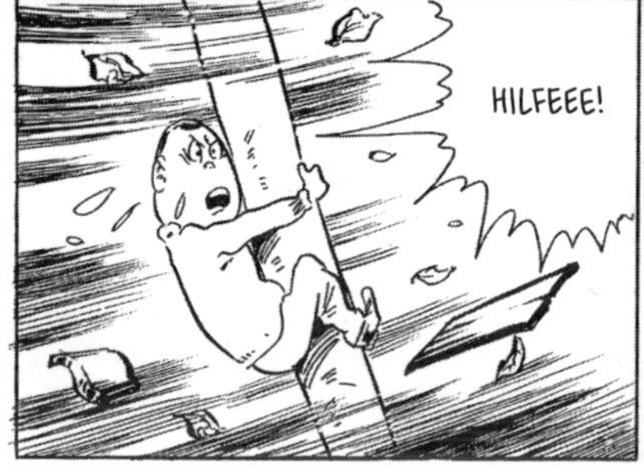
HILFEEE!

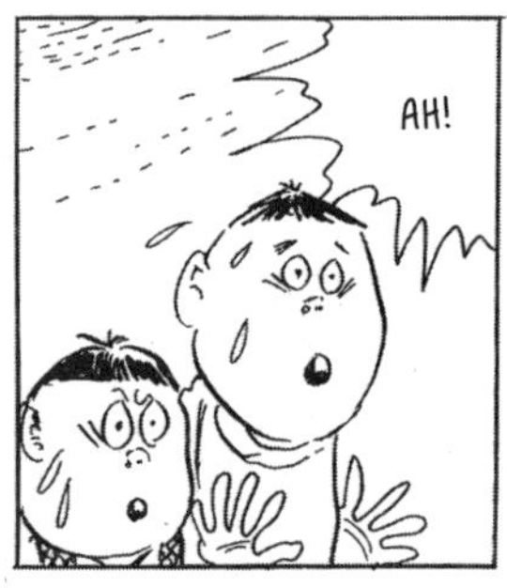
AH!

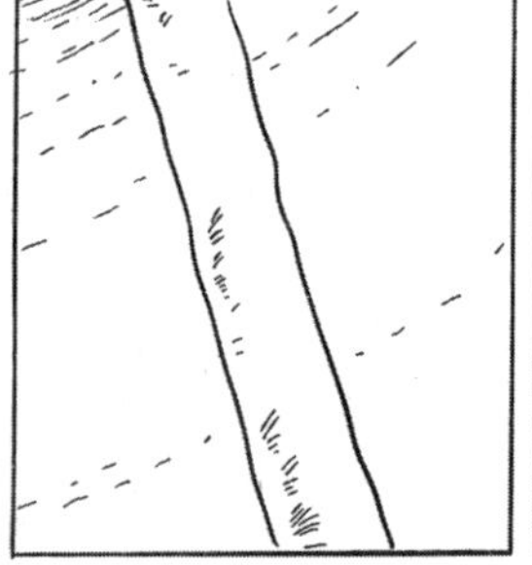

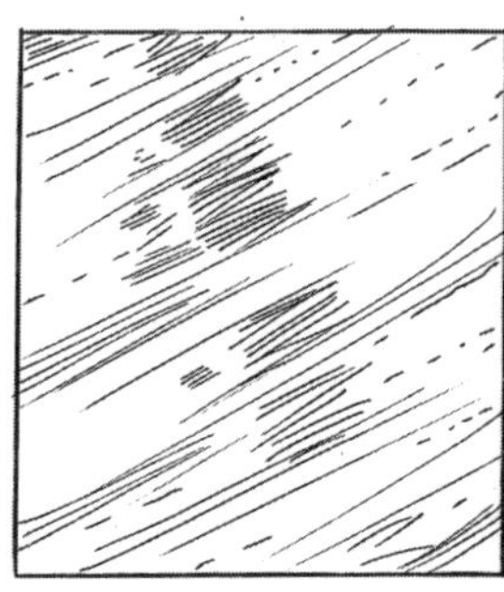

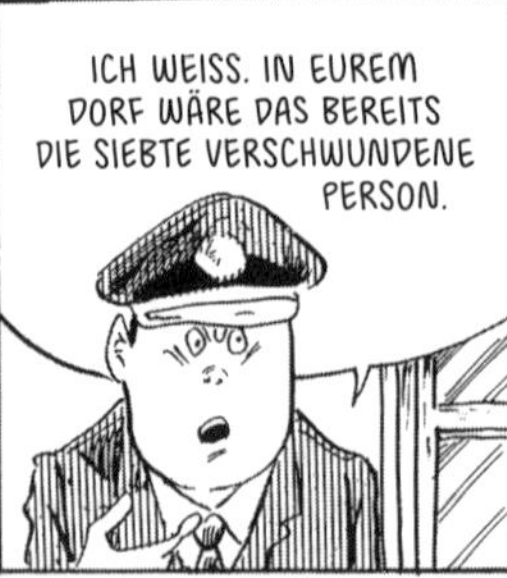
ICH WEISS. IN EUREM DORF WÄRE DAS BEREITS DIE SIEBTE VERSCHWUNDENE PERSON.

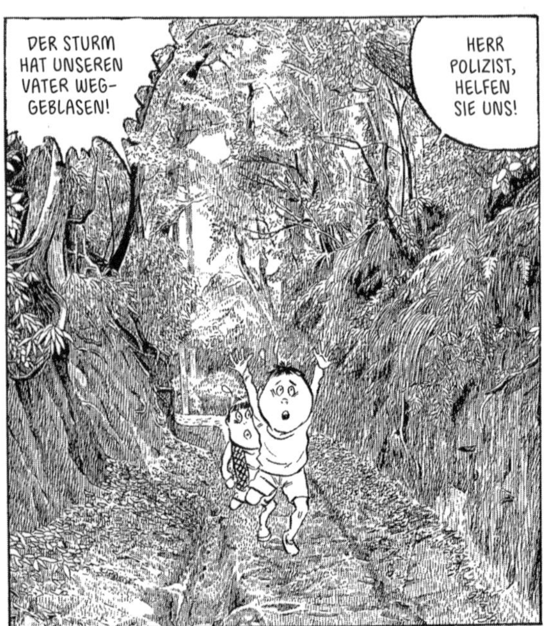
HERR POLIZIST, HELFEN SIE UNS!
DER STURM HAT UNSEREN VATER WEG-GEBLASEN!

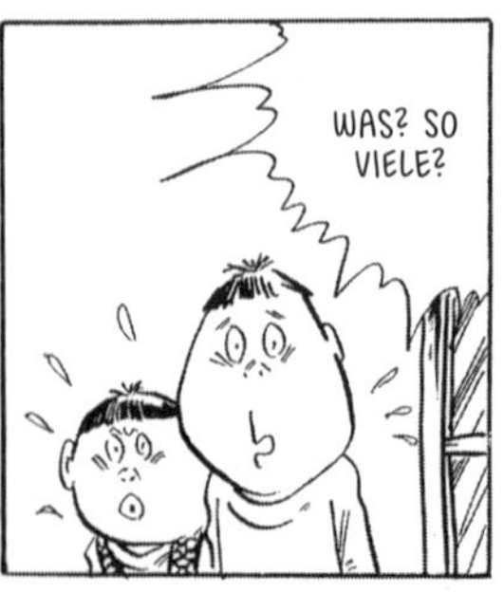
WAS? SO VIELE?

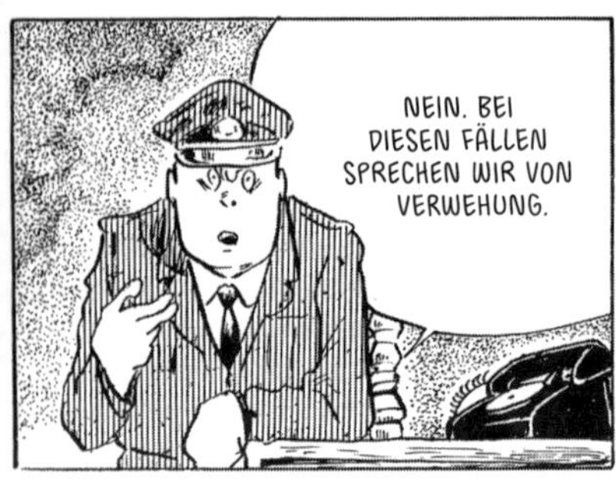
NEIN. BEI DIESEN FÄLLEN SPRECHEN WIR VON VERWEHUNG.

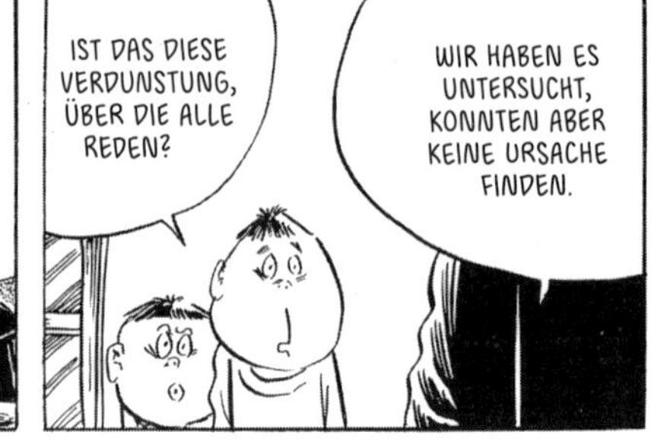
IST DAS DIESE VERDUNSTUNG, ÜBER DIE ALLE REDEN?
WIR HABEN ES UNTERSUCHT, KONNTEN ABER KEINE URSACHE FINDEN.

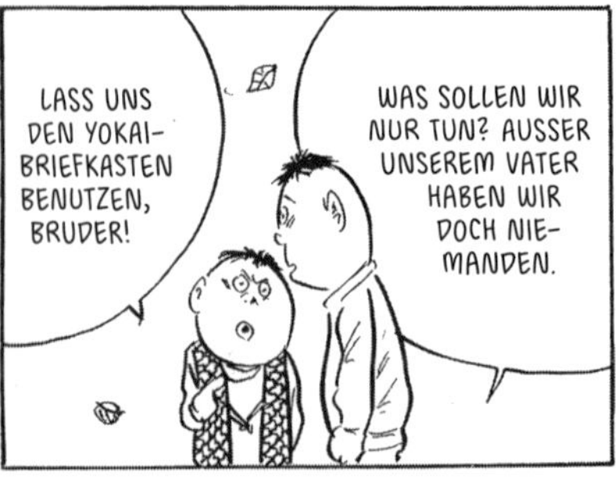
LASS UNS DEN YOKAI-BRIEFKASTEN BENUTZEN, BRUDER!
WAS SOLLEN WIR NUR TUN? AUSSER UNSEREM VATER HABEN WIR DOCH NIE-MANDEN.

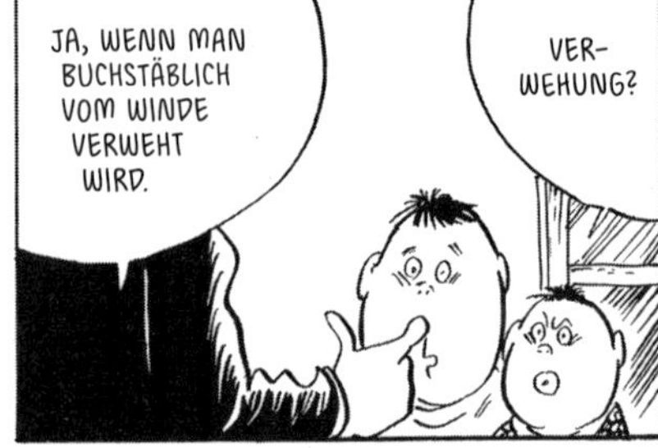
JA, WENN MAN BUCHSTÄBLICH VOM WINDE VERWEHT WIRD.
VER-WEHUNG?

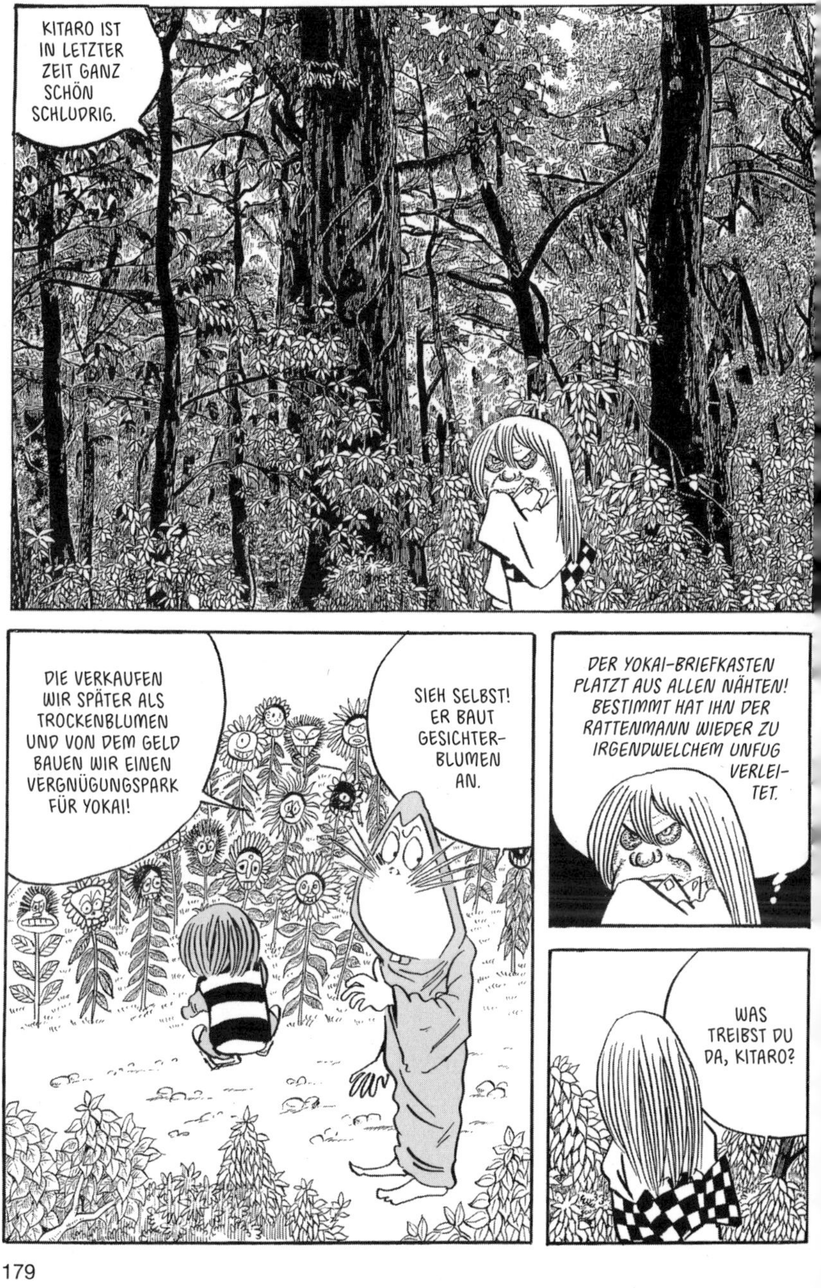

KITARO IST IN LETZTER ZEIT GANZ SCHÖN SCHLUDRIG.

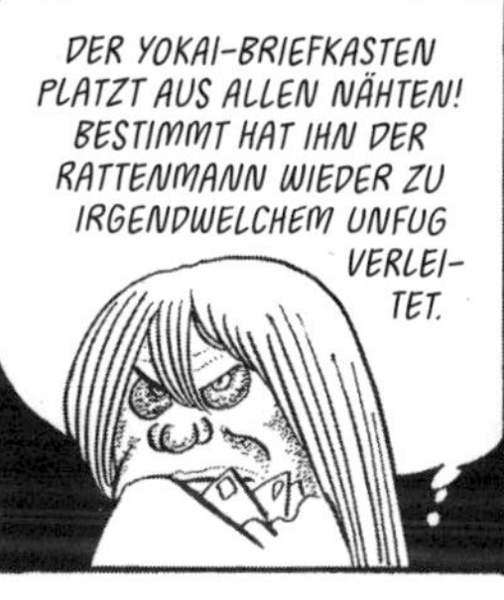

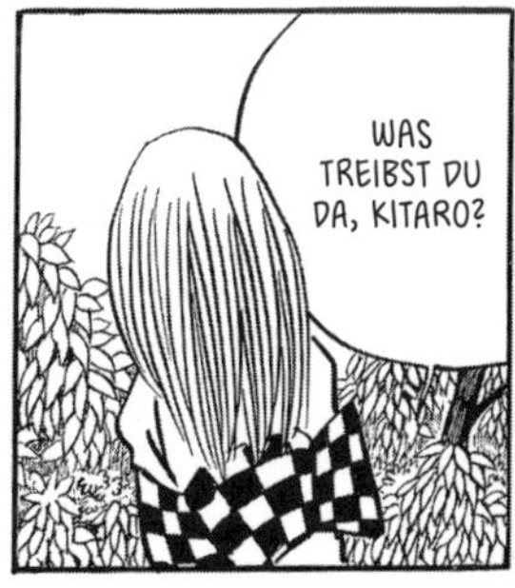

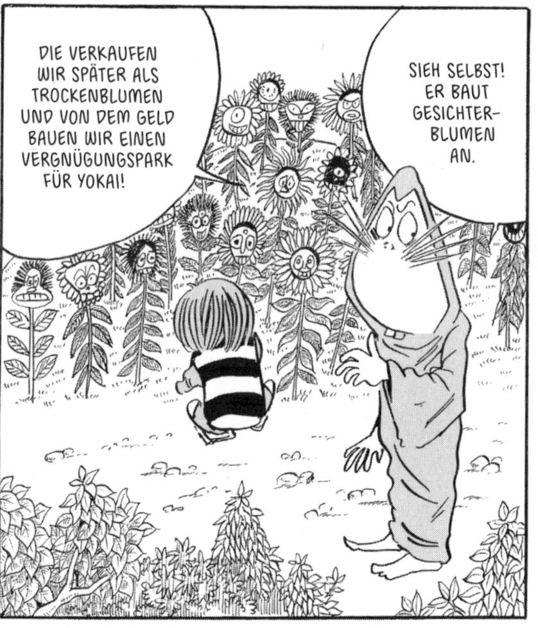

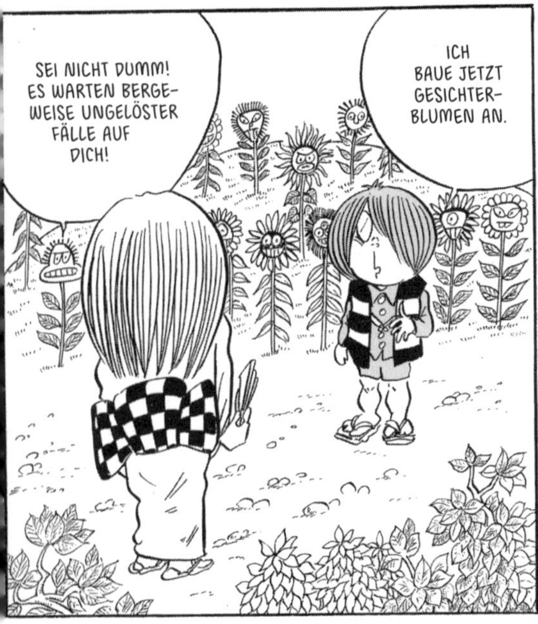

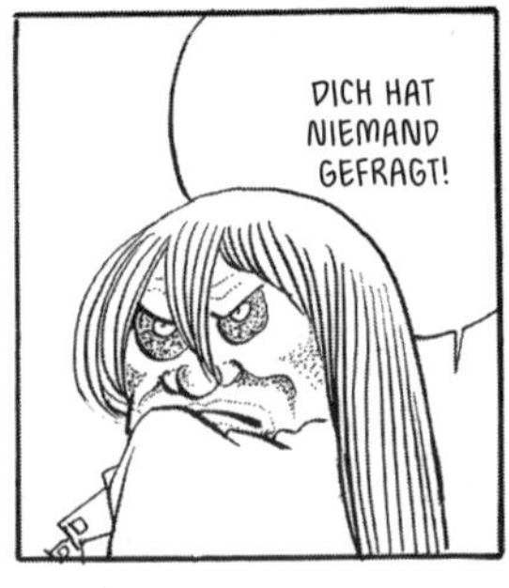

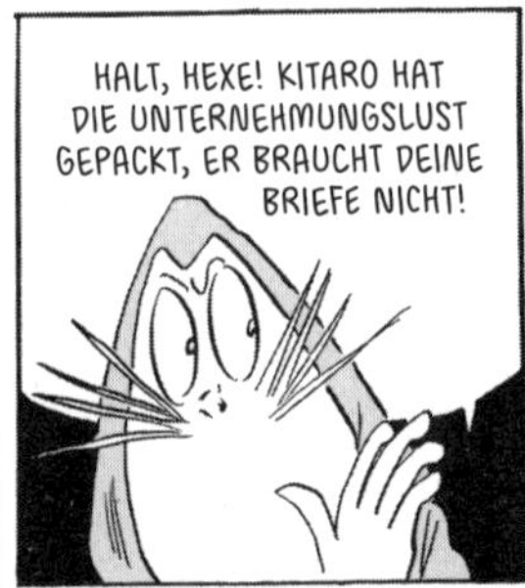

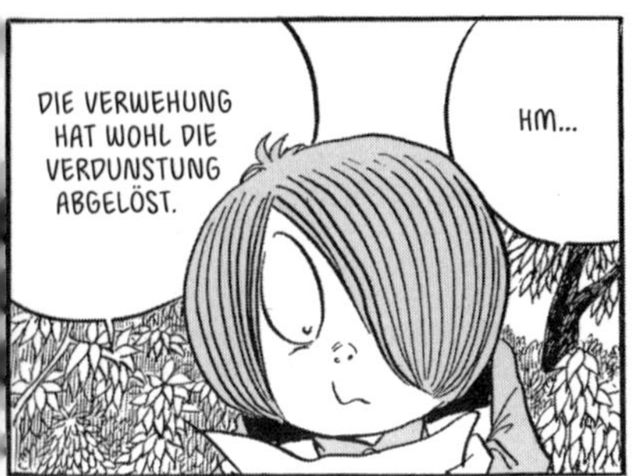

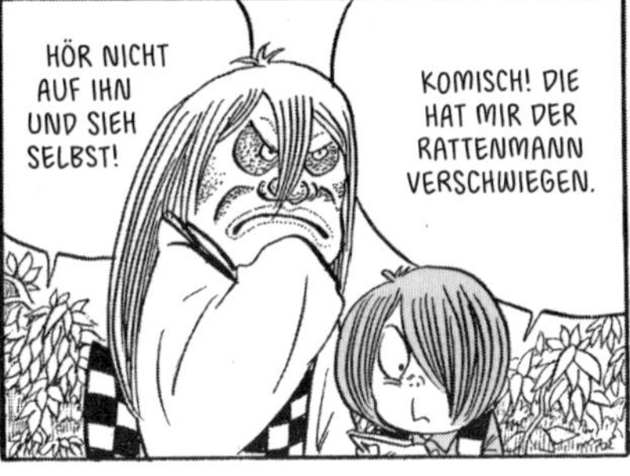

DIE RECHERCHE ERGAB, DASS ES VORWIEGEND AUTOBESITZER TRAF. UND ZWAR AUSSCHLIESSLICH JENE, DIE ZUVOR MIT IHREM FAHRZEUG ÜBER DEN SCHÖNGEIST-BERGPASS GEFAHREN WAREN. DORT WAR VOR KURZEM EINE ASPHALTIERTE STRASSE ERBAUT WORDEN.

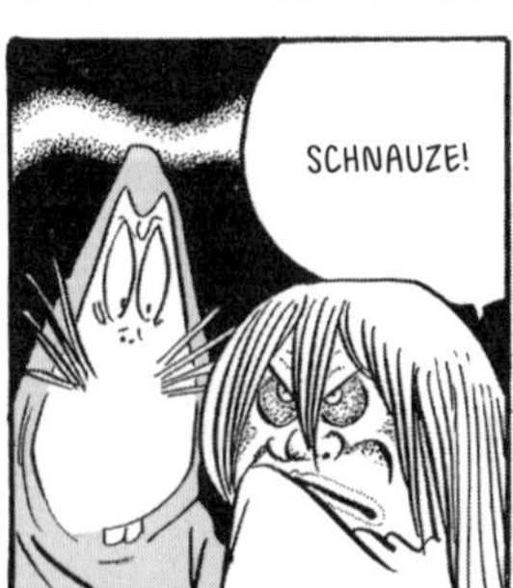

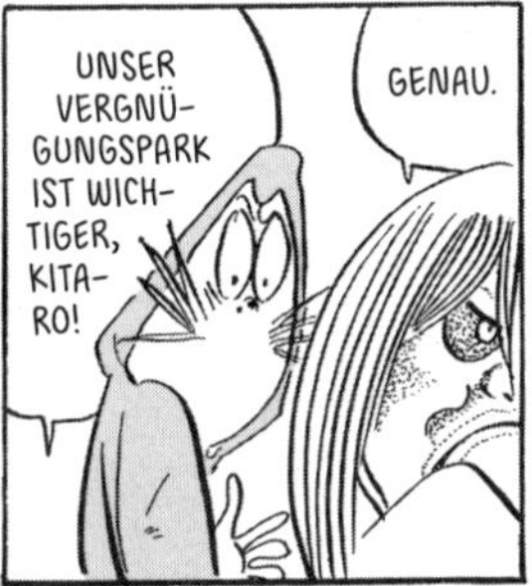

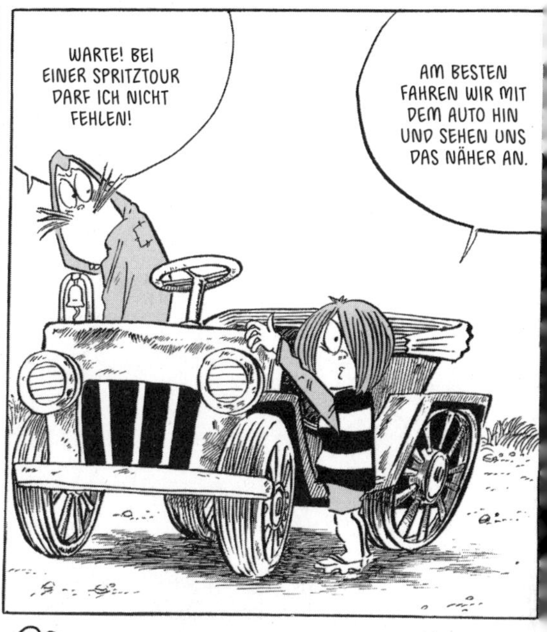
AM BESTEN FAHREN WIR MIT DEM AUTO HIN UND SEHEN UNS DAS NÄHER AN.
WARTE! BEI EINER SPRITZTOUR DARF ICH NICHT FEHLEN!

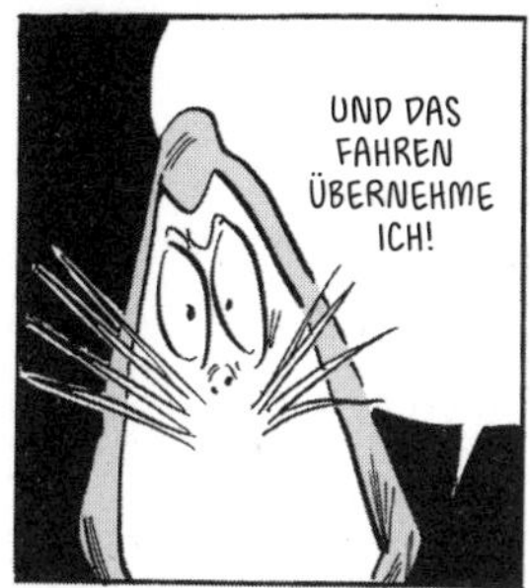
UND DAS FAHREN ÜBERNEHME ICH!

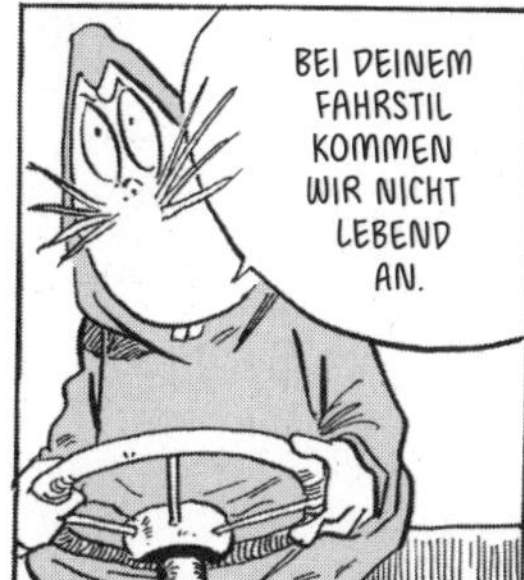
BEI DEINEM FAHRSTIL KOMMEN WIR NICHT LEBEND AN.

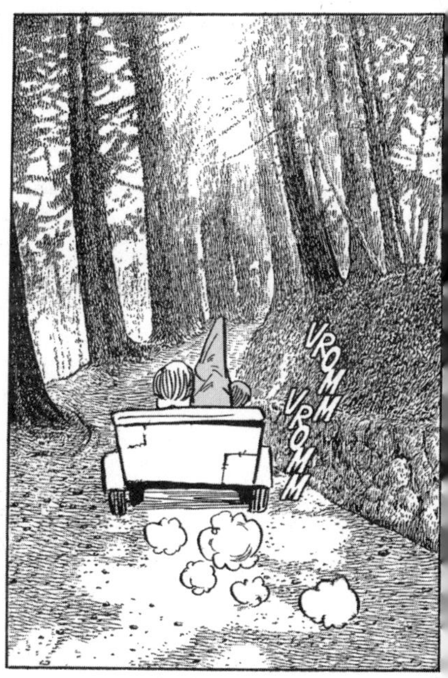
VROMM
VROMM
VROMM

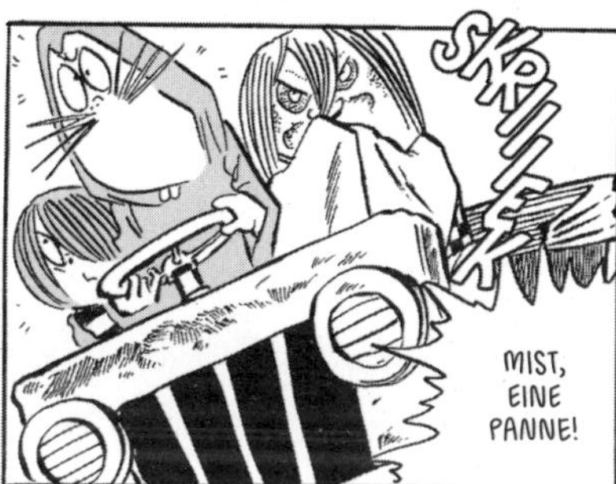
SKRIIIEK
MIST, EINE PANNE!

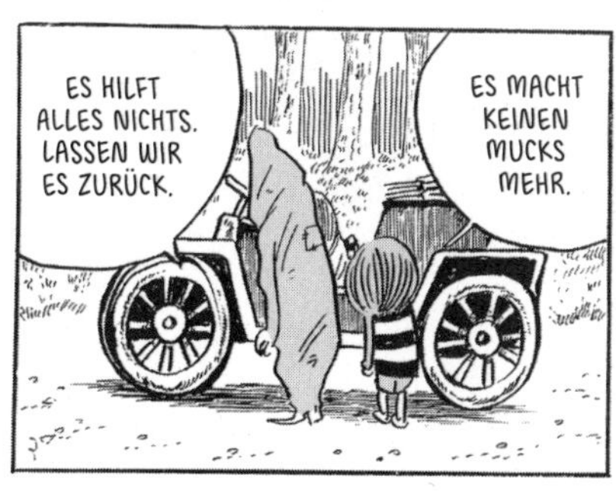
ES MACHT KEINEN MUCKS MEHR.
ES HILFT ALLES NICHTS. LASSEN WIR ES ZURÜCK.

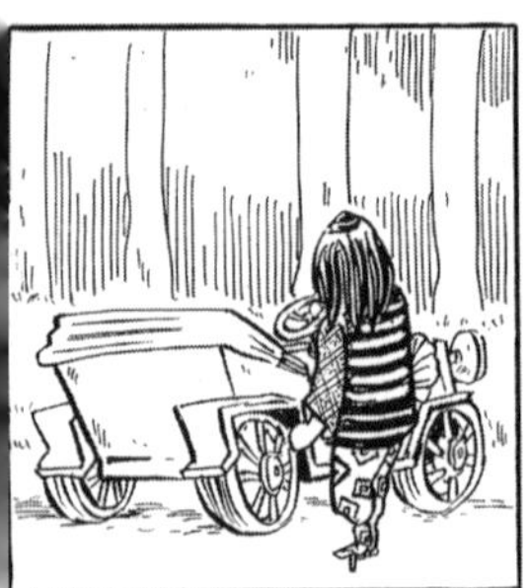

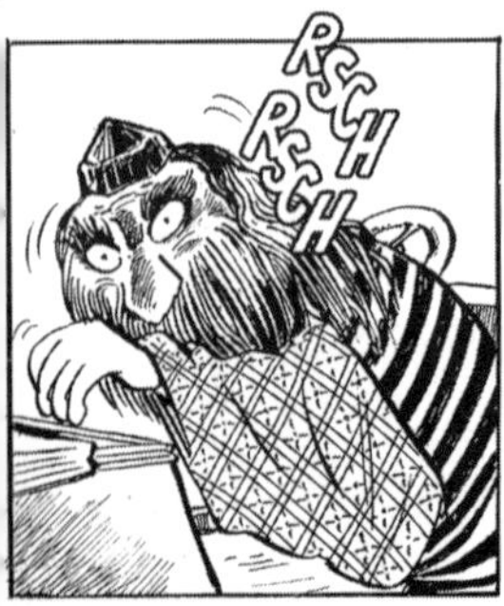
RSCH
RSCH

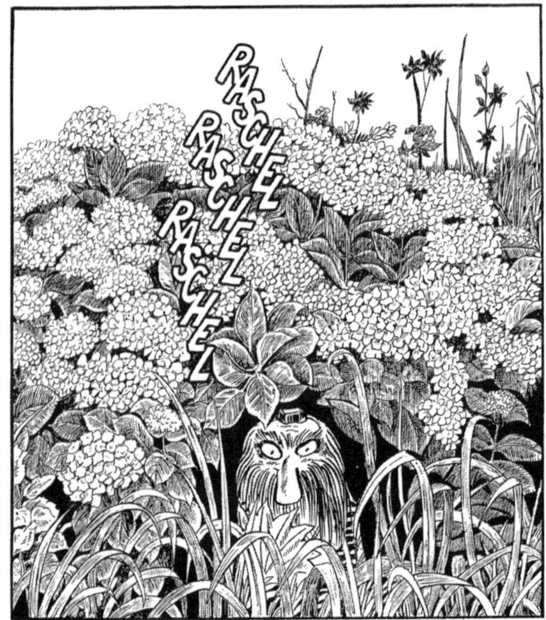
RASCHEL
RASCHEL
RASCHEL
RASCHEL

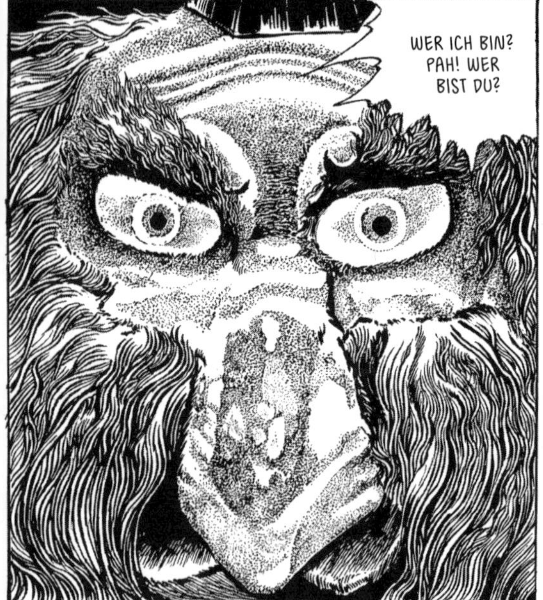
WER ICH BIN? PAH! WER BIST DU?

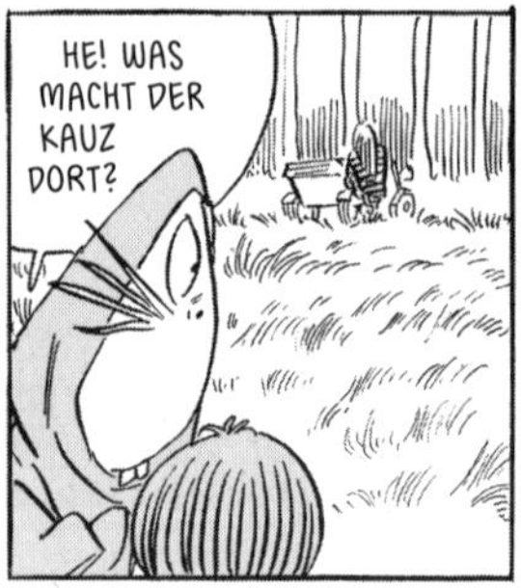
HE! WAS MACHT DER KAUZ DORT?

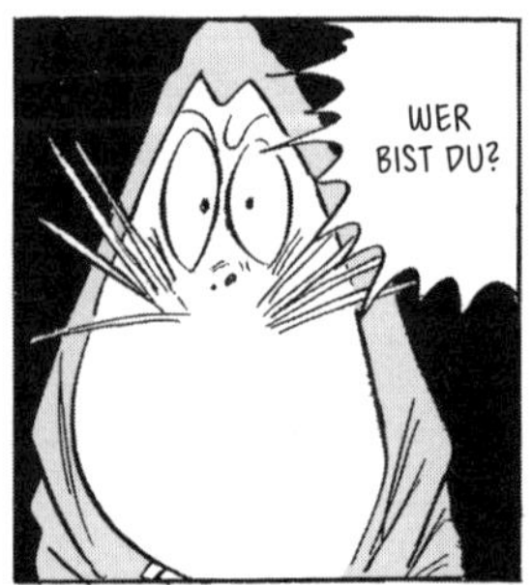
WER BIST DU?

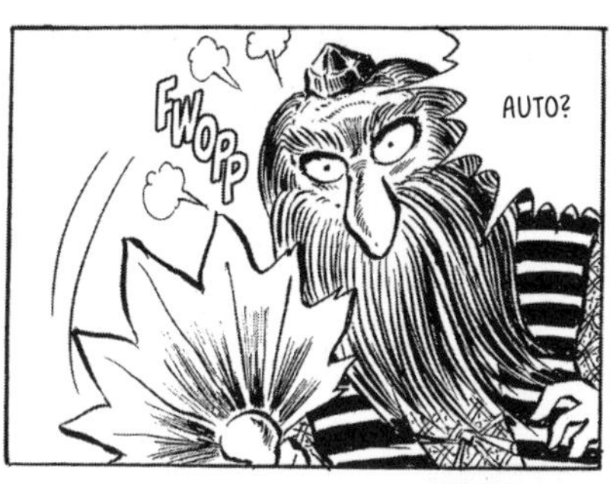
FWOPP
AUTO?

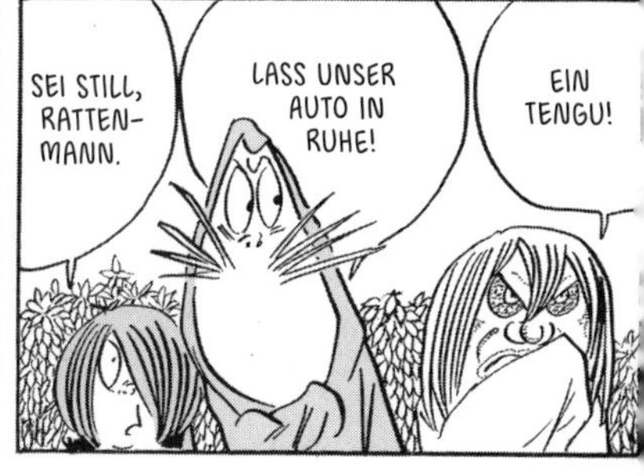
EIN TENGU!
LASS UNSER AUTO IN RUHE!
SEI STILL, RATTEN-MANN.

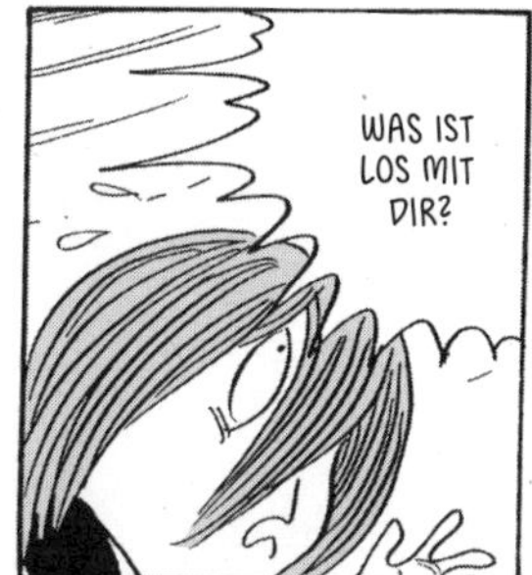
WAS IST LOS MIT DIR?

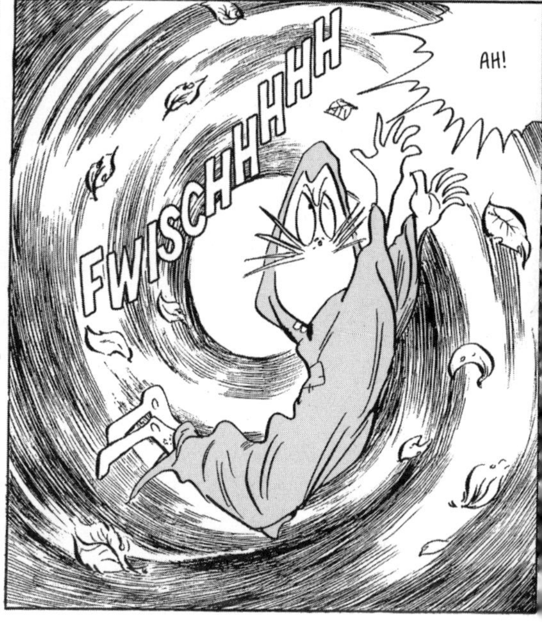
AH!
FWISCHHHHHH

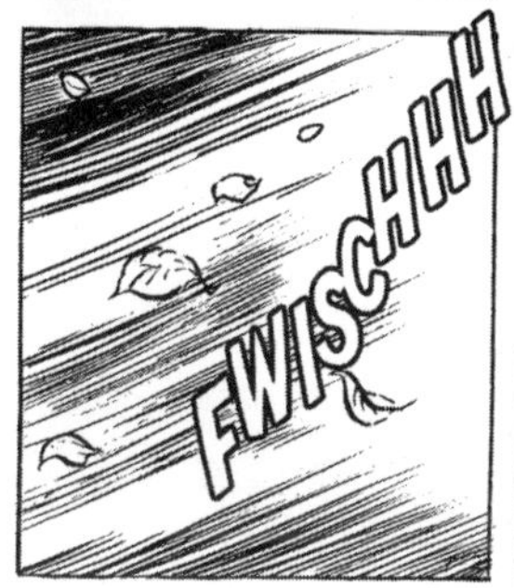
FWISCHHH

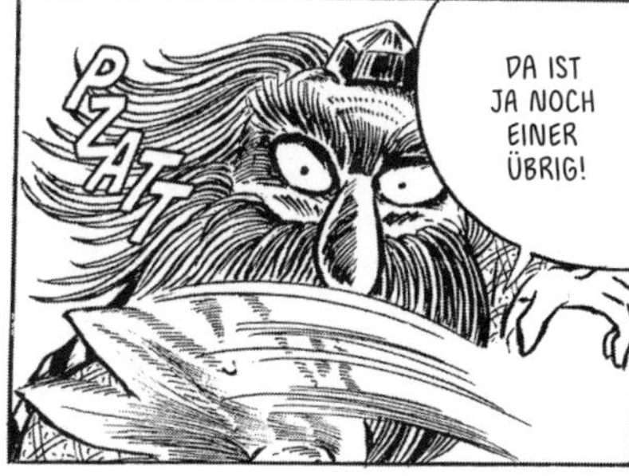
DA IST JA NOCH EINER ÜBRIG!
PZATT

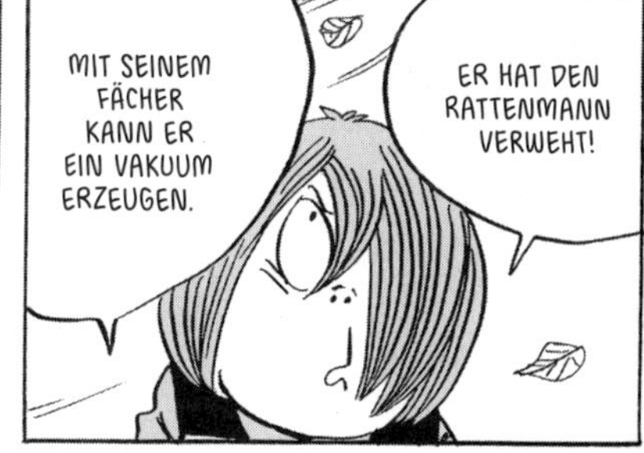
ER HAT DEN RATTENMANN VERWEHT!
MIT SEINEM FÄCHER KANN ER EIN VAKUUM ERZEUGEN.

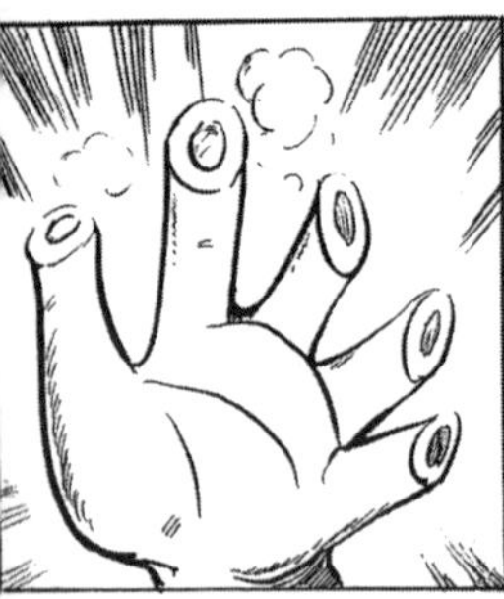

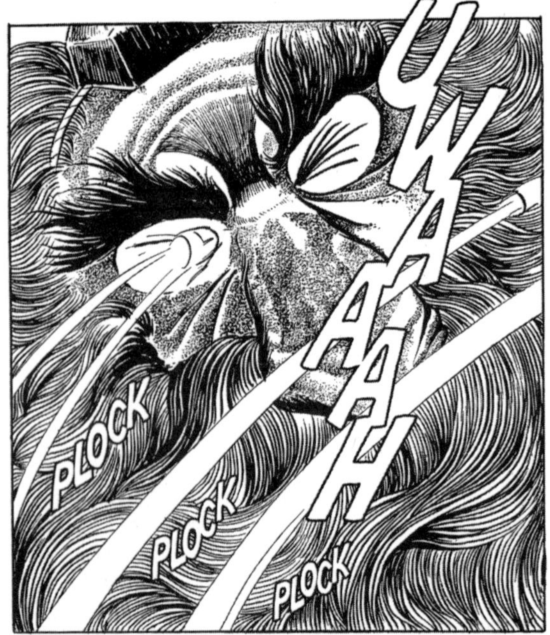

KITAROS FINGERPISTOLE WAR SCHNELLER ALS DER FÄCHER DES TENGU. ALS KITARO ZUM NÄCHSTEN SCHLAG AUSHOLEN WOLLTE, FIEL EIN STEINBROCKEN ZU BODEN UND EIN SANFTER REGEN SETZTE EIN.

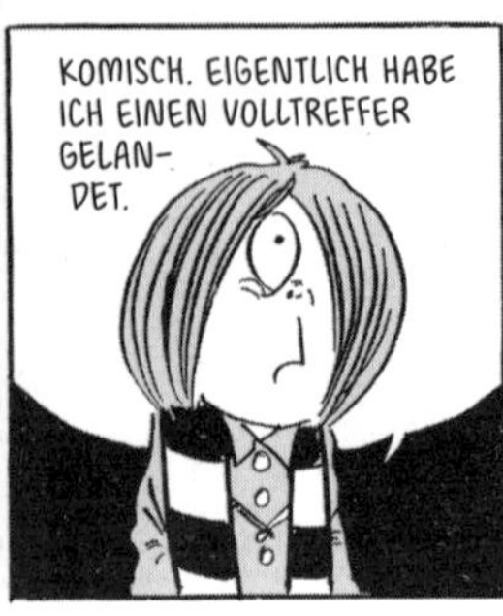

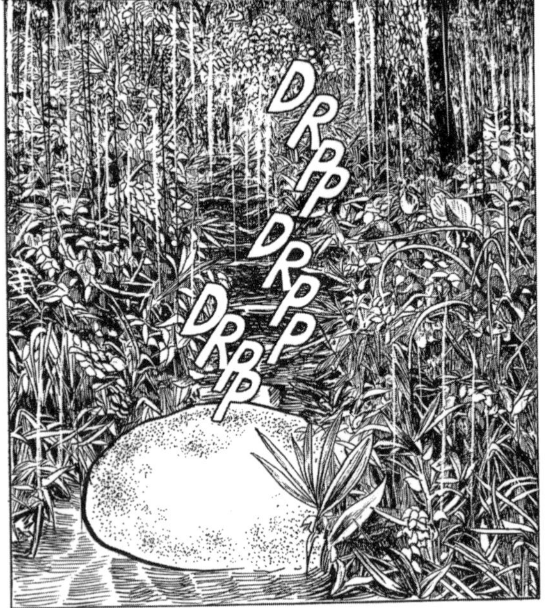

AUCH EINEN MONAT SPÄTER FEHLTE VON DEM TENGU JEDE SPUR. DA OHNE DEN TENGU JEDOCH NIEMAND SAGEN KONNTE, WAS AUS DEN VERWEHTEN MENSCHEN GEWORDEN WAR, SCHLOSSEN SICH IRGENDWANN AUCH DIE DORFBEWOHNER UND DIE POLIZEI DEM SUCHTRUPP AN, ALLERDINGS VERGEBLICH.

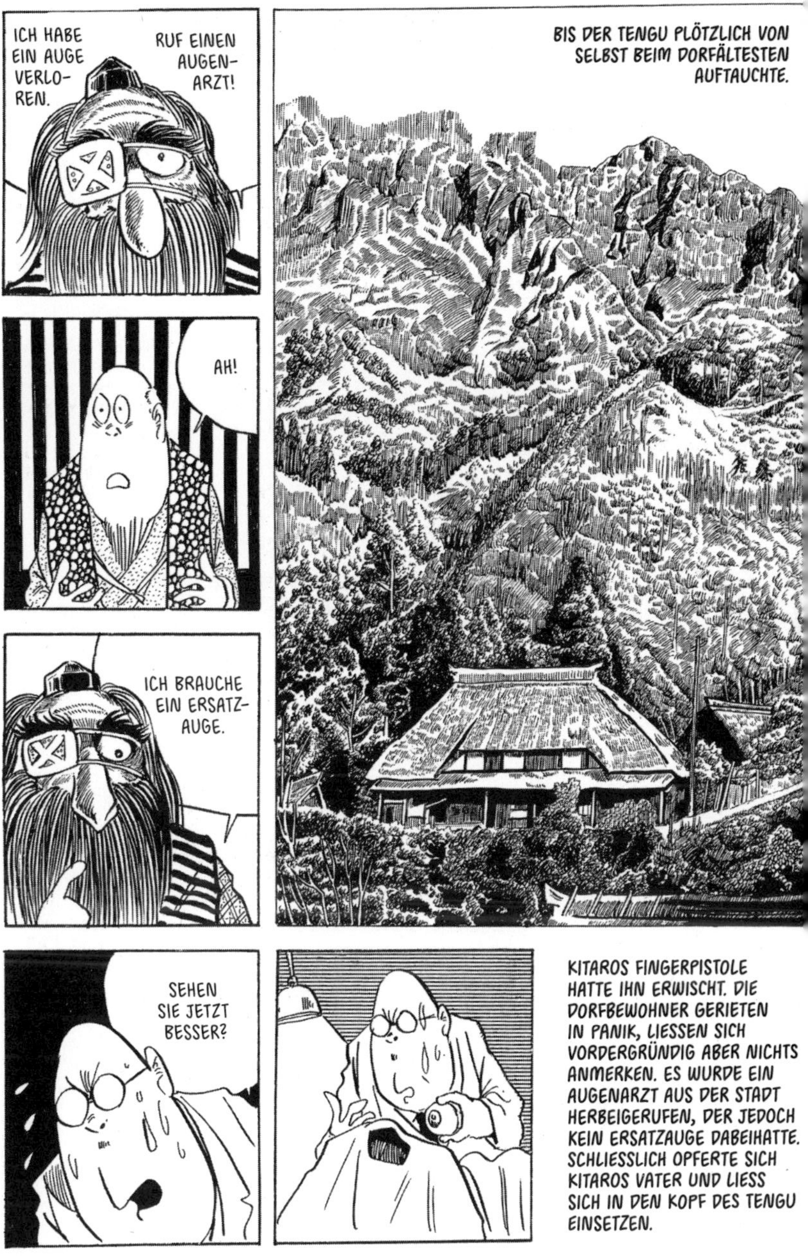

BIS DER TENGU PLÖTZLICH VON SELBST BEIM DORFÄLTESTEN AUFTAUCHTE.

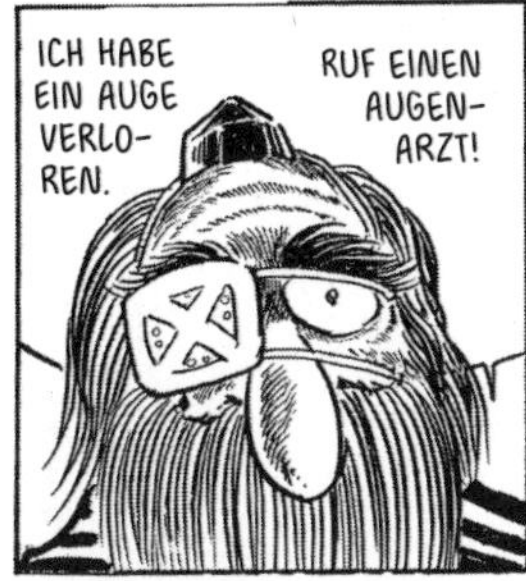

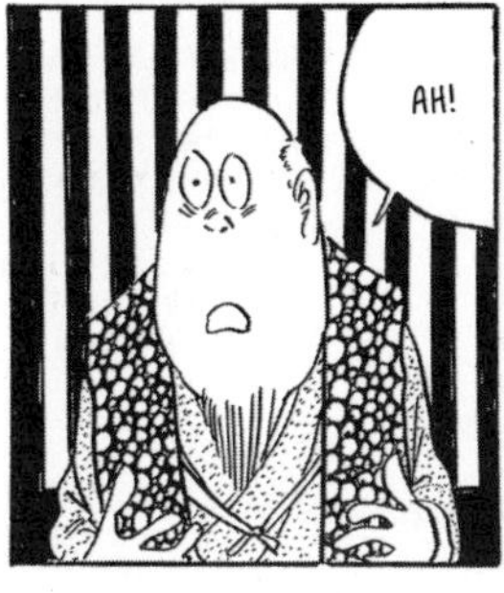

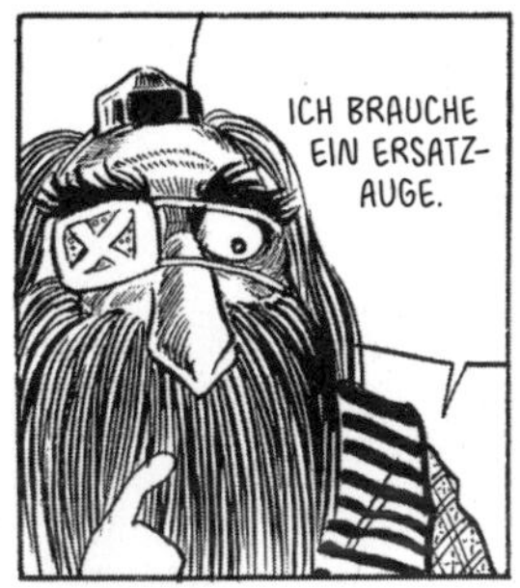

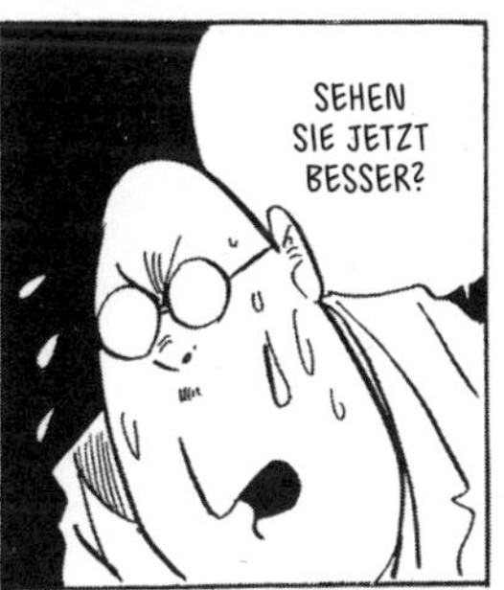

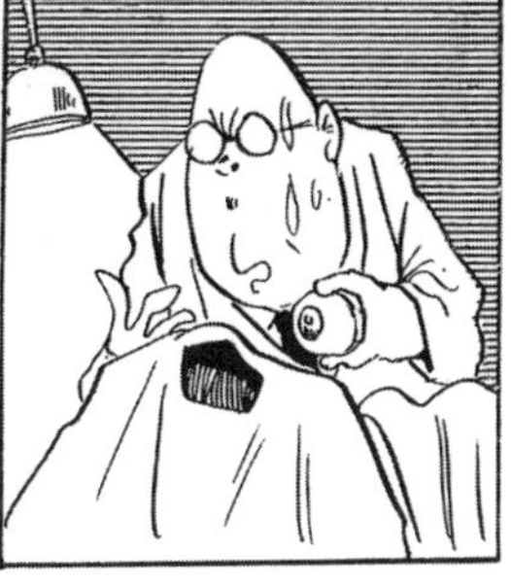

KITAROS FINGERPISTOLE HATTE IHN ERWISCHT. DIE DORFBEWOHNER GERIETEN IN PANIK, LIESSEN SICH VORDERGRÜNDIG ABER NICHTS ANMERKEN. ES WURDE EIN AUGENARZT AUS DER STADT HERBEIGERUFEN, DER JEDOCH KEIN ERSATZAUGE DABEIHATTE. SCHLIESSLICH OPFERTE SICH KITAROS VATER UND LIESS SICH IN DEN KOPF DES TENGU EINSETZEN.

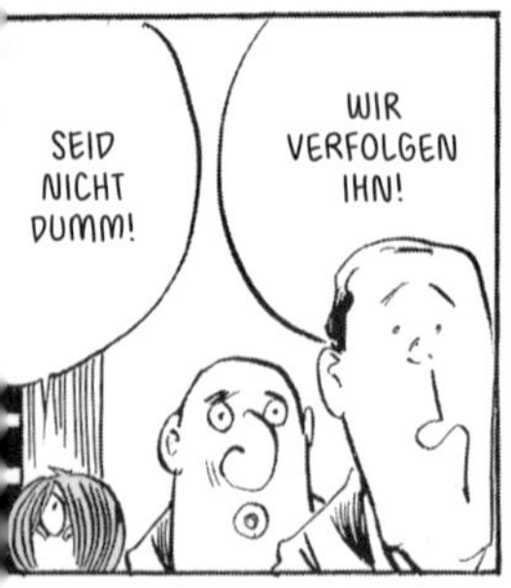
WIR VERFOLGEN IHN!
SEID NICHT DUMM!

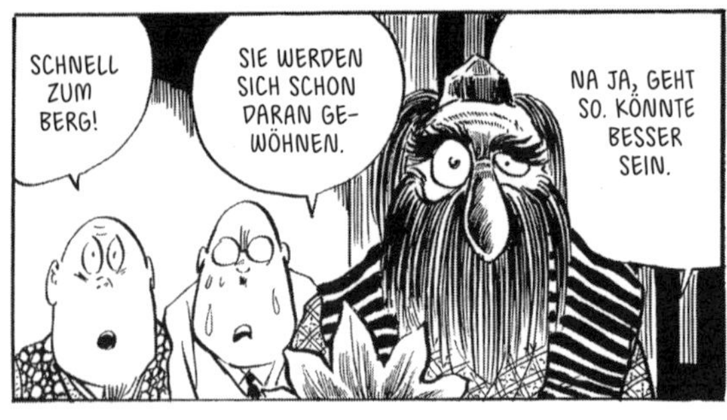
NA JA, GEHT SO. KÖNNTE BESSER SEIN.
SIE WERDEN SICH SCHON DARAN GEWÖHNEN.
SCHNELL ZUM BERG!

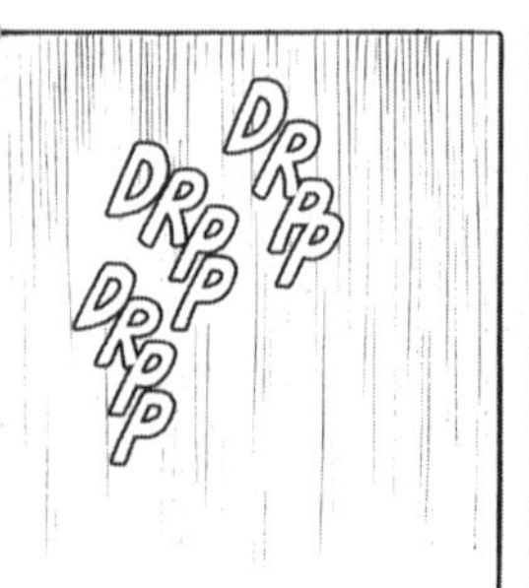
DRPP
DRPP
DRPP

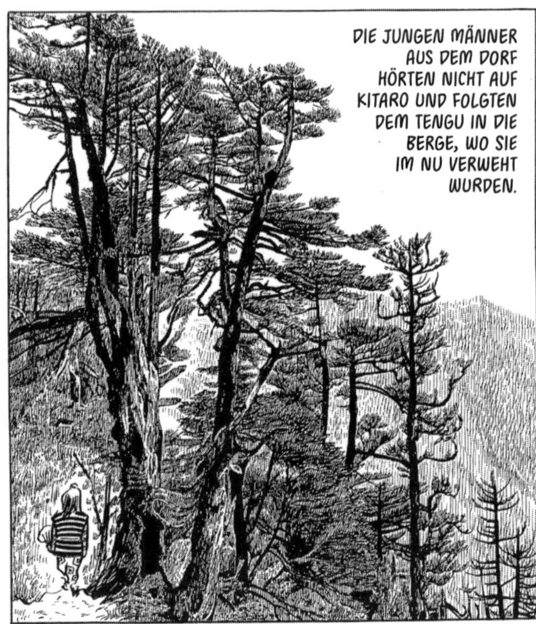
DIE JUNGEN MÄNNER AUS DEM DORF HÖRTEN NICHT AUF KITARO UND FOLGTEN DEM TENGU IN DIE BERGE, WO SIE IM NU VERWEHT WURDEN.

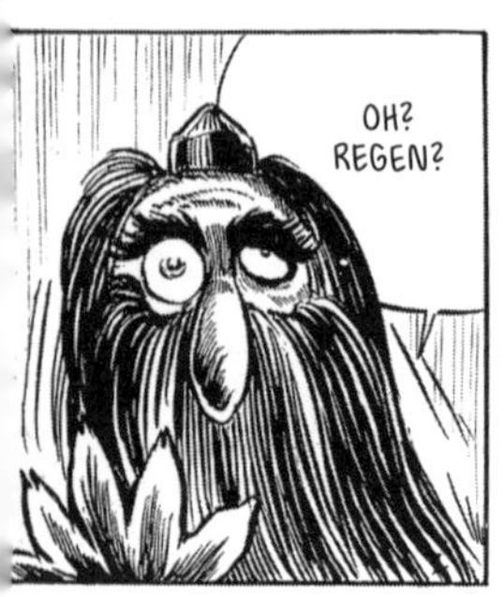
OH? REGEN?

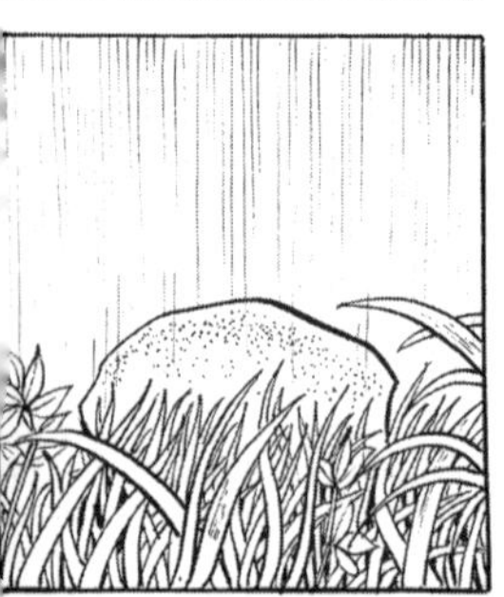

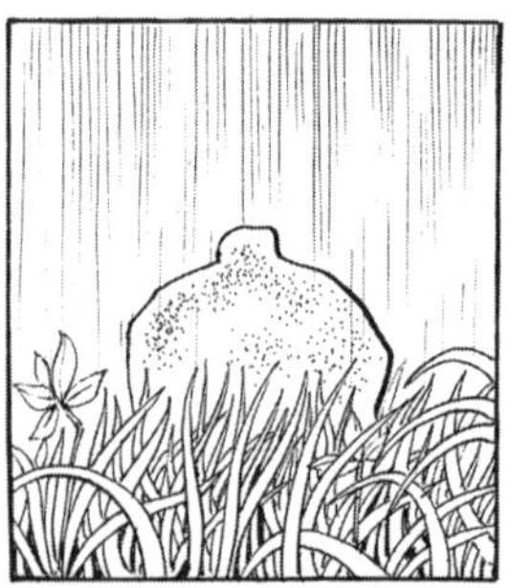

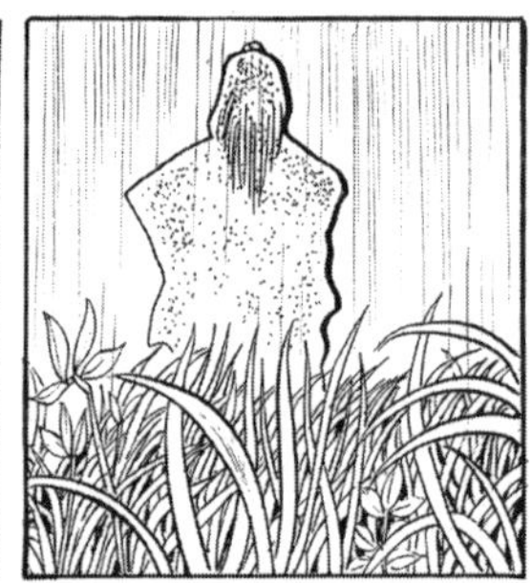

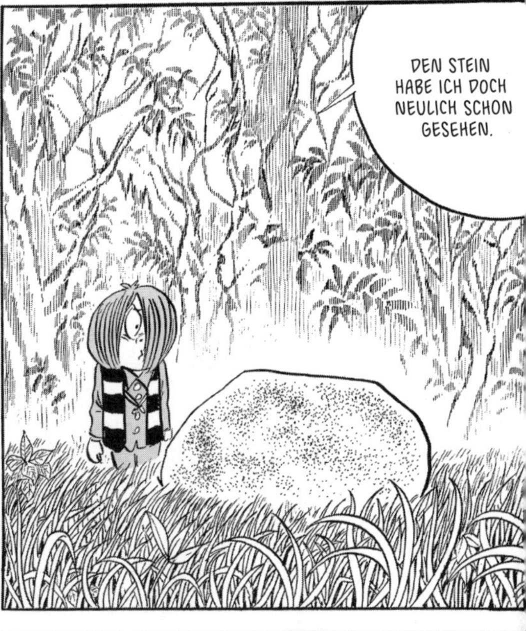
DEN STEIN HABE ICH DOCH NEULICH SCHON GESEHEN.

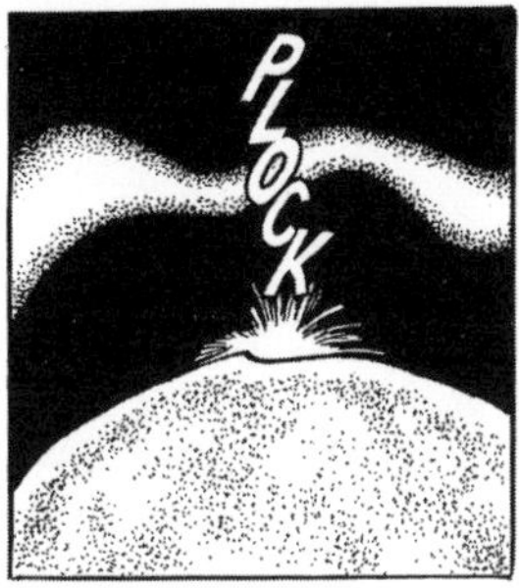
PLOCK

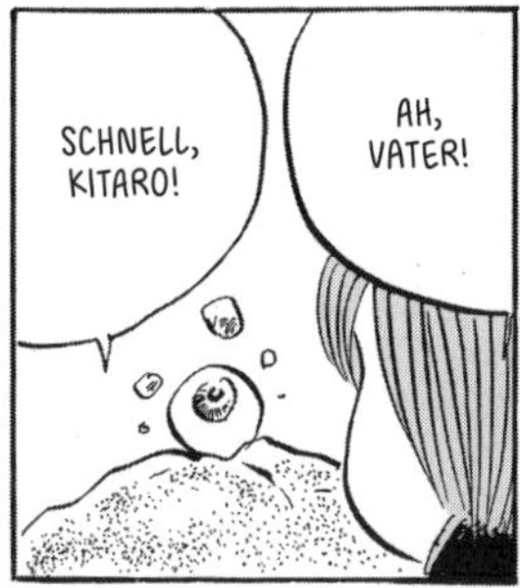
AH, VATER!
SCHNELL, KITARO!

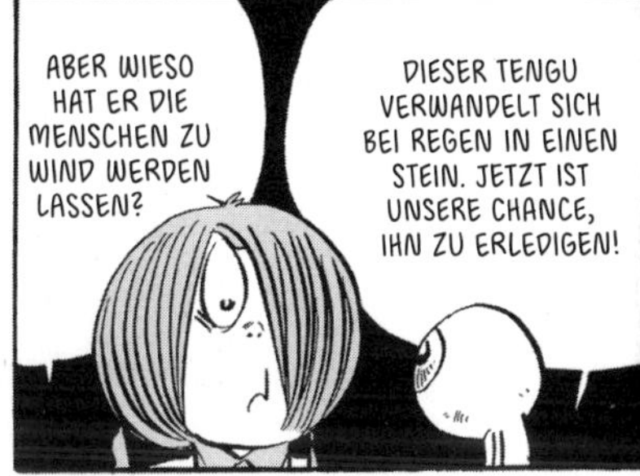
DIESER TENGU VERWANDELT SICH BEI REGEN IN EINEN STEIN. JETZT IST UNSERE CHANCE, IHN ZU ERLEDIGEN!
ABER WIESO HAT ER DIE MENSCHEN ZU WIND WERDEN LASSEN?

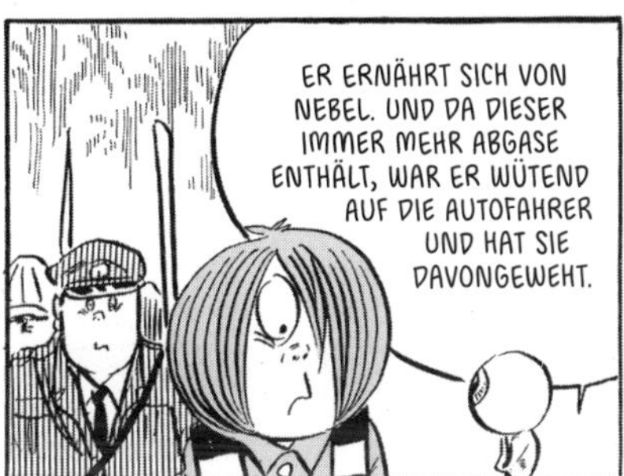
ER ERNÄHRT SICH VON NEBEL. UND DA DIESER IMMER MEHR ABGASE ENTHÄLT, WAR ER WÜTEND AUF DIE AUTOFAHRER UND HAT SIE DAVONGEWEHT.

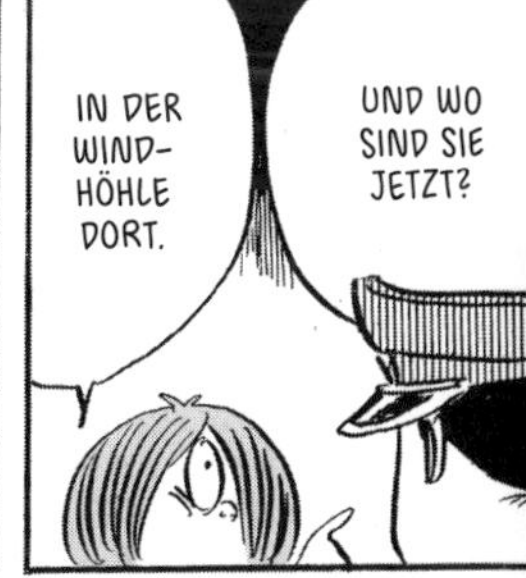
UND WO SIND SIE JETZT?
IN DER WIND-HÖHLE DORT.

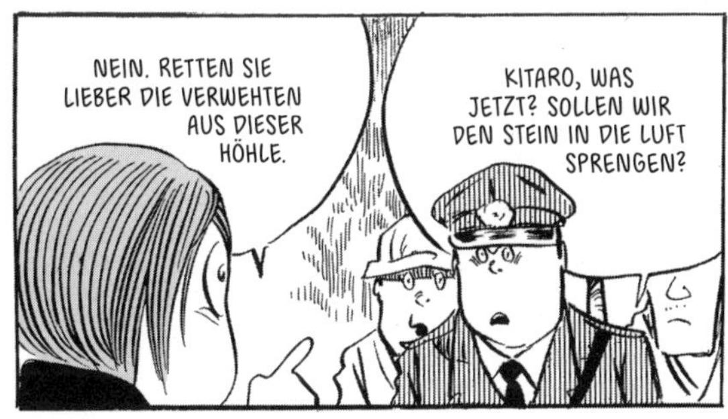
KITARO, WAS JETZT? SOLLEN WIR DEN STEIN IN DIE LUFT SPRENGEN?
NEIN. RETTEN SIE LIEBER DIE VERWEHTEN AUS DIESER HÖHLE.

NACH RÜCKSPRACHE MIT DEM DORFÄLTESTEN WURDE TIEF IN DEN BERGEN, WO DIE LUFT NOCH NICHT VERSCHMUTZT WAR, EIN SCHUTZGEBIET FÜR YOKAI ERRICHTET. DORTHIN BRACHTE KITARO DEN VERSTEINERTEN TENGU.

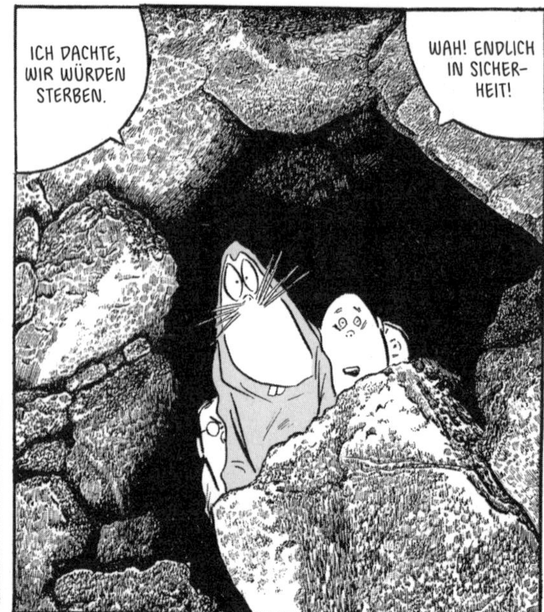

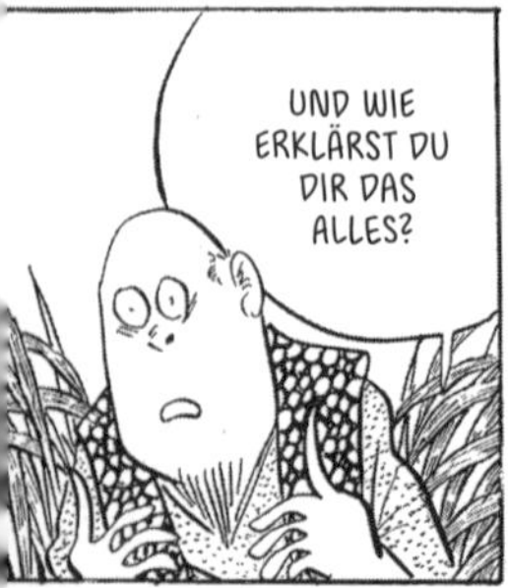

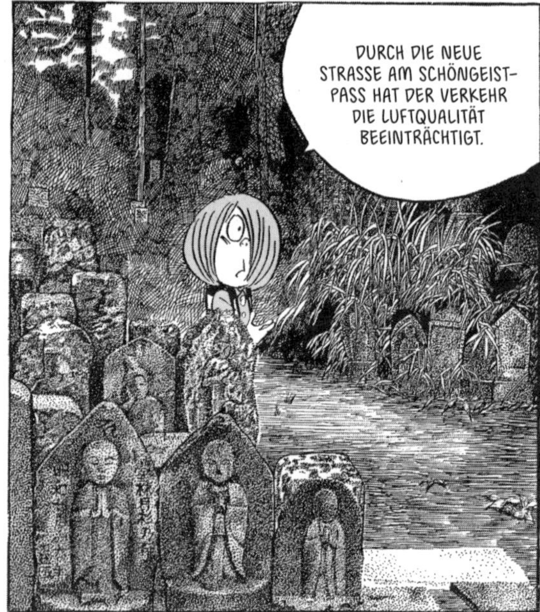

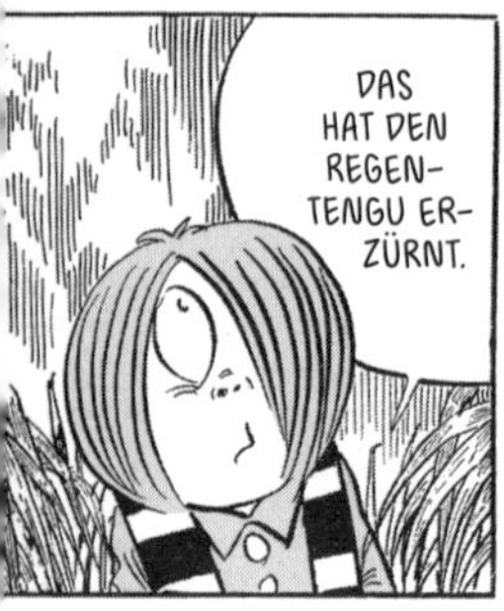

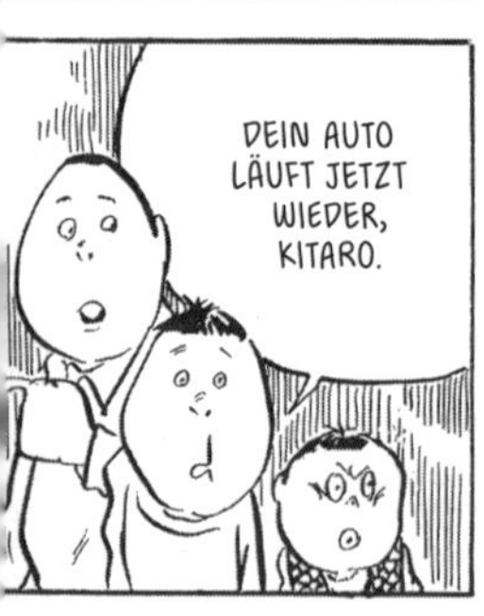

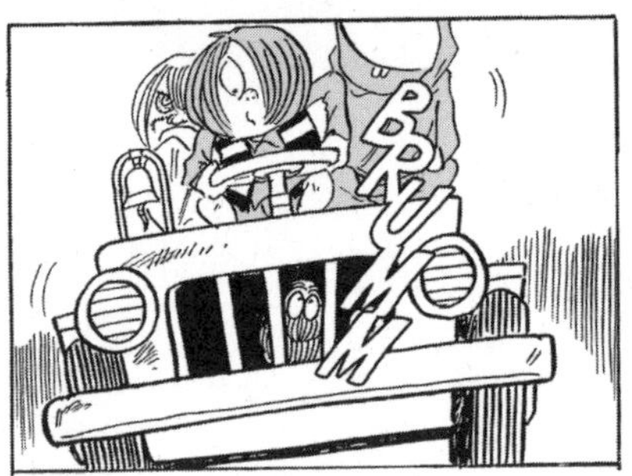
BRUMM

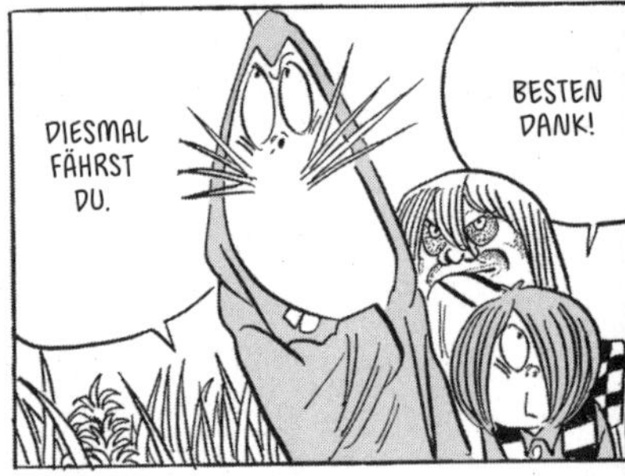
BESTEN DANK!
DIESMAL FÄHRST DU.

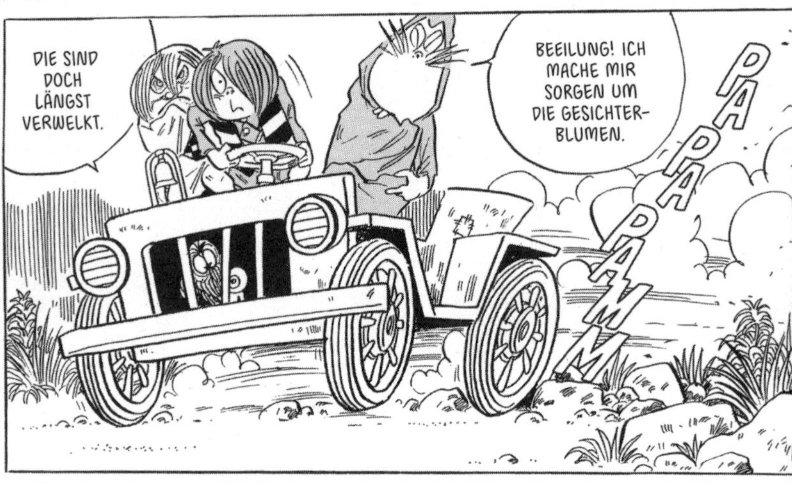
BEEILUNG! ICH MACHE MIR SORGEN UM DIE GESICHTER-BLUMEN.
DIE SIND DOCH LÄNGST VERWELKT.
PAPAPAPAMM

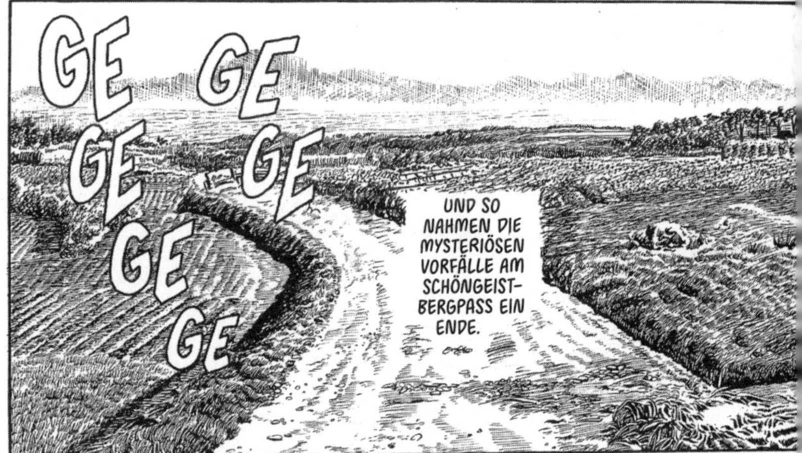
GE GE GE GE
GE GE GE GE
UND SO NAHMEN DIE MYSTERIÖSEN VORFÄLLE AM SCHÖNGEIST-BERGPASS EIN ENDE.

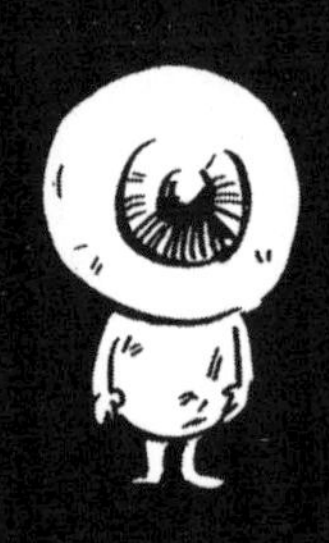

ERSTVERÖFFENTLICHUNG

Der Yokai-Präsident, Teil 3
(Shukan Shonen Magazine, 29. September 1968)

Oboroguruma, Teil 1
(Shukan Shonen Magazine, 6. Oktober 1968)

Oboroguruma, Teil 2
(Shukan Shonen Magazine, 13. Oktober 1968)

Oboroguruma, Teil 3
(Shukan Shonen Magazine, 20. Oktober 1968)

Oboroguruma, Teil 4
(Shukan Shonen Magazine, 27. Oktober 1968)

Die Rücklingserscheinung
(Shukan Shonen Magazine, 3. November 1968)

Der Plagegeist Inmoraki, Teil 1
(Shukan Shonen Magazine, 10. November 1968)

Der Plagegeist Inmoraki, Teil 2
(Shukan Shonen Magazine, 17. November 1968)

Der Plagegeist Inmoraki, Teil 3
(Shukan Shonen Magazine, 24. November 1968)

Das Yokai der vier Elemente, Teil 1
(Shukan Shonen Magazine, 1. Dezember 1968)

Das Yokai der vier Elemente, Teil 2
(Shukan Shonen Magazine, 8. Dezember 1968)

Der Regen-Tengu
(Shukan Shonen Magazine, 29. Dezember 1968)

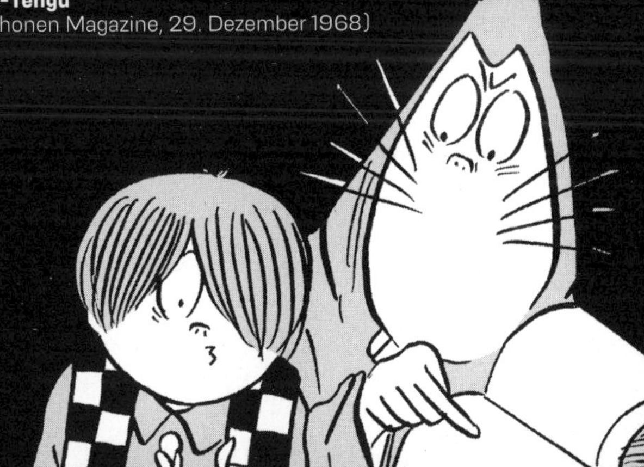

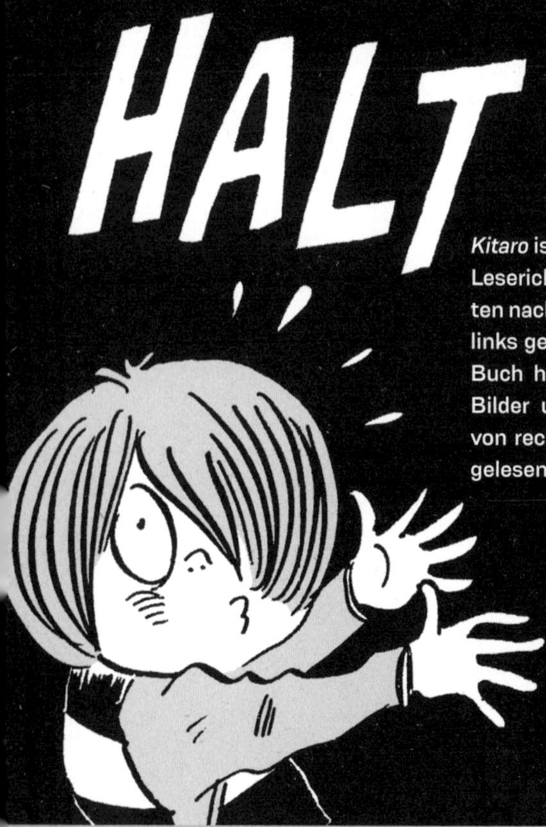

HALT

Kitaro ist ein Manga in japanischer Leserichtung. Da in Japan von hinten nach vorn und von rechts nach links gelesen wird, beginnt dieses Buch hinten und endet hier. Die Bilder und Sprechblasen werden von rechts oben nach links unten gelesen.

Aus dem Japanischen
von Gandalf Bartholomäus
Redaktion: Aranka Schindler
Korrektur: Gustav Mechlenburg
Gestaltung und Lettering: diceindustries
mit einem Font von Kevin Huizenga

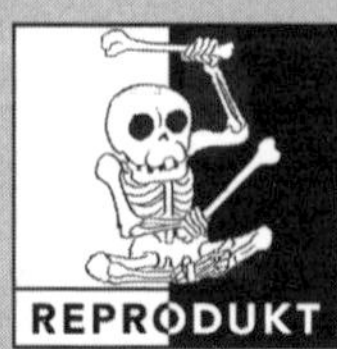

Gottschedstr. 4 / Aufgang 1
13357 Berlin

Published by arrangement with Presspop Inc.
Herausgeber: Dirk Rehm
ISBN 978-3-95640-362-0
Druck: Pozkal, Inowrocław, Polen

Erste Auflage: März 2023

www.reprodukt.com